HEYNE
JUBILÄUMS
REIHE

Alles Gute zum
Geburtstag wünscht
Dir Britta!

Ich hoffe, du hast diese
Bücher noch nicht gelesen

Dreke, 07.03.95

In derselben Reihe
erschienen außerdem als Heyne-Taschenbücher:

Spannung · Band 50/1
Thriller · Band 50/6
Heiteres · Band 50/7
Klinik · Band 50/19
Horror · Band 50/21
Das endgültige Buch der Sprüche und Graffiti · Band 50/26
Sinnlichkeit · Band 50/31
Noch mehr Witze · Band 50/34
Das Buch der Sprüche und Graffiti · Band 50/39
Lust · Band 50/40
Beschwingt & heiter · Band 50/47
Frauen · Band 50/49
Sex · Band 50/50
Deutsche Erzähler des 19. Jahrhunderts · Band 50/52
Sehnsucht · Band 50/53
Ratgeber Versicherung · Band 50/54
Körner, Sprossen, Keime · Band 50/57
Horror Pur · Band 50/58
Glück muß man haben · Band 50/59
Männerwitze · Band 50/62
Zauber der Leidenschaft · Band 50/65
Super-Sex · Band 50/67
Ärzte · Band 50/68
Immer fröhlich, immer heiter · Band 50/69
Alptraum · Band 50/71
Bürosprüche · Band 50/72
Lateinamerikanische Erzähler · Band 50/73
Louisiana · Band 50/74
Ratgeber Karriere · Band 50/75
Samurai · Band 50/76
Obsession · Band 50/77
Das Böse · Band 50/78
Ratgeber Bauen und Wohnen · Band 50/79
Viel Vergnügen! · Band 50/80
Ekstase · Band 50/81
Österreichische Erzähler · Band 50/82
Ratgeber Versicherung · Band 50/83
Grauen Pur · Band 50/84
Fröhlich und beschwingt · Band 50/85
Arztpraxis · Band 50/86
Bombenstimmung · Band 50/87
Starke Frauen · Band 50/88
Heiter und so weiter · Band 50/89
Frauenkrimis · Band 50/90
Lachsalven · Band 50/91
Romantische Liebe · Band 50/92
Geheimnisvolles Erbe · Band 50/93
Hinter dem Schleier · Band 50/94
1000 neue Witze zum Totlachen · Band 50/95
Herr Doktor · Band 50/96
Leidenschaftliche Liebe · Band 50/97

HEYNE
JUBILÄUMS
REIHE

Glücklich und zufrieden

Drei heitere Romane –
ungekürzt

**WILHELM HEYNE VERLAG
MÜNCHEN**

HEYNE JUBILÄUMSBÄNDE
Nr. 50/98

QUELLENHINWEIS

Evelyn Sanders, JEANS UND GROSSE KLAPPE
Copyright © 1982 by Hestia Verlag GmbH, Bayreuth
(Der Titel erschien bereits in der Allgemeinen Reihe
mit der Band-Nr. 01/8184)

Hans G. Bentz, ZWEI TÖCHTER AUF PUMP
Copyright © 1967 by Wilhelm Heyne Verlag GmbH & Co. KG, München
(Der Titel erschien bereits in der Allgemeinen Reihe
mit der Band-Nr. 01/487)

Trude Egger, ER STREICHELT DIE KATZE ÖFTER ALS MICH
Copyright © 1988 by Scherz Verlag, Bern und München
(Der Titel erschien bereits in der Allgemeinen Reihe
mit der Band-Nr. 01/8414)

Copyright © dieser Ausgabe 1995
by Wilhelm Heyne Verlag GmbH & Co. KG, München
Printed in Germany 1995
Umschlagillustration: Jules Stauber/Baaske Cartoon-Agentur, München
Umschlaggestaltung: Atelier Ingrid Schütz, München
Satz: Schaber, Satz- und Datentechnik, Wels
Druck und Verarbeitung: Elsnerdruck, Berlin

ISBN 3-453-08306-7

Inhalt

Evelyn Sanders
Jeans und große Klappe
Seite 7

Hans G. Bentz
Zwei Töchter auf Pump
Seite 251

Trude Egger
Er streichelt die Katze öfter als mich
Seite 485

Evelyn Sanders

Jeans und große Klappe

1

»Mami, hat eigentlich jeder König einen Augapfel?«

???

»Na ja, hier steht nämlich: ›Der König hütete seine Tochter wie seinen Augapfel.‹«

Zum Kuckuck noch eins! Wann werden die Autoren von Lesebüchern endlich begreifen, daß ihre Konsumenten keine märchengläubigen Kinder mehr sind, sondern fernsehtrainierte Realisten, die sich nicht mit nebulosen Vergleichen abspeisen lassen. Ich erkläre also meiner neunjährigen Tochter Katja seufzend, was ein Augapfel ist und weshalb man ihn hüten muß.

Katja ist noch nicht zufrieden. »Wenn der doch aber angewachsen ist, dann braucht man ihn gar nicht zu hüten, der geht ja sowieso nicht verloren.«

Erfahrungsgemäß ist es in solchen Fällen angebracht, das Thema zu wechseln. »Wieso lest ihr in der dritten Klasse überhaupt noch Märchen?«

»Weil Frau Schlesinger die schön findet. Außerdem sollen wir das gar nicht lesen, sondern bloß die Tunwörter herausschreiben. Ist ›hütete‹ ein Tunwort?«

Jetzt schaltet sich Zwilling Nicole ein. »Natürlich ist das ein Tunwort, schließlich kannst du doch sagen: ›Ich tu die Schafe hüten‹!«

O heiliger Scholastikus, oder wer immer für die Einführung der allgemeinen Schulpflicht verantwortlich gemacht werden kann, hab Erbarmen: Da bemüht man sich jahrelang, seinen Kindern ein halbwegs vernünftiges Deutsch beizubringen, und kaum marschieren sie jeden Morgen bildungsbeflissen in ihren Weisheitstempel, vergessen sie alles und tun Schafe hüten.

Zum Glück taucht Stefanie auf, dreizehn Jahre alt, Gymnasiastin, mit den Lehrmethoden in Grundschulen aber noch hinlänglich vertraut.

»Jetzt mach den beiden bitte mal klar, warum Verben Tunwörter heißen, wenn man tun überhaupt nicht sagen darf!«

Steffi macht sich an die Arbeit. Sie kennt das schon. Bei der Mengenlehre muß sie auch immer einspringen. Die habe ich bis heute nicht begriffen. Als ich noch zur Schule ging, rechneten wir mit Zahlen und nicht mit Schnitt-, Rest- und Teilmengen.

Angeblich sollen die Kinder mit Hilfe der modernen Lehrpläne ein besseres Verständnis für Mathematik entwickeln. Stefanie hat in Mathe eine Vier.

Die Zwillinge haben inzwischen begriffen, was sie machen sollen, und schreiben eifrig. Wenn man sie jetzt sieht, die blonden Köpfe über die Hefte gebeugt, kann man sie tatsächlich für Zwillinge halten. Sonst nicht. Besucher, die nicht mit den Familienverhältnissen vertraut sind, vermuten in den beiden bestenfalls Schwestern, von denen die eine mindestens anderthalb Jahre älter ist. Nicole überragt ihre andere Hälfte um eine ganze Kopflänge, hat ein schmales Gesicht, braune Augen und ein sehr ausgeglichenes Naturell. Katja ist ein Quirl, aus ihren blauen Augen blitzt förmlich der Schalk, und um ihre Schlagfertigkeit beneide ich sie täglich aufs neue. Beleidigt ist sie nur, wenn man ihr doch sehr fortgeschrittenes Alter nicht respektiert und der Schaffner keine Fahrkarte verlangt, weil »der Kleine ja noch umsonst fährt«.

»Erstens bin ich ein Mädchen, und zweitens bin ich neun!« tönt es dann prompt zurück. Im Hinblick auf die Preise der öffentlichen Verkehrsmittel bin ich von Katjas Wahrheitsliebe nicht immer begeistert.

Als kürzlich ein Handarbeitsgeschäft neu eröffnet wurde und die Inhaberin kleine Werbegeschenke verteilte, kam Katja voller Empörung von ihrem Inspektionsgang zurück und erklärte mir drohend: »Wehe, wenn du in dem Laden mal irgend etwas kaufst. Nicki hat eine Stickkarte gekriegt, und mir hat die alte Krähe bloß einen Luftballon geschenkt. Den sollte ich mitnehmen zum Kindergarten. Na, *der* habe ich vielleicht was erzählt!«

Unsere Familie besteht aber nun keineswegs nur aus den drei Mädchen. Wie es der Statistik und auch einer ungeschriebenen Regel entspricht, hat der erste Nachkomme seit alters her ein Knabe zu sein. Der unsere heißt Sven, ist gerade volljährig geworden und trägt die Last des Erstgeborenen mit stoischem Gleichmut. Alle in ihn gesetzten Erwartungen hat er prompt mißachtet. Natürlich sollte er etwas ganz Besonderes werden, Diplomat mit internationalen

Weihen, Dozent in Harvard oder wenigstens Wissenschaftler mit Aussicht auf den Nobelpreis. Selbstverständlich würde er die Intelligenz seines akademisch gebildeten Großvaters väterlicherseits mitbringen sowie die aufrechte Gesinnung seiner preußisch-beamteten Vorfahren mütterlicherseits, von der einem deutschen Beamten nachgesagten Ordnungsliebe ganz zu schweigen. (Svens Zeugnisse waren mehr als mittelmäßig, und sein Zimmer sah jahrelang aus, als sei gerade ein Hurrikan durchgefegt.) Natürlich würde er auch Durchsetzungsvermögen besitzen und sich für alles interessieren, was das Leben ihm bieten würde. (Sven ließ sich bereits im Kindergartenalter von Jüngeren verdreschen und interessierte sich ausschließlich für Tiere, vorzugsweise für kleinere, etwa vom Maikäfer an abwärts.) Eine Zeitlang züchtete er Goldhamster und studierte ihr Familienleben. Sein Vater schöpfte wieder Hoffnung. Schließlich hatte sich Konrad Lorenz auch bloß mit Gänsen beschäftigt und trotzdem den Nobelpreis bekommen.

Nachdem Sven jahrelang Spinnen, Asseln und ähnliches Gewürm seziert, katalogisiert und in Weckgläsern aufbewahrt hatte, schmiß er eines Tages das ganze Eingemachte in die Mülltonne und widmete sich der heimischen Flora. Jetzt wurden die Staubgefäße von Gladiolen mikroskopiert, Kreuzungsversuche zwischen Astern und Dahlien unternommen – sie sind aber nicht geglückt – und eine Verbesserung der Rasenstruktur in unserem Garten ausprobiert. Seitdem kämpfen wir vergeblich gegen den Gemeinen Wiesenklee an.

Immerhin hat Sven die etwas eigenartigen Auswüchse seiner Naturverbundenheit zu seiner Lebensaufgabe gemacht. Er will Gartenbau-Ingenieur werden.

Da die Diskrepanz zwischen Wunschdenken und Realität hinsichtlich der Zukunft seines Stammhalters ziemlich früh offenkundig wurde, verlagerte der etwas enttäuschte Vater seine Hoffnungen auf Sohn Nr. 2.

Sascha wurde anderthalb Jahre nach Sven geboren und berechtigte schon im zarten Kindesalter zu den hoffnungsvollsten Erwartungen. Bereits mit 15 Monaten kannte sein Tatendrang keine Grenzen, und seine körperliche Leistungsfähigkeit bewies er zum erstenmal sehr nachhaltig, als er den brennenden Weihnachtsbaum umstieß. Eine größere Katastrophe wurde durch das zufällige Vorhandensein einer gefüllten Kaffeekanne verhindert, aber wir brauchten neue Gardinen, und gleich nach Neujahr mußte der Maler kommen.

Als Sascha zwei Jahre alt war, schmiß er seinen Bruder in den Goldfischteich. Mit drei Jahren demolierte er durch eine in diesem Alter ungewohnte Treffsicherheit das nagelneue Luxusauto eines Nachbarn, der einem längeren Krankenhausaufenthalt nur durch die Reaktionsschnelle entging, mit der er hinter seiner Staatskarosse Deckung nahm. Der Versicherungsvertreter, seit zwei Jahren Dauergast in unserem Haus, erwog schon einen Berufswechsel.

Mit vier Jahren sprang Sascha vom Dreimeterbrett, obwohl er überhaupt noch nicht schwimmen konnte, und erreichte mehr tot als lebendig den Beckenrand. Mit viereinhalb fiel er aus einem sechs Meter hohen Apfelbaum – selbstredend war es ein fremder – und brach sich zum erstenmal den Arm. Mit fünfeinhalb kam er in die Schule.

Hier ließ seine Aktivität schlagartig nach. Den Sprung aufs Gymnasium schaffte er nur mit Ach und Krach, und daß er nicht wieder geflogen ist, verdankt er wohl hauptsächlich seiner Klassenlehrerin. Während einer der zahlreichen Rücksprachen, zu denen ich regelmäßig zitiert wurde, vertraute sie mir seufzend an: »Manchmal möchte ich den Bengel ja zum Fenster hinauswerfen, aber irgendwie mag ich ihn trotzdem. Ich habe immer noch die Hoffnung, daß er eines Tages aufwacht. Seine Intelligenz ist mindestens genauso groß wie seine Faulheit.«

Demnach muß Sascha ein Genie sein! Bisher versteht er es aber meisterhaft, diese Tatsache zu verbergen.

Dann kam Stefanie, ein dunkelhaariges, dunkeläugiges Bilderbuchbaby mit Löckchen, Grübchen und allen sonstigen Attributen, die man sich für ein Mädchen wünscht. Sobald sie auf ihren ziemlich stämmigen Beinchen stehen konnte, brach sie in ohrenbetäubendes Gebrüll aus, wenn ich ihr ein Kleid anziehen wollte. Sie bestand auf Hosen (darauf besteht sie auch heute noch), warf ihre Puppen auf den Misthaufen und wünschte sich zum Geburtstag Fußballschuhe. Alle Versuche, wenigstens äußerlich ein Mädchen aus ihr zu machen, scheiterten. Als der Zeitpunkt nahte, an dem die Merkmale ihres Geschlechts sichtbar wurden, rangierte sie alle Pullover aus und klaute die Sporthemden ihrer Brüder. Die waren natürlich viel zu groß, hingen wie Säcke um ihren Körper und verbargen alle verräterischen Anzeichen.

Das Verhältnis zu ihren Brüdern ist – gelinde gesagt – gespannt. Mit Sven verträgt sie sich ganz gut, weil der sie mit der Weisheit des Alters betrachtet und ihr gegenüber ein großväterliches Gebaren an den Tag legt. Zwischen Steffi und dem vier Jahre älteren Sascha herrscht permanenter Kriegszustand. Spätestens nach drei Minuten blaffen sie sich gegenseitig an, nach fünf Minuten liegen sie sich in den Haaren. Ältere und somit erfahrenere Mütter versicherten mir immer wieder, das sei ganz natürlich und müsse so sein. Beurteilen kann ich das nicht, ich bin ein Einzelkind.

Aufgewachsen in Berlin, er- und verzogen von Eltern, Großeltern, Urgroßmutter und Tante, wurde ich erst mit fünfzehn einigermaßen selbständig, als wir nach Düsseldorf zogen und die Verwandtschaft hinter uns ließen. Meine ersten Brötchen verdiente ich als Redaktionsvolontärin bei der Tageszeitung und schrieb für die Lokalredaktion Berichte über Verbandstreffen der Kaninchenzüchter und Jahrestagungen des Schützenvereins von 1886. Freitags marschierte ich mit Presseausweis dreimal ins Kino, um den interessierten Lesern meine Meinung über neu ins Programm aufgenommene Filme mitzuteilen. Weil man aber beim besten Willen keine Lobeshymnen singen kann, wenn man ›Heimat, deine Sterne‹ oder ›Der Rächer von Arkansas‹ über sich ergehen lassen muß – die besseren Filme behielten sich natürlich die arrivierten Kollegen vor –, protestierten die Kinobesitzer bald gegen mein Erscheinen. Künftig schrieb ich nur noch über Taubenzüchter und Briefmarkensammler. Ich wollte meine journalistische Laufbahn schon an den Nagel hängen und notfalls Schuhverkäuferin werden, als ein wagemutiger Verleger eine Kinderzeitung gründete und Mitarbeiter suchte. Meine Bewerbung hatte Erfolg, statt über ›Wildwest in Oberbayern‹ schrieb ich jetzt über ›Pünktchen und Anton‹, und bevor die Zeitschrift nach anderthalb Jahren ihr Erscheinen wieder einstellte, heiratete ich noch schnell ihren Chefredakteur.

Böse Zungen haben später behauptet, dieser Herr habe sich mehr seinen Mitarbeiterinnen als seiner beruflichen Tätigkeit gewidmet und deshalb sei der ›Dalla‹ auch eingegangen. Dagegen muß ich mich entschieden verwahren! Nur durch meine aufopferungsvolle

Arbeit, die mich oft genug bis in die Abendstunden an die Redaktionsräume gefesselt hatte, ist die Zeitschrift überhaupt alle 14 Tage pünktlich erschienen! Unser Boß wurde erst in den späten Nachmittagsstunden richtig munter und erwartete von seinem Stab dasselbe.

Der Ex-Chefredakteur, nunmehr Ehemann und stellungslos, besann sich auf seine frühere Ausbildung, die mal am Setzkasten angefangen und auf der Kunstakademie geendet hatte, vermischte diese Kenntnisse mit seiner angeborenen Überredungsgabe sowie einem mittlerweile erworbenen Organisationstalent und wurde Werbeberater. Das ist er noch heute.

Seine angetraute Gattin, die er von ihren acht Stunden Büroarbeit erlöst hatte, damit sie vierzehn Stunden im Haushalt arbeiten konnte, beschäftigte sich anderthalb Jahrzehnte ausschließlich mit Brutpflege und Haushaltsführung, wenn man von dem unbezahlten Nebenjob als Sekretärin, Buchhalterin, Telefonistin und Steuerberaterin einmal absieht. Ihre literarischen Ambitionen tobte sie in langen Briefen an die Verwandtschaft aus, später auch in den Hausaufsätzen ihrer schulpflichtigen Kinder. Ob die Lehrer davon begeistert waren, entzieht sich meiner Kenntnis – vermutlich wußten sie es nicht –, die Verwandtschaft jedenfalls war es. Entfernte Tanten, die ich bestenfalls zu Weihnachten mit einer vorgedruckten Karte und herzlichen Festtagsgrüßen beglückte, spielten in ihren Dankschreiben auf irgendwelche familiären Ereignisse an, von denen sie eigentlich gar keine Ahnung haben konnten. Schließlich erfuhr ich von meiner Großmutter, daß sie die für sie bestimmten Briefe zu Rundschreiben umfunktionierte und allen möglichen Leuten schickte. Sogar ihren Kränzchenschwestern las sie längere Passagen daraus vor.

Mißtrauisch geworden forschte ich weiter. Der väterliche Großvater pflegte meine Briefe mit sich herumzutragen und sie seinen Skatbrüdern vorzulesen, wobei ich um der Wahrheit willen zugeben muß, daß er Familieninterna aussparte und sich nur auf Schilderungen beschränkte, die seine Urenkel betrafen. Meine Freundin brachte Saschas Schandtaten bei gelegentlichen Klassentreffen zu Gehör, und meine Lieblingstante übersetzte einzelne Briefstellen ins Englische, um sie in verständlicher Form weitergeben zu können. Sie lebt in Los Angeles.

Meine erste Reaktion war Empörung. Wie kann man persönliche Briefe... wenn auch nur auszugsweise... und wen interessierte es überhaupt, wann und warum bei uns der Haussegen schiefhing?

Dann kamen die Antworten. Tante Lotti wollte wissen, wie denn die Sache mit der Theateraufführung ausgegangen war, und Onkel Henry forderte nähere Einzelheiten über den einzementierten Weihnachtsbaum an.

Der Gatte Rolf, dem ich kopfschüttelnd den vermehrten Posteingang vorlegte, empfahl mir, künftige Briefe auf Matrize zu schreiben und an Daueraboннnenten zu verschicken. »Aber per Nachnahme, damit du wenigstens die Portokosten wieder reinkriegst!«

Wann ich auf die Idee gekommen bin, über unsere Familie ein Buch zu schreiben, weiß ich nicht mehr. Vermutlich damals, als Sven und Sascha zum soundsovieltenmal zum Polizeirevier zitiert wurden, weil sie etwas ausgefressen hatten. Ich sehnte mich mal wieder nach unserer dörflichen Idylle zurück, in der es keinen Polizeiposten gegeben hatte und Lausbubenstreiche von den Betroffenen unbürokratisch-handfest und daher sehr nachhaltig behandelt worden waren. Andererseits war die Idylle ja gar nicht so idyllisch gewesen, und wenn wir die helfende Hand unserer Wenzel-Berta nicht gehabt hätten...

Kurz und gut, ich setzte mich an die Schreibmaschine (Jahrgang 1949 und schon ziemlich altersschwach) und fing an zu tippen. Die Familie, an gelegentlich ausbrechenden Eifer bei der Beantwortung von Privatbriefen gewöhnt, ertrug das Geklapper mit Fassung. Nach drei Wochen äußerte Rolf die Vermutung, ich müßte nunmehr wohl die gesamte Post der vergangenen zwei Jahre erledigt haben, einschließlich Glückwünschen, Kondolenzschreiben und Festtagsgrüßen.

Ein Windstoß lüftete mein sorgsam gehütetes Geheimnis. 43 Manuskriptblätter segelten durch das geöffnete Fenster in den Garten, wo sie von Sven zwar diensteifrig eingesammelt, aber nebenbei auch oberflächlich gelesen wurden.

Die Bombe platzte. Die Familie ebenfalls.

»Mußt du denn jetzt auch auf dieser Welle mitschwimmen? Selbstverwirklichung oder wie der Quatsch sonst noch heißt? Knüpf doch wenigstens Teppiche, dann haben wir alle was davon!« Das war Sven.

Sascha war praxisbezogener: »Für so was sitzt du nun stundenlang an der Schreibmaschine, aber meinen Knopf von den Jeans hast du immer noch nicht angenäht. Die Tasche vom Parka ist auch ausgefranst!«

Rolf sagte überhaupt nichts und beschränkte sich auf ein mitleidiges Lächeln. Ein paar Tage später meinte er gönnerhaft: »Du kannst mir ja mal dein Manuskript zeigen, vielleicht läßt sich wirklich etwas daraus machen.«

»Du bist nicht mehr mein Chef und ich nicht mehr dein Textlieferant!« giftete ich zurück. »Kümmere dich lieber um deine Bandnudeln!« Seit Tagen schon suchte er nach einem zugkräftigen Slogan für ein neues Teigwarenprodukt.

Die Knaben wollten Leseproben, kriegten keine, fingen an zu sticheln.

»Schade um das viele schöne Papier!«
»Wieviel zahlt eigentlich das Fernsehen für Verfilmungsrechte?«
»Hast du schon Autogrammpostkarten?«

Nur nicht hinhören! redete ich mir selbst gut zu, wenn ich nachmittags mit Schreibmaschine, Zigaretten und Kaffeekanne in Steffis Zimmer zog, die zwar pflichtgemäß gegen ihre zeitweilige Ausbürgerung protestierte, sich aber ohnehin so gut wie nie in ihren eigenen vier Wänden aufhielt.

Kurz vor Weihnachten hatte ich mein Opus beendet, stopfte 198 beschriebene Blätter in eine Schublade und widmete mich schuldbewußt und daher mit doppeltem Eifer der Festtagsbäckerei. Die Kinder hatten bereits ernsthaft eine Übersiedlung zu den Großeltern erwogen, denn normalerweise waren sie um diese Jahreszeit schon fündig geworden, wenn sie Pirschgänge in den Vorratskeller unternommen hatten. Diesmal waren die Keksdosen aber noch alle leer. Und Steffis Haferflockenplätzchen fraß nicht mal der Hund von gegenüber.

Was macht man nun mit einem Buchmanuskript, wenn man nicht Konsalik heißt und nicht Kishon, wenn man am vorletzten Ende der Welt lebt, keine einschlägigen Beziehungen hat und neben dem Frühstücksteller des öfteren so ermunternde Zeitungsausschnitte entdeckt wie beispielsweise den Hinweis, daß jährlich etwa 80 000 Neuerscheinungen auf den deutschen Buchmarkt kommen? Entweder man resigniert, was nun aber nicht meinem Charakter entspricht, oder man begibt sich in die ortsansässige Buchhandlung, bekundet ein bisher nicht geäußertes Interesse an literarischen Angeboten und deckt sich mit zwei Dutzend verschiedenen Verlagsprogrammen ein. Diesen Schatz trägt man nach Hause, wo man tunlichst die Literaturpäpste aussortiert, weil sie natürlich gar nicht in Betracht kommen. Schließlich ist man ja nicht größenwahnsinnig.

Die verbliebenen Prospekte breitet man auf dem Fußboden aus und kehrt ihnen den Rücken zu. Dann wirft man einen Pfennig über die Schulter. Ich versuchte es dreimal. Der erste rollte unter die Zentralheizung, der zweite landete im Papierkorb, und erst der dritte blieb liegen. Alsdann entwirft man ein Begleitschreiben, schickt das Manuskript ab und hofft, daß der Verleger beim Empfang desselben erstens Humor, zweitens nicht gerade einen Bestseller-Autor zu Besuch und drittens gut gefrühstückt hat. Der meine hatte. Name und Anschrift stehen auf Wunsch zur Verfügung.

2

Wir leben in einem Kurort. Es ist nur ein kleiner und wohl hauptsächlich einigen Versicherungsanstalten bekannt, die vorzugsweise ihre noch nicht kurerfahrenen Mitglieder hierherschicken. Beim nächstenmal wollen die aber auch woanders hin. Warum? Ich weiß es nicht.

Gekurt wird hier mit Sole. Ob die nun eine Begleit- oder Folgeerscheinung oder nur ein Nebenprodukt der Salzgewinnung ist, kann ich nicht sagen, jedenfalls baut man schon seit Jahren kein Salz mehr ab. Die Sole jedoch plätschert immer noch, füllt das Freibad, das Hallenbad, den Sprudelbrunnen und in gesundheitsfördernder Dosierung das Kurmittelhaus bzw. die dort befindlichen Inhalationsgeräte, Badewannen und was es sonst noch an therapeutischen Hilfsmitteln gibt. Behandelt werden laut Prospekt sämtliche Erkrankungen der Atemwege, aber auch andere Leiden, für die normalerweise Internisten zuständig sind.

Dann gibt es noch unverhältnismäßig viele Fußkranke hier, Patienten mit demolierter Bandscheibe und solche mit gebrochenen

Gliedern. Die kommen aber nicht wegen der Sole, sondern wegen der orthopädischen Klinik, jahrzehntelang das am nächsten gelegene Bauwerk dieses Ortes, nunmehr jedoch von modernen Wohnsilos überrundet. Stefanie kennt übrigens den gesamten Ärztestab und die halbe Schwesternschaft der Klinik. Wenn sie nicht gerade selbst in der Ambulanz sitzt und auf Röntgenaufnahme, Verbandwechsel oder Gipsarm wartet, dann besucht sie wenigstens eine Freundin, die gerade ihren Knöchelbruch oder ihren Bänderriß auskuriert.

Natürlich ist diese orthopädische Klinik nicht die einzige Bettenburg im Ort. Wir haben mehrere Sanatorien, allesamt noch ziemlich neu und entstanden während der wirtschaftlichen Hochkonjunktur, als noch so ziemlich jeder Arbeitnehmer alle zwei Jahre ›in Kur ging‹, und sein Chef sich freute, wenn er wieder zurückkam, weil er keine Vertretung gefunden hatte. Inzwischen hat sich die Lage auf dem Arbeitsmarkt ja etwas geändert, und hörte man zumindest während der Sommermonate auf den hiesigen Straßen fast nur rheinischen oder Berliner Dialekt, so überwiegt jetzt wieder der schwäbische.

Apropos schwäbisch. Verwaltungstechnisch liegt Bad Randersau in Baden-Württemberg, wenn auch in der äußersten Ecke; geographisch gehört es nach Baden, mentalitätsmäßig nach Schwaben und sprachlich irgendwo dazwischen.

Ein Stuttgarter Schwabe schwätzt anders als ein Heilbronner Schwabe, aber beide können sich ohne Schwierigkeiten verständigen. Ein Bad Randersauer Schwabe schwätzt ein Konglomerat von Schwäbisch, Badensisch, Pfälzisch, durchsetzt mit ein paar alemannischen Brocken und gekrönt von einer Grammatik, die Herrn Duden selig im Grabe rotieren lassen würde, könnte er sie hören.

Als wir vor acht Jahren hierherzogen, waren unsere drei Ältesten der deutschen Sprache recht gut mächtig und gegen Dialekteinflüsse gefeit. Anders die Zwillinge. Sie besuchten den hiesigen Kindergarten, sprachen zu Hause hochdeutsch, auf der Straße ›einheimisch‹, und wenn sie unter sich waren, kauderwelschten sie ihre ureigene Mischung. »Hast du au alls scho die kloine Kätzle in Bettina seine Oma ihre Scheune gesehen?«

Ein Kurort – hierorts Heilbad genannt – lebt *von* seinen Kurgästen und folglich auch *für* dieselben. Die Einwohner werden deshalb auch in sporadischen Abständen durch Aufrufe im Gemeindeblättchen angehalten, alles für das Wohlergehen der Kurgäste zu tun. Besonderer Wert gelegt wird auf regelmäßige Gehsteigreinigung, sommerlichen Blumenschmuck und die Einhaltung der Baderegeln, die zumindest im Hallenbad sehr streng gehandhabt werden. Man darf nur im Kreis schwimmen, und auch das nur in einer Richtung.

Außer den bereits genannten Einrichtungen gibt es ferner: Ein Kurhaus mit Bühne, wo in regelmäßigen Intervallen das Tegernseer Bauerntheater, die Württembergische Landesbühne und gelegentlich prominente Fernsehstars gastieren; letztere bedingen höhere Eintrittspreise sowie Kartenvorverkauf. Im Kurhaus finden auch der Silvester- und der Rosenball statt, desgleichen die gehobeneren Faschingsfeste. Die anderen werden in die Mehrzweckhalle verlegt. Da es sich hierbei um die Turnhalle handelt, fällt in den Tagen vor und nach derartigen Großveranstaltungen der Sportunterricht in den Schulen aus.

Neben dem Kurhaus mit Restaurationsbetrieb und dreimal wöchentlich Tanztee gibt es noch diverse Gaststätten mit ›Stimmungsmusik‹. Der fest engagierte Hammondorgel- oder Akkordeonspieler genießt bereits den Vorteil der 36-Stunden-Woche, denn fast alle Tanzvergnügen enden pünktlich um 22 Uhr, weil Zapfenstreich ist. Kasernierte Kurgäste müssen um 22.30 Uhr zu Hause sein. Die Privaten haben natürlich unbefristeten Ausgang.

Wir haben etwa zwei Dutzend Kneipen – Imbißhalle und Reiterklause eingeschlossen –, ein wirklich herrliches Freibad, das auch außerhalb des Landkreises bekannt ist und an Wochenenden von Heidelberger, Mannheimer und sogar Stuttgarter Mitbürgern bevölkert wird, einen Minigolfplatz, einen Reitstall und eine Kurbibliothek. Nicht zu vergessen den zauberhaften Mischwald mit sehr gepflegten Wegen, mit Schutzhütten, die nach Einbruch der Dunkelheit von Liebespärchen frequentiert werden (das läßt sich unschwer an den eingeritzten Herzchen mit Monogramm erkennen), mit Reitwegen, Brombeersträuchern, Pilzen und last, but not least dem Waldsee. Der ist zwar klein, aber sehr romantisch, und dient den Kurgästen als lebender Abfalleimer für harte Brötchen und von den auf Diät gesetzten Patienten verschmähten Vollkornbrotscheiben. Die Karpfen im Waldsee sind auch alle wohlgenährt und so zutraulich, daß sie vermutlich jedem aus der Hand fressen würden, wenn man es versuchte. Sascha hat sogar einmal zwei Karpfen geangelt, und zwar mit einem Stück Bindfaden und einer aufgebogenen Büroklammer. Verboten ist das trotzdem.

Für Jogging-Freunde und sonstige Gesundheitsapostel gibt es auch einen Trimmpfad mit zwanzig Haltepunkten, wo man die auf Blechschildern illustrierten Freiübungen veranstalten kann. Manchmal begegnet man tatsächlich schwitzenden Mitbürgern, die sich an Reckstangen hochrangeln oder Holzbalken verschiedener Stärke schwingen, falls diese nicht gerade einmal wieder von einem weniger gesundheitsbewußten Kaminbesitzer als Feuerholz geklaut worden sind.

Man sieht also, daß für Gesundheit und Freizeitvergnügen unserer Kurgäste sehr viel getan wird. Wer nicht gut zu Fuß ist und trotzdem lustwandeln möchte, kann es im Kurpark tun, wo es mehr Bänke als Bäume gibt. Die Kurparkschwäne auf dem Kurparksee mögen übrigens kein Brot mehr, sie fressen lieber Salat.

Wer wandern will, kann auch das zur Genüge tun. Bedauerlicherweise liegen alle sehenswerten Ausflugsziele außerhalb der Gemeindegrenzen, was besonders die ortsansässigen Gastwirte etwas verbittert. Deshalb besteht wohl auch die zwar immer abgestrittene, trotz allem aber seit jeher vorhandene Rivalität zwischen Bad Randersau und dem 5 Kilometer entfernten Nachbarort, der dank seines mittelalterlichen Stadtkerns schon oft den Hintergrund für Fernsehspiele und Trachtenfeste abgegeben hat. Darum ist er auch bekannter. Hübscher ist er auf jeden Fall.

An Sehenswürdigkeiten hat Bad Randersau eigentlich nur sein Wasserschloß zu bieten, das dann auch auf fast jeder Ansichtskarte und mehrmals im Prospekt wiederzufinden ist. Eine Zeitlang diente es sogar als Kurheim, nun wird es umgebaut. Sollte es jemals fertigwerden, dann zieht hier die Stadtverwaltung ein.

Zum Wasserschloß gehört auch ein Wehrturm, der zwar etwas abseits, dort aber schon seit über 500 Jahren steht. Man hat ihn des Denkmalschutzes für würdig befunden, und nun muß immer um ihn herumgebaut werden. Das neu errichtete Gemeindezentrum, über dessen Sinn und Zweck noch allgemein gerätselt wird, steht auch in seinem Windschatten.

Über das Wohl und Weh der 13 874 ständigen und der wechselnden Zahl vorübergehender Bewohner wachen die Polizei und der Herr Bürgermeister. Letzterer ist sehr beschäftigt, was die interessierten Untertanen allwöchentlich im Gemeindeblatt nachlesen können. Es gibt so gut wie keine Ausgabe, in der wir unser Stadtoberhaupt nicht beim Pflanzen einer Eiche (Tag des Baumes) bewundern können, beim Startschuß zum Sackhüpfen (Tag des Kindes), beim Überreichen eines Präsentkorbes für einen langgedienten Verwaltungsangestellten oder beim Besichtigen der neuerworbenen Drehleiter für die freiwillige Feuerwehr. Besucht uns gar ein Abgesandter der Landesregierung, dann gibt es eine wahre Bilderflut im Blättchen: Der Herr Bürgermeister bei der Begrüßung, der Herr Bürgermeister bei der Entgegennahme des Gastgeschenks, der Herr Bürgermeister im Kreise seiner Mitarbeiter (v. l. n. r. Gemeinderatsmitglied Sowieso, Stadtoberamtmann Soundso...), der Herr Bürgermeister bei der Verabschiedung eines hohen Gastes. In der nächsten Nummer folgt dann der genaue Wortlaut der Tischreden.

Nun besteht Bad Randersau nicht nur aus Kurgästen, und seine Dauereinwohner können nicht von Kneipen und Friseuren allein leben. Deshalb gibt es drei Supermärkte und einige Tante-Emma-Läden, zwei Apotheken, ein Textilkaufhaus, drei Schuhgeschäfte, einen Handarbeitsladen, diverse andere Geschäfte, eine Post und eine Verkehrsampel. Nicht zu vergessen den Bahnhof in Himbeereisrosa, auf dem um 18.51 Uhr der letzte Zug abfährt, und drei Bankfilialen. Eine davon wurde unlängst zur Mittagsstunde überfallen und beraubt, was ein Verkehrschaos zur Folge hatte. Sämtliche Zufahrtsstraßen wurden gesperrt; die von dieser unerwarteten Gewalttat völlig überraschte Polizei kontrollierte gewissenhaft Autofahrer und auch ein paar gammelnde Jugendliche, die irgendwo am Stadtrand zelteten, aber den Bankräuber erwischte sie nicht. Wie später ermittelt wurde, hatte er den Tatort mit dem fahrplanmäßigen Eilzug um 13.21 Uhr Richtung Heilbronn verlassen. ›Fahre sicher mit der Bundesbahn!‹

Nun wird jeder (mit Recht!) fragen, weshalb wir überhaupt hergezogen sind, wenn es mir doch ganz offensichtlich hier gar nicht gefällt. Diese Vermutung ist übrigens falsch. Man kann hier wirklich recht gut leben, zumindest sehr geruhsam, aber als typisches Großstadtgewächs fällt es mir immer noch schwer, mich mit den kleinstädtischen Unzulänglichkeiten abzufinden. Ich wäre seinerzeit auch lieber in einen etwas größeren Ort gezogen, aber dieser Wunsch scheiterte an der zu Unrecht propagierten Kinderfreundlichkeit bundesdeutscher Hausbesitzer.

Den letzten Hauswirt hatte unsere zahlreiche Nachkommenschaft nicht gestört, hauptsächlich wohl deshalb, weil er fünfzig Kilometer entfernt wohnte und seinen als Kapitalanlage gedachten Neubau in einem 211-Seelen-Dorf an normale Sterbliche nicht vermieten konnte. Er war ein paar Nummern zu groß geraten. So lebten wir ein Jahr lang fern der Zivilisation und in friedlicher Gemeinschaft mit Katzen, Wühlmäusen, Käfern und Kellerasseln, bis der Hauswirt pleite machte und das Haus samt vierbeinigem Inventar verkaufen mußte. Das zweibeinige bekam die Kündigung, setzte drei Makler in Lohn und Brot, besichtigte wochenlang Luxusbungalows und Drei-Zimmer-Einliegerwohnungen, fand sich schon mit dem Gedanken der Übersiedlung in ein Obdachlosenasyl ab und entdeckte sozusagen in letzter Minute ein akzeptables Domizil, das sofort bezogen werden konnte. Der Standort war unter diesen Umständen natürlich Nebensache, außerdem erschien mir Bad Randersau nach der Einöde Heidenbergs sogar als Rückkehr ins Paradies. Aber auch Adam und Eva sind ja bekanntlich nicht zufrieden gewesen.

Schon während der Umzugsvorbereitungen war ich ständig zwischen Heidenberg und Bad Randersau gependelt, hatte Blumentöpfe transportiert, Fenster ausgemessen und die Nachbarschaft schonend auf die kommende Invasion vorbereitet. Die war dann aber ganz beruhigt, daß wir nur fünf eigene Kinder hatten und es sich bei den übrigen acht bis zehn, die unentwegt in Haus und Garten herumquirlten, lediglich um neuerworbene Freunde handelte. Sascha hatte bereits vier feste und ein paar andere, die auch ›schwer in Ordnung‹ waren, Sven schwankte noch zwischen einem knapp Zwei-Zentner-Knaben und einem hochaufgeschossenen Vierzehnjährigen, der Griechisch lernte, und Stefanie sortierte alle sechs- und siebenjährigen Nachbarskinder durch und entschied sich für eine stämmige Achtjährige, die Katharina hieß und wie ein Junge aussah. Die Zwillinge äußerten noch keinen Wunsch nach Kommunikation, sondern begnügten sich damit, Haus und Garten zu erforschen und bei diesen Streifzügen die Kellertreppe hinunterzufallen, die Finger in der Balkontür einzuklemmen und schließlich samt Roller in ein Baggerloch zu stürzen. Wir nahmen zum erstenmal die Unfallstation der orthopädischen Klinik in Anspruch.

Die dritte Karteikarte, ausgestellt auf Sascha, wurde vier Wochen später angelegt. Zu seinem Freundeskreis gehörte ein Knabe namens Andreas, Andy genannt, der nicht nur technisch begabt war, sondern darüber hinaus mitunter merkwürdige Einfälle hatte. So hatte er Sascha ziemlich schnell von den Vorteilen einer direkten Sprechverbindung von seinem zu unserem Haus überzeugen können. Da ich in Physik immer eine Vier hatte und bis heute noch nicht erklären kann, wie ein ganz normales Telefon funktioniert, sind mir natürlich die technischen Einzelheiten dieses Sprechfunks nicht mehr geläufig. Ich weiß nur, daß irgendwo eine Antenne angebracht werden sollte, und Andy hielt den oberen Teil der Regenrinne für den geeigneten Standort. Nun hätte man denselben zwar vom Zimmerfenster aus erreichen können, aber Sascha zog den direkten Weg vor. Die Regenrinne war nicht mehr ganz neu, außerdem »hat dieses Kamel von Andy immerzu an dem Draht gezogen«, jedenfalls segelte Sascha abwärts, landete in den Buschrosen und wurde anschließend, bäuchlings auf den Rücksitzen liegend, in die Klinik gekarrt. (Seitdem zieht er eine Badehose wirklich nur noch zum Baden an.)

In den folgenden Jahren gehörten Saschas Mannen schon fast zur Familie, und deshalb sollen sie lieber gleich kurz vorgestellt werden:

Andy wurde schon erwähnt. Er fiel mir gleich in den ersten Tagen durch exzellente Höflichkeit auf und durch die Bereitwilligkeit, mit der er gegen die letzten Nachwirkungen des gerade überstandenen Umzugs ankämpfte. Andy schlug Nägel in die Wände, und zwar dort, wo sie hin sollten, und nicht dort, wo Sven am leichtesten in die Mauer kam; Andy räumte Pappkartons weg und holte Zigaretten. Andy fing die ausgebüxten Zwillinge ein und verpflasterte Steffis aufgeschürftes Knie; Andy holte von zu Hause Verbandszeug, weil Sven in Ermangelung von Isolierband unser Leukoplast zum Reparieren der Tischlampe gebraucht hatte. Andy wollte sogar den Rasen mähen. Der Rasenmäher war kaputt. Das war er schon seit sechs Wochen.

»Haben Sie Handwerkszeug?«

Natürlich hatten wir welches! Bloß wo?

Andy holte eigenes und machte sich ans Werk. Nach einer Stunde gab der Mäher bereits röchelnde Töne von sich. Beim zweiten Startversuch verwandelte er sich in ein feuerspeiendes Ungetüm, beim dritten riß die Zündschnur ab. Andy gab nicht auf. Kurz vor Einbruch der Dunkelheit knatterte die Maschine dann auch wirklich schön gleichmäßig vor sich hin, und Andy schnitt stolz eine breite Schneise in den Löwenzahn, unter dem wir den Rasen vermuteten. Allerdings stellte er sofort wieder den Mäher ab und wischte sich das Grünzeug aus Gesicht und Haaren. Auf rätselhafte Weise hatte der Grasauswerfer die Richtung geändert und spuckte den gemähten Rasen senkrecht nach oben.

»Ich nehme das Ding lieber mal mit nach Hause«, meinte Andy etwas kleinlaut. »Mein Vater kriegt das schon wieder hin.«

Den Staubsauger hat er allerdings prima repariert, wenn auch die Ersatzteile annähernd so teuer waren wie ein neues Gerät. Und daß die Heizplatte von der Kaffeemaschine wieder funktionierte, hatte ich auch Andy zu verdanken. Man konnte ihm ja keine Schuld dafür geben, daß seitdem das Wasser unten herauslief.

»Klarer Fall von Materialmüdigkeit«, bekräftigte denn auch Sascha, »der Automat ist doch schon fast zwei Jahre alt.«

Dritter im Bunde war Manfred. Groß, dunkler Lockenkopf, sehr zurückhaltend und ein bißchen wortkarg, letzteres aber nur, wenn Erwachsene in Hörweite waren. Manfred hatte den Kopf voller Dummheiten und brütete ständig neue aus. Andy steuerte im Bedarfsfalle sein technisches Know-how bei, und Sascha war meist ausführendes Organ. Wurden weitere Hilfskräfte gebraucht, traten Wolfgang und Eberhard auf den Plan.

Wolfgang war reinblütiger Schwabe, sprach unverfälschten Dialekt und verstand mich genausowenig wie ich ihn. Anfangs mußte Sascha dolmetschen, später brauchte er nur noch Wolfgangs Antworten zu übersetzen, weil der inzwischen Hochdeutsch konnte. Nach einem halben Jahr etwa vermochten wir uns endlich ganz zwanglos zu unterhalten.

Eberhard, Hardy genannt, war mir sofort sympathisch. Er war Berliner (ich auch), aufgewachsen in Kreuzberg (ich nicht) und seiner Heimatsprache treu geblieben. Übrigens war er der einzige des ganzen Vereins, der nicht das Gymnasium besuchte, sondern die ortsansässige Realschule.

»Meine Mutter hat jesacht, zum Studieren bin ick sowieso zu dämlich. Außerdem soll ick ja mal den Laden von Opa übernehmen, und der braucht keenen Tischler mit Latein!«

Wieso es Hardy vom heimischen Kreuzberg ins schwäbische Randersau verschlagen hatte, habe ich nie herausbekommen. Es hatte irgend etwas mit der kranken Oma und den türkischen Gastarbeitern zu tun.

Sven wurde zwar von Saschas Freundeskreis akzeptiert und mischte manchmal kräftig mit, aber er hatte auch seine eigenen Kumpane, die von Sascha jedoch rundweg abgelehnt wurden:

»Die Typen kannste alle abhaken! Sieh dir doch bloß mal den Jochen an, das ist der mit den Hexenmetern. Dauernd redet der so geschwollen!«

»Es handelt sich um Hexameter, und darunter versteht man ein griechisches Versmaß, du hoffnungsloser Ignorant!« Sven führte mal wieder sein fortgeschrittenes Alter ins Treffen.

»Na, wenn schon. Und diese andere Flasche hat doch auch 'ne Meise, Breitmaul, oder wie der heißt.«

»Der heißt nicht Breitmaul, der heißt Breitkopf!« berichtigte Sven.

»Ist doch auch egal. Breitmaul würde übrigens viel besser passen, der Kerl kann doch den Spargel quer fressen!«

Der Konversation unter Brüdern mangelt es oft an Eleganz. Davon abgesehen hatte Sascha sogar recht. Der Knabe Breitkopf besaß in der Tat einen ungewöhnlich großen Mund. Außerdem züchtete er Kakteen. Dieser Pflanzengattung hatte Sven bisher noch keine Beachtung geschenkt, und so stürzte er sich mit Feuereifer in ein neues Forschungsgebiet. Seitdem haben wir auch Kakteen. Bei der letzten Zählung waren es 82.

Svens Freunde traten relativ selten in Erscheinung. Einmal, weil sie am entgegengesetzten Ende des Ortes wohnten, zum anderen, weil Sven lieber zu ihnen ging. »In diesen Kindergarten hier kann man doch keinen halbwegs normalen Menschen einladen!«

Stefanie zog eine Weile mit Katharina herum, freundete sich mit einer rothaarigen Isabell, danach mit einer flachsblonden Kirsten an und lief schließlich mit fliegenden Fahnen zu Angela über. Es dauerte nicht lange, und die beiden klebten zusammen wie Pech und Schwefel. Stefanie schlief bei Angela, Angela schlief bei Stefanie. Wenn Angela ihre Oma besuchte, stiefelte Stefanie mit. Wenn Stefanie zum Zahnarzt ging, wurde sie von Angela begleitet. Trug Angela einen roten Pullover, dann zog Stefanie auch einen an. Wenn Angela ihren alljährlichen Heuschnupfen bekam und in unseren Sesselecken ihre benutzten Taschentücher deponierte, räumte Steffi sie bereitwillig weg. Die beiden hingen aneinander wie siamesische Zwillinge und würden es vermutlich heute noch tun, wenn Angela nicht nach München verzogen wäre. Die Freundschaft ging an beiderseitiger Schreibfaulheit zugrunde. Oder an Herrn Minister Gscheidle, der bei der Festsetzung von Telefongebühren nicht das Mitteilungsbedürfnis von Elfjährigen berücksichtigt hatte.

Nicole und Katja erklärten sämtliche Besucher des Kindergartens zu ihren Freunden, reduzierten diese Anzahl so nach und nach auf ein rundes Dutzend und entschieden sich schließlich für Bettina und Andrea.

Womit die handelnden Personen endlich komplett wären!

3

»Mami, was kostet eigentlich ein Anorak?« Sascha feuerte seinen Ranzen neben den Kühlschrank, angelte sich eine Kohlrabiknolle vom Tisch und kaute geräuschvoll darauf herum.

»Mindestens fünfzig Mark, meistens mehr. Weshalb interessiert dich das überhaupt? Du hast doch erst im Frühjahr einen neuen bekommen.«

»Der ist jetzt aber weg!«

»Was heißt weg?«

»Na ja, im Fundbüro war er nicht, und am Bahnhof hat ihn auch niemand abgegeben, also ist er weg!«

Jetzt reicht es allmählich! Als wir für unsere Knaben den gehobeneren Bildungsweg planten, hatten wir natürlich gewisse Kosten einkalkuliert. Monatskarten, Kakaogeld, Turnhemden mit Schulemblem und ähnliche Dinge, die nicht unter die Rubrik Lehrmittelfreiheit fallen. Dann kamen noch Arbeitshefte dazu, in die man etwas hineinschreibt und die man deshalb selber kaufen muß, Zirkelkästen, Aquarellfarben..., von den regelmäßigen Unkostenbeiträgen für den Werkunterricht oder die Zeichenstunden ganz zu schweigen. Rolf stellte fest, daß Bildung teuer ist, und erhöhte zähneknirschend das Haushaltsgeld.

Nicht eingeplant waren allerdings die zusätzlichen Kosten für Gebrauchsartikel, die im Zug liegenblieben und dann auf Nimmerwiedersehen verschwanden. Ausgenommen einen Regenschirm, von dem aber schon zwei Speichen gebrochen waren und den der ehrliche Finder deshalb wohl auch abgeliefert hatte.

Es ist wirklich bemerkenswert, was während einer siebenminütigen Bahnfahrt alles abhanden kommen kann. Angefangen hatte die Verlustserie mit Svens Atlas, den er beim Abschreiben als Unterlage benutzt und dann im Zug vergessen hatte. Kostenpunkt: 29,75 Mark. Als nächstes fehlte Saschas linker Turnschuh. Er war im Laufe einer handgreiflichen Auseinandersetzung aus dem offenen Abteilfenster geflogen. Preis: 20 Mark. Dann blieben ein Schal hängen und eine Wolljacke, der eine vermißte seinen Füller, der andere einen Pullover, und wie viele Handschuhe auf der Strecke geblieben sind, weiß ich schon gar nicht mehr. Nun war es zur Abwechslung mal ein Anorak.

»Mein Sohn, jetzt habe ich die Nase voll! Den neuen Anorak wirst du selbst bezahlen, und zwar werde ich ihn dir ratenweise vom Taschengeld abziehen!«

»Nee, also das geht nicht, weil das nämlich unsozial ist. Wenn ein Angestellter mal Mist baut und deshalb ein Auftrag oder so was in die Binsen geht, kürzt man ihm ja auch nicht gleich das Gehalt.«

»Wenn dieser Angestellte aber fortwährend Fehler macht, kündigt man ihm. Diese Möglichkeit habe ich leider nicht, also wirst du für deine Schusseligkeit jetzt mal selber geradestehen!«

Sascha paßte das überhaupt nicht. »Kannst du mir nicht lieber eine runterhauen?«

»Das hättest du wohl gerne?«

Jetzt mischte sich Sven ein: »Halte die Raten aber möglichst klein. Sascha wartet doch schon sehnsüchtig auf den Ersten, weil er seine Spielschulden bezahlen muß. Von dem, was ich noch von ihm kriege, will ich erst gar nicht reden.«

Ich hatte nur ein Wort verstanden. »Was für Spielschulden?«
»Der verliert doch dauernd beim ›Fuchsen‹, und nun steht er bei Wolfgang mit zwei Mark dreiundachtzig in der Kreide.«
Nun begriff ich überhaupt nichts mehr. »Und was ist ... wie heißt das? ›Fuchsen‹ denn überhaupt? Spielt man das mit Karten?«
»Nee, mit Pfennigen. Ist auch ganz harmlos.« Sven erklärte mir bereitwillig die Regeln. So etwas Ähnliches hatte ich als Kind auch gespielt, allerdings mit Murmeln.
Spielschulden sind Ehrenschulden! Irgendwo hatte ich das mal gelesen, und in früheren Zeiten mußte man sich deshalb standesgemäß erschießen. Diese Gefahr bestand wohl hier noch nicht, aber Ehrbegriffe werden bereits von Jugendlichen gepflegt.
»Dann mache ich dir einen anderen Vorschlag.« Aber zuerst entriß ich meinem Zweitgeborenen die Mohrrübe, auf der er jetzt herumknabberte. »Gib her, die brauche ich für die Suppe. Wie wäre es also, wenn du das Geld abarbeiten würdest? Keller aufräumen, Unkraut jäten, und der Wagen könnte mal wieder eine gründliche Wäsche nebst Politur vertragen.«
Sascha sah mich an, als hätte ich von ihm verlangt, freiwillig Vokabeln zu lernen.
»Du meinst, ich soll richtig arbeiten? Nicht bloß mal Brot holen oder Garage ausfegen?«
»Genau! Nach dem Essen kannst du gleich anfangen. Am besten mit dem Unkraut!«
»Und meine Hausaufgaben?«
»Gib doch bloß nicht so an«, konterte Sven mitleidslos, »die schreibst du doch sowieso von mir ab.«
Obwohl Sven anderthalb Jahre älter ist als sein Bruder, gingen beide in dieselbe Klasse. Während des entscheidenden vierten Grundschuljahres hatte sich unser Ältester mehr für Regenwürmer und Mistkäfer interessiert als für die Oberrheinische Tiefebene, und sein Abschlußzeugnis hätte ihn eigentlich zum Besuch einer Sonderschule verpflichtet. Ob nun ein verspäteter Ehrgeiz oder sein gelehrter Freund Sebastian die Ursache war, weiß ich nicht, jedenfalls entwickelte der zurückgebliebene Knabe plötzlich einen unerwarteten Bildungseifer und schaffte mit einjähriger Verspätung doch noch den Sprung aufs Gymnasium.

Rolf hatte das sogar ganz praktisch gefunden. Ihm schwebte etwas von gegenseitiger Hilfe und Gemeinschaftsarbeit vor, was Sascha dann auch durchaus wörtlich nahm. Sven machte die Arbeit, und Sascha bewies Gemeinsinn, indem er sich völlig auf seinen Bruder verließ und vertrauensvoll alles von ihm abschrieb. Und was der nicht wußte, das wußte dann eben ein anderer. So war Sascha immer der erste vor Unterrichtsbeginn in der Schule und wartete auf den zweiten, von dem er abschreiben konnte.

Mein Sohn arbeitete also seine Schulden ab. Er strich den Gartenzaun oder wenigstens Teile davon, und auch die nur auf einer Seite. Er räumte den Keller auf, das heißt, er stapelte alles in einer Ecke übereinander und erweckte so den Anschein, als habe er enorm viel Platz geschaffen. Er zupfte Unkraut. Da es sich hierbei um Pflanzen handelt, hinter deren Vorzüge wir bloß noch nicht gekommen sind, ließ er prompt alles stehen, was nicht einwandfrei als Brennessel zu klassifizieren war. Gehorsam wusch er auch den Wagen und hatte gerade mit dem Polieren des linken Kotflügels angefangen, als Rolf ihm das Silberputzmittel aus der Hand riß und ihn aus der Garage scheuchte.

»Bist du denn von allen guten Geistern verlassen? Mit dem Zeug kannst du doch nicht auf Lack herumwischen.«

»Steht doch aber drauf: ›Putzt alles, was glänzen soll‹«, verteidigte sich sein Filius.

»Raus!!!«

Immerhin hatte Sascha schon drei Viertel seines neuen Anoraks ›verdient‹, obwohl ich ihm eigentlich die Hälfte davon wieder hätte abziehen müssen, weil das Resultat seiner Fronarbeit doch ziemlich weit von deutscher Gründlichkeit entfernt war. Andererseits mußte ich auch den guten Willen honorieren.

»Wenn du jetzt noch im Wohnzimmer die Fenster putzt, sind wir quitt«, erklärte ich meinem Sprößling. Es schadet einem künftigen Ehemann gar nichts, wenn er aus eigener Erfahrung weiß, wie viele Rumpfbeugen zum Reinigen übermannshoher Fensterscheiben nötig sind.

»Wird gemacht!« Bereitwillig verschwand Sascha im Garten. Minuten später prasselte ein Gewitterregen an die Scheiben, ein Naturwunder, denn draußen schien die Sonne, und kein Wölkchen war zu sehen. Ich raste ins Wohnzimmer und stellte fest, daß Sascha den Gartenschlauch voll aufgedreht und den dicken Strahl direkt auf die Fenster gerichtet hatte. An der Terrassentür bildete sich bereits ein Rinnsal und sammelte sich auf dem Parkettboden mit Marschrichtung Küche.

»Bist du verrückt? Sofort aufhören!«

Sascha verstand offenbar kein Wort und winkte mir fröhlich zu.

»Nimm den Schlauch weg!« brüllte ich noch lauter.

Sascha nickte und richtete den Wasserstrahl auf das obere Drittel der Scheiben. Jetzt tropfte es auch aufs Fensterbrett.

»Auf-hö-ren!!«

Sascha zuckte mit den Schultern und malte Wasserkringel. Ich rannte durchs Wohnzimmer, durchs Eßzimmer, durch den großen Flur, durch den kleinen Flur, durch die Haustür, die Treppe hinunter, den Weg am Haus entlang bis zum Wasserhahn und drehte ihn aufatmend zu. Sascha kam mit dem tropfenden Schlauch um die Ecke: »Meinst du, das reicht schon?«

»Du bist wohl restlos übergeschnappt! Geh mal rein und sieh dir die Ferkelei drinnen an. Was hast du dir bei dieser Wasserschlacht eigentlich gedacht? So putzt man doch keine Fenster.«

»Soll ich vielleicht jede Scheibe einzeln abwischen? Du machst das alles immer viel zu umständlich, so was muß man rationalisieren.«

»Darunter versteht man doch Arbeitseinsparung, nicht wahr? Dann kannst du erst einmal im Wohnzimmer den Fußboden aufwischen, anschließend machst du die Terrassenmöbel sauber, hängst die ganzen Strohmatten auf und legst den Sumpf trocken, der mal ein Blumenbeet war. Was dir dein Bruder erzählt, wenn er seine klatschnassen Schuhe findet, kannst du dir vielleicht selber ausmalen!«

Für die nächste Stunde war Sascha hinreichend beschäftigt, und während er mit dem Fuß das Scheuertuch über den Parkettboden schob, erging er sich in langwierigen Betrachtungen über Fensterputzen im allgemeinen und Kinderarbeit im besonderen.

»Früher hat das immer Wenzel-Berta gemacht«, maulte er und verteilte das Wasser gleichmäßig auf dem Fensterbrett, »warum haben wir jetzt eigentlich keine Hilfe?«

Das war eine Frage, die sich ebenso leicht wie erschöpfend beantworten ließ: Weil es keine gab! Vorsichtige Rückfragen bei meiner

Nachbarin, die trotz allem so einen dienstbaren Geist besaß, hatten schon vor Wochen eine gewisse Ernüchterung gebracht.

»Fra Schröter putzt scho seit fuffzehn Johr bei mir un kommt nur noch aus Gfälligkeit. E neue Stelle tät sie niemals uffnehme.«

»Ich will sie ja gar nicht abwerben«, beteuerte ich erschreckt, »aber vielleicht kennt sie jemanden, der zu uns kommen würde.«

Frau Billinger klärte mich also geduldig darüber auf, daß es Putzfrauen erstens überhaupt nicht mehr gebe, und wenn, dann würden sie zweitens in den ortsansässigen Kliniken und Kurheimen arbeiten, weil man ihnen dort nicht so genau auf die Finger sehe, und drittens gehe zu kinderreichen Familien sowieso niemand mehr.

»Eigentlich hatte ich ja auch mehr an eine richtige Hausgehilfin gedacht, die bei uns wohnt«, bekannte ich schüchtern.

Frau Billinger sah mich an, als sei ich ein lästiges Insekt. »Wo hawe Sie denn bisher gelebt? Die junge Dinger gehe entweder in die Fabrik, oder sie schaffe als Zimmermädle und Serviererinnen. Do hawe sie feschte Arbeitszeite, Trinkgelder und obends frei. Seie Se froh, wenn Se überhaupt e Putzfrau finne. Versuche Se's doch mol mit einer von de Gaschtarbeiterinnen, do soll es ja noch welche gewe, die zum Putze komme. Ich tät so jemand allerdings niemols in mei Haus lasse.«

Wir fanden eine Jugoslawin, die erst seit drei Wochen in Deutschland lebte, außer »danke« und »wo ist das Rathaus bittää« kein Wort Deutsch sprach, und so mußte ich ihr jeden Morgen erst mit Händen und Füßen begreiflich machen, was ich von ihr wollte. Wenn wir gemeinsam Betten bezogen oder Wäsche aufhängten, erteilte ich Schnellkurse in deutscher Umgangssprache. Nach vier Monaten konnte sich Jelena schon recht gut verständigen. Darauf kündigte sie, um in der nahegelegenen Textilfabrik künftig Unterhosen und Badeanzüge zu nähen. Das sei leichter und werde auch besser bezahlt.

»Das hast du nun von deinen pädagogischen Ambitionen«, schimpfte Rolf und beschloß, die Sache nunmehr selbst in die Hand zu nehmen. »Irgendwo muß es doch noch junge Mädchen geben, die lieber mit vierjährigen Kindern spielen als Waschbecken scheuern.«

»Wir haben aber auch welche«, gab ich zu bedenken.

»Du weißt doch ganz genau, was ich meine«, erklärte mein Gatte unwirsch. »Im übrigen sind die Jungs alt genug, um ihr Badezimmer selber sauberzuhalten.«

»Das erzähle ihnen mal!«

Rolf nahm Rücksprache mit dem Direktor der hiesigen Realschule. Er habe doch sicher Schülerinnen, die einen sozial-pädagogischen oder hauswirtschaftlichen Beruf ergreifen wollten, wozu ja bekanntlich auch ein gewisses Praktikum gehöre, und ob der Herr Direktor nicht vielleicht über die Zukunftspläne seiner Abschlußklasse informiert sei?

Der Herr Direktor war es nicht. Möglich, daß der Klassenlehrer..., allerdings sei der momentan im Landschulheim. Die Klasse übrigens auch. Und ob Rolf denn schon mal beim Arbeitsamt gewesen sei?

Rolf fuhr nach Heilbronn. Der Sachbearbeiter war sichtlich erfreut. »Ihre Tochter will ein Haushaltspraktikum machen? Aber natürlich haben wir geeignete Angebote, mehr als genug sogar.«

Das Mißverständnis wurde geklärt und der Herr merklich kühler. »Nein, da kann ich Ihnen gar nicht helfen. Wenn Sie keine Kinder hätten und Ihre Frau auch berufstätig wäre, ließe sich vielleicht etwas finden, aber so...? Haben Sie es schon mit einer Anzeige versucht?«

Rolf gab in den beiden einschlägigen Tageszeitungen und im Gemeindeblättchen Inserate auf, die etwaigen Interessenten eine Art kostenlosen Urlaub versprachen, aber es meldete sich trotzdem niemand. Lediglich ein Vertreter erschien und pries eine Universalmaschine an, die mir nicht nur eine Haushaltsgehilfin ersetzen, sondern auch mein Leben verschönern würde.

Aber dann rief doch noch jemand an. Rolf war am Apparat, schaltete abrupt vom sachlich-geschäftsmäßigen auf den verbindlich-liebenswürdigen Plauderton, versicherte der gnädigen Frau, daß ihre Tochter wie unser eigenes Kind aufgenommen werden würde, versprach dem Herrn Bundeswehrmajor, daß Herrenbesuche selbstverständlich nicht gestattet seien, und lud Elternpaar nebst Tochter zwecks Besichtigung von Haus und Familie ein.

Anscheinend hatte alles den Ansprüchen genügt, denn der Herr Major bekundete seine Zustimmung. Und die gnädige Frau war sehr angetan von dem großen Garten, weil doch die arme Silvia ein bißchen blaß sei und sich möglichst viel an der frischen Luft aufhalten solle. Warum nicht? Gartenarbeit ist bekanntlich sehr gesund und sogar Rentnern noch zuträglich.

Silvia war siebzehn Jahre alt, sah aus wie fünfzehn und benahm sich manchmal wie zwölf. Sie wollte Säuglingsschwester werden, würde aber erst in einem dreiviertel Jahr mit ihrer Ausbildung beginnen können.

Die Kinder mochten sie auf Anhieb. Sven spielte Klavier und half freiwillig beim Abtrocknen, was er bei mir nicht einmal in Ausnahmefällen tat, und Sascha sorgte für Rückendeckung, wenn sich Silvia mit ihrem Freund traf, von dem Vater Major offenbar gar nichts ahnte. Steffi ließ sich von ihr die beiden verkorksten Mathearbeiten unterschreiben, so daß ich überhaupt nichts davon erfuhr und mir reichlich albern vorkam, als ich später in der Schule die vermeintlich ungerechtfertigte Vier im Zeugnis reklamierte.

Silvia brachte Stefanie das Schwimmen bei und den Jungs das Rauchen. Sie fabrizierte mit den drei Großen Sahnebonbons, die sie dann samt der verbrannten Pfanne in die Mülltonne warf, und sie fütterte die beiden Kleinen so lange mit Eistüten, bis ihnen schlecht wurde. Sie dekorierte ihr Zimmer mit Fotos von Elvis Presley, war Mitglied eines Fanclubs und kannte die Biographien aller einschlägigen Rocksänger.

Nur vom Haushalt hatte sie nicht die geringste Ahnung. Sie konnte weder bügeln (»Das macht Mutti immer!«) noch kochen (»Mutti sagt, alleine würde sie viel schneller fertig werden!«), wußte nicht, wie man einen Saum annäht (»So was macht bei uns die Oma!«) und hatte noch niemals einen Kühlschrank abgetaut oder ein Bett gemacht (»Mutti sagt immer, das lernt man später von ganz allein!«).

Leider hatte Silvia aber auch keine Lust, etwas zu lernen, weder allein noch erst recht nicht mit meiner Hilfe. Geschirrspülen akzeptierte sie als gerade noch zumutbar, Schuhe putzte zu Hause immer der Vati, und als ich sie zum erstenmal bat, Kartoffeln zu schälen, benutzte sie ein Obstmesser und schaffte es trotzdem, sich den halben Daumen abzusäbeln.

Es dauerte auch gar nicht lange, und Silvia beschäftigte sich nur noch mit den Zwillingen. Sie ging mit ihnen spazieren, veranstaltete

Wasserschlachten im Badezimmer und las ihnen stundenlang Märchen vor. Ich konnte inzwischen ungestört Türen abseifen, Strümpfe stopfen und Gardinen waschen.

Die Familie fand das völlig in Ordnung. Silvia ebenfalls. Als ich Rolf vorschlug, ich räumte wohl am besten das Schlafzimmer und zöge ins Mädchenzimmer, um den Rollentausch bis zur letzten Konsequenz zu vollziehen, sah er mich ganz entgeistert an.

»Sei doch froh, daß du überhaupt eine Hilfe hast!«

»Sagtest du Hilfe? Ich spiele hier das unbezahlte Dienstmädchen für euch alle, und meine sogenannte Hilfe sitzt mit den Zwillingen im Sandkasten und backt Kuchen. Weißt du überhaupt, wie Katja mich neuerdings nennt? Tante Mami!«

Mein Gatte fand das recht originell und gab mir den Rat, mit Silvia ein ernstes Wort zu reden. Daraus wurden mehrere ernste Worte, und abends war Papa Major da, um seine ausgebeutete Tochter wieder heimzuholen.

»Wie können Sie von einem kaum schulentlassenen Kind erwarten, daß es den ganzen Haushalt versorgt?« empörte sich der Herr Major und trug Silvias Köfferchen die Treppe hinunter.

»Ich sollte sogar den ganzen Gehsteig fegen«, schluchzte das Kind.

»Nein, mein Kleines, so etwas hast du nicht nötig. Du kommst jetzt mit nach Hause und erholst dich erst einmal. In vier Wochen wirst du achtzehn und kannst endlich Schwesternschülerin werden.«

Der Herr Major erbat das restliche Gehalt auf sein Bankkonto, nickte hoheitsvoll und begab sich gemessenen Schrittes zu seinem Wagen. Dabei stolperte er über den Strohbesen, den seine Tochter mitten auf dem Weg hatte liegenlassen, und ich hörte ihn noch murmeln: »Wenn das meine Kinder wären, dann hätte ich denen schon längst Zucht und Ordnung beigebracht!«

Meine nächste Stütze hieß Gerlinde. Rolf hatte sie in seiner Stammkneipe aufgelesen, wo sie anstelle ihrer erkrankten Schwester Gläser spülte. Der Vater war gestorben, die Mutter lebte in Stuttgart und ließ sich nur sehr selten blicken, und Gerlinde hauste mit ihrer etwas senilen Oma in einer Art Gartenlaube. Doch, sie würde sehr gerne zu uns kommen, mit Kindern habe sie sich schon immer gut verstanden, und Kartoffeln schälen könne sie auch.

Gerlinde zog also am nächsten Tag zu uns, machte sich mit Feuereifer über den Riesenberg Bügelwäsche her, korrigierte Steffi zwei Fehler in die Hausaufgaben und saß ab fünf Uhr vor dem Fernsehapparat, eskortiert von den Zwillingen, die das sonst nie durften.

Nach dem Abendessen bat sie um Ausgang. Sie wollte ihre Schwester besuchen.

Familienbande soll man pflegen, außerdem war Gerlinde schon sechzehn.

Um Mitternacht warteten wir noch immer auf sie.

»Du hättest ihr sagen sollen, daß sie um zehn Uhr zurück sein muß«, entschuldigte Rolf seinen Schützling und ging schlafen.

Gerlinde tauchte erst am nächsten Morgen wieder auf. Es sei ein bißchen spät geworden, sie habe nicht mehr klingeln wollen und sei deshalb bei ihrer Schwester geblieben. Also gab ich ihr einen Hausschlüssel und bat sie, künftig spätestens um elf zu Hause zu sein: »In gewisser Weise sind wir ja für Sie verantwortlich.«

Gegen Mittag rief Gerlindes Mutter an. Sie sei gerade aus Stuttgart gekommen, müsse abends wieder heimfahren, und ob ihre Tochter wohl ausnahmsweise einen freien Nachmittag haben könne? Familienbande soll man ... (siehe oben).

Gerlinde machte sich stadtfein, verließ das Haus und ward nie mehr gesehen. Die Schwester konnte uns nichts sagen, weil sie in ihrer Kneipe auch nicht mehr erschienen war, und die Oma in der Laube begriff gar nicht, was wir von ihr wollten. Sie drückte mir eine Kaffeekanne in die Hand und murmelte immer wieder: »Haben Sie die Hühner mitgebracht?«

Da gaben wir es auf, wechselten das Türschloß aus und verbuchten den Betrag unter Betriebsunkosten.

»Warum ist Wenzel-Berta nicht Witwe, die wäre sonst bestimmt zusammen mit uns hierhergezogen«, seufzte Sascha und schmierte Zahnpasta auf seine weißen Turnschuhe. Nach seiner Ansicht war dieses Verfahren bequemer und effektiver als das mühselige Säubern mit Wasser und Bürste.

Ähnlich inhumane Gedanken waren mir auch schon des öfteren

gekommen, aber ich hatte sie natürlich immer sofort wieder verbannt.

Trotzdem dachte ich manchmal wehmütig an Heidenberg zurück, wo Wenzel-Berta – ursprünglich als Putzfrau engagiert – schon bald das Kommando über Küche und Keller und dann auch über Mann und Kinder geführt hatte. Sie hatte sich als Krankenpflegerin bewährt, als Kindergärtnerin, als Köchin und gelegentlich auch als seelischer Mülleimer. Ihre drastischen Ratschläge hatte sie mir mit der gleichen Unverblümtheit serviert, für die sie im ganzen Dorf berüchtigt war, Diplomatie war ein Fremdwort für sie, aber wir hatten ihre unbekümmerte Offenheit als ausgesprochen wohltuend und meistens auch noch als recht erheiternd empfunden. Leider gab es aber noch einen Herrn Wenzel, Eugen mit Vornamen, und der besaß natürlich ältere Rechte. So hatten wir Wenzel-Berta nach einem tränenreichen Abschied in Heidenberg zurücklassen müssen, aber wenigstens mit der Gewißheit, daß uns nur 61 km Luftlinie trennten.

Zwei Wochen nach Gerlindes Gastspiel bekam ich eine Postkarte, auf der Wenzel-Berta ihren Besuch ankündigte: »Der Sepp will zu einem Motoradtreining nach Hockenheim und da fährt er faßt an ihnen vorbei. Sofern es ihnen Recht ist, nimmt er mich mit. Am Dienstag um zwei. Ergebenst, ihre Berta Wenzel.«

Beim Sepp handelte es sich um ihren Sohn, der gerade seinen Wehrdienst hinter sich gebracht und sich noch nicht entschieden hatte, ob er nun studieren oder Frau Häberles Tochter nebst dazugehöriger Gastwirtschaft heiraten sollte.

Wenzel-Berta erschien in ihrem Silberhochzeitskleid aus lila Taft, was ihrem Besuch zwar eine ungewohnt feierliche Note verlieh, aber dieser Eindruck verschwand ziemlich schnell wieder.

»Is'n bißchen viel Backpulver im Kuchen«, erklärte sie rundheraus und nahm sich das dritte Stück. »War früher bei mir genauso. Aber dann hatte ich bloß mal eine halbe Tüte, was ja eigentlich nich genug is, und denn hat der Eugen gesagt, nu hätte ich wohl endlich gelernt, wie man Napfkuchen bäckt.«

Ich versprach ihr, künftig weniger Backpulver zu nehmen.

»Und dann müssen Se die Rosinen vorher in Mehl wälzen, weil denn fallen sie nich immer alle nach unten.«

Auch das würde ich in Zukunft tun.

»Ihre Putzfrau hat wohl nichts für Blumen übrig?« konstatierte Wenzel-Berta nach einem Rundblick durch das Zimmer und musterte mißbilligend den Cissus, der anklagend seine Blätter hängen ließ. »Weil der Topf is seit mindestens vier Tagen nich gegossen worden.«

Ich bekannte mich schuldig, was Wenzel-Berta mit einem verständnisvollen Lächeln quittierte. »Deshalb sag ich ja, Sie sollen das Ihrer Putzfrau sagen, weil *Sie* kriegen doch sogar Unkraut kaputt!«

Damit war das Stichwort gefallen. Die Schleusen öffneten sich, und ich sprudelte meinen ganzen Kummer über nicht vorhandene Putzfrauen und desertierende Hausgehilfinnen heraus. »Sie kennen doch Gott und die Welt, wissen Sie nicht jemanden für uns?«

Wenzel-Berta rührte in der Kaffeetasse und dachte nach. »Nee, also so auf Anhieb kann ich da gar nichts sagen, weil die Leute, wo ich kenne, haben alle Familie. Höchstens so eine halbe Kusine, die is aus Mannheim, ihr Vater war mal Lehrer, also geistig kommt sie aus einem guten Haus, aber sie hat Rheuma, und das is wohl doch nich das Richtige. Nähen kann sie prima und auch Sofakissen sticken und so, aber Sie brauchen ja wen, der zupacken kann. Die Malwine is ja auch eigentlich ganz tüchtig, aber gegen Rheuma kann sie ja nu nich gegen an. Die weiß immer schon drei Tage vorher, wenn's regnet, was die vom Fernsehen nie so früh wissen.«

Mein Gesicht muß wohl Bände gesprochen haben, denn als sich Wenzel-Berta am Spätnachmittag verabschiedete, versicherte sie mir tröstend: »Vielleicht fällt mir noch wer ein, und im Dorf tu ich mich auch mal umhören, weil es könnte ja sein, daß da jemand wen kennt.«

Mit diesem etwas nebulosen Versprechen stieg sie in Sepps Auto, nicht ohne vorher sorgfältig das lila Taftene hochgezogen zu haben, damit es beim Sitzen keine Falten bekäme.

Schon am nächsten Abend meldete sie sich am Telefon. Im Hintergrund hörte man Gelächter, Gläserklappern und Stimmengemurmel, untrüglicher Beweis dafür, daß die Heidenberger öffentliche Fernsprechzelle mal wieder kaputt war und Wenzel-Berta aus dem Gasthaus telefonierte.

»Also, ich hab nu mal so rumgefragt«, begann sie mit einer Lautstärke, die garantiert auch den letzten Winkel der Kneipe erreichte,

»aber da is nich viel bei rausgekommen, weil wenn hier wirklich jemand wen wußte, denn war das immer zu weit weg. Aber dann habe ich noch mit Frau Kroiher gesprochen, Sie wissen doch, das is die Mutter von der kleinen Rita mit dem Korsett, weil es hätte ja sein können, daß die wen kennt. Kennt sie aber auch nich. Aber dann hat sie mir gesagt, daß Sie es mal in Weinsberg versuchen sollen. Ihr Schwager is doch seit zwei Monaten da zum Entziehen, war ja auch wirklich nötig, weil der hat jeden Tag eine ganze Flasche Korn getrunken und noch Bier dazu und so, und is da gar nich wie in einer richtigen Klapsmühle. Die laufen da alle frei herum und spielen auch nich Napoleon oder so, da sind viele nur da, Frauen auch, weil sie Depres... Depressonen oder so was haben, also die immer bloß alles schwarz sehen. Manche sind noch ziemlich jung und auch ziemlich gesund, aber die bleiben denn da, weil sie nich wissen, wohin, und denn kriegen sie eine neue Depresson. Aber wenn die in eine richtige Familie kommen, wo sie wissen, daß sie da hingehören, dann geht es ganz schnell aufwärts, sagt der Arzt.«

Mir hatte es die Sprache verschlagen. Wenzel-Berta deutete mein Schweigen durchaus richtig, denn sie trompetete sofort wieder los: »Ich meine das ganz ernst, und das ist auch bestimmt nich gefährlich, weil die wirklich Verrückten bleiben sowieso eingesperrt. Ihr Mann soll doch mal mit dem Professor in Weinsberg reden, der sucht dann schon was Passendes raus. Und nu muß ich aber auflegen, weil die ganze Kneipe hört schon zu. Überlegen Sie sich das mal in Ruhe, is vielleicht gar nich so schlecht, und ein gutes Werk tun Sie auch noch.«

Sascha jubelte los, als ich Wenzel-Bertas Vorschlag wiedergab. »Auja, Mami, stell dir bloß mal vor, wir kriegen eine, die als Jungfrau vor Orleans herumgeistert und mit gezücktem Brotmesser zum Freiheitskampf antritt.«

Sven hatte auch nichts dagegen. »Hier ist doch sowieso ein Irrenhaus, auf einen mehr oder weniger kommt es nun wirklich nicht an.«

Rolf sagte überhaupt nichts. Er runzelte angestrengt die Stirn, streute geistesabwesend Pfeffer auf die Ölsardinen und befahl seinem Ältesten: »In meinem Zimmer muß irgendwo eine Illustrierte liegen. Darin steht ein langer Artikel über Psychiatrische Kranken-

häuser, und den solltet ihr erst einmal lesen, bevor ihr sol
Unsinn faselt.«

Sven, schon die Türklinke in der Hand, blieb stehen. »D
doch nicht wirklich jemand aus einer Klapsmühle anheuern?

»Warum denn nicht? Man kann doch wenigstens mal mit dem Chefarzt reden.«

Einmal gefaßte Entschlüsse pflegt Rolf nach Möglichkeit sofort in die Tat umzusetzen, aber er ließ sich von mir doch überzeugen, daß auch die engagiertesten Ärzte um neun Uhr abends keine Sprechstunde mehr haben. Womit ich, unter Berücksichtigung der Vergeßlichkeit meines Gatten, das Thema für beendet hielt. Wenn ich auch im Umgang mit halbwüchsigen Knaben, deren geistige Verfassung man keineswegs immer als normal bezeichnen kann, einigermaßen geschult war, so traute ich mir die Behandlung von psychisch angeknacksten Mitmenschen doch nicht so ohne weiteres zu, obwohl man mit ihnen möglicherweise leichter fertigwerden würde als mit Teenagern.

Leider stolperte Rolf am nächsten Morgen über seine ungeputzten Schuhe, was ihn automatisch an die fehlende Putzfrau und damit auch an Wenzel-Berta erinnerte. Er stürzte zum Schreibtisch, suchte das Telefonbuch, fand es nicht, weil Sascha es am Abend zuvor als Ersatz für den abgebrochenen Fuß des Dielenschränkchens benutzt hatte, brüllte etwas von »Schlamperei, die jetzt das Maß des Erträglichen überschritten« habe, und stieg wütend ins Auto, um dem Herrn Chefarzt unter Umgehung der sonst wohl üblichen Voranmeldung sofort direkt auf den Pelz zu rücken.

Offenbar hatte der Herr Professor trotz des plötzlichen Überfalls Zeit gefunden, sich mit seinem Besucher fünfzig Minuten lang über moderne Malerei zu unterhalten und fünf Minuten lang über den eigentlichen Grund seines Kommens. Verabschiedet hatte man sich dann mit dem Vorhaben, das so interessante Gespräch demnächst auf privater Ebene fortzusetzen. Und wegen der Hausgehilfin wollte der Herr Professor mal mit dem zuständigen Stationsarzt reden.

Zwei Wochen später war alles perfekt. Ich hatte wunschgemäß das Krankenhaus besucht, mich mit den beiden empfohlenen Kandidatinnen unterhalten und mich schließlich für Uschi entschieden. Sie war 25 Jahre alt, hatte einen Selbstmordversuch hinter sich und

...in Zuhause mehr, seitdem der Vater gestorben und die Mutter verschwunden war. Kein Wunder, wenn dann jemand in Depressionen verfällt. Bei uns würde sie wenigstens keine Zeit dazu haben!

Uschi war ein nettes, aufgeschlossenes Mädchen, das man sogar als ausgesprochen hübsch bezeichnen konnte. Leider brachte sie ein Lebendgewicht von 170 Pfund auf die Waage, und wir beschlossen gemeinsam, diesem Problem rigoros auf den Leib zu rücken. Obwohl sich Uschi jetzt überwiegend von Salat und Knäckebrot ernährte, ausschließlich Mineralwasser trank und jeden Tag aktiv die Morgengymnastik im Rundfunk verfolgte, nahm sie nicht ein Gramm ab. »Daran sind die blöden Tabletten schuld«, behauptete sie nachdrücklich, »denn erst seitdem ich diese Dinger schlucke, bin ich aufgegangen wie ein Hefekloß. Dabei brauche ich die jetzt bestimmt nicht mehr.«

Bevor ich Uschi vom Krankenhaus abgeholt hatte, war ich bei dem behandelnden Arzt gewesen, der mich nicht nur mit guten Ratschlägen, sondern auch noch mit dem Tablettenvorrat für die nächsten Wochen eingedeckt hatte. »Achten Sie bitte darauf, daß die Patientin die Medikamente auch regelmäßig nimmt! Wir können sie erst ganz allmählich herabsetzen.«

Jedesmal, wenn ich Uschi die rosa und grünen Kügelchen servierte, maulte sie, schluckte das Zeug aber doch gehorsam hinunter. Davon einmal abgesehen, schien sie sich bei uns wohlzufühlen. Mit den Kindern verstand sie sich großartig, und selbst Sascha, der anfangs noch darauf gewartet hatte, daß sie singend durch die Zimmer tanzen oder wenigstens irgendwo weiße Elefanten sehen würde, vergaß bald, auf welch ungewöhnlichem Weg wir zu unserer neuen Hausgenossin gekommen waren. Sie war anstellig und hilfsbereit und kam auch immer pünktlich zurück, wenn sie mal zum Friseur ging oder nachmittags ›Urlaub auf Ehrenwort‹ bekam. Sie hatte ein Faible für Mathematik, was ich rückhaltlos bewunderte, und spielte ausgezeichnet Schach, was wiederum Rolf sehr bemerkenswert fand, weil Frauen ja bekanntlich nicht logisch und schon gar nicht vorausschauend denken können. Wenn ich ihn in vier von fünf Partien besiege, dann handelt es sich selbstverständlich immer nur um Zufallstreffer!

Ich schrieb einen begeisterten Brief an Wenzel-Berta, bedankte mich für ihren guten Tip und versicherte ihr mehrmals, sie künftig in das Nachtgebet einschließen zu wollen.

Kurz darauf verschlief Uschi zum erstenmal morgens die Zeit, obwohl sie normalerweise beim leisesten Geräusch munter war. Drei schulpflichtige Kinder, die Zeichenblocks, Frühstücksbrot und Stricknadeln zusammensuchen, dazwischen lautstark unregelmäßige Verben deklinieren und nebenher kleinere Streitigkeiten austragen, sind eigentlich nicht zu überhören. Aber was soll's, schließlich hat jeder Mensch das Recht, gelegentlich zu verschlafen. Auch wenn es drei Tage hintereinander passiert.

Uschi bekam einen eigenen Wecker. Der nützte nichts. Ich stellte den Wecker in einen Suppenteller und garnierte ihn mit mehreren Glasmurmeln, einem Flaschenöffner und zwei Blechlöffeln. Wenn er jetzt bimmelte, hörte ich den Krach bis nach unten. Uschi hörte ihn nicht. Sven übernahm freiwillig das morgendliche Wecken, gab diesen Versuch aber nach einigen Tagen wieder auf, weil er zu zeitraubend und meistens vergeblich war. Vor zehn Uhr war Uschi nicht mehr wachzukriegen.

»So geht das aber nicht weiter«, beschwerte ich mich bei Rolf und verlangte von ihm eine Rücksprache mit dem behandelnden Arzt. Der war verreist. Seine Vertretung war mit der Krankengeschichte nicht vertraut, meinte aber, man hätte vielleicht die Medikamente noch nicht absetzen dürfen.

»Haben wir ja gar nicht«, soufflierte ich leise, und Rolf beteuerte auch sofort: »Sie nimmt nach wie vor alle Tabletten, die sie genau nach Anweisung zugeteilt bekommt.«

»Sind Sie da auch ganz sicher?« zweifelte der Medizinmann und empfahl uns, die Patientin in der nächsten Woche persönlich vorzustellen, dann sei auch der Kollege wieder zurück.

Ich nahm Uschi ins Gebet, aber erst als ich ihre mögliche Rückkehr nach Weinsberg erwähnte, gestand sie zögernd, die Pillen nicht geschluckt, sondern nur im Mund behalten und später wieder ausgespuckt zu haben.

»Das mache ich aber ganz bestimmt nicht mehr«, heulte sie, und zum Beweis ihres guten Willens stopfte sie sich gleich eine Handvoll Tabletten in den Mund, die sie in ihrer Rocktasche versteckt hatte. Prompt wurde ihr schlecht, und ich versorgte sie zwei Tage lang mit

Kamillentee und Zwieback. Am dritten Tag stand sie wieder pünktlich auf, am vierten versammelten wir uns ratlos vor der verschlossenen Zimmertür.

»Was soll denn das nun wieder bedeuten? Sonst hat sie sich doch nie eingeschlossen.«

»Vielleicht hatte sie Angst, du würdest sie nachts besuchen«, pflaumte Sascha seinen Bruder an, der immerhin schon einige Härchen unter den Armen und einen leichten Schatten auf der Oberlippe aufweisen konnte, mithin also nach Saschas Ansicht ›reif‹ war für erste Annäherungsversuche.

»Idiot, dämlicher!«

Weder die nicht gerade leise Diskussion noch Svens Faustschläge gegen die Tür hatten unser Dornröschen aufwecken können, es schlief bis zum Mittagessen.

Während Uschi das Geschirr spülte, wozu sie diesmal genau zwei Stunden brauchte, zog ich ihren Zimmerschlüssel ab und stopfte ihn in meinen Nachttisch. Uschi reklamierte den Schlüssel und forderte sofortige Rückgabe. »Ich fühle mich bedroht«, behauptete sie.

»Seien Sie nicht albern, von wem denn überhaupt?«

»Von allen!«

Also doch weiße Elefanten!!

Ich nahm mir vor, Uschi so schnell wie möglich nach Weinsberg zurückzubringen und am besten gleich dortzulassen, nur würde das frühestens übermorgen der Fall sein. Warum mußte Rolf auch immer dann verreisen, wenn er wirklich gebraucht wurde?

Uschi rumorte in ihrem Zimmer herum. Manchmal hörte es sich an, als ob sie Kegel schob.

Sven wappnete sich mit Mut und beschloß, nach dem Rechten zu sehen. »Ich frage sie ganz einfach, ob sie mir in Mathe helfen kann.«

Sie konnte, aber sie wollte nicht. »Hau ab, hier kommt niemand rein! Und wenn doch, dann habe ich ein Messer!«

»Jetzt spinnt sie wirklich!« Sven kam kopfschüttelnd die Treppe wieder herunter. »Sie muß ihren Schrank vor die Tür gerückt haben, man kann sie nur einen Spaltbreit öffnen.«

»Blödsinn, das schafft sie doch nicht allein.«

»Aber man sagt doch immer, Verrückte können übermenschliche Kräfte entwickeln.«

Sascha kramte in den Küchenschubladen. »Das große Tranchiermesser fehlt tatsächlich«, verkündete er freudig. »Was nu, wenn die uns alle abschlachten will?«
»Ruf die Polizei an!« sagte Sven.
»Lieber gleich das Krankenhaus«, riet Sascha, »Polizisten sind doch keine Irrenwärter.«
Es dauerte eine ganze Weile, bis ich einen Arzt an der Strippe hatte, und noch etwas länger, bis er meinen gestammelten Hilferuf endlich begriff. Dann empfahl er mir, Ruhe zu bewahren, die Patientin nicht aufzuregen und gefährdete Familienmitglieder sowie scharfkantige Gegenstände zu entfernen.
»Aber sie hat doch schon ein Messer.«
»Ach so, na, dann lassen Sie es ihr.«
Was denn sonst? Glaubte dieser Mensch etwa, ich wäre lebensmüde? Immerhin versprach er, sofort einen Wagen nebst erforderlichem Personal zu schicken.
Inzwischen war Stefanie aufgetaucht, im Kielwasser die Zwillinge, und die drei konnte ich nun wirklich nicht gebrauchen.
»Wollt ihr nicht noch ein bißchen zu Angela gehen?«
»Da kommen wir ja gerade her«, protestierte Steffi. »Was is'n hier überhaupt los?«
»Gar nichts, aber Uschi ist plötzlich krank geworden, und nun warten wir auf den Wagen, der sie ins Krankenhaus bringt.«
Wir hatten den drei Mädchen natürlich verschwiegen, in welcher Institution wir Uschi aufgelesen hatten, und die Folgen wollte ich ihnen nun auch ersparen.
»Abmarsch!« kommandierte Sascha und schob seine Schwestern zur Tür hinaus. »Ich bringe sie schnell rüber, aber vielleicht rufst du vorher noch Frau Vandenberg an und sagst, was hier los ist.«
Angelas Mutter bekundete sofortige Hilfsbereitschaft und bot Asyl an sowie tatkräftige Unterstützung durch ihren Mann, der nicht nur einen Meter neunzig groß, sondern darüber hinaus auch noch aktiver Sportler sei.
»Ich glaube, das wird nicht nötig sein. Hier ist jetzt alles ruhig, und in spätestens einer halben Stunde müßte der Wagen kommen.«
Er kam schon früher. Mit ihm kamen drei Männer, die wie Buchhalter aussahen, weder eine Zwangsjacke noch eine gezückte Injek-

tionsspritze mitbrachten und es bereits nach fünf Minuten schafften, daß Uschi die Tür öffnete und das Messer herausgab. Sie ließ sich sogar davon überzeugen, daß man sie ja nur zur längst fälligen Kontrolluntersuchung bringen und morgen wieder zurückfahren werde.

Beim Abschied entschuldigte sie sich etwas beschämt. »Ich glaube, vorhin habe ich mich ziemlich albern benommen. Wenn ich nur wüßte, was ich mir dabei gedacht habe.«

Das wußte ich auch nicht, aber auf eine Wiederholung war ich nicht gerade erpicht und deshalb sogar froh, als mir der Arzt am nächsten Tag mitteilte, daß man Uschi vorläufig nicht zurückschicken könne. »Sie muß schon seit geraumer Zeit keine Medikamente mehr genommen haben, denn anders ist dieser plötzliche Abbau nicht zu erklären.«

»Ich habe mich aber ganz genau an Ihre Anweisungen gehalten«, versicherte ich ihm etwas pikiert.

»Das bezweifle ich ja gar nicht, aber manche Patienten entwickeln Fähigkeiten, die jedem Taschenspieler zur Ehre gereichen würden. Sie lassen die Pillen einfach verschwinden, ohne daß man auch nur das geringste bemerkt.«

Rolf quittierte das dramatische Ende von Uschis Zwischenspiel mit typisch männlicher Überheblichkeit.

»Du hättest sie mit mehr psychologischem Einfühlungsvermögen behandeln müssen. Wenn ich zu Hause war, ist doch niemals etwas vorgefallen.«

»Ach nein? Und wie erklärst du dir ihr übertriebenes Schlafbedürfnis?«

Der Psychologe grinste süffisant. »Du warst doch auch mal fünfundzwanzig.«

»Allerdings. Und damals habe ich treu und brav jeden Morgen um neun in der Redaktion gesessen und auf meinen Chef gewartet, der bekanntlich selten vor elf erschienen ist.«

»Seid ihr denn da noch nicht liiert gewesen?« forschte Sven.

»Nein. Außerdem geht dich das überhaupt nichts an!« Gegen derartige Anspielungen bin ich allergisch.

»Also weißte, an den Klapperstorch glaube ich schon seit ein paar Wochen nicht mehr, und ich nehme doch an, du auch nicht«, meinte der Herr Sohn, bevor er in Deckung ging und schleunigst die Tür hinter sich zuwarf. Das Feuerzeug knallte gegen die Füllung und fiel scheppernd zu Boden.

»Sag mal, wie findest du das?« wollte ich von Rolf wissen.

»Völlig in Ordnung. Seine berechtigten Zweifel beweisen mir, daß der Bengel wenigstens rechnen kann. Schließlich kennt er sein Geburtsdatum und unseren Hochzeitstag.«

Eins zu null für den Nachwuchs!

Nun saßen wir mal wieder auf dem trocknen. Andererseits kann man von einem Vierzehnjährigen und einem Zwölfjährigen (»Ich bin zwölfdreiviertel!«) schon ein gewisses Verständnis und ein angemessenes Quantum an Mitarbeit erwarten. Zu berücksichtigen war allerdings, daß es sich bei diesen Knaben um Teenager handelte, und deren Reaktionen lassen sich nie berechnen. Mutter Natur sorgt immerhin vor. Sie läßt uns ein Dutzend Jahre Zeit, unsere Kinder lieben zu lernen, bevor sie in die Flegeljahre kommen. Es gibt aber Tage, an denen es schwerfällt, mit Kindern vernünftig zu reden. Montag bis einschließlich Sonntag.

Ich versuchte es trotzdem. »Würdet ihr es als unzumutbar empfinden, euch in bescheidenem Umfang an den Hausarbeiten zu beteiligen, sofern es sich nicht um typisch weibliche Tätigkeiten handelt, wie Bügeln, Stopfen, Kochen und Brutpflege?«

»Du hast Saubermachen und Aufräumen vergessen!« reklamierte Sascha.

»Letzteres werdet ihr in Zukunft selber tun, jedenfalls in euren eigenen Zimmern. Mindestens einmal wöchentlich harkt ihr sie durch, und das Chaos in euren Schränken hört jetzt auch auf. Ordnung ist das halbe Leben!«

»Ich bin aber mehr für die andere Hälfte«, bemerkte Sven.

»Darüber hinaus werdet ihr künftig für geputzte Schuhe sorgen, alle zehn Tage den Rasen schneiden, die Abfallbeseitigung übernehmen und mittags abtrocknen.«

»Das ist ja ein tagesfüllendes Programm. Wann sollen wir denn da noch Schularbeiten machen?«

»Dazu bleibt euch genügend Zeit, vor allem, wenn ihr sie zu Hause erledigt und nicht bei Andy, Wolfgang oder sonstwem.«

»Aber wenn wir doch was nicht wissen? Früher hat uns Papi wenigstens in Mathe geholfen, aber seitdem wir Geometrie haben, sagt er, wir hätten mehr davon, wenn wir es allein machen.«

Rolf war der Ansicht, man müsse den ganzen Haushalt reorganisieren und dabei rationalisieren. Es gebe bekanntlich genügend Literatur, die sich mit derartigen Problemen befasse, und die darin enthaltenen Ratschläge brauche man ja nur entsprechend abzuwandeln.

»Du könntest doch beispielsweise mit beiden Händen zugleich Staub wischen. Dabei läßt sich bestimmt Zeit einsparen.«

Ich fegte aber lediglich mit der Linken einen Aschenbecher von der Tischplatte und mit der Rechten die Zeitschriften vom Zwischenfach. Außerdem erforderte es eine gewisse geistige Anspannung, zwei Staubtücher gleichzeitig zu führen, und beim Staubwischen ans Staubwischen denken zu müssen, ist doch nun wirklich albern.

Mein Rationalisierungsfachmann empfahl mir, mich zunächst einmal hinzusetzen, einen genauen Plan der zu erledigenden Arbeiten aufzustellen, die jeweiligen Zeiten zu ermitteln und mich künftig daran zu halten. Nur hatte mein Experte nicht berücksichtigt, daß zu unserem Haushalt Kinder gehören.

Ich plane zwanzig Minuten fürs Bettenmachen. Nicki kommt heulend an: »Katja pult die Holzwolle aus meinem Florian!« Ich gehe zu Katja, entreiße ihr den Teddy, schimpfe ein bißchen, kehre zu meinen Betten zurück. Dann kommt Katja: »Nicki schmiert sich lauter Marmeladenbrote!«

Das Telefon klingelt. Während ich spreche, kleckst sich Nicki noch Mayonnaise aufs Brot und läßt das Ganze dann auf den Teppich fallen. Wenn ich endlich alle Betten gemacht habe, sind anderthalb Stunden vergangen, und laut Plan müßte bereits die Wohnung gesaugt und die Wäsche auf der Leine sein. Dabei steckt sie noch nicht einmal in der Maschine.

Oder es gibt diese hübschen nervenzermürbenden Zwiegespräche mit den Zwillingen, bei denen ich regelmäßig den kürzeren ziehe. Anfangs bewältige ich derartige Dialoge nebenbei, mit zunehmender Dauer erfordern sie aber auch zunehmende Selbstbeherrschung, sonst drehe ich durch. Das hört sich ungefähr so an:

»Was ist das für ein entsetzlicher Lärm da oben?«
»Welcher Lärm?«

»Habt ihr den Krach nicht gehört?«
»Wer? Ich?«
»Natürlich, wer denn sonst?«
»Wie hat der Krach denn geklungen?«
»Das ist doch ganz egal. Jedenfalls macht es einen Höllenspektakel, und du hörst sofort damit auf!«
»Womit soll ich aufhören?«
»Mit dem, was du gerade tust!«
»Aber ich tue doch gar nichts!«
»Hör trotzdem damit auf!«
»Ich putze mir die Zähne. Soll ich damit aufhören?«

Zeitraubend sind auch jene Zwischenfälle, die eine vorübergehende Stillegung gewisser Örtlichkeiten zur Folge haben und das sofortige Erscheinen eines Handwerkers erfordern.

»Wer hat die ganzen Kalenderblätter ins Klo gestopft?«
Natürlich niemand.

Nach kurzer Prüfung der Indizien – *Wo* hat der Kalender gehangen? *Wer* ist klatschnaß? – ermittle ich Katja als vermutlichen Täter, halte ihr eine Standpauke und kröne dieselbe mit dem Beschluß, drei Tage lang das Fahrrad einzuschließen. Gelegentliche Ungerechtigkeiten sind bei diesen Schnellverfahren nicht auszuschließen, aber sie sind wirksam und ersparen auf die Dauer erhebliche Reparaturkosten.

Jedenfalls mußte sich auch mein reformfreudiger Ehemann davon überzeugen lassen, daß sich Rationalisierungsmaßnahmen auf dem Papier recht gut ausnehmen, in der Praxis aber meist an nicht vorhersehbaren Schwierigkeiten scheitern. Also gewöhnte ich mich wieder daran, über herumliegende Schulmappen zu steigen, zertretene Zwiebäcke zu übersehen und die schwäbischen Maßstäbe von vorschriftsmäßiger Haushaltsführung zu ignorieren. Wenn ich den Staubsauger hervorholte, erkundigten sich die Kinder neugierig:
»Kriegen wir Besuch?«

Eine Zeitlang hatten wir sogar wieder eine Putzfrau. Sie betreute in der näheren Umgebung mehrere Haushalte und konnte dienstags und donnerstags von 14 bis 16 Uhr »bequem noch einen einschieben«.

Nun sind zwar die meisten Putzfrauen überaus redselig, aber sie putzen wenigstens die Fenster, während sie einem die Krankengeschichten sämtlicher Verwandten erzählen. Meine neue Raumpflegerin konnte sich offenbar nur auf eine Tätigkeit konzentrieren, und fürs Reden allein wollte ich sie eigentlich nicht bezahlen. Dann waren auch plötzlich zwei Oberhemden von Rolf verschwunden, ein paar Obstkonserven und ein nagelneuer Tortenheber. So erklärte ich meiner unechten Perle, daß sie ihren Kaffee künftig zu Haus trinken und mit Kusine Hildegards Gallensteinen jemand anderen beglücken solle. Ich hätte für diese Plauderstündchen eine bessere Verwendung. Tief beleidigt zog sie von dannen.

Monate später fuhr ich von einem Elternabend nach Bad Randersau zurück und las an der Autobushaltestelle eine andere Spätheimkehrerin auf, die ich lediglich vom Sehen kannte. Zu meiner Überraschung begrüßte sie mich mit meinem Namen und erkundigte sich nach den Zwillingen sowie nach der Bezugsquelle für unseren kanadischen Whiskey. Meinem fragenden Gesicht begegnete sie mit einem wissenden Lächeln: »Ich kenn Se un Ihr Familie recht gut, mir hatte nämlich e Zeitlang dieselbe Putzfra.«

Frühling ist die Jahreszeit, in der man das Gefrierschutzmittel zwei Wochen zu früh aus dem Autokühler läßt. Frühling ist immer dann, wenn einem die hellen Hosen vom vergangenen Jahr nicht mehr passen und die eleganten Schuhe vom letzten Frühjahr unmodern sind. Frühling ist, wenn einen morgens nicht mehr der Schneepflug weckt, sondern das knatternde Mofa von gegenüber, und Frühling ist, wenn man den Übergangsmantel anzieht und friert. Der einzige Unterschied zwischen März und April: Im April ist man nicht mehr darauf gefaßt!

Allerdings gibt es noch ein untrügliches Anzeichen für den Frühling, und das sind die Rasenmäher. Ich weiß nicht, nach welchen Kriterien sich die Gartenfreunde richten, aber eines weiß ich ganz sicher: Keine Epidemie, nicht einmal die Grippe ist so ansteckend wie Rasenmähen. Kaum haben sich die ersten Grashälmchen von Schnee und Eis erholt und vorsichtig aufgerichtet, dann röhrt auch schon der Rasenmäher und walzt sie wieder platt. Künftig stehen die Samstage im Zeichen dieser hustenden, spuckenden und knatternden Ungetüme, ihr Echo pflanzt sich von Garten zu Garten fort, und die Tüchtigkeit jedes Hobbygärtners wird daran gemessen, ob er sein vorgeschriebenes Pensum noch am Vormittag schafft. Meistens gelingt ihm das, muß es auch, denn nachmittags wird das Auto gewaschen.

Nun bin ich absolut kein Gartenfreund. Ich bin nie einer gewesen und werde auch nie einer sein. Vielleicht liegt es daran, daß ich ohne Garten aufgewachsen bin und erst Leidtragende eines solchen wurde, als unmittelbar nach dem Krieg die Rasenflächen hinter unseren Häusern in Schrebergärten verwandelt wurden. Sie dienten allerdings nur dem Anbau von Kohl und Kartoffeln, und ich wurde ständig zum Bewässern dieser Gewächse abkommandiert. Gartenschläuche gab es damals noch nicht wieder zu kaufen!

Ich bin zwar die erste, die in Begeisterungsrufe ausbricht, wenn sie einen gepflegten und in allen Farben blühenden Garten sieht, aber ich bin auch die letzte, die solch eine Parkanlage haben möchte. Mir ist dieses Hobby einfach zu zeitraubend. Allerdings gebe ich zu, daß ein Garten ungemein praktisch ist. Man kann Wäsche darin aufhängen und die Schildkröte unterbringen, man kann dreckverkrustete Schuhe abstellen, das Schlauchboot trocknen, Würstchen grillen und den Eimer mit den Molchen in irgendeinem Winkel deponieren. Man kann Federball spielen, Maulwürfe züchten und einen privaten Kindergarten gründen, weil sich nämlich alle Kinder einfinden, die den eigenen Garten wegen des Zierrasens nicht betreten dürfen.

Der Verwendungszweck eines Gartens ist regional verschieden. Gelegentliche Besuche in Norddeutschland ließen mich erkennen, daß man dort vorwiegend Blumen und Gras züchtet; etwas weiter südlich dominieren Obstbäume und Beerensträucher, im sparsamen Schwaben dagegen Gemüsebeete.

Nun ist das mit einem ökonomisch genutzten Garten aber eine Sache für sich. Angenommen, man hat so einen Sparsamkeitsapostel, der einem genau vorrechnet, um wieviel billiger eine selbstgezogene Sellerieknolle gegenüber einer gekauften ist, dann erweist es sich als zweckmäßig, ihn auch auf die Unkosten hinzuweisen. Erfahrungsgemäß ist das zwar sinnlos, aber man hat zumindest sein möglichstes versucht und hinterher ein ruhiges Gewissen.

Rolf hat sich nur ein einzigesmal mit Ackerbau abgegeben, und das muß ihn wohl für alle Zeit kuriert haben. Unsere Familie bestand damals nur aus vier Personen, von denen zwei noch ziemlich klein und überwiegend Vegetarier waren. Erntefrisches Gemüse ist besser, gesünder, schmackhafter und ich weiß nicht, welche sonstigen Eigenschaften man ihm noch unterschiebt, jedenfalls beschloß der noch sehr enthusiastische Vater, die erforderlichen Vitamine für seinen Nachwuchs selbst anzubauen.

Die notwendigen Vorbereitungen blieben auf das Wochenende beschränkt und zogen sich über einen ganzen Monat hin. Wenn man ausschließlich mit Umgraben beschäftigt ist, kann man natürlich nicht den Wasserhahn reparieren, der schon seit Tagen tropfte und vermutlich nur einen kleinen Dichtungsring brauchte. Nach einer Woche war aus dem Tropfen ein stetiges Rinnen geworden, der Klempner mußte her, kam auch schon nach zwei Tagen und wechselte gleich die gesamte Mischbatterie aus, weil es für das alte Modell angeblich keine Ersatzteile mehr gab. Kostenpunkt: 48 DM inklusive Arbeitszeit.

Dann fiel dreimal das traditionelle Samstagbad für den Wagen aus, er kam in die Schnellwäsche, wurde von Hand poliert und kostete jedesmal zwölf Mark. Dank seiner Vollbeschäftigung war es meinem Agronomen auch nicht möglich, sich von seinem Freund Felix das reich bebilderte Standardwerk für Hobbygärtner abzuholen, weshalb er sich die einschlägigen Kapitel telefonisch durchgeben ließ. Die genauen Kosten für dieses Dauergespräch ließen sich später nicht exakt ermitteln. Schließlich stellte mein Gartenfreund auch noch fest, daß unsere Harke zwar zum Zusammenrechen des Rasens geeignet war, nicht dagegen zum Einplanieren der Gemüsebeete. Die neue Harke kostete 21 Mark.

Aber wenigstens waren nunmehr die Vorarbeiten abgeschlossen, und die paar Mark für Pflanzen und Samen fielen nun wirklich nicht mehr ins Gewicht.

Dann ging es weiter. Das Gemüse mußte bewässert werden (die Wasserrechnung für das zweite und dritte Quartal jenes Sommers lag etwa dreißig Prozent über dem Normalverbrauch), gedüngt, gegen Ungeziefer immunisiert und teilweise mit Haltepfählen ausgerüstet werden. Das Gartenbuch empfahl ein Spalier aus Holzleisten, Rolf baute eins aus Bambusstäben.

Und dann wurden alle vierzig Salatköpfe auf einmal reif, die 27 Pfund Erbsen mußten zur gleichen Zeit geerntet werden wie die 41 Pfund Bohnen, die acht Meter Karotten konnten noch etwas länger im Boden bleiben, aber die Kohlrabi mußten raus und die Rettiche ebenfalls. Den Weißkohl fraßen glücklicherweise die Raupen.

Meine hauswirtschaftlichen Fähigkeiten hatten damals noch nicht das Stadium des Einweckens erreicht, und so mußte ich den größten Teil unserer landwirtschaftlichen Produkte verschenken. Später errechnete ich, daß uns eine Kohlrabiknolle ungefähr 2,73 DM gekostet hatte und ein Pfund Mohrrüben knapp vier Mark.

Soviel zum Thema Sparsamkeit in Verbindung mit Gemüsezucht.

Nun hatten wir also wieder einen Garten, größer als alle früheren, überwiegend mit Gras und Klee bedeckt, dazu ein paar verwilderte Blumenbeete, von denen wir nicht wußten, ob da von allein etwas sprießen würde oder nicht. Als wir ein paar Narzissen entdeckten – übrigens die einzigen Blumen mit einem Platz für die Nase – und ein Sortiment verschiedenartiger Stiefmütterchen, die mich mit ihren übellaunigen kleinen Gesichtern immer an meine frühere Handarbeitslehrerin erinnerten, fand Rolf es an der Zeit, die gesamte Wildnis hinter unserem Haus ein bißchen zu kultivieren. Der Vorgarten sah zum Glück ganz passabel aus, lediglich mit der verwilderten Ecke jenseits des Zufahrtsweges mußte etwas geschehen. Der von Efeu überwucherte Hügel erinnerte mich unziemlich an ein Heldengrab.

Im vergangenen Jahr waren wir wegen des Umzugs zu keinerlei Verschönerungsarbeiten mehr gekommen. Die Nachwehen zogen sich wochenlang hin, und als wir sie endlich überstanden hatten, waren wir alle zu erschöpft und wohl auch zu faul. Dann fuhren wir in Urlaub, und dann war es bald für die Arbeiten zu kalt, für die es im Sommer zu heiß gewesen war. So hatten wir das Gartenanbauprojekt bereitwillig bis zum nächsten Frühjahr vertagt. Die Natur hat zweifellos Humor gezeigt, als sie Hausputz, Gartenarbeit und Frühjahrsmüdigkeit in die gleiche Zeit legte.

Unser jugendlicher Amateurbotaniker hatte schon vor einigen Tagen einen Erkundungsgang durch den Garten unternommen und uns davon unterrichtet, daß wir auf einen gesunden Bestand von

Urtica cioica, Calystegia sepium, Rumex obtusifolius und Taraxacum officinale zurückgreifen könnten.«
»Na also, das ist doch schon was«, freute sich Rolf.
»Und ob!« bekräftigte Sven. »Vor allem, wenn man berücksichtigt, daß es sich hierbei um Brennesseln, Heckenwinde, Rasenampfer und Löwenzahn handelt.«
»Zunächst müssen wir sowieso erst einmal den Rasen gründlich durchharken, und anschließend muß Dünger drauf«, entschied Rolf, dessen Arbeitseifer sich jetzt nur noch im Organisatorischen erschöpfte. Die Kinder nahmen also jeden Morgen ihren Tagesbefehl entgegen, erklärten, alles verstanden zu haben, und vermieden es dann sorgfältig, auch nur in die Nähe des Gartens zu kommen.
»Soll er doch mal selber was machen«, maulte Sascha, »so 'n bißchen Dünger streuen ist ja keine Arbeit, aber im Sommer können wir das dann ausbaden. Oder glaubst du, Papi mäht selber?«
»Na klar. Wir müssen ihm bloß einreden, daß er langsam zu alt dafür ist!«
Ich weiß nicht mehr, welche Hilfskraft zur Zeit der Frühjahrsbestellung gerade ihre Gastspielrolle bei uns gab, jedenfalls litt ich vorübergehend mal nicht an chronischem Zeitmangel und fühlte mich deshalb verpflichtet, meinem lustlosen Nachwuchs mit gutem Beispiel voranzugehen. Gemeinsam bearbeiteten wir den Rasen, sammelten welkes Laub, Kaugummipapier, eine Blechgabel und zwei verwitterte Markknochen auf, entfernten Moospolster und meterlange Ranken einer mir noch nicht bekannten Unkrautart, entdeckten zwei Erdbeerbeete, deren Existenz uns bisher entgangen war, und gruben auch noch die Blumenbeete um, auf denen wohl doch nichts von allein wachsen würde.
Rolf gab seine durch keinerlei Kenntnisse getrübten Ansichten über das Beschneiden von Obstbäumen zum besten und setzte sie auch gleich in die Tat um, indem er den einzigen noch tragenden Ast des Mirabellenbaums absägte. Dann besorgte er Samen. Natürlich nur für Blumen. Und für ein paar Küchenkräuter. Und eine Handvoll Steckzwiebeln, weil die so preiswert gewesen waren. Und zehn Tomatenpflanzen, weil die ja gar keine Arbeit machen. Und mehrere Tüten Radieschensamen, weil man dann immer etwas Frisches zum Abendessen hat. Und ... und ... und ...

Ich kann mich noch gut an die Zeit erinnern, als wir in Berlin unseren Schrebergarten beackerten und den Samen einfach in die Erde steckten. Weiter nichts. Heute steht auf dem Beutel: ›Pflanzen Sie zwischen April und Mai (gemäßigtes Klima) in einer Tiefe von anderthalbfacher Samenstärke in gut durchwässerte lockere Erde und verziehen Sie nach zehn Tagen auf zehn Zentimeter.‹

Und dann ist nach zehn Tagen überhaupt nichts zum Verziehen da, weil man mal wieder mit unangebrachtem Optimismus geglaubt hat, daß alles, was man in die Erde steckt, auch wieder herauskommt.

»Muß man die Samenkörner eigentlich paarweise einpflanzen, wenn man Blumen haben will?« erkundigte sich Sascha, während er die Gebrauchsanweisung für die Aussaat von Calendula officinalis studierte.

Schon nach einigen Wochen konnten wir die ersten Früchte unserer Arbeit bewundern: Ringelblumen sprossen in trauter Zweisamkeit mit Freesien, die wir überhaupt nicht gepflanzt hatten; wo Tausendschönchen wachsen sollten, kamen Gladiolen, und später entdeckten wir zwischen den Tomaten lauter Dahlien.

»Da werden wohl noch überall die Zwiebeln im Boden gesteckt haben«, erläuterte Sven dieses offensichtliche Naturwunder, während Frau Billinger mich belehrte, daß man Blumen und Kräuter zweckmäßigerweise getrennt anpflanze und daß sie mir im nächsten Jahre gern mit Rat und Tat zur Seite stehen würde.

Inzwischen hatte ich die Erfahrung gemacht, daß es ein Kinderspiel ist, mehr Radieschen zu ernten, als die Familie jemals essen kann. Unser Rasen entfaltete sich zu voller Blüte. Die künstliche Ernährung hatte ihm offenbar gut getan, denn jeder Kuh hätte das Herz im Leibe gelacht beim Anblick der vielen Löwenzahnblüten und des weithin leuchtenden Klees. Dazwischen fanden sich aber auch ein paar Grashalme, die allerdings nach der Behandlung mit einem Unkrautvertilgungsmittel eingingen. Jetzt wuchern sie nur noch auf den Wegen zwischen den Steinen und ganz besonders üppig in den Fugen der Terrassenplatten.

Wir besaßen mittlerweile diverse Bücher, die sich mit Gartenpflege im allgemeinen und Rasenpflege im besonderen befaßten, aber in keinem fand ich etwas über die Behandlung von Klee und

Löwenzahn. Ganz besonders vermißte ich genauere Anweisungen darüber, wie oft man derartige Kulturen mähen muß. Also hielt ich mich an das Kapitel Rasenpflege, in dem es hieß: ›Rasenflächen sollten in der Regel dann gemäht werden, wenn das Gras die entsprechende Höhe erreicht hat. Der Zeitpunkt für das Mähen richtet sich nach dem Wachstum.‹

Den Maulwurf entdeckten wir erst, als er seinen Aussichtsturm errichtet hatte. Die elf kleineren Haufen waren uns zwischen den vielen Pusteblumen gar nicht aufgefallen.

Der Maulwurf ließ sich weder durch Wasser vertreiben noch durch Räucherpatronen. Er widerstand Giftködern und Petroleum. Erst als Sascha eine geballte Ladung Platzpatronen im letzten Maulwurfshügel zündete, emigrierte der Eindringling und wanderte zu Billingers aus, wo er nach achtstündiger Verfolgungsjagd im Nahkampf erledigt wurde.

»Können wir während der Osterferien zelten?«

»Wo? Wie lange? Mit wem? Was kostet das?«

Vier Standardfragen, die immer dann angebracht sind, wenn unser Nachwuchs Freizeitpläne schmiedet. Außerdem erfordern sie präzise Antworten und keine langwierigen Erklärungen, die sich erfahrungsgemäß in irgendwelchen Details verlieren. Besonders Sven hat die enervierende Angewohnheit, mit seinen Ausführungen bei der Seelenwanderung zu beginnen und bei den Kartoffelpreisen zu enden. Irgendwo dazwischen hat man den eigentlichen Kern seines Monologs zu suchen. Wenn er sich über einen Lehrer beschwert, der ihn angeraunzt hat, dann beginnt er seine Anklage meist mit dessen Familienverhältnissen. Seine Vorliebe für Nebensächlichkeiten fiel mir ganz besonders auf, als Sascha einmal seinen Bruder fragte: »Weißt du eigentlich, daß der Martin schon regelmäßig raucht?« Darauf Sven: »Welche Marke?«

Mein Ältester begann also gewohnheitsmäßig mit dem Datum des ersten Ferientages, der auf einen Donnerstag fallen würde und wegen des nachfolgenden Feiertages und der damit verbundenen Sonntagsruhe noch nicht in Betracht komme. »Dann haben wir erst mal Ostern und dann...«

»Mensch, jetzt langt's!« unterbrach Sascha. »Laß dich vom Fernsehen als Sandmännchen anheuern. Wenn du erst mal loslegst, pennt doch jeder ein. Um es kurz zu machen: Andy, Wolfgang, Hardy, Manfred und wir beide wollen ein paar Tage campen. Nicht weit weg, nur oben am Waldrand. Kosten tut's gar nichts, weil wir selber kochen und jeder etwas mitbringt. Wenn wir zu Hause bleiben, müssen wir ja auch was essen. Andy und Wolfgang haben Zweimannzelte, und bei uns liegt im Keller doch auch noch das Prunkstück von Onkel Felix rum. Is zwar 'n bißchen kaputt, aber das kriegen wir schon wieder hin. Du erlaubst es uns doch? Dann seid ihr uns prima los, und Papi sagt sowieso immer, Schulferien verkürzen die Lebenserwartung der Eltern.«

»Wenn euer Vater nichts dagegen hat, könnt ihr meinethalben zelten. Vorausgesetzt natürlich, eure Freunde dürfen auch.«

»Natürlich dürfen die«, versicherte Sascha im Brustton der Überzeugung, wobei er sicherheitshalber unterschlug, daß deren Eltern erst einmal abwarten wollten, was *wir* dazu sagen würden.

Rolf war einverstanden. Vermutlich erinnerte er sich an seine Jugendjahre, als er mit Klampfe unterm Arm und idealistischen Flausen im Kopf singend durch die Lande gezogen war, vorneweg ein Fähnleinführer mit geschultertem Kochtopf und einem Dutzend Erbswürsten am Koppelschloß. Abends hatte man dann am Lagerfeuer vaterländische Lieder gesungen und dem Führer die Treue geschworen.

Nach dem Mittagessen zogen die Knaben los, bepackt wie Maulesel und ausgerüstet, als beabsichtigten sie eine Himalaja-Expedition. Dann kam Sascha zurück und holte die vergessene Taschenlampe. Dann kam Sven, weil er Mückensalbe brauchte. Dann kam Andy, der zu Hause kein Paprika gefunden hatte und nun bei uns sein Glück versuchte.

»Was kocht ihr denn Schönes?«

»Gummiadler.«

Bevor ich fragen konnte, was das ist, war er schon wieder verschwunden.

Dann kam Sascha und holte Speiseöl.

»Das brauche ich aber selber! Wozu willst du es denn haben?«

»Für die Hormongeier.« Weg war er.

»Ahnst du, was die eigentlich zusammenbrutzeln?«

Rolf verneinte, obwohl er als Hobbykoch über einschlägige Kenntnisse verfügt.

Bei Einbruch der Dämmerung erschien Sven, um Gartengrill nebst Holzkohle zu holen. »Wir kriegen die Flattermänner einfach nicht weich. Einer ist schon im Feuer gelandet und verkohlt, der andere hat wie Kaugummi geschmeckt. Jetzt wollen wir wenigstens die beiden letzten retten.«

»*Wen* wollt ihr retten?«

»Na, unsere Hähnchen. Möchte bloß wissen, wie die damals in der Steinzeit ihre Wildschweine gebraten haben. Das muß ja Tage gedauert haben. Wir hocken schon seit drei Stunden vorm Feuer und kriegen diese jämmerlichen Vögel nicht weich.«

Rolf beschloß, fachmännische Hilfe zu leisten. Er stopfte den Inhalt unseres Gewürzschranks in eine Plastiktüte, nahm Trockenspiritus, Geflügelschere und die beiden Steaks aus dem Kühlschrank mit, zog Gummistiefel an und verschwand im Kielwasser seines ungeduldigen Sohnes.

Nach zehn Minuten war Sven schon wieder da, weil er den Kuchenpinsel holen sollte. Abgelöst wurde er von Sascha, der nach einem Stück Pappe geschickt worden war – als Windschutz, wie er seinem Bruder erklärte. Ihnen auf dem Fuß folgte Andy, der noch mehr Spiritus brauchte. Und dann tauchte auch schon wieder Sven auf und suchte nach Streichhölzern.

»Hätten wir doch bloß 'ne Maggi-Suppe gekocht«, stöhnte er. »Papi macht aus der Hähnchenbraterei eine kultische Handlung, und seitdem ihm das eine Steak in den Wassereimer gefallen ist, hat er eine Stinklaune. Kannst du nicht kommen und ihn loseisen?«

Das war dann allerdings nicht mehr nötig. Er kam von selbst zurück und sah aus, als habe er soeben einen Kamin gereinigt. »Da oben geht viel zuviel Wind, und außerdem ist die ganze Kocherei eine Schnapsidee. Die Bengels sollen gefälligst zum Essen nach Hause kommen.«

Ich verpflasterte die beiden Brandblasen, trichterte dem schmerzgepeinigten Heldenvater einen großzügig bemessenen Cognac ein und schickte ihn ins Bett.

Kurz nach Mitternacht wurde er wieder herausgeklingelt.

»Verflixte Brut!« schimpfte der so Geplagte, wickelte sich in seinen

Bademantel, fahndete vergeblich nach den Hausschuhen und schlappte barfuß auf den Flur. Plötzlich ohrenbetäubender Krach, irgend etwas klirrte, ein dumpfer Fall, dann Stille...

Himmel, die Rollschuhe! Steffi hatte sie nach bewährter Methode mal wieder im Flur stehenlassen in der berechtigten Erwartung, irgend jemand würde sie schon aus dem Weg räumen. Jetzt *waren* sie aus dem Weg, und die große Bodenvase ebenfalls.

»Na warte, wenn ich Stefanie in die Finger kriege...«, jammerte Rolf und feuerte einen Rollschuh gegen die Küchentür. Es klirrte noch einmal. Diesmal war es der Blumentopf.

Erneutes Klingeln. Ich sprang aus dem Bett, umrundete Rolf, der auf dem Boden lag und seine Gliedmaßen sortierte, und rannte zur Tür.

»Euch sollte man rechts und links eins hinter die Ohren...«

Vor mir stand ein Polizist, flankiert von Sven und Sascha. Am Straßenrand parkte ein Streifenwagen.

»Sin des Ihr Kinner?«

»Nein. Behaupten sie das?« Rolf hatte sich wieder aufgerappelt, fischte aus der Bademanteltasche eine zerdrückte Zigarette – er hat überall welche! – und suchte nach Streichhölzern.

Der Polizist wurde unsicher. »Ich kenn die Buwe net, awe sie hawe die Adress do ogegewe. Sie heiße doch Sanders?« Dabei schielte er verstohlen auf das Namensschild.

»Jetzt macht doch keinen Quatsch«, bettelte Sven, und Sascha ergänzte eilfertig: »Wir haben ja gar nicht gestreunt, und von wegen einbrechen, das ist doch Blödsinn. Da war die Katze von Hardy, und ich hatte sie ja auch schon am Schwanz, aber da ist dann der Stuhl umgeflogen, und da haben die gesagt, wir wollten ins Fenster steigen, und dann...«

»Jetzt kommt erst mal rein. Sie natürlich auch«, sagte Rolf mit einem resignierenden Blick zu dem uniformierten Gesetzeshüter. »Und du ziehst dir zweckmäßigerweise etwas an!« Der mißbilligende Seitenblick galt meinem nicht gerade züchtigen Schlafanzug. Ich verzog mich ins Bad und dann in die Küche. In Fernsehkrimis dürfen Polizisten niemals Alkohol trinken, wenn sie im Dienst sind. Vielleicht sollte ich es mal mit Kaffee versuchen?

Während der nächsten Viertelstunde hörten wir drei verschiedene

Versionen des nächtlichen Zwischenfalls, von denen zwei halbwegs übereinstimmten. Demnach hatten Sven und Sascha angeblich nicht schlafen können – »wegen der Ameisen, die da plötzlich überall herumkrabbelten« –, und in die Überlegungen, ob man nun den Standort wechseln oder lieber in die häuslichen Betten zurückkehren sollte, war Wolfgang geplatzt. Zu dritt hatte man sich zu einem Abendspaziergang entschlossen, in dessen Verlauf eine Katze ihren Weg gekreuzt hatte.

»Das war die von Hardys Oma«, erzählte Sascha weiter. »Wir wollten sie einfangen und dem Hardy ins Zelt setzen. Na ja, und da sind wir eben hinterher. Aber das Biest ließ sich nicht kriegen. Endlich hatten wir es auf eine Terrasse getrieben, aber dann war überall Licht, und plötzlich hat uns der Bul... hat uns der Polizist gekrallt!«

Der schaufelte sich den dritten Löffel Zucker in seine Tasse und erklärte achselzuckend: »Mir sin alarmiert wore, weil sich mehrere verdächtige Gschdalde bei de Reihehäuser rumtreiwe sollte un von einem Grundstück uff's annere wechselte, vermutlich uff de Such nach offestehende Fenschder. Erwischt hawe mir allerdings nur die zwei do!«

»Ich denke, ihr wart zu dritt?«

»Wolfgang war plötzlich verschwunden«, sagte Sven.

»Schöner Freund!«

»Ach wo, der hat doch geglaubt, wir türmen auch. Das hätten wir ja ohne weiteres geschafft, wenn ich nicht über diesen dämlichen Stuhl gestolpert und hingeknallt wäre. Hat ganz schön weh getan!« Zum Beweis präsentierte Sascha ein lädiertes Schienbein, das bereits in allen Farben schillerte.

»Es isch zu schad, daß du net wenigschdens in de Kaktus gfalle bisch. Der stand nämlich dicht newem Stuhl«, bemerkte der Polizist gemütvoll, trank seinen Kaffee aus, stülpte die Mütze auf seine schütteren Haare und erhob sich. Gönnerhaft musterte er die beiden Übeltäter.

»De vermeintliche Einbruchsversuch dürfte wohl hinfällig sei, awe ihr müßt morge trotzdem uffs Revier komme un des Protokoll unnerschreiwe. Ordnung muß sei. Euren flüchtigen Freund bringt ihr am beschde mit. Als Zeugen. Euren Vader übrigens a. Un wenn ihr des näschdemol zeldet, dann setzt euch net genau newe en Ameisehaufe, Rasselbande, verflixte!«

So begann unsere Bekanntschaft mit den Vertretern der Obrigkeit, die in den folgenden Jahren noch sehr intensiviert wurde. Beim erstenmal kamen die Jungs noch mit einer Ermahnung davon, beim zweitenmal ging es nicht mehr ganz so glimpflich ab.

Es passierte in der Nacht zum 1. Mai. Sascha hatte mir am Abend empfohlen, die Terrassenmöbel in den Keller zu stellen und alle transportablen Gegenstände aus dem Garten zu entfernen.

»Weshalb denn?«

»Weil es hier so eine ulkige Sitte gibt. Man kann anderen Leuten Streiche spielen, zum Beispiel Gartentüren auswechseln, Fahrräder auseinandernehmen – na ja, also Sachen machen, die man sonst nicht machen darf. Im vergangenen Jahr haben ein paar Halbstarke das Goggomobil von der Pfarrersfrau genau vor die Kirchentür gesetzt. Stell dir mal vor, die haben die Karre die ganze Treppe raufgeschleppt!«

»Hat das denn kein Mensch gesehen?«

»Nee, so was macht man doch nachts. Nicht wahr, wir dürfen doch heute auch nach dem Dunkelwerden noch ein bißchen draußenbleiben?«

»Kommt überhaupt nicht in Frage!«

»Och, Mami, sei kein Spielverderber. Morgen ist schulfrei, und die anderen dürfen doch auch.«

Wenn Sascha seine Mitleidswalze auflegt, muß man schon hartgesotten sein, um widerstehen zu können. Ich bin von Natur aus weich wie ein Badeschwamm.

»Wenn ihr mir versprecht, nicht mutwillig etwas zu beschädigen, dann kriegt ihr Ausgang bis elf Uhr.«

»Mami, du bist ganz große Klasse!« Ich fühlte mich geschmeichelt, was wohl auch beabsichtigt war, denn Rolf hätte sein Einverständnis zu dieser nächtlichen Exkursion bestimmt nicht gegeben. Aber der war mal wieder auf dem Wege zu seinem Geschäftspartner, einem Schweizer, der nichts von sozialistischen Feiertagen hält und der Meinung ist, als Unternehmer sei er vom Tag der Arbeit nicht betroffen.

Bevor meine unternehmungslustigen Ableger zu ihrem Spaziergang aufbrachen, deponierten sie die Gartenmöbel im Eßzimmer, räumten Buddeleimer und Sandschaufeln weg, brachten den Schlauch in die Garage und holten die Wäsche herein.

»Die ist doch noch gar nicht trocken«, protestierte ich.

»Ist egal, aber wenn du die Sachen hängen läßt, kannst du sie morgen garantiert von sämtlichen Bäumen in der Nachbarschaft abpflücken.«

»Ich kann mir nicht helfen, aber ich finde diesen Brauch reichlich idiotisch.«

»Ich nicht«, behauptete Sven und erkundigte sich, ob ich noch Geschirrspülmittel im Hause hätte.

Völlig gedankenlos bestätigte ich, daß noch einige Flaschen im Vorratsschrank sein müßten.

»Die reichen!« erklärte mein Sohn, trampelte die Kellertreppe hinunter und verschwand via Garage nach draußen. Sascha war schon vor einigen Minuten getürmt, und nun zerbrach ich mir den Kopf, wozu man wohl Geschirrspülmittel braucht, wenn man bloß Nachbars Gartenzwerge aufs Garagendach setzen und die Tür vom Geräteschuppen zunageln will. Immerhin waren ein paar der geplanten Maßnahmen in meiner Gegenwart diskutiert worden.

»Eigentlich müßten wir ja morgen spätestens um acht Uhr schon wieder unterwegs sein«, gähnte Sascha, als er sich kurz nach elf die weiße Farbe von den Armen schrubbte, »aber irgend jemand wird uns schon erzählen, was die für dämliche Gesichter gemacht haben.«

»Wozu habt ihr eigentlich das Spülmittel gebraucht?«

Sven prustete los. »Kannst du dir vorstellen, was passiert, wenn du eine Flasche von dem Zeug in einen Springbrunnen kippst?«

Als ich am nächsten Morgen die Jalousien hochzog, stellte ich fest, daß die Jungs zwar meine Wäsche hereingeholt, die Klammern aber vergessen hatten. Die Wäschespinne war gespickt mit ihnen, und an jeder einzelnen hing sorgfältig befestigt eine Löwenzahnblüte.

Am Nachmittag hatte ich wieder die Polizei im Hause. Diesmal war es ein Vertreter des örtlichen Reviers, der Zimmermann hieß, irgendwo in unserer Gegend wohnte und abends, hemdsärmelig und mit Hosenträgern, seinen Dackel Gassi führte. Der hob dann immer sein Bein neben unserer Garageneinfahrt.

Diesmal grüßte Herr Zimmermann betont amtlich und begehrte die Vorführung »des Sven sowie des Sascha Sanders«. Beide glänzten durch Abwesenheit.

»Es liegt e Ozeig gege sie vor wege Sachbeschädigung.«

»Meine Güte, das bißchen Schaum im Brunnen ist doch nun wirklich keine Katastrophe. Inzwischen müßte das Zeug doch längst herausgespült sein.«

Polizist Zimmermann schüttelte den Kopf. »Von oim Brunne weiß ich nix. Ich schwätz vom Verunreinigen von de Fahrbohn.«

???

»Im Äbereschenweg, gnau vor dem Kinnerspielplatz, isch heit nacht en Zebrastreife gemolt wore.«

»Da gehört schon längst einer hin.« Die Zwillinge spielten manchmal dort, und ich hatte sie schon mehrmals über die Autos schimpfen hören, die »einfach nicht anhalten«.

»So was isch Sach von de Gmeinde. Wo käme ma denn do hi, wenn sich jeder seinen Fußgängerüweweg selwer macht?«

»Vermutlich zu weniger Verkehrstoten.«

»Sie scheine die Sach wohl net ernstzunehme, Frau Sanders. Mehrere Jugendliche, drunner a Ihre beide Söhn, sin beim Ostreiche von de Fahrbohn beobachtet und ogezeigt wore!«

»Na schön, und was soll ich Ihrer Meinung nach jetzt tun? Fleckenwasser kaufen und das Zeug wieder abwischen?«

»Domit wird ein Fachbetrieb beauftragt, awer Sie müsse nadirlich für die entstehende Koschten uffkomme. Außerdem hawe sich Ihre Kinner morge uff dem Revier einzufinne. Es wäre gut, wenn sich die annere Beteiligte freiwillig melde täte. Bisher hawe mir erscht vier ermittelt, awer es solle noch mehr gwese sei.«

Herr Zimmermann grüßte militärisch und verschwand. Die beiden Missetäter robbten bäuchlings aus der Hecke hervor.

»Der Kerl ist doch nicht mehr ganz dicht!« meuterte Sven. »Von Sachbeschädigung kann überhaupt keine Rede sein, weil wir lösliche Farbe genommen haben, die beim ersten Regen wieder weggespült wird. Und wenn ich rauskriege, wer uns da verpfiffen hat, dann kann der noch was erleben. Bestimmt war das der alte Knacker, der im Sommer jeden Morgen seine Äpfel zählt, ob auch noch alle am Baum hängen.«

»An sich finde ich die Idee mit dem Zebrastreifen ja auch ganz originell, aber ich bezweifle, ob Papis Sinn für Humor so ausgeprägt ist, daß er innerhalb eines Monats bereitwillig gleich zweimal aufs Polizeirevier stiefelt.«

Im allgemeinen hatte Rolf Verständnis für Lausbubenstreiche, nur hielt er es für einen höchst bedauerlichen Mangel an Intelligenz, sich dabei erwischen zu lassen.

»Das braucht er doch gar nicht zu erfahren«, meinte Sascha schnell. »Er kommt ja erst übermorgen zurück, und bis dahin haben wir das schon wieder hingebogen. Ich trommle den ganzen Verein zusammen, und wenn wir in Kompaniestärke aufkreuzen, werden wir die Bullen schon kleinkriegen. Einigkeit macht stark!«

Die Polizisten, ausnahmslos Familienväter und mit Nachwuchs zwischen zwei und zweiundzwanzig Jahren gesegnet, zeigten – rein privat natürlich – Verständnis. Rein dienstlich verdonnerten sie die Malerbrigaden zu je fünf Stunden Arbeitseinsatz, als da wäre: Waschen der Dienstfahrzeuge inklusive Feuerwehrauto, Reinigen der Schläuche unter Anleitung des Brandmeisters, Handlangerdienste beim bevorstehenden Umzug des Reviers in ein größeres Gebäude sowie gegebenenfalls Botengänge, worunter man den Einkauf von Zigaretten oder Preßwurst zu verstehen habe. Sascha wurde übrigens amnestiert, weil er noch nicht vierzehn und somit strafunmündig war. Er bewies aber Solidarität und erschien freiwillig zum Strafantritt. Nach Beendigung des Frondienstes luden die Arbeitgeber ihre Hilfskräfte zu einer ausgiebigen Vesper ein, und schließlich schied man in der gegenseitigen Auffassung, zwei recht vergnügliche Nachmittage verbracht zu haben.

Rolf erfuhr tatsächlich nichts von diesem Arbeitseinsatz und war deshalb auch einigermaßen überrascht, als er bei seinem nächsten Zusammentreffen mit der Ordnungsbehörde zu hören bekam: »Sie legen Ihre Aufsichtspflicht wirklich etwas sehr großzügig aus!«

Es war am Dienstag nach Pfingsten. Sven hatte sich ein paar Tage lang bei seinem Freund Jochen einquartiert. Aus diesem Grunde hatte Sascha hinten im Garten das Zelt aufgebaut, wo er mit Andy und Manfred zu nächtigen beabsichtigte.

»Wenigstens haben wir sie hier unter Kontrolle«, behauptete Rolf, als er sein Einverständnis bekundete.

Am frühen Morgen weckte uns Gebrüll. Dumpfe Laute, die an den Alarmruf wütender Gorillas erinnerten, schallten durch den Garten, übertönt von Saschas pathetischer Prophezeiung: »Die Geier werden dich zerfleischen, wenn du dein unwürdiges Leben am Marterpfahl ausgehaucht hast.«

»Ich dachte, die sind über das Winnetou-Alter längst hinaus«, knurrte Rolf und tastete nach seiner Armbanduhr. »Noch nicht mal halb sieben, sind die eigentlich verrückt geworden?«

An Schlafen war nicht mehr zu denken, also stand ich auf und öffnete das Fenster.

Am Mirabellenbaum, gefesselt mit einer Wäscheleine, stand ein etwa sechzehnjähriges schmächtiges Bürschlein, das an den Stricken zerrte und immer wieder beteuerte: »Kindsköpf, lausige! Ich sag's euch, ihr kriegt en ganz g'waldige Ärger!«

»Steh bloß schnell auf, dein ganz spezieller Liebling hat mal wieder irgendeinen Blödsinn gebaut!« rief ich meinem gähnenden Mann zu, bevor ich nach meinem Bademantel griff und in den Garten lief.

Der Gefangene seufzte erleichtert, als er mich sah. »Jetzt häng i scho seit übere Stund do fescht und dabei haw i mein Tour noch net emol halwa g'schafft!«

Mit einem bedauernden Seitenblick auf mich band Andy den Gefangenen los, während Sascha meinte: »Ob man dein Käseblatt eine Stunde früher oder später auf den Lokus hängt, ist doch nun wirklich egal.«

Es handelte sich bei dem bedauernswerten Opfer um den Zeitungsjungen, den die drei Camper unter irgendeinem Vorwand in den Garten gelockt und dann gekidnappt hatten.

»Mit dem hatte ich nämlich noch ein Hühnchen zu rupfen«, entschuldigte Manfred diese Entführung. »Der hat mir neulich im Freibad die Luft aus meinem Fahrrad gelassen und dann auch noch die Ventile geklaut!«

»Ha, awer nur, weil du mir mei Mofa an de Laternemaschde gekettet hosch. I hab äscht die Eisensäg hole gmüßt, um das Schloß uffzukriege!«

»Vielleicht könntet ihr künftig eure Privatfehden woanders austragen!« Rolf war dazugekommen, hörte sich geduldig Gründe und

Gegengründe für den offenbar schon seit längerem bestehenden Partisanenkrieg an und beendete schließlich die Debatte mit einem Fünfmarkstück, das er dem Zeitungsjungen in die Hand drückte. Der zeigte sich nunmehr besänftigt.

Nicht so die Abonnenten. Es hagelte telefonische und briefliche Beschwerden bei den Eltern des unzuverlässigen Boten; die gaben sie mit einer ausführlichen Begründung an die Zeitung weiter, und die fahndete dann nach den wahrhaft Schuldigen. Irgendwie bekam Herr Zimmermann Wind von der Sache – die unmittelbare Nachbarschaft mit einem Polizisten ist nicht immer vorteilhaft – und erteilte dem nachlässigen Vater einen inoffiziellen Rüffel, den er mit der vorwurfsvollen Feststellung krönte: »Früher isch des do e sehr ruhiges Wohnviertel gwese!«

4

»Weißt du eigentlich, daß die Zwillinge bald in die Schule kommen?«

»Na und? Inzwischen wirst du doch wohl die Ganzwort-Methode beherrschen und das Rechnen mit Klötzchen und Steinchen auch. Was gibt es also sonst noch für Probleme? Sag mir lieber, wie ich die zwanzig Flaschen Wein verbuchen kann. Sind das Geschäftsunkosten oder Spesen?«

Ich hatte entschieden den falschen Augenblick erwischt. Rolf brütete über seiner Steuererklärung, die schon längst fertig sein sollte, deren Bearbeitung er aber immer wieder hinausgeschoben hatte.

»Heutzutage gehört wirklich mehr Verstand dazu, die Einkommensteuer auszurechnen, als das Einkommen zu verdienen!« stöhnte er, blätterte die Bankauszüge durch und meinte giftig: »Diese Dinger sind das bequemste Mittel, festzustellen, wie sehr man über seine Verhältnisse gelebt hat. Kannst du eigentlich nicht mit etwas weniger Haushaltsgeld auskommen?«

Und ich hatte gerade um eine Zulage bitten wollen!

Die Grundausstattung eines Erstkläßlers kostet rund achtzig Mark. Wir haben Zwillinge! Und Stefanie würde mit Beginn des neuen Schuljahres auf das Gymnasium wechseln. Die dann anfallenden Kosten kannte ich bereits. Allerdings hatte sich Steffi geweigert, dieselbe Schule zu besuchen wie Sven und Sascha.

»Ich bin doch nicht verrückt! Bei *den* Brüdern... Wenn die Lehrer meinen Namen hören, bin ich sofort abgestempelt! Außerdem geht Chris auch nach Neckarbischofsheim.«

Christiane war ihre neue beste Freundin.

»Mir ist es egal, von welcher Schule du wieder runterfliegst«, hatte Rolf gesagt, der seiner Tochter nicht allzu viel Bildungseifer zutraute. Immerhin hatte er einmal ein Diktat unterschreiben müssen, unter dem als Stoßseufzer der Lehrerin gestanden hatte: »Die zunehmende Lesbarkeit von Stefanies Schrift enthüllt ihre völlige Unkenntnis der Rechtschreibung.« Rolf hatte seinen Namenszug mit dem Zusatz versehen: »Dieser bedauerliche Mangel ist auf Vererbung zurückzuführen«, aber mich hatte er aufgefordert, meine Tochter künftig etwas mehr an die Kandare zu nehmen. »Man muß ihr wenigstens zugute halten, daß sie bei *den* Noten bestimmt nirgends abgeschrieben hat.«

So nach und nach haben sich ihre Leistungen aber gebessert, und Rolf fand nun auch, daß ein Versuch nichts schaden könnte.

»Schicken wir sie also in Gottes Namen aufs Gymnasium. Noch dämlicher als die Jungs wird sie schon nicht sein!«

Ihre permanent schlechten Leistungen begründeten sie mit Antipathie der Lehrer, Schulstreß, unzumutbarem Leistungsdruck und Mangel an Interesse. »Was geht's mich an, wie lange Pippin der Kurze regiert hat«, maulte Sven, »ich will Gartenbau studieren.«

Zugegeben, als ich noch zur Schule ging, waren Geschichte und Erdkunde einfacher. Es war damals weniger, und es stimmte länger.

Aber lernen mußte ich auch!

»Gehört ihr in eurer Klasse wenigstens noch zur oberen Hälfte?« wollte Rolf wissen.

Sven griente verlegen. »Eigentlich mehr zu denen, die die obere Hälfte erst möglich machen.«

»Wenn ihr hängenbleibt, nehme ich euch nach dem neunten Schuljahr raus und stecke euch in irgendeine Lehre, ist das klar?«

»Wie kann man bloß so intolerant sein«, empörte sich Sascha. »Einmal parken ist doch obligatorisch, und wie war das bei dir in der Obersekunda?«

»Damals habe ich ja auch acht Wochen im Krankenhaus gelegen!«

»Dafür sind wir dauernd umgezogen«, konterte Sascha, um dann beruhigend hinzuzusetzen: »Nun hab keine Angst, eine Ehrenrunde ist in diesem Jahr noch nicht drin. Die heben wir uns für später auf.«

Und jetzt fing der ganze Leidensweg noch einmal von vorne an! Zum Glück freuten sich die Zwillinge auf die Schule, in der sie eine gehobenere Form des Kindergartens vermuteten.

»Hoffentlich lernen wir bald lesen«, hatte Katja unlängst einmal geseufzt, als sie ratlos in der Rundfunkzeitung blätterte. »Du sagst uns doch meistens, es gibt nichts für uns im Fernsehen. Und dann gibt es *doch* was!«

Ein genereller Gegner des Fernsehens bin ich nicht gerade, aber bei Kinder- oder Jugendsendungen wird die Sache manchmal problematisch. Wenn ich mir endlich darüber klargeworden bin, daß sich ein Programm für die Kinder nicht eignet, interessiert es mich selbst schon zu sehr, als daß ich es wieder abstellen könnte.

Die Zwillinge fieberten also ihrem ersten Schultag entgegen, die drei Großen dem letzten. Die Zeugnisverteilung sowie das daraus resultierende väterliche Donnerwetter waren bereits überstanden, und die gestreßten Schüler konnten den Sommerferien unbeschwert entgegensehen.

In diesem Jahr würde sich die Familie erstmalig zersplittern. Stefanie war von Christiane eingeladen worden und sollte mit ihr zusammen einen Teil der Ferien auf dem großväterlichen Bauernhof im Allgäu verbringen. Die Jungs hatten schon seit Wochen gemeutert und sich beharrlich geweigert, an einem Familienurlaub teilzunehmen.

»Immer bloß am Strand rumliegen und sich wie 'n Spiegelei braten lassen – nee danke, diesmal ohne mich!« hatte Sven erklärt, unterstützt von Sascha, der seinen Mißmut noch deutlicher bekundete: »Ja, und nachmittags dann Kirchen besichtigen oder irgendwelche ollen Klamotten, die geschichtlich bedeutsam sein sollen. Da schlappt man dann stundenlang durch die Hitze und beguckt Mauersteine. Hardy ist im vergangenen Jahr in einem Sommerlager gewesen, und da war das ganz prima. In diesem Jahr geht er wieder, und Manfred geht auch mit. Warum dürfen wir so was nicht?«

»Wer sagt denn das?« hatte Rolf zum allgemeinen Erstaunen gesagt. »Ich bin heilfroh, wenn ich euch mal drei Wochen lang nicht sehe. Im übrigen ist schon alles perfekt. Mich wundert nur, daß der Eberhard tatsächlich dichtgehalten hat, der weiß das nämlich schon seit einer ganzen Weile. Soweit ich unterrichtet bin, kommt Andy auch noch mit.«

»Paps, du bist ein Superknüller!« Sascha tanzte wie ein Derwisch durch das Zimmer. »Ich verspreche dir auch, daß ich mich im nächsten Schuljahr freiwillig ein bißchen mehr anstrenge.«

»Nur ein bißchen?«

»Na ja, also im Rahmen des Möglichen.«

Abends fragte Rolf mich beiläufig: »Was wollen wir Übriggebliebenen denn während der Ferien machen?«

»Gar nichts.«

»Wie – gar nichts?«

»Wir bleiben zu Hause, genießen Garten, abgasfreie Luft und dolce far niente, haben Ruhe, weil die ganze Nachbarschaft sowieso verreist, ernähren uns von Joghurt und Konservenfutter, haben alle Bequemlichkeiten und sparen viel Geld.«

»Glaubst du, damit sind die Zwillinge auch einverstanden?«

»Bestimmt. Für die beiden haben wir endlich mal genug Zeit.«

Rolf war noch nicht so ganz überzeugt. »Eigentlich hatte ich mit dem Gedanken gespielt, mir den Wohnwagen von Felix zu leihen. Für uns vier müßte der ausreichen. Statt nach Süden würden wir zur Abwechslung mal nach Norden fahren, holländische Küste oder so.«

»Aber nicht mit mir!«

Wir hatten einen Campingurlaub hinter uns, und der würde für den Rest meines Lebens genügen. Dabei waren wir damals noch fast in den Flitterwochen und folglich bereit gewesen, gewisse Unbequemlichkeiten in Kauf zu nehmen.

An einem Wohnwagen schätze ich ganz besonders, daß man einen Platz zum Wohnen hat, während man einen Platz zum Parken sucht. Hat man ihn endlich gefunden, dann gehen die Probleme erst richtig los.

Ein Wohnwagen ist ziemlich eng, zumindest war es der, den wir geliehen hatten, und man kann nirgends Sachen abstellen außer dort, wo sie hingehören. Deshalb kocht man nach Möglichkeit draußen.

Wer der Überzeugung ist, wo Rauch sei, sei auch Feuer, der hat noch nie auf einem Campingfeuer zu kochen versucht. Und wenn ich die zwei Steaks auf den Rost knallte – genauer gesagt dorthin, wo ich den Rost vermutete –, ermahnte Rolf mich liebevoll: »Denk aber daran, nur halbverbrannt, nicht ganz durch verbrannt!«

Unsere damalige Campingreise hatte während eines völlig verregneten Sommers stattgefunden, und so waren wir ständig weitergezogen, immer dem kleinen Azoren-Hoch hinterher. Eingeholt haben wir es nie, dafür aber die Erkenntnis gewonnen, daß die längste Verbindung zwischen zwei Orten eine unbekannte Wegabkürzung ist. Einmal mußte uns ein Trecker aus einem Rübenacker ziehen, das zweitemal saßen wir auf einem Feldweg fest und konnten nirgends wenden.

Nein, auf eine Wiederholung dieser Campingfahrt legte ich nicht den geringsten Wert. Schon gar nicht in Begleitung von zwei sechsjährigen Kindern, die man bei Regen tagelang im Wohnwagen beschäftigen muß.

Da fällt mir übrigens ein, daß uns das miserable Wetter damals gar nicht soviel ausgemacht hatte...

Schon am zweiten Ferientag verfrachtete Rolf seine Söhne ins Auto, sammelte ihre Freunde nebst Koffern und Schlafsäcken ein und karrte die ganze Ladung in den Schwarzwald. Den späteren Rücktransport wollte Andys Vater übernehmen.

Vorher hatte es noch lebhafte Debatten gegeben, ob Schlafanzüge mitzunehmen und wie viele Garnituren Unterwäsche wohl erforderlich seien.

»Trainingsanzug, Badehose, Handtuch, ein paar T-Shirts und einen Pullover, wenn's mal kalt wird«, hatte Sascha als Maximum gefordert. »Viel wichtiger sind Flaschenöffner, Kassettenrecorder, Angelzeug und Taschenlampe.«

»Und wie wäre es mit Shampoo, Seife und Zahnbürste?«

»Man wird ja mal ein paar Tage ohne diesen ganzen Krempel auskommen, und Wasser gibt es überall.«

Trotzdem packte ich alles mir notwendig Erscheinende in Svens Koffer (und packte es später überührt wieder aus), legte zwei neue Kämme, Hautcreme und Papiertaschentücher dazu und ermahnte die Zugvögel, wenigstens einmal pro Woche zu schreiben. Das wurde zugesichert.

Es war schon dunkel, als Rolf endlich zurückkam, obwohl die Entfernung zum Zielort nur knapp zweihundert Kilometer betrug.

»In Deutschland scheint es zur Zeit lediglich zwei Arten von Straßen zu geben«, schimpfte er, »schlechte und wegen Bauarbeiten gesperrte!«

Cognac wirkt beruhigend, und jetzt durfte er ja. Danach war er auch bereit, Einzelheiten zu erzählen.

»Auf der Hinfahrt brauchte ich nur elfmal anzuhalten, nicht gerechnet die allgemeine Frühstückspause. Manfred hat offenbar eine schwache Blase, der mußte alle dreißig Minuten in die Büsche. Dann hatte einer Zwiebackkrümel im Hemd, der andere hatte seinen Reiseproviant im Kofferraum vergessen, dem Sascha war eine Kassette aus dem Fenster gefallen, und wer die Cola an die Heckscheibe gespritzt hat, weiß ich nicht mehr. Wenn ich noch einmal fünf Teenager transportieren muß, nehme ich eine Flasche Chloroform mit!«

»Nun weißt du endlich mal, was ich mitmache, wenn ich unsere gesamte Brut im Wagen habe! Wie sieht denn das Lager aus? Ich kenne doch nur den Prospekt.«

»Ein halbes Dutzend Zwölf-Mann-Zelte, recht ordentlich ausgestattet mit Holzliegen, Strohsäcken und Soldatenspinden, etwas abseits ein Haus, in dem gegessen wird. Ich glaube, da sind auch die Waschräume, und ansonsten viel Natur drumherum. Übrigens ist das ein gemischtes Camp, jedenfalls habe ich auch ein paar Mädchen herumlaufen sehen. Zumindest glaube ich, daß es welche waren, man weiß das ja heute nicht mehr so genau.«

»Na, hoffentlich läuft da nichts schief«, sagte ich ein bißchen skeptisch, »Sven ist immerhin fünfzehn.«

»Unsinn, was soll da schon passieren? Es gibt genug andere Möglichkeiten, die überschüssigen Kräfte loszuwerden. Außerdem waren genügend Betreuer da und alle jung genug, um zu wissen, was Teenager gern tun wollen.«

»Hoffentlich sind sie alt genug, dafür zu sorgen, daß sie es nicht tun!«

Drei Tage später wurde Steffi abgeholt. Weil ich wußte, daß sie Briefeschreiben noch gräßlicher findet als Schuheputzen, hatte ich vorsichtshalber sechs adressierte und frankierte Postkarten in den Koffer gelegt. »Du brauchst ja nicht viel zu schreiben«, sagte ich, »einfach bloß ›Bin gesund, alles in Ordnung‹.«

»Na schön, aber könntest du das nicht auch schon vorschreiben? Ich streiche es dann durch, wenn's nicht stimmt.«

Von einer Stunde zur anderen kam uns das Haus menschenleer vor. Zwar geisterten noch die Zwillinge darin herum, aber trotzdem war es ungewohnt ruhig. Die normalen Lärmquellen waren versiegt. Jetzt fand auch Rolf Gefallen an einem Urlaub zu Hause.

»Du hast ja so recht«, meinte er, »besser können wir es doch nirgends haben. Morgens endlich mal ausschlafen, gemütlich frühstücken, nach dem Mittagessen ein Sonnenbad und dann ein bißchen Gartenarbeit. Natürlich nur für mich«, beteuerte er erschreckt, als er mein Gesicht sah. »Ich bewege mich doch sonst nur zwischen Auto und Schreibtisch, es ist also höchste Zeit, daß ich mal etwas für meine Gesundheit tue.«

Am nächsten Morgen um halb sieben stand Nicole in der Schlafzimmertür. »Warum steht ihr denn nicht auf? Wir wollten doch in den Zoo fahren.«

»Aber doch nicht gleich am ersten Tag. Heute möchten wir erst einmal ausschlafen, schließlich sind Ferien.«

»Deshalb wollen wir ja in den Zoo! Und überhaupt hast du doch gesagt, daß ihr jetzt ganz viel Zeit für uns habt.«

Also fuhren wir in den Zoo. Und am nächsten Tag in den Märchenpark. Und am dritten zum Fernsehturm. Und am vierten...

»Wenn ich mir vorstelle, daß ich jetzt irgendwo in Holland am Strand liegen könnte«, knurrte Rolf, während er Wasserbälle und Gummiboot in den Kofferraum stopfte, »dann frage ich mich bloß, wer eigentlich auf diesen idiotischen Einfall gekommen ist, einen geruhsamen Urlaub im trauten Heim zu verbringen.« Wenig später fing es zu regnen an, und er durfte alles wieder ausladen. Das Dumme an Wettervorhersagen ist eben, daß sie nicht immer falsch sind.

Das erste Lebenszeichen von Sascha war inzwischen auch gekommen und lautete kurz und bündig: »Schickt bitte ein Futterpaket. Hier kriegt man überhaupt nichts zu essen außer Frühstück, Mittagessen und Abendbrot.« Sven hatte noch druntergekritzelt: »Heute hatten wir Schnitzel. Leider gab es zu viele Bremsbeilagen.«

Auf der Postkarte von Steffi klebte ein Gänseblümchen mit vier Blütenblättern, darunter stand: »So was fressen hier die Kühe. Es gefällt mir ganz prima. Das Essen ist pfundig, und man muß es nicht immer essen.
Gruß Steffi.«

Sommer ist die Zeit, in der es eigentlich zu heiß ist, das zu tun, wofür es im Winter zu kalt war. Trotzdem wollte ich endlich mal den Keller aufräumen. Seit drei Tagen regnete es pausenlos, die Zwillinge langweilten sich, und immerzu kann man auch nicht Memory oder Mau-Mau spielen.
»Ihr könnt mir beim Entrümpeln helfen«, schlug ich Nicki vor.
»Och nee, da sind immer so viele Spinnen. Dürfen wir nicht lieber die Kacheln im Badezimmer abwaschen? Du hast doch gesagt, die sind mal wieder fällig.«
»Von mir aus. Aber setzt nicht alles unter Wasser!«
Naja, und wenn schon, Hauptsache, die beiden sind eine Zeitlang beschäftigt.
Kurz darauf gluckert und plätschert es wie bei einer Flottenparade, ein Stück Seife kommt die Treppe heruntergeschliddert, ein Waschlappen folgt, danach ein empörter Aufschrei: »Nicht immer in die Augen!«, dann plötzlich Ruhe.
Eine sofortige Besichtigung des Tatortes ergibt folgendes Bild: Das Bad ist übersät mit nassen Wattebällchen, die Badewanne vollgestopft mit Puppen und Stofftieren, sämtliche Wasserhähne einschließlich Dusche sind voll in Betrieb, und während Nicki mit dem Rasierpinsel aus Marderhaaren (Großhandelspreis 37 Mark) die Tür bearbeitet, reinigt Katja mit Badeschwamm und Scheuersand die Waage. Das einzig noch halbwegs Trockene im ganzen Raum sind die Wände.
Wer wollte denn im Urlaub zu Hause bleiben??
Nach zwei Stunden habe ich das Schlachtfeld aufgeräumt, die kaputte Waage in die Mülltonne geworfen (Warum hatte ich sie nicht schon längst vor die Kühlschranktür gestellt, wo doch dies der einzig richtige Platz wäre?) und die klatschnassen Puppen auf die Wäscheleine gehängt.
Schuldbewußt kommt Nicki angeschlichen. »Kann ich dir helfen?« Schon wieder etwas besänftigt – schließlich hatte das Bad

wirklich eine Generalreinigung nötig gehabt – bitte ich sie, die beiden Waschbecken trockenzureiben.

»Ich hole inzwischen frische Handtücher.«

Sekunden später rauscht die Wasserspülung. In der Annahme, meine Tochter dehnt ihren Tätigkeitsdrang schon wieder über das ganze Bad aus, rufe ich warnend: »Die Toilette ist schon fertig!«

Darauf Katjas empörte Frage: »Soll ich nu deshalb in die Wanne pinkeln?« Warum kann man Sechsjährige noch nicht ins Ferienlager schicken?

Schon wieder so ein Tag, der eigentlich zu Ende gehen müßte, solange es noch Morgen ist. Bleigrauer Himmel, Wolkenberge, leichter Ostwind. Auch das Thermometer hatte vom Wetter eine sehr niedrige Meinung.

»Genau die richtige Temperatur, um im Garten zu arbeiten«, freute sich Rolf. »Nicht zu heiß und nicht zu kalt. Ich werde heute die Brombeeren setzen.«

Zeit dazu wurde es wirklich. Bestellt hatte er die Pflanzen Anfang Dezember, geliefert wurden sie Ende Februar, und nun standen sie immer noch verpackt im Keller und waren lediglich von Sven hin und wieder bewässert worden.

»Was hältst du davon, wenn wir die Sträucher parallel zur Hecke setzen?«

»Mir egal.«

»Allerdings müßte dann die Wäschespinne weg«, überlegte Rolf weiter.

»Dann setz sie eben woanders hin.«

»Wie wär's neben dem Erdbeerbeet?«

»Mir egal.« Ich las gerade einen interessanten Bericht über neu erschlossene Feriengebiete in der Südsee. Da war von kilometerlangen Sandstränden die Rede und von schattenspendenden Palmen...

»Der Berberitzenstrauch müßte auch einen anderen Standplatz kriegen, man bleibt dauernd an den Stacheln hängen«, klang es sehr prosaisch in meine Träume. »Am besten bringen wir ihn dicht an den Zaun. Oder was meinst du?«

»Mir egal.« Was ging mich die Berberitze an, wenn ich im Geiste wogende Palmen vor mir sah.

»Ein bißchen mehr Interesse könntest du ruhig zeigen, letzten Endes ist es ja auch dein Garten!« Rolf faltete beleidigt die Zeitung zusammen, schob die Kaffeetasse zurück und verschwand Richtung Keller.

Bis zum Mittagessen hatte er drei Brombeerpflanzen eingegraben. Kurz vor dem Abendbrot waren alle sieben im Boden. Die Wäschespinne steht aber noch heute an ihrem ursprünglichen Platz, so daß die Tischdecken beim geringsten Luftzug an den Dornen kleben, und an der Berberitze pieken wir uns auch immer noch, nur häufiger, denn sie ist größer geworden und ragt teilweise schon auf die Terrasse.

Im übrigen hat Rolf seither nicht mehr den Wunsch geäußert, der Gesundheit zuliebe im Garten zu arbeiten. Ein Mann ist eben so jung, wie er sich fühlt, wenn er versucht hat, es zu beweisen!

Und dann war wieder Leben im Haus! Die Knaben brachen über uns herein wie Heuschrecken und schienen sich während ihrer Abwesenheit verdoppelt zu haben. Sie waren überall. Hatte ich Sascha eben noch vom Kühlschrank vertrieben, aus dem er alles Eßbare in sich hineinstopfte, so holte ich ihn gleich darauf aus dem Keller, wo er die Kühltruhe inspizierte. »Meinst du, die Ente taut noch bis zum Abendbrot auf?«

Sven tobte inzwischen durch sämtliche Räume, begrüßte Wellensittich, Goldhamster und die Bewohner seines Aquariums, kontrollierte seine Kakteenplantage, ob nicht eventuell irgendwo ein paar Stacheln fehlten, und äußerte den Wunsch, nunmehr Wolfgang aufzusuchen, der ja bedauerlicherweise mit seinen Eltern nach Jugoslawien fahren mußte, aber »nun wird er diesen Schwachsinn wohl überstanden haben«.

»Heute gehst du weder zu Wolfgang noch zu sonst jemandem. Ihr marschiert erst einmal in die Badewanne!«

»Geht denn das schon wieder los?«

Die gesunde Bräune der beiden Heimkehrer hatte sich bei näherer Betrachtung als solide Dreckschicht entpuppt, was Sascha dann auch ohne weiteres zugab.

»Was können wir dafür, wenn in der letzten Woche die Duschen kaputtgegangen sind?«

»Seid ihr denn überhaupt mal in direkte Berührung mit Wasser gekommen?«

»Na klar, wir sind ein paarmal zum Schwimmen gegangen, und einmal haben wir nachts eine bärige Wasserschlacht abgezogen!«

Weitere Fragen konnte ich mir ersparen. Als ich die beiden Koffer auspackte, entdeckte ich zuoberst mehrere Scheuerlappen, die ich bei genauer Prüfung als T-Shirts erkannte. Darunter lagen je ein Trainingsanzug, lediglich an der Form noch als solcher erkennbar, und dann kamen sorgfältig gefaltet und völlig unberührt die übrigen Sachen: Unterwäsche, Schlafanzüge, Hemden und Strümpfe.

Die Knaben hatten sich nun doch entschlossen, die Patina ihrer dreiwöchigen Seifenabstinenz wegzuschrubben, und hockten in der Wanne, einer oben, der andere in unserem Bad. Ich pendelte zwischen Parterre und erstem Stock, schüttete großzügig alle mir opportun erscheinenden Reinigungsmittel ins Wasser und empfahl den beiden Ferkeln, erst einmal mindestens eine Stunde lang zu weichen. Bei Sascha nützte das aber gar nichts. Er hatte sich ein ganz besonders haltbares Reiseandenken mitgebracht. Sein Oberkörper war übersät von Autogrammen, ausnahmslos mit wasserfesten Filzstiften geschrieben und teilweise von Karikaturen umrahmt. Der Bengel sah aus wie tätowiert. Ähnlich dauerhaft waren die Inschriften denn auch, und noch zu Weihnachten konnte man mühelos einige Namenszüge entziffern.

Die Nachwehen dieser grandiosen Ferien bekamen wir noch wochenlang zu spüren. Ermahnte Rolf seinen Ältesten, sich doch bitte sehr nicht über den Tisch zu lümmeln, bekam er zur Antwort: »Der Güggi hat gesagt...«

»Wer ist Güggi?«

»Das war unser Teamer.«

»Wer oder was ist ein Teamer?«

»Na, so eine Art Gruppenleiter im Sommerlager. Also der Güggi hat gesagt, daß eine aufrechte Haltung widernatürlich ist und auf die Dauer zu schweren körperlichen Schäden führt. Güggi studiert sonst nämlich Medizin.«

Bei einer anderen Gelegenheit behauptete Sascha, Spinat sei ungesund, denn hier hätten die Zähne nichts zum Beißen und würden deshalb degenerieren. Nun ist Spinat zwar schon immer eine Substanz gewesen, die speziell auf Kindertellern zum und vom Tisch getragen wird, aber daß sie auch ungesund sein soll, hatte ich bisher noch nie gehört.

Dann trudelte auch Stefanie wieder ein, und die Familie war endlich komplett.

In der letzten Ferienwoche wurde auch noch die Bekanntschaft mit Herrn Zimmermann vertieft, als er mal wieder nach Schuldigen fahndete und zuerst bei uns danach suchte. Irgend jemand hatte die ganzen Hinweisschilder verdreht, die den Ortsfremden, also überwiegend den Kurgästen, den rechten Weg zum Waldsee, zum Reitstall und zum Sole-Schwimmbad zeigen sollen. Wie nicht anders zu erwarten, war Sascha tatsächlich der Urheber dieser Heldentat gewesen, assistiert von seinen Satelliten, aber diesmal konnte ihm Herr Zimmermann nichts beweisen. Verärgert begnügte er sich mit der Drohung: »Wenn ich dich das näschdemol bei so em Unfug erwisch, kommscht nicht mehr so glimpflich davon. Des geb ich dir schriftlich, Bürschle!«

Im nächsten Jahr mache ich Urlaub auf den Bahamas. Allein! Oder vielleicht noch besser in Neuseeland. Das ist weiter weg!

5

Der Unterschied zwischen Freunden und Nachbarn besteht darin, daß man sich seine Freunde aussuchen kann. Nachbarn dagegen hat man. Genau wie Verwandte. Davon besitzen wir auch eine ganze Menge. Die meisten von ihnen wohnen allerdings ziemlich weit entfernt, nur die weniger sympathischen leben in erreichbarer Nähe und besuchen uns manchmal. Katja bezeichnete diese Verwandten denn auch einmal sehr treffend als Leute, die zum Essen kommen und keine Freunde sind.

Unsere Nachbarn sind sehr unterschiedlicher Natur. Links neben uns wohnen Herr und Frau Billinger, beide Schwaben, beide schon recht betagt und nach Saschas Meinung »so irgendwo zwischen fünfundsiebzig und scheintot« anzusiedeln. Trotzdem sind sie noch sehr rüstig. Besonders Frau Billinger wirkt jünger als sie vermutlich ist, was nicht zuletzt an ihren Hüten liegt. Sie hat eine wahre Leidenschaft für Hüte, von denen allerdings keiner ihre Liebe erwidert. Sie machen im Gegenteil immer den Eindruck, als seien sie auf ihrem Kopf notgelandet. Sonntags marschiert das Ehepaar Billinger gemeinsam zur Kirche, bewaffnet mit dunkelsamtenen Gesangbüchern, die für die Dauer des Transports sorgfältig in weiße Taschentücher eingeschlagen werden.

Nachdem sich Herr Billinger damit abgefunden hatte, auf die Ernte der beiden Johannisbeersträucher verzichten zu müssen, weil sie trotz mehrfacher Verbote regelmäßig von den Zwillingen geplündert wurden, herrschte Frieden zwischen unseren Häusern. Nur einmal wurde er empfindlich gestört, als die Jungs von ihrem Biologielehrer die Aufgabe bekommen hatten, ein Referat über die Entwicklung von Fröschen zu halten. Das Studienmaterial besorgten sie sich aus dem Waldsee. Die Kaulquappen wurden in einer alten Zinkwanne untergebracht und hinten im Garten deponiert. Entgegen meiner Prophezeiung, daß wir vermutlich in wenigen Tagen ein Massengrab ausheben müßten, entwickelte sich das Viehzeug ganz vorschriftsmäßig, nur eben ein bißchen schneller, als von den Forschern berechnet. Eines Morgens waren sämtliche Kaulquappen verschwunden, und wo sie geblieben waren, konnten wir Frau Billingers Entsetzensschreien entnehmen. Der nachbarliche Kontakt kühlte vorübergehend etwas ab.

Reger Verkehr besteht zwischen uns und unseren rechten Anrainern. Dort wohnen Lebküchners. Er ist gebürtiger Bayer, sie stammt aus Köln, begegnet sind sie sich zum erstenmal in der geographischen Mitte, nämlich in Mannheim.

Ich lernte Frau Lebküchner bereits am Tag nach unserem Einzug kennen, als sie von unserem Apparat aus die Störungsstelle anrufen wollte.

»Normalerweise wäre ich Ihnen nicht so schnell ins Haus gefallen«, entschuldigte sie sich, »aber ausgerechnet heute kann ich auf das Telefon unmöglich verzichten. Ich werde nämlich in Hamburg gerade Oma.«

Das hielt ich für völlig ausgeschlossen. Meine Besucherin konnte kaum älter sein als ich, trug sehr enge Jeans und dazu eine Bluse, die alles andere als großmütterlich aussah. Meinen Blick deutete sie richtig, denn sie meinte lachend: »Die blonden Haare täuschen, dafür sind sie ja auch nicht echt. Ich bin im Herbst fünfundvierzig geworden und habe somit das für Omas angemessene Alter erreicht.«

»Fühlt man sich nicht automatisch älter bei dem Gedanken, plötzlich ein Enkelkind zu haben?« Irgendwann würde mir das ja auch passieren.

»Nein, gar nicht«, sagte Frau Lebküchner, »deprimierend ist nur die Vorstellung, mit einem Großvater verheiratet zu sein.«

Inzwischen hat sie drei Enkel und ist die idealste Großmutter, die man sich denken kann.

Saschas Sympathie erwarb sie sich, als sie ihn schimpfend aus ihrem Apfelbaum scheuchte, wobei sie sorgfältig darauf achtete, daß dem Räuber noch genügend Zeit zur Flucht blieb. Später entschuldigte ich mich bei ihr.

»Glauben Sie denn, wir könnten die ganzen Äpfel alleine essen? Sollen die Kinder doch ruhig welche pflücken. Aus eigener Erfahrung weiß ich aber, daß solche Raubzüge doch nur Spaß machen, wenn man dabei erwischt wird. Geklaute Äpfel schmecken nun mal besser als gekaufte.«

»Die ist in Ordnung!« stellte Sascha fest und instruierte seine Trabanten, daß Frau Lebküchner tabu und ihr Grundstück bei künftigen illegalen Unternehmungen auszuklammern sei. Dann übersetzte er ihren Namen in eine ihm genehmere Form, und seitdem heißt sie bei uns allen nur noch Frau Keks.

Im Haus gegenüber leben Friedrichs. Sie haben auch ein Kind, und zwar das Mädchen Bettina, Katjas Intima. Bettina war anfangs so schüchtern, daß sie über die Blumen im Teppich stolperte und kaum den Mund aufmachte. In den ersten Monaten unserer Bekanntschaft hörte ich niemals etwas anderes von ihr als »Ja« und »Nein« und »Hä«.

(Vielleicht sollte ich erklären, daß man hierzulande unter »Hä« nahezu alles verstehen kann. Es drückt je nach Betonung Erstaunen aus oder Zweifel, kann »Ich habe nicht verstanden« bedeuten oder »Wie meinen Sie das?«, und im Tonfall tiefster Befriedigung geäußert heißt es: »Na also, ich hatte *doch* recht!«)

Allmählich taute Bettina aber auf und ließ sich sogar manchmal zum Essen einladen. Allerdings nur, wenn es etwas gab, das sie kannte. Sehr viel kannte sie nicht.

Bettinas Vater ist ziemlich wortkarg und hält die Bemerkung, daß es endlich einmal regnen müsse, für ein erschöpfendes Gespräch. Wenn ich dann auch noch pflichtschuldig erwidere, daß der Regen in der Tat notwendig sei, haben wir nach Ansicht von Herrn Friedrich eine ausgiebige Unterhaltung geführt.

Bettinas Mutter ist der Prototyp einer schwäbischen Hausfrau. Ganz gleich, ob man morgens um sieben oder abends um acht ihre Wohnung betritt, niemals wird man eine herumliegende Zeitung oder gar einen vergessenen Hausschuh finden. Alles ist blitzsauber, tipptopp aufgeräumt, jedes Ding steht an seinem Platz, und ich habe immer den Eindruck, als habe gerade ein Fotograf Aufnahmen für den neuen Möbelkatalog gemacht.

Unlängst wollte ich mir von Frau Friedrich ein Buch ausleihen, von dem ich wußte, daß sie es besitzt.

»Wissen Sie ungefähr, wie groß das ist?«

»Wie groß? Keine Ahnung, aber der Name des Autors fängt mit K an.«

Viele Leute ordnen ihre Bibliothek nach dem Alphabet. »Das nützt mir gar nichts«, sagte Frau Friedrich, »ich stelle die Bücher immer der Größe nach, sonst sieht es so unordentlich aus.«

Das gesuchte Werk fanden wir schließlich zwischen ›Rebekka‹ und der kleinen Kräuterfibel. Es hatte eine mittlere Größe.

Zwei Häuser neben Friedrichs wohnte das Ehepaar Rentzlow nebst Tochter Andrea. Er war Oberarzt in einem der umliegenden kleinen Krankenhäuser und mit dem Versprechen geködert worden, in absehbarer Zeit zum Chefarzt avancieren zu können.

Herr Dr. Rentzlow war Anhänger der antiautoritären Erziehung und seine sechsjährige Tochter ein abschreckendes Beispiel dafür. Es gab nichts, was sie nicht durfte. Folglich durften ihre Freunde das auch.

Nun soll meinethalben jeder seine Kinder erziehen, wie er will. Problematisch werden die widersprüchlichen Auffassungen allerdings dann, wenn die eigenen Kinder häufig Gäste bei antiautoritär aufwachsenden Altersgenossen sind und die dortigen Sitten und Gebräuche auch zu Hause einführen wollen.

»Andrea braucht nie Erbsen zu essen!« Nicki läßt das beanstandete Gemüse einzeln vom Messer rollen und drapiert es kranzförmig um den Teller. Katja greift sich ein Kügelchen, schießt es zielsicher auf die Frikadelle und ruft strahlend: »Tor!« Die nächste Erbse wird von Nicki auf den Tellerrand geschnipst: »Einwurf!« Das weitere Tischgespräch führe ich allein!

»Andrea darf in ihrem Zimmer machen, was sie will«, heult Katja, als ich schimpfend ihr Wasserfarbengemälde von der Fensterscheibe wische.

»Andreas Mutter regt sich niemals auf, warum bist du immer gleich so wütend?« will Nicki wissen und rückt nur widerwillig meinen nagelneuen Lippenstift heraus, mit dem sie eine Schatzgräberkarte auf den Garagenboden gemalt hat.

»Andreas Papa würde über so was nur lachen«, kriege ich vorwurfsvoll zu hören, als ich Katja dabei erwische, wie sie ihren Orangensaft mit einem alten Taschenkamm umrührt.

Da hakte es bei mir aus. »Es ist mir völlig schnurz, was Andreas Vater sagt oder tut, und es ist mir piepegal, was Andrea sagt oder tut, *ihr* tut das jedenfalls nicht! Könnt ihr euch nicht eine andere Freundin suchen?«

Zumindest Frau Rentzlow schien von den positiven Auswirkungen der modernen Erziehung wohl auch nicht ganz überzeugt gewesen zu sein. Einmal ging ich an ihrem Haus vorbei und sah, wie die liebe Andrea den großen Blumenkübel neben der Eingangstür mit einem Hammer bearbeitete. Es klirrte auch prompt, worauf Frau Rentzlow erschien, ihrer Tochter eine Ohrfeige verpaßte und wütend schrie: »Jetzt reicht's mir aber, du bekommst *kein* Brüderchen mehr!«

Bevor die Zwillinge auch noch die letzten Reste eines zivilisierten Benehmens verloren hatten, zogen Rentzlows weg. Der Herr Oberarzt hatte sich davon überzeugen lassen, daß sein derzeitiger Chef außerordentlich vital und vom Pensionsalter noch anderthalb Jahrzehnte entfernt war. Auf ein außerplanmäßiges Ableben zu hoffen, verbot sich schon allein aus berufsethischen Gründen, und so beschloß Herr Dr. Rentzlow, lieber ein anderes Krankenhaus mit einem betagteren Chefarzt zu suchen. Irgendwo in Niedersachsen hat er dann auch eins gefunden.

In das leerstehende Haus zogen Piekarskis ein. Stefanie kannte sie bereits oder doch wenigstens die beiden jüngsten Familienmitglieder.

»Mit der Belinda bin ich zusammen eingeschult worden, aber dann ist sie in der dritten Klasse hängengeblieben. Ihre Schwester ist nicht ganz so dämlich, trotzdem sind die beiden überall verschrien.«
»Warum denn?«
»Weiß ich nicht, hat mich auch nicht interessiert.«
Auf Vorurteile soll man nichts geben. Am Tage nach Piekarskis Einzug schickte ich einen Blumentopf hinüber. Abends erschien Frau Piekarski, um sich wortreich zu bedanken. Beim Abschied fragte sie mich: »Könnten Sie mir wohl etwas Handwerkszeug leihen? Unsere eigenen Sachen haben wir noch nicht ausgepackt, und ich weiß im Moment auch gar nicht, in welcher Kiste sie eigentlich sind.«
Da ich mich noch recht gut an unsere zahlreichen Umzüge erinnern konnte und daran, wie verzweifelt ich oft nach Hammer und Nägeln gesucht hatte, beauftragte ich Sven, die erforderliche Grundausstattung zusammenzustellen und notfalls fachmännische Hilfe zu leisten.
»Es ist nicht leicht, wenn man alles allein machen muß«, hatte Frau Piekarski gejammert, »wo mein Mann nicht mal einen einzigen Tag Urlaub bekommen hat. Aber er ist in seiner Firma eben unentbehrlich.«
Nach drei Stunden kam Sven zurück. »Die scheint mich für so eine Art Arbeitssklaven zu halten. Erst sollte ich beim Gardinenaufhängen helfen, dann sollte ich das Geschirr auspacken und zum Schluß den Kleiderschrank aufstellen. Dabei passen die Bretter überhaupt nicht zusammen, die linke Tür fehlt, und das eine Bein ist auch weg. Da steht jetzt ein Ziegelstein drunter. Die müssen ihre Möbel vom Sperrmüll haben!«
In den folgenden Tagen klingelte es alle halbe Stunde an der Haustür, und jedesmal stand ein Piekarski davor. Mal war es Belinda, die für Mutti eine Kopfschmerztablette holen wollte oder zwei Briefumschläge, dann kam Diana und lieh sich Stefanies Fahrrad, weil doch ihr eigenes kaputt war und sie noch schnell Brot holen mußte; dann wieder brauchte Frau Piekarski das Bügeleisen, denn ihres war gerade durchgebrannt. Diana fragte, ob sie für zwanzig Minuten den Rasenmäher haben könnte, sie hätten nämlich noch keinen (haben sie heute noch nicht!), und Belinda bat um ein paar Löffel Kaffee. »Unserer ist alle, und Mutti hat gerade Besuch gekriegt.«

Piekarskis brauchten die Zeitung und ein bißchen Blumenerde, sie holten Puddingpulver, Wäscheklammern und eine Häkelnadel, sie baten um Heftpflaster und Würfelzucker. Und was ich nicht hatte, besorgten sie auf ähnlich unproblematische Weise bei anderen Nachbarn. Frau Keks beklagte bereits den Verlust einer Heckenschere, die bei Piekarskis verschwunden war.

Sven suchte unsere Kombizange, fand sie nicht und erinnerte sich schließlich, daß er selbst sie zu Frau Piekarski gebracht hatte. »Vom Zurückgeben halten die wohl auch nichts«, knurrte er und machte sich auf den Weg. Schon nach einer Viertelstunde war er zurück.

»Erst haben die Mädchen im Schlafzimmer gesucht, dann im Garten und in der Garage, und zuletzt haben sie die Zange ganz woanders gefunden, aber wo, das errätst du nie!«

»Wahrscheinlich im Wohnzimmer.«

»Irrtum. Im Besteckkasten vom Küchenschrank!«

Ich nahm mir vor, eine intensivere Bekanntschaft mit unseren neuen Nachbarn tunlichst zu vermeiden, aber dazu war es offenbar schon zu spät. Belinda und Diana schlossen sich Stefanie an, die davon zwar nicht begeistert war, sich aber geschmeichelt fühlte. Auch Rolf hatte gegen den Umgang nichts einzuwenden.

»Von diesen idiotischen Namen einmal abgesehen, sind die Mädchen nett, höflich und nicht so entsetzlich maulfaul wie die anderen, die uns Steffi sonst immer ins Haus schleppt.«

Frau Piekarski hatte er allerdings noch nicht kennengelernt. Deshalb hatte er auch kein Verständnis für meine Abneigung, zu diesem geplanten Umtrunk zu gehen. Frau Piekarski hatte uns gleich am ersten Tag zu einem ›Willkommensschluck‹ eingeladen, und ich hatte leichtsinnig zugesagt.

Nun war der bewußte Abend da, und Rolf drängte mich zur Eile. »Wir sind schon zehn Minuten zu spät, und absagen kannst du jetzt nicht mehr.«

Nach dem dritten Klingelzeichen wurde die Tür geöffnet. Heraus flitzte ein jaulendes Etwas, so eine Art Fox-Spitz-Pudel-Mops, und sprang kläffend an mir hoch. Es war einer jener kleinen Hunde, die einen beißen, *indem* sie bellen.

»Zurück, Wastl! Zurück!«

Wastl wollte nicht und kaute auf meinem Schnürsenkel herum.

»Er ist noch ganz jung.« Belinda schnappte sich den Köter, in dem ich auch noch ein bißchen Dackel vermutete, und bat uns ins Haus. »Die Mutti kommt gleich, sie ist nur mal schnell zur Telefonzelle gegangen.«

Wir wurden ins Wohnzimmer und dort in zwei grüne Sessel komplimentiert. Ein grünes Sofa gab es auch noch, aber darauf saß Wastl. Auf dem kleinen Couchtisch standen ein überquellender Aschenbecher, ein Paket Hundekuchen, ein Goldfischglas ohne Goldfisch, aber mit Wasser, und ein hölzerner Nußknacker.

Beeindruckend war das Bücherregal. Jedenfalls nahm ich an, daß es so etwas ähnliches sein sollte. Die Beine bestanden aus fünf Stapeln roher Ziegelsteine, jeweils vier Stück übereinandergetürmt.

Dann kam ein ungehobeltes Brett, darauf lagen wieder Ziegelsteine, die ein weiteres Brett trugen, und dieser Aufbau endete mit dem sechsten Brett erst knapp unter der Zimmerdecke. Die Idee war zumindest ganz originell, und gegen ein solches Möbel wäre auch nichts einzuwenden, wenn die Ziegelsteine verfugt und die Bretter wenigstens lackiert gewesen wären. So aber erinnerte mich das Ganze an ein Baugerüst, und ähnlich wacklig sah es auch aus. Deshalb standen wohl auch keine Bücher dort, sondern nur ein Senftöpfchen und ein Buddelschiff.

Diana brachte drei Weingläser und stellte sie auf den Tisch. Den Hundekuchen nahm sie weg, das Goldfischglas blieb stehen. Rolf sah ostentativ auf seine Uhr.

»Wenn deine Mutter schon nicht da ist, sollte wenigstens dein Vater zu Hause sein.«

»Mutti hat ja auch geglaubt, daß Vati inzwischen kommt, aber bei dem weiß man das nie so genau.« Belinda legte eine Packung Salzstangen neben die Gläser.

»Würdest du bitte den Aschenbecher ausleeren?«

»Aber natürlich.« Belinda jonglierte das Reklameprodukt einer Brauerei zum Papierkorb, kippte alles hinein und stellte den Blechnapf wieder auf den Tisch.

Endlich kam Frau Piekarski. Wenn man etwas über anderthalb Meter groß ist und etwas über anderthalb Zentner wiegt, sollte man keine quergestreiften Pullover tragen und erst recht keine Hosen. Frau Piekarski trug beides.

Sie entschuldigte sich wortreich, aber der Onkel vom Schwager (vielleicht auch umgekehrt, so genau weiß ich das nicht mehr) habe einen Schlaganfall erlitten, und man müsse ja mal nachfragen, ob er überhaupt noch lebe.

»Wie ich sehe, haben Sie es sich schon gemütlich gemacht«, flötete Frau Piekarski befriedigt. »Diana, bring die Weinflasche. Und dann nimm den Wastl mit raus, der haart schon wieder so!«

Diana brachte die Flasche. Es war ein italienischer Süßwein, den Rolf als Bonbonwasser bezeichnete und sonst niemals trinkt. Eine Gnadenfrist wurde ihm noch bewilligt.

»Diana, der Korkenzieher fehlt.«

»Der ist doch neulich abgebrochen, wie ich die Schublade aufmachen wollte!«

»Ach so, stimmt ja. Na, dann hol schnell einen von Sanders'!« Automatisch trat ich Rolf ans Schienbein. Er klappte den Mund wieder zu.

Frau Piekarski übte sich in Konversation. »Ich habe gehört, Sie sind Künstler«, wandte sie sich mit einem seelenvollen Augenaufschlag an Rolf. »Wie schön, endlich einmal wieder Umgang mit einem musischen Menschen pflegen zu können. Ich male übrigens auch. Belinda, bring doch mal mein Selbstporträt und das Blumen-Stilleben.«

Belinda legte zwei goldgerahmte Bilder auf den Tisch. Das eine zeigte einen Margeritenstrauß, das andere ein blondgelocktes junges Mädchen mit Engelsgesicht.

»Nun ja, das Porträt ist schon ein paar Jahre alt, und jünger wird man ja auch nicht, aber alle Leute bestätigen mir immer wieder, daß die Ähnlichkeit auch heute noch frappierend ist.«

Man sollte diesen Leuten einen Blindenhund verschreiben! Zwischen dem gemalten Puppengesicht und dem lebenden Original gab es nichts, das auf eine Verbindung schließen ließ.

»Wie beurteilen Sie als Fachmann mein bescheidenes Können?«

Ich warf Rolf einen beschwörenden Blick zu, aber dessen Sinn für Humor hatte bereits Oberhand gewonnen.

»Haben Sie schon einmal ausgestellt?«

»Noch nicht, aber ich habe schon manchmal daran gedacht. Naive Malerei ist doch zur Zeit sehr gefragt.«

»Als naiv würde ich Ihren Stil nicht geradezu bezeichnen, eher schon als autodidaktischen Dilettantismus mit interpräkativem Einschlag.«
Frau Piekarski war beeindruckt.
Diana war mit unserem Korkenzieher gekommen, und wir mußten wohl oder übel auf gute Nachbarschaft anstoßen und Salzstangen essen.
Herrn Piekarski lernten wir auch noch kennen. Er tauchte auf, als wir gerade gehen wollten, begrüßte uns mit einem herablassenden Händedruck und vergrub sich hinter einer Zeitung.
Ich hörte Rolf förmlich mit den Zähnen knirschen, aber er riß sich zusammen und sagte liebenswürdig: »Eine Verspätung kann man mit einem Dutzend verschiedener Ausreden begründen, von denen auch nicht eine glaubhaft klingen muß, aber im allgemeinen ist es doch wohl üblich, daß man sich bei seinen Gästen wenigstens entschuldigt.«
Herr Piekarski bekam einen feuerroten Kopf, stammelte etwas von »Arbeitsüberlastung« und »völlig abgespannt« und bat darum, diesen verpatzten Abend doch bei einer günstigeren Gelegenheit zu wiederholen.
»Dazu wird es wohl nicht mehr kommen«, sagte Rolf, griff nach seinem Korkenzieher und strebte zur Haustür. Wastls geplanter Angriff auf die Hosenbeine wurde mit einem gezielten Fußtritt abgewehrt, verfehlte aber sein Opfer und endete im blechernen Schirmständer, was dem theatralischen Abgang noch eine nachhaltige Note verlieh. Ich stammelte ein paar banale Floskeln und eilte meinem Herrn und Gebieter hinterher. Die Tür wurde nicht schnell genug hinter mir geschlossen, und so hörte ich noch Frau Piekarskis aufgebrachte Stimme: »Bei welchem von deinen Weibsbildern hast du denn wieder herumgegangen?«
Sven hockte vor dem Fernsehapparat und zog ein langes Gesicht. »Jetzt kann ich den Krimi wieder nicht zu Ende sehen. Wieso seid ihr denn so früh da? Ist die Party schon aus?«
»Man soll immer dann gehen, wenn es am schönsten ist«, sagte Rolf mit todernster Miene und scheuchte seinen Filius ins Bett. Dann empfahl er mir, den Kontakt mit ›diesen borniertern Ignoranten‹ auf das unerläßliche Minimum zu beschränken, den regen Zulauf der

beiden Mädchen zu bremsen und Frau Piekarski endlich klarzumachen, daß wir keine Leasing-Firma mit Nulltarif seien.

»Würdest du mir so ganz nebenbei mal sagen, was ›interpräkativ‹ bedeutet? Nach deiner Ansicht verfüge ich zwar über eine umfassende Halbbildung, aber dieses Wort habe ich noch nie gehört.«

Mein Gatte lächelte wissend. »Kannst du auch nicht. Ich habe es vor Jahrzehnten mal erfunden, um der widerlich arroganten Mutter meiner Freundin zu imponieren. Soweit ich mich erinnere, habe ich es damals im Zusammenhang mit irgendeinem philosophischen Geschwafel gebraucht und ziemlich viel Erfolg gehabt. Seitdem habe ich es öfter mal benutzt, aber du bist die erste, die mich danach fragt. Im übrigen mußt du doch zugeben, daß das Wort unerhört gebildet klingt.«

Darüber kann man interpräkativer Meinung sein!

Es dauerte noch eine ganze Weile, bis sich Frau Piekarski endlich davon überzeugt hatte, daß weitere Pumpversuche zwecklos waren. Den letzten Vorstoß unternahm sie, als sie meinen Staubsauger haben wollte, weil ihr eigener gerade kaputtgegangen war und abends der Chef ihres Mannes zum Essen käme. Und ob ich nicht auch noch ein paar Eier hätte?

»Eier gibt es in jedem Lebensmittelgeschäft. Bringen Sie am besten gleich ein paar mehr mit, dann können Sie mir endlich die ausgeliehenen zurückgeben. Einen Staubsauger besitze ich nicht, denn wir blasen unseren Dreck immer mit dem Fön auf einen Haufen und fegen ihn dann auf.«

Frau Piekarski sah mich verständnislos an, aber dann schien sie begriffen zu haben. Sie schenkte mir ein Lächeln mit nichts dahinter als Zähnen und entfernte sich auf Stelzen der Verachtung. Ihren Töchtern verbot sie den weiteren Umgang mit ›diesen Proleten‹, und wenn wir uns jetzt auf der Straße begegnen, sieht sie durch mich hindurch.

Belinda hielt sich allerdings nicht an das Verbot. Im Laufe der Zeit holte sie sich alle vollgeschriebenen Hefte, die Stefanie noch aus ihrer Grundschulzeit besaß. Dadurch war wenigstens die nächste Versetzung gesichert.

Die weitere Entwicklung der Familie Piekarski erleben wir seitdem nur noch aus der Ferne, gelegentlich auch durch detaillierte Berichte von Frau Friedrich. Ihr Grundstück ist von Piekarskis Garten nur durch einen schmalen Weg getrennt, und so wird sie zumindest im Sommer oft genug Zeuge des bewegten Familienlebens. »Mein Vokabular an Schimpfwörtern hat sich schon beträchtlich vergrößert. Das von Bettina übrigens auch!«

Frau Piekarski ließ sich scheiden, weil ihr Mann diverse Freundinnen, aber ansonsten so gar keinen Ehrgeiz besaß. Er zog aus und überließ Kinder und Hund seiner Gattin. Seitdem erlebten wir sie als Kundenbetreuerin eines Versandhauses, als angehende Fahrlehrerin, als Kaltmamsell in einer ortsansässigen Kneipe und als Verlobte eines Maurerpoliers. Zur Zeit wartet sie auf Antwort vom Fernsehen, wo sie sich als Werbedame für Schonkaffee und Waschpulver angeboten hat.

Ihre Versuche, sich ›mal eben schell‹ etwas auszuleihen, stoßen in der Nachbarschaft inzwischen überall auf taube Ohren, aber in den Parallelstraßen gibt es immer noch hilfreiche Mitmenschen, die Frau Piekarski nicht näher kennen und zögernd Rasenmäher, Brühwürfel und Bohrmaschine herausrücken. Die meisten aber nur einmal. Erfahrung ist eben das, was übrigbleibt, wenn alles andere zum Teufel ist.

Dann lernten wir Beversens kennen.

Aus dem täglichen Posteingang, der zum größten Teil aus Reklame und zum zweitgrößten Teil aus Rechnungen bestand, hatte ich einen hellgrauen Briefumschlag gefischt, adressiert an Herrn und Frau Sanders. Absender war ein C. v. B., wohnhaft in Bad Randersau, Libellenweg 9. Ich kannte keinen C. v. B., den Libellenweg kannte ich auch nicht, und so vermutete ich den Beschwerdebrief eines aufgebrachten Mitbürgers, dem unser Nachwuchs irgendwie in die Quere gekommen war. In solchen Fällen erinnere ich mich immer daran, daß Rolf ebenfalls erziehungsberechtigt ist. Der Brief kam ungeöffnet zur Geschäftspost.

»Kennst du einen C. v. B.?« Rolf wedelte mit dem ominösen Kuvert vor meinem Gesicht herum.

»Kenne ich nicht, und ich lege auch gar keinen Wert darauf, ihn kennenzulernen.«

»Was haben die Gören jetzt bloß wieder ausgefressen?« (Zwei Seelen, ein Gedanke!) Mit spitzen Fingern schlitzte Rolf den Umschlag auf und entfaltete einen hellgrauen Briefbogen, der in der rechten Ecke die Initialen C. v. B. trug.

»Hör mal zu! ›Sehr geehrte Frau Sanders, sehr geehrter Herr Sanders. Mein Mann und ich sind unlängst auf dem Waldspielplatz Ihrer Tochter Stefanie und Ihren reizenden Zwillingen begegnet. Da wir selber zwei Kinder ihres Alters haben, außerdem noch eine dreizehnjährige Tochter, würden wir es begrüßen, wenn die Kinder sich einmal kennenlernen würden. Wäre es Ihnen recht, wenn ich sie am kommenden Samstag gegen 16 Uhr zu einem Spielnachmittag abhole? Mit freundlichem Gruß, Cornelia v. Beversen.‹«

»Daß man sich um die Bekanntschaft unseres Nachwuchses reißt, ist mir neu. Die meisten Leute sind doch froh, wenn sie nicht in nähere Berührung mit ihm kommen.« Ich fand diesen Brief etwas ungewöhnlich.

»Du scheinst übersehen zu haben, daß lediglich die Mädchen angesprochen werden.«

»Und wenn schon. Die sind ja auch erblich belastet. Was sind das überhaupt für Leute? Wir können die Kinder schließlich nicht wildfremden Menschen aushändigen.«

»Vielleicht stehen sie im Telefonbuch?« Rolf blätterte schon. »Hier sind sie: Konstantin v. Beversen, Arzt.«

»Sehr aufschlußreich ist das auch nicht gerade. Ruf doch am besten mal an. Irgendwie müssen wir die Form wahren und uns für die Einladung bedanken.«

Rolf setzte sich an den Schreibtisch, zündete eine Zigarette an, zupfte das Halstuch zurecht und wählte die Nummer.

Den nun folgenden Dialog bekam ich nur als Monolog mit, und dem war lediglich zu entnehmen, daß Rolf offenbar mit C. v. B. sprach. Er versprühte Charme nach allen Seiten, malte halberblühte Rosen auf den Notizblock und raspelte Süßholz. Endlich legte er den Hörer auf.

»Eine äußerst charmante, liebenswürdige Frau«, verkündete er mit beseeltem Blick, »kultiviert und mit dem gewissen Flair, das wir normale Sterbliche nie erreichen.«

»Bloß wegen des Adelsprädikats? Ich hatte eine Klassenkameradin, die war auch blaublütig, aber ihre verkorksten Mathearbeiten hat sie mit genauso ordinären Kommentaren entgegengenommen wie wir anderen.«

»Sei nicht immer so entsetzlich prosaisch!« beschied mich mein Gatte und begab sich auf die Suche nach seiner Tochter, um weitere Auskünfte über seinen neuen Schwarm einzuholen.

Stefanie erwies sich als ungeeignetes Objekt. Doch, sie habe kürzlich »so 'n paar Leute« kennengelernt, die ihren Sohn auf einen Kletterbaum hätten hieven wollen, und als der Kleine dann auch prompt runtergefallen sei, habe Nicki ihn getröstet. »Sie haben mich dann noch gefragt, wie wir heißen und wo wir wohnen, und dann sind sie wieder abgezogen. Keine Ahnung, wer das war.«

»Wie haben sie denn ausgesehen?« bohrte Rolf weiter.

»Das weiß ich nicht mehr.«

»Waren sie jung oder alt?«

»Papi, ich habe wirklich nicht darauf geachtet, aber die Frau hatte lange blonde Haare und war noch ziemlich jung.«

»Wenn sie eine dreizehnjährige Tochter hat, kann sie selber kein Teenager mehr sein!« Langsam ärgerten mich die Hypothesen über diese unbekannte Schöne.

»Es soll Frauen geben, die wesentlich jünger aussehen, als sie sind.«

Altes Ekel!

»Dann kannst du dich ja am Samstag in den Smoking werfen und einen roten Teppich ausrollen. Mich wirst du allerdings entschuldigen müssen!«

Ich warf die Tür hinter mir zu, blieb mit dem Absatz in der Bastmatte hängen und knallte längelang auf den Fußboden. Nicht mal ein effektvoller Abgang gelang mir!

Am Samstag war ich natürlich doch zu Hause (Neugier, dein Name ist Weib!) und machte die drei Mädchen besuchsfein. Nicole und Katja wurden auf ›Zwillinge‹ getrimmt, obwohl sie es haßten, gleichgekleidet herumzulaufen, und Stefanie hatte sich murrend ihre helle Hose angezogen. »Die kratzt!«

»Warum hat sie denn nicht gekratzt, als du sie im Laden anprobiert hast?«

»Weil ich dann noch mehr von den Dingern hätte anziehen müssen, und Jeans wolltest du ja nicht kaufen. Andere Hosen kratzen immer!«

Rolf überprüfte die Alkoholbestände. »Wir haben nicht mal Likör im Haus.«

»Den trinkt ja auch keiner von uns.«

»Vielleicht würde Frau von Beversen gerne einen trinken.«

Ging denn das schon wieder los? »Soviel ich weiß, will sie lediglich die Kinder abholen. Von einem Cocktailstündchen ist nie die Rede gewesen.«

»Aber du wirst sie doch hoffentlich ins Haus bitten?«

»O nein, das werde ich nicht. Mach *du* ruhig die Honneurs, du brennst doch schon darauf. Wie siehst du überhaupt aus?«

Rolf hatte seinen samstäglichen Gammel-Look abgelegt und präsentierte sich sportlich-elegant. Von der Hose hatte er zwar noch vor ein paar Tagen behauptet, sie sei ihm zu eng geworden und würde sich nur noch schließen lassen, wenn er den Bauch einziehe, aber offensichtlich war er bereit, die notwendige Atemgymnastik durchzuhalten. Meinen Seidenschal hatte er sich auch angeeignet.

»Willst du dich nicht endlich umziehen? Es ist gleich vier.« Ich trug Shorts und eine zusammengeknotete Bluse, was mir bei den tropischen Außentemperaturen als die einzig angemessene Kleidung erschien.

»Ich denke gar nicht daran. Steck dir doch deine blaublütige Gräfin an den Hut!«

»Eine Gräfin ist sie sicher nicht, das hätte sonst auf dem Briefbogen gestanden.«

»Vielleicht ist sie zu vornehm, um mit ihrem Titel hausieren zu gehen.« Hätte ich mich doch bloß nicht auf diese ganze Geschichte eingelassen.

Mittlerweile war es halb fünf geworden. Es wurde dreiviertel fünf – Rolf lockerte verstohlen seinen Gürtel! – es wurde fünf. Die Zwillinge meuterten und wollten wieder Badehosen anziehen. Steffi musterte uns finster und sagte überhaupt nichts mehr.

Endlich hörten wir Bremsen quietschen. Ein vorsichtiger Blick aus dem Fenster sagte mir allerdings, daß es sich bei diesem Vehikel keineswegs um das gräfliche Auto handeln konnte. Vor dem Haus stand eine himmelblaue ›Ente‹ mit aufgerolltem Verdeck. Oben lugten drei eisbeschmierte Kindergesichter heraus, ein viertes hing aus der geöffneten Tür, verschwand aber gleich, um einem jungen Mädchen Platz zu machen. Das bückte sich erst einmal, hob einen blauen Turnschuh auf und warf ihn mit den Worten »Wem gehört der Latschen?« in den Wagen zurück.

»Du hast Pech gehabt, deine Gräfin hat nur einen Domestiken geschickt«, verkündete ich meinem Gatten und verließ den Beobachtungsposten, um die Tür zu öffnen.

»Guten Tag, ich bin Cornelia von Beversen. Es tut mir leid, daß es so spät geworden ist, aber ich habe die Gören einfach nicht von der Eisbude weggekriegt.«

»Sind ... sind das alles Ihre Kinder??«

»Nein, nur zwei. Die anderen beiden habe ich in der Nachbarschaft aufgelesen.«

Verstohlen musterte ich mein Gegenüber. Die langen blonden Haare stimmten, der Teenager stimmte nicht. Frau v. Beversen mußte ungefähr Mitte Dreißig sein, hatte aber eine fantastische Figur, war braungebrannt und trug Shorts sowie eine zusammengeknotete Bluse. Sie wirkte tatsächlich sehr jung.

Rolf war mir auf den Fersen gefolgt und inzwischen zur Salzsäule erstarrt. Er riß sich aber zusammen und säuselte mit charmantem Lächeln: »Das Kompliment kann ich Ihnen nicht ersparen, gnädige Frau, aber Sie sehen unwahrscheinlich jung aus. Möchten Sie nicht für ein paar Minuten hereinkommen?«

»Vielen Dank, ein anderes Mal gern, aber jetzt geht es beim besten Willen nicht. Die Kinder nehmen mir sonst den ganzen Wagen auseinander. Sind Ihre Trabanten marschbereit?«

Die hatten sich bereits um das klapprige Auto geschart. »Gehen wir denn da alle rein?« Stefanie besah sich zweifelnd die munteren Insassen, die in dem engen Gehäuse durcheinanderquirlten wie Strümpfe in der Waschmaschine.

»Aber natürlich! Vicky nimmt den Nikolaus auf den Schoß, dann ist noch Platz für einen Zwilling, und du setzt dich hier vorne hin. Na also, geht doch prima. Jetzt kriegst du noch die Kleine, die ist nicht so schwer, und dann werden wir es schon schaffen. Nikolaus, nimm den Schlüssel aus dem Mund! Die Tür klemmt, würden Sie sie bitte kräftig zudrücken?«

Damit war ich gemeint. Also drückte ich die Tür zu, machte sie wieder auf, weil Steffis Hose dazwischenhing und bereits mit einem langen Ölstreifen verziert war, und dann knallte ich die Tür noch einmal ins Schloß.

»Wann soll ich die Kinder zurückbringen? Oder haben Sie Lust, sie nachher abzuholen? Vielleicht können wir uns dann auch ein bißchen näher kennenlernen. Kommen Sie doch so gegen halb sieben. Libellenweg. Liegt hinter den Tennisplätzen. Die Straße kennt kein Mensch, fragen Sie lieber nach der alten Mühle. Bis nachher also!« Fünfzehn Hände winkten aus den vorhandenen Öffnungen, dann verschwand der rollende Blechhaufen um die Ecke.

Langsam ging ich ins Haus zurück. Als ich Rolf sah, der noch immer reichlich verdattert neben der Tür stand, konnte ich einfach nicht mehr. Ich fing schallend an zu lachen.

»Wie gut, daß du nun doch auf den Smoking verzichtet hast, dabei hätte er dir bestimmt Kultiviertheit und ein gewisses Flair verliehen!«

Rolf öffnete aufatmend den Hosenbund, und während er Richtung Schlafzimmer verschwand, meinte er mit einem kläglichen Lächeln: »Es muß sich wohl doch um einen niederen Adel handeln!«

Um halb sieben machte ich mich auf den Weg, ein bißchen seriöser gewandet als am Nachmittag und in Begleitung von Sascha, der etwas von einer älteren Tochter hatte läuten hören und nun sein männliches Interesse bekundete. Wir fragten uns durch zum Libellenweg, den tatsächlich niemand kannte, aber die alte Mühle war für die Einheimischen ein Begriff. Erst geradeaus am Clubhaus vorbei, dann scharf links und dann wieder geradeaus. Da gab es allerdings nur eine Art Feldweg, der an einem verwitterten Holzzaun endete. Dahinter stand hohes Gras, aber mitten hindurch zog sich ein Trampelpfad, der zu einem baufälligen Holzschuppen führte.

»Hier sind wir total verkehrt.« Sascha musterte die verwilderte Umgebung. »Ich habe dir ja gleich gesagt, du sollst noch ein Stück weiterfahren.«

»Da hinten kommt überhaupt nichts mehr, da sind doch nur noch Felder. Komm, wir steigen mal aus und sehen uns die Bretterbude näher an.«

»Wozu denn, da wohnt ja doch keiner.«

»Vielleicht steht dahinter noch ein Haus, von hier aus kann man doch nicht viel sehen. Ist doch möglich, daß das hier alles Bauland ist und Beversens die ersten Siedler sind.«

»Du meine Güte, was ist, wenn die mal Zigaretten vergessen haben?« Sascha ist mit einer derartigen Katastrophe bestens vertraut, denn meist ist er es, der dann zum nächsten Automaten spurten muß.

Plötzlich purzelten lauter Kinder aus dem Holzhaus, mitten drin die Zwillinge, die aussahen, als hätten sie gerade ein Schlammbad hinter sich.

»Wollt ihr uns etwa schon abholen? Wir spielen doch gerade so schön!« Nicki war sichtlich enttäuscht.

Stefanie kam aus der Tür geschossen. Die langen Hosen hatte sie ausgezogen und hüpfte statt dessen in ihrem geringelten Slip herum. »Macht doch nichts, hier wohnt weit und breit kein Mensch. Geht ruhig rein, die Tür ist offen, weil die Klingel kaputt ist.«

Mißtrauisch öffnete Sascha die massive Holztür. Dahinter war es stockdunkel, nur ein total verstaubtes Fenster spendete gerade so viel Licht, daß man die Umrisse einer steilen Holztreppe erkennen konnte.

»Bleiben Sie bitte stehen, sonst garantiere ich für gar nichts«, klang es von oben. »Ich mache Licht.«

Eine Glühbirne flammte auf und beleuchtete ein malerisches Durcheinander von altem Gerümpel, das sich in allen Ecken türmte. Frau v. Beversen kam die Treppe herunter. Jetzt trug sie verwaschene Jeans, die sie bis zur Wade aufgekrempelt hatte, und ein rosa T-Shirt.

»Kriegen Sie bitte keinen Schreck, aber hier oben sieht es ganz zivilisiert aus. Vorsicht, die sechste Stufe wackelt!«

Wir erklommen die hühnerleiterartige Stiege und betraten einen Vorraum, in dem mir sofort ein wunderschönes Biedermeierschränkchen auffiel.

»Ich habe eine Schwäche für Antiquitäten«, sagte Frau v. Beversen, »das Schlimmste daran ist nur, daß ihre Preise so modern sind.« Dann entdeckte sie Sascha. Sie musterte ihn ungeniert, reichte ihm die Hand und wiegte bedenklich den Kopf hin und her.

»Stefanie hat mir zwar erzählt, daß sie noch zwei Brüder hat, aber ich konnte ja nicht ahnen, daß einer von ihnen *so* aussieht. Wie alt bist du denn?«

»Vierzehn.«

»Na, das geht gerade noch. Wenn du zwei Jahre älter wärst, dann würde ich dich sofort wieder hinauswerfen, bevor dich Constanze entdeckt.«

»Ich kann ja mal meinen Bruder herschicken, der wird bald sechzehn.«

Frau v. Beversen führte uns in ein Wohnzimmer, das fast nur aus niedrigen Polstermöbeln, Kissen und einem ovalen Tisch bestand. Lediglich an den Wänden hingen ein paar Regale, vollgestopft mit Büchern, Zeitschriften und Kinderspielzeug.

»Die anderen Räume zeige ich Ihnen später, jetzt brauche ich erst einmal einen anständigen Whisky. Die Kinder haben mich restlos geschafft. Und was trinkt unser Beau? Cola oder Apfelsaft?«

Sascha entschied sich für Cola.

»Mutti, hast du mein rosa T-Shirt gesehen?« Ein junges Mädchen steckte den Kopf durch die Tür, zog ihn erschreckt wieder zurück, als sie uns sah, kam dann aber verlegen lächelnd ins Zimmer.

»Guten Abend, ich bin Constanze von Beversen.«

Sascha sprang auf, obwohl ich ihn sonst immer mit einem nachhaltigen Tritt gegen das Schienbein an seine eingetrichterten Manieren erinnern muß, und betrachtete das Mädchen mit bewundernden Blicken. Es war das personifizierte Abbild seiner Mutter, nur eben zwanzig Jahre jünger und bildhübsch.

Frau v. Beversen kam zurück und drückte ihrer Tochter eine Cola-Flasche in die Hand. »Ihr beide könnt euch mal ein bißchen um das Kleinvieh kümmern, sonst landet doch wieder einer im Bach. Und schick bitte die beiden Kinder von Bremers nach Hause, Constanze. Du weißt ja, spätestens um sieben haben wir die Oma am Hals, wenn ihre Lieblinge nicht pünktlich auf der Schwelle stehen.«

Die Teenager verschwanden.

»So, jetzt haben wir mindestens eine Viertelstunde Atempause. Trinken Sie den Whisky mit Soda oder nur mit Eis?«

»Mit beidem.«

Meine Gastgeberin füllte die Gläser mit großzügig bemessenen Portionen und ließ sich aufatmend in einen Sessel fallen. »Ich hatte schon Angst, Sie würden wie die meisten meiner Gelegenheitsbesucher den Whisky ablehnen und einen Kirschlikör haben wollen. Dabei ist nie welcher im Haus. Den ersten und letzten habe ich bei meiner Konfirmation getrunken. Prosit.«

Meine neue Bekannte gefiel mir immer besser. Sie gab sich natürlich, ohne burschikos zu sein, hatte Humor und offensichtlich den gleichen Hang zum Laisser-faire wie ich.

»Schade, daß wir uns nicht schon früher über den Weg gelaufen sind«, meinte sie. »Wir wohnen zwar erst seit einem knappen Jahr hier, aber lange genug, um allmählich zu versauern. Bekannte haben wir so gut wie keine, und wenn mein Mann nicht ab und zu ein paar Kollegen mitbringen würde, wäre ich schon eingegangen. Für die Einheimischen sind wir so eine Art karierte Hunde, weil wir in dieses alte Gemäuer gezogen sind, aber es ist geräumig und vor allem billig. Mein Mann ist noch Medizinalassistent, wird also miserabel bezahlt, und eine Neubauwohnung können wir uns jetzt einfach nicht leisten. Abgesehen davon, daß man halb soviel Platz hat für doppelt soviel Miete. Hier haben die Kinder aber genügend Auslauf, der Garten ist total verwildert, braucht also keine Pflege, und wenn ich nackt ein Sonnenbad nehme, wundern sich höchstens die Spatzen.«

Sie füllte unsere Gläser wieder auf, steckte sich die dritte Zigarette an und schüttelte den Kopf. »Ich verfalle schon wieder in die Unart aller grünen Witwen und erzähle bloß von mir. Jetzt sind Sie dran. Was hat Sie in dieses Nest verschlagen, und wie halten Sie es auf die Dauer hier überhaupt aus?«

Also lieferte ich eine Kurzfassung meiner Biographie, die ohnehin nicht sehr ergiebig ist und sich im wesentlichen auf Brutpflege und Umzüge beschränkt.

»Immerhin sind Sie halbwegs freiwillig hierhergezogen, was man von mir nicht gerade behaupten kann. Meinen Mann habe ich auf der Uni kennengelernt. Ich hatte gerade das erste Semester Medizin hinter mir, und er studierte noch Jura, weil die Familientradition das so vorschrieb. Irgendwann kam ihm die Erkenntnis, daß *ein* Anwalt in der Familie eigentlich ausreicht, vermachte seinem jüngeren Bruder die juristischen Bücher und kaufte sich medizinische. Wir haben dann geheiratet, und als ich ins Physikum stieg, war ich bereits

hochschwanger. Constanze kam zu meinen Eltern, ich nahm mein Studium wieder auf, und beim Staatsexamen war ich prompt wieder im sechsten Monat. Mein Professor hat mich doch allen Ernstes gefragt, ob ich auf diese Weise meine Prüfungsangst bekämpfe. Tja, und nun sitze ich hier in dieser Einöde und warte darauf, daß mein Mann seine Assistentenzeit hinter sich bringt und sich dann irgendwo selbständig machen kann.«
»Wollen Sie gemeinsam eine Praxis eröffnen?«
»Wie denn? Dazu müßte ich erst mein zweijähriges Praktikum absolvieren. Genaugenommen war mein ganzes Studium für die Katz. Vielleicht reicht es später mal zur Sprechstundenhilfe, aber ich habe keine Ahnung von Buchführung. – So, und jetzt werden wir uns wohl mal um unseren Nachwuchs kümmern müssen. Er ist so verdächtig ruhig.«
Die beiden Teenager fanden wir zuerst. Sie saßen am Fuß eines knorrigen Baumes und ergingen sich in tiefsinnigen Betrachtungen über das Leben im allgemeinen und über ihre Altvorderen im besonderen. Junge Leute haben es heutzutage wirklich gut. Sie schlagen irgendeine Zeitschrift auf und finden alle ihre Vermutungen über ihre Eltern bestätigt.
Stefanie hatte das Kommando über die restlichen Kinder übernommen. Sie hockten alle in einem Autowrack und spielten Astronaut. Anscheinend bereiteten sie gerade die Mondlandung vor, denn Rückwärtszählen ist im allgemeinen nur bei Raumfahrtunternehmen üblich.
»Das war der Wagen meines Mannes«, erklärte Frau v. Beversen diese ungewöhnliche Vorgartenzier. »Bisher haben wir noch kein Spielzeug gefunden, das annähernd so beliebt ist wie dieser Blechhaufen. Ich fürchte nur, daß wir bald einen zweiten danebenstellen können. In zwei Monaten muß ich nämlich mit meiner Ente zum TÜV.«
Bei unserem Rundgang hatte ich festgestellt, daß wir die illustre Behausung quasi durch den Hintereingang betreten hatten, denn von vorne präsentierte sich die alte Mühle in einem ganz ansehnlichen Zustand. Da gab es sogar eine Art Veranda, zu der drei morsche Holzstufen führten, einen Briefkasten und eine Sonnenuhr, die jetzt aber ganz im Schatten der großen Bäume lag. Nun ja, als die

Bäume klein gewesen waren, hatte die Sonne bestimmt noch häufiger geschienen als heute, und Quarzuhren hatte es auch noch nicht gegeben. Sonnenuhren sind aber dekorativer.

Der ehemalige Mühlbach – jedenfalls nahm ich an, daß es sich um einen solchen handelte – war zu einem kleinen Rinnsal versickert, in dem Freiherr Nikolaus herumspazierte und Kieselsteinchen wusch, ehe er sie in den Mund steckte.

»Glücklicherweise schluckt er die wenigsten hinunter«, beruhigte mich seine Mutter, bevor sie ihren Jüngsten aus der unansehnlichen Brühe fischte.

Ich sammelte die schmutzstarrenden Zwillinge ein, brachte Stefanie auf Trab, die nicht mehr wußte, wo sie ihre Hosen gelassen hatte, und sie endlich aufgespießt auf einer Heugabel fand, und empfahl Sascha, nun allmählich mit dem Abschiednehmen anzufangen. Dann lud ich meine Gastgeberin spontan zum Abendessen ein. Sie hatte mir erzählt, daß ihr Mann mal wieder Nachtdienst habe und sie einem sehr abwechslungsreichen Abend entgegensehe, wobei man unter Abwechslung die Wahl zwischen dem ersten und dem zweiten Fernsehprogramm zu verstehen habe.

»Danke, ich komme gerne, aber vor halb neun wird es wohl nichts werden. Man sollte seine Kinder zu Bett bringen, solange man noch die Kraft dazu hat. Meine ist heute schon ziemlich erschöpft, also wird es etwas länger dauern. Außerdem sind in einem modernen Haushalt die Kinder das einzige, was noch mit der Hand gewaschen werden muß.«

Rolf war entzückt über unseren angekündigten Gast, verschwand im Bad und tauchte erst nach unangemessen langer Zeit wieder auf, nach sämtlichen Wohlgerüchen duftend, die die heimische Kosmetikindustrie zu bieten hat.

Ich stand derweil in der Küche und verwünschte meinen Einfall, ausgerechnet am Samstag einen Tischgast einzuladen, wenn sämtliche Geschäfte geschlossen sind. Verräterische Spuren, die sich in Kühlschranknähe massierten, zeigten mir außerdem, daß Sven sein Nachtmahl bereits intus und darüber hinaus noch diverse Freunde beköstigt hatte.

»Mach doch Toast Hawaii!« Rolf kann das Zeug zu jeder Tageszeit essen.

»Ananas ist alle!«
»Haben wir Hähnchen in der Kühltruhe?«
»Bis die aufgetaut sind, ist Mitternacht!«
»Hatten wir nicht noch eine Packung Pasteten?«
»Und was soll ich da reintun? Grüne Bohnen vielleicht oder Senfgurken?«

Dann fielen mir die beiden Salatköpfe ein, die eigentlich für das morgige Mittagessen bestimmt waren, Tomaten hatte ich auch noch, junge Zwiebeln gab es im Garten, und wenn ich mich nicht täuschte, mußten irgendwo auch noch zwei Dosen Thunfisch sein.

»Und zu so was lädst du jemanden ein?« Sascha musterte kopfschüttelnd meine farbenprächtige Ausbeute. »Das kannst du doch keinem anbieten. Wenn ich mal zum Essen eingeladen werde, dann gibt es immer Steak oder wenigstens Würstchen vom Grill. Das Zeug hier ist doch höchstens als Bremsbeilage zu gebrauchen.«

»Abends soll man nicht so üppig essen, und außerdem sind Salate sehr gesund und haben viele Vitamine.«

»Da krabbelt schon eins!« Mit spitzen Fingern entfernte Sascha die Schnecke vom Kopfsalat. »Du hast doch sicher nichts dagegen, wenn ich auf das Kuhfutter verzichte und lieber etwas Vernünftiges esse. Man soll sich schließlich nicht einseitig ernähren.«

Was Sascha sich unter einer ausgewogenen Ernährung vorstellt, ist ein Stück Kuchen in jeder Hand.

Frau v. Beversen erschien nicht um halb neun, sondern eine Dreiviertelstunde später, als wir schon gar nicht mehr mit ihrem Kommen gerechnet hatten. Aber damals kannten wir sie noch zu wenig. Später lernten wir, daß ihre Zeitangaben ebenso zuverlässig waren wie der tägliche Wetterbericht.

Als erstes verbat sie sich von Rolf die »gnädige Frau«. Bei dieser Titulierung müsse sie immer an ihre Schwiegermutter denken, die sich sogar vom Schornsteinfeger so anreden lasse, und Rolf solle sich diese Höflichkeitsfloskeln für betagte Stiftsdamen über achtzig aufheben. Dann wandte sie sich an mich.

»Im allgemeinen habe ich für die Amerikaner nicht viel übrig, denn wir verdanken ihnen nicht nur die Atombombe und Coca-Cola, sondern auch das Werbefernsehen und McDonalds. Aber in einer Beziehung können wir von ihnen noch etwas lernen: Sie gehen ungezwungener miteinander um und kümmern sich herzlich wenig um Förmlichkeiten. Mir jedenfalls gefällt die Sitte, sich mit den Vornamen anzureden, und ich finde, das sollte man in Deutschland auch einführen. Wie heißen Sie überhaupt?«

»Evelyn.«

»Tatsächlich? Ich war bisher der Meinung, bei diesem Namen handelt es sich um ein Pseudonym von Barfrauen und Schönheitstänzerinnen.«

Ich beteuerte lebhaft, mit einer so bewegten Vergangenheit nicht aufwarten zu können.

»Mir wäre nie in den Sinn gekommen, daß man wirklich so heißen kann. Aber mir gefällt der Name. Sind Sie einverstanden, wenn ich Sie künftig so nenne? Ich heiße übrigens Cornelia.«

Warum nicht? Cornelia war kürzer und paßte auch entschieden besser als dieses irritierende v. Beversen.

Natürlich bekundete auch Rolf seine bisher nie geäußerte Vorliebe für amerikanische Gepflogenheiten, wenn auch seine Vorstellungen vom deutschen Adel im Laufe des Abends einen erheblichen Dämpfer bekamen. Cornelia erklärte unverblümt, daß sie ihre blaublütige Verwandtschaft ausgesprochen lächerlich und deren Versuch, an überlieferten Traditionen festzuhängen, albern finde.

»Bei den alljährlich anberaumten Familientreffen habe ich mich schon seit einer Ewigkeit nicht mehr sehen lassen, und seitdem meine Schwester vor drei Jahren mit dem Stallmeister ihres gräflichen Gatten durchgebrannt ist, bin ich ohnehin nicht mehr gesellschaftsfähig. Noblesse oblige!«

An einem der nächsten Tage lernten wir auch Herrn v. Beversen kennen, der Konstantin hieß und wie ein Student im vierten Semester aussah. Man hätte ihn für den Freund und nicht für den Vater von Constanze halten können. Über seine beruflichen Fähigkeiten kann ich nichts sagen, mir fiel im Laufe der Zeit lediglich auf, daß seine Kinder unverhältnismäßig oft krank waren.

Rief ich Cornelia an, um den geplanten Einkaufsbummel zu verabreden oder sie zum Kaffeeklatsch einzuladen, bekam ich oft genug zu hören: »Tut mir leid, aber ich sitze mal wieder fest.«

»Hat Nikolaus wieder einen Regenwurm gegessen?«

»Nein, diesmal ist es Viktoria. Sie hat neununddreißig Fieber und krächzt wie ein asthmatischer Papagei.«

»Was sagt denn der Herr Doktor dazu?«

»Konstantin? Der hat sie vollgepumpt mit Penicillin. Jedesmal, wenn sie niest, wird jemand gesund.«

Das nächstemal war es Constanze, die mit einem nicht genau zu diagnostizierenden Leiden das Bett hütete.

»Konstantin behauptet, es müsse sich um irgendein Virus handeln. Virus ist aber bloß das lateinische Wort, das die meisten Medizinmänner verwenden, wenn sie sagen wollen: Ich weiß es auch nicht.«

»Rufen Sie doch mal einen Arzt!« schlug ich vor.

Es gab aber auch Zeiten, in denen sämtliche Mitglieder der Familie Beversen gesund waren, und dann herrschte ein lebhaftes Kommen und Gehen zwischen unseren Häusern. Die Zwillinge hatten an Nikolaus einen Narren gefressen und schleppten ihn überallhin mit, selbst in die Flötenstunde und zum Leichtathletiktraining. Stefanie hatte die ein Jahr jüngere Vicky zu ihrer ganz persönlichen Hofdame ernannt und übertrug ihr sämtliche Aufgaben, zu denen sie selbst keine Lust hatte. Viktoria brachte Ordnung in Steffis Bücherschrank, spitzte die abgebrochenen Buntstifte, hängte herumliegende Kleidungsstücke auf die ebenfalls herumliegenden Bügel, kratzte zentimeterdicke Lehmschichten von den Turnschuhen und wischte bereitwillig das Badezimmer auf, wenn Stefanie mal wieder auf die Idee gekommen war, nachmittags um halb vier zu duschen.

Um so größer war ihre Überraschung, als Vicky ihr eines Tages den Zitronensaft ins Gesicht schüttete, den sie eben erst zubereitet und nach Ansicht ihrer Sklaventreiberin nicht ausreichend gesüßt hatte. Bevor Stefanie die Folgen dieser unerwarteten Rebellion verdaut hatte, war Vicky unter Mitnahme von Stefanies Rad verschwunden und ließ sich auch eine Woche lang nicht mehr sehen. Dann allerdings fing das ganze Spiel von vorne an.

Sascha war überhaupt nicht mehr zu Hause, und wenn doch, dann nur in Begleitung von Constanze. Er war so verliebt, daß die einzigen Wolken die waren, auf denen er wandelte.

»Wenn die beiden zwei Jahre älter wären, würde ich keine Nacht mehr ruhig schlafen«, sagte Cornelia.

»Bisher ist Sascha nachts aber immer zu Hause gewesen.«

Sie warf mir einen mitleidigen Blick zu, beruhigte sich dann aber selber. »Ihr Hang zur Zweisamkeit hält sich noch in Grenzen. Meistens hocken die beiden im Garten, zwischen sich das Radio, und lassen sich die Ohren volldröhnen. Da man bei diesem Geröhre sein eigenes Wort nicht mehr versteht, scheint sich ihre Unterhaltung momentan noch in der schweigsamen Anbetung der Rolling Stones zu erschöpfen.«

Nun ja, gute Musik ist die, die wir als junge Leute mochten; schlechte Musik ist die, die die heutige Jugend mag.

Trotzdem zeigte Sascha erste Anzeichen von Eifersucht. Er klemmte sich hinter Stefanie, die jetzt dieselbe Schule besuchte wie Constanze, und forderte nähere Einzelheiten.

»Ihr benutzt doch jeden Morgen denselben Bus. Wie viele aus Constanzes Klasse fahren denn da noch mit?«

»Weiß ich nicht, vielleicht drei oder vier.«

»Sind auch Jungs dabei?«

»Natürlich, aber ich weiß nicht, in welche Klasse die gehen.«

»Gibt es denn einen, mit dem Constanze öfter zusammen ist?«

»Meinst du, daß ich darauf achte?«

»Das könntest du aber ruhig mal tun. Auch auf dem Schulhof.«

»Was kriege ich dafür?«

»Geldgieriges Monster! Meinetwegen bekommst du eine Mark, wenn du etwas wirklich Wichtiges zu melden hast.«

Ihren Judaslohn hat Stefanie nie bekommen. Offenbar hatte sie nichts Verdächtiges feststellen können, und um irgend etwas zu erfinden, war sie wohl zu anständig. Oder zu fantasielos.

Überhaupt hatte ich den Eindruck, daß sich in sämtlichen Schulen die Belegschaft vergrößert hatte, und zwar um jenen kleinen geflügelten Schlingel, der immer mit Pfeil und Bogen herumzieht. Mir war schon gleich nach den Ferien aufgefallen, daß Sven ein ungewohntes Bedürfnis nach Reinlichkeit bezeugte. Er zog jeden Tag ein frisches Hemd an – früher hatte ich sie ihm nach einer Woche immer gewaltsam entreißen müssen –, putzte freiwillig seine Schuhe und trug ständig einen Kamm bei ich. Außerdem las er Rilke.

Ich fand das alles sehr verdächtig und zog vorsichtig Erkundigungen ein. »Sag mal, Sascha, wandelt dein Bruder jetzt auch auf Liebespfaden?«

»Wieso ›auch‹?«

»Pardon, das ist mir nur so herausgerutscht. Aber mal im Ernst, läuft da irgend etwas?«

»Kein Grund zur Beunruhigung. Er umbalzt zwar so 'ne Type aus der Parallelklasse, aber bis jetzt ist er noch nicht gelandet. Ich weiß nicht, was er an der findet.«

»Dein Fall wäre sie also nicht?«

»Nee, sie ist bloß ein wunderhübsches Kamel.«

»Was heißt das im Klartext?«

»Daß sie gut aussieht, aber einen Hohlkopf hat. Außerdem steht sie auf einen aus der elften Klasse, da hat Sven sowieso nichts zu melden.«

Seine Anknüpfungsversuche kamen auch sämtlich ungeöffnet zurück. Er stellte den Rilke wieder in den Bücherschrank, holte statt dessen die Memoiren von Cassius Clay heraus und trat in den Karate-Club ein. Nach vierzehn Tagen trat er wieder aus. Das Schattenboxen fand er idiotisch, und für Gymnastik hatte er noch nie etwas übriggehabt. »Aber schreien kann ich schon!«

Langsam kam auch Sascha wieder auf die Erde zurück. Constanze erschien ihm zwar immer noch bewundernswert, aber die stummen Huldigungen genügten ihr nicht mehr. Sie stellte reale Ansprüche, und die kollidierten mit Saschas chronischem Geldmangel. Eisbecher sind teuer, und eine Fahrt mit dem Riesenrad, der diesjährigen Attraktion des Schützenfestes, kostete eine Mark pro Person. Vielleicht war er auch die nicht immer sehr taktvollen Anspielungen seiner Freunde leid. Im Grunde genommen war ich ganz froh, daß Sascha sich wieder mehr für Andys Mofa interessierte als für Constanzes neue Frisur.

»Kriege ich zu meinem fünfzehnten Geburtstag eigentlich eins?« wollte Sascha von seinem Vater wissen.

»Nur über meine Leiche!« versicherte der ungerührt. »Du weißt genau, was ich von diesen Maschinchen halte. Wir haben das Thema oft genug debattiert, und ich habe meine Meinung in der Zwischenzeit keineswegs geändert. Außerdem ist Radfahren gesünder.«

»Aber der Lupus corridor bekommt in der nächsten Woche auch ein Mofa und ...«

»... und liegt in der übernächsten im Krankenhaus. Wer ist das überhaupt?«

»Wieso, wer? Ach, du meinst Lupus? So nennen wir jetzt den Wolfgang. Lupus heißt Wolf, na ja, und Gang ist eben Corridor.«

Seitdem die Knaben Latein lernten, aßen wir nicht mehr am Tisch, sondern am Tabula, auf den Tellern lag kein Fleisch, sondern Carne, und wir saßen auch nicht mehr auf der Terrasse, sondern im Atrium. Was zwar nicht stimmte, aber nach Meinung der humanistisch gebildeten Söhne besser klang. Und weil sie ohnehin dabei waren, im Rahmen ihrer beschränkten Möglichkeiten alle Begriffe zu latinisieren, beschlossen sie auch gleich, das allzu kindliche »Mami« abzulegen und eine würdigere Anrede zu benutzen. Eine Zeitlang nannten sie mich Domina, aber das erinnerte mich so nachhaltig an ein adeliges Damenstift, und ich verbat mir diese Bezeichnung. Sascha versuchte es dann mit »Mame«, aus dem schließlich ein langgezogenes »Määm« wurde. Dabei ist es geblieben, und mitunter hören sich diese Rufe an wie die einer Ziege mit Sprachstörungen.

Die Zwillinge hatten sich nun auch an den Schulalltag gewöhnen müssen, wenn auch Katja in den ersten Tagen ziemlich enttäuscht nach Hause gekommen war.

»Gemalt haben wir im Kindergarten genug, wann lernen wir denn endlich was?«

In Pädagogenkreisen streitet man ja noch heute darüber, nach welcher Methode man den Abc-Schützen am effektivsten das Lesen beibringt. Sven hat es noch auf dem herkömmlichen Wege gelernt. Bei Saschas Schuleintritt probierte man gerade herum, und so wurde in unserer Familie Stefanie das erste Opfer der Ganzwortmethode. Als sie die zweite Grundschulklasse zur Hälfte absolviert hatte, hatte ich bereits die Hoffnung aufgegeben, daß meine Tochter jemals lesen lernen würde. Dann entdeckte sie die alten Comic-Hefte ihrer Brüder, und nach einigen Wochen konnte sie auch schon das Fernsehprogramm entziffern.

Die Zwillinge lernten ebenfalls ganze Wörter.

»Heißt das hier ›blau‹?«

»Nein, das heißt ›grün‹.«

»Aber daneben ist doch ein blaues Auto.«
»Egal, das Wort heißt trotzdem ›grün‹.«
»Das ist eine Gemeinheit. Woher soll ich denn nun wissen, ob das ›grün‹ oder ›blau‹ heißt?«
»Du sollst es ja auch nicht wissen, du sollst es lesen!«
Zwei Wochen später.
Nicki sitzt vor ihrer Fibel und buchstabiert sehr bedächtig und akzentuiert: »Robert hat einen roten Roller.« Dabei gleitet ihr Zeigefinger sorgfältig die Zeile entlang, und auf der steht: Bärbel hat einen blauen Ball.
Es lebe der Fortschritt!

Begonnen hatte der ›erste Schritt ins Leben‹ an einem Mittwochnachmittag, und zwar mit einem Schulgottesdienst.
Nun muß ich vorausschicken, daß wir zwar protestantisch sind, die Zwillinge aber den katholischen Kindergarten besucht hatten. Das war seinerzeit weniger eine Frage der Religion als des chronischen Platzmangels gewesen; außerdem soll man ruhig erst die andere Seite kennenlernen, bevor man sich für eine von beiden entscheidet.
Nicole und Katja kannten die evangelische Kirche also nur von außen, als ich an dem bewußten Tag durch das Portal schritt, rechts einen Zwilling, links einen Zwilling, im Arm die beiden Schultüten. (Warum muß man eigentlich immer diese riesigen Dinger kaufen, deren Transport die Kinder nach längstens 200 Metern als zu hinderlich ablehnen?)
Nicki strebte sofort in die erste Reihe, die sonst den Honoratioren vorbehalten ist, aber die hatten die Schulzeit vermutlich schon längst hinter sich. Jedenfalls war die Bank leer.
Ich sitze ungern auf dem Präsentierteller. Die Zwillinge um so lieber, und die waren in der Überzahl.
Den Einleitungschoral ließen sie in gefaßter Haltung über sich ergehen: nur Nicki gähnte verstohlen und flüsterte: »Wie lange dauert das denn noch?«
Dann kam der Pfarrer, von Katja weidlich bestaunt. Ich ahnte schon etwas, aber bevor ich ihr noch den Mund zuhalten konnte, platzte sie in die andachtsvolle Stille: »Warum hat er denn so ein schwarzes Nachthemd an?«

Was man nicht weiß, kann man Kindern nur sehr umständlich erklären, also schwieg ich lieber.

Der Herr Pastor schien Schlimmeres gewöhnt zu sein. Er lächelte freundlich und ging zur Tagesordnung über, aber im Rücken fühlte ich die bohrenden Blicke der konsternierten Mütter. Sie verfolgten mich auch noch auf dem Weg zur Schule.

Die Aula. Gedränge wie auf einem Bahnhof zur Hauptverkehrszeit, eingequetschte Schultüten, heulende Kinder, die ihre Mütter verloren hatten, Ranzen, die an irgendwelchen Hindernissen hängenblieben, dazwischen winkende Hände und informierende Rufe: »Huhu, Oma, hier sind wir!«

Ein Herr betrat das Podium.

»Ist das unser Lehrer?«

»Nein, das ist der Rektor.«

»Was ist ein Rektor?«

»Ein Schulleiter.«

»Ist das so was wie ein Bürgermeister?«

»Ja, so etwas ähnliches. Und jetzt sitz endlich still und halte den Mund!«

(Da ist auch so etwas Widersinniges: In den ersten Lebensjahren bringt man seinen Kindern das Gehen und Sprechen bei, und später verlangt man von ihnen, daß sie stillsitzen und schweigen.)

Nächste Station: Die Klassenzimmer. Es gab vier erste Klassen (Wer redet eigentlich dauernd vom Pillenknick?), vier junge Lehrerinnen und 122 Schüler, die die ihnen zugewiesenen Räume teilweise nur unter Protest betraten.

»Ich will aber mit Sonja zusammenbleiben!«

»Warum ist Markus nicht in meiner Klasse?«

»Ohne Monika bleibe ich aber nicht hier!«

Katja jammerte nach Bettina, die abhandengekommen war, zu ihrer großen Erleichterung aber bald wieder auftauchte.

Die Mütter sammelten sich stehend im Hintergrund, die Kinder verteilten sich zögernd auf die Stühle. Erste Streitereien.

»Hier war ich zuerst!«

»Wenn du nicht sofort abhaust, schmiere ich dir eine!«

»Versuch's doch mal!«

Das starke Geschlecht war nicht nur in der Mehrzahl, sondern bereits tonangebend.

Frau Schlesinger schaffte Ordnung. Sie stellte die beiden Störenfriede vor die Wahl, ihre Meinungsverschiedenheit vor der Tür auszutragen, oder sich zwei neue Plätze zu suchen. Die Herren entschieden sich für letzteres.

»Ich lese jetzt einzeln eure Namen vor, und dann kommt ihr zu mir, damit ich euch schon ein bißchen kennenlernen kann.«

Wir stehen im Alphabet ziemlich weit hinten. Als Nicki aufgerufen wurde, war ihr das Ritual schon geläufig. Sie spazierte nach vorn, nahm die gelbe Schülermütze in Empfang, lächelte verlegen und trabte zurück.

»Sanders, Katja.« Frau Schlesinger, die Lehrerin, stutzte und erkundigte sich freundlich: »Dann seid ihr ja Schwestern?«

»Sind wir nicht!« sagte Katja. »Wir sind Zwillinge!«

Wie mir viel später berichtet wurde, sind die beiden in die Annalen der Schule eingegangen als ›die Zwillinge, die keine Geschwister waren‹.

Masern sind bei der Aufzucht von Kindern eine unerläßliche Begleiterscheinung. Wenn ein Kind die Masern bekommt, ist das zwar unangenehm, aber keine Katastrophe. Wenn fünf Kinder Masern haben, handelt es sich um eine Epidemie. Wenn fünf Kinder *nacheinander* Masern bekommen, ist es ein Irrenhaus!

Angefangen hatte Sven. Er war morgens mit Kopfschmerzen aufgewacht, fühlte sich schlapp und interessierte sich nicht einmal für die Hiobsbotschaft, daß seine Schildkröte mal wieder getürmt war.

Sascha bekundete brüderliches Mitgefühl. »Wenn du das so auffällig machst, du Pfeife, dann kommt dir Määm doch gleich drauf!«

»Worauf soll ich kommen?«

»Ach, nichts. Wir schreiben heute bloß eine Lateinarbeit.«

»Glaubst du Flasche denn, ich hätte gestern anderthalb Stunden lang meinen Spickzettel präpariert, wenn ich heute schwänzen wollte?«

Das war immerhin ein stichhaltiges Argument. Sascha sah das ein und verlangte die Überlassung der Gedächtnisprothese. »Ich bin gestern einfach nicht dazu gekommen.«

Rolf begutachtete seinen Ältesten, fand ihn etwas blaß – ich fand eigentlich das Gegenteil – und verordnete Bettruhe sowie 24stündiges Fasten.

Das Fieberthermometer zeigte knapp 39 Grad, die Kopfschmerzen ließen nach, Sven verlangte Tee und Zwieback, was in Krankheitsfällen zwar nicht viel nützt, aber wenigstens auch nicht schadet, und am Abend war der Patient schon wieder halbwegs munter.

Am nächsten Morgen rief er mich ins Bad. »Guck mal, Määm, ich sehe aus, als ob ich in die Brennesseln gefallen wäre.«

Sein Oberkörper war übersät mit roten Pünktchen.

»Wenn du nicht schon an der Schwelle zum Greisenalter stündest, würde ich sagen, es sind die Masern.«

»Blödsinn, ich bin doch kein Kleinkind mehr. Vermutlich ist das irgendein Ausschlag, so 'ne Art Allergie.«

»Wogegen solltest du denn allergisch sein?«

»Vielleicht gegen unregelmäßige Verben«, vermutete Sascha und umrundete kopfschüttelnd seinen Bruder. »Im Gesicht sieht man gar nichts.«

Nun erlebte Sven damals gerade die Blütezeit der Akne und sah auch an ganz normalen Tagen wie ein Streuselkuchen aus.

»Ab ins Bett, ich rufe nachher den Arzt an.«

Vorher informierte ich mich bei Cornelia. »Kann man mit sechzehn Jahren noch die Masern bekommen?«

»Wenn man sie noch nicht hatte, immer! Und nun sagen Sie nur nicht, die anderen Kinder haben sie auch noch nicht gehabt.«

»Haben sie auch nicht, ich glaubte schon, wir seien dagegen immun.«

»Sie werden sich wundern! Am besten stecken Sie alle zusammen in ein Zimmer, dann können Sie es wenigstens in einem Aufwasch erledigen!«

Unsere Hausärztin war derselben Meinung. Ich nicht. Sven wurde in sein Zimmer verbannt, der nähere Umkreis zum Sperrbezirk erklärt, und so langweilte sich der Aussätzige seiner Genesung entgegen.

Die nächste war Stefanie. Während Svens Ausschlag schon nahezu verschwunden war, erblühte er bei Steffi in voller Schönheit. Die beiden Patienten tauschten die Zimmer, denn angeblich sollte

Sven in diesem Stadium keine Ansteckungsgefahr mehr bedeuten. Ein zweiter Raum mußte ja nicht auch noch infiziert werden.

Im Gegensatz zu ihrem Bruder ist Steffi eine ungeduldige Kranke. Sie wollte Johannisbeersaft, und als Sascha ihn mit einer ungewohnten Bereitwilligkeit endlich aus dem Supermarkt geholt hatte, wollte sie keinen mehr. Sie wollte Hühnerbrühe, und als die fertig war, wollte sie lieber Spaghetti. Sie wollte einen dünneren Schlafanzug, bekam ihn, wollte ein Nachthemd, weil das noch dünner war, bekam auch das, wollte fünf Minuten später eine zusätzliche Decke, weil ihr kalt war. Nachts konnte sie angeblich nicht schlafen, tagsüber wollte sie nicht, zum Lesen hatte sie keine Lust, zum Vorlesen hatte ich keine Zeit, und wenn Sven sich nicht manchmal als Alleinunterhalter betätigt hätte, wäre ich wahrscheinlich durchgedreht.

Endlich hatte auch sie das Stadium der Rekonvaleszenz erreicht und wurde wieder verträglicher.

»Mami, mir ist so heiß, und ich fühle mich auch ganz schwindlig.« Katja hockte auf dem Bettrand und sah mich mit Dackelaugen an. Inzwischen hinreichend geschult, kontrollierte ich die Ohrmuscheln, entdeckte dahinter die schon bekannten roten Pünktchen, stopfte Katja ins Bett zurück und erklärte meinem entsetzten Gatten: »Nummer drei!«

Unsere Ärztin wurde energisch. »Isolieren Sie auf keinen Fall den anderen Zwilling, der ist sowieso schon infiziert. Und schicken Sie ihn nicht mehr zur Schule, sonst kann ich in den nächsten Wochen auch noch Nachtschichten einlegen.«

Bei Nicki dauerte es aber noch fast acht Tage, ehe sie sich blaßrosa einfärbte, und während Katja schon wieder im Haus herumtobte, kämpfte ihr Zwilling mit einer beginnenden Lungenentzündung. Frau Dr. Peters mußte nun doch eine Nachtschicht einlegen, Rolf mußte den angeblich dienstbereiten Apotheker aus dem Schlaf klingeln, aber bald stand auch Nicki wieder auf ihren noch etwas wackligen Beinen.

Sascha war als einziger verschont geblieben. Vermutlich deshalb, weil er sich meistens außer Haus aufgehalten hatte und nur zum Schlafen und Essen aufgetaucht war, und selbst das nicht immer; Manfred hatte bereitwillig Couch und Schlafsack zur Verfügung gestellt.

Mit ärztlicher Genehmigung hob ich die Quarantäne auf, entließ die Genesenden in ihre diversen Schulen und atmete auf.

Zwei Tage später war Sascha gesprenkelt! Immerhin hatte er den Vorzug, Besucher empfangen zu dürfen, denn innerhalb der Familie konnte nichts mehr passieren, und seine Freunde hatten die Masern bereits in einem angemessenen Alter hinter sich gebracht.

Constanze machte auch einen Krankenbesuch und wurde von dem Patienten höchst ungnädig empfangen. Mißtrauisch betrachtete er den Asternstrauß. »Was soll ich mit dem Grünzeug? Die Leichenfrau hat gesagt, ich werd' schon wieder.«

Übrigens erholte er sich am schnellsten von allen Kindern, und endlich kam der Tag, an dem auch er wieder zur Schule marschieren konnte. Die Seuchenstation wurde endgültig geschlossen.

Vielleicht sollte ich noch erwähnen, daß ich in der darauffolgenden Woche auf meinen Armen kleine rote Pünktchen entdeckte. Das sofortige Ferngespräch mit meiner Mutter informierte mich, daß ich während meiner Kindheit zwar Windpocken, Mumps und Keuchhusten gehabt hatte, von den Masern jedoch verschont geblieben war!

6

Seit über vier Jahren wohnten wir nun schon in Bad Randersau und fühlten uns mit einiger Berechtigung als Einheimische. Wir hatten die feierliche Verleihung jener Rechte miterlebt, die aus dem Dorf Bad Randersau die Stadt Bad Randersau gemacht hatten. Genau wie alle anderen hatten wir Wasser aus unseren Kellern gepumpt, als seinerzeit Teile des Mühlbachs kanalisiert und zwei wichtige Ablaufrohre nicht geschlossen worden waren. Wir hatten in dem heißen Sommer vor drei Jahren weisungsgemäß die Birken in unserer Straße bewässert und die asphaltierten Wege nicht mit spitzen Absätzen betreten. Und nun bekleidete ich sogar ein Ehrenamt.

Anläßlich eines Elternabends in der Grundschule hatte ich mich darüber beschwert, daß ständig die im Flur abgestellten Regenschirme verschwänden und nie wieder auftauchten. Als Abhilfe schlug ich vor, die transportablen Schirmständer doch ins Klassenzimmer zu stellen, wo man sie auch während der Pausen unter Kontrolle habe. Daraufhin bescheinigten mir die dankbaren Anwesenden Organisationstalent sowie Redegewandtheit und wählten mich in den Elternbeirat.

Nur zu einer Mitgliedschaft im Turnverein konnte ich mich bisher nicht bereitfinden, obwohl Frau Keks sich seit Monaten bemühte, mich von den Vorteilen der wöchentlichen Gymnastikstunden zu überzeugen.

In unserer Familie ist Stefanie das einzige Mitglied mit sportlichen Ambitionen. Wir anderen haben keine. Rolf begrüßt aber jede Art von Körperertüchtigung, vorausgesetzt, andere führen sie aus, und mir geht es so ähnlich. Früher habe ich mal Tennis gespielt, jetzt spiele ich allenfalls Pingpong. Sven ist total erledigt, wenn er im Freibad einmal quer durchs Becken geschwommen ist, und Saschas sportlicher Ehrgeiz erschöpft sich im Aufziehen seiner Armbanduhr. Die Zwillinge haben es eine Zeitlang mit Leichtathletik versucht, kapitulierten aber bald, weil immer gerade dann Training angesetzt war, wenn sie zum Schwimmen gehen wollten.

»Das ist schließlich auch Sport!« erklärte Katja, während sie statt der Turnschuhe ihren Badeanzug einpackte. »Außerdem ist das gar nicht gesund, bei dieser Hitze über die Aschenbahn zu rennen. Oder soll ich mir vielleicht einen Sonnenstich holen?«

Stefanie hatte für derartige Ausreden nur ein mitleidiges Lächeln übrig. »Schlappschwänze! Nehmt euch an mir ein Beispiel, ich bin bei jedem Wetter auf dem Sportplatz.«

»Ja, aber auch bloß so lange, bis du wieder vier Wochen lang mit Gips herumläufst. Nee danke, mir sind meine heilen Knochen lieber.«

Katjas dezenter Hinweis auf gelegentliche Betriebsunfälle war durchaus berechtigt. Stefanies sportlicher Ehrgeiz steht in umgekehrtem Verhältnis zu ihren Fähigkeiten, und bisher hat sie noch keine Disziplin gefunden, bei der nicht irgendwelche Gliedmaßen in Mitleidenschaft gezogen worden sind. Sascha hat ihr kürzlich empfohlen, es mal mit Minigolf zu versuchen.

Angefangen hatte Steffis sportliche Laufbahn mit dem Reiten. Wir wohnten noch nicht lange in Bad Randersau, als Stefanie auch schon herausbekommen hatte, daß es hierorts einen Reitstall gibt und man folglich auch das Reiten erlernen kann.

»Zum Geburtstag wünsche ich mir Reitstunden!« erklärte die Tochter dem Vater. Der hatte zwar nichts gegen körperliche Ertüchtigung, meinte aber, es gebe sicher auch preiswertere Möglichkeiten.

»Zu Weihnachten will sie dann ein Pferd haben! Erkläre deiner Tochter bitte, daß ich kein Millionär bin. Schick sie in den Turnverein, da gibt es auch Pferde.«

Stefanie wollte nicht aufs Seitpferd, sie wollte auf ein richtiges.

»Kann ich dann nicht wenigstens zum Voltigieren? Das kostet auch bloß zweifünfzig pro Stunde, und wenn ich mir sonst gar nichts weiter wünsche...«

Auf dem Geburtstagstisch lag ein Gutschein über zwanzig Voltigier-Stunden. Sascha schenkte seiner Schwester eine Packung Würfelzucker. »Vielleicht kannst du den Gaul damit bestechen. Ich würde mir an deiner Stelle die Sache noch mal überlegen. So ein Vieh ist doch ziemlich unbequem in der Mitte und gefährlich an beiden Enden.«

Trotzdem zog Stefanie stolzgeschwellt zu ihrem ersten Unterricht und kam nach anderthalb Stunden humpelnd wieder zurück.

»Runtergefallen bin ich bloß zweimal, aber dann ist mir das Pferd auf den Fuß getreten, ich weiß auch nicht, wieso.«

Zwei Tage lang lief sie nur in Turnschuhen herum, weil sie in keine anderen hineinkam, dann waren alle Schrecken vergessen, und Steffi sah ihre Seligkeit wieder auf dem Rücken von Kleopatra.

»Wie diese abgehalfterte Mähre zu dem hochtrabenden Namen gekommen ist, mögen die Götter wissen«, spöttelte Sven, der Stefanies Reitkünste begutachtet hatte. »Ein Wunder, daß das Vieh überhaupt noch laufen kann.«

Diesmal brachte Steffi nur einen handtellergroßen blauen Fleck mit nach Hause. Die dritte Reitstunde verlief ohne Zwischenfälle, nach der vierten kam sie überhaupt nicht zurück. Dafür klingelte das Telefon, und eine Schwester Else informierte mich, daß meine Tochter derzeit verarztet werde und ich sie in einer halben Stunde von der Unfallstation abholen könne.

»Sie brauchen sich aber keine Sorgen zu machen, ein Schlüsselbeinbruch verheilt im allgemeinen ziemlich schnell und ohne Komplikationen.«

Als Steffi sich mit dem fachmännisch angelegten Rucksackverband den Zwillingen präsentierte, schüttelte Katja verständnislos den Kopf. »Wieso bist du da auf der Schulter so eingewickelt? Ich denke, du hast dir das Schlüsselbein gebrochen und nicht den Schlüsselarm?«

Stefanie verzichtete auf weitere Reitstunden und erwarb für das restliche Geld ein Paar Spikes sowie den vorschriftsmäßigen Sportdreß in den Randersauer Vereinsfarben Blau-Gelb. Angela hatte ihr erzählt, die Leichtathletikabteilung des hiesigen Sportclubs werde von Herrn Haßberg betreut, und für den schwärmte Steffi bereits seit der ersten Schulturnstunde.

Sehr schnell stellte Herr Haßberg fest, daß Stefanie im Hochsprung bestenfalls einen Ameisenhaufen überspringen konnte, im Weitsprung alle Eigenschaften eines gefüllten Mehlsacks aufwies und auch beim Hundertmeterlauf immer erst dann aus dem Startloch kam, wenn ihre Konkurrentinnen schon die halbe Distanz zurückgelegt hatten.

»Sie könnte aber eine recht gute Mittelstreckenläuferin werden«, erklärte er mir, als ich mich einmal selbst von den Fähigkeiten meiner Tochter überzeugen wollte und nachmittags zum Sportplatz gepilgert war. »Stefanie hat Kraft und Ausdauer.«

Also verlegte sie sich auf das Laufen. Den Schulweg bewältigte sie nur noch im Eilschritt, wobei sie den schweren Ranzen als zusätzliches Kräftetraining deklarierte, drehte dreimal wöchentlich ihre Runden auf der Aschenbahn und wurde bald zur tragenden Stütze der 4×400-Meter-Staffel. Sonntags bekamen wir sie nur abends zu Gesicht, weil sie ständig zu irgendwelchen Wettkämpfen mußte. Sie sammelte ein paar Jahre lang Urkunden und Medaillen wie andere Leute Briefmarken und sah im Geiste schon die Olympiaringe auf ihrem Dreß.

Plötzlich war es mit ihrem Enthusiasmus vorbei. Eines Sonntags war sie mißmutig nach Hause gekommen, hatte ihre Tasche in die Ecke gefeuert und kategorisch erklärt: »Auf mich können die in Zukunft verzichten. Ich mache bei diesem Affentheater nicht mehr mit!«

»Hast du den Stab verloren?« Rolf beteuerte Mitgefühl. »Mach dir nichts draus, das ist prominenteren Leuten auch schon passiert. Du brauchst nur an die Olympiade von 1936 zu denken.«

»Von wegen verloren! Das Ding ist in der Mitte durchgebrochen!«
Wir sahen unsere Championissima verständnislos an.

»Zehn Minuten vor dem Start entdeckte Herr Haßberg, daß wir überhaupt keine Staffelstäbe hatten, und diese Knalltüten in Eibingen, wo der ganze Zirkus stattfand, hatten auch keine. Da haben die uns doch tatsächlich in den Wald geschickt, damit wir Stöckchen suchen. Wir haben ja auch welche gefunden, aber beim ersten Wechsel ist das Ding durchgebrochen, und als ich den Rest kriegte, war er bloß noch zehn Zentimeter lang. Da habe ich natürlich nicht richtig zufassen können. Außerdem war da noch so ein bißchen Rinde dran, und damit bin ich an Ilonas Armband hängengeblieben. Als wir uns endlich auseinandergeheddert hatten, war der Vorsprung natürlich im Eimer. Vorletzte sind wir geworden!«

Stefanie reichte ihre Kündigung ein, zog sie aber wieder zurück, nachdem Herr Haßberg sie davon überzeugt hatte, daß ihre Talente ohnehin auf einem anderen Gebiet lägen. Sie sei doch geradezu prädestiniert für den Kraftsport, als da wären Kugelstoßen, Diskus- und Speerwurf.

Stefanie ließ sich umstimmen. Außerdem schwärmte sie immer noch für Herrn Haßberg.

»Wenn er mir zum Trainieren nicht eine Zaunlatte in die Hand drückt, kann ich's ja mal versuchen.«

Sven äußerte Bedenken. »Hast du dir im Fernsehen mal die Walküren angesehen, die immer zum Kugelstoßen antreten? Das sind doch wandelnde Fleischberge. Möchtest du in zwei Jahren auch wie so ein Nilpferd durch die Gegend stampfen?«

Steffi ließ sich nicht beirren. Sie räumte ihre Spikes in den Keller und besorgte sich im Gemüseladen Gewichte, die nicht mehr den Anforderungen des Eichamtes entsprochen hatten und nur noch in einer Ecke herumstanden. Wenn wir jetzt wieder einmal das Gefühl hatten, ein Elefant habe sich versehentlich in das Obergeschoß unseres Hauses verirrt, wußten wir, daß Steffi ihr tägliches Krafttraining aufgenommen hatte.

An einem Sonntagmorgen, als die Familie beim reichlich verspäteten Frühstück saß, betrat Stefanie das Zimmer. Sie kam regelmäßig als letzte, aber niemals im Trainingsanzug und schon gar nicht mit unnatürlich gerötetem Gesicht und deutlich sichtbaren Schweißperlen.

»Wo kommst du denn her?« erkundigte sich Sven mäßig interessiert und köpfte genüßlich ein Ei.

»Während ihr hier herumhängt, habe ich schon einen Waldlauf hinter mir. Und jetzt gib sofort das Ei her, das ist meins!«

»Ich dachte, du kommst heute mal wieder nicht zum Frühstück«, erklärte Sven bedauernd.

»Von wegen! Ich habe einen Mordshunger. Aber erst muß ich duschen. Bin wie aus dem Wasser gezogen.«

Während Stefanie eine Viertelstunde später sehr ausgiebig und keineswegs kalorienbewußt frühstückte, versuchte sie, ihre desinteressierten Tischgenossen für den Frühsport zu begeistern.

»Ihr könntet auch ruhig mal etwas für eure Gesundheit tun! Mir sind haufenweise Leute begegnet, die sich auf dem Trimmpfad abgestrampelt haben, und eine ganze Menge waren älter als du.« Damit sah sie ihren Vater herausfordernd an. Der zeigte sich nicht im mindesten beeindruckt.

»Na und? Soll ich deshalb auch über Baumstämme hüpfen? Such dir einen anderen Dummen.«

Sven hatte nur ein mitleidiges Lächeln übrig, als seine Schwester ihn als künftigen Trainingspartner anheuern wollte, und Sascha fragte besorgt: »Sag mal, tickst du nicht ganz richtig?«

Immerhin bekundeten die Zwillinge eine gewisse Bereitschaft, am sonntäglichen Waldlauf teilzunehmen, vorausgesetzt, sein Start würde um zwei Stunden verlegt werden.

»Dann brauchen wir wenigstens nicht mehr den Frühstückstisch zu decken«, versuchte Nicole ihrem Zwilling die ungewohnte Freizeitgestaltung schmackhaft zu machen.

»Den haben wir in zehn Minuten fertig, aber was glaubst du, wie lange so ein Waldlauf dauert?« gab Katja zurück. Trotzdem erklärte sie sich zum Mitkommen bereit.

Am nächsten Sonntag regnete es, weshalb das ganze Unternehmen erst einmal verschoben wurde. Aber acht Tage später starteten die drei Gesundheitsapostel planmäßig um neun Uhr und entfernten sich in zügigem Dauerlauf Richtung Wald.

Eine halbe Stunde später war Katja wieder da.

»Steffi spinnt doch! Als ich mich mal ausruhen wollte, hat sie mir einfach einen Tritt in den Hintern gegeben und gesagt, ich sei ein

Schwächling. Und Himbeeren durfte ich auch nicht pflücken. Die hat doch 'ne Meise.«

Nicki hielt zwar bis zum Schluß durch, verbrachte aber den Rest des Tages im Liegen überwiegend vor dem Fernseher, behauptete, sie könne morgen auf keinen Fall zur Schule gehen, und verweigerte jede weitere Mitwirkung bei irgendwelchen sportlichen Unternehmungen.

Stefanie gab nicht auf, und endlich kam ihr ein grandioser Einfall.

»Wie wäre es denn, wenn *du* am nächsten Sonntag mitkommst?« erkundigte sie sich strahlend und musterte mich von oben bis unten. »Du könntest wirklich mal etwas für deine Figur tun!«

»Wer? Ich? Wie komme ich denn dazu? Ich wiege 54 Kilo, habe Konfektionsgröße 40 und bin damit ganz zufrieden.«

»Na ja, ich meine ja eigentlich auch nicht deine Figur, sondern mehr deine Gesundheit«, räumte Steffi ein. »Dafür solltest du wirklich mal etwas tun.«

»Das werde ich auch. Nach dem Mittagessen lege ich mich zwei Stunden in die Sonne.«

»Siehste! Genau das meine ich ja! Du hast viel zu wenig Bewegung. So ein kleiner Waldlauf wäre bestimmt das richtige.«

Über Bewegungsmangel konnte ich eigentlich nicht klagen. Wenn man erst die Badewannen ausscheuert und anschließend die Wandkacheln abseift, ergibt das mindestens fünfzig Kniebeugen. Beim Fensterputzen streckt man sich nach oben, beim Fußbodenreinigen nach unten. Wäscheaufhängen läßt sich auch ohne weiteres in die Rubrik ›Gymnastik‹ einreihen. Ich sah also nicht die geringste Veranlassung zu weiterer körperlicher Betätigung.

Rolf war anderer Meinung. »Eigentlich hat Steffi recht. Ein bißchen sportlicher Ausgleich wäre bestimmt gut für dich.«

Die Knaben fanden das auch und erklärten sich mit seltener Einmütigkeit bereit, künftig für das sonntägliche Frühstück zu sorgen.

Jetzt konnte mir nur noch einer helfen!

»Bekanntlich soll man sich erst mit seinem Arzt beraten, bevor man auf seine alten Tage unangebrachten sportlichen Ehrgeiz entwickelt«, erklärte ich meiner Familie in der Hoffnung, das Thema nunmehr abschließen zu können.

»Das ist eine gute Idee«, stimmte Rolf bereitwillig zu. »Du kannst mir dann auch gleich eine Überweisung für den Augenarzt mitbringen, ich brauche eine neue Sonnenbrille.«

Vierzehn Tage lang zögerte ich den Arztbesuch hinaus, dann reklamierte Rolf seinen Krankenschein. »Heute wäre ich beinahe bei Rot über die Kreuzung gedonnert!«

Unsere Hausärztin, sehr resolut und keineswegs das, was ältere Damen bei der wortreichen Schilderung ihrer diversen Leiden als Zuhörerin bevorzugen, prüfte Herztätigkeit und Blutdruck, stellte fest, daß ich die letzten Medikamente vor zwei Jahren benötigt hatte, als Steffi mir ihre abgelegte Grippe vererbt hatte, und äußerte keinerlei Bedenken gegen die geplanten Waldläufe.

»Ich wollte, ich könnte auch die Energie dazu aufbringen, aber leider bin ich viel zu faul.«

»Ich auch, aber Stefanie hat genug Energie für uns beide. Dabei hatte ich gehofft, Sie würden eine verrutschte Bandscheibe oder ein anderes nicht kontrollierbares Wehwechen finden, das mich von den ehrgeizigen Plänen meiner Tochter befreit.«

Leider erntete ich nur ein verständnisvolles Lächeln und war entlassen.

»Ich habe ja gar keinen Trainingsanzug!« stellte ich aufatmend fest, als Steffi mich am nächsten Sonntag kurz nach acht Uhr aus dem Bett scheuchte.

»Du kannst meinen haben, und wenn der nicht paßt, nimmst du den von Sven. Vorsichtshalber habe ich beide herausgelegt.«

Ausnahmsweise hatte Steffi aber auch an alles gedacht.

Svens Trainingsanzug war viel zu groß, der von Steffi etwas zu klein. Außerdem war er kanariengelb.

»Hol mal Saschas Anzug.«

»Den habe ich in der Schule gelassen«, brüllte mein Sohn ein Stockwerk höher.

Also zwängte ich mich erst einmal in Steffis Hose, und wenn ich das Gummiband an der Fußsohle hochstecken würde, könnte sie mir bis knapp unter den Bauchnabel reichen. Allzuviel Bewegungsfreiheit würde ich allerdings nicht haben. Die Jacke endete kurz über der Taille, bei den Ärmeln fehlten auch ein paar Zentimeter. Egal, etwaige andere Freizeitsportler würden sich wohl mehr über meine mangelhafte Kondition als über meine mangelhafte Garderobe amüsieren.

Den leicht ansteigenden Weg zum Wald hinauf bewältigten wir auf meinen ausdrücklichen Wunsch in einem gemäßigteren Marschtempo, aber dann ging es los! Stefanie zeigte sich zwar gewillt, auf meine jahrelange sportliche Abstinenz Rücksicht zu nehmen, und legte ein ihrer Meinung nach mittleres Schneckentempo vor, aber ich hatte mehr den Eindruck, daß sie für die nächste Olympiade trainierte. Nach hundert Metern japste ich bereits nach Luft, nach zweihundert keuchte ich wie ein überfetter Mops, nach dreihundert Metern kapitulierte ich.

»Wir haben doch noch gar nicht richtig angefangen«, beschwerte sich Steffi, »da drüben kommt die erste Übung.«

Ich hatte gar nicht bemerkt, daß sie mich über den Trimmpfad hetzte und nun auch noch von mir erwartete, zehn Liegestütze und beim nächsten Haltepunkt fünf Klimmzüge zu machen.

»Also, wenn ich schon die ganze Strecke entlangtraben muß, dann verschone mich wenigstens mit diesen Freiübungen. Du kannst dein Pensum ja erledigen, aber ich ruhe mich inzwischen aus.«

Stefanie maulte, behauptete, meine Methode sei zwar bequemer, aber auch weniger gesundheitsfördernd, andererseits könne man von Damen gesetzteren Alters wohl auch nicht mehr verlangen! Diese Bemerkung schmeckte mir nun gar nicht, und so gab ich auch meinen Vorsatz, dies würde mein erster und letzter Waldlauf sein, zunächst einmal auf. Gewissenhaft trabe ich künftig jeden Sonntag durch die frische Waldluft, nunmehr in dezentes Dunkelblau gekleidet und in zunehmendem Maße auch bereit, mit geschlossenen Beinen über Baumstämme zu springen und mit geschulterten Holzbalken Rumpfbeugen zu veranstalten. Langsam bekam ich sogar Spaß an der Sache und erfreute mich einer zunehmenden Kondition. Trotzdem war ich nicht böse, wenn es sonntags mal regnete und der Frühsport ins Wasser fiel.

Weniger erfreulich fand ich die Tatsache, daß sich mitunter die restliche Familie am Waldesrand einfand, die letzten dreihundert Meter mit Anfeuerungsrufen begleitete und prompt die Aufmerksamkeit sonntäglicher Spaziergänger auf uns lenkte. Ich verbat mir die Ovationen und forderte vermehrte Tätigkeit im Haushalt, speziell bei der Vorbereitung für ein angemessenes Frühstück, das engagierten Sportlern nach Absolvierung eines anderthalbstündigen Trainings letztlich zustände.

Eines Morgens – wir waren gerade ein knappes Drittel des Trimmpfades entlanggestrampelt – hörten wir plötzlich eine blechern klingende Stimme: »Und eins und zwei und eins und zwei... gleichmäßiger laufen, tief durchatmen... und eins und zwei...«

»Was ist denn das für ein Idiot?« Stefanie lehnte sich wartend gegen einen Baum. Ich lehnte mich daneben.

»Und eins und zwei...«

Um die Wegbiegung kam ein Radfahrer, vor dem Gesicht ein Megaphon, in das er munter hineintrötete: »Keine Müdigkeit vorschützen, meine Damen, und eins und zwei...«

»Hau ab, du dämlicher Kerl! Was fällt dir überhaupt ein?«

Steffi hatte Sascha bereits erkannt, als ich noch rätselte, ob wir von einem männlichen oder einem weiblichen Antreiber verfolgt würden.

»Verschwinde sofort, oder ich gehe keinen Schritt weiter!« verlangte Steffi.

»Dann wirst du wohl hier übernachten müssen«, sagte ihr Bruder ungerührt. »Meinst du etwa, ich habe den Bademeister umsonst weichgekocht, damit er mir seine Flüstertüte leiht? Also weiter jetzt, ich denke, du bist so konditionsstark. Nun zeig mal, was du drauf hast.«

»Ich lasse mich doch von dir nicht zum Affen machen«, protestierte Stefanie.

Mir war inzwischen eine Idee gekommen, und so flüsterte ich Stefanie leise zu: »Die nächste Abzweigung rechts rein und dann zum Waldsee runter!«

Es fiel Sascha zum Glück nicht auf, daß wir den Trimmpfad verließen und in einen kleineren Waldweg einbogen. Er war viel zu sehr damit beschäftigt, uns durch sein Megaphon anzubrüllen.

Endlich hatten wir den Waldsee erreicht, einen grünlichen Tümpel, der entgegen Schillers Worten keineswegs zum Bade lud. Die Karpfen hätten das auch sehr übelgenommen.

Über den See führt eine kleine Holzbrücke mit einem sehr rustikalen, aber nicht eben hohen Geländer.

»Längere Pausen waren nicht eingeplant«, monierte unser Trainer, stieg aber trotzdem vom Rad, stülpte das Megaphon über den Sattel und gesellte sich zu uns, die wir schon auf der Brücke standen und in das modrige Wasser starrten.

»Unter dem Steg sitzen die Fische in wahren Rudeln. Schade, daß ich keinen Bindfaden dabei habe«, bedauerte Sascha und lehnte sich weit über das Geländer. Ich blinzelte Stefanie zu, sie nickte verstehend, packte Saschas linkes Bein – ich nahm das rechte –, und eine Sekunde später landete unser ungebetener Begleiter mitten in der Entengrütze.

»Schwimmen ist noch gesünder als Laufen«, rief Steffi ihrem im Wasser strampelnden Bruder zu, »vielleicht kannst du ein paar Fische mitbringen!«

Den Heimweg legten wir wie auf Flügeln zurück in dem Bewußtsein, eine außerordentlich gute Tat getan zu haben.

»Vermutlich werde ich die Geschichte ja irgendwie ausbaden müssen«, prophezeite Stefanie, »aber selbst wenn Sascha mir diesmal einen echten Regenwurm ins Bett legt statt so einer Plastikattrappe, war's mir den Spaß wert.«

Unnötig, zu erwähnen, daß künftige Waldläufe ohne familiäre Zaungäste stattfanden. Genaugenommen fanden sie nur noch zweimal statt. Zunächst einmal knallte Stefanie mit ihrem Rad gegen einen Laternenpfahl, wobei sich die Laterne als wesentlich widerstandsfähiger erwies. Der Riß im Bein mußte genäht werden, und der gebrochene Mittelfinger kam in Gips. Als die Wunden verheilt waren, litt Steffi zum erstenmal unter Liebeskummer, hängte ihren sportlichen Ehrgeiz an den Nagel und überlegte drei Wochen lang, ob sie nun ins Kloster oder lieber nach Indien gehen sollte, um ihr ferneres Leben in den Dienst armer Waisenkinder zu stellen. Zum Glück entdeckte sie noch rechtzeitig, daß Matthias sowieso ein altes Ekel und ihrer Zuneigung gar nicht würdig sei, außerdem hatte sie noch niemals gerne Reis gegessen, und so werden die Waisenkinder wohl doch auf andere Samariter angewiesen sein.

Als sich ihre seelische Verfassung wieder auf den Normalzustand eingependelt hatte, war es Winter geworden, und weil die Waldwege im Gegensatz zu den Straßen nicht in das städtische Schneeräumprogramm aufgenommen werden, konnte ich an den Sonntagen endlich wieder richtig ausschlafen. Was im übrigen auch sehr gesund sein·soll.

Kurz nach Neujahr rief Regina an. Wir kennen uns seit dreißig Jahren, haben gemeinsam die Schulbank gedrückt, Pellkartoffeln und künstlichen Brotaufstrich geteilt, gelegentlich auch die Strafarbeiten für schon längst vergessene Schandtaten, und wenn wir uns auch nur noch recht selten sehen, so ist die Verbindung zwischen uns dank Herrn Minister Gscheidles Mondscheintarif nie abgerissen. Regina lebt noch immer in Berlin, und eigentlich habe ich es nur ihr zu verdanken, wenn ich hin und wieder doch noch mal in meine alte Heimat komme. Nachtquartier, ausgedehnte Streifzüge durch Berlins Kulturleben sowie stundenlange ergötzliche Tratschereien über alte Bekannte sind mir allemal sicher.

Nachdem sie mir alles Gute zum Jahreswechsel gewünscht und sich erkundigt hatte, ob ich zu Weihnachten nun endlich den Verdienstorden oder zumindest die Tapferkeitsmedaille bekommen hätte – »achtzehn Jahre verheiratet und fünf Kinder, wie hast du das bloß bis jetzt ausgehalten?« –, kam sie zur Sache:

»Halte dir die zweite Februarwoche frei! Mit deinem Erscheinen wird gerechnet.«

»Wo und warum?« wollte ich wissen.

»Hier in Berlin natürlich. Irgend jemand hat nachgerechnet, daß wir vor zwanzig Jahren unser Abitur gebaut haben, und nun soll das Jubiläum gebührend gefeiert werden. Wir haben tatsächlich von allen die Adressen zusammengekriegt, weil es immer irgendwelche Kreuz-und-quer-Verbindungen gibt, und so, wie es momentan aussieht, werden alle kommen. Sogar Anita hat zugesagt.«

Anita lebt in Amerika, genauer gesagt, in Atlanta.

»Und wieso seid ihr auf mich gekommen? Ich gehöre doch gar nicht dazu. Es dürfte dir ja noch bekannt sein, daß ich bereits nach der zehnten Klasse die Gertraudenschule verlassen habe und nach Düsseldorf übergesiedelt bin.«

»Ist doch Blödsinn. Erstens bist du nicht freiwillig emigriert, und zweitens hast du trotzdem immer dazugehört. Irene hat mich extra gebeten, dir rechtzeitig Bescheid zu sagen. Die offizielle Einladung kriegst du sowieso noch.«

»Darf ich dich darauf aufmerksam machen, daß ich fünf unmündige Kinder habe, dazu einen Mann, was in diesem Fall noch schlimmer ist, und keineswegs so einfach abhauen und meine Familie ihrem Schicksal überlassen kann.«

»Deshalb rufe ich dich ja so früh an. Innerhalb von sechs Wochen wirst du doch wohl eine Lösung finden. Stell Rolf mal an den Herd, der kann das ohnehin besser als du. Und wenn er selber mal abwaschen muß, dann schadet ihm das gar nicht.«

»Mir geht's nicht um Rolf, ich mache mir Sorgen wegen der Kinder. Die kommen doch keinen Tag pünktlich zur Schule.«

»Und wenn schon. Dann kommen sie eben mal eine Woche lang zu spät. Davon geht die Welt auch nicht unter. Ausreden werden jedenfalls nicht akzeptiert. Als Entschuldigung gilt höchstens ein Beinbruch, und auch der nur, wenn du keinen Gehgips hast.«

Die Familie nahm meine Reisepläne mit gemischten Gefühlen auf. Nur die Zwillinge waren begeistert. Papi nahm es mit dem Schlafengehen nie so genau, und abends gibt es meistens schöne Fernsehsendungen.

Stefanie sah sich schon zu einem nie endenwollenden Küchendienst verdonnert und jammerte, drei Tage Berlin würden doch wohl reichen, es müßte ja nicht gleich eine ganze Woche sein.

»Jedes Mädchen sollte etwas vom Haushalt verstehen«, konterte Rolf, »es könnte doch möglich sein, daß du mal keinen Mann kriegst.«

Die Knaben witterten Freiheit und unterstützten mich nach besten Kräften, und Rolf meinte schließlich, auch Dienstboten hätten bekanntlich Anspruch auf einen Jahresurlaub, und einen solchen könne man mir als unbezahlter und auf Lebenszeit verpflichteter Arbeitskraft gerechterweise nicht verweigern.

»Wie steht's mit Urlaubsgeld?« wollte ich wissen.

»Davon ist im Vertrag zwar nichts enthalten«, sagte mein Brötchengeber, »aber wir könnten zum Beispiel mal über eine Treueprämie reden.«

Mitte Januar kam die Einladung, handgeschrieben mit dem Zusatz versehen: »Quasi kommt auch.«

Du liebe Güte! Wie begegnet man seiner ehemaligen Klassenlehrerin, vor der man einstmals einen Heidenrespekt gehabt hat, den man jetzt aber bestimmt nicht mehr hat? Nun ja, man wird sehen.

Am zweiten Februar bestellte ich die Flugkarte – sicher ist sicher.

Vielleicht tagte in Berlin wieder einmal der Blumenzüchterverband oder die Heimwerker-Innung. Möglich, daß auch irgendein Kongreß stattfand.

Am vierten Februar kam Rolf ins Krankenhaus. Der angeblich verdorbene Magen, den er ein paar Stunden später als eine Abart von Hexenschuß diagnostizierte, entpuppte sich als akuter Blinddarm. Als ich den Patienten am nächsten Tag im Krankenhaus besuchte, erwartete ich erfahrungsgemäß einen Todkranken, wenn nicht gar halb Gestorbenen vorzufinden. Erstaunlicherweise war mein Gatte recht munter, klagte weder über unzumutbare Schmerzen noch über unzumutbare Behandlung, meinte im Gegenteil, es gehe ihm ausgezeichnet.

Der Grund für seine überraschende Rekonvaleszenz wurde mir klar, als ich die bildhübsche Krankenschwester sah, die sich mitfühlend nach seinen Wünschen erkundigte. Er hatte keine. Auch etwas völlig Neues. Zu Hause genügte schon eine etwas heftige Erkältung, um meinen Angetrauten aufs Krankenlager zu werfen und die gesamte Familie in Trab zu halten.

Beruhigt fuhr ich wieder heimwärts. Unser Ernährer würde uns bis auf weiteres wohl doch noch erhalten bleiben, wenn auch – zumindest für die nächsten zehn Tage – fern vom häuslichen Herd.

Abends rief ich Regina an. Sie hatte nicht das geringste Verständnis für meine Absage.

»Soweit ich begriffen habe, hat Rolf die Operation überlebt. Deine Ableger sind alle aus den Windeln heraus, die werden also auch ein paar Tage ohne dich auskommen. Wozu gibt es Konserven und Tiefkühlfutter? Wenn mir früher jemand erzählt hätte, daß du dich wie eine aufgescheuchte Glucke benimmst, dann hätte ich ihn ausgelacht. Stopf den Kühlschrank bis zum Rand voll und stell zwei Kisten Cola bereit, dann brauchst du dir keine Sorgen zu machen. Teenager können sich notfalls tagelang von Würstchen ernähren.«

»Ich bin keine Glucke, ich habe nur ein ausgeprägtes Verantwortungsgefühl.«

»Quatsch, du hast lediglich einen Vogel!« bemerkte Regina und legte auf.

Davon war ich zwar nicht so unbedingt überzeugt, aber als ich meine fünf Helden zusammengetrommelt und ihnen meine Bedenken auseinandergesetzt hatte, erntete ich nur Empörung.

»Natürlich werden wir alleine fertig, und zwar besser, als wenn Papi auch hier wäre. Der redet doch bloß dauernd dazwischen und kann alles besser. Wir haben schon einen genauen Plan aufgestellt, wer was tun muß, und daran werden wir uns ausnahmsweise auch mal halten«, versicherte Sven.

»Ich kann euch ja das Mittagessen vorkochen und einfrieren. Ihr braucht es abends nur aus der Kühltruhe zu nehmen, und wer zuerst von der Schule nach Hause kommt, schiebt alles in den Backofen.«

»Kommt gar nicht in Frage, wir kochen selber. Dann können wir endlich mal das essen, was wir sonst nie kriegen.«

Auch Rolf war der Ansicht, ich solle ruhig fahren. »Du hast dich doch so auf dein nostalgisches Kaffeekränzchen gefreut. Den Gören schadet es gar nichts, wenn sie mal ein paar Tage auf sich allein gestellt sind. Vielleicht sehen sie dann endlich ein, was sie an dir haben.«

Diese bemerkenswerte Einsicht hatte mein Gatte bisher noch nie geäußert, aber er würde ja auch nicht die Folgen meiner Abwesenheit zu tragen haben. Eigentlich schade.

Vorsichtshalber informierte ich Frau Keks von meinen Reiseplänen.

»Endlich werden Sie vernünftig«, lobte sie. »Lassen Sie Ihre Fünf ruhig mal allein zurechtkommen, und im Notfall bin ich ja auch noch da. Wissen Sie, was ich früher manchmal gemacht habe, wenn ich mal wieder Minderwertigkeitskomplexe bekam? Ich habe mich einfach einen Tag lang krank ins Bett gelegt und meinem Mann Haushalt und Kinder überlassen. Sie glauben gar nicht, was für ein Selbstbewußtsein ich am nächsten Morgen wieder hatte.«

Außerdem beschloß Frau Keks, meine verwaisten Ableger am Sonntag zum Essen einzuladen. »Ich koche einen Riesentopf Spaghetti Bolognese. Mir ist noch kein Kind zwischen zwei und zwanzig untergekommen, das diese Bandwürmer nicht leidenschaftlich gern ißt.«

Zwei Tage vor meiner Abreise legte Sven mir seinen Generalstabsplan vor. Demnach wollte er morgens das allgemeine Wecken übernehmen, was zumindest eine Chance bot, daß alle halbwegs pünktlich zur Schule kommen würden. Um das Frühstück würde sich Sascha kümmern, während Steffi die Morgentoilette der Zwillinge zu überwachen hätte. Mittags sollte es lediglich einen leichten Imbiß geben, wobei die Ansichten über Umfang und Beschaffenheit desselben noch auseinandergingen, und am Nachmittag sollte gekocht werden, womit man hoffentlich bis zum Abend fertig sein würde. Hausaufgaben sollten ›irgendwann zwischendurch‹ erledigt werden, desgleichen Abwaschen, Aufräumen und was an sonstigen nebensächlichen Tätigkeiten noch anfalle.

Trotzdem füllte ich die Kühltruhe mit diversen Packungen Pizza, für die alle Kinder eine mir unbegreifliche Vorliebe haben, besorgte tiefgefrorene Fertiggerichte, ein Dutzend Obstkonserven sowie zwei Kisten Sprudel. Dann deponierte ich neben dem Telefon die Nummern unserer Hausärztin, der Feuerwehr und des Notarztwagens in der Hoffnung, eine der drei Institutionen würde bei eventuell auftretenden Katastrophen zuständig sein.

Nachdem ich nun alles Erdenkliche für das leibliche und seelische Wohlergehen meines Nachwuchses getan hatte, konnte ich mich endlich mal um mich selbst kümmern.

Kofferpacken. Was trägt man bei einem Klassentreffen? Macht man auf seriös oder lieber ein bißchen auf jugendlich? Aber es ist ja auch möglich, daß die ganze Sache sehr feierlich aufgezogen wird und man das kleine Schwarze braucht. Zu dumm, ich hätte Regina fragen sollen. Am besten nehme ich das dunkle Jackenkleid mit, damit könnte ich notfalls auch ins Theater gehen. Mit nichts drunter und Schmuck dran ist es festlich, mit Rollkragenpullover und Gürtel sportlich.

Den hellblauen Hosenanzug packte ich auch noch ein, wegen der jugendlichen Note!

Im Geiste ließ ich meine ehemaligen Mitschülerinnen Revue passieren. Was mochte aus ihnen geworden sein? Mit meiner früheren Clique stand ich noch in loser Verbindung, aber von den meisten anderen wußte ich gar nichts. Ob Evchen tatsächlich Jugendrichterin geworden war? Oder Lilo, die schon damals herrenlose Katzen aufgelesen hatte und unbedingt Tierärztin werden wollte? Ob man wohl befangen ist, wenn man sich nach zwanzig Jahren plötzlich wiedersieht? Seinerzeit waren wir ein ziemlich verschworener Haufen gewesen und der Schrecken des Lehrerkollegiums, aber inzwischen dürften sich unsere damaligen gemeinsamen Interessen wohl doch ein bißchen gewandelt haben...

Donnerstag! Die Maschine sollte um achtzehn Uhr starten, also würde ich kurz nach drei fahren müssen. Die Bahnverbindungen zwischen Bad Randersau und dem Rest der Welt sind nicht die besten. Die schnellen Züge halten nicht da, wo man aussteigen will, und die langsamen halten auch woanders.

Kurz nach zwölf klingelte es. Vermutlich die Zwillinge, bei denen fielen neuerdings dauernd Unterrichtsstunden aus.

Vor der Tür stand Christiane. »Hier ist Steffis Mappe und ihr Anorak, den hatte sie ja gar nicht anziehen können. Wissen Sie denn schon, ob der Arm nun wirklich gebrochen oder doch bloß verstaucht ist?«

Sehr intelligent muß ich wohl nicht ausgesehen haben, denn Christiane erkundigte sich besorgt: »Oder wissen Sie etwa noch gar nichts?«

»Was soll ich wissen?«

»Steffi ist doch während der Turnstunde vom Barren geknallt und auf den Arm gefallen. Der ist sofort angeschwollen, und deshalb hat man sie gleich hier in die Klinik gefahren. Ich dachte, die hätten Sie längst angerufen.«

»Mich hat niemand angerufen. Wann ist das denn passiert?«

»Ungefähr vor zwei Stunden.«

Ich hing schon am Telefon. Jawohl, meine Tochter befinde sich momentan im Gipsraum. Die Röntgenaufnahme habe eine Fraktur des Unterarmes ergeben. Zum Glück handele es sich um einen einfachen Bruch, und in vierzehn Tagen könne man wohl schon einen Halbgips anlegen. Im übrigen sei Stefanie in einer Viertelstunde fertig, und dann könne ich sie abholen.

Heulend packte ich meinen Koffer wieder aus. Heulend saß Stefanie daneben. »Warum scheucht mich unser dämlicher Sportlehrer auch immer wieder auf den Barren? Der weiß doch genau, daß ich jedesmal wie ein Nilpferd zwischen den Holmen hänge.« Dann fiel ihr noch etwas Tröstliches ein: »Übrigens hat der Arzt gesagt, ich sei die geborene Sportlerin – meine Knochen heilen so schnell!«

Bliebe zu bemerken, daß ich von der Jubiläumsfeier wenigstens einen akustischen Ausschnitt mitbekommen habe. Und die Kosten für mein 27 Minuten dauerndes Telefongespräch bezahlte Rolf später auch anstandslos. Immerhin waren sie erheblich geringer, als Flugticket und Reisespesen jemals gewesen wären.

7

Die Pubertät ist ein völlig normales Entwicklungsstadium, über das jeder hinwegkommt, ausgenommen allenfalls die Eltern des ›Pubertäters‹.

Es sind schon viele weise Abhandlungen über Aufzucht und Pflege von Teenagern geschrieben worden, aber ich werde einfach den Verdacht nicht los, daß die Autoren dieser verständnisvollen und meist um Nachsicht heischenden Artikel gar keine eigenen Kinder haben und das ganze Problem sozusagen vom grünen Tisch aus behandeln. Oder sie leben in so guten wirtschaftlichen Verhältnissen, daß sie ihre diversen Ratschläge auch wirklich in die Tat umsetzen können. Ich kenne nur zwei Psychologen persönlich, einer ist über siebzig und Junggeselle, der andere Mitte Zwanzig und Vater einer halbjährigen Tochter, die vom Teenager noch ein paar Jährchen entfernt ist. Im übrigen haust keiner der beiden Herren in einer Sozialwohnung, was Punkt 1 ihrer Ausführungen verständlich macht: »Schaffen Sie Ihren heranwachsenden Kindern ein eigenes Reich.« (Was bei der bundesdeutschen Einheitswohnung mit 84 qm Grundfläche einschließlich Küche und Bad nicht immer ganz einfach ist. Außerdem soll es Familien geben, die sich nicht an die Statistik halten und mehr als 1,8 Kinder in die Welt setzen!)

Gesetzt den Fall, das heranwachsende Kind hat nun tatsächlich ein eigenes Zimmer, so lautet Punkt 2 der psychologisch begründeten Thesen: »Lassen Sie Ihrem Kind weitgehende Freiheit bei der Ausgestaltung seiner eigenen vier Wände, und tolerieren Sie nach Möglichkeit auch ausgefallene Wünsche.«

In der Praxis sieht das so aus: Das heranwachsende Kind – in diesem Fall Stefanie – ist zwölfeinhalb Jahre alt, findet die einst heißgeliebten Möbel gräßlich und total ›out‹, begehrt völlige Renovierung des Zimmers und neues Mobiliar. Das Kind verzichtet auf die bevorstehenden Geburtstagsgeschenke, hängt sich ans Telefon, informiert die nähere Verwandtschaft über Inneneinrichtungspläne und erbittet Geld statt der sonst zu erwartenden Bücher oder der Frottiertücher für die Aussteuer. Der Maler rückt an, entfernt die Streublümchentapete und klebt weiße Rauhfaserbahnen an die Wände, denn nur ein neutraler Hintergrund bringt den künftigen Wandschmuck erst so richtig zur Geltung. Besagter Wandschmuck besteht aus Postern, auf denen langmähnige Jünglinge mit stupidem Gesichtsausdruck und karnevalistischem Habitus den Eindruck erwecken, als seien sie allesamt potentielle Anwärter für einen längeren Aufenthalt in einer Nervenklinik.

Da sich das Familienoberhaupt aus Ersparnisgründen weigert, auch Kleiderschrank und Wäschetruhe gegen rustikalere Sachen auszuwechseln (die von dem heranwachsenden Kind gewünschten Stücke bewegen sich zusammen so um die 1500 Mark), werden die verbleibenden Möbel ebenfalls mit Postern beklebt, was ihre Benutzung etwas erschwert. Ein Zurückschlagen der Schranktür etwa bewirkt, daß das papierene Abbild von Suzie Quattro an das Bücherregal knallt und einreißt. Einmal habe ich sogar Chris Norman mit dem Staubsauger aufgespießt.

Das heranwachsende Kind bekommt eine bunte Bettdecke, ein halbes Dutzend poppige Couchkissen, einen kleinen Berberteppich, einen runden Tisch und schließlich noch die beiden ›süßen Sesselchen‹. Unter dem Weihnachtsbaum findet es endlich noch die schicke Lampe, die dem beginnenden Teenager vor zwei Monaten als zu teuer verweigert worden war. Das heranwachsende Kind ist selig.

Spätestens nach anderthalb Jahren erklärt das inzwischen weiter heranwachsende Kind, daß es die dämlichen Visagen der Smokies und das alberne Grinsen von John Travolta nicht mehr sehen könne, die weißen Wände frustrierend finde und Christiane gerade eine Fototapete ins Zimmer bekommen habe.

Die geplagten Eltern des heranwachsenden Kindes stellen sich taub, übersehen zwei Wochen lang Leidensmiene und vorwurfsvolle Blicke, erklären sich schließlich zum Ankauf von Farbe bereit, lehnen die Finanzierung einer Malerkolonne jedoch ab. Das Kind hat eine Freundin, deren Bruder einen Freund hat, der Anstreicher lernt. Es entscheidet sich für zwei grüne und zwei blaue Wände, kauft vom Ersparten dunkelblauen Rupfenstoff, mit dem die süßen orangefarbenen Sesselchen behängt werden, und klebt dunkle Farbdrucke von Friedensreich Hundertwasser an die Wände. Das fertige Zimmer sieht aus wie ein Mausoleum, aber für die nächsten acht Monate herrscht Ruhe.

Wenn das gerade fünfzehn Jahre alte heranwachsende Kind anfängt, Möbelkataloge nach Hause zu schleppen, kann man sicher sein, daß es eine neue bedeutsame Phase durchmacht, die man ja nach Ansicht der Psychologen ausreifen lassen soll. Damit verbunden ist der Wunsch nach anderen Tapeten (das mir als ›echt irre‹ vorgelegte Muster erinnerte mich an die vollgeschriebene Schultafel am Ende einer Geometriestunde) und geringfügiger Änderung des Mobiliars, als da sind: Entfernen der Sessel, statt dessen Ankauf von Sitzkissen. Entfernen des Berberteppichs, statt dessen etwas buntes Handgeknüpftes, am besten in Patchworkmanier. Entfernen des runden Tisches, weil ›man‹ jetzt rechteckige habe. Entfernen der Lampe, statt dessen Montage zweier lampionartiger Gebilde, die bis auf den Fußboden hängen und in deren Zuleitungen man sich dauernd verheddert.

Spätestens zu diesem Zeitpunkt schlägt jeder vernünftige Vater mit der Faust auf den Tisch, bezeichnet alle Psychologen als Idioten und sein heranwachsendes Kind als total übergeschnappt. Das heranwachsende Kind, wegen der unverständlichen Verweigerung der doch psychologisch so gut fundierten Wünsche einigermaßen verstört, wird renitent und holt jetzt mit zweieinhalbjähriger Verspätung die berüchtigte Maul- und Meckerphase nach, die es normalerweise schon längst überwunden gehabt hätte.

Ich weiß nicht, wie Psychologenväter gehandelt hätten. Vermutlich hätten sie ihrem heranwachsenden Kind einen Scheck in die Hand gedrückt, damit es sich Sitzkissen kaufen kann. Im nächsten Jahr wäre dann eine Bambusliege fällig und ein Wandschmuck mit Jupitermonden.

Als Sascha anfing, von einer Fototapete mit der Skyline Manhattans zu faseln, und Sven ein ungewohntes Interesse für Holztäfelungen an den Tag legte, warf ich alles in den Mülleimer, was ich im

Laufe der Jahre an psychologischen Weisheiten gesammelt hatte, und beschloß, dem Problem Teenager nach eigenem Gutdünken zu begegnen. Es mag ja ganz löblich sein, sich bei der Aufzucht von Kindern nach einem Buch zu richten, nur müßte man für jedes Kind ein anderes Buch haben. Im übrigen stellte ich fest, daß der Umgang mit Teenagern verhältnismäßig einfach ist, wenn man ein paar Grundregeln beachtet.

Die allerdings sind wichtig!

Regel Nr. 1:
Ein Teenager darf niemals und in keiner Situation wie ein normaler Sterblicher angesehen und behandelt werden. Man betrachtet ihn am besten als harmlosen Irren, der ja im allgemeinen von jedermann mit milder Nachsicht geduldet wird. (Gelegentliche Anwandlungen von Verzweiflung bekämpfe man mit der Selbstsuggestion, daß 99 Prozent alle Teenager wieder normaler werden. Das restliche Prozent wird Rocksänger.)

Regel Nr. 2:
Ein Teenager muß regelmäßig und vor allem außerhalb der üblichen Mahlzeiten gefüttert werden, wobei man berücksichtigen sollte, daß er morgens nie, mittags wenig und ab sechzehn Uhr ständig Appetit hat. Deshalb sorge man für einen ausreichend gefüllten Kühlschrank, wobei Quantität vor Qualität geht. Aus diesem Grunde begreife ich auch nicht, daß es eine Überproduktion an Nahrungsmitteln geben soll.

Teenager sind selten wählerisch und haben mitunter Gelüste, die an Schwangere erinnern. Wäre mein erster Teenager nicht männlichen Geschlechts gewesen, ich hätte vermutlich einige Wochen lang höchst unruhig geschlafen. Svens bevorzugte Zwischenmahlzeit bestand aus Kartoffelchips mit sauren Gurken. Einmal probierte er auch Cornflakes mit Tomatenketchup, aber das war dann wohl doch nicht so ganz das richtige. Dafür kippte er sich das Ketchup regelmäßig über Bratkartoffeln. Sascha dagegen goß sich Essig in Hühnerbrühe und aß Marmorkuchen nur mit darübergepladderter Büchsenmilch. Und Steffi streute sich eine Zeitlang Zucker über ihre Tomaten.

Diese merkwürdigen Kompositionen haben aber einen nicht zu unterschätzenden Vorteil: Zumindest während der gemeinsamen Mahlzeiten wird der Teenager seinen Teller mit Todesverachtung leeressen, denn er kann ja nicht zugeben, daß die mütterlichen Prophezeiungen stimmen und der zusammengerührte Fraß widerlich schmeckt.

Regel Nr. 3:
Widersprechen Sie niemals einem Teenager, sofern es sich nicht um wirklich wichtige Dinge handelt. Wenn er behauptet, mittags würde es regnen, obwohl die Sonne bereits am frühen Morgen vom blauen Himmel knallt und der amtliche Wetterbericht ein Hoch von den Azoren bis nach Sibirien verkündet hat, dann bestätigen Sie, daß es ganz bestimmt eine zweite Sintflut geben wird. Schließlich müssen *Sie* ja nicht in der langärmeligen Regenjacke schwitzen! Rechnen Sie damit, daß jeder Teenager grundsätzlich in Opposition zu Ihnen steht und meistens das Gegenteil von dem sagt oder tut, was Sie sagen oder tun. Wenn man diese Tatsache berücksichtigt, kann man mit etwas Training manchmal sogar *das* erreichen, was man erreichen will. Aber man braucht wirklich Übung, denn Teenager sind ewig mißtrauisch und wittern selbst hinter der belanglosen Frage nach dem Verschwinden ihrer karierten Socken einen Angriff auf ihr Innenleben.

Regel Nr. 4:
Eignen Sie sich die Teenagersprache an (schließlich müssen Sie Ihre heranwachsenden Kinder ja verstehen können), aber hüten Sie sich, in diesem Halbstarken-Slang auch mit ihnen zu reden. Vor allem nicht in Gegenwart von Freunden. So etwas ist nämlich pervers. Auch eine allzu deutlich bekundete Vorliebe für Disco-Sendungen im Fernsehen oder Schallplatten von Rockgruppen unterläßt man lieber, selbst wenn einem die Musik wirklich gefällt. Ein solch anomales Verhalten macht es dem Teenager unmöglich, in den Chor seiner Freunde einzufallen und über die geistige Rückständigkeit seiner Altvorderen zu lamentieren.

Regel Nr. 5:
Verlangen Sie nie etwas von einem Teenager, was Sie selber erledigen können. Er (oder sie) tut es sowieso nicht, und Sie ersparen sich

einen Haufen Ärger, wenn Sie erst gar nicht auf Mithilfe spekulieren. Fortgeschrittene Teenager, die sich schon dem Ende der Pubertätsphase nähern, greifen hin und wieder sogar aus eigenem Antrieb zu, schalten aber auf stur, sobald man sich bedankt oder vielleicht noch einen weiteren Hilfsdienst fordert. Es ist ihnen peinlich, wenn man sie bei einer guten Tat überrascht, und sei es auch nur beim Hinaustragen des Mülleimers.

Apropos Mülleimer. Dieses Küchenutensil hat mich zum erstenmal von der Wichtigkeit der Regel Nr. 5 überzeugt.
»Sascha, bring bitte mal den Mülleimer runter!«
(Die Mülltonnen stehen in der Garage, und sie ist von der Küche aus zu erreichen. Man muß zehn Stufen abwärts steigen, mit acht Schritten schräg die Garage durchqueren – steht das Auto drin und muß es umgangen werden, dann verdoppelt sich die Anzahl der Schritte –, den Eimer auskippen und auf demselben Weg zurückkehren.)
»Ja, gleich!« Sascha schmiert sich ein Brot mit Nougatcreme und ergeht sich in langwierigen Betrachtungen über die Betrugsmanöver der Verpackungsmittelindustrie, weil die konisch geformten dickwandigen Gläser mehr Inhalt vortäuschen, als tatsächlich vorhanden ist. Das Brot ist fertig und kurz darauf auch verspeist.
»Sascha, der Mülleimer!«
»Ja, sofort, ich hab erst noch Hunger!«
Die zweite Brotscheibe wird mit der gleichen Sorgfalt beschmiert – während der ganzen Zeit steht die Kühlschranktür offen – und dann gegessen.
»Mach endlich die Tür zu!« Sie bekommt einen Tritt mit dem Fuß. Die Sprudelflaschen klappern Protest.
»Würdest du endlich den Mülleimer ...«
»Laß mich doch wenigstens erst mal aufessen! Warum kaufst du nicht überhaupt einen größeren?«
»Weil der nicht in die Ecke paßt!«
»In allen modernen Häusern gibt es Müllschlucker, weshalb nicht bei uns?«
»Das hier ist ein Einfamilienhaus. Müllschlucker gibt es in Hochhäusern.«

»Ist doch total irre. Wir machen bestimmt mehr Müll als drei andere Familien zusammen.«

»Das ist möglich, deshalb ist ja auch der Eimer voll, und deshalb bringst du ihn jetzt runter!«

»Sofort, ich muß bloß erst noch schnell...« Weg ist er.

Das Vernünftigste wäre, ich würde den Eimer jetzt selbst wegtragen, aber letztlich muß ich ja meine Autorität wahren.

Nach zwei Stunden quillt der Eimer über. Vier Eierschalen liegen schon daneben.

Endlich durchstreift mein Herr Sohn wieder einmal die Küche, natürlich auf der Suche nach etwas Eßbarem.

»Sascha, der Mülleimer!«

»Steht das dämliche Ding immer noch hier? Ich bringe ihn gleich weg, vorher muß ich bloß noch meine Schwimmflossen suchen. Die sind sicher im Keller.« Der Knabe strebt zur Tür.

»Dann kannst du den Eimer doch gleich mitneh...«

Sascha ist schon verschwunden. Nach zehn Minuten kommt er zurück, ohne Flossen, dafür mit einem ziemlich ramponierten Fahrradschlauch.

»Hab ich ja total vergessen, is doch 'n Loch drin.«

Er räumt das Geschirr aus dem Spülbecken, türmt es auf dem Herd übereinander, läßt Wasser ein, forscht nach dem Loch, hat es gefunden, markiert die Stelle mit einem Klecks Nougatcreme, verschwindet Richtung Keller. Eine Tasse kippt von der Geschirrpyramide und zerschellt auf dem Boden. Noch mehr Müll!

Sascha taucht wieder auf, säubert höchst oberflächlich seine ölverschmierten Hände, wischt den größten Teil davon ins Handtuch, zertritt die Eierschalen, spürt meinen vorwurfsvollen Blick, greift sich schließlich den überquellenden Mülleimer und enteilt. Ich fege Glasscherben und Eierschalen zusammen.

Nach einer Weile will ich die leere Zuckertüte in den Mülleimer werfen. Der ist nicht da. Sascha auch nicht. Ich öffne die Kellertür, laufe zehn Stufen abwärts, durchquere... (s. o.) und finde den vollen Eimer neben der geöffneten Mülltonne. Ich kippe ihn aus, und auf dem Rückweg überlege ich mir, daß ich diesen Spaziergang schon vor drei Stunden hätte machen sollen.

Regel Nr. 6:
Gewöhnen Sie sich daran, daß Ihre Wohnung in den kommenden Jahren den Zulauf einer gutbesuchten Eckkneipe hat. Teenager treten vorwiegend in Rudeln auf, und trifft man tatsächlich mal einen Einzelgänger, dann ist er garantiert auf dem Weg von oder zu seiner Clique. Die findet sich ohne vorherige Absprache mit einer von mir noch nicht ergründeten Sicherheit zusammen, und es wundert mich eigentlich, daß sich noch kein Verhaltensforscher mit diesem Phänomen befaßt hat. Woher weiß ein Teenager, wann er wo aufkreuzen muß, um zu den restlichen Mitgliedern seines Vereins zu stoßen?

Was sie dann tun, weiß ich nicht, aber selbst wenn sie gar nichts tun, tun sie es laut.

Ein wesentlicher Bestandteil des Teenagerdaseins sind Partys. Sie finden in der Regel fünf- bis siebenmal pro Woche statt und werden aus den nichtigsten Gründen veranstaltet. Da hat sich jemand eine ganz heiße Scheibe gekauft, die er den anderen vorspielen muß. Ein anderer hat ein irres Poster entdeckt und braucht Rat, an welcher Stelle seines ohnehin überladenen Zimmers das Plakat wohl am besten zur Geltung käme. Der dritte will Dias von der Faschingsfeier vorführen. Der vierte will sein Mofa hochtrimmen und braucht fachmännische Hilfe. Und weil derartige Zusammenkünfte von ohrenbetäubender Musik untermalt und mit kreisenden Colaflaschen belebt werden, handelt es sich bei diesen Treffs um Partys.

Nicht zu verwechseln mit Feten! Eine Fete ist eine Veranstaltung, die vorher geplant und sorgfältig vorbereitet wird. Herausragendes Merkmal: Es sind Mädchen (bzw. Jungen) zugelassen, ja sogar erwünscht. Zweites Merkmal: Auch Nicht-Cliquen-Mitglieder sind willkommen und daher meistens in der Überzahl. Drittes Merkmal: Die Mithilfe der Eltern wird erwartet, wenn auch nur in passiver Hinsicht, sprich, als Geldgeber.

Die erste Fete brach über uns herein, als Sascha vierzehn Jahre alt wurde. Natürlich hatte ich eine Geburtstagsfeier eingeplant und mich schon tagelang für die Großwetterlage interessiert in der Hoffnung, die Kuchenschlacht auf die Terrasse verlegen zu können. Abends könnte man vielleicht im Garten Würstchen grillen...

Etwa eine Woche vor diesem bedeutungsvollen Tag wollte Sascha wissen: »Wann räumen wir denn nun endlich den großen Keller aus?«

»Wie bitte???«

»Na ja, schließlich müssen wir ja mal mit der Dekoration anfangen.«

»Wovon redest du überhaupt?«

»Von meiner Geburtstagsfete natürlich.«

»Im Keller?«

»Wo denn sonst? Oder glaubst du vielleicht, ich lade meine Freunde zu Kaffee und Kuchen ein? Kannste gleich abhaken! Über *das* Alter sind wir ja nun hinaus. Wenn du aber unbedingt backen willst, dann mach ein paar Mafiatorten.«

???

Sascha sah mich mitleidig an. »Du kennst aber auch gar nichts! Mafiatorte ist 'ne Pizza!«

Dann eröffnete mir mein heranwachsender Sohn, wie er sich die ganze Sache vorstellte.

»Erst mal müssen wir den Keller entrümpeln und saubermachen, aber da kommen ein paar Kumpels und helfen. Dann bekleben wir die Wände mit Postern, der Andy bringt seine Spotlights an, und von Wolfgang kriegen wir die Lichtorgel. Der Hardy will seiner Schwester die Stereoanlage aus dem Kreuz leiern. Auf den Fußboden kommen Matratzen und Kissen, und als Tische nehmen wir ein paar Holzkisten. Wolfgang seine Schwester macht uns Tischdecken aus Kreppapier.«

»Dessen Schwester«, korrigierte ich automatisch.

»Wie? Ach so, na schön, also dessen Schwester. Die kommt übrigens auch. Und dann noch Martina und Susi und Heike und noch ein paar andere.«

»Aha. Und wieviel seid ihr dann insgesamt?«

»Weiß ich nicht genau. Eingeladen habe ich vierzehn, aber es werden bestimmt noch ein paar mehr.«

»Sag mal, bist du verrückt geworden?«

»Wieso denn? Du hast doch überhaupt nichts damit zu tun. Das machen wir alles selber. Du müßtest bloß ein bißchen was zum Essen besorgen. Und die Getränke natürlich.«

Als ich Rolf am Abend schonend auf das zu erwartende Spektakel vorbereitete, grinste er nur.

»Die Kinder werden eben älter. Du kannst doch wirklich nicht erwarten, daß sie sich jetzt noch mit Kuchen und Schlagsahne vollstopfen und Sackhüpfen spielen. Hast du denn als Backfisch keine Feste gefeiert?«

Mein vierzehnter Geburtstag war sechs Wochen vor der Währungsreform. Ich bekam eine Torte, die überwiegend aus Maismehl und Rumaroma bestand, und meinen vier eingeladenen Freundinnen hatte ich Kaffee-Ersatz und abends chemische Bowle sowie Brote mit künstlicher Leberwurst vorgesetzt. Dazu eierte eine Schellackplatte auf dem antiquierten Plattenspieler, und Bully Buhlan sang: »Ich hab so schrecklich Appetit auf Würstchen mit Salat!«

Nachdem nun das väterliche Einverständnis gesichert war – das mütterliche wurde ohnehin vorausgesetzt –, schöpfte Sascha aus dem vollen. Zusammen mit Sven durchstreifte er die drei ortsansässigen Supermärkte und stellte eine Einkaufsliste zusammen. Sie begann mit zehn Packungen Kartoffelchips, endete mit drei Gläsern eingemachter Maiskolben und umfaßte so ziemlich alles, was eine deutsche Durchschnittsfamilie im Laufe von 14 Tagen an Lebensmitteln benötigt.

»Hältst du uns für Millionäre?«

Sascha schüttelte unbekümmert den Kopf. »Das sieht bloß soviel aus, weil ich alles untereinander geschrieben habe. Außerdem sparst du ja das Geld für die diversen Kuchen. So 'n labbriges Zeug wollen wir nicht mehr. Bring lieber noch ein paar Päckchen Erdnußflips mit, die habe ich vergessen aufzuschreiben!«

»Und was ist das?«

»Na, diese komischen Dinger, die wie Engerlinge aussehen. Du weißt schon, was ich meine.«

In den folgenden Tagen bevölkerten Scharen von Halbwüchsigen die Kellerräume. Da sie ihren Arbeitsplatz via Garage zu betreten pflegten, wußte ich nie, wer eigentlich im Haus war, und ich fand das einigermaßen beunruhigend. Schließlich stand Rolfs teure Reprokamera auch im Keller, und wenn die beschädigt werden würde... nicht auszudenken!

Sven hatte wohl ähnliche Befürchtungen. Er drückte mir den Schlüssel zur Dunkelkammer in die Hand und sagte beruhigend: »Ich habe da alles reingeräumt, was irgendwie kaputtgehen könnte. Sogar die Kristallvase von Tante Lotti.«

»Na, die hättest du ruhig draußenlassen können.«

Am Vorabend der Fete parkte ein eigenartiges Vehikel vor der Garageneinfahrt, eskortiert von einem halben Dutzend Knaben, die dieses Gefährt oder, besser gesagt, seinen Aufbau stützten. Vorneweg ein altersschwacher Traktor, auf dem ein knollennasiger Mann verschlafen vor sich hindöste, dahinter ein zweirädriger Karren, vollgepackt mit Gerümpel und offensichtlich auf dem Weg zur nächsten Müllkippe.

Diese Vermutung erwies sich als gewaltiger Irrtum. Die halbwüchsige Begleitmannschaft begann nämlich, das Gerümpel abzuladen und in die Garage zu schleppen.

»Sind die denn wahnsinnig geworden?« Ich raste zur Haustür und prallte mit Sascha zusammen, der freudig erregt die Außenbeleuchtung anknipste.

»Wird ja auch endlich Zeit! Ich dachte schon, die kommen überhaupt nicht mehr.«

»Warum laden die denn den ganzen Sperrmüll hier ab?«

»Von wegen Sperrmüll! Das sind die Holzkisten und die Matratzen.«

»Aber da quillt doch schon überall das Innenleben raus. Außerdem sind sie dreckig. Das kann ich schon von hier aus sehen!«

»Macht doch nichts. Kommen ja Decken drüber.«

Zwei Stunden lang rumorten die Müllwerker im Keller herum, dann erschien eine Abordnung und forderte uns zur Besichtigung auf. Ohrenbetäubende Beatmusik dröhnte uns entgegen und rot-grün-gelbe Lichtreflexe huschten über die Treppe, dazwischen Hammerschläge, begleitet von einem »In dene Wänd hält aber au scho gar nix«. Über allem lag ein Geruch von Mottenkugeln. Ich schnüffelte.

»Ick weeß, det stinkt. Det kommt von die Decken. Meine Oma pudert die Dinger immer mit Mottenpulver ein, aber wenn man die Klamotten morjen früh in den Jarten legt, is det bis zum Abend verflogen. Ick merk det schon janich mehr, weil bei meine Oma allet nach det Zeuch riecht.« Hardy band sorgfältig eine herausragende Sprungfeder fest.

Als wir uns endlich durch den engen Gang gezwängt hatten, vollgestellt mit Regalen, Skiern, Gartengeräten und der alten Waschmaschine, malerisch umrahmt von Gummistiefeln und fünf Paar Rollschuhen, betraten wir ein Gelaß, das große Ähnlichkeit mit einer chinesischen Opiumhöhle hatte. Zuerst sah ich nur ein riesiges Matratzenlager, aber als sich meine Augen an das Halbdunkel gewöhnt hatten, wurden Einzelheiten erkennbar. Die ganzen Wände waren von Postern verdeckt, die sich zum Teil bereits lösten und von Wolfgang unermüdlich wieder festgenagelt wurden. In einer Ecke stand ein Skelett mit nur einem Bein.

»Das ist Kasimir«, erläuterte Sven, während er dem Gerippe einen Schlapphut aufsetzte und einen Regenschirm ohne Bespannung in die knöchernen Finger drückte. »Den hat Hardy in der Realschule geklaut, als die ein neues kriegten. Sieht doch bärig aus, nicht wahr?«

In einer anderen Ecke, grellrot angestrahlt, etwas Metallenes mit Hebeln, Knöpfen und Lämpchen, das mich irgendwie an das Cockpit eines Flugzeugs erinnerte. Sascha deutete meine verständnislose Miene durchaus richtig.

»Das is'n HiFi-Turm, da kommt Musik raus. Sollen wir mal richtig aufdrehen?«

»Bloß nicht! Ich begreife sowieso nicht, wie ihr euch bei dem Radau überhaupt noch unterhalten könnt«, brüllte ich.

»Wer will sich denn unterhalten?« brüllte Sascha zurück, »wir sind doch kein Kaffeekränzchen.«

Nachdem wir noch die Obstkistentische und die Lichtorgel bewundert hatten, die leider einen Wackelkontakt hatte und nur zeitweilig funktionierte, durften wir wieder gehen.

»Glaubst du wirklich, wir können morgen den ganzen Verein sich selbst überlassen?«

Rolf wischte sich ein paar Spinnenweben von der Hose und meinte beruhigend: »Ich kann mir nicht vorstellen, daß in einer überfüllten Katakombe auch noch Platz für romantische Gefühle bleibt.«

Sascha begann den Mittagstisch abzuräumen, bevor noch der letzte das Besteck hingelegt hatte.

»Bist du verrückt? Ich bin doch noch gar nicht fertig!« empörte sich Stefanie. »Stell sofort die Kartoffeln wieder hin!«

»Kartoffeln machen dick, und du bist sowieso schon viel zu fett«, klang es brüderlich-zärtlich zurück. »Nachher stopfst du dich ja doch wieder mit Chips und Crackers voll, also kannst du jetzt ruhig ein bißchen fasten. Hilf lieber beim Abtrocknen!«

»Wie komme ich denn dazu?«

»Entweder du hilfst, oder ...«

Das Oder wartete Steffi erst gar nicht ab. Sie hatte so ihre Erfahrungen mit Saschas unausgesprochenen Drohungen. Sven komplettierte die Küchenbrigade, und während ich die überall verstreuten Servietten zusammensuchte, wollte Rolf wissen:

»Was ist denn in die Jungs gefahren? Soweit ich mich erinnere, hat Sascha zum letztenmal am Muttertag ein Handtuch angefaßt, und das keinesfalls freiwillig.«

»Deine Herren Söhne haben mir ab sofort das Betreten der Küche verboten. Die Beköstigung ihrer Gäste wollen sie selbst übernehmen.«

»Und darauf läßt du dich ein? Hoffentlich findest du heute abend noch ein paar saubere Teegläser im Schrank.«

»Abwasch natürlich inklusive. Angeblich kommen auch noch Hilfstruppen.« Es klingelte bereits. Sascha steckte den Kopf durch die Tür.

»Ich mache schon auf. Das sind sowieso bloß die Mädchen!«

Bloß! Der Knabe fing ja ziemlich früh an, Pascha-Allüren zu entwickeln. Für subalterne Tätigkeiten sind Mädchen also ganz gut zu gebrauchen. Hatte wohl noch nie etwas von Gleichberechtigung gehört, der Bengel.

Wolfgangs Schwester Karin kannte ich schon, Martina ebenfalls. »Und das ist Yvonne«, stellte Sascha das dritte Mädchen vor, »Wolfgangs derzeitige Tussy.«

»Bildet der sich aber bloß ein«, korrigierte das Mädchen Yvonne, »es gibt auch noch andere.«

Sie hatte übrigens schon ausgeprägte Kurven an den Stellen, wo die anderen Mädchen noch nicht einmal Stellen hatten.

»Ein bißchen frühreif, die Kleine«, bemerkte Rolf, als Sascha die drei Grazien in die Küche komplimentiert hatte. »Ich glaube, wir werden unsere Kellerkinder nachher wohl doch hin und wieder kontrollieren müssen.«

Es klingelte schon wieder. Und dann noch mal. Niemand öffnete. Also ging ich selber zur Tür. Ein ausnehmend hübsches Mädchen lächelte mich verlegen an. »Guten Tag, ich bin Heike. Sascha hat gesagt, ich soll...«

»Ich weiß schon Bescheid. Zweite Tür links. Immer dem Krach nach.«

Sven tauchte auf, Küchenhandtuch vor dem Bauch, ein zweites auf dem Kopf, mit Hilfe einiger Büroklammern zu einer zylinderförmigen Röhre gedreht. »Hast du Schweizer Käse mitgebracht?«

»Liegt im Kühlschrank.«

»Da sind bloß Scheiben. Wir wollen aber Käsewürfel machen.«

»Das hättet ihr mir vorher sagen müssen.«

»Und was jetzt?«

»Weiß ich nicht. Oder macht Käseröllchen, sieht auch ganz dekorativ aus.«

Fünf Minuten Ruhe. Dann erschien Sascha und begehrte Auskunft, weshalb ich kein rundes Knäckebrot gekauft hätte.

»Weil es keins gab.«

»In diesem Kaff gibt es aber auch gar nichts. Dabei blasen sie einem im Werbefernsehen dauernd was von runden Knäckebrötern in die Ohren.«

»Eckiges schmeckt bestimmt genauso gut.«

»Rundes ist aber schicker!«

Es klingelte.

»Das wird Wolfgang sein.« Sascha strebte eilfertig zur Tür.

»Ich denke, die Party beginnt erst um sechs?«

»Tut sie ja auch. Wolfgang bringt doch bloß die Aufschnittplatten. Unsere reichen nicht.«

Sven brüllte nach den Zwillingen. Keine Antwort.

»Määm, weißt du, wo die stecken?«

»Nein. Sollten sie etwa auch noch helfen?«

»Nee, aber Zigaretten holen.«

»Seit wann rauchst du denn?«

»Ich doch nicht. Das habe ich mir vor einem Jahr schon wieder abgewöhnt. Aber wir haben so ein paar Nikotinbabys, die ihre Schnuller brauchen.«

Die Zwillinge wurden gefunden, bekamen Geld in die Hand gedrückt und erklärten sich zum Botengang bereit. »Aber nur, wenn wir ein Eis kriegen.« Das wurde genehmigt.

Aus dem Keller ertönten Hammerschläge. Wolfgang nagelte schon wieder die Poster an. Diesmal mit Stahlstiften. In der Küche klirrte es.

»Das war bloß der gestreifte Milchtopf, der war doch sowieso schon angeschlagen«, trompetete Sven durch die verschlossene Tür.

Und wenn schon. Immerhin war das gute Stück 17 Jahre alt und gehörte zu den ältesten Teilen meines Inventars. Mithin hatte der Topf Liebhaberwert.

Irgendwo rauschte ein Wasserhahn. Wollte jetzt etwa noch jemand baden? Langsam überraschte mich gar nichts mehr. Ich machte mich auf die Suche und fand Sascha im unteren Bad, wo er die in der Wanne aufgereihten Colaflaschen mit der Brause besprühte.

»Was soll das?«

»Hast du schon mal lauwarmes Cola getrunken? Das schmeckt widerlich, direkt zum Abgewöhnen.«

»Wozu haben wir einen Kühlschrank?«

»Der ist voll. Da stehen die kalten Platten drin.«

Was war das doch noch für eine herrliche Zeit, als Saschas Geburtstagsgäste nachmittags um halb vier im Sonntagsstaat und mit Blümchen in der Hand erschienen, Schokoladentorte löffelten, Topfschlagen spielten und um sieben Uhr mit Luftballons und Dauerlutscher wieder verschwanden!

Da fiel mir etwas ein. »Sag mal, Sascha, willst du dich nicht endlich mal umziehen?«

»Wieso umziehen? Das T-Shirt habe ich heute morgen frisch aus dem Schrank genommen, und die Jeans hast du doch erst in der vergangenen Woche gewaschen. Hier wird 'ne Fete abgezogen und keine Modenschau.«

Nun wollte ich noch etwas wissen: »Wenn man irgendwo zum Geburtstag eingeladen ist, bringt man doch im allgemeinen eine

Kleinigkeit mit, zumindest ein paar Blumen. Ist das heute nicht mehr üblich?«

»Blumen? Was soll ich denn mit dem Gemüse?« Sascha begriff offenbar gar nicht, was ich meinte. Schließlich kam ihm die Erleuchtung. »Ach so, du meinst Geschenke? Die haben doch alle zusammengeschmissen und mir den Verstärker für meinen Plattenspieler gekauft. Habe ich dir den noch nicht gezeigt? Muß ich wohl vergessen haben, aber du verstehst ja doch nichts davon.«

Recht hat er, der Knabe. Bei meinem nächsten Kaufhausbummel würde ich wohl doch mal einen Abstecher in die Radioabteilung machen und mich über die gängigen Angebote informieren müssen. Wer weiß, was da noch alles auf mich zukam.

Entgegen allen Befürchtungen verlief die erste Fete in unserem Haus ausgesprochen friedlich, wenn man den kurzen Besuch des uns nun schon hinlänglich bekannten Polizisten Zimmermann ausklammerte. Dabei war er keineswegs von ruhebedürftigen Nachbarn herbeizitiert worden. Sein Langhaardackel hatte beim abendlichen Gassigehen höchst unwillig in Richtung Garage geknurrt, woraus man folgern kann, daß er kein Anhänger der BeeGees war. Polizist Zimmermann, seit drei Stunden außer Dienst, klingelte also als Privatmann an der Haustür und bat um Dezimierung der Phonstärke, ein Wunsch, den ich nur zu gern an die Katakombe weitergab. Hier hatte ich dann Gelegenheit, mich wieder einmal über die heutigen Tänze zu wundern, die aus gliederverrenkenden Gymnastikübungen zu bestehen schienen. Das waren noch Zeiten, als man Wange an Wange tanzte, statt Kniescheibe an Kniescheibe!

Auch Rolf betrachtete kopfschüttelnd das Getümmel und brüllte mir schließlich ins Ohr: »Wenn das nicht Regen bringt, weiß ich nicht, was ihn bringen soll.«

Sonst wäre noch zu berichten, daß außer zwei Gläsern, die unseren ohnehin schon sehr zusammengeschmolzenen Bestand auf nunmehr 16 reduzierten, keine weiteren materiellen Schäden zu beklagen waren. Auch die Aufräumungsarbeiten am nächsten Tag verliefen planmäßig. Und die große Kristallbowle, die genau neben Wolfgang gestanden hatte, als er von der Leiter rutschte, hatten wir ohnehin nur ganz selten mal benutzt.

Regel Nr. 7:
Ein Teenager hat nie Zeit. Melden Sie deshalb unerläßliche Termine, die seine Anwesenheit erforderlich machen, mindestens 8 bis 10 Tage vorher an. Finden Sie sich aber damit ab, daß im letzten Augenblick doch noch etwas dazwischenkommen kann, das wichtiger ist als der geplante Hosenkauf oder der seit drei Monaten hinausgeschobene Besuch bei Tante Elfriede. (Steht letzterer auf dem Programm, kommt garantiert etwas dazwischen. Teenager sind an Erbtanten noch nicht interessiert.) Nehmen Sie Ihrem Teenager notfalls Maß und kaufen Sie die Hose ohne ihn. Sie werden zwar das Verkehrte bringen, aber zum Umtauschen geht er dann freiwillig und allein.

Regel Nr. 8:
Erwarten Sie von einem Teenager keinen Bildungseifer, weil er gar keinen hat. In die Schule geht er nur, weil er muß. In diesem Zusammenhang ist es empfehlenswert, wenn man ihn früh genug von der bestehenden Schulpflicht unterrichtet und ihn ausreichend über die gesetzlichen Folgen bei Mißachtung dieses Gesetzes informiert.

Ein Teenager lernt nicht für sich, sondern für die Lehrer. Und da er sie ausnahmslos nicht leiden kann, lernt er vorsichtshalber gar nicht. Lehrer werden in zwei Kategorien eingeteilt: Alle über dreißig sind verkalkt, die anderen frustriert. (In der Regel bleibt diese unumstößliche Meinung nicht nur auf den Berufsstand der Lehrer beschränkt, sie umfaßt eigentlich die gesamte Menschheit. Übrigens sind auch die Eltern von Teenagern zwangsläufig über dreißig.)

Geistige Anstrengungen, die über das in der Schule geforderte Mindestmaß hinausgehen, lehnt ein Teenager ab. Bei etwaigen Vorhaltungen wird er antworten, daß die bisher erworbenen Kenntnisse ausreichen, um das angestrebte Leben eines Hippies oder Gurus führen zu können. Wenn man ihn nur ließe, würde er auch sofort damit anfangen. (Man verweise dann nochmals auf die Schulpflicht.)

Als Freizeitlektüre bevorzugen Teenager bunte Heftchen, die ›Rocky‹ oder ›Poppy‹ heißen und so bedeutsames Wissen vermitteln wie beispielsweise die Tatsache, daß Stevie Stone Nüsse mit den Zähnen knackt oder Little Lucy 28 Teddybären besitzt.

Als sehr bildend erweist sich auch das sorgfältige Studium der Asterix-Hefte. Sven besaß sämtliche Ausgaben und pflegte schon im zarten Kindesalter jeden zweiten Satz mit lateinischen Brocken zu durchsetzen. Die paßten zwar nicht immer, aber es klang doch recht eindrucksvoll, wenn er seine Ablehnung, doch endlich mal das Fahrrad zu putzen, mit den Worten krönte: »Alea iacta est!«

Teenager interessieren sich weder für Politik noch für Kultur und lesen die Tageszeitung – wenn überhaupt – von hinten nach vorne, also von den Anzeigen bis zum Sportteil. Über die Mitte gehen sie nicht hinaus.

Teenager bezeichnen den Fernsehapparat als »Glotze«, das Programm als »zum Kotzen« und als »an die mittelstädtische Bahnhofstoilette angeschlossen«, hängen aber nichtsdestotrotz dauernd vor der Röhre. Beliebt sind Krimis – Western werden bereits wieder als Karl-May-Verschnitt abgelehnt – und Science-fiction-Filme. Da den meisten Teenagern die simpelsten physikalischen Grundkenntnisse fehlen (siehe Regel Nr. 8 Absatz 2), schlucken sie auch die größten Unwahrscheinlichkeiten und beschließen vorübergehend, Testpilot oder Astronaut zu werden (Mädchen wollen zumindest einen solchen heiraten).

Rolf beging einmal den Fehler, Saschas Frage nach den schwarzen Löchern im Weltall als erwachendes Interesse an den Naturwissenschaften zu deuten und ihm bei nächster Gelegenheit ein populärwissenschaftliches Buch zu schenken. Sein Sohn betrachtete verständnislos den Wälzer, entdeckte den oberflächlich ausradierten Preis und schrie entsetzt: »Was?? 39 Mark hast du für den Quatsch bezahlt? Dafür hätte ich glatt zwei Otto-Kassetten gekriegt.«

Es ist übrigens kein Zufall, daß die meisten Sitzenbleiber ihre Ehrenrunden im Teenageralter drehen.

Regel Nr. 9:
Wundern Sie sich nicht, wenn Ihre heranwachsenden Kinder von einer jäh ausbrechenden Epidemie befallen werden – der Telefonitis. Sie ist unheilbar, es sei denn, ein teenagergeplagter Ingenieur konstruierte endlich ein preiswertes Sprechfunkgerät mit überdurchschnittlicher Reichweite.

Ich weiß nicht, was die Jugendlichen gemacht haben, bevor das

Telefon erfunden war. Vermutlich Brieftauben geschickt. Heutzutage erledigen Teenager alles telefonisch. Sie treffen Verabredungen per Strippe, spielen sich gegenseitig die neuesten Platten vor, hören Vokabeln ab und erörtern ausgiebig alle Probleme, mit denen sie sich in so reicher Zahl herumschlagen müssen. Nach meiner Erfahrung lassen sich die Probleme Fünfzehnjähriger aber nur dadurch lösen, daß sie sechzehn werden.

Es soll verzweifelte Väter geben, die ihren halbwüchsigen Töchtern vom Büro aus ein Telegramm schicken mit der Bitte, doch mal für fünf Minuten den Hörer aufzulegen, weil sie aus einem wichtigen Grund selbst zu Hause anrufen müssen. Als Rolf wieder einmal vergeblich versuchte, seiner ältesten Tochter den Hörer zu entreißen, murmelte er resignierend: »Von einem Tag zum anderen hat sie den Finger aus dem Mund genommen und in die Wählscheibe des Telefons gesteckt.«

Bei uns herrscht nur vormittags Funkstille, und mittlerweile wissen alle Verwandten, daß wir ab dreizehn Uhr telefonisch nicht mehr zu erreichen sind. Die Belagerung des kleinen grünen Apparates beginnt sofort, wenn der erste aus der Schule kommt.

»Ich muß schnell mal die Chris anrufen und fragen, was wir in Englisch aufhaben.«

Chris weiß es auch nicht, aber sie wird sich bei Silke erkundigen und dann zurückrufen.

Sascha erscheint, feuert seine Mappe in eine Ecke und stürzt ans Telefon. Er hat Pech, Hardy ist noch nicht zu Hause. Aber er wird gleich telefonieren, wenn er kommt.

Inzwischen zieht Sven ungeduldig an der Schnur, gibt pantomimisch zu verstehen, daß er dringend den Hörer braucht, bekommt ihn nur widerwillig ausgehändigt, wählt. (Das kleine Einmaleins können sie nicht behalten, aber ein Dutzend achtstellige Telefonnummern speichern sie mühelos.)

Kaum hat Sven den Hörer aufgelegt, läutet es. Chris teilt mit, daß morgen kein Englisch ist. Steffi soll aber nachher rüberkommen wegen Bio. Und sie möchte vorher anrufen, *wann* sie kommt.

Wieder klingelt es. Diesmal ist Thomas dran. Er will wissen, was Sven in Mathe raus hat. Sven bedauert, Mathe hat er noch nicht gemacht, er glaubt auch nicht, daß er's kann. Dafür ist er schon mit Geschichte fertig, ihm fehlen nur noch ein paar Daten über Bismarck. Leider hat er das Buch unter der Bank liegenlassen, und ob Thomas seins zur Hand hat? Thomas hat nicht, aber er wird es holen und dann wieder anrufen.

Katja plärrt. Sie muß dringend mit Bettina sprechen. Bettina wohnt in unmittelbarer Nachbarschaft, und notfalls können sich die beiden von Fenster zu Fenster verständigen. Telefonieren ist aber zeitgemäßer.

Bevor Stefanie Chris anruft und ihr mitteilt, daß sie gleich kommen wird, schnappt sie sich den Apparat und verschwindet im Keller, weil nach ihrer Ansicht nur dort die Privatsphäre einigermaßen gesichert ist. Telefongespräche von Teenagern fordern eine Vertiefung in die Wissenschaft der Geheimsprachen. Jedenfalls vermute ich das, denn anders kann ich mir das ewige Glucksen, Kichern, Gackern und Räuspern nicht erklären. Gelegentliche Kostproben von Steffis Monologen ließen meine Neugier aber schnell versiegen.

»Als ich den Tommi getroffen habe (es könnte auch Mark oder Phil oder Peter oder Steve, der eigentlich Stefan heißt, gewesen sein)..., da hat er zu mir gesagt... (Kichern), daß die Sandra... (oder Dany oder Bärbel oder Monika) zu ihm gesagt hat... (Glucksen), wenn die Heike morgen noch mal... (Hüsteln), naja, du weißt schon (bedeutungsschwere Pause), also wenn die wieder mit dem Jörg...«

In diesem Stil geht es so lange weiter, bis Nicki oder Sascha einfällt, daß das Telefon schon so lange nicht mehr geklingelt hat. Die Zuleitungsschnur benutzen sie als Ariadne-Faden, stöbern Steffi in ihrem Versteck auf und drücken kurzerhand auf die Gabel.

Der entnervte und nicht ganz unbegüterte Vater einer von Stefanies Freundinnen schenkte seiner Tochter zum fünfzehnten Geburtstag einen eigenen Telefonanschluß. Freudestrahlend lud sie die gesamte Clique ein, die auch geschlossen aufmarschierte, um nun endlich ungestört und ausgiebig der Leidenschaft des Telefonierens zu frönen. Als sie sich versammelt und in Claudias Zimmer verbarrikadiert hatte, kam die Ernüchterung. Alle waren da, und es gab niemanden, den sie hätten anrufen können.

Regel Nr. 10:
Erwarten Sie von keinem Teenager Höflichkeiten oder gar Manieren. Er hat keine mehr. Hinweise auf sein früheres Benehmen, das schon im Kindergartenalter den landläufigen Ansprüchen genügt hatte, wird er verächtlich beiseite schieben: »Damals konntet ihr diese Dressurprüfungen ja noch mit mir machen...«

Teenager liegen quer im Sessel, hängen über der Stuhllehne, lümmeln sich halb über den Tisch und halten sich vorzugsweise auf dem Fußboden auf, wo sie sich mitunter auch beköstigen. Ein Teenager starrt die Unterhosen im Schaufenster an oder die Bierreklame an der Litfaßsäule, um nicht grüßen zu müssen. In Gegenwart von Fremden schrumpft sein Wortschatz auf den eines Halbidioten, und das verständnisvoll-mitleidige Lächeln der Besucher bestätigt einem denn auch, daß sie ihn für einen solchen halten.

Bei einer Schulveranstaltung lernte ich einmal eine Dame kennen, die sich erkundigte, ob »die reizende kleine Steffi« meine Tochter sei.

»Die müssen Sie verwechseln. Meine Tochter heißt zwar Stefanie, aber reizend ist sie schon lange nicht mehr.«

»Wie können Sie nur so etwas behaupten? Ich wäre glücklich, wenn meine Silke sich nur halb so gut benehmen würde wie Ihre Steffi.«

Silke? War das nicht das nette wohlerzogene Mädchen, das ich Stefanie schon mehrmals als lobenswertes Beispiel vorgehalten hatte?

Nachdem ich mit Frau Baumers eine Viertelstunde lang Erfahrungen ausgetauscht hatte, kamen wir beide zu der Erkenntnis, daß unsere Kinder offenbar ein Doppelleben führten.

Brühwarm erzählte ich Rolf, welche Entdeckungen ich soeben gemacht hatte. Der war aber gar nicht überrascht.

»Ich habe mir schon beinahe gedacht, daß sie sich woanders halbwegs zivilisiert benehmen, sonst wären sie doch überall schon rausgeflogen.«

»Kannst du mir dann vielleicht erklären, weshalb sie sich in den eigenen vier Wänden so widerlich aufführen?«

»Weil es Teenager sind!«

Regel Nr. 11:
(Sie ist die wichtigste und sollte eigentlich an erster Stelle stehen.) Lassen Sie sich nie-, nie-, niemals zu einer Äußerung über Kleidung und Frisur Ihres Teenagers hinreißen. Die Folgen könnten fürchterlich sein! Offenbar ist es Pflicht jeder Generation, sich nach Möglichkeit so zu kleiden, daß es die Eltern empören muß.

Ein Teenager macht aus seiner äußeren Erscheinung eine Weltanschauung. (Das waren noch Zeiten, als Leute, die Schlosserhosen trugen, auch wirklich arbeiteten!) Ein Teenager zieht nur das an, was gerade ›in‹ ist, selbst dann, wenn es ihm gar nicht gefällt. Stefanie erschien einmal in einem violetten T-Shirt, über das sie eine giftgrüne Bluse geknotet hatte. Eingedenk meiner Devise, in jedem Fall den Mund zu halten, sagte ich nichts, aber mein Blick muß wohl genügt haben. Steffi besah sich zweifelnd im Spiegel und meinte dann in einem seltenen Anflug von Einsicht: »Na ja, sieht ja ein bißchen komisch aus, aber das tragen jetzt alle.« Und gegen das, was alle tragen, ist kein Kraut gewachsen.

Wer nun eigentlich bestimmt, was ›in‹ ist, weiß ich nicht, zumal der jeweilige Modehit regionale Unterschiede aufweisen kann. Während in Bad Randersau gestreifte Blusen zu karierten Röcken getragen werden, bevorzugen Kölner Teenager vielleicht gerade Blümchenpullis und grün-gelb-geringelte Kniestrümpfe.

Derartigen Extravaganzen begegnet man allerdings nur an sehr heißen Sommertagen. Ein modebewußter Teenager, gleich welchen Geschlechts, geht vom Nabel abwärts uniformiert und trägt Jeans. Selbstverständlich nur die echten, die von 70 Mark an aufwärts kosten und an deutlich sichtbarer Stelle den Markennamen aufweisen. Auf dieses Statussymbol wird dann auch größter Wert gelegt. Löcher und kleinere Dreiangel stören keinen Teenager, sobald sich aber das Firmenetikett löst, greift er notfalls selbst zur Nähnadel.

Der Einkauf von Jeans ist eine zeitraubende Sache und stellt die Geduld der zahlenden Begleitpersonen auf eine harte Probe (ich gehe in der Zwischenzeit immer Kaffee trinken). Jeans dürfen nicht bequem, sondern müssen eng sitzen, ohne Rücksicht auf anatomische Hindernisse. Hat der Teenager nach etwa 40 bis 60 Minuten und zirka zwei Dutzend Anproben das ihm genehme Stück erwählt, marschiert er nach Hause und unterwirft es einer Spezialbehandlung. Sascha hat es darin schon zur Perfektion gebracht.

Zuerst kommen die Jeans in die Badewanne, werden mit kochendheißem Wasser überbrüht und bleiben zehn Minuten lang darin liegen. Dann wird die tintenblaue Flüssigkeit abgelassen. Anschließend läßt man frisches Wasser in die Wanne, das nach einem nur Sascha bekannten Rezept mit allen vorhandenen Spül- und Reinigungsmitteln angereichert wird. Besonders wichtig ist die jeweilige Dosierung, und Sascha benimmt sich dabei auch wie ein Apotheker, von dessen Sorgfalt bei der Herstellung eines Medikaments Menschenleben abhängen.

Auch die Reihenfolge der Zutaten ist genau festgelegt. Zuerst wird Waschpulver gebraucht. Es soll eigentlich nur einer bleibenden Verschmutzung der Wanne vorbeugen, weshalb das Fabrikat eine sekundäre Rolle spielt. Dann kommt ein bißchen Einweichmittel dazu, eine Prise Entfärber, ein Schuß Geschirrspülmittel und eine halbe Flasche Fußbodenreiniger. In dieser Marinade muß die Hose nun eine knappe Stunde liegen, bevor die genau dosierte Menge eines chlorhaltigen Toilettenreinigers dazugekippt wird. Angeblich entzieht er dem so behandelten Kleidungsstück etwas Farbe und verleiht ihm die erwünschte Patina.

Nach genau fünf Minuten muß die Hose aus dem Wasser heraus, wird mit der Brause abgesprüht und anschließend durch den Schleudergang der Waschmaschine georgelt. Dann kommt sie auf den Bügel, wird zurechtgezupft und stündlich überprüft. Wenn sie sich anfühlt, als habe sie eine Nacht lang im Herbstnebel auf der Wäscheleine gehangen, ist sie ›richtig‹.

Nunmehr ruft Sascha alle abkömmlichen Familienmitglieder zusammen, die das jetzt folgende Spektakel jedesmal mit der gleichen Faszination beobachten, die sie schon beim erstenmal befallen hatte. Sascha legt sich auf den Fußboden und windet sich in das feuchte Kleidungsstück hinein. Bis zur Hüfte schafft er es allein, dann müssen die anderen helfen. Rolf zieht hinten, ich ziehe vorne. Sascha vollführt epileptische Zuckungen, ignoriert väterlichen Sarkasmus und behauptet, irgend etwas pieke »da hinten«. Fachmännisch untersucht Sven den fraglichen Bereich, entdeckt das vergessene Preisschild, entfernt es grinsend. Mit vereinten Kräften wird Sascha hochgehievt und an die Wand gelehnt.

Kleine Atempause.

Der Hosenbund läßt sich relativ einfach schließen, man darf nur nicht atmen. Der Reißverschluß klafft auseinander. Sven zieht, kriegt ihn bis zur Hälfte hoch, gibt auf. Sascha läuft langsam blau an, keucht etwas Ähnliches wie »Nun zieh doch schon, du Armleuchter!«, hilft selbst mit, schafft es schließlich. Allgemeines Aufatmen.

Sascha versucht ein paar vorsichtige Schritte – wider Erwarten platzt die Hose nirgends auf –, stelzt breitbeinig durch das Zimmer und bekundet wortreiches Erstaunen ob der Tatsache, daß Babys mit nassen Windeln nicht pausenlos schreien.

Erster Versuch einer angedeuteten Kniebeuge. Geht noch nicht. Treppensteigen ist schon eher möglich. Dreimal rauf und runter, dann klappt es auch mit der Kniebeuge. Allerdings nur 30 Zentimeter tief. Sascha nimmt vorsichtig auf einem Küchenstuhl Platz. In die Sessel darf er nicht mehr. In einem zeugt noch immer ein lichtblauer Fleck von früheren Anproben. Mit weit von sich gestreckten Beinen sitzt Sascha auf der Stuhlkante und macht Bewegungsübungen. Nach zehn Minuten kann er die Beine schon anziehen, nach zwanzig Minuten Kniebeugen machen, und dann verkündet er aufatmend: »Jetzt sitzt sie!«

Die neue Hose changiert in allen Blautönen, sieht im Bereich der Kniekehlen aus wie eine Ziehharmonika und wird während der nächsten vier Wochen lediglich zum Schlafen abgelegt.

Ein männlicher Teenager schläft in Unterhosen und oben ohne, ein weiblicher in fantasievollen Kombinationen, die vom ausrangierten T-Shirt bis zum mütterlichen Unterrock variieren können. Entfernte Tanten, die einen weiblichen Teenager mit dem Backfisch früherer Generationen verwechseln und ihm als Mitbringsel ein rüschenbesetztes, knöchellanges Nachthemd schenken, brechen in Entsetzensschreie aus, wenn der Teenager am nächsten Morgen damit zur Schule marschiert. Oma-Look ist gerade ›in‹.

Ein männlicher Teenager trägt im Winter kurzärmelige T-Shirts und im Sommer langärmelige Hemden, die nur mit den beiden untersten Knöpfen geschlossen werden und Freiheit bis zum Nabel ermöglichen. Weibliche Teenager ziehen alles an, was ihnen in die

Hände fällt. Sie plündern den elterlichen Kleiderschrank genauso schamlos wie die Schränke älterer Brüder, kombinieren Sporthemd mit Chiffonschal und Bauernrock mit Trainingsjacke, scheren sich weder um Konfektionsgrößen noch um Paßformen und finden die Farbkombination von Rosa, Orange und Dunkellila einfach Spitze. Gestreßten Eltern sei deshalb das zeitweilige Tragen einer Sonnenbrille empfohlen.

Eigenartigerweise legen Teenager auf die Fußbekleidung wenig Wert. Im Sommer tragen sie Cloggs oder Badelatschen, im Winter Stiefel. Meistens mit schiefen Absätzen.

Wegen der Haartrachten von Teenagern sind bekanntlich schon Ehen geschieden worden, Morde und Selbstmorde haben stattgefunden, von den zahllosen Auseinandersetzungen im Familienkreis ganz zu schweigen. Friseure meldeten Konkurs an, und die Apotheker orderten Medikamente für parasitäre Hauterkrankungen.

Von anderen Eltern frühzeitig gewarnt und im Umgang mit Teenagern schon einigermaßen geübt, sträubte ich mich vorsichtshalber erst gar nicht gegen die langen Mähnen, mit denen Sven und Sascha auch bald herumliefen. Ich machte lediglich zur Bedingung, daß sie sich alle zwei Tage die Haare waschen sollten (und hoffte im stillen, die langwierige Prozedur würde ihnen bald zum Halse heraushängen). Fehlschluß! Die Knaben verbrauchten nicht nur ungeahnte Mengen von Shampoo, sie schlossen sich vielmehr stundenlang im Bad ein, hantierten mit Bürsten, Lockenwicklern (!) und Fön, verlangten den Ankauf von Spray und Haarfestiger und wollten von mir wissen, was man denn wohl gegen gespaltene Haarspitzen tun könnte.

Zu erwähnen wäre auch noch, daß Teenager einen unstillbaren Bedarf an Schmuck haben, wobei hauptsächlich solcher bevorzugt wird, mit dem unsere Ahnen noch bei den Eingeborenen Südafrikas Ebenholz und Elfenbein eingetauscht haben. Glasperlen, Holzkugeln, bunte Schnürsenkel mit Glitzersteinen ... Teenager hängen sich alles um und an.

Einmal fand Sascha auf einer Baustelle eine Kette, mit der normalerweise Badewannenstöpsel befestigt werden. Er knotete das Ding zusammen, befestigte daran einen Flaschenöffner und hängte es sich um den Hals. Am nächsten Tag ergänzte er sein Schmuckstück mit zwei Schraubenmuttern und einer großen Sicherheitsnadel, später folgten noch ein Kofferschlüssel, ein einzelner Ohrclip aus Perlmutt und eine Blechtasse von Katjas Puppenservice. Bei dem Versuch, diesen Klempnerladen durch zwei versilberte Trachtenknöpfe zu vervollständigen, riß die Kette endlich kaputt.

Es ist nun keineswegs einfach, zu Hause mit dem Anblick dieser so merkwürdig gewandeten Teenager konfrontiert zu werden, aber man gewöhnt sich daran. Etwas ganz anderes ist es, mit ihnen in der Öffentlichkeit zu erscheinen, und ich habe derartige Auftritte auch nach Möglichkeit vermieden. Leider lassen sie sich nicht völlig umgehen.

Als wieder einmal der Ankauf von Schuhen und Parka fällig war (kein Teenager trägt einen Wintermantel) und ich Sven pflichtgemäß eine Woche vorher von der notwendigen Fahrt nach Heilbronn informiert hatte, erschien er zwar pünktlich, aber in einem Aufzug, als habe er seine Garderobe aus der letzten Altkleidersammlung zusammengeklaubt.

»Zieh dich bitte um, so gehe ich mit dir keinen Schritt vor die Tür!«

»Dann eben nicht! Ich habe mich sowieso mit Jochen verabredet, an diese blöde Einkaufstour habe ich doch gar nicht mehr gedacht. Können wir nicht ein andermal fahren?«

»Nein, wir fahren heute!«

»Und was soll ich nun deiner Meinung nach anziehen? Muß es der Frack sein, oder genügt ausnahmsweise der Smoking?«

»Nimm den Cut!«

Sven bedachte mich mit einem finsteren Blick und trollte sich. Minuten später war er zurück. Zu weißen, unten ausgefransten Leinenhosen trug er ein gelbes Hemd mit Schmetterlingen (Leihgabe von Jochen), eine dunkelgrüne Lederweste mit Fransen (geborgt von Thomas), ein schreiend rosa Halstuch (von Stefanie) und einen zehn Zentimeter breiten Ledergürtel mit einem Bronzeadler, der Sascha gehörte. Vervollständigt wurde dieser Anzug durch rote Turnschuhe und eine dunkelblaue Baseballmütze.

Ich sagte gar nichts. Ob Sven mein Schweigen als Bewunderung oder als Klugheit auslegte, weiß ich nicht, aber mir hatte es ganz einfach die Sprache verschlagen. Im stillen gelobte ich Rache, ich wußte nur noch nicht, wie.

Die Fahrt nach Heilbronn fand im geschlossenen Wagen statt und verlief ohne Zwischenfälle. Auch der Verkäufer im Drugstore bekundete kein Erstaunen. Er war an Teenager gewöhnt und hätte sich vermutlich nur bei einem normal gekleideten Jugendlichen gewundert.

Nach einer halben Stunde war sich Sven noch immer nicht schlüssig, ob er die Cowboystiefel nehmen sollte oder doch lieber die mit der umgestülpten Krempe. Langsam wurde ich ungeduldig.

»Könntest du dich vielleicht entscheiden, bevor du aus den Schuhen wieder herausgewachsen bist?«

Die restlichen Einkäufe erledigte ich allein und parkte Sven derweil in der Schallplattenabteilung eines Kaufhauses. Nach zwei Stunden holte ich ihn wieder ab. Er hing noch auf demselben Hocker und wiegte sich mit einem idiotischen Lächeln hin und her. Topfdeckelgroße Kopfhörer schlossen ihn von der Außenwelt ab.

»Können wir jetzt nicht mal was essen?«

Es war schon fünf Uhr und die Zeit der regelmäßigen Fütterung längst überschritten.

Nun habe ich keine besondere Vorliebe für Pommes frites mit Tomatenketchup, und die doppelstöckigen Brötchen aus Wellpappe mit Salatblatt und einer nicht genau zu identifizierenden Einlage mag ich auch nicht. Deshalb weigerte ich mich ganz entschieden, das von Sven bevorzugte Schnellrestaurant anzusteuern.

»Ich möchte jetzt einen anständigen Kaffee trinken und keine Cola, und ich möchte auf einem anständigen Stuhl sitzen und nicht auf einem Plastiktablett. Wir gehen ins Café Noller!«

»Ist das nicht dieser stinkfeine Laden am Rathaus? Muß das denn sein?« Sven hatte keine Lust. Aber auch kein Geld. Andererseits hatte er Hunger und Durst. Und Durst ist bekanntlich schlimmer als Heimweh. Auch wenn's nur Heimweh nach McDonalds Hamburgern ist.

Wir hatten den Vorraum des Cafés betreten, und Sven wollte gerade die große Schwingtür öffnen, als ich ihm kategorisch erklärte: »Von hier ab trennen sich unsere Wege! Du setzt dich allein irgendwo hin, sofern man dir das überhaupt gestattet, und ich ebenfalls! Während der nächsten Stunde kenne ich dich nicht!«

Bevor Sven begriffen hatte, was ich meinte, war ich schon im Café verschwunden.

Die folgenden Minuten entschädigten mich hinlänglich für alle Qualen, die ich beim Spießrutenlaufen in Begleitung meines mannsgroßen Papageis durchlitten hatte.

Sven betrat zögernd das Café, steuerte den nächsten freien Stuhl an, wurde weitergeschickt, weil der Platz angeblich schon belegt war, sah hilfesuchend zu mir herüber – ständig verfolgt von teils mißbilligenden, teils amüsierten Blicken der übrigen Gäste – und setzte sich schließlich an einen Ecktisch. Als sei es ihm zu warm geworden, nahm er verstohlen das Halstuch ab und schälte sich aus seiner Fransenweste. Bis auf die Schmetterlinge sah er nun ganz manierlich aus.

Die Kellnerin ließ ihn über Gebühr lange warten. Als sie sich endlich vor ihm aufbaute und herablassend nach seinen Wünschen fragte, bestellte der total eingeschüchterte Knabe Kaffee, den er sonst nie trinkt, und Kuchen, den er auch nicht sonderlich mag.

»Da müssen Sie sich schon ans Büfett bemühen«, erklärte das Fräulein schnippisch.

Sven marschierte, jetzt schon mit hochrotem Kopf, noch einmal durch das Café und suchte sich vier Stück Torte aus. Das war *seine* Rache, schließlich mußte ich ja die Zeche bezahlen. Auf dem Rückweg nahm er drei Zeitschriften mit, hinter denen er sich versteckte.

Während der Heimfahrt strafte er mich mit Nichtachtung, verlor aber auch später nie ein Wort über unseren Cafébesuch. Und zu künftigen gemeinsamen Ausgängen erschien er in einer ganz zivilen Aufmachung.

Wenn man mit weiblichen Teenagern weggeht, braucht man sich wegen der Kleidung keine Sorgen zu machen. Sie sind von Natur aus eitel und wollen keineswegs negativ auffallen. Deshalb muß man aufpassen, daß man sie früh genug aus dem Bad vertreibt, bevor sie sich mit Nagellackflaschen, Wimperntusche und vier verschiedenen Lippenstiften dort verbarrikadieren. Ist einem das geglückt, dann muß man sich zwar eine Stunde lang Klagelieder anhören, weil man seine Tochter als lebenden Leichnam herumlaufen lasse, obwohl doch Lippenstifte schon zur Grundausstattung jeder

Elfjährigen gehörten, aber eine trainierte Mutter hat sowieso allmählich Hornhaut auf den Ohren.

In einem Punkt allerdings sind weibliche Teenager unerbittlich: Sie tragen keine Schulmappen mehr. Sie tragen überhaupt nichts, was auch nur im entferntesten an solch ein Utensil erinnern könnte. Statt dessen stopfen sie ihre Bücher in alte Einkaufsnetze, Plastiktüten vom Supermarkt, Turnbeutel, zerrissene Badetaschen – Löcher werden mit flatternden Kopftüchern zugestopft, ausgefranste Henkel mit Bindfaden repariert – und in auf passende Größe zurechtgeschnittene Jutesäcke. Stefanie transportiert ihre Hefte zur Zeit in einem dunkelroten Apfelsinennetz. Das Etikett ›Sonderangebot! 3 kg marokkanische Orangen nur 3,99 DM‹ hängt noch dran.

Sven ist kein Teenager mehr. Sascha hat diese Phase beinahe überstanden, und mit Steffi kann ich manchmal auch schon ganz vernünftig reden. Aber die beiden nächsten Teenager stehen mir noch bevor.

Deshalb für mich und für alle derzeitigen und kommenden Leidtragenden:

Regel Nr. 12 und weitere:
Wenn Ihnen trotz aller Toleranz, trotz aller Geduld und trotz allen Verständnisses doch mal der Kragen platzt und Sie Ihrem Abkömmling die mit Filzstift bemalten Jeans um die Ohren schlagen wollen, denken Sie immer daran: Teenager haben die besseren Nerven!

8

Rolf verdient die Brötchen und das Heizöl für die Familie als Werbeberater. Er hat einen festen Kundenstamm und ist eifrig bestrebt, für seine Auftraggeber je nach Branche Hustensaft oder Schuhcreme an den Mann zu bringen. Hin und wieder wendet er sich aber von der Theorie ab und der Praxis zu. Dann betätigt er sich als Gebrauchsgraphiker und versucht, seine Vorstellungen von zeitgemäßer Werbung selber zu Papier zu bringen.

Diese gelegentlichen Abstecher in das Reich der Formen und Farben lassen mich immer bereuen, daß ich entgegen den Wünschen meines Großvaters keinen Beamten geheiratet habe, sondern einen ›Künstler‹, der dauernd Pinsel im Spülbecken schwimmen läßt, die abweichen müssen und klebrige Ränder hinterlassen. Da werden im Bad Aquarellkästen gereinigt – die Spuren ziehen sich bis zur Gardine hin – und Bleistiftskizzen ausradiert. Die Überreste werden vom Tisch gewischt, bleiben im Teppichboden hängen und widersetzen sich allen Versuchen, ihnen mit dem Staubsauger zu Leibe zu rücken. Patentleim, der nicht mal eine Briefmarke festklebt, sitzt unlösbar an Türen und auf Sessellehnen, und außerdem verschwinden so nach und nach sämtliche Puddingteller, weil man darauf so bequem die Farben mischen kann. Mitunter liegt auch mitten auf dem Wohnzimmerteppich ein Reißbrett, beschwert mit einigen Brockhaus-Bänden und zwei massiven Feldsteinen. Der frisch aufgezogene Papierbogen muß angepreßt und geglättet werden. Die Familie läuft Slalom!

Das sind aber nur die äußeren Begleiterscheinungen. Viel schlimmer sind die Auseinandersetzungen zwischen Vater und Sohn, wenn ersterer das fertige Werk dem sogenannten Putzfrauentest unterwirft, es also völlig unverbildeten und durch keinerlei Fachkenntnisse belasteten Laien präsentiert. Eine Putzfrau haben wir nicht mehr, also müssen *wir* die Stimme des Volkes übernehmen.

Die Zwillinge, in ihrer Rolle als naive Betrachter hinlänglich trainiert, ziehen sich nach bewährter Methode aus der Affäre. »Das hast du aber prima gemacht, Papi, da möchte man am liebsten gleich reinbeißen!« kommentiert Nicki bereitwillig das fertige Werk. »Nußschokolade esse ich doch sowieso am liebsten.«

»Ja, und das Silberpapier sieht so richtig schön silbern aus«, bestätigt Katja, um nun auch noch etwas Lobenswertes zu sagen. Steffi findet, daß die Verpackung viel kostbarer aussehe als der Inhalt, während Sven nur einen Seitenblick auf die Zeichnung wirft und lakonisch meint: »Reizt mich nicht, ich mache mir doch nichts aus Schokolade.«

»Aber wenn du nun Schokolade essen würdest ...?« versucht Rolf seinen Ältesten zu einer positiven Äußerung zu bewegen.

»Dann würde ich die Schokolade essen und nicht das Papier!«

»Aber letzten Endes müßtest du doch die Schokolade erst einmal kaufen, und da ist die Verpackung ein wichtiger Faktor. Woran würdest du dich denn orientieren?«

»An der Geschmacksrichtung. Und da ist es mir völlig wurscht, ob auf dem Einwickelpapier eine Kuh prangt oder eine Kaffeebohne.«

Ich werde erst gar nicht gefragt. Immerhin hat es fast zehn Jahre gedauert, bis Rolf dahinterkam, daß ich seine Schöpfungen grundsätzlich großartig finde und mit etwas Fingerspitzengefühl sogar *die* Details seiner Werke besonders bewundere, auf die es ihm ankommt. Ganz fair ist diese Methode nicht, aber sie sichert den häuslichen Frieden.

Früher hatte ich allerdings meine Aufgabe sehr ernst genommen und mit meiner Kritik nicht hinter dem Berg gehalten. Die anschließenden Diskussionen endeten aber meistens mit knallenden Türen seitens des beleidigten Künstlers und der durchaus berechtigten Feststellung: »Du hast doch sowieso keine Ahnung!«

»Weshalb fragst du mich dann überhaupt?« heulte ich zurück.

»Das weiß ich auch nicht. Und ich kann nur hoffen, daß nicht alle Verbraucher unter ähnlichen Geschmacksverirrungen leiden wie du!«

Nachdem ich oft genug ins Fettnäpfchen getreten war, wurde ich diplomatischer, fand alles großartig und je nach Wunsch ›ganz naturgetreu‹ oder ›wirklich ziemlich avantgardistisch‹ und hatte meine Ruhe. Übrigens sind diese häuslichen Debatten reine Kraftverschwendung. Letzten Endes entscheidet der Auftraggeber, und der hat meistens einen ganz anderen Geschmack als Rolf. Natürlich einen viel schlechteren.

Sascha wird auch nicht mehr um seine Meinung gebeten. Nicht, weil er grundsätzlich alles idiotisch findet, was man sagt oder tut, daran haben wir uns mittlerweile gewöhnt, sondern weil er seinem Vater jedesmal vorwirft, mit der Dummheit seiner Mitmenschen zu spekulieren. So betrachtete er einmal nachdenklich den Entwurf, auf dem ein halbes Dutzend Heringe mit verzückten Blicken zu einer geöffneten Blechdose strebten, sichtlich bemüht, möglichst schnell die konservierende Behausung zu erreichen.

»Und wo sind die Gräten?« wollte Sascha wissen.

»Welche Gräten?«

»Wenn das Preisschild da oben in der Ecke stimmt, soll eine Dose Heringe 79 Pfennig kosten. Dafür kann die doch angeblich so notleidende Fischindustrie bestenfalls Gräten in die Büchse packen. Du täuschst aber vor, daß mindestens sechs wohlgenährte Heringe reinkämen. Das ist doch glatter Betrug.«

»Jetzt redest du Unsinn. Jede Hausfrau weiß, daß sechs Heringe mehr als ein halbes Pfund wiegen, und hier steht ganz deutlich: Gewicht 240 Gramm. Das dürfte ungefähr einem dreiviertel Hering entsprechen.«

»Na siehste! Dann zeichne also auch nur einen dreiviertel Hering!«

»Ich mache doch keine Reklame für Fischmehl!«

»Nein, sondern für zarte Heringsfilets in einer auserlesenen Marinade. Hast du die schon probiert?«

»Natürlich nicht, das Zeug ist doch noch gar nicht im Handel!«

»Wie kannst du dann wissen, ob die Marinade wirklich auserlesen ist?«

Rolfs Stirnadern schwollen in bedenklicher Weise an. »Herrgottnochmal, ich muß doch nicht alles konsumieren, wofür ich werbe. Glaubst du vielleicht, die Herren Brenninkmeyer tragen ihre Anzüge selber, die sie für hundertneunundzwanzig fünfundsiebzig ihren Kunden anbieten?«

»Natürlich nicht, die ziehen Maßanzüge an. Und du ißt auch lieber geräucherten Heilbutt statt mickriger Fische für neunundsiebzig Pfennig. Die willst du bloß anderen andrehen.«

»Kein Mensch wird gezwungen, sie zu kaufen.«

»Das nicht, aber jeder soll auf deine gemalten Angelköder reinfallen. Warum kannst du nicht auf anständige Weise Geld verdienen?«

»Zum Beispiel wie?«

Sascha sah sich etwas in die Defensive gedrängt, fand aber ziemlich schnell einen Ausweg. »Beispielsweise als Schauspieler. Da würden die Leute nur Geld bezahlen, wenn sie dich sehen *wollen*, und nicht wie bei den Heringen, für die sie Geld hinblättern, weil sie irgend etwas essen müssen.«

»Sie können ja Leberwurst aufs Brot schmieren.«

»Na schön, das könnten sie. Aber bleiben wir mal beim Schauspieler. Um Erfolg zu haben und genügend Geld zu verdienen, mußt du Leistung bringen, also du mußt gut sein. Sonst will dich keiner sehen, und das Theater bleibt leer.«

»Und woher, mein neunmalkluger Herr Sohn, wollen die Zuschauer wissen, ob ich gut bin? Das können sie doch erst beurteilen, wenn sie eine Vorstellung gesehen haben. Und dazu müssen sie zunächst einmal eine Eintrittskarte kaufen. Genau wie bei den Heringen. Man probiert sie erst einmal. Wenn sie nichts taugen, nimmt man das nächstemal ein anderes Fabrikat.«

Sascha gab sich noch immer nicht geschlagen. »Aber bis es so weit ist, haben mindestens fünf Millionen Hausfrauen fünf Millionen Dosen gekauft, und der Konservenboß hat seinen Gewinn gemacht. Bei einem Schauspieler genügen fünfhundert Eintrittskarten. Dann weiß man, ob er etwas taugt oder nicht.«

»Aber nur deshalb, weil du am nächsten Tag in der Zeitung nachlesen kannst, wie dem Kritiker mit Freikarte das Stück gefallen hat. Vielleicht hatte der aber gerade Magenschmerzen oder einen Steuerbescheid gekriegt. Das ist doch alles subjektiv! Wie bei den Heringen. Wenn sie Frau Meier nicht mag, dann mag sie vielleicht Frau Müller um so lieber.«

»Trotzdem gehörst du auch zu den Leuten, die auf Kosten der Unwissenheit ihrer Mitmenschen leben und deren Bedürfnisse manipulieren.«

»Du lebst aber auch davon, mein Sohn, vergiß das nicht.«

»Ja, leider. Aber ich werde später bestimmt auf eine humanere Art mein Geld verdienen.«

»Das bleibt dir unbenommen. Und damit es möglichst schnell so weit ist, schlage ich dir vor, deine weltverbessernden Ansichten bis auf weiteres für dich zu behalten und lieber deine Hausaufgaben zu machen. Oder sollten die schon fertig sein?«

»Wenn du nicht weiter weißt, schweifst du immer vom Thema ab«, protestierte Sascha und trollte sich. Gleich darauf war er wieder da. »Sag mal, Paps, kannst du die Oberfläche einer Pyramide berechnen?«

(Erwachsenenbildung wird es geben, solange die Kinder Hausaufgaben machen.)

Leider ist Rolf nicht bereit, die von ihm forcierte Konsumfreudigkeit auch auf sich selbst zu beziehen, und so werde ich zu Weihnachten meist mit sehr nützlichen und praktischen Dingen beglückt. Im vergangenen Jahr war es das Kaffeeservice, das wir ohnehin dringend brauchten, und im Jahr davor die Stehlampe fürs Wohnzimmer. Die neuen Terrassenmöbel bekam ich zum Geburtstag und den Teewagen, auf dem Rolf jetzt seine Flaschen und Gläser spazierenfährt, zum zehnten Hochzeitstag. Auch die Kinder haben sich schon angewöhnt, mich als Mittelsmann für ihre Wünsche einzuplanen. So hörte ich einmal, wie Sven seinem Vater vorschlug: »Du könntest Määm bei nächster Gelegenheit mal einen neuen Fön schenken. An dem alten habe ich mir schon ein paarmal die Finger verbrannt!«

Einmal habe ich den Spieß umgedreht und Rolf zu seinem Geburtstag einen elektrischen Rasenmäher gekauft in der Hoffnung, er würde diesen Wink mit dem Zaunpfahl verstehen. Weit gefehlt! Der Gartenmuffel, dessen Interesse sich nur noch auf die beiden Erdbeerbeete beschränkt hatte, verspürte plötzlich einen Hang zu körperlicher Betätigung und beschloß, den Rasen zu schneiden, obwohl der es ausnahmsweise noch gar nicht nötig hatte. Nachdem er zweimal die Schnur durchgesäbelt und mit der Strippe eine Buschrose geköpft hatte, verpflichtete er die Jungs als Kabelträger. Die schützten aber bald dringende Verabredungen vor, und so mußte ich einspringen. Dabei ist es bis heute geblieben.

Zu Weihnachten werde ich ihm trotzdem einen Staubsauger schenken. Ich brauche dringend einen neuen!

Apropos Weihnachten, Fest des Friedens (und der Geschäftsleute)! Bei uns herrscht in den Wochen davor permanenter Kriegszustand, und seit zwanzig Jahren trage ich mich mit der Absicht, spätestens am zweiten Advent in ein mohammedanisches Land auszuwandern. Bis nach Köln bin ich sogar schon einmal gekommen. Dort wurde ich von meiner Freundin herzlich begrüßt und sofort mit der Aufsicht über ihre drei Töchter betraut, die gemeinsam Kekse fabrizierten. Da ich genau aus diesem Grunde von zu Hause getürmt war, beschränkte ich meinen Besuch auf die Dauer von zwei Stunden und fuhr weiter zu einer guten Bekannten nach Düsseldorf, die alleinstehend und über Logiergäste immer sehr erfreut ist. Ihr sollte ich beim Zuschneiden von Puppenkleidern für den Wohltätigkeitsbasar helfen.

Eine andere Freundin, seit jeher allen Traditionen abhold und deshalb wohl von dem Weihnachtsrummel nicht befallen, hatte ihr

Apartment in eine Schreinerei verwandelt und baute für den derzeitigen Freund ein Regal zusammen. Ich durfte die Bretter abschmirgeln, während sie mir – mit Nägeln im Mund und Heftpflaster in Reichweite – vorschwärmte: »Das Schönste am Weihnachtsfest sind doch die Vorbereitungen!«

Sie hat noch keine Kinder. Hätte sie welche, dann wüßte sie, daß Weihnachten bereits im September beginnt. Dann nämlich fangen sie an zu ›proben‹.

Wer glaubt, Übung mache den Meister, der hat seine Kinder kein Musikinstrument lernen lassen. Ich habe früher Klavierstunden gehabt, weniger aus Spaß an der Sache, als vielmehr deshalb, weil es damals üblich war und wir außerdem so ein Möbel besaßen. (Heute spielt man Kassettenrecorder.)

Eine Nachbarin, die mich offenbar nicht leiden konnte, schenkte Stefanie eine alte Blockflöte von ihrer Tochter und erklärte mir mit honigsüßem Lächeln: »Ich finde, man kann Kindern nicht früh genug die Liebe zur Musik einpflanzen.«

Das Kind war damals fünf Jahre alt und für alles Neue empfänglich. Es entlockte diesem so harmlos aussehenden Instrument Töne, die an nicht geölte Türen erinnerten, an liebeshungrige Katzen und an Musik von Stockhausen.

»Jetzt laß der Steffi doch endlich Unterricht geben, ich bezahle ihn ja«, stöhnte Rolf und dichtete die Tür zu seinem Arbeitszimmer mit schallschluckenden Klebestreifen ab.

Zu diesem Zeitpunkt wohnten wir noch in unserer ländlichen Idylle, wo es Kühe und Schweine gab, aber keinen Musiklehrer. Dann zogen wir nach Bad Randersau, und hier gab es nicht nur Lehrer für Blas- und Streichinstrumente, hier gab es sogar ein kleines Schulorchester und einen Kinderchor. Steffi begann also, vorschriftsmäßig Tonleitern zu üben, und wenn die auch nicht anders klangen als ihre früheren freien Improvisationen, so standen sie jetzt unter fachkundiger Obhut und kosteten Geld.

Nach ihrem ersten öffentlichen Auftreten im Rahmen einer Schulfeier kam Stefanie mit einer Tafel Schokolade und einer Büchse Limonade nach Hause – Gage für die Künstler. Sofort beschlossen die Zwillinge, ebenfalls das Blockflötenspiel zu erlernen.

»Wir wollen auch gar keine Ostereier haben, wir wünschen uns bloß zwei Flöten«, verkündeten sie vorsichtshalber schon im Februar.

»Kommt nicht in Frage!« erklärte der entsetzte Vater und begründete seine Ablehnung mit der Feststellung, daß der Musikunterricht für drei Kinder zu teuer werden würde.

»Stimmt überhaupt nicht. Fräulein Wilkens macht das doch jetzt umsonst, wenn man dafür auch in den Chor geht.«

»Aber ihr könnt doch gar nicht singen, und wenn doch, dann jämmerlich falsch.«

»Das merkt die aber nicht, wenn wir bloß den Mund auf- und zumachen.«

Die Zwillinge bekamen ihre Flöten, quäkten sich ebenfalls mißtönend durch das Anfangsstadium und haben es auch jetzt noch nicht zu bemerkenswerten Leistungen gebracht. Ihre Begeisterung für Hausmusik nimmt ab Januar merklich ab, schwindet während der Sommermonate völlig, erwacht ab September langsam wieder und erreicht im Dezember den jährlichen Höhepunkt. Dann nämlich finden die Konzerte vor Publikum statt, und alle Teilnehmer bekommen Nikolaustüten oder kleine Geschenke, von den Insassen des Altersheimes Kakao und Kuchen, vom Bürgermeister eine Zehnerkarte fürs Hallenbad.

Man kann darüber streiten, ob ›Heinzelmännchens Wachtparade‹ eine musikalische Offenbarung ist. Von Blockflöten interpretiert, ist sie jedenfalls keine. Und wenn man sich diese Melodie zwei Monate lang täglich eine Stunde anhören muß, nur unterbrochen von gelegentlichen Zwischenrufen wie »Wann merkste dir endlich, daß das G ein Gis ist?« oder »Da mußte doch den dritten Finger nehmen, sonst kommste nachher mit dem vierten nicht aus!«, dann frage ich mich immer wieder, weshalb es auch heute noch so viele Verfechter der Hausmusik gibt.

Ende September, wenn im Supermarkt die ersten Christstollen angeboten werden und Adventkalender die Auslagen der Schreibwarenläden schmücken, beginnt Steffis große Zeit. Sie sammelt in sämtlichen Geschäften Rezepte, die von Backpulver- und Puddingfabrikanten in immer neuen Varianten angeboten werden. Daraus wird dann ein Sortiment zusammengestellt, das dem Warenvorrat einer gut assortierten Konditorei entspricht und zu dessen Herstellung so merkwürdige Zutaten wie Kardamom, kandierter Ingwer und Heideblütenhonig gehören.

Einem ungeschriebenen Brauch zufolge hat eine gute Hausfrau das Weihnachtsgebäck selbst anzufertigen. Ich bin keine. Trotzdem muß ich selber backen, die Familie wünscht das so. Sie beteiligt sich auch daran und übernimmt unaufgefordert die Endkontrolle der Produkte. Seit zwei Jahren allerdings widmet sich Stefanie der Plätzchenfabrikation, unterstützt von Nicole und Katja. Ich werde an den Backtagen aus der Küche verbannt, muß mich aber zur Verfügung halten. Sozusagen als Katastrophenschutz. Gelegentlich kommt es nämlich vor, daß die Zuckerbäcker ihre ganze Aufmerksamkeit dem Dekor von Jamaika-Kringeln schenken, während sich das Schlesische Schokoladenbrot im Ofen in Holzkohle verwandelt. Etwas Ähnliches mußte wohl auch mit den letztjährigen Honigkuchen passiert sein. Sie erinnerten in ihrer Konsistenz an Hundekuchen, ließen sich weder mit einem Messer noch durch sanfte Schläge mit dem Hammer zerteilen und wurden von Sven schließlich kunstgerecht zersägt und anschließend bemalt. Gegessen wurden sie übrigens nie, aber sie haben sehr dekorativ ausgesehen.

9

Anfang Oktober beschließt der Nachwuchs Sparmaßnahmen. Der Verbrauch von Zeitschriften und Kaugummi wird eingeschränkt oder doch zumindest geplant. Ich bekomme das Taschengeld zur Aufbewahrung, muß es aber ratenweise wieder herausrücken, weil unvorhergesehene Ausgaben anstehen.

Die Zwillinge stopfen Taschengeld und zusätzliche Einnahmen in ihre Spardosen, fischen sich aber in regelmäßigen Abständen die Münzen unter Zuhilfenahme von Stricknadeln oder Küchenmessern wieder heraus. Die Finanzierung der Weihnachtsgeschenke ist somit keineswegs gesichert.

Schließlich hat Nicole den rettenden Einfall.

»Weißt du, Katja, wenn wir das nächste Taschengeld kriegen, stecken wir es in die Plastikschweine, lassen Wasser drauf und stellen sie in die Tiefkühltruhe. Dann kommen wir an das Geld nicht mehr ran, selbst wenn wir wollen. Und kurz vor Weihnachten tauen wir es auf!«

Ab November beginnen die Heimarbeiten. Ende November sind sie über das Stadium der Vorbereitungen noch immer nicht hinausgekommen, was eine zunehmende Gereiztheit zur Folge hat. Stefanie beschließt, ihrer Großmutter statt der geplanten Tischdecke mit Hohlsaum lieber nur ein handgesäumtes Taschentuch zu schenken. Die Zwillinge wollen der Omi ein Einkaufsnetz knüpfen. Als es zwei Tage vor Heiligabend schließlich fertig ist, kann man bestenfalls ein halbes Pfund Butter und eine Rolle Nähseide darin transportieren.

»Macht doch nichts«, erklärt Katja unbeirrt, »dann nimmt es in der Handtasche nicht soviel Platz weg!«

Sascha ist ein Gegner von Selbstgemachtem, dabei hätte er sogar Talent, weil er als einziger die künstlerische Begabung seines Vaters geerbt hat. Andererseits ist er faul.

»Ich kaufe Paps lieber etwas Vernünftiges. Kürzlich habe ich einen Schreibtisch-Boy aus Chromstahl gesehen, der würde ihm bestimmt gefallen. Und wenn du mir vielleicht mein Taschengeld für Januar vorstrecken könntest...«

Sascha bekommt den Vorschuß, braucht ihn dann aber dringend für eine Platte von Udo Lindenberg. Der Scheibtisch-Boy, den er schließlich seinem Vater schenkt, ist aus gelbem Plastik und kostet 3,95 Mark. Stefanie versucht meistens, das Unerläßliche mit dem Nützlichen zu verbinden. So hörte ich zufällig, wie sie zu Sven sagte: »Ich weiß gar nicht, was ich Mami diesmal schenken soll – sie hat schon alles, was ich brauchen kann.«

Sven laubsägt. Früher bekam ich Sterntaler und Dornröschen, dann arbeitete er sich über Frühstücksbrettchen und wackelnde Kerzenhalter bis zu Gewürzständern vor, und jetzt bastelt er schon Vogelhäuser. Zwei Stück habe ich bereits. Eins für Spatzen, das andere für Meisen. Da die Vögel bedauerlicherweise nicht lesen können, ignorieren sie die wetterfesten Namensschilder und fechten weiterhin erbitterte Revierkämpfe aus.

Je näher das Weihnachtsfest rückt, desto hektischer wird die Betriebsamkeit. Kaum ist der Streit geschlichtet, ob Gans oder Pute aufgetischt werden soll (man entscheidet sich für Pute, weil die bekömmlicher ist, obwohl wir alle viel lieber Gans essen), will Nicki wissen, warum wir noch keinen Weihnachtsbaum hätten und ob Bettina während der Feiertage bei uns schlafen könne. »Die kriegen nämlich soviel Besuch.«

Wir bekommen ausnahmsweise keinen. Jedenfalls hat sich niemand angemeldet.

Katja erkundigt sich, ob es auch in diesem Jahr wieder die Marmelade im Nachthemd gibt, wird von ihrem Vater aber belehrt, daß das Gebäck ›Äpfel im Schlafrock‹ heiße und im übrigen nicht unbedingt ein weihnachtliches Attribut sei.

Steffi fragt, zu welcher Weihnachtsfeier ich denn nun käme und ob sie wirklich keine Hosen anziehen dürfe.

»Wenn alle anderen Röcke tragen, kannst du nicht als einzige in Hosen kommen!«

»Aber ich stehe doch in der dritte Reihe, mich sieht unterrum ja keiner.«

Ich entscheide mich für die Nikolausfeier des Kraichgauclubs. Keine Ahnung, welchem Zweck dieser Verein dient, aber Kinderorchester und Chor werden auftreten, und dann habe ich die Sache wenigstens hinter mir. Inzwischen kann ich ›Heinzelmännchens Wachtparade‹ schon rückwärts.

Die Feier findet im großen Kurhaussaal statt. Der kleine hätte auch genügt, aber der hat keine Bühne. Rolf kommt nicht mit, er drückt sich immer. Sascha habe ich erst gar nicht gefragt, und Sven habe ich nur mit dem Versprechen ködern können, er dürfe sich einen Hummersalat bestellen. Als ich ihn bat, sich ausnahmsweise mal anständig anzuziehen, wollte er zwei Salatportionen.

Die Feier ist lang. Ein Redner löst den anderen ab, man beschwört Kameradschaftsgeist, Naturverbundenheit und mahnt scherzend rückständige Beiträge an. Zum Jahresende muß die Kasse stimmen.

Der Kinderchor tritt auf. Katja steht in der ersten Reihe und singt lauthals mit. Meistens daneben. Nicki wird von einem größeren Jungen verdeckt und bemüht sich verzweifelt, über seine Schulter zu spähen. Endlich hat sie uns gefunden und winkt verstohlen. Stefanie sehe ich überhaupt nicht. Sven deutet zum Flügel. Da steht meine Tochter und sieht aus wie ein Weihnachtsengel. In der einen Hand hält sie eine Kerze, mit der anderen blättert sie die Noten um. Der Rock ist deutlich zu sehen.

Der Chor tritt ab, es folgt ein Geigensolo, dann ein Duett mit Klavier. Im Hintergrund piepst eine Flöte. Es ist soweit. Das Orchester kommt. Es besteht vorwiegend aus Blockflöten, ein Akkordeon ist noch dabei, zwei Klarinetten, ein paar Streicher. Das Klavier hat Pause.

Fräulein Wilkens gibt den Einsatz. ›Heinzelmännchens Wachtparade‹ zum hundertzweiundneunzigstenmal. Ich stelle fest, daß noch einige Musiker Gis mit G verwechseln. Die Künstler verbeugen sich, Beifall rauscht auf. Jetzt kommt der Nikolaus, überreicht bunte Tüten, ermahnt einzelne Orchestermitglieder, im neuen Jahr regelmäßiger zu den Proben zu erscheinen und immer fleißig zu üben. Stefanie kriegt auch einen Schlag mit der Rute.

»Und jetzt singen wir noch alle zusammen ›O du fröhliche…‹«

Fräulein Wilkens gibt den Ton, die Flötisten nehmen Haltung an, los geht's. Dann ist auch das überstanden, und nun beginnt der gemütliche Teil der Veranstaltung.

Eine halbe Stunde halte ich es noch aus, dann will ich gehen. Die Zwillinge wollen nicht. Sie toben mit anderen durch den Saal. Steffi sitzt bei Christiane am Nebentisch und polkt die Wachsflecken von ihrem dunkelblauen Rock. Sven ist verschwunden.

Nach zwanzig Minuten habe ich alle zusammengetrommelt und zur Garderobe gescheucht. Katjas Mantel ist nicht da. Schließlich wird er mit abgerissenem Aufhänger irgendwo auf dem Boden gefunden. Er ist reif für die chemische Reinigung.

Rolf sitzt vor dem Fernseher und guckt sich ›Romeo und Julia‹ an. Galavorstellung des Bolschoi-Balletts! Darauf hatte ich mich schon seit einer Woche gefreut.

»Na, war es denn schön?« will er wissen.

Am liebsten würde ich ihm jetzt die Weinflasche an den Kopf werfen, aber die ist noch viertel voll. Ich trinke den Rest und gehe schlafen. Warum haben wir nicht schon Januar?

Heiligabend! Die Zwillinge quirlen seit sechs Uhr herum und machen das Frühstück (wo Rauch ist, da ist auch Toast). Um sieben werde ich mit einer Tasse Hagebuttentee geweckt. Er wurde auf Sparflamme gekocht, und Zucker fehlt auch.

Ich schlurfe ins Bad. Zahnpasta ist alle. Man kann schließlich nicht an alles denken.

»Hast du bei Sperber angerufen, ob die noch den Wagen waschen können?«

Habe ich nicht. Es ist mir auch völlig egal, ob das Auto dreckig oder sauber in der Garage steht, ich benutze es sowieso nur noch selten.

Der Kaffee sieht nicht gerade vertrauenerweckend aus.

»Wieviel Bohnen habt ihr denn pro Liter genommen?« will ich von Nicki wissen.

»Das ist doch Tee!«

»Dann mach mir bitte eine Tasse Kaffee, sonst werde ich überhaupt nicht munter!«

Der Kaffee kommt. Es ist Blümchen.

Während des Frühstücks überprüfe ich die Einkaufsliste. Viel fehlt nicht mehr, aber der Kuckuck mag wissen, ob ich hier Kaviar auftreiben kann. Rolf besteht auf echtem. Zur Feier des Tages. Es soll ja auch nur eine ganz kleine Dose sein. Ich mache mir nichts daraus und bin gar nicht böse, daß ich nirgends welchen bekomme.

Sascha liegt noch im Bett, deshalb heuere ich Sven als Lastenträger an. Den Wagen können wir nicht haben, der wird nun doch noch gewaschen!

Kurz vor dem Mittagessen sind wir wieder zurück. Sascha ist auch schon aufgestanden, hat keinen Appetit auf weiße Bohnen, behauptet, vor Ladenschluß noch etwas besorgen zu müssen, verschwindet.

Stefanie wäscht ab. Das tut sie nur bei ganz besonderen Gelegenheiten, hauptsächlich dann, wenn sie etwas will.

»Mami, bist du sehr böse, wenn mein Geschenk noch nicht ganz fertig ist? Ich habe da irgend etwas falsch gemacht, und jetzt muß ich die Hälfte wieder auftrennen. Aber gleich nach den Ferien kriegst du es.« (Es handelte sich um eine Küchenschürze, und bekommen habe ich sie nie.)

Drei Uhr. Sven sucht Weihnachtspapier.

»Das ist alle.«

»In diesem Haus ist aber auch nie etwas da!«

»Du hättest dich ja früher darum kümmern können!«

»Aber du hast das Zeug doch rollenweise gekauft?«

»Ich habe aber auch alles verbraucht.«

»So 'n Mist! Na, dann muß ich eben warten, bis die ersten ihre Geschenke ausgewickelt haben, damit ich meine einwickeln kann.«

Vier Uhr. Stefanie blockiert das Bad und macht sich ›fein‹. Mein Nagellack ist weg. Den Lidschatten finde ich auch nicht mehr.

Katja fragt, wann denn nun endlich die Bescherung anfange. Keine Ahnung. Im Augenblick liegt noch eine technische Störung vor. Die elektrische Baumbeleuchtung brennt nicht. Rolf sucht den Fehler, findet ihn nicht, behauptet, die Anlage müsse noch aus der Vorwährungszeit stammen. Sven schraubt alle Kerzen raus, dreht sie wieder rein, der Baum brennt.

Stefanie taucht endlich auf. Der grüne Lidschatten zur himmelblauen Bluse sieht entsetzlich aus. Auf Lippenstift hat sie verzichtet, dafür hat sie die Augen kohlschwarz umrandet und sieht aus, als habe sie ein chronisches Magengeschwür.

Halb fünf. Jetzt erst fällt mir auf, daß Sascha noch immer nicht zurück ist.

»Sven, häng dich mal ans Telefon. Irgendwo muß der Bengel doch stecken. Mir reicht es jetzt. Ich möchte mich nämlich auch endlich umziehen.«

Das Bad schwimmt, die Dusche spendet nur noch lauwarmes Wasser. Ich beiße die Zähne zusammen. Schließlich soll es Leute geben, die eiskalt duschen. Mir fällt die Geschichte von dem Eisbärbaby ein, das seine Mutter fragt, ob alle seine Vorfahren ebenfalls Eisbären gewesen seien. Als ihm das bestätigt wird, erklärt es bibbernd: »Mir egal, ich friere trotzdem.«

Kurz vor halb sechs bin ich fertig. Sascha ist immer noch verschwunden. Sven berichtet, daß er alle einschlägigen Nummern angerufen habe. »Keiner weiß etwas. Aber nach Hardy wird auch gefahndet. Seine Mutter wollte nämlich wissen, ob er bei uns ist.«

Rolf bringt mir einen Whisky. »Zwei Fünfzehnjährige können nicht so einfach verschwinden. Eine halbe Stunde warten wir noch, dann fangen wir an.«

Zehn Minuten später klingelt es. Endlich! Nicki stürmt zur Tür. Ein Aufschrei! »Wie siehst du denn aus?«

Sascha erscheint im Türrahmen. Das Gesicht voller Mullbinden, beide Hände bandagiert, die Jeans zerrissen, vom Hemd fehlt ein Ärmel.

»Um Gottes willen, was ist denn passiert?«

»Hab mit Hardys Mühle 'nen Crash gebaut und bin in 'ne Bonzenschleuder gebrettert.«

»Was ist los?«

Hardy übersetzt: »Der hat mit meinem Mofa 'nen kleenen Unfall jehabt und is dabei in eenen Mercedes jeknallt. Is aber weiter nischt passiert. Wir haben ihn gleich in die Unfallstation jekarrt, und da is er janz prima verpflastert worden.«

»Das sieht man«, stellt Sven fest und umrundet interessiert den wandelnden Verbandkasten. »So ähnlich stelle ich mir eine Mumie vor.«

»Was ist denn eine Mumie?« will Katja wissen.

»Das ist ein eingemachter König, so 'ne Art Büchsen-Ramses.«

»Hör auf mit dem Unsinn!« Rolf betrachtet sich kopfschüttelnd seinen lädierten Sohn. »So etwas Ähnliches habe ich schon lange erwartet. Eure verflixte Raserei! Anscheinend hast du aber noch unverdientes Glück gehabt. Ist auch wirklich nichts gebrochen?«

»Det sieht schlimmer aus wie't is«, bekräftigte Hardy noch einmal. »Die Knochen sind alle heiljeblieben, bloß in't Jesicht sieht er aus, als wenn er über 'n Jurkenhobel jerutscht wäre. Und die Hände sind ooch uffjeschrammt. Aber der Arzt hat jesacht, da bleibt nischt zurück. Bloß meine Karre is im Eimer. Wenn ick det jetzt mein' Opa erzähle, is Weihnachten for mir jeloofen.«

»Ich rede morgen mit deinem Großvater«, beruhigt ihn Rolf, »offenbar hat doch Sascha den Unfall gebaut?«

»Ick habe aber hinten druffjesessen, und det is doch vaboten. Wie det eijentlich allet passiert is, weeß ick selba nich, plötzlich hatte ick die Tür vom Mercedes vor de Neese.«

»Ist die Polizei dagewesen?«

»Ach wo, denn würden wir ja noch immer rumstehn und Pfeile uff'n Asphalt malen. Den Fahrer kenne ick sowieso, wir rejeln det ohne die Bürokraten. Und jetzt muß ick schleunigst vaduften, sonst jibt meine Mutter noch 'ne Vermißtenanzeige uff, und denn habe ick die Bullen doch am Hals. Ach so, ja, fröhliche Weihnachten!«

Sascha hat sich inzwischen nach oben begeben und restauriert mit Svens Hilfe sein ramponiertes Äußeres. Die Hemdenknöpfe lassen sich wegen der Verbände an den Armen nicht schließen, in den Blazer kommt er erst gar nicht hinein.

Um halb sieben findet dann endlich die Bescherung statt. Sie beginnt mit einem Flötenterzett und endet mit einer Debatte, ob eine Küchenmaschine ein Haushaltsgegenstand und daher für die Allgemeinheit nützlich sei, oder ein persönliches Geschenk, weil *ich* dadurch Arbeit sparte.

Sven möchte wissen, ob er seinen Pullover umtauschen könne, er hätte ihn lieber in Nachtblau. Den Rasierapparat mit Multischerkopf und Batterieantrieb findet er überflüssig. »Wer sagt denn, daß ich mich überhaupt rasieren will?«

Eine berechtigte Frage. Wenn man heute Vater und Sohn beieinander sieht, ist der mit dem Bart wahrscheinlich der Sohn.

Sascha hört sich zum drittenmal die neue Otto-Platte an. Noch zweimal, und er kann sie auswendig.

Stefanie mault. Der Samtrock ist zwar sehr schön, und sie habe sich ja auch etwas Festliches gewünscht, aber es gebe doch auch Samthosen, nicht wahr?

Nur die Zwillinge sind rundherum zufrieden. Katja hat ihre Marionette zwar schon kaputtgespielt, aber Sven verspricht, die Ente morgen zu reparieren. Nicki liest ›Das Geheimnis der Felsenburg‹ und hat alles um sich herum vergessen. Nein, Hunger habe sie nicht, erklärt sie und stopft sich geistesabwesend eine Marzipankartoffel nach der anderen in den Mund.

Sascha liegt auf der Couch, leckt seine Wunden und schwört heilige Eide, »nie wieder im Leben so eine verdammte Karre« anzufassen. Morgen vormittag muß er zum Verbandwechsel.

Genau um zehn klingelt das Telefon. Tante Lotti ist am Apparat. Sie wünscht uns allen ein frohes Fest und meint dann: »Weißt du, mein Liebes, eigentlich ist Weihnachten doch nur dort so richtig schön, wo auch Kinder sind!«

Ach ja!

10

»Habe ich dir eigentlich schon gesagt, daß wir in diesem Jahr mit dem Landschulheim dran sind?«

Sascha lehnte an der Tür des Arbeitszimmers und peilte vorsichtig seinen Vater an. Immerhin galt es, ihn in homöopathischen

Dosen auf die finanziellen Belastungen, die diese Studienreise verursachen würde, vorzubereiten.

»Landschulheim!« knurrte der potentielle Geldgeber denn auch prompt. »Das ist auch wieder so ein neumodischer Blödsinn, der einen Haufen Geld kostet und nichts bringt. Zu meiner Schulzeit gab es zweimal jährlich einen Wandertag, und wir sind damit ganz zufrieden gewesen. Oder warst *du* vielleicht im Landschulheim?«

Damit war ich gemeint. Nein, also Landschulheime hatte ich in meiner Jugend nur aus Büchern gekannt, und soweit ich mich erinnern konnte, waren sie ausschließlich von Kindern reicher Eltern bevölkert gewesen, die nachts mit umgehängten Bettlaken als Gespenster herumgeisterten und tagsüber Pferde fütterten. Wir hatten als Fünfzehnjährige lediglich einen Abstecher nach Berlin-Oranienburg gemacht, tagsüber die Umgebung erkundet und nachts in einer Art Jugendherberge kampiert, wo wir Kamillentee tranken und Brote mit Holundermark aßen. Dafür schrieben wir auch das Jahr 1948. Auf einen Mitternachtsspuk hatten wir ebenfalls verzichten müssen, weil es gar keine Bettlaken gab, und so hatten wir uns darauf beschränkt, unserer Klassenlehrerin den Schlafanzug zuzunähen. Und das völlig umsonst, denn sie hatte einen zweiten mit.

Nach drei Tagen waren wir mit der U-Bahn wieder nach Hause gefahren, und nach fünf Tagen mußten wir über das Erlebte einen Aufsatz schreiben. Sehr ergiebig ist er nicht geworden.

Sascha hatte mir schon vor ein paar Tagen erzählt, daß das erwählte Landschulheim in Südtirol liege, bestens beleumundet sei und von einem noch ziemlich jungen Ehepaar geführt werde, das viel Verständnis für Teenager habe.

»Da können wir also ruhig mal auf die Pauke hauen. Bescheuert ist bloß, daß die Parallelklasse mitkommt. Du glaubst gar nicht, was da für trübe Tassen sitzen!«

»Umgekehrt werden sie wohl der gleichen Meinung sein!«

»Möglich, aber so viele kaputte Typen auf einem Haufen kann es ein zweitesmal überhaupt nicht geben.«

Rolf interessierte sich mehr für den finanziellen Teil der ganzen Angelegenheit. »Wieviel soll der Spaß eigentlich kosten?«

Sascha zögerte. »Genau steht das noch nicht fest, aber Frau Thiemann meint, daß auf jeden ungefähr 250 Mark kommen. Ohne Taschengeld.«

Frau Thiemann war nicht nur Klassenlehrerin, sie gab auch Mathematik und durfte im Umgang mit Zahlen als einigermaßen kompetent angesehen werden.

»Waas? Fünfhundert Mark zusammen? Ihr seid wohl verrückt geworden! Kommt überhaupt nicht in Frage, ich bin schließlich kein Ölscheich.«

Mit einer derartigen Reaktion hatte Sascha offenbar schon gerechnet und sich entsprechend präpariert.

»Erstens findet diese Reise im Rahmen des Schulunterrichts statt, und eine Beteiligung ist Pflicht. (Was keineswegs stimmte, wie sich später herausstellte.) Zweitens zahlt der Staat einen Zuschuß und die Gemeinde auch, und drittens wollen wir uns noch etwas dazuverdienen, damit sich der Eigenanteil verringert.«

»Hahaha«, sagte Rolf und sonst gar nichts.

»Du brauchst überhaupt nicht zu lachen. Wir veranstalten einen Basar, und da kommt bestimmt eine ganze Menge Geld zusammen.«

»Wann soll die Reise eigentlich stattfinden?«

»Erst Ende Mai, wir haben also noch über drei Monate Zeit.«

»Im Mai habe ich erst recht kein Geld. Du weißt ganz genau, daß im April der neue Wagen kommt, und der ist wichtiger als euer Privatvergnügen.«

Nichts nutzt ein Auto so sehr ab, als wenn sich der Nachbar ein neues kauft. Sascha fand das auch.

»Ich möchte bloß wissen, weshalb du jetzt schon wieder eins brauchst. Das alte tut's doch bestimmt noch eine Weile.«

»Sicher. Wenn ich jeden Monat zweihundert Mark Reparaturkosten hineinstecke, kann ich auch noch in fünf Jahren damit fahren.« Rolf sah seinen Sprößling vorwurfsvoll an. »Gestern ist mir zum zweitenmal innerhalb kurzer Zeit der Auspuff kaputtgegangen.«

»Ach so, dann warst *du* das heute morgen?« Sascha grinste. »Ich habe mich schon gefragt, wer sich in der Nachbarschaft einen Formel-I-Rennwagen zugelegt hat.«

»Du siehst also, mein Sohn, daß ein neuer Wagen nötig ist. Letzten Endes verdiene ich damit die Brötchen.«

»Na ja, wenn das so ist, Paps, dann gibt es noch eine andere Möglichkeit, öffentliche Gelder lockerzumachen. Besonders Bedürftige können einen Antrag beim Bürgermeister einreichen und kriegen einen Extrazuschuß. Wenn du vielleicht den alten Wagen ein paar Wochen lang nicht wäschst und dann mit dem Ding beim Rathaus vorfährst...«

»Raus!!«

Die erste Runde war also unentschieden ausgegangen. Die zweite ging ohne Punktverlust an Sascha, der zur Besprechung mit ausreichender Rückendeckung erschienen war. Sogar Manfred redete und redete wie ein Wasserfall.

»Aber extra Taschengeld gibt es nicht!« bestimmte Rolf, der wenigstens noch einen Rest von Autorität wahren wollte. »Haltet eure Pfennige in den nächsten Monaten gefälligst zusammen.«

Dann wollte er von mir wissen, ob man die anfallenden Kosten nicht vielleicht unter ›Mehraufwendungen für hilfsbedürftige Verwandte‹ verbuchen könnte.

»Ich habe einen anderen Vorschlag: Schick doch deinen gesamten Verdienst gleich dem Finanzamt, und die geben uns dann zurück, was sie für richtig halten!«

Die nun folgenden Wochen standen ganz im Zeichen des geplanten Basars. Schule fand zwar auch noch statt, aber allem Anschein nach diente sie lediglich den vielfältigen Vorbereitungen. In den Zeichenstunden wurden Preisschilder gemalt, im Werkraum fabrizierte man Steinmännchen, im Handarbeitsunterricht Topflappen und Pudelmützen.

Eines Tages wollte Sven wissen, ob er ›ein paar Sachen‹ in der Garage abstellen könnte. »Papi ist doch jetzt vier Tage lang nicht da und die Garage leer. Der Rainer wollte ja die Scheune von seinem Vater zur Verfügung stellen, aber jetzt hat der eine alte Egge reingeschoben und einen Haufen Fässer mit Kälberfutter. Wir wissen wirklich nicht, wo wir mit unserem ganzen Kram hinsollen.«

»Was sind denn das für Sachen?«

»Ach, bloß die Dinge, die wir für den Flohmarkt gesammelt haben. Ein bißchen Spielzeug, Geschirr, Bücher, ein altes Wagenrad, das muß aber noch lackiert werden, eine Puppenstube, die...«

»...und das soll alles in die Garage?«

»Ist doch nur für zwei Tage. Ab Donnerstag können wir alles in Edwins Pferdestall bringen. Das Fohlen ist verkauft und wird übermorgen abgeholt.«

Abends besichtigte ich die Ausbeute. Normalerweise hätten die Eigentümer das ganze Zeug vermutlich zum Sperrmüll gestellt, aber der nächste Abfuhrtag würde erst in zwei Monaten sein, und so hatte man wohl die günstige Gelegenheit genützt, das alte Gerümpel loszuwerden. Da gab es einen Schaukelstuhl mit nur einer Armlehne, ein Dreirad mit zwei Rädern, Puppen ohne Beine und Stofftiere ohne Schwanz. Es gab eine Kaffeekanne ohne Deckel, Bücher ohne Einband und eine Puppenstube ohne Möbel. Es gab einfach alles, sogar einen Nachttopf aus Jenaer Glas.

»Du glaubst doch wohl nicht im Ernst, daß auch nur ein Mensch einen Pfennig für diesen Kram ausgibt! Vermutlich müßt ihr noch draufzahlen, damit ihr das Zeug wieder loswerdet!«

Svens Optimismus war unerschütterlich. »Natürlich reparieren wir noch alles. Und wenn die Sachen erst mal sauber sind und frisch gestrichen, sehen sie auch ganz anders aus. Farbe kriegen wir übrigens von Herrn Gehring gratis.«

Herr Gehring hat einen Malereibetrieb.

»Wem sein Müll is'n das?« Nicki war dazugekommen und musterte interessiert die aufgehäuften Schätze.

»Das heißt wessen!«

»Wessen sein Müll ist das nu wirklich?«

»Das ist für unseren Basar, und wenn ihr wollt, könnt ihr beim Saubermachen und Reparieren helfen.«

Die Zwillinge wollten aber nicht.

Zwei Tage lang rührte sich nichts. Weder erschien die angekündigte Reparaturkolonne, noch gab es irgendwelche Anzeichen für den versprochenen Abtransport der Antiquitäten.

Ich wurde energisch: »Morgen kommt euer Vater zurück. Wenn er das Zeug in der Garage sieht, gibt es einen Heidenkrach, das wißt ihr hoffentlich!«

Die Knaben nickten sorgenvoll: »Edwins Vater hat einen Rückzieher gemacht. Wir suchen ja schon seit gestern nach einer neuen Abstellmöglichkeit, aber wir haben noch keine gefunden.«

Frau Keks erschien als Retter in der Not. »Solange mein Mann zur

Kur ist, steht unsere Garage leer. Von mir aus räumt das Zeug dort rein, vorausgesetzt, in diesen alten Staubfängern sitzen keine Wanzen.« Kopfschüttelnd betrachtete sie einen Lampenschirm: »Das Ding wird aber auch nur noch durch den Dreck zusammengehalten.«

Nun rückten auch endlich die Heimwerker an, beladen mit Schraubenziehern, Sägen, Leim- und Farbtöpfen. Es wurde geschmirgelt und gehämmert, gekleistert und genäht. Letzteres vorwiegend von mir.

»Määm, kannst du mal eben das Ohr annähen?«

»Frau Sanders, hier fehlen zwei Knöpfe, und der Sascha meint...«

»Haben Sie rosa Gummiband?«

Dann wieder drückte Sven mir einen Haufen Lumpen in die Hand: »Würdest du das mal eben durch die Waschmaschine orgeln?«

Ich tat auch das und bewies darüber hinaus weiteres Entgegenkommen, indem ich die Puppenkleider auch noch bügelte. Als ich aber den Lampenschirm in ein Benzinbad tauchen und vorsichtig säubern sollte, streikte ich:

»Es gibt ja wohl noch mehr Mütter, sollen die doch auch mal etwas tun!«

»Was glaubst du denn, was die machen?« Sascha war flammende Empörung. »Du kommst doch noch glimpflich davon. Wir haben einen halben Zentner Wolle gestiftet bekommen, und nun sitzen alle und stricken Pullover oder Kinderkleidchen.«

Hut ab vor den Damen! Ich kriege nicht mal einen einfachen Schal hin, ohne daß er am Ende spitz zuläuft.

Frau Thiemann erwies sich als ausgesprochenes Organisationstalent. Sie klapperte alle ansässigen und auch die entfernteren Betriebe und Fabriken ab und sammelte Spenden, angefangen bei Gläsern mit Delikateßgurken und Sauerkohl bis hin zu Badehosen zweiter Wahl. Banken stifteten Schlüsselanhänger und Sparbüchsen, eine Kosmetikfirma trennte sich von Apfelshampoo und einem Sortiment Lippenstiften, die von den neuen Modefarben überrollt worden waren, und schließlich wurde auch noch ein Sack Pelzabfälle angefahren. Eine Kürschnerei hatte sie geliefert, zusammen mit Schnittmustern, wie man aus den haarigen Resten kleine Pelztiere anfertigen kann.

Sascha hatte die Verwaltung der privaten Spenden übernommen. Das war wenig anstrengend, zumal die edelmütigen Spender die Sachen auch noch persönlich abzuliefern hatten, da es den Empfängern an geeigneten Transportmöglichkeiten fehlte. So führte Sascha also nur die Listen und trug getreulich ein, was da so herangekarrt wurde.

»Da hätten wir jetzt 14 Geranienstauden, 11 Primeln und 9 Töpfe mit Fleißigen Lieschen von der Gärtnerei Wildhuber. Herr Kreiwald hat zehn Flaschen Rotwein gestiftet, Herr Huber fünfzig Kugelschreiber, Herr Müller zehn Feuerzeuge und der Vater von Wolfgang fünfundzwanzig Packungen Taschenlampenbatterien. Von der Metzgerei Glöckle kriegen wir hundert Würstchen, vom Bäcker Schmidt eine Nußtorte. Was stiftest *du* eigentlich?« Sascha kaute auf dem Bleistift und sah mich erwartungsvoll an.

»Meine Arbeitskraft.«

»Das tun andere auch. Ich meine doch irgend etwas, das sich verkaufen läßt.«

»Was fehlt denn noch?«

»Alles. Aber wir stellen in den nächsten Tagen sowieso eine Liste zusammen, und da muß jeder eintragen, welche Kuchen und wieviel Kaffee er spendet. Außerdem müssen wir noch den Arbeitseinsatz koordinieren.«

Der bürokratische Aufwand erschien mir angesichts des harmlosen Schulfestes ein bißchen zu umfangreich, aber Sascha fand das völlig in Ordnung.

»Hast du dir schon mal überlegt, was du machen wirst? Es werden noch Hilfskräfte für die Kaffeeküche gebraucht, beim Flohmarkt fehlen noch welche, und ich glaube, der Kuchenstand ist auch noch nicht besetzt. Du kannst aber auch Kartoffelpuffer braten oder Gläser spülen.«

»Vielleicht sagst du mir mal, was *ihr* eigentlich tut! Das ist doch euer Fest. Oder beschränkt sich eure Mithilfe lediglich darauf, die Einnahmen zu zählen?«

Sascha fuhr ärgerlich mit dem Bleistift durch die Luft: »Wir sind alle schon bis zum letzten Mann verplant. Die Mädchen kellnern, und wir anderen haben genug zu tun. Zwei Mann müssen an die Torwand, vier Mann organisieren das Kino für die Kleinen, wir haben elf Zeichentrickfilme bestellt, zwei von uns stehen in der Wurfbude, mindestens ein halbes Dutzend in der Diskothek, und der Rest ist ZbV und verkauft Lose.«

»Was heißt ZbV?«

»Das heißt ›Zur besonderen Verwendung‹, also so 'ne Art Feuerwehr, die überall einspringen muß, wo es gerade brennt.«

»Aha, und du bist Feuerwehrhauptmann?«

»Quatsch, ich sitze an der Kinokasse.«

»Womit du dir zweifellos den anstrengendsten Job ausgesucht hast! Aber wenn es eine Tombola gibt, dann muß doch auch jemand die Gewinne austeilen. Dazu könnte ich mich eventuell bereit finden.«

Erfahrungsgemäß ist eine begrenzte Anzahl Lose schnell verkauft, die Preisverteilung ebenso schnell beendet, und meine Abkommandierung zum Arbeitseinsatz wäre also voraussichtlich nach zwei bis drei Stunden beendet. Andere Mütter waren offenbar zu der gleichen Erkenntnis gekommen! Für den Einsatz bei der Tombola meldeten sich 19 Mütter, für die Herstellung von Kartoffelpuffern keine einzige.

Sascha legte neue Listen an. In eine schrieb er alles das, was in die Tombola kommen sollte, die andere trug die Überschrift ›Flohmarkt‹ und enthielt so merkwürdige Bezeichnungen wie ›gehäkeltes Huhn mit Taschen für Eier‹ und ›Blumentopfaufhänger‹. Da zum Schluß nur er allein wußte, was sich hinter diesen Namen verbarg, wurde er seinen Job als Kinokassierer los und betätigte sich später sehr erfolgreich als Verkäufer von Ramschartikeln.

Je näher der Termin rückte, desto hektischer wurden die Vorbereitungen. Eine Elternbesprechung löste die andere ab. Väter tagten gesondert. Einige hatten sich bereitgefunden, die Bar sowie den Bierausschank zu übernehmen, und so ungewohnte Tätigkeiten kann man schließlich nicht ohne vorherige Proben ausüben.

Sven wollte wissen, ob ich eine Schwarzwälder Kirschtorte backen könnte, so eine hätten sie noch nicht. »Wir kriegen 23 Obsttorten und 14 Marmorkuchen, drei Käsesahne und zwei Mokka. Aber Frau Thiemann meint, wir brauchen auch noch etwas Dekoratives.«

»Aber bestimmt nicht von mir. Ich habe mich in die Spendenliste mit zwei Pfund Kaffee eingetragen. Die meisten anderen geben bloß die Hälfte. Euer Vater hat zwei Flaschen Cognac herausgerückt, und nun reicht es wirklich!«

Dann wieder erwischte ich Sascha vor dem Bücherschrank, dessen Inhalt er mit einem ungewohnten Interesse prüfte. Neben sich hatte er bereits einen Stapel Bücher aufgehäuft, und gerade zog er ein weiteres heraus. Es handelte sich um die gesammelten Werke von Theodor Körner, herausgegeben 1891.

»Diese alten Schwarten liest doch kein Mensch mehr, die können wir prima auf dem Flohmarkt verhökern«, begründete er sein barbarisches Tun.

»Dir geht's wohl nicht mehr gut! Weißt du überhaupt, daß diese alten Schwarten schon beinahe antiquarischen Wert haben?«

Entsetzt prüfte ich Saschas Ausbeute. Da lagen doch tatsächlich die beiden Bände ›Soll und Haben‹, erschienen 1904, ferner die aus dem vergangenen Jahrhundert stammenden und mir von meiner Großmutter vererbte Rarität ›Die Frau als Hausärztin‹ und ähnliche bibliophile Kostbarkeiten, ausnahmslos in Frakturschrift gedruckt und schon allein deshalb von Sascha als unleserlich bezeichnet.

»Raus hier, aber sofort! Und wehe, wenn du noch ein einziges Buch anrührst!«

Maulend stellte Sascha die Bücher zurück. Er begriff auch nicht, daß ich mich weigerte, diese ›entsetzlich kitschige Vase mit den Bommeln dran‹ herauszurücken. Noch viel weniger begriff er, daß ich ein ähnliches Stück später für zwei Mark und fünfzig Pfennig auf dem Flohmarkt erwarb.

»Dabei wollte Frau Schreiner das Ding schon in den Mülleimer werfen, der Manfred hat es gerade noch retten können«, bemerkte mein Sohn kopfschüttelnd. Er interessiert sich auch heute noch nicht für Meißner Porzellan!

Und dann war es endlich soweit! Die seit zwei Wochen an nahezu allen Schaufensterscheiben klebenden Plakate, mit denen für das große Spektakel geworben wurde, bekamen feuerrote Aufkleber mit dem Hinweis ›HEUTE‹. Meine beiden Knaben bekundeten ein auffallendes Interesse für den Wetterbericht und bestanden im übrigen darauf, daß ich mich spätestens um neun Uhr im Handarbeitssaal einzufinden hätte, um die Tombolagewinne auszuzeichnen: »Alles andere ist bis dahin fertig.«

Als ich um halb zehn meinen künftigen Wirkungskreis betrat, fand ich außer zwei etwas ratlos dreinblickenden Müttern mehrere Bretter vor, diverse Rollen Kreppapier, drei leere Colaflaschen und einen Zettel mit dem Hinweis ›Schlüssel liegt beim Hausmeister‹.

»Was denn für ein Schlüssel?«

Die anderen Mütter wußten das auch nicht. Zum Glück tauchte Sven auf, der sich von meinem fristgemäßen Arbeitsantritt überzeugen wollte.

»Kannst du mir freundlicherweise mal erklären, was wir in dieser kahlen Bude überhaupt sollen? Und was ist das für ein Schlüssel, der beim Hausmeister liegt? Findet die Tombola nun doch in einem anderen Raum statt?«

»Nee, die kommt hier rein.« Sven sah sich suchend um. »Da liegen doch auch schon die Bretter. Und der Schlüssel gehört zum Kartenzimmer, da stehen nämlich die ganzen Gewinne. Die müßt ihr natürlich erst mal herunterholen.«

»Natürlich! Ich wollte sowieso schon immer mal einen Rekord im Treppensteigen aufstellen! Und wo dürfen wir dann die ganzen Sachen aufbauen? Vielleicht auf dem Fußboden?«

»Woher soll ich das wissen?« Mein Sohn zeigte sich wenig interessiert. »Ich glaube, hier kommen noch ein paar Tische rein und Stühle. Frau Thiemann meinte, mit den Brettern könnte man so eine Art Pyramide bauen und dort die Preise aufstellen. Das sieht bestimmt ganz dekorativ aus.«

»Wo ist denn Frau Thiemann?«

»Nicht da.«

Anscheinend hatten sich alle Vorbereitungen darin erschöpft, Spenden zu sammeln und irgendwo anzuhäufen, während man sich nicht im geringsten den Kopf zerbrochen hatte, wie man diese Dinge schließlich an den Mann bringen würde.

»Ich gehe am besten erst mal zum Hausmeister«, erklärte ich meinem Erstgeborenen, »und du treibst inzwischen Tische auf und nach Möglichkeit Hilfstruppen, die den ganzen Kram aus dem Kartenzimmer herunterholen.«

»Ich glaube nicht, daß ich welche kriege, die haben alle zu tun«, meinte Sven gleichmütig. »Den Hausmeister findest du übrigens an der Bierbar!«

»Scheint wohl der einzige betriebsbereite Stand zu sein«, murmelte eine meiner Leidensgefährtinnen und beäugte mißtrauisch die kalkbespritzten Bretter. »Die müssen direkt von einer Baustelle stammen.«

An der Bierbar fand ich zwar drei schon sehr beschwingte Väter, die sich nicht einigen konnten, welches Bier aus welchem Glas am besten schmeckte, und deshalb immer neue Varianten probierten, aber den Hausmeister entdeckte ich erst in der danebenliegenden Weinstube. Auch hier waren Väter tätig. Sie sortierten die Rotweinvon den Weißweinflaschen, wobei sie sich weniger auf die Etiketten, als mehr auf ihre Geschmacksnerven verließen. Die Stimmung war großartig, und die Bereitwilligkeit, etwas für die Figur zu tun, unverkennbar.

»Das machen wir schon, junge Frau«, säuselte ein bärtiger Mittfünfziger weinselig und umarmte mich haltsuchend. »Wir gehen jetzt zusammen in das Kartenzimmerchen und sehen uns die ganzen Sachen an!«

»Leider habe ich keinen Schlüssel, den hat nämlich der Hausmeister.«

Mein hilfsbereiter Casanova drehte sich langsam um und drohte seinem Gegenüber schelmisch mit dem Finger: »Wilhelm, gib den Schlüssel her, für so was bist du viel zu alt!«

Ich nützte die Gelegenheit und türmte.

Im Handarbeitssaal hatte sich in der Zwischenzeit einiges getan. Sven hatte ein buntes Sammelsurium von Tischen organisiert, Knaben hämmerten mit mehr Enthusiasmus als Kunstverständnis Kreppapier an die Bretter, Mädchen arrangierten Gurkengläser neben Häkeldeckchen, setzten Blumentöpfe dazwischen und tauschten schließlich die Gurken gegen Rotkohlgläser aus, damit die farbliche Harmonie wieder hergestellt wurde.

»Du kannsch doch net die Eieruhr zu de Rommékarte packe!« bemängelte jemand.

»Warum en net? Moinsch du, dei Rollmöps mache sich newe de Strampelhose besser?«

Ich versuchte vergeblich, in das ganze Arrangement ein gewisses System zu bringen: »Warum stellt ihr nicht das Eingemachte auf die eine Seite, alle Textilien auf die andere und in die Mitte den restlichen Kram?«

»Dann sieht's aus wie innem Tante-Emma-Lade!«

»Na, kommste klar?« Sascha inspizierte fachmännisch unseren Aufbau und meinte kopfschüttelnd: »Sieht eigentlich mehr nach Flohmarkt aus. Wo habt ihr denn die Panflöte her?«

»Das ist eine Windharfe!«

»So? Na, von mir aus, aber scheußlich ist sie trotzdem. Jetzt müßt ihr noch mal den linken Tisch zur Seite rücken, der Hauptgewinn rollt nämlich an!«

Das tat er dann auch im wahrsten Sinne des Wortes. Ein riesiges rot-schwarz lackiertes Wagenrad wurde hereingerollt und von den beiden jugendlichen Transportarbeitern vorsichtig an ein Brett gelehnt. Prompt bewies sich wieder einmal das Gesetz der Hebelwirkung: Zwei Usambaraveilchen, ein Glas Meerrettich und ein Steinguttöpfchen mit Düsseldorfer Löwensenf zerschellten auf dem Fußboden.

»*Das* soll der Hauptgewinn sein?« fragte ich ganz entsetzt.

»Hast du eine Ahnung, was diese Dinger kosten!« Sorgfältig entfernte Sascha einen winzigen Schmutzstreifen von einer roten Speiche.

»Aber was fängt man denn mit so einem Ungetüm an?«

»Es gibt Leute, die stellen sich so was in den Vorgarten und dekorieren es mit Geranientöpfen.«

»Und wer keinen Garten hat?«

»Der kann sich das Ding ja an die Balkondecke nageln und Wäsche dran aufhängen. Hast du übrigens mal zwei Mark? Ich habe Hunger, und die Grillstation ist schon in Betrieb.«

Ich warf einen Blick auf meine Uhr. »Heiliger Himmel, es ist ja gleich eins! Ich muß sofort nach Hause und irgend etwas Eßbares in die Pfanne hauen!«

»Brauchst du nicht, Papi kocht schon!«

»Auch das noch! Dann kann ich am Abend ein zweistündiges Revierreinigen veranstalten.« Diese Aussicht fand ich alles andere als verlockend.

Sascha beruhigte mich: »Das macht Steffi zusammen mit den Zwillingen. Ich habe ihnen versprochen, daß sie umsonst ins Kino dürfen. Sieh lieber zu, daß du hier fertig wirst, in einer Stunde geht der Rummel los!«

Aber schon jetzt schlenderten vereinzelte Besucher über den Schulhof, angelockt durch das ohrenbetäubende Gejaule, das aus der zur Diskothek umfunktionierten Aula klang.

Allerdings erkannte mein geübtes Auge sofort, daß es sich bei diesen Besuchern um Kurgäste handelte, die vermutlich ihre Solebäder, Massagen und Inhalationen bereits am Vormittag hinter sich gebracht, das Mittagessen Punkt zwölf Uhr vereinnahmt hatten und nun bestrebt waren, die Zeit bis zum Abendessen totzuschlagen. Sie begrüßen dankbar jede Abwechslung, ganz besonders dann, wenn sie schon seit mindestens zwei Wochen hier kuren und somit alle Spazierwege und Sehenswürdigkeiten einschließlich Waldsee und Fünfmühlental kennen. Nach diesem Zeitraum sind sie sogar bereit, Kindergartenfeste zu besuchen oder Lichtbildervorträge über Kurdistan oder die Fidschi-Inseln.

Kurgäste unterscheiden sich von den Einheimischen in sehr wesentlichen Punkten und sind deshalb auf Anhieb zu erkennen. Sie sind im Frühjahr die ersten, die weiße Hosen tragen, und im Herbst die letzten, die sie wieder ausziehen. An heißen Tagen lustwandeln männliche Kurgäste in Shorts durch die Straßen, weibliche in sehr luftigen Kleidern, die tiefe Einblicke in die diversen Stadien des Sonnenbrands gestatten.

Eine Dame, die vormittags um zehn Uhr mit sorgfältig frisierten Haaren, hochhackigen Schuhen und Handtasche durch die Straßen schlendert und sehr ausgiebig die schon seit acht Wochen ewig gleiche Schaufensterdekoration des Augenoptikers studiert, ist mit Sicherheit ein Kurgast. (Ihre Nachbarin dagegen, bekleidet mit geblümter Kittelschürze und Gesundheitssandalen, die an den reichhaltig zur Schau gestellten Sonnenbrillen vorbeieilt, ist garantiert *kein* Kurgast!)

Kurgäste tragen häufig einen Spazierstock, noch häufiger einen Regenschirm, jedoch immer einen Fotoapparat, letzteren vornehmlich vor dem Bauch. Sie treten überwiegend in Rudeln auf. Einzelgänger sind selten, und wenn doch, dann streben sie – im Trainingsanzug und mit einem zusammengerollten Handtuch unter dem Arm – im Eilschritt zum Kurmittelhaus, um sich einer ärztlicherseits verordneten Therapie zu unterwerfen.

Dann gibt es natürlich auch noch den berühmten Kurschatten,

der draußen vor der Telefonzelle wartet, während drinnen die so Beschattete zum preisgünstigen Mondscheintarif mit den Daheimgebliebenen spricht. Einen männlichen Kurschatten erkennt man daran, daß er Handtäschchen und Regenschirm seiner Begleiterin trägt, an wärmeren Tagen auch die Kostümjacke. Ein weiblicher Kurschatten fällt durch die Sorgfalt auf, mit der er den Schal seines Begleiters zurechtzupft oder die Parkbank abstaubt, bevor sich beide darauf niederlassen. Auch pflegt man Ehepaare gesetzten Alters normalerweise höchst selten händchenhaltend durch den Kurpark wandeln zu sehen. Tun sie es dennoch, sind es mit ziemlicher Wahrscheinlichkeit *keine* Ehepaare. Honi soit qui mal y pense!

Im Supermarkt kann man Kurgäste ebenfalls mühelos von anderen Kunden unterscheiden. Sie interessieren sich weder für den preiswerten Blumenkohl noch für Haushaltswaren, sie steuern vielmehr zielsicher die Abteilung für Getränke an und wählen sorgfältig das ihnen Genehme (und vermutlich Verbotene) aus. Wer im Einkaufswagen lediglich Papiertaschentücher, Sonnenöl, Ansichtskarten und zwei Flaschen Sekt zur Kasse rollt, ist ein Kurgast. Kauft er darüber hinaus auch noch einige Miniaturpackungen Butter, vakuumverschlossene Räucherwurst und Käsescheiben in Frischhaltefolie, dann gehört er vermutlich zu den Bedauernswerten, die auf Diät gesetzt sind.

Kurgäste sind auch jene Mitbürger, die einen höflich fragen, ob es einen Schuhmacher im Ort gebe und wo man die Lottoscheine loswerden könne. Hat man ihnen möglichst narrensicher den Weg beschrieben, dann findet man sie zehn Minuten später in der entgegengesetzten Richtung, wo sie kopfschüttelnd nach der Tankstelle suchen, in deren Nachbarschaft der Zigarrenladen sein soll.

Kurgäste befinden sich in einer Art Urlaubsstimmung und sind geneigt, auch dort Geld auszugeben, wo sie zu Hause nicht eine einzige Mark herausrücken würden. Wohl nicht zuletzt aus diesem Grunde zierte den Eingang zum Schulhof ein riesiges Transparent mit der Aufschrift: »Wir begrüßen ganz besonders herzlich unsere Kurgäste!«

Und sie kamen in Scharen. Bereits nach anderthalb Stunden waren sämtliche Lose verkauft, die recht zahlreichen Gewinner stürmten unentwegt zur Tür herein, verlangten sofortige Abfertigung und machten häufig genug Anstalten, sich selbst zu bedienen.

»De Nummer 28 isch des Rote dohinne!«

»Ich hab Nummer 117. Isch des die Häkeljack? Dann schenk ich se meiner Oma zum Namenstag.«

»Was soll ich met em Kaktus? Bin ich e Kamel?«

Manchmal gelang es mir, heimlich die Schilder zu vertauschen, denn ich brachte es einfach nicht übers Herz, einem Achtjährigen ein Glas mit Sauerkraut in die Hand zu drücken, während er begehrlich auf das danebenliegende kleine Taschenmesser schielte. Und was sollte wohl der fast zahnlose Opa mit der knallgelben Pudelmütze anfangen? Die damit schnell ausgetauschte Flasche Rotwein war ihm bestimmt lieber.

Sonderwünsche konnten allerdings nicht berücksichtigt werden. Ein kleines Mädchen forderte lautstark: »Ich mag gern des Buch hawe mit dem Gaul druff!« Empörter Protest von der entgegengesetzten Seite: »Des isch fei meine Nummer!«

Langsam leerte sich unser Warenlager. Ein paar Gurkengläser standen noch herum, mehrere Shampoo-Flaschen, drei Blumentöpfe, auf dem Boden lagen zwei zertretene Kugelschreiber, und das Wagenrad lehnte auch noch in seiner Ecke. Möglicherweise hatte der Gewinner nach Besichtigung seines voluminösen Preises auf die Mitnahme verzichtet. Verdenken konnte ich es ihm nicht. Na schön, dann würde das Rad eben zum Flohmarkt gerollt werden. Vielleicht fand es dort einen Liebhaber.

Sascha steckte den Kopf durch die Tür. »Na, lebst du noch?«

»Ja, aber nicht mehr lange. Kannst du mich für zehn Minuten ablösen? Es ist sowieso nicht mehr viel los, und ich will mal eben eure Kaffeestube frequentieren.«

Sascha schüttelte energisch den Kopf: »Laß das lieber bleiben! Ist das reinste Fossilien-Treffen. Da sitzen lauter alte Tanten und reden über ihre Krankheiten. Ich hole dir schnell einen Kaffee. Den kriegst du übrigens gratis. Anordnung von Frau Thiemann!«

Mein Sohn entwetzte und stieß mit einem sehr beleibten Herrn zusammen, der sich mit einem Taschentuch den Schweiß von seiner Glatze wischte.

»Hierjeblieben, Jungchen, sowat wie dich han ich jrad jesucht. Ich han nämlich dat schöne Rad da jewonnen, un dat kannst du mir gleich mal zu meinem Wagen bringen. Kriegst auch en Mark dafür, ich laß mich ja nich lumpen.«

»Das schaffe ich aber nicht alleine«, protestierte Sascha.

»Du bist doch en groß Kerlche, dat schaffst du schon. Wie ich so alt war wie du, da han ich schon in 'n Pütt jeschuftet.« Dann wandte er sich an mich: »Wissen Se, ich bin nämlich nich von hier, ich komm aus Castrop-Rauxel. Wat 'n Glück, dat ich hier vorbeijekommen bin, wo ich doch eijentlich nur en Bierchen trinken wollte. Un zwei Lose han ich bloß jekauft. Dat annere war en Niete. Über dat schöne Reiseandenken wird sich mein Frau freuen. Wir stelle dat vor unsere Laube direkt neben die Petersilie. Dat jibt en prima Farbfleck!«

Etwas später entdeckte ich Sascha auf dem Parkplatz, wie er zusammen mit Manfred verzweifelt nach dem dunkelblauen Auto mit der Delle im Kotflügel suchte: »Dieser Trottel hat vergessen, uns die Wagennummer zu geben.«

Wie die beiden ihr Rad losgeworden sind, weiß ich nicht mehr, jedenfalls gabelte mich Sascha schon kurze Zeit später in der Cafeteria auf und forderte mein unverzügliches Erscheinen beim Flohmarkt: »Der Frau Müller ist schlecht geworden, und Andys Mutter schafft das nicht alleine. Du hast doch auch ein bißchen Ahnung von Antiquitäten.«

Antiquitäten nannte der Knabe diesen Trödel! Trotzdem war dieser Stand am meisten umlagert, hauptsächlich von jugendlichen Interessenten, die nach preiswerten Geschenkartikeln für die Verwandtschaft fahndeten. Zwei einzelne Suppenteller mit Goldrand wechselten gerade für fünfzig Pfennig den Besitzer. Ein kleines Mädchen stopfte sie befriedigt in eine Plastiktüte: »Die sin für mei Oma. Dere ihre sehe fascht genauso aus, un sie schmeißt allweil welche runner.«

Ein weiblicher Teenager durchwühlte den Garderobenständer und entschied sich für einen rosa Fummel mit Rüschenärmeln, der vor vierzig Jahren einmal modern gewesen war:

»Wo kann ich des oprobiere?«

»Auf'm Klo!« antwortete Sascha prompt.

Offenbar hatte das Kleid gepaßt, denn die Interessentin wollte wissen, was es kostet. Ich wandte mich hilfesuchend an Sascha: »Sind fünf Mark zuviel?«

»Bist du verrückt? Laß mich mal ran!«

Abschätzend betrachtete er die Kundin: »Du hast dir ja zielsicher das teuerste Stück herausgesucht, aber eins muß man dir lassen: Geschmack hast du! Zu deinen dunklen Haaren muß das Kleid echt gut aussehen. Halt's dir mal an!«

Geschmeichelt drückte sich das Mädchen die rosa Scheußlichkeit vor den Bauch.

»Siehst Klasse aus!« Anerkennend pfiff Sascha durch die Zähne.

»Für dreißig Mark kannst du es haben.«

»Ich hab awer bloß noch dreiundzwanzig.«

»Dann pump dir doch etwas. So eine günstige Gelegenheit findest du so schnell nicht wieder. In einer Boutique müßtest du das Dreifache bezahlen.«

Das Mädchen nickte. »Leg's mol zurück, ich komm gleich wieder!«

Sie kam auch tatsächlich und blätterte siebenundzwanzig Mark und vierzig Pfennig auf den Tisch. »Mehr hawe ich net ufftreiwe könne, die annere sin a alle scho pleite.«

Sascha strich das Geld ein und meinte gönnerhaft: »Na schön, weil du es bist. Und halt die Klappe, sonst wollen hier alle Sonderpreise haben! Aber 'ne Tüte kannste nicht auch noch verlangen!«

»Isch a net nötig, ich geh sowieso nach Haus. Un recht schönen Dank a noch!«

Ich hatte die Verkaufsverhandlungen mit zunehmender Empörung verfolgt, aber nicht gewagt, sie zu stören. Jetzt ging ich auf Sascha los: »Bist du denn wahnsinnig geworden? Du kannst doch für diesen alten Fetzen nicht so ein Heidengeld verlangen!«

»Warum denn nicht? Sie hat es doch bezahlt. Du mußt immer erst einen höheren Preis fordern und dich dann herunterhandeln lassen! Aber es gibt auch ein paar Idioten, die anstandslos bezahlen. Die meisten wollen allerdings schachern.«

»Ich dachte immer, derartige Manipulationen sind nur in orientalischen Basaren üblich.«

Sascha zuckte mit den Achseln. »Ist das hier vielleicht etwas anderes? Moment mal, da interessiert sich jemand für das Sofakissen. Ich dachte schon, das wird ein Ladenhüter.«

Auch dieses schon etwas lädierte Stück mit gehäkelten Sonnenblumen und dunkelbrauner Samtumrandung wechselte nach längerem Feilschen den Besitzer.

»Wieder vier Mark mehr«, frohlockte Sascha, als er die Münzen in die schon überquellende Zigarrenkiste fallen ließ. »Zweimal hat Frau Thiemann schon abkassiert, und jedesmal hat sie über fünfhundert Mark mitgenommen. Vielleicht sollte man sich auf einen Gebrauchtwarenhandel spezialisieren. Dafür habe ich anscheinend mehr Talent als für Mathe.«

Sascha erwies sich wirklich als Verkaufsgenie. Er hätte jedem Marktschreier Konkurrenz machen können, und als ihm jemand noch ein Megaphon in die Hand drückte, übertönte seine Stimme sogar die Jaultöne, die aus der Diskothek schallten.

Abends war er heiser, obwohl ihn mitfühlende Klassenkameradinnen laufend mit Kamillentee versorgt hatten, den sie in der Kaffeeküche jedesmal frisch aufbrühten.

»Was tut man nicht alles für die Gemeinschaft«, krächzte der Starverkäufer, schluckte Halstabletten und sonnte sich in der allgemeinen Bewunderung, die man ihm zollte.

Der Reinerlös dieses Schulfestes hatte alle Erwartungen übertroffen und bewegte sich an der Grenze einer fünfstelligen Zahl. Ein Viertel dieser Summe hatte allein der Flohmarkt erbracht.

»Weißt du noch, wie du herumgeunkt hast?« erinnerte mich Sven, pflanzte ein Fleißiges Lieschen in den gläsernen Nachttopf (beide hatten sich als unveräußerlich erwiesen) und deponierte den so geschaffenen Blumentopf auf der Terrasse, wo er so lange ein zweckentfremdetes Dasein führte, bis ihn ein verirrter Fußball in ein Dutzend Einzelteile zersplitterte.

Wenn ich mir nun eingebildet hatte, nach diesem so erfolgreich verlaufenen Basar würde der normale Schulalltag wieder einkehren, so wurde ich schnell eines Besseren belehrt.

Nunmehr befaßte man sich mit der bevorstehenden Reise. Weitere Elternabende fanden statt. Thema: Wieviel Taschengeld soll man den Kindern bewilligen, welche Kleidung brauchen sie, dürfen sie rauchen, und welche Freiheiten soll man ihnen überhaupt zugestehen? Besonders in diesem Punkt schieden sich die Geister. Jedenfalls stellte ich fest, daß es wesentlich unproblematischer ist, männliche Teenager auf die Reise zu schicken als weibliche.

Frau Kramer, Mutter eines etwas frühreifen Mädchens, bestand auf absoluter Kasernierung der Schüler und bewilligte Ausflüge ohne Lehrkraft nur in Gruppen von mindestens sechs Personen:

»Dann kann wenigstens nix passiere!«

»Was könnte denn nach Ihrer Ansicht sonst passieren?« wollte Frau Thiemann wissen.

Frau Kramer errötete zart und wand sich wie ein Regenwurm: »Nun ja, schließlich sin's doch koi Kinner mehr.«

»Diese Kinder kennen sich seit Jahren, gehen gemeinsam zur Schule, zum Schwimmen und in ihre Radauschuppen. Wenn bis jetzt nichts passiert ist, wird im Landschulheim auch nicht gerade der sexuelle Notstand ausbrechen«, konterte Frau Thiemann.

»Da Sie sich offebar der Tragweit Ihrer Verantwortung net bewußt sin, zieg ich es vor, meine Marianne net mitfahre zu lasse!« Frau Kramer blickte beifallheischend und wartete auf Zustimmung. Die blieb aus.

»Dann derf ich mich wohl verabschiede!« Sprach's und stelzte hinaus.

Frau Thiemann zündete sich eine neue Zigarette an. »Es steht natürlich jedem frei, die Teilnahme an dieser Reise zu verweigern. Ich muß aber darauf hinweisen, daß der Landschulheimaufenthalt im Rahmen des Schulunterrichts stattfindet und Schüler, die nicht mitfahren, regulären Unterricht haben. Sie werden dann auf andere Klassen verteilt.«

Marianne und ihre beiden Busenfreundinnen blieben zu Hause. Die übrigen Schüler trafen Reisevorbereitungen. Rucksäcke wurden gekauft oder ausgeliehen, Wanderschuhe anprobiert und als inzwischen zu klein geworden an Klassenkameraden mit niedrigerer Schuhnummer weitergegeben, Kartenstudium betrieben und Umrechnungskurse ermittelt. Sven packte eine Lupe ein, weil er unbekannte Insekten zu finden hoffte. Sascha verstaute einen Korkenzieher im Koffer: »Damit wir die Chiantiflaschen aufkriegen! Wir fahren ja nicht umsonst nach Italien!«

Nach langen Beratungen hatten sich alle Eltern auf ein Taschengeld von fünfzig Mark geeinigt, die nur für den persönlichen Bedarf gedacht waren. Ausflüge und sonstige Extras würden aus der gut gefüllten Gemeinschaftskasse bezahlt werden.

Nachdem zu mitternächtlicher Stunde der vollklimatisierte Reisebus mit seinen winkenden und brüllenden Insassen den Schulhof verlassen hatte – wohlversehen mit väterlichen Ermahnungen und mütterlichen Freßpaketen –, blieben unsere Sprößlinge vierzehn Tage lang verschollen. Die Ansichtskarten, gewissenhaft geschrieben und frankiert, waren allesamt erst drei Tage vor der Rückreise eingesteckt worden und trafen eine Woche später ein. Allerdings enthielten sie auch nur so bedeutungsvolle Mitteilungen wie: »Wir kriegen jeden Morgen gelbe Marmelade!« oder: »Berge sind von unten viel eindrucksvoller als von oben, vor allen Dingen, wenn man dauernd auf sie raufkraxeln muß.«

»Die Thiemanns waren ganz große Klasse«, erklärten die beiden Heimkehrer, »sie haben uns an der langen Leine laufen lassen, und Herr Thiemann hat nicht mal gemeckert, als er die Zigarettenkippen in der Niveadose entdeckt hat. Gemotzt hat er bloß, als wir den Edwin heimlich in sein Zimmer geschleift haben. Na ja, kann man ja verstehen, der Kerl war nämlich sternhagelvoll!«

Abgesehen von dieser unvorhergesehenen Alkoholleiche – »Der verträgt ja nicht mal Leitungswasser!« – schienen diese beiden Wochen ein ungetrübtes Vergnügen und die gemeinsame Reisekasse unerschöpflich gewesen zu sein. So hatte man nicht nur eine Tagestour nach Venedig inklusive Gondelfahrt unternommen, auch ein Abstecher nach Bozen konnte finanziert werden, eine Dolomitenrundfahrt und ein Spaghetti-Essen mit unbegrenztem Nachschub. Anläßlich einer Bergwanderung sollte ein großes Picknick stattfinden, weshalb man beim Metzger telefonisch hundert Würstchen orderte, um sie unterhalb des Gipfelkreuzes zu braten. Aufgrund eines sprachlichen Mißverständnisses wurden aus den hundert Würstchen hundert Paar, die bei schweißtreibender Hitze den Berg hinauf- und zur Hälfte wieder heruntergeschleppt wurden. Daß die unwissenden Herbergseltern den vermeintlich ausgehungerten Wandervögeln zum Abendessen Kartoffelsalat mit Würstchen servierten, war allerdings nicht programmiert gewesen.

Trotz dieses reichhaltigen Vergnügungsprogramms war es nicht gelungen, das so schwer verdiente Geld restlos auszugeben. Es war sogar noch eine ganze Menge übriggeblieben. Frau Thiemann beschloß, nun auch einmal etwas für die kulturelle Weiterbildung ihrer Schutzbefohlenen zu tun, und verordnete ihnen den gemeinsamen Besuch einer Vorstellung der Mannheimer Städtischen Bühnen.

Die Jünglinge zwängten sich widerwillig in ihre schon etwas engen Konfirmationsanzüge, die Mädchen plünderten mütterliche Kleiderschränke und Kosmetikbestände, und solcherart gerüstet bestiegen sie zu angemessener Stunde den gecharterten Bus, der sie zu dem Musentempel bringen sollte.

Bei dem auserwählten Stück handelte es sich um eines jener modernen Werke, dessen Sinn auch kundigeren Theaterbesuchern häufig verborgen bleibt, und so langweilten sich die ohnehin nicht sehr kunstbeflissenen Abkommandierten einen Abend lang vor sich hin.

Das Geld war noch immer nicht alle.

Am letzten Wochenende vor den großen Ferien wurde deshalb vor den Toren der Stadt ein Zeltlager improvisiert, wo man sich nach Kräften bemühte, das noch verbliebene Bare in Form von gegrillten Steaks, Würstchen und alkoholfreien Getränken zu konsumieren. Aber selbst die mit einem ungeahnten Fassungsvermögen ausgestatteten Teenagermägen streikten angesichts der gekauften Vorräte.

Ein Kassensturz am nächsten Schultag ergab einen Restbestand von DM 87,30. Er wurde durch freiwillige Spenden auf hundert Mark aufgestockt und in dem Bewußtsein, nun auch noch etwas Gutes zu tun, einer wohltätigen Organisation überwiesen. Jetzt hatten die Sorgenkinder auch noch ihren Anteil an verkauften Häkeldeckchen und Blumenvasen bekommen. Und wie gerne hatte man ihn geopfert!

11

Eines Tages hatten wir auch wieder eine Hausgehilfin – ein Familienzuwachs, mit dem ich zuerst gar nichts anzufangen wußte. Mittlerweile hatten wir uns alle daran gewöhnt, verlegte Gegenstände grundsätzlich dort zu suchen, wo sie ganz bestimmt nicht sein konnten, wo wir sie aber trotzdem fanden, und wenn ich mal wieder vergessen hatte, die überquellende Spülmaschine anzustellen, dann aßen wir mittags eben mit Kuchengabeln. Es ist alles eine Sache der persönlichen Einstellung!

Das Klagelied der Hausfrau über die Kurzlebigkeit ihrer Werke ist schon oft genug gesungen worden, und obwohl ich mich – bisher vergeblich – bemühe, mich am Vorbild meiner Nachbarinnen emporzuranken, ist es mir noch immer nicht gelungen, den Glanz der Nirosta-Spüle als das Maß aller Dinge anzusehen.

Wenn beispielsweise Frau Billinger montags in aller Herrgottsfrühe die Signalflaggen des Waschtags aufzieht, bekomme ich ein schlechtes Gewissen, weil *meine* Wäsche noch nicht einmal in der Maschine steckt. Im Schwäbischen wird aber montags gewaschen, da hilft alles nichts. Nicht mal ein Wolkenbruch. Dienstags wird gebügelt, was montags auf der Leine gehangen hat, und mittwochs wird das gewaschen, wozu am Montag die Zeit fehlte, also Schondeckchen, Sofakissenbezüge, Badezimmerplüschgarnituren.

Frau Billinger hat sich daran gewöhnt, daß ich die schwäbische Hausfrauen-Liturgie nicht beherrsche, aber unlängst erkundigte sie sich doch etwas maliziös: »Warum gewe Se denn Ihr Vorhäng alsfort in die Reinigung?«

»Wieso? Die wasche ich doch selber.«

»I hab gedenkt, weil Se die nie in de Garte tun.«

Mein Hinweis, ich würde diese gewaltigen Stoffmengen lieber kurz durch die Schleuder jagen und sie dann feucht wieder aufhängen, quittierte sie mit einem fragenden: »So? Na, mit meine Schtores tat ich des net mache.«

Nun ist Hausarbeit ohnehin etwas, was man tut, ohne daß es einer bemerkt, bis man es nicht mehr tut. Aber es gab mir doch einen Stich, als Rolf mich eines Tages ganz entsetzt fragte, wo denn um Himmels willen der Staub vom Flurtischchen geblieben sei? Er habe sich da vorgestern eine Telefonnummer notiert.

Unter diesen Voraussetzungen war die Ankunft einer Hausgehilfin sicher begrüßenswert, auch wenn sie die erste Jugend schon hinter sich und darüber hinaus auf recht merkwürdige Art zu uns gefunden hatte.

Eine Bekannte, der meine früheren Klagelieder noch geläufig waren, stellte mich irgendwann auf der Straße einer älteren Dame vor und erzählte mir, daß ihre Tante bei der Frankfurter Bahnhofsmission arbeite. Ich fand das zwar nicht weiter bemerkenswert, murmelte aber ein paar Floskeln und krönte sie mit der Vermutung, daß die Tante im Rahmen ihrer Tätigkeit doch sicherlich mit den verschiedensten Schicksalen konfrontiert werden würde.

»Na, das kann ich Ihnen sagen!« bestätigte Tante Erna mit entschiedenem Kopfnicken. »Ganze Bücher könnte ich darüber schreiben. Gerade jetzt hatte ich wieder so einen Fall. Junges Mädchen, der Vater sitzt, die Mutter treibt sich herum, Wohnung gekündigt, und als die Kleine in ein Heim kommen sollte, ist sie vorher ausgerissen und bei uns aufgegriffen worden. Zum Glück ist es mir gelungen, sie jetzt als Helferin in einem Altenheim unterzubringen. Von den alten Leutchen wird sie wie ein Enkelkind verwöhnt und fühlt sich zum erstenmal richtig wohl.«

»So etwas könnte ich auch gebrauchen«, sagte ich beiläufig, verabschiedete mich und vergaß die ganze Sache.

Nicht so Tante Erna. Jene Bekannte rief mich eines Nachmittags an und erzählte, daß ihre Tante wieder einmal nach einer Bleibe für einen ihrer Schützlinge fahnde. Es handle sich um eine Dame in den Fünfzigern, die aus der DDR abgeschoben worden sei und nun vor dem Nichts stehe. Und ob *ich* nicht vielleicht ...

Erst wollte ich nicht. Meine Erfahrungen mit Uschi reichten mir noch, und auf ihre Vorgängerinnen war ich auch nicht sonderlich gut zu sprechen. Andererseits würde auf eine ältere Dame sicher mehr Verlaß sein, und ein bißchen Hilfe könnte ich wirklich gebrauchen. Wenn ich nur an den Garten dachte!

Das Schönste an der Gartenarbeit ist zwar, daß man sie so lange hinausschieben kann, bis sie keinen Sinn mehr hat, aber inzwischen war für die Tulpen, die ich im vergangenen Herbst nicht gesetzt hatte, die Zeit gekommen, nicht zu blühen. Das einzige, was blühte, war Löwenzahn.

Nach bewährter Methode schob ich Rolf den Schwarzen Peter zu. Sollte *er* doch entscheiden, ob wir es mal wieder mit einem hilfreichen Geist versuchen wollten. Die Folgen würde zwar ohnehin ich ausbaden müssen, aber wenigstens würde ich nicht die dann unausbleibliche männliche Reaktion zu hören bekommen, die immer in dem Satz gipfelt: »Ich hab's ja gleich gesagt!«

Rolf setzte sich über alle Wenn und Aber hinweg, sah im Geist schon frische Brötchen auf dem Frühstückstisch, von dienender Hand im Morgengrauen herbeigeholt, sah blankgeputzte Schuhe und Hosen mit messerscharfen Bügelfalten, sah sorgfältig geharkte Gartenwege und eine strahlende Ehefrau, die nichts mehr zu tun hatte und nur darauf wartete, ihrem heimkehrenden Gatten in die liebevoll geöffneten Arme zu fliegen.

Tante Erna von der Bahnhofsmission tat dann auch das Ihre, um alle etwa vorhandenen Bedenken zu zerstreuen. Die bewußte Dame, eine Frau Mäurer, komme aus gutem Hause, das merke man sofort, sie habe eben nur viel Pech gehabt im Leben, und wenn wir die umgehende Rücksendung der Fahrkosten zusichern könnten, würde sie, Tante Erna, das Fahrgeld vorstrecken. Rolf sicherte zu.

»Dann können Sie Frau Mäurer um 21.29 Uhr vom Bus abholen, der Zug fährt ja nur noch bis Friedrichshall.«

Rolf erklärte, daß er selbstverständlich direkt am Zug sein werde, bedankte sich artig, legte den Hörer auf und sagte zu mir: »Du fährst doch schnell nach Friedrichshall, nicht wahr?«

Frau Mäurer war groß, schlank, blond, dezent geschminkt und sehr jugendlich gekleidet. Sie sah aus wie eine Buchhalterin mit Prokura, keineswegs jedoch wie eine jener Hilfesuchenden, die man gemeinhin auf Bahnhofsmissionen anzutreffen erwartet.

Bereits nach einer Viertelstunde kannte ich den ersten Teil ihrer Lebensgeschichte, den zweiten, weitaus gehaltvolleren, erfuhren wir während des verspäteten Abendessens. Frau Mäurer entstammte einer sächsischen Kaufmannsfamilie, war aufgewachsen mit zwei Geschwistern, drei Dienstboten und einer Erzieherin, hatte den falschen Mann geheiratet, hatte sich zu einem falschen Zeitpunkt von ihm scheiden lassen, war später nach Spanien übersiedelt, hatte mit dem falschen Geschäftspartner eine Taverne eröffnet, war pleite gegangen, hatte den falschen Termin für ihre Rückkehr in den Schoß der Familie gewählt und war schließlich aus dem elterlichen Haus und danach aus der DDR hinausgeflogen.

»Ich durfte nichts mitnehmen, weder meine Garderobe noch erst recht kein Geld. Nur eine Fahrkarte nach Frankfurt habe ich bekommen. Was hier aus mir wird, ist denen da drüben doch völlig egal«, beendete sie ihren Bericht, wobei offenblieb, ob mit »denen da drüben« nun die Familie oder die Behörden gemeint waren.

»Natürlich klingt das ein bißchen fantastisch, aber ich kann alles beweisen!« versicherte Frau Mäurer, kramte in ihrer Handtasche und präsentierte uns einen Stoß Papiere. Pflichtschuldig besah ich mir den spanischen Ausreisestempel im Paß und den Einreisestempel für die DDR, schielte verstohlen auf das Geburtsdatum – danach war Frau Mäurer 53, sah aber jünger aus – und beteuerte abwehrend, daß ich nicht mißtrauisch sei.

»Allerdings habe ich noch nie im Haushalt gearbeitet, ich war ja immer selbständig und hätte niemals geglaubt, mein Brot als Dienstmädchen verdienen zu müssen, aber das Schicksal hat es so gewollt.«

Für den ersten Abend reichte es an Theatralik, und so versicherte ich Frau Mäurer, daß sie kein Dienstmädchen, sondern vollwertiges Familienmitglied sei, und im übrigen könnte ich es verstehen, wenn sie jetzt erst einmal zur Ruhe kommen wolle. Ihr Zimmer liege im oberen Stockwerk. Wohlversehen mit einem meiner Nachthemden und einer Zahnbürste – »Ich kann nur hoffen, daß mir recht bald meine Sachen nachgeschickt werden!« – zog sich Frau Mäurer zurück.

»Na, was meinst du?« fragte ich Rolf, während ich den Tisch abräumte. Er hatte noch keine Meinung. Und meine eigene wollte ich ihm lieber nicht sagen.

Die Kinder reagierten auf den Zuwachs mit gemischten Gefühlen. Sven und Sascha maulten, als ihr Vater ihnen verbot, sich von Frau Mäurer mit »Sie« anreden zu lassen. Steffi äußerte die Befürchtung, nicht mehr genügend Zeit für ihre morgendlichen Schönheitsprozeduren zu haben, weil jetzt doch jemand da war, der das Bad benutzen würde, und die Zwillinge erkundigten sich als erstes: »Können Sie Mau-Mau?«

»Nein, was ist das?«

»Ein Kartenspiel natürlich.«

»Tut mir leid, ich spiele nur Bridge«, bedauerte Frau Mäurer und ergänzte mit anklagender Miene: »Für derartige Dinge werde ich ohnehin keine Zeit mehr haben, denn ich bin ja zum Arbeiten hier.«

Und das tat sie dann auch. Jeden Morgen zog sie mit dem gesamten Inhalt des Besenschranks durch das Haus, ertränkte Flure und jeden nicht teppichbelegten Quadratzentimeter Boden unter Sturzbächen von Seifenlauge, polierte alle zwei Stunden die gläserne Tischplatte, fuhrwerkte morgens und nachmittags mit dem Staubsauger herum, und wenn sie fertig war, fing sie wieder von vorne an.

»Früher war es hier viel gemütlicher«, meuterte Sascha, als Frau Mäurer mit einem mißbilligenden Seitenblick zu ihm die Zeitung zusammenfaltete, die er wieder einmal, in ihre Einzelteile zerlegt, gleichmäßig im Raum verteilt hatte. »Jetzt sieht alles so entsetzlich steril aus.«

»Ordnung muß sein«, bemerkte Frau Mäurer und räumte auch noch den Bleistift weg, mit dem Sascha sich am Kreuzworträtsel versucht hatte.

»Quatsch«, sagte Sven, »wer Ordnung hält, ist bloß zu faul zum Suchen.«

Auch Rolfs anfängliche Begeisterung über Frau Mäurers Arbeitseifer geriet zunehmend ins Wanken. Wenn er ganz harmlos fragte, ob noch ein Bier im Kühlschrank stehe, sprang sie sofort auf, brachte Flasche und Glas, stürmte erneut los, um den Öffner zu holen, schenkte das Bier ein, lief wieder los, um das vergossene Bier wegzuwischen, setzte sich, sprang auf, weil sie den Untersatz vergessen hatte, holte ein Ledertuch, um die Glasplatte neu zu polieren, setzte sich, stand noch einmal auf, denn der Aschenbecher befand sich nun nicht mehr in Rolfs Reichweite, und wenn sie endlich wieder Platz genommen hatte, war inzwischen das Bier alle, und sie sah sich genötigt, Flasche und Glas wieder fortzuräumen. Ordnung muß sein.

Spazierte Nicki mit staubigen Schuhen quer über den Wohnzimmerteppich, eilte Frau Mäurer mit Hausschuhen und Kleiderbürste hinterher. Wusch sich Katja in der Küche die Hände statt im Bad, polierte Frau Mäurer mit ergebener Miene sofort das Spülbecken. Stellte Rolf seine Mappe auf dem Flur ab, brachte Frau Mäurer sie umgehend ins Arbeitszimmer. Warf ich meine Handschuhe auf den Dielentisch, legte Frau Mäurer sie sorgfältig in die Schublade, wo ich sie zehn Minuten später wieder herausholte. Unsere Schlüssel bekamen Plastikschildchen, unsere Blumentöpfe wurden der Größe nach auf den Fensterbrettern angeordnet, und eines Tages waren auch die Bücher dran. Ob man nicht die Taschenbücher alle nach links und die dünnen hohen nach rechts...

Ich dachte an Frau Friedrich und streikte.

Inzwischen atmeten wir alle auf, wenn Frau Mäurer ihren ›freien Nachmittag nahm‹. Umsonst hatte ich ihr versichert, daß es mir völlig gleichgültig sei, wann wie lange sie wohin gehe, außerdem sei die Leibeigenschaft ohnehin nicht mehr gebräuchlich.

Nun hatte Frau Mäurer gewiß viele bemerkenswerte Vorzüge, aber Humor gehörte nicht dazu. Etwas pikiert erklärte sie mir dann auch, daß sie nur die ihr gesetzlich zustehenden Rechte beanspruche, nämlich einen freien Nachmittag pro Woche und jedes zweite Wochenende. Sie habe sich diesbezüglich erkundigt.

»Wo denn?« rutschte es mir heraus.

»Bei einer einschlägigen Stelle.«

Später entpuppte sich diese einschlägige Stelle als Kurgast, der mit einem Zimmermädchen geschäkert hatte und auf intimere Beziehungen verzichten mußte, weil die junge Dame angeblich immer im Dienst gewesen war und nicht einmal die ihr zustehende Freizeit bekommen habe.

Frau Mäurer stiefelte also einmal wöchentlich nach dem Mittagessen los und kehrte – von ihr selbst verordnet – pünktlich um elf Uhr zurück. Im Hinblick auf die miserablen Verkehrsverbindungen, die jeden nichtmotorisierten Einwohner Bad Randersaus zu absoluter Abstinenz in bezug auf Barbesuche oder noch ausschweifendere Amüsements verdonnern, war es uns wochenlang ein Rätsel, wo Frau Mäurer wohl ihre Vergnügungslust befriedigen würde. Dann entdeckte Sven sie im Kurhaus, wo sie munter das Tanzbein schwang.

An ihren nicht freien Wochenenden bemühte sie sich redlich, den bei uns üblichen Sonntagstrott abzuschaffen. Wir hatten pünktlich um neun Uhr am Frühstückstisch zu erscheinen – lediglich die Jungs brachten den Mut auf, sich diesem Gebot zu widersetzen –, der Vormittag diente den umfangreichen Vorbereitungen für das Mittagessen, der Nachmittag stand im Zeichen der unerläßlichen Kaffeetafel, und am Abend luden wir uns vorsichtshalber bei Freunden ein, die im Trainingsanzug oder in ausgebeulten Cordhosen auf der Terrasse saßen und den Sonntag genossen. Bei ihnen waren nicht mal die Betten gemacht, während bei uns sogar der Küchenboden glänzte. Frau Mäurer ließ es sich nicht nehmen, in der Küche auch sonntags die Fliesen zu scheuern, und das unter völliger Mißachtung einschlägiger Fernsehwerbung sogar auf Knien und mit der Wurzelbürste.

Ich konnte zwar sicher sein, daß es im ganzen Haus keinen schmutzigen Winkel mehr gab – sogar die Kakteen waren unter Zuhilfenahme einer Fahrradpumpe vom Staub befreit worden –, aber es gab auch keine Gemütlichkeit mehr. Wir begannen also ernsthaft zu überlegen, wie wir unsere übereifrige Haushaltshilfe wieder loswerden könnten. Es fiel uns nichts ein.

Frau Mäurer schien ähnliche Gedanken zu haben. Einmal fragte sie mich, ob sie sich wohl als Spanischlehrerin in der Volkshochschule eignen würde, ein andermal wollte sie wissen, wie die Verdienstmöglichkeiten für Kellnerinnen seien. Ich hatte von beidem keine Ahnung.

Aber dann schien das Schicksal endlich ein Einsehen gehabt und Frau Mäurer auf den richtigen Weg geschickt zu haben. Es war übrigens jener Pfad, der zum Waldsee führt. Dort begegnete sie einem Herrn, der nicht nur alleinstehend, sondern in höchstem Grade an ihr interessiert war, weil er nämlich gerade für seine Villa eine Hausdame suchte. Selbige habe lediglich das Personal zu beaufsichtigen und in Abwesenheit des Hausherrn besagte Villa zu hüten. Voraussetzung sei allerdings, daß sie das Wächteramt in spätestens zwei Wochen antreten könnte.

»Wo wohnt denn dieser Herr?« fragte Rolf.

»Irgendwo im Taunus, es muß ein ganz kleiner Ort sein.«

»Und wie lange kennen Sie Ihren neuen Arbeitgeber schon?«

»Nun, wir haben uns nur ein paarmal getroffen, aber es handelt sich um einen sehr soignierten Herrn. Was er mir über sich und sein Leben erzählt hat, klang alles äußerst distinguiert. Er besitzt eine Textilfabrik, die er jetzt seinem Teilhaber übergeben möchte, weil er sich nur noch seinen Liebhabereien widmen will, Kunst und Kultur, Reisen und so weiter. Dinge also, für die auch ich mich seit jeher interessiere. Wir harmonieren sehr gut zusammen, natürlich auf rein geistiger Ebene.«

Heißa, da hatte sie es uns Kulturbanausen aber gegeben! Ihre sehr oft geäußerte Schwärmerei für Richard Wagner und seine Werke hatte einen erheblichen Knacks bekommen, seit Rolf ihr einmal unverblümt erklärt hatte, des Meisters gewaltige Tonschöpfungen empfinde er als erdrückend. »Die Götterdämmerung zum Beispiel ist eine Oper, die um sechs Uhr beginnt, und wenn sie drei Stunden gedauert hat, sieht man auf die Uhr, und es ist sechs Uhr zwanzig!«

Seitdem lehnte es Frau Mäurer ab, mit uns über kulturelle Ereignisse im allgemeinen und über Richard Wagner im besonderen zu diskutieren. Nach ihrer Ansicht hatten wir ohnehin kein Musikverständnis, weil wir nicht schon längst unseren Nachwuchs oder doch wenigstens dessen unaufhörlich dudelnden Plattenspieler und Recorder aus dem Haus geworfen hatten. In diesem Punkt stimmte ich zwar völlig mit ihr überein, fürchtete aber, daß derartig drakonische Maßnahmen die Liebe meiner Söhne zu klassischer Musik auch nicht gerade fördern würden.

Frau Mäurer begehrte also eine vorzeitige Lösung ihres Arbeitsverhältnisses, womit sie unseren eigenen Wünschen durchaus entgegenkam. Rolfs Bedenken, sie ließe sich doch wohl auf eine sehr unsichere Sache ein, tat sie mit einem Achselzucken ab. »Ich bin alt genug, um selbst auf mich aufzupassen. Außerdem hat mich das Leben Menschenkenntnis gelehrt, ich täusche mich selten.«

Diesmal schien sie sich aber doch getäuscht zu haben. Nach einem gemessen-kühlen Abschied war sie wenige Tage darauf verschwunden, ohne eine Adresse zu hinterlassen oder sich – wie vorher zugesichert – in Kürze zu melden. Ich begegnete ihr erst wieder, als ich während eines Einkaufsbummels in Heilbronn vor einem Gewitterschauer in ein kleines Café flüchtete und sie mit Häubchen und Tändelschürze hinter dem Kuchenbüfett entdeckte. Etwas verstört trabte ich zurück in den Regen. Vielleicht hatte sie mich noch nicht bemerkt.

Nun war die Familie also wieder unter sich, beglückt, Frau Mäurers Ordnungswahn entronnen zu sein, weniger beglückt, weil sie jetzt wieder alles selbst tun mußte. Präzise ausgedrückt: Weil *ich* jetzt wieder alles selbst tun mußte.

Furchte ich mit dem Rasenmäher Schneisen in die Kleekulturen, rief Sascha ganz entsetzt: »Aber Määm, du sollst doch in dieser Hitze nicht den Rasen schneiden! Wo ist denn Paps?«

Brütete ich über irgendwelchen Rechnungen, so beugte sich mein Gatte interessiert über meine Schulter, betrachtete kopfschüttelnd das Geschreibsel und sagte gönnerhaft: »Auch wenn du die Ausgaben notierst, lebst du trotzdem über unsere Verhältnisse, aber du hast es wenigstens schriftlich. Kannst du mir übrigens mal verraten, wo immer das Geld bleibt, das wir im Sommer an Heizung sparen?«

»Weiß ich nicht, bisher ist es mir weder im Winter noch im Sommer gelungen, einen Überschuß herauszuwirtschaften!«

»Ist ja eigentlich auch kein Wunder in einer so verwirrenden Zeit, wo man unter der Bezeichnung ›wirtschaftlich‹ sowohl ganz große Waschpulverpakete versteht als auch ganz kleine Autos.«

Trotz meiner soeben wieder erwiesenen Unfähigkeit, jeden Monat einen Sparstrumpf der Schuhgröße 45 zu füllen, war Rolf bereit, mir einige arbeitserleichternde Geräte zu bewilligen. Da er seine diesbezüglichen Kenntnisse überwiegend aus dem Werbefernsehen bezog, bekam ich als erstes einen elektrischen Eierkocher. Nun schrillte nach vier Minuten nicht mehr der Küchenwecker, jetzt pfiff die eingebaute Elektrouhr. Manchmal pfiff sie auch nicht, weil ich vor lauter Elektronik vergessen hatte, sie einzustellen; dann waren die Eier hart und die bissigen Kommentare ihrer Konsumenten noch härter. Ich kochte die Eier wieder nach der herkömmlichen Methode, sie war nervenschonender.

Als nächstes brachte Rolf eine Allzweckmaschine an. Sie beanspruchte den halben Küchentisch, und wenn ich alle Zubehörteile ausgebreitet hatte, sogar den ganzen. Dafür konnte sie rühren, schnitzeln, schneiden, kneten, pressen, raspeln, röhren, quietschen, klemmen, jaulen und kaputtgehen. Letzteres immer dann, wenn ich den falschen Schalter gedrückt und somit versucht hatte, rohe Karotten durch den Fleischwolf zu drehen oder die Ingredienzen für Bananenmilch durch das Schnitzelwerk zu jagen. Ganz abgesehen davon, daß die dann anfallenden Reinigungsarbeiten zeitraubend waren. Bananenbrei läßt sich von Fensterscheiben nur sehr mühsam entfernen.

Auch ein elektrisches Messer bekam ich, ein furchterregendes Instrument mit den ungefähren Ausmaßen einer Bandsäge. Nachdem ich endlich gelernt hatte, rechtzeitig abzustoppen, bevor ich mit der Wurst auch das darunterliegende Brett zerteilt hatte, säbelte ich versehentlich das Zuleitungskabel durch. Und weil Sven darauf wartete, daß Sascha die Strippe reparieren würde, während Sascha meinte, sein Vater könnte das viel besser, liegt das Messer noch immer mit kaputter Schnur irgendwo herum, von niemandem vermißt.

Nächste Errungenschaft war ein Joghurtzubereiter. Elektrisch natürlich. Damals machte Rolf gerade die sich alljährlich wiederholende Phase der gesundheitsbewußten Ernährung durch, und so stellte ich weisungsgemäß Unmengen von Joghurt her, das nie so aussah und noch viel weniger so schmeckte wie gekauftes. Nach vierzehn Tagen konnte kein Mensch mehr Joghurt sehen. Ich verbuchte die Fehlinvestition unter ›Allgemeine Unkosten‹.

Als mein alter Staubsauger seinen Geist aufgab, bekam ich einen neuen, bestehend aus 37 Einzelteilen, handlich verpackt und mit einer halbmeterlangen Anweisung versehen, wie man aus den Schrauben, Röhren, Klemmen und Kabeln ein funktionsfähiges Haushaltsgerät zusammenbasteln könne.

Sven versuchte sich als erster an dem Puzzle; nicht umsonst ist er der einzige von uns, der Gebrauchsanweisungen nicht nur lesen, sondern darüber hinaus auch in verständliches Deutsch übersetzen kann. Das Produkt seiner zweistündigen Bastelarbeit sah dann auch beinahe wie ein Staubsauger aus. Nur die Räder hatte er nirgends anbringen können, und auch das Kabel verschwand in abenteuerlichen Windungen an der Stelle, wo nach meiner Ansicht das Saugrohr hingehört hätte. Siegesgewiß drückte Sven auf den Einschaltknopf, das Gerät jaulte kurz auf, gab ein Warnsignal in Gestalt eines kleinen Rauchwölkchens von sich, begann nach Gummi zu stinken und deutete damit an, daß es in die Hände eines Fachmanns zu gelangen wünschte.

Der war zur Stelle! Rolf nahm das ganze Gerät wieder auseinander, schnitt hier ein bißchen Gummi ab, fügte dort ein bißchen ein, verbrauchte sehr viel Isolierband und noch mehr Bier zur Inspiration, aber schließlich hatte er sein Werk vollendet. Sogar die Räder saßen jetzt dort, wo sie vermutlich hingehörten. Dann kam der erste Startversuch. Der Staubsauger kreischte los, das Zuleitungskabel bäumte sich wie eine Kobra auf, bevor es zuckend im Saugrohr verschwand, am endgültigen Wegtauchen nur durch den Stecker gehindert, dann gab es einen Knall, und alle Sicherungen waren draußen. Die meisten Leute riskieren eben lieber ein Unglück, als eine Gebrauchsanweisung zu lesen.

Rolf meinte später, die Reparaturkosten seien weniger schmerzlich gewesen als die Kommentare des Elektrikers. Seitdem repariert er nichts mehr selber. Die Erläuterungen der Nachbarn, wie er es einfacher und besser gemacht hätte, waren wohl zu deprimierend.

Ich weiß nicht, wie andere Frauen es machen, daß sie immer Zeit haben (und wenn sie keine Zeit haben, dann nur deshalb, weil sie zur Hausfrauen-Gymnastik müssen oder beim Friseur angemeldet sind). Ich habe nie Zeit! Oder nur ganz selten, und selbst dann passiert meist etwas Unvorhersehbares. Katja fällt ein, daß sie vergessen hat, aus der Hosentasche ihrer weißen Jeans den Kugelschreiber herauszunehmen – die Waschmaschine schaltet gerade den ersten Spülgang ein –, oder Stefanie teilt mir beiläufig mit, daß sie in einer Stunde zu einer Geburtstagsparty eingeladen sei und kein Geschenk habe. Ob ich nicht etwas improvisieren könne, weil doch mittwochs am Nachmittag die Läden geschlossen seien. Oder Sascha eröffnet mir strahlend, er wolle Russisch lernen und deshalb auf eine Schule nach Heilbronn überwechseln.

Meine Freizeit verbringe ich also mit Überlegungen, wie man Kugelschreiberflecke aus Hosen entfernt, ob man einer Vierzehnjährigen zum Geburtstag ockerfarbene Frottee-Handtücher schenken kann, weil ich davon noch ein paar unbenutzte liegen habe, und wie man seinem Sohn klarmacht, daß Russisch nicht mehr aktuell und Chinesisch die kommende Fremdsprache sei.

12

Als ich wieder einmal in einer kostbaren Mußestunde versuchte, von den Zeitungen der vergangenen Woche wenigstens die Überschriften zu lesen, baute sich Steffi vor mir auf und fragte ganz harmlos:

»Nicht wahr, es macht dir doch nichts aus, wenn Christiane ein paar Tage zu uns kommt? Ihre Oma ist nämlich krank, und deshalb ist ihre Mutter zu ihr hingefahren.«

Christiane verbrachte ohnehin den größten Teil des Tages bei uns und verschwand in der Regel nur zu den Essenszeiten – häufig genug nicht einmal dann. Ich wußte wirklich nicht, was sich an dem gegenwärtigen Zustand besonders ändern sollte.

»Ich meine doch, daß Christiane auch bei uns schläft, sie grault sich sonst so ganz allein.«

»Ist denn ihr Vater nicht da?«

»Nee, der ist auf Montage in Syrien oder Syrakus oder so ähnlich!«

»Macht ja nichts, ist doch fast dasselbe! Also von mir aus kann sie kommen, das Gästezimmer ist frei.«

»Kommt nicht in Frage«, protestierte Steffi, »sie schläft bei mir im Zimmer. Wir stellen einfach das Harmonikabett rein!«

Erbstück meiner Großmutter und Relikt aus längst vergangenen Luftschutzkellertagen, als man vorwiegend unterirdisch lebte und zusammenklappbare Möbelstücke bevorzugte, die zwar selten bequem, aber immer platzsparend waren.

Christiane zog also zu uns (»Vielen Dank, es ist ja nur bis Sonntag!«), und damit begann für mich ein neues Erlebnis. Ich wurde mit einem schon *ausgewachsenen* weiblichen Teenager konfrontiert.

Christiane war knapp anderthalb Jahre älter als Stefanie, aber mindestens drei Jahre reifer. Folglich bestand ihr Gepäck aus einer Plastiktüte, in der sich ein Schlafanzug befand sowie eine Zahnbürste, und einer mittelgroßen Reisetasche, angefüllt mit Döschen, Fläschchen, Tuben, Schachteln, Kämmen, Bürsten, Lockenwicklern, Musikkassetten und Kaugummi.

Bereits am ersten Abend verbarrikadierten sich die beiden jungen Damen, also die fast ausgewachsene und ihre lernbegierige Vasallin, im Bad, aus dem sie erst wieder herauskamen, nachdem Sascha gedroht hatte, die Fensterscheibe einzuschlagen. Steffis schulterlanges Haar war zu Schnecken aufgedreht und mit wie Schwerter gekreuzten Nadeln festgesteckt, ihr Gesicht mit einer Art Tapetenkleister beschmiert, die Fingernägel glänzten silbern, und an den Ohren hingen Clips in der Größe von Christbaumkugeln.

Sascha staunte seine Schwester sekundenlang an, bevor sein Blick zu Christiane wanderte, die so ähnlich aussah. Dann brüllte er los: »Määm, ruf die Polizei an, wir haben Besuch von Außerirdischen!«

»Alberner Kerl«, sagte Christiane hochmütig, verschwand in Steffis Zimmer und knallte die Tür zu.

»Naja, die Gesichtsmaske sieht vielleicht ein bißchen komisch aus«, gab Stefanie zu, »aber schließlich muß man ja mal etwas für sein Aussehen tun.«

»Geht ihr dann immer mit so einem Tarnanstrich ins Bett? Ich habe Määm aber noch nie so herumlaufen sehen.«

»Vielleicht ist sie schon zu alt dafür«, überlegte Steffi, »aber es könnte ja auch sein, daß sie sonst Papi vergrault.«

Diese Möglichkeit schien Sascha ernsthaft zu beschäftigen. Mit seinem Bruder erörterte er die Aussichten, seiner späteren Frau auch ständig als ›wandelndem Gipskopf‹ zu begegnen, was seine derzeitigen Absichten, sein Leben als Junggeselle zu beschließen, nur noch untermauerte.

»Heiraten ist doch sowieso Schwachsinn«, beendete Sven die Debatte. »Früher mag das ja ganz praktisch gewesen sein, weil man jemanden zum Waschen und Kochen brauchte, aber heutzutage ist das doch nicht mehr nötig. Es gibt Waschmaschinen, bügelfreie Klamotten und Fertiggerichte. Nee, heiraten kommt für mich nicht in Frage, ich lebe lieber à la carte.«

Rolf waren die Verschönerungsversuche seiner Tochter entgangen, weil er es abgelehnt hatte, das obere Stockwerk zu betreten.

»Junge Mädchen haben ihre kleinen Geheimnisse und sollen sie auch behalten!«

Nicht entgehen konnte ihm allerdings die Musik, die pausenlos aus dem Recorder hervorblökte: Die Smokies, die Clouds, die Teens, die Stones, die Abbas – ich konnte die verschiedenen Gruppen nie voneinander unterscheiden, sie hörten sich alle gleich an. Die Mädchen lauschten mit beseeltem Blick diesem Geröhre und Gekrächze, und dieses Lauschen erforderte, daß sie auf irgendeinem Möbelstück arrangiert waren, umgeben von einem wilden Durcheinander von Colabüchsen, Kartoffelchips, Kaugummi-Einwickelpapier, Kekskrümeln und Schuhen. Keine trug im Haus Schuhe. Sie brauchten ja auch nicht die Löcher in den Strümpfen zu stopfen.

Um elf Uhr dröhnte noch immer der Plattenspieler, und er

dröhnte so lange, bis Rolf kurzerhand die Sicherungen herausdrehte. Allerdings hatte er damit auch den Radiowecker ausgeschaltet, und am nächsten Morgen schrieb ich fünf verschiedene Entschuldigungen wegen des versäumten Schulbeginns.

Zu Mittag gab es Nudelauflauf mit überbackenem Käse, ein besonders von Stefanie sehr geschätztes Gericht. Christiane beäugte mißtrauisch die goldbraunen Makkaroni, legte sich vier Stück auf den Teller und sagte entschuldigend: »Mehr darf ich nicht, ich habe heute meinen Diättag.«

Steffi zuckte merklich zusammen, wechselte ihren vollgehäuften Teller gegen Svens noch leeren aus, nahm sich sechs Nudeln und seufzte: »Christiane hat ja recht, ich muß wirklich auf meine Figur achten!«

Vorsichtshalber sagte ich gar nichts, sondern überprüfte in Gedanken meine Vorräte. Sie würden selbst dem Ansturm zweier ausgehungerter Teenager standhalten. Er blieb aus. Zum Abendessen erbat sich Christiane ein hartgekochtes Ei und ungesüßten Tee. Steffi aß trockenes Knäckebrot mit Quark.

»Bist du krank?« fragte Rolf besorgt.

»Nein, nur ernährungsbewußt. Mami kocht sowieso viel zu fett, davon kriegt man lauter Pickel!«

Am nächsten Morgen weigerte sie sich, ihren Orangensaft zu trinken. »Warum kaufst du nie Tomatensaft? Der hat nur fünfzig Kalorien!«

Die Jungs hatten heute auch nachmittags Unterricht, würden also zum Essen nicht zu Hause sein, und so hatte ich für die Mädchen eine Salatplatte vorbereitet, die ihrem Diätbewußtsein wohl entgegenkommen würde.

Weit gefehlt! Sie stürzten sich zwar wie die Heuschrecken auf das Grünzeug, fraßen es bis zum letzten Petersilienstengel ratzekahl weg, verlangten dann aber etwas Handfestes.

»Und ich dachte...«

»Unser Diättag ist vorbei, wir sind halb verhungert!«

Den Rest des Tages verbrachten sie damit, sich mit Cornflakes, Haferflockenmüsli, Crackers und Erdbeertorte vollzustopfen. Zum Abendessen erschienen sie nicht. Meine Ferndiagnose lautete auf Magenbeschwerden, also kochte ich Kamillentee und jonglierte ihn die Treppe hinauf, bereit, den Patientinnen Trost und heilsamen Trank zu spenden.

Christiane hockte mit trotzigem Gesicht in einer Ecke, Steffi lag auf dem Bett und heulte.

»Was ist denn los? Ich dachte, ihr seid schwerkrank?«

»Pa-Papi hat überhaupt kein Verständnis f-f-für mich«, schluchzte Steffi. »Christiane hatte einen völlig neuen Menschen aus mir gemacht, aber *er* hat verlangt, daß ich alles sofort wieder abwasche!«

Zur Rede gestellt, erklärte der Rabenvater: »Wenn ich sie mit dem Gesicht in meinen Aquarellkasten getaucht hätte, hätte sie auch nicht schlimmer aussehen können als vorhin. Cadmiumfarbene Lippen, Augenlider in Coelinblau, der Teint annähernd indischgelb und dazu Fingernägel in Veroneser Grün! Von der übertriebenen Schminkerei einmal abgesehen, hat sie auch noch mein Künstlerauge beleidigt. Diese Farbtöne passen ganz einfach nicht zusammen!«

Als ich anschließend das Tohuwabohu im Bad aufzuräumen versuchte, entdeckte ich auf dem Fußboden in einer Ecke ein schwarzes spinnenähnliches Tier mit vielen Beinen. Ich schrie sofort nach Sven, zu dessen Aufgaben die Beseitigung derartiger Lebewesen gehört, weil ich einen familienbekannten Horror vor allem habe, was kriecht und krabbelt. Mein Sohn, an Hilfeschreie in schrillstem Diskant gewöhnt, erschien auch sofort, schwang todesmutig seinen Turnschuh und erschlug das Untier. Anschließend inspizierte er seine Beute und entdeckte, daß er soeben Christianes falsche Wimpern massakriert hatte.

Natürlich bekamen wir auch Herrenbesuch. Christiane hatte bereits einen ›Festen‹, der Jimmyboy genannt wurde, obwohl er auf den klangvollen Namen Friedhelm getauft war, Pickel im Gesicht und einen Wortschatz von vierzig Wörtern hatte. Zum Glück teilte Stefanie in diesem Falle nicht den Geschmack ihrer Freundin. Sie fand den Knaben ›einfach widerlich ölig‹, was mich für die Zukunft hoffen ließ.

(Ein dreiviertel Jahr später brachte sie uns den Jüngling Charly an, der sich von Jimmyboy nur dadurch unterschied, daß er neben den Pickeln noch ebenso viele Sommersprossen hatte. Im Augenblick favorisiert sie einen Mäcki, der ihr die Relativitätstheorie erklärte und ihr politisches Bewußtsein weckte. Zur Zeit steht sie irgendwo zwischen Marx und Mao.)

Endlich kam der Tag, an dem Christiane samt Rougetöpfchen und Nagellackflaschen wieder heimwärts zog. Als Rolf die Tür hinter ihr geschlossen hatte, sagte er matt:

»Das Schlimmste an Teenagern ist ja nicht ihr Alter, sondern daß sie es herrlich finden!«

13

Jedesmal, wenn ich mich von den Illustrierten-Schönheiten inspirieren lasse und eine optische Verbesserung meines Äußeren anstrebe, ernte ich bei unserem kritischen Nachwuchs nur Hohn und Spott. Er sieht mich am liebsten in Hosen, weil ich dann beim Fußballspiel gelegentlich für den kurzfristig abwesenden Tormann einspringen oder über Gartenzäune hechten und die getürmte Schildkröte einfangen kann. Auch eine Kurzhaarfrisur ist praktisch; man läuft nicht so oft zum Friseur und kommt deshalb auch gar nicht auf den Gedanken, die wallende Haarpracht der Knaben könnte ebenfalls mal wieder einen Auslichtungsschnitt vertragen.

Bei einem meiner sehr seltenen Friseurbesuche ließ ich mich überreden, meine langsam ergrauenden Haare durch eine hell eingefärbte Strähne zu verschönen. Beifallheischend präsentierte ich mich der Familie. Sven umrundete mich und nickte zustimmend: »Siehst prima aus, Määm, genau wie ein Dachs!«

Kaufe ich mir einen neuen Lippenstift, probiert Steffi ihn als erste aus. »Iiiihh, ist der scheußlich, der steht mir überhaupt nicht!« Den sündhaft teuren Modeschmuck, Ergänzung zu meinen geliebten Rollkragenpullis, musterte Katja stirnrunzelnd.

»Wo hast du denn *die* Kette her? Aus'm Kaugummiautomaten?«

So war es auch kein Wunder, daß mein neuer Badeanzug, Zugeständnis an die bevorstehende Seereise, nicht den gewünschten Beifall fand. Sven meinte schließlich beruhigend: »Außer uns wird ihn ja kaum jemand zu sehen kriegen!«

Damit hatte er zweifellos recht. Rolf war auf die Idee gekommen, an der holländischen Nordseeküste ein Ferienhäuschen zu mieten, weil das billiger, praktischer und auch sonst angeblich viel vorteilhafter sein würde als ein Hotelaufenthalt. Die Kinder fanden das auch, allerdings aus anderen Gründen.

»Wenn Mami kocht, kriegen wir wenigstens was Vernünftiges zu essen, nicht bloß dauernd Käse. Etwas anderes wächst doch in Holland gar nicht!« Das war Nicki.

Steffi hatte gerade wieder ihre kalorienarme Phase und mutmaßte, daß die niederländische Küche ihren vegetarischen Ambitionen nicht gerade entgegenkommen würde.

»Bestimmt gibt es da oben sehr saftige Weiden, da kannst du doch dein Kuhfutter direkt vom Halm fressen«, empfahl Sascha brüderlich-zärtlich. »Ich finde es viel wichtiger, daß wir auf den täglichen Maskenball verzichten können!«

»Wieso? Ist in Holland jetzt Fasching?« wollte Katja wissen.

»Ach Quatsch! Ich meine doch bloß, wir brauchen uns nicht dauernd umzuziehen. Wenn man nämlich zum gemeinsamen Futtertrog in den Speisesaal muß, dann ist Schlips und Kragen Vorschrift.«

Bei uns herrschen demokratische Verhältnisse, und in einer Demokratie entscheidet immer die Mehrheit. Die Mehrheit war also für einen alternativen Urlaub. Da sich die Mehrheit aber nicht um so belanglose Kleinigkeiten zu kümmern brauchte, wie: Wo kann man einkaufen? Gibt es frische Milch? Gehören zum gemieteten Mobiliar auch Dosenöffner und Wäscheklammern? blieb es allein mir überlassen, zu entscheiden, ob ich einen Tauchsieder mitnehmen sollte oder doch lieber einen Leitfaden für Pfadfinder. Mein Gatte hatte bei der Anmietung des Feriendomizils zwar festgestellt, daß man 287 Schritte bis zum Strand benötigte und 321 Schritte bis zum Getränkekiosk – angeblich führte der vier verschiedene Biersorten –, aber leider wußte er nicht, ob es elektrisches Licht in dem Häuschen gab.

»Im Sommer bleibt es doch lange hell, und außerdem ist eine Petroleumlampe viel romantischer«, sagte Sven.

»Ein qualmendes Holzfeuer, auf dem man Essen kochen soll, ist aber weit weniger romantisch!« Ich konnte mich noch recht gut an die Nachkriegszeit erinnern, als wir mangels Strom und Gas zu den Gepflogenheiten unserer Ahnen zurückkehren und auf einem altersschwachen Kohleherd kochen mußten. Aber wenigstens hatten unsere Ahnen eine saftige Schweinslende oder einen Vorderschinken braten können, während wir nur in einem wässerigen Mehlsüppchen rühren konnten.

Endlich waren die Koffer gepackt (*nach* einer Ferienreise stellt man immer fest, daß man mit halb soviel zum Anziehen und doppelt soviel Geld recht gut ausgekommen wäre!), Hamster, Wellensittich und Schildkröte in Pension gegeben, Schlauchboot, Gartengrill und 38 Musikkassetten im Auto verstaut, Hausschlüssel zu Frau Keks gebracht, anschließend wieder zurückgeholt, weil in Saschas Zimmer noch der Plattenspieler orgelte, Streit geschlichtet, wer am Fenster sitzen darf ... es konnte losgehen.

Die größte Erfindung des Menschen war bekanntlich das Rad – bis er sich dahintersetzte. Rolf gehört zu jenen Autofahrern, die die Straßenverkehrsordnung im Kopf haben und jedes Vergehen anderer Verkehrsteilnehmer unnachsichtig ahnden. Er kriegt es fertig, mitten auf einer Kreuzung anzuhalten, auszusteigen und einem darob völlig verstörten Fahrer die Vorfahrtsregeln herunterzubeten. Dabei beeindruckt es ihn nicht im geringsten, wenn sich hinter ihm eine endlose Schlange wütender Autos bildet.

Diesmal verlief die Fahrt ohne programmwidrige Unterbrechungen, von den gelegentlichen und meist saisonbedingten Staus einmal abgesehen. (Übrigens werden auch heute noch Eingeborene, die mit Trommeln böse Geister zu vertreiben suchen, von jenen aufgeklärten Autofahrern zutiefst verachtet, die mit lautem Hupen eine Verkehrsstockung beseitigen wollen!!)

Wir waren bei strahlendem Sonnenschein abgefahren. An der Grenze hüllten wir uns bereits in Wolljacken, kurz hinter Amsterdam schaltete Rolf die Heizung ein, und als wir endlich unser Ziel erreicht hatten, goß es in Strömen.

»Direkt am Meer klärt es sich immer schnell wieder auf, morgen früh scheint bestimmt die Sonne«, versicherte Rolf und bemühte sich, mit der unterwegs gekauften Illustrierten und fünf Stückchen Holz ein Feuer in dem hübschen altmodischen Herd zu entfachen. Einen elektrischen Kocher gab es aber auch. Er hatte zwei Platten, von denen die eine nur noch auf der linken Seite heiß wurde.

Unser derzeit verwaistes Heim mochte bescheiden sein, aber es bot ungleich mehr Komfort und Behaglichkeit als dieses zehnmal so teure Ferienparadies. Die drei Schlafzimmer waren spartanisch eingerichtet, das Kücheninventar schien auf den Bedarf eines Rentnerpaares zugeschnitten zu sein – es gab keine Bratpfanne, dafür aber drei Milchkannen, deren größte fünf Liter faßte –, und die Wohnzimmermöbel ließen vermuten, daß Holländer eine andere Anatomie haben als Deutsche. Die Sessel sahen sehr dekorativ aus, nur zum Sitzen waren sie völlig ungeeignet.

Nun soll man ja seine Ferien nicht *im* Haus, sondern außerhalb desselben verbringen. Dort gab es eine Veranda, davor Wiese, drumherum Bäume und irgendwo dahinter vermutlich das Meer. Wir hörten es rauschen, sehen konnten wir es nicht. Es regnete noch immer. Es regnete auch am nächsten Morgen, und als es aufhörte, wurde es windig. Hierbei handelte es sich nicht etwa um ein zärtliches lindes Lüftchen, nein, es war ein ausgewachsener Sturm, der die Fenster zum Klappern brachte und das aufgeblasene Gummifloß in einen Dornenstrauch wehte, wo es leise pfeifend in sich zusammenfiel. So entdeckten wir als erstes, daß wir Flickzeug vergessen hatten. Als nächstes vermißte ich den vergessenen Büchsenöffner, aber dafür hatten wir ja gleich zwei Flaschenöffner mitgebracht. Ich vermißte ferner einen Regenschirm, ein heizbares Deckbett, Nähnadeln, eine Wäscheleine, Kugelschreiber, Schuhcreme, Skipullover, Thermoskanne und ein Telefon, um mich bei guten Freunden ausheulen zu können.

Unseren ersten Ferientag verbrachten wir mit dem Versuch, uns irgendwie warmzuhalten. Bei dem Haus hatten wir das schon aufgegeben. Heizmaterial fanden wir nicht, und etwa angeschwemmtes Treibholz hatten vermutlich die anderen Feriengäste verfeuert. Sie waren schon länger hier und klagten über Frostbeulen. Außer unserem Häuschen gab es fünf weitere, von denen aber noch zwei leerstanden. Zwei andere waren von Holländern bewohnt. Im letzten Haus hatten sich drei Männer etabliert, die uns bereits am ersten Morgen aufgefallen waren. Sie schienen gegen die Kälte immun zu sein, was möglicherweise daran lag, daß sie ihr Frühstück ausschließlich in flüssiger Form zu sich nahmen. Sie begrüßten uns mit einem fröhlichen »Skal!«, woraus wir schlossen, daß es sich wohl um Schweden handeln mußte. Da wir aber ihr Deutsch und sie unser Schwedisch nicht verstanden, blieben die Kontakte auch weiterhin auf ein gelegentliches Zuprosten beschränkt. Im übrigen kann ich mich nicht erinnern, sie jemals bei einer anderen Beschäftigung gesehen zu haben.

Als Rolf auf die Idee gekommen war, mir den wohlverdienten Urlaub von Staubsauger und Waschmaschine zu verschaffen, hatte er mir versichert, daß etwa anfallende Hausarbeit aufgeteilt und ›das bißchen Kochen‹ selbstverständlich gemeinsam erledigt werden würde.

Nun ist die beste arbeitssparende Einrichtung für Männer ein Hexenschuß! Rolf bekam ihn, als er aus dem Kühlschrank ein Bier holte, und während der nächsten Tage pendelte er ausschließlich zwischen Bett und Liegestuhl und erholte sich glänzend dabei.

Ich stand morgens als erste auf, machte für sieben Personen das Frühstück, d. h. ich filterte eine Viertelstunde lang Kaffee, der beim Servieren schon wieder kalt war, ich toastete Weißbrot auf der Herdplatte, briet Eier in einem Kochtopf und überlegte dabei, was wohl im Endeffekt billiger sein würde: eine Fahrt nach Hause, um die fehlenden Sachen zu holen, oder die Neuanschaffung der wichtigsten Haushaltsartikel?

Nach dem Frühstück spülte ich in einer richtig altmodischen Schüssel Geschirr, fegte mit einem richtig altmodischen Besen die Zimmer aus, wusch ein bißchen Wäsche, versuchte, sieben verwühlte Betten in einen optisch akzeptablen Zustand zu bringen (zu Hause verschwindet alles in den praktischen Bettkästen), und wenn ich endlich mit Luftmatratze, Sonnenöl und Taschenbuch ins Freie marschierte, um auch ein bißchen Urlaub zu machen, fragte bestimmt jemand: »Wann gibt es eigentlich Mittagessen?«

Die Jungs hatten sich mit einem Fischer angefreundet, der zwei Kilometer strandaufwärts hauste und sich freute, zwei kräftige Burschen gefunden zu haben, die bereitwillig Netze schleppten, den Dieselmotor pflegten und alle jene Arbeiten verrichteten, die zwar weniger mit Fischfang zu tun hatten, aber dafür mehr mit Dreck und Öl. Nun durfte ich auch nachmittags mit der Hand Hemden waschen. Zur Belohnung bekam ich jeden Tag frische Fische, die ich schuppen, ausnehmen und zubereiten sollte. Und das passierte mir, wo ich Fische überwiegend in tiefgefrorenem Zustand kenne! Eines Tages hatte ich die Nase voll, drückte Sven die drei glibbrigen Viecher wieder in die Hand und sagte erbost:

»Grillt sie euch doch selber, aber draußen! Hier ist schließlich keine Fischbratküche!«

Die Knaben gingen ans Werk, unterstützt von Steffi, die ihre immer angezweifelten Kochkünste endlich einmal unter Beweis stellen wollte. Nach angemessener Zeit rief sie ihre Brüder zum Essen. In weiser Voraussicht hatte ich schon vorher behauptet, keinen Hunger zu haben, und wie recht ich damit hatte, wurde mir klar, als ich Sascha hörte. Er kaute knirschend auf einem schwärzlichen Etwas herum und nickte Sven zu: »Jetzt, wo du es sagst, merke ich es auch. Es schmeckt wirklich wie auf Holzkohle gegrillte Holzkohle!«

Bereits in der zweiten Nacht waren wir von einem ungewohnten Geräusch aufgewacht. Es mußten irgendwelche tierischen Laute sein, und Nicki fragte ängstlich, ob es hier wohl Wölfe gebe. »Blödsinn«, sagte Sven, »aber vielleicht geistert da draußen ein Waschbär herum. Wo ist die Taschenlampe?«

Die hatten wir natürlich auch vergessen. Sascha bewaffnete sich mit einem mittelgroßen Kochlöffel, bereit, seinem Bruder im Kampf gegen die Gefahren der Wildnis beizustehen. Vorsichtig öffnete er die Tür. Auf der Veranda stand das nicht abgeschaltete Kofferradio, das in der nächtlichen Sendepause nur kurze, vermutlich durch atmosphärische Störungen verursachte Zisch- und Quieklaute von sich gab.

Aber es gab auch wirkliche Gefahren. Zum Beispiel Kühe. Der Besitzer des Kiosks, der offensichtlich sein bester Kunde und nie ganz nüchtern war, hatte mir gesagt, daß es in unmittelbarer Nähe einen Bauernhof gebe, wo ich frische Milch holen könne. Ich brauche nur den Weg entlangzulaufen und dann über die Wiese zu gehen. Auf der Wiese standen Kühe. Nun gehören Rindviecher nicht gerade zu der Tiergattung, mit der ich häufigeren Umgang pflege, und ich hatte keine Ahnung, wie man sie behandelt. Immerhin besaßen sie Hörner. Außerdem hatte ich irgendwo gelesen, daß sie auch ausschlagen können. Vorsichtig näherte ich mich der Wiese, vorsichtig stieg ich über den Zaun, und noch vorsichtiger bewegte ich mich schrittweise vorwärts. Die Kühe hoben die Köpfe, betrachteten mich mit ihrem bedächtigen Madonnenblick und fanden dann, die Bekanntschaft mit mir sei entbehrlich. Nur eine kam auf mich zu, und als ich meine Schritte beschleunigte, legte sie auch einen Zwischenspurt ein. Das

Rennen endete unentschieden, denn bevor ich mit hängender Zunge über den Zaun hechtete, drehte die Kuh ab, hob ihren Schwanz, und mit dem, was sie fallen ließ, schien sie mir klarmachen zu wollen, wieviel sie von mir hielt. Später holte Sven die Milchkanne von der Wiese und künftig auch die Milch vom Bauern.

14

Urlaub ist bekanntlich die Zeit, in der man feststellt, wohin man im nächsten Jahr nicht wieder fahren wird. Zu dieser Feststellung brauchte ich genau drei Tage. Nach fünf Tagen wäre mir jedes andere Ferienziel recht gewesen, einschließlich Himalaja und Antarktis, vorausgesetzt, dort gab es ein Hotel mit Bedienung. Ich wollte nicht mehr auf anderthalb Kochplatten erntefrisches Gemüse kochen, ich wollte nicht mehr die notdürftig mit der Nagelbürste geschrubbten T-Shirts im Seewind trocknen lassen, ich wollte nicht mehr mit einem Strohbesen Tannennadeln und Seesand unter den Möbeln hervorkratzen – ich wollte endlich Ferien haben!

Nach neun Tagen platzte mir der Kragen! Rolf, der hinter dem Steuer seines Wagens niemals etwas von seinem Hexenschuß merkte, war mit den Kindern in den nächstgrößeren Ort gefahren, um sich mal wieder die Beine zu vertreten und etwas Schönes zum Kochen zu kaufen. Zum Mittagessen würden sie dann alle wieder zurück sein. Sollten sie doch, nur würden sie kein Essen und erst recht keine Köchin mehr vorfinden!

Das Kofferpacken ging schnell. Alles, was sorgfältig zusammengefaltet war, gehörte mir. Der Fahrer des Bierwagens, der gerade wieder den gelichteten Bestand im Kiosk aufgefüllt hatte, war bereit, mich bis zur nächsten Bahnstation mitzunehmen. Der Zug fuhr erst in zwei Stunden. Ich setzte mich in ein kleines Café, wo man endlich einmal *mich* bediente, frühstückte ausgiebig und malte mir Rolfs Gesicht aus, wenn er meinen Zettel finden würde.

Abends war ich wieder zu Hause und heulte mich bei Frau Keks erst einmal gründlich aus. »Warum benimmt sich Rolf bloß immer wie ein Pascha? Wenn er nur eine Haushälterin gebraucht hat, hätte er ja irgendein Gänschen heiraten können!«

»Verstand ist das, worauf Männer bei Frauen erst dann achten, wenn sie auf alles andere geachtet haben«, sagte Frau Keks und goß mir den dritten Cognac ein.

»Früher wollte er mir die Sterne vom Himmel holen«, schluchzte ich, »und jetzt holt er sich nicht mal ein Glas aus dem Schrank!«

»Ihr Mann kommt allmählich in die mittleren Jahre, ist also noch genauso jung wie immer, aber es strengt mehr an.«

Als ob das eine Entschuldigung wäre! Bestenfalls eine Erklärung! Schließlich hatte ich meine Jugendjahre auch schon hinter mir. Weshalb können einem die Schwierigkeiten des Lebens nicht begegnen, solange man noch siebzehn ist und alles weiß?

»Mir scheint, Sie haben noch immer nicht gelernt, wie man mit Männern umgeht«, sagte Frau Keks, »dabei ist das doch ganz einfach. Man behandelt sie wie jedes Schoßtier. Drei Mahlzeiten täglich, viel Streicheln, eine lange Leine. Nicht beim Essen stören. Und zwischendurch ein bißchen Dressur.«

»Ich bin aber nicht als Dompteur auf die Welt gekommen!« Ich kippte den fünften Cognac. Oder war's schon der sechste?

Das Telefon klingelte schon wieder. Frau Keks verleugnete mich zum drittenmal und empfahl Rolf, sich doch mal mit der Hafenpolizei in Verbindung zu setzen, ich hätte erst unlängst Auswanderungspläne geäußert. Dann brachte sie mich ins Bett, weil ich – vollgetankt mit Selbstmitleid und Alkohol – abwechselnd aus dem Fenster springen und mich erschießen wollte.

»Jetzt verzichten Sie auf Ihren Urlaub und erholen sich erst mal gründlich«, sagte Frau Keks, zog die Vorhänge zu und überließ mich einem zwölfstündigen Dauerschlaf.

Mein Urlaub vom Urlaub dauerte genau vier Tage, dann war die Familie wieder da. Angeblich hatte ihr schlechtes Gewissen sie zurückgetrieben. Ich vermutete aber viel eher, daß der ungewohnte Verzicht auf Köchin, Waschfrau, Dienstmädchen und Putzhilfe ihnen die Ferien vergällt hatte. Nun hatten sie ihren dienstbaren Geist wieder, und der wiederum war froh, auf die Segnungen der Zivilisation zurückgreifen zu können. Aber die Dieselölflecken sind auch in der Waschmaschine nicht mehr herausgegangen.

Übrigens meinte Rolf kürzlich, den nächsten Urlaub könnten wir doch mal in den Bergen verbringen. Es gebe dort ganz entzückende und sehr komfortabel ausgestattete Ferienhäuser zu mieten...

»Das Wohnzimmer könnte auch mal wieder eine Renovierung vertragen! Bei eurer Qualmerei ist es ja auch kein Wunder, wenn die Tapete schon wieder so einen ockergelben Farbton hat!« Sascha fischte sich geistesabwesend eine Zigarette aus der Packung, nahm mir das Feuerzeug aus der Hand, und während er genüßlich Rauchringe an die Gardine blies, prüfte er die einstmals weißen Wände. »Die sehen aus, als hätten sie in Kürze ihr fünfzigjähriges Jubiläum. Haben wir die nicht erst vor zwei Jahren machen lassen?«

Nur mit Schaudern erinnerte ich mich noch an die beiden Herren, die sich mehr für Katjas Mickymaushefte interessiert hatten als für die Farbtöpfe, die den Kleister mehr auf den Teppichböden als auf den Tapeten verteilt hatten und die nach anderthalbtägigem Wirken unter Hinterlassung von leeren Bierdosen, zerknülltem Zeitungspapier und zwei zerbrochenen Leitersprossen endlich wieder verschwunden waren. Eine erneute Demonstration ihrer Tüchtigkeit schwebte mir nun nicht gerade als Urlaubsgestaltung vor. Darüber hinaus gibt es bekanntlich drei Wege, die zum sicheren finanziellen Ruin führen: Kinder, Spielbanken und Handwerker!

»Wer redet denn von Handwerkern?« schob Sascha meinen Protest beiseite. »So was macht man selber. Wozu haben wir denn Rauhfasertapeten? Die braucht man doch bloß zu überpinseln. Das schaffe ich sogar ohne Leiter!«

Damit hatte er zweifellos recht. Mit seinen einszweiundachtzig überragte er mittlerweile die ganze Familie, und ein Ende war noch immer nicht abzusehen. Neue Hosen trug er bestenfalls fünf Monate, dann waren sie zu kurz, und er vererbte sie seinem großen Bruder, der genau einen Kopf kleiner war. Abgesehen von den finanziellen Mehraufwendungen störte mich Saschas Wachstum auch aus anderen Gründen: Ohrfeigen verlieren ihre pädagogische Wirkung, wenn man zur Verabreichung derselben erst auf einen Stuhl steigen muß! Nur Rolf frohlockte, als Sascha die 180-cm-Marke überschritten hatte: »Endlich ist er aus meinen Hemden und Pullovern herausgewachsen!«

Die Sommerferien gingen dem Ende zu, bei der Jugend machte sich Langeweile breit, und so begrüßte sie dankbar die Abwechslung, die von der geplanten Renovierung mit Sicherheit zu erwarten war.

»Wir helfen alle mit, dann schaffen wir das glatt in einem halben Tag«, versicherte Sven, »und wenn wir sowieso schon die ganzen Möbel rausschmeißen müssen, dann können wir hinterher auch gleich ein bißchen umbauen. Das Bücherregal müßte auf die andere Seite und die Sesselgarnitur da drüben hin. Dann sitzen wir auch nicht ewig auf dem Präsentierteller, wenn die Terrassentür offen ist.«

Zweifellos stimmte das, aber an eine vollständige Demontage des Bücherregals dachte ich nur mit Grausen. Es handelte sich bei diesem Unding keineswegs um ein solides Möbelstück, sondern um eine innenarchitektonische Schöpfung meines Mannes, an der vier oder fünf verschiedene Tischler mitgewirkt haben. Angefangen hatte es ganz harmlos mit einem einfachen Regal, das uns ein befreundeter Schreiner als Entgelt für ein von Rolf entworfenes Firmenzeichen in die Wohnung gestellt hatte. Später baute er noch ein zweites und schraubte es mit dem ersten zusammen. Dann zogen wir um, und dort, wo das Regal jetzt hinsollte, befand sich ein Blumenfenster. Das Regal wurde also wieder auseinandergeschraubt, rechts und links neben das Fenster postiert, aufgestockt und oberhalb des Fensters durch neuangefertigte Bretter verbunden. Unsere nächste Wohnung hatte kein Blumenfenster, also bekam das Regal noch ein paar weitere Bretter und auch einen Sockel. Nun reichte es bis zur Decke. Dann zogen wir in unsere ländliche Einöde nach Heidenberg, wo wir kein Wohnzimmer, sondern eine Wohnhalle hatten und wo sich unser Regal an der riesigen Stellfläche restlos verlor. Deshalb wurde weiter angebaut. Noch eine Seitenwand und noch eine, noch ein paar Bretter und noch ein Dutzend Schrauben, bis es schließlich, unterstützt von Topfpflanzen jeglicher Art, den Anforderungen dieses Ballsaales gerecht wurde. Als wir uns hier in Bad Randersau etablierten und wieder ein Wohnzimmer mit normalen Dimensionen bezogen, mußte das Regal auf diese Gegebenheiten zurückgestutzt werden.

Daß ihm die häufigen Um- und Anbauten sonderlich gut bekommen sind, möchte ich nicht behaupten. Es hat einige Schrammen, die auch durch ein nochmaliges Lackieren mit weißer Farbe nicht restlos verschwunden sind, ganz abgesehen davon, daß Rolf in einem ungewohnten Anflug von Hilfsbereitschaft die Bücher eingeräumt hatte, bevor die Farbe richtig trocken war. Manche ließen sich später nur unter Zuhilfenahme eines Meißels lösen.

Jetzt sollte diese ganze Stellage also wieder auseinandergenommen werden! Ich erinnerte Rolf an seinen Hexenschuß, behauptete, selbst seit drei Tagen an Ischias zu leiden und dieses Gebrechen lediglich heldenhaft verschwiegen zu haben, führte die gestiegenen Kosten für Farbe an und wies auf die unbestreitbare Tatsache hin, daß wir weder Pinsel noch die sonstigen Utensilien besäßen, mit denen die professionellen Handwerker seinerzeit angerückt waren.

Es half alles nichts. »Pinsel und den ganzen übrigen Krempel kann man im Farbengeschäft ausleihen, und *dich* brauchen wir gar nicht. Das schaffen wir auch allein!« Saschas Optimismus war nicht zu erschüttern. »Am besten fangen wir gleich morgen an!«

»Dann gestattet mir eine rein organisatorische Frage: Wo wollt ihr mit den Möbeln und vor allem mit den Büchern hin?«

Sascha überlegte kurz. »Terrasse und Garten!«

»Ausgezeichnet! Dann sieh mal aus dem Fenster!«

Draußen goß es wie aus Eimern.

»Na schön, verschieben wir's auf übermorgen, bis dahin wird es wohl aufgehört haben zu regnen!«

Meinethalben hätte es ruhig weiterschütten können, aber Herr Köpcke prophezeite Wetterbesserung und ein nachfolgendes Hoch mit steigenden Temperaturen. Dann würde wenigstens die Farbe schneller trocknen.

Sven und Sascha begannen mit der Ausarbeitung eines Generalstabsplanes, ermittelten die voraussichtlichen Zeiten, die für Demontage des Wohnzimmers, Abdecken des Fußbodens etc. erforderlich sein würden, hielten telefonische Rücksprache mit Herrn Gehring, der ja nicht nur Malermeister, sondern darüber hinaus auch noch Vater eines Schulfreundes ist, kalkulierten, rechneten, zerkauten zwei Bleistifte und eröffneten mir schließlich, daß bei einem Arbeitsbeginn um sieben Uhr morgens spätestens um fünfzehn Uhr nachmittags mit der Fertigstellung zu rechnen sei.

»Für die Möbel brauchen wir dann höchstens noch anderthalb

Stunden, und zur Tagesschau kannst du dich schon wieder in deinem Sessel zusammenrollen.« Mit dieser durchaus erfreulichen Prognose packten die Knaben die Unterlagen ein und begaben sich ins Farbengeschäft.

»Der Kübel hier ist für den Deckenanstrich, die anderen beiden für die Wände!« Sven wuchtete drei Eimer vom Leiterwagen und stellte sie neben die Haustür. Dann lud er Pinsel, Rollen, gitterartige Bretter und weitere Gegenstände ab, deren Verwendungszweck mir bis zu ihrer Rückgabe unklar geblieben ist, stapelte alles auf den Farbeimern und sah mich beifallheischend an. »Na, ist das nichts?«

»Sehr beeindruckend. Und was kostet das alles?«

»Weiß ich nicht genau, die Rechnung kommt noch. Im übrigen habe ich sehr preisbewußt eingekauft. Es gab nämlich Farbe, die *noch* teurer war.«

Rolf musterte sachkundig die kalkigweiße Substanz in den Eimern. »In welchem Verhältnis muß man das Zeug eigentlich verdünnen?«

»Wieso verdünnen?« Sven sah verdutzt seinen Bruder an.

»Davon hat der Typ aber nichts gesagt. Steht denn das nicht drauf?« Sascha studierte das Etikett und informierte uns über die Zusammensetzung der Farbe, Haltbarkeit und Verwendungsmöglichkeiten. »Von Verdünnen steht da aber nix!«

»Dann probieren wir das selber aus«, entschied Rolf und verbrachte die nächste Stunde damit, Einmachgläser mit Farbe und Wasser zu füllen. Als die milchähnliche Brühe endlich die nach seiner Ansicht richtige Konsistenz hatte, wußte er nicht mehr, in welchem Verhältnis er nun Farbe und Wasser verrührt hatte, und fing von vorne an. Jetzt führte Sascha Buch.

»Ob es nicht besser aussehen würde, wenn wir die Wände nicht wieder ganz weiß streichen, sondern cremefarben?«

»Auf jeden Fall wäre das praktischer«, meinte Sascha, »man sieht dann den Dreck nicht so schnell!«

Rolf begab sich also selbst ins Farbgeschäft und kam auch schon nach einer Stunde zurück mit einem weiteren Eimer Farbe sowie einem Stück Tapete in der gewünschten Farbnuance. Nun ging die Panscherei von vorne los. Offenbar ist es doch ein Unterschied, ob man Farben im Aquarellkasten mischt oder im Scheuereimer, jedenfalls kam unser Experte ganz schön ins Schwitzen. Etwas zweifelnd besah ich mir das Endprodukt.

»Sieht wie Karamelpudding aus, findest du nicht?«

»Na ja, vielleicht muß noch ein bißchen Weiß rein, aber so etwas kann man nur bei Tageslicht richtig sehen. Das mache ich morgen früh. Sonst haben wir aber alles zusammen, nicht wahr?« Rolf überprüfte noch einmal die auf dem Eßzimmertisch ausgebreiteten Utensilien, die notfalls auch zur Renovierung einer mittelgroßen Fabrikhalle ausgereicht hätten. »Oder fehlt noch was?«

»Bier!« sagte Sven.

Der für sieben Uhr vorgesehene Arbeitsanfang verschob sich um eine Stunde und begann mit einem ausgedehnten Frühstück. Die Ärzte behaupten, wer langsam ißt, ißt weniger. Das stimmt – vor allem für den, der zu einer großen Familie gehört. Deshalb sieht Katja auch immer so unterernährt aus. Andererseits hält uns nur ein Drittel dessen, was wir zu uns nehmen, am Leben. Mit den anderen zwei Dritteln halten sich die Ärzte am Leben.

Sven erteilte Stefanie die letzten organisatorischen Anweisungen: »Du suchst jetzt alles zusammen, was sich zum Transport der Bücher eignet, also Waschkörbe, Reisetaschen und so weiter. Ihr Mädchen packt die Bücher ein, Sascha und ich bringen sie in den Garten. Dann holen...«

»Stopp! Kommt überhaupt nicht in Frage!« Zu gut hatte ich noch das jeweilige Chaos in Erinnerung, wenn nach einem Umzug die Bücherkisten ausgepackt waren, ihr Inhalt im ganzen Zimmer verteilt lag und ich stundenlang damit beschäftigt war, die ›Deutschen Heldensagen‹ von den Kochbüchern zu trennen und zu verhindern, daß hilfreiche Geister den Reiseführer neben Schillers gesammelte Werke stellten, wo wir ihn voraussichtlich nie wieder gefunden hätten.

»Das Regal räume *ich* aus, und ihr werdet jeden Bücherstapel extra legen. Der Garten ist ja groß genug.«

Dann drückte ich den Zwillingen Kleiderbürsten in die Hände und zeigte ihnen, wie man die Bücher abstaubt. Sie machten sich begeistert an die Arbeit.

»Draußen, ihr Ferkel!« Rolf brachte eine Blumenvase auf die Terrasse.

»Ist die nicht zu schwer für dich?« feixte Sascha, jonglierte ein Servierbrett mit Kakteen durch die Tür, stolperte über die zusammengerollte Teppichbrücke und landete samt seinen Kaktustöpfen auf den Terrassenfliesen.

(Mit Rücksicht auf eventuelle jugendliche Leser gebe ich Saschas Monolog nicht wörtlich wieder, sondern beschränke mich auf den variablen Begriff: »Er schimpfte laut«.)

Nach einer halben Stunde hatte ich die meisten Stacheln aus seinen Armen entfernt. Er war wieder einsatzbereit. Dumpfe Hammerschläge aus dem Wohnzimmer bewiesen uns, daß man bereits mit der Demontage des Regals begonnen hatte. Dann krachte es auch schon. Na ja, auf ein paar Schrammen mehr kam es nun auch nicht mehr an.

Nicki erstattete sofort Bericht. »Dem Papi ist eben das ganze Mittelteil zusammengefallen. Ich soll dir auch nicht sagen, daß der schöne rote Krug kaputtgegangen ist, weil er gerade die Scherben in Zeitungspapier wickelt, damit du sie nicht findest.«

Frau Keks und Frau Billinger hatte ich schon am vergangenen Abend über den Grund unserer ungewohnten Aktivität informiert, um etwaigen Vermutungen, wie Pfändungsbeschluß oder Zwangsräumung, vorzubeugen, aber bis zu Frau Schwerdtle war die Nachricht noch nicht gedrungen. Auf ihrem Weg zum Supermarkt – pünktlich um zehn, wie immer – blieb sie vor dem Gartenzaun stehen und betrachtete wohlwollend Stefanie, die im Badeanzug in einer Wolke von Seifenschaum stand und die Bücherbretter schrubbte.

»So? Habt ihr heit Großputz? Ha no, des muß a sein. Ich hab meinen scho im Frühjohr g'macht. Grad vor Oschtern, so wie jedes Johr.« (Sie ist auch eine von denen, die nach dem Grundsatz leben: Montags Silber putzen, dienstags Teppich klopfen, mittwochs kleine Wäsche...)

Sascha lud gerade wieder einen Korb voll Bücher auf dem Rasen ab.

»Na so ebbes, hebt ihr aber viele. Hebt ihr die alle scho g'lese?«

»Einige schon, aber die meisten haben wir bloß geerbt«, sagte Rolf, der Frau Schwerdtle nicht leiden kann.

»Ja, so isch des also. Wissen Se, ich les ja a arg viel, am liebschte

Arztromane und so welche, wo im medizinischen Bereich spiele. Die sin immer so hochinteressant. Ich hol se mir allweil aus der Leihbücherei.«

»Ich glaube, da haben wir etwas für Sie.« Rolf überflog suchend die einzelnen Stapel und fischte aus einem von ihnen ein voluminöses Werk in dunkelgrünem Einband heraus. »Die Handlung spielt in einem Schweizer Sanatorium, genauer gesagt, in einer Lungenheilstätte.« Dann drückte er mit einem impertinenten Grinsen der überraschten Frau Schwerdtle Thomas Manns ›Zauberberg‹ in die Hand. Sie betrachtete den umfangreichen Wälzer etwas zweifelnd, steckte ihn aber doch in ihre Einkaufstasche. Wenige Tage darauf brachte sie ihn zurück: »Wisse Se, des isch doch e arg dickes Buch, und so viel Zeit zum Lese hab ich nun a wedder net. Des hätte ich in em halwe Johr noch net durch.«

Das Wohnzimmer war endlich leer. Sascha sammelte die herumliegenden Schrauben zusammen und legte sie in eine Puddingschüssel, die er sorgfältig wegstellte. Später konnte er sich nicht mehr erinnern, wohin er sie gestellt hatte. Wäre Steffi nicht auf die Idee gekommen, zum Abendessen Käsetoast zu machen, hätten wir diese Schüssel vermutlich erst nach Tagen gefunden. Wer deponiert denn auch Schrauben im Backofen?

Svens Zeitplan war bereits erheblich durcheinandergekommen, nicht zuletzt deshalb, weil niemand an Abdeckmaterial für den Teppichboden gedacht hatte. Frau Keks spendete einen leeren Torfsack. Katja kaufte für drei Mark Einkaufstüten aus Plastik. Die verbliebenen Flächen füllten wir mit der örtlichen Tageszeitung. Aus dem letzten Bogen faltete Sascha einen Papierhelm, stülpte ihn sich aufs Haupt und ging ans Werk. Gleichmäßig zog er mit der Rolle einen breiten Streifen Farbe an die Zimmerdecke. Gleichmäßig rann die Farbe in breiten Streifen an seinen Armen herunter. Gleichmäßig tropfte es auf die Tengelmann-Tüten.

»So geht das nicht! Bringt doch mal die Leiter!«

Die Leiter kam. Nun tropfte es auch auf die Stufen. Dann aufs Hemd. Sascha zog es aus. Jetzt tropfte es auf den gerade abgeklungenen Sonnenbrand und verwandelte Saschas Rücken in einen Fliegenpilz. Ein bißchen Farbe blieb aber auch an der Decke, mal mehr, mal weniger, zusammen ergab es ein apartes Streifenmuster.

Sven verfolgte kopfschüttelnd Saschas Kunstfertigkeit. »Das wird doch nie etwas. Laß mich mal ran!«

Svens Streifen waren zwar breiter und gleichmäßiger, aber irgendwie hatte ich den ursprünglichen Anstrich etwas anders in Erinnerung.

»Nun warte doch erst mal, bis das Zeug trocken ist«, beruhigte mich mein Sohn. »Sieh lieber nach, was da draußen im Garten los ist. Das hört sich an wie ein Kindergarten!«

Es war auch einer. Den Zwillingen war es offenbar zu langweilig geworden, und so hatten sie Hilfstruppen herangeholt, die sie bei der Arbeit unterstützen sollten. Bettina bearbeitete gerade die Lexika mit einer schwarzen Schuhbürste. Zwei andere halfen Stefanie und legten die frisch gesäuberten Bretter sorgfältig zwischen die Blumenbeete zum Trocknen.

»Ihr Idioten! Jetzt klebt doch wieder der ganze Sand drunter!« Steffi verteilte wahllos ein paar Ohrfeigen, scheuchte die plärrenden Hilfsarbeiter aus dem Garten und drehte seufzend den Schlauch an. »Kann mir nicht mal jemand helfen?«

»Guck mal, Nicki, da kommt dein Verliebter!« Katja zeigte zur Gartentür, die Jens geräuschvoll hinter sich zuknallte. Nicki errötete zart, murmelte etwas von »dämliche Gans« und »bloß eifersüchtig« und lief ihrem Satelliten entgegen.

Jens und Nicole galten schon seit zwei Jahren als ›Pärchen‹, anfangs von allen belächelt, nunmehr toleriert, obwohl mir bis heute noch nicht klargeworden ist, was die beiden eigentlich miteinander verbindet. Jens ist ein lebhafter, aufgeweckter Bengel, dessen Interessen von Raumfahrt bis zu Tiefseefischen reichen, eine Sportskanone, die auf dem Tennisplatz genauso zu Hause ist wie auf der Skipiste, während Nicki keine sportlichen Ambitionen hat und Fische verabscheut. Sie akzeptiert sie allenfalls in gebratenem Zustand.

»Ich mag die Nicki eben«, hatte Jens mir einmal erklärt. »Sie ist nicht ganz so blöd wie die anderen Mädchen, und vor allen Dingen kann sie prima zuhören, selbst dann, wenn sie gar nichts versteht. Inzwischen weiß sie aber schon, was ein Zweistrahltriebwerk ist.« Zweifellos eine wesentliche Ergänzung ihrer Allgemeinbildung!

Anfangs war es zwischen den Zwillingen zu offener Rivalität gekommen, denn auch Katja hatte ein Auge auf Jens geworfen. Er war vom ersten Tag an tonangebend in der Klasse gewesen, wohl hauptsächlich deshalb, weil er drei Jahre lang in Mexiko gelebt hatte und noch ein bißchen Spanisch sprach. Die recht zahlreichen Ermahnungen der Lehrer, doch sein Temperament etwas zu zügeln, pflegte er mit spanischen Sätzen zu beantworten, die niemand verstand. Ein paar besonders klangvolle brachte er auch Nicki bei, die nun ihrerseits bei passenden und häufiger noch bei unpassenden Gelegenheiten damit glänzte. Es dauerte ziemlich lange, bis uns ein sprachkundiger Mitmensch darüber aufklärte, daß es sich bei diesen so melodisch klingenden Worten um ganz ordinäre Beschimpfungen handelte.

In der ersten Zeit hatte Nicole ihren Jens zunächst nur von weitem angehimmelt, während Katja ihre Sympathie offen zur Schau getragen und damit scheinbar Erfolg gehabt hatte. Jens trug ihr eines Tages den Ranzen in den Zeichensaal und spendierte ihr nach Schulschluß ein Eis.

»Du bist ganz gemein!« heulte Nicki beim Mittagessen. »Manchmal wünschte ich wirklich, ich hätte gar keinen Zwilling!«

»Na, ob das so gut wäre?« parierte Katja. »Dann hätt'ste doch jetzt zwei Köpfe!«

Bei näherer Bekanntschaft mußte Jens aber festgestellt haben, daß die quirlige Katja wohl doch nicht die passende Ergänzung für ihn sein würde. Sie trug ihr Schicksal als abservierte Braut mit Fassung. »Wenigstens kriege ich einen netten Schwager, das ist doch auch was wert!«

Der Hochzeitstermin steht übrigens noch nicht fest. Die beiden Heiratskandidaten haben gerade die Grundschule beendet.

Jens informierte sich zunächst einmal über Art und Zweck unseres Treibens und brachte System in die ganze Sache. Innerhalb kürzester Zeit hatte er es geschafft, daß die sortierten Bücherstapel kunterbunt auf einem Haufen lagen, während er selbst sich in einen Reisebericht über Hinterindien vertiefte.

Die beiden Maler waren nun endlich mit dem Deckenanstrich fertig. »Mittagspause!« sagte Sascha. »Was gibt's zu essen?«

»Gar nichts«, sagte ich. »Ihr wollt doch um drei Uhr fertig sein.«

»Sind wir aber nicht. Paps rührt immer noch in seinen Farbtöpfen herum. Vorhin hatte er eine prima Wasserleichentönung hingekriegt.«

Sven holte beim Metzger kalte Ripple, beim Bäcker Brötchen, bei der Imbißstube Pommes frites. Für sich selbst hatte er eine doppelte Portion mitgebracht.

»Dummheit frißt, Intelligenz säuft!« bemerkte Sascha und warf Eiswürfel in sein Bierglas.

Die Mahlzeit verlief friedlich, hauptsächlich deshalb, weil die sonst üblichen Tischgespräche über zweifelhafte Manieren und vermeintliche Gefräßigkeit mangels geeigneter Anschauungsobjekte diesmal unterblieben. Wir hockten verstreut im Garten auf mehr oder weniger improvisierten Sitzgelegenheiten und kauten Rippchen. Plötzlich kam Daniel durch die Hecke gekrochen, der vierjährige Enkel unserer Nachbarin. »Will auch Pommes!«

»Komm her, ich schaffe meine sowieso nicht!« Nicki winkte aufmunternd mit der Kuchengabel. Daniel setzte sich in Bewegung, umrundete vorsichtig drei Bücherbretter, stiefelte über mehrere Kaktustöpfe, kroch unter dem Tisch durch und landete im Rosenbeet. Ohrenbetäubendes Gebrüll. Frau Keks kam durch die Gartentür geschossen, fischte ihren Enkel aus den Blumen, besah sich die beiden kleinen Kratzer am Arm, brach in Wehklagen aus und verkündete, sofort Salbe und Verbandzeug holen zu wollen. Daniel hörte auf zu heulen, schniefte kurz und marschierte mit Zielrichtung Pommesfrites-Teller wieder los.

»Weshalb machen Sie denn wegen dieser Kleinigkeit ein solches Theater?« fragte ich verwundert.

»Wenn *ich* es nicht mache, macht *er* es«, erwiderte Frau Keks, »und bei ihm dauert es länger.« Dann seufzte sie. »Jetzt habe ich den Bengel erst seit zwei Wochen hier, aber mir kommt es vor wie eine Ewigkeit. Gestern habe ich meine Tochter angerufen und gefragt, wann sie ihn zurückhaben will. Wissen Sie, was sie gesagt hat? ›Wenn er sechzehn ist!‹«

In der Ferne hörte man Donnergrollen. »Ein Gewitter wäre genau das, was uns jetzt noch fehlt!« Rolf erhob sich von der Luftmatratze und scheuchte seine Söhne auf. »Die Farbe ist fertig, jetzt seht zu, daß ihr vorankommt!«

Die Knaben machten sich an die Arbeit. Was sie da auf die einstmals weiße Tapete pinselten, erinnerte mich an Sahnebonbons, aber zweifellos würde sich dieser Anstrich als resistent gegen Nikotinablagerungen erweisen. Die waren offenbar schon in der Farbe drin.

Es donnerte lauter. Ich lief in den Garten und erschrak über die dunklen Wolkenberge, die sich bedrohlich nahe auftürmten. Steffi schrubbte die letzten beiden Bretter ab. »Nachspülen brauche ich sie nicht, das macht gleich der Regen!«

Ich rannte zurück ins Haus. »Alle Mann raus, aber sofort! Die Möbel müssen auf die Terrasse und die Bücher ins Haus! Katja, trommle alles zusammen, was Beine hat!«

In den nächsten Minuten traten wir uns gegenseitig auf die Füße. Eine Karawane bewegte sich zwischen Garten und Terrassentür hin und her, vollbepackt und langsam die einen, laufend, weil aller Lasten ledig, die anderen. Es muß ausgesehen haben wie auf einem Ameisenhaufen.

»Wo sollen wir denn mit den Büchern hin?« schrie Nicki aus dem Innern des Hauses. »Hier steht doch schon alles voller Möbel und Geschirr.«

»Bringt sie nach oben, egal! Hauptsache, sie sind im Trocknen.«

Schleusen öffneten sich, und der Himmel schüttete das aus, was er in den vergangenen Tagen nicht mehr losgeworden war. Es mußte sich hierbei wohl um das von Herrn Köpcke angekündigte Azorenhoch handeln. Egal, nasse Kleider kann man trocknen, nasse Bücher nicht. Wir bildeten eine Kette und warfen sie uns zu. Sascha stapelte sie im Wohnzimmer auf dem Fußboden. Dort lagen die Plastiktüten, bekleckert mit Farbe. (Noch heute fragen uns gelegentlich Besucher, weshalb viele unserer Bücher keine Schutzumschläge hätten.)

Die Hilfstruppen, ausnahmslos minderjährig, entfernten sich zähneklappernd, um zu Hause trockne Sachen anzuziehen. Das hätten wir auch sehr gern getan, nur ging es leider nicht. Vor der Wohnzimmertür standen zwei Sessel, darauf, daneben, drumherum Bücher.

»Dann müssen wir eben zur Haustür rein«, sagte Nicki und entwetzte zurück in den Regen. Wenig später klingelte es.

»Herrgott, ist die dämlich! Wie sollen wir denn aufmachen?« Sven zog mit aller Kraft an der Klinke und schaffte es, die Wohnzimmertür einen Spalt zu öffnen. Ein Stapel kam ins Rutschen, die beiden oberen Bücher versanken blubbernd in der Karamelbonbonbrühe.

»War bloß der Duden!« Sascha fischte ihn wieder aus der Farbsoße und stopfte ihn in eine Plastiktüte. »Wir brauchen ohnehin einen neuen, der hier ist längst überholt. Da steht noch nicht mal ›ausflippen‹ drin!«

»Hat denn niemand einen Hausschlüssel?« fragte Rolf überflüssigerweise.

»W-w-wo denn? Im B-b-b-adeanzug vielleicht?« Steffi zitterte wie Espenlaub.

»Also los, anfassen! Die Bücher müssen weg! Wir können hier ja nicht überwintern!« Sven griff sich den ersten Stapel und türmte ihn in der Zimmerecke auf.

»An die andere Wand, du Trottel! Hier müssen wir doch gleich weiterstreichen.« Sascha schleppte Fotoalben und Leitzordner zum Fenster. »Da stört der Kram im Augenblick am wenigsten.«

Endlich hatten wir die Tür ausgegraben, öffneten sie und sahen uns der nächsten Barrikade gegenüber. Stühle, Tisch, Flaschen, Bücher, Gläser, Lampen, dazwischen die Eßzimmermöbel – ein grandioses Durcheinander. Mit vereinten Kräften hievten wir Katja über die Möbelpyramide, und sie fand schließlich einen Durchschlupf zur Haustür.

Erschöpft, einer Gruppe von Schiffbrüchigen nicht unähnlich, wankten wir tropfend in unsere Zimmer. Der Bücherstapel vor dem Kleiderschrank wunderte mich nun auch nicht mehr.

Oben mußte es wohl so ähnlich aussehen. »Ist Albert Kamuss ein sehr wertvoller Schriftsteller?« rief Katja die Treppe hinunter.

»Keine Ahnung, hab den Namen nie gehört. Warum?«

»Der ist nämlich ins Klo gefallen!«

»Dann hol ihn wieder raus. Wie heißt denn das Buch?«

»Die Pest.«

Wollpullover, lange Hosen und heißer Tee tauten uns langsam wieder auf, aber die Arbeitsmoral war auf den Nullpunkt gesunken. Am liebsten wäre ich ins Bett gekrochen. – Ach was, Schlaf ist bloß eine dumme Angewohnheit, Napoleon hat auch kaum welchen gebraucht. Aber der hat auch keine Zimmer gestrichen.

Mißmutig begab ich mich zurück an den Tatort und rammte Rolf die Tür ins Kreuz. Warum mußte er auch genau dahinterstehen? Im übrigen schwang *er* jetzt den Pinsel.

»Da oben hast du ein Stück vergessen!«

»Immer mit der Ruhe«, sagte mein Gatte, was in der Regel bedeutete, daß ein anderer die Arbeit noch einmal tun muß.

»Die Farbe wird nicht reichen.« Sascha warf einen abschätzenden Blick in den Eimer.

»Ihr wollt doch nicht sagen, daß ihr bereits alle vier Kübel verbraucht habt?«

»Natürlich nicht, aber Papi hat von seiner Spezialmischung viel zu wenig angerührt. Ich habe ihm ja gleich gesagt, daß wir damit nicht auskommen werden.«

»Denselben Farbton trifft er doch sowieso nie wieder. Streichen wir die eine Wand am besten weiß«, bemerkte Sven.

Die Wand ist nicht weiß geblieben. Sie ist nur ein bißchen dunkler geworden als die anderen, aber wenn Licht brennt, fällt es kaum auf.

Um halb sieben waren die Maler fertig, um sieben hatten sie ihr Handwerkszeug weggeräumt, um acht hatte ich die meisten Farbspuren vom Teppichboden entfernt, um halb neun stand die Couchgarnitur an ihrem neuen Platz, um neun aßen wir Käsetoast, um halb zehn hingen die Bilder, um zehn ging Rolf schlafen (die Zwillinge und Stefanie hatten das schon vor einer Stunde getan), um halb elf hatten wir endlich die Seitenwände des Bücherregals zusammengeschraubt, um elf rechneten wir uns aus, daß wir gegen Mitternacht fertig sein würden, um halb zwölf krachten die Bretter zum erstenmal zusammen.

Entsprechend der modernen Bauweise, wonach Wände selten und Fußböden niemals mehr ganz gerade sind, stimmte auch hier einiges nicht. Einzelne Bretter, die vorher haargenau in die Zwischenräume gepaßt hatten, waren plötzlich zu kurz geworden. Außerdem wackelte der ganze Aufbau.

»Links muß ein Holzkeil drunter!« Sven begab sich in den Keller und kam mit einer Zigarrenkiste zurück. Den Deckel schnitzte er auf passende Größe zurecht.

»Na also, steht doch wie 'ne Eins«, stellte er zufrieden fest, nachdem er das Holz unter den Sockel geschoben hatte.

»Jetzt klafft aber hier oben ein riesiger Spalt.« Sascha stand auf der Leiter und bemühte sich vergeblich, die beiden oberen Bretter zusammenzuschrauben. »Drückt mal schnell gegen die Seitenwände!«

Zu spät! Das Brett rutschte ab und nahm die darunterliegenden mit. Krachend landete alles auf dem Boden.

»Laß das bis morgen liegen, ich habe die Nase voll!« Ich war hundemüde und wollte endlich ins Bett.

»Kommt nicht in Frage! Ich haue das Ding heute noch zusammen, egal, wie lange es dauert. Wenn Papi erst mitkriegt, daß hier nichts mehr stimmt, kommt er wieder mit einem Konstruktionsplan an und erzählt uns, was wo geändert werden muß. Dann stehen die Bretter noch in einer Woche hier rum. Geh doch ruhig ins Bett, ich schaffe das mit Sven auch allein!«

Natürlich ging ich nicht ins Bett. Statt dessen betätigte ich mich als Handlanger, reichte meinen Söhnen Hammer zu und zolldicke Schrauben, hielt mit der linken Hand die eine Trennwand fest und mit der rechten ein Brett, während Sven irgendwo in der Mitte Dübel eindrehte, hielt das Brett wunschgemäß höher oder niedriger, ließ versehentlich die Seitenwand los, und dann fiel alles zum drittenmal zusammen.

»Scheiße!« rief Sascha.

»So hat das überhaupt keinen Zweck. Wir müssen die Abschlußbretter mit den Seitenteilen zusammennageln. Sonst hält das nie.«

Sven suchte bereits nach geeigneten Nägeln.

»Und wie sollen wir das Regal jemals wieder auseinanderbringen?« fragte ich vorsichtig.

»Gar nicht! Wenn du das noch ein einziges Mal versuchst, kannst du das ganze Ding auf den Müll schmeißen. Und jetzt hol mal ein paar Bauklötze von den Zwillingen, es müssen aber ganze flache sein!«

Um halb drei Uhr nachts schlug Sven den letzten Nagel in den letzten Bauklotz. Von unten konnte man dieses Flickwerk zwar nicht sehen, aber: »Stell lieber ein paar Bücher hin, bevor Papi entdeckt, was wir hier zusammengekloppt haben!«

Er entdeckte es nicht. Er bewunderte im Gegenteil unsere nächtliche Fleißarbeit, als er am nächsten Morgen mit einem Schwung nicht ganz trockener Reclamheftchen die Treppe herunterkam. »Die haben in der Badewanne gelegen.«

Das Sortieren und Einräumen dauerte Stunden, vor allem deshalb, weil wir die Bücher im ganzen Haus zusammensuchen mußten. Die letzten fanden wir im Schuhschrank.

Dann kamen die Zwillinge und wollten ›Wicki‹ sehen. »Wo is'n der Fernseher überhaupt?«

Den hatten wir total vergessen. Er stand noch im Keller und hätte doch eigentlich mitten im Regal stehen müssen.

»Nein!!!« schrie Sascha entsetzt. »Nicht noch einmal!«

Der Fernsehapparat bekam einen anderen Platz, und als wir im vergangenen Jahr Rolfs Arbeitszimmer und den Flur renovieren wollten, griffen wir doch lieber auf Herrn Gehring und seine Mitarbeiter zurück. Die zertrümmerte Milchglasscheibe hat ja dann auch die Versicherung bezahlt.

15

Sven war achtzehn geworden, somit also volljährig und nach Ansicht des Gesetzgebers verantwortlich für alles, was er tat oder auch nicht tat. Er durfte wählen, er durfte die Entschuldigungen für versäumten Schulunterricht jetzt selber schreiben, er durfte Kaufverträge abschließen, und er durfte den Führerschein machen. Einen besonderen Beweis seiner geistigen Reife legte er ab, als er sich einen Tag nach seinem Geburtstag ein Luftgewehr erstand und die berechtigten Zweifel des Verkäufers durch Vorlage seines Personalausweises ausräumte. Was er mit dem Gewehr eigentlich wollte, war ihm selbst nicht ganz klar, vermutlich wollte er damit lediglich seine nunmehr amtlich sanktionierte Männlichkeit beweisen. Dafür rauchte er ja auch nicht.

Den Führerschein bekam er von seinem Vater geschenkt, was der aber bald bitter bereute. Weniger deshalb, weil Sven mit einer ungewohnten Intensität jetzt Vorfahrtsregeln statt Vokabeln paukte, sondern mehr wegen der nicht vorhersehbaren Tatsache, daß er Rolfs heilige Kuh zu Übungszwecken mißbrauchte. Immerhin bekam er nach zehn Wochen die begehrte ›Pappe‹ ausgehändigt, und damit begann ein unentwegter Kampf ums Auto.

»Määm, du hast doch gesagt, die Briefmarken sind alle, ich hole schnell welche. Wo liegt der Autoschlüssel?« Oder: »Papi hat keine Zigaretten mehr, ich soll ihm welche ziehen. Rück mal eben die

Schlüssel raus!« Dann setzte er 80 Pferdestärken in Bewegung, um seine 65 Kilo 250 Meter weit zu transportieren, damit er eine Packung mit 30 Gramm Zigaretten holen konnte. Einmal beobachtete ich verblüfft, wie Sven freiwillig und mit ungewohnter Intensität den Rasen mähte. Rolf zog verstohlen die Autoschlüssel aus der Tasche und erklärte mir grinsend: »Ich habe ihm gesagt, ich hätte sie im Gras verloren.«

Am schlimmsten war es, als Rolf ihm einmal gestattete, zu nächtlicher Stunde nach Heilbronn zu fahren. Svens damalige Freundin hatte einen Ballabend in ihrer Tanzstunde, und obwohl er »dieses Herumgehopse ausgesprochen idiotisch« fand, hatte er seinerzeit einsehen müssen, daß Mädchen so etwas wohl brauchen. Zwar hatte er seine Teilnahme an ›diesem Zirkus‹ abgelehnt, was ihn aber nicht hinderte, bei Annette privaten Nachhilfeunterricht zu nehmen.

An jenem Abend also hatte Sven beschlossen, mögliche Rivalen dadurch aus dem Feld zu schlagen, daß er seine Herzallerliebste mit dem Wagen abholte. Die meisten seiner vermeintlichen Konkurrenten waren noch nicht achtzehn und folglich auch nicht berechtigt, solch ein Prestigesymbol zu benutzen. Gegen elf Uhr war er weggefahren. Ab zwölf sah Rolf alle paar Minuten auf die Uhr, gegen halb eins kämpfte er mit der Versuchung, die Polizei zu verständigen, und um eins sank er gebrochen im Sessel zusammen.

»Nun stell dich doch nicht so an! Der Bengel ist achtzehn und alt genug, um auch mal bis *nach* Mitternacht wegbleiben zu können!«

»Wegen Sven mache ich mir auch keine Sorgen«, entgegnete der Gemütsathlet, »ich fürchte nur, er hat den Wagen zu Schrott gefahren.«

Es ist seltsam, aber mathematisch unanfechtbar: Wenn ein Achtzehnjähriger sich den väterlichen Wagen borgt, kann er an einem Abend fünf Jahre vom Leben des Wagens abziehen und sie dem Alter seines Vaters hinzufügen. Sven kam auch prompt mit einer Delle in der Stoßstange zurück, an der er natürlich völlig schuldlos war. »Irgend so ein Heini, der seinen Führerschein wahrscheinlich im Lotto gewonnen hat, ist mir da reingebrettert!«

Während der nächsten Wochen durfte Sven sich nur ans Steuer setzen, wenn Rolf daneben saß. Nun hat in der freien Welt jeder das Recht, seine Meinung zu sagen – und jeder andere das Recht, nicht hinzuhören. Die beiden Kontrahenten strapazierten ihre Rechte nach besten Kräften, und das Ergebnis war jedesmal ein zünftiger Familienkrach, weil ich mich meistens auf Svens Seite schlug. Nur zu gut erinnerte ich mich noch an die Anfänge meiner eigenen Fahrpraxis, als Rolf sich ständig bemüßigt gefühlt hatte, seine bereits zwölf Jahre früher erworbenen Kenntnisse des Autofahrens an mich weiterzugeben. (Zwei Köpfe sind immer besser als einer – außer hinter demselben Lenkrad.)

Dafür hatte Rolf aber vom Innenleben eines Wagens herzlich wenig Ahnung und schon seit jeher Svens Meinung respektiert, wenn der wieder einmal den hustenden und spuckenden Motor inspizierte.

»Da sind zwei Zündkerzen verrußt!« hieß es dann. Oder: »Vergaser ist abgesoffen!«, worauf der technisch versierte Knabe unter den anerkennenden Blicken seines Vaters die Sache schnell in Ordnung brachte. So war Rolf auch nicht weiter beunruhigt, als das Vehikel wieder einmal kurz vor den Ausläufern Bad Randersaus stehenblieb. Sven klappte die Motorhaube auf und vertiefte sich in das Kabelgewirr. Nach zehn Minuten hatte er den Fehler noch immer nicht gefunden. Sascha wurde ungeduldig.

»Was machst du denn so lange? Etwa Mund-zu-Mund-Beatmung?«

»Die hilft auch nichts mehr. Ich fürchte, diesmal ist die ganze Karre im Eimer!« Eine Diagnose, die dann auch später der Werkstattleiter bestätigte. »Des Getriebe isch hi. Do muß jemand wie en Elefant g'schaltet hawe. Genaues kann ich noch net sage, awer es wird e ziemlich teure Sach were!«

Für den Rest des Tages bestritt Rolf die Unterhaltung allein. Er redete ausschließlich mit seinem Erstgeborenen und dürfte dabei dessen Kenntnisse der heimischen Großtierarten ungemein erweitert haben.

Zusammen mit Svens Führerschein hielt Luise Einzug in unserem Haus. Beides stand nicht in ursächlichem Zusammenhang, es geschah rein zufällig.

Luise war siebzehn und Friseurlehrling a. D. Ihre Ausbildung hatte sie nach dem ersten Jahr abgebrochen, weil »de Chefin mich immer rumkommandiert un selwer gar nix gmacht hat, un wie i dann a noch die Hoor aus de alte Lockewickler puhle gmußt hab, hat mir's gschtunke«. Dann hatte sie es als Verkäuferin in einer Metzgerei versucht, wozu sie aufgrund ihrer Figur und ihres offenbar unstillbaren Appetits sicher bestens geeignet gewesen war, aber »do war de Meischder immer hinner mir her«! Nun sollte es zur Abwechslung mal ein bißchen Haushalt sein.

Luise war mir von Frau Keks vermittelt worden. Sie kannte sie auch nicht näher und besuchte lediglich mit Luises Mutter zusammen die Gymnastikstunde. »Frau Ambach ist eine ganz passable Frau, und wenn man dem Mendelschen Gesetz trauen kann, müßte ihre Tochter auch etwas davon abgekriegt haben. Versuchen Sie es doch mal mit ihr! Rausschmeißen können Sie sie immer noch!«

Im allgemeinen pflegt man Hilfskräfte nicht mit einem Seitenblick auf baldige Kündigung einzustellen, und so war ich bereit, zunächst einmal Luises gute Eigenschaften in den Vordergrund zu stellen und die weniger guten zu ignorieren. Zu den weniger guten gehörte ihr Phlegma und die damit verbundene Unlust, sich mehr als unumgänglich notwendig zu bewegen.

Die Trägheit eines Körpers ist proportional seiner Masse. Also galt es zuerst, die Masse zu verringern. Trotz Knäckebrot und Rohkost blieb Luises Gewicht konstant, was einzig und allein darauf zurückzuführen war, daß sie sich die ihr vorenthaltenen Kalorien woanders holte, vorzugsweise beim Bäcker und vorzugsweise in Form von Sahnetorte und Mandelschnitten. Ich fand mich damit ab, daß Luise auch weiterhin wie ein See-Elefant schnaubend die Treppe ersteigen und jegliche Gartenarbeit ablehnen würde, weil sie das viele Bücken nicht vertrage. Andererseits konnte sie hervorragend mit Nadel und Faden umgehen, und für Strümpfestopfen habe ich noch nie viel übriggehabt. Getreu schwäbischer Sitte kamen auch jeden Morgen die Betten auf den Balkon bzw. in die Fenster und blieben dort bis zum Mittag liegen. Bei plötzlich auftretenden Regenschauern hatte nur der eine Chance, in trocknen Bezügen zu schlafen, in dessen Zimmer sich Luise gerade aufhielt. Da ihre Geschwindigkeit meist in umgekehrtem Verhältnis zu der Intensität des Platzregens stand, waren die anderen Betten durchgeweicht, bevor sie ins Trockne gezogen werden konnten.

Luise schlief nicht bei uns im Haus. Sie wohnte entweder bei ihrer Mutter oder bei ihrer Tante, hauptsächlich aber bei der Tante, die nicht nur eine größere Wohnung, sondern auch mehr Verständnis für ihr Privatleben hatte. Luise ging nämlich schon seit einem Jahr mit Alfons, einem dürren Mannsbild, das sich bequem hinter ihr hätte verstecken können, wenn er sie nicht um anderthalb Köpfe überragt hätte. Alfons war 23, von Beruf Steinmetz, und er trug sein Liesle auf Händen. Natürlich bildlich gesprochen, in natura hätte er das trotz seiner bratpfannengroßen Pranken nicht geschafft.

So hätte es mich eigentlich nicht überraschen dürfen, als Luise mir nach vier Monaten ihres schwergewichtigen Wirkens bei uns eröffnete, daß sie nun wohl bald kündigen müsse:

»Des Mutterschutzg'setz will i jo net in Ospruch nehme, denn i heier (heirate) doch bal.«

Ich hatte nur etwas von Mutterschutzgesetz verstanden. »Sie wollen doch nicht sagen, daß Sie ein Kind kriegen?«

»Awer freili. I bin sogar scho im vierte Monat!«

Obwohl ich über hinlängliche Erfahrungen auf diesem Gebiet verfügte, waren mir Luises nun zweifellos noch schwellendere Körperformen nicht aufgefallen, aber ahnungslos, wie ich war, hätte ich auch kaum einen Unterschied zwischen den Folgen von Sahnetorte und Baby feststellen können.

»Weshalb haben Sie denn nicht schon früher etwas gesagt? Sie sind doch noch viel zu jung, und heutzutage braucht ein Mädchen in Ihrer Lage kein Kind mehr zu bekommen. Haben Sie das nicht gewußt?«

»Doch, awer i will jo. Un de Alfons freit sich a. Der isch doch so kinnerlieb. Wir hawe a scho e Wohnung. Wenn se fertig isch, heiere mer.«

Die Wohnung wurde sechs Wochen vor dem errechneten Geburtstermin bezugsfertig, was zu Luises großem Bedauern eine Hochzeit in Weiß unmöglich machte. Es gab kein passendes Brautkleid zu kaufen. Die Trauung sollte aber auch nicht vorverlegt werden, »weil mir unser Hochzeitsnacht natürlich in de eichne Wohnung verlebe wolle«.

Zur Hochzeit schenkten wir drei große Badelaken. Rolf sah mir beim Einpacken zu und sagte mit einem schiefen Blick auf den Kassenzettel: »Warum kann ein Geschenk eigentlich nie so teuer aussehen, wie es war?«

Als Alfons mir ein paar Wochen später die Geburt seines Sohnes Alfons mitteilte, bedankte er sich noch einmal artig für das Präsent und versprach mir bei Bedarf einen kostenlosen Grabstein. Selten habe ich mich so wenig über ein in Aussicht gestelltes Geschenk gefreut.

Heranwachsende sind Leute unter zwanzig, die sich wie kleine Kinder benehmen, wenn man sie nicht wie Erwachsene behandelt. Außerdem ist die Zeit des Heranwachsens eine Zeit rascher Veränderungen. Zwischen zwölf und achtzehn altern die Eltern um mehr als zwanzig Jahre.

Es gibt bei Kindern untrügliche Zeiten des Erwachsenwerdens, zum Beispiel die Tatsache, daß Töchter sich die Lippen anmalen und Söhne anfangen, sie sich abzuwischen. Wenn Mädchen so alt sind, daß sie allein ausgehen dürfen, gehen sie gar nicht mehr allein aus, und der Augenblick, sich Sorgen um seinen Sohn zu machen, ist gekommen, wenn er das Haus verläßt, *ohne* die Tür zuzuschlagen.

Diese und ähnliche Anzeichen verrieten uns, daß Sven und Sascha allmählich flügge wurden. Sie waren jetzt alt genug, daß wir sie langsam wieder ertragen konnten, aber offenbar konnten sie uns nicht mehr ertragen, jedenfalls bekamen wir sie an manchen Tagen nur noch beim Frühstück zu Gesicht.

»Ich weiß nicht warum, aber plötzlich komme ich mir entsetzlich alt vor«, beklagte ich mich bei Rolf, als Sascha wieder einmal meinen Seidenschal um seinen Hals geschlungen, Rolfs Rasierwasser großzügig über Gesicht und Hände verteilt und dann unter Mitnahme unseres letzten Zigarettenpäckchens das Haus verlassen hatte.

»Mach dir nichts draus«, tröstete mich mein Gatte, fischte sich die längste Kippe aus dem Aschenbecher und versuchte, sie anzuzünden. »Alter spielt doch überhaupt keine Rolle – es sei denn, man ist ein Käse.«

Trotzdem fördert es nicht gerade das Selbstbewußtsein, wenn einen der Nachwuchs um Haupteslänge überragt. Mein Rat wurde nur noch gebraucht, wenn es um so wichtige Dinge ging wie die Frage, was man Susi (oder Micki oder Babsi) zum Geburtstag schenken könnte. So erkundigte sich Sven einmal ratlos: »Wenn du übermorgen siebzehn würdest, Määm, was würdest du dir dann wünschen?«

»Nichts weiter!« sagte ich voll Überzeugung, erntete aber nur einen verständnislosen Blick.

Aber dann kam der Tag, an dem ich wieder das uneingeschränkte Vertrauen meiner beiden Söhne genoß. Sie nagelten mich fest, als ich mich mit Zeitung, Sonnenbrille und Kaffeetasse bewaffnet hatte, um auf der Terrasse den Frühling zu genießen.

»Määm, wir müssen mal ernsthaft mit dir reden!«

Derartige Einleitungen hatten in früheren Zeiten zerschlagene Fensterscheiben signalisiert, Zusammenstöße mit Ordnungshütern oder Ärger mit Nachbarn. Jetzt mußte es aber etwas Bedeutsameres sein, die Knaben machten so entschlossene Gesichter.

»Fällt es euch eigentlich nicht ziemlich schwer, fünf Kinder zu ernähren?« begann Sven, während er geistesabwesend kleine Schnipsel von der Zeitung abriß und sie zu Kügelchen drehte.

»Bisher sind wir ja noch nicht verhungert, aber wenn euer Appetit nicht allmählich normale Ausmaße annimmt, könnte es eventuell gewisse Engpässe geben!« Ich bemühte mich erfolgreich, den aufkommenden Lachreiz zu unterdrücken. »Sollten eure Präliminarien allerdings bedeuten, daß ihr in diesem Sommer auf den Urlaub verzichten und euch einen Job suchen wollt, so habt ihr meine uneingeschränkte Zustimmung.«

Die Knaben sahen sich an. »Nee, also an einen Ferienjob hatten wir eigentlich weniger gedacht«, dämpfte Sascha meinen unangebrachten Optimismus, »uns schwebte mehr so was wie ein richtiger Beruf vor.«

»Verstehe ich nicht.«

»Sieh mal, Määm«, nahm Sascha den Faden wieder auf, »Sven ist dicke über achtzehn, ich bin siebzehn, und das ist doch nun wirklich zu alt, um noch zwei Jahre zur Penne zu latschen.«

»Andere Jungs in meinem Alter gründen schon Familien«, warf Sven ein.

»Wohl in den seltensten Fällen ganz freiwillig!«

»Na, wenn schon, jedenfalls gibt es genügend achtzehnjährige Väter.«

Mir schwante Fürchterliches. »Willst du damit etwa andeuten, daß ich Großmutterfreuden entgegensehe?«

»Ach Quatsch, ich meinte das doch nur ganz allgemein. Warum kannst du bloß nie sachlich bleiben?«

»Weil ich eure Hintertreppendiplomatie nur zu gut kenne. Also jetzt raus mit der Sprache! Was wollt ihr mir nun eigentlich in dieser homöopathischen Dosierung beibringen?«

Sascha holte tief Luft. »Wie wollen runter von der Schule!«

»Weiter nichts?«

»Määm, es ist uns ernst damit.«

»Ich weiß. Mir war es seinerzeit auch sehr ernst, weil ich Kindergärtnerin werden wollte und kein Abitur brauchte. Dann bekam ich von meiner Mutter einen gehörigen Anranzer, von meiner Klassenlehrerin einen halbstündigen Vortrag, der mich herzlich wenig beeindruckte, und von meiner Großmutter eine Ohrfeige, die mich noch weniger beeindruckte. Damals war ich sechzehn und fest davon überzeugt, auf die Schule verzichten und mich auf eigene Füße stellen zu können. Nach ein paar Wochen bin ich dann von allein wieder zur Vernunft gekommen. Aus diesem Grunde halte ich es auch für angebracht, wir vertagen diese Debatte bis zu den großen Ferien!«

»Eben nicht«, widersprach Sven ganz entschieden, »weil wir nämlich nach den Ferien gar nicht mehr zur Schule gehen werden.«

»Nein? Welche Pläne habt ihr denn sonst?«

Es stellte sich heraus, daß die beiden Obersekundaner mit einer unerwarteten Zielstrebigkeit vorgegangen waren und festumrissene Vorstellungen von ihrer Zukunft hatten.

»Nun überleg doch mal, Määm, Abitur ist ja schön und gut, wenn man anschließend studieren will, aber das kommt bei uns doch sowieso nicht in Betracht. Alle naturwissenschaftlichen Fächer unterliegen dem Numerus clausus, und wenn ich beim Abi nicht ohnehin gleich durchraßle, schaffe ich es bestenfalls mit einer Drei. Und damit kannste heute vielleicht noch Kunstgeschichte studieren oder Archäologie, aber nichts, was mich interessieren würde.«

»Archäologie wäre gar nicht so schlecht«, räumte Sascha ein, »vorausgesetzt natürlich, ihr finanziert uns mal 'ne Expedition. Aber in irgendeinem Museum fossile Knochen abstauben ist wirklich nicht das, was mir für den Rest meines Lebens vorschwebt. Mich interessiert die Hotelbranche, da kann man unheimlich Kohle machen.«

»Sicher, wenn man eins erbt«, gab ich zu.

»Muß nicht sein, man kann ja auch einheiraten«, belehrte mich mein Filius, der noch bis vor kurzem jedes außerplanmäßige Glockenläuten mit einem Kopfschütteln zu begleiten pflegte. »Schon wieder so ein Idiot, der freiwillig in sein Unglück rennt.«

»Also du willst Hoteldirektor werden?« vergewisserte ich mich noch einmal und wandte mich dann an Sven. »Und du vermutlich Zoodirektor?«

Sven grinste. »Zoologische Gärten gibt es entschieden weniger als Hotels, deshalb wird es mit einer Einheirat nicht so ohne weiteres klappen. Ich habe mich darum auch für den Gartenbau entschieden. Übrigens gibt es sehr viele Gärtnereien«, fügte er ernsthaft hinzu.

»Könntest du deine gärtnerischen Ambitionen nicht vielleicht erst einmal bei uns abreagieren? Immerhin hast du es bisher meisterhaft verstanden, deine doch offenbar schon länger bestehende Liebe zum Garten restlos zu verbergen.«

Sven winkte ab. »Unkrautziehen und Rasenmähen hat doch nichts mit Gartenbau zu tun, das ist was für Rentner. Ich will Gartenbau-Ingenieur werden, also Parkanlagen schaffen, Freizeitzentren und so weiter.«

»Das macht ein Gartenbau-Architekt. Der braucht aber ein Hochschulstudium und somit erst einmal das Abitur!« belehrte ich meinen Sohn.

»Irrtum! Gartenbau-Architekten sind meistens Fachidioten, die vor dem Reißbrett sitzen und sich stundenlang den Kopf zerbrechen, ob man neben ein grünes Haus eine Rotbuche pflanzen kann oder ob man nicht lieber den Bauherrn überredet, sein Haus gelb zu streichen, weil das dann farblich besser paßt. Gartenbau-Ingenieure sind aber praxisbezogene Pioniere, die sich erst einmal bemühen, ihren Auftraggebern die Fantasievorstellungen auszureden, die ihnen der Architekt eingeredet hat, um dann die realen Möglichkeiten zu verwirklichen.«

Das war druckreif! Trotzdem konnte ich mir nicht erklären, wo Sven diese Weisheiten aufgesammelt hatte.

»Du scheinst immer noch zu glauben, daß es sich nur um eine fixe Idee handelt. Ich bin beim Arbeitsamt gewesen, habe mich lange mit dem Berufsberater unterhalten und noch viel länger mit dem Inhaber einer Firma, die auch maßgeblich an der Gartenbau-Ausstellung in Stuttgart beteiligt gewesen ist. Mich reizt dieser Beruf, und es ist auch völlig zwecklos, mich davon abbringen zu wollen.«

»Will ich ja gar nicht. Ich sehe nur nicht ein, weshalb du nicht erst dein Abitur machst. Du kannst auch noch in zwei Jahren nach Regenwürmern buddeln.«

»Das sind aber zwei verlorene Jahre. Shakespeare ist sicher ein sehr bedeutender Mann gewesen, aber seine Weisheiten nützen mir jetzt absolut nichts mehr. Wenn er sich in seinen Königsdramen wenigstens mal über die Beschaffenheit der jeweiligen Parkanlagen geäußert hätte ...«

Sascha hatte bisher den Ausführungen seines Bruders zugehört, ohne ihn ein einziges Mal zu unterbrechen, was ich für sehr bemerkenswert hielt. Normalerweise spricht er zweimal, bevor er überlegt. Jetzt argumentierte er mit Fachausdrücken, Zahlen und Fakten, denen ich nichts entgegensetzen konnte, einfach deshalb, weil ich kaum die Hälfte verstand. Ich begriff lediglich, daß auch Sascha das Abitur für überflüssig und seinen derzeitigen Bildungsstand für völlig ausreichend hielt.

»Na, dann seht zu, wie ihr eurem Vater die ganze Sache beibringt«, erklärte ich abschließend und immer noch in der stillen Hoffnung, der Nachwuchs würde schließlich doch den verhältnismäßig problemlosen Schulalltag dem Erwerbsleben vorziehen.

»Darum geht es ja gerade, Määm«, bekannte Sascha kleinlaut, »könntest du Paps nicht schon mal ein bißchen vorbereiten?«

»Ich denke gar nicht daran! Löffelt euer Süppchen ruhig allein aus! Bei Meinungsverschiedenheiten mit euren zukünftigen Chefs könnt ihr mich ja auch nicht mehr als Prellbock vorschieben!«

Die Knaben nickten ergeben und trotteten ins Haus. Ich trottete hinterher. Der Kaffee war inzwischen kalt geworden, und die Sonne hatte sich auch wieder hinter dunklen Wolken verkrochen. Die paßten ohnehin viel besser zu meiner seelischen Verfassung. Ich überlegte krampfhaft, womit ich meinen lustlosen Söhnen die Schule wieder schmackhaft machen könnte, aber mir fiel beim besten Willen nichts ein. Dabei ist die Schulzeit wirklich die schönste Zeit des Lebens – man merkt's bloß immer erst hinterher.

Im Gegensatz zur herrschenden Jahreszeit, die uns außergewöhnlich milde Temperaturen bescherte, wurde das Klima innerhalb des Hauses zunehmend frostiger. Erwartungsgemäß hatte Rolf den Wünschen seiner Abkömmlinge ein kategorisches »Nein!« entgegengesetzt und eine weitere Diskussion mit dem Hinweis abgebrochen: »Was ihr nach dem Abitur anfangt, ist mir egal; von mir aus werdet Schwammtaucher oder gründet eine Sekte, aber erst bringt ihr die Schule zu Ende!«

»Das ist doch typisch für diese autoritäre Generation«, erklärte Sascha seinem Bruder. »Und wohin sind die mit all ihrer Schulweisheit gekommen? Mitten hinein in den Zweiten Weltkrieg. Wer danach noch übriggeblieben ist, hat später auch nicht viel anfangen können mit Photosynthese oder Differentialquotienten, der hat ums Überleben gekämpft. Ich glaube auch kaum, daß griechische Versmaße der richtige Rhythmus zum Steinekloppen gewesen sind.«

Rolf blieb unerbittlich, die Knaben blieben es auch. Die Gespräche zwischen ihnen und ihrem Vater beschränkten sich auf knappe Äußerungen, wie: »Wer hat zuletzt die Zeitung gehabt?« oder: »Gib mir mal das Salz rüber!« Bei längeren Mitteilungen fungierte ich als Zwischenträger. »Du kannst deinen Söhnen bei Gelegenheit ausrichten, daß sie ihre Fahrräder nicht immer in der Garageneinfahrt abstellen sollen! Außerdem wünsche ich, daß zumindest Sascha abends um elf Uhr zu Hause ist!«

Die so Angesprochenen kamen schweigend allen Aufforderungen nach, ansonsten übten sie sich in passiver Resistenz. Vergeblich versuchte ich, zwischen den Parteien zu vermitteln, aber mit Holzköpfen kann man nicht reden.

»Schließlich geht es um *unsere* Zukunft!« sagten die Söhne.

»Schließlich geht es um ihre *Zukunft!*« sagte der Vater.

Zumindest in der Sache als solcher herrschte Übereinstimmung.

Und dann kamen aus der Schule die blauen Briefe – von den Betroffenen nicht nur erwartet, sondern ersehnt, von Rolf mit ungläubiger Miene zur Kenntnis genommen. Er gab sich geschlagen.

»Damit habe ich nicht gerechnet«, bekannte er offen, »aber ich muß zugeben, daß diese Methode wirksamer war als alle anderen

Versuche, mich von der Ernsthaftigkeit ihrer Absichten zu überzeugen. Sollen sie also in Gottes Namen anfangen, ihre Brötchen selber zu verdienen. Hoffentlich bleiben sie ihnen nicht im Halse stecken!«

Nachdem Rolf nun endlich sein Einverständnis gegeben hatte, entwickelte er auch sofort die zu erwartende Aktivität. Die bestand hauptsächlich darin, daß er seine irregeleiteten Söhne mit den Folgen ihres Entschlusses konfrontieren und ihnen eine eventuelle Umkehr ermöglichen wollte.

»Ich halte es für völlig falsch, wenn ihr sofort mit einer richtigen Lehre anfangt. Ihr solltet erst einmal ein unverbindliches Praktikum machen, etwa ein halbes Jahr lang, und wenn ihr dann immer noch bei der Stange bleiben wollt, reden wir weiter!«

Die Knaben waren zwar bereit, alle Forderungen zu erfüllen, wenn sie nur nicht wieder in einer Schule endeten, aber unter einem Praktikum konnten sie sich nichts vorstellen.

»Wie denkst du dir denn das?«

»Das muß ich mir erst überlegen.«

Rolf überlegte nicht lange. Er entsann sich eines Schulfreundes, der in einem Harzer Kurort ein renommiertes Hotel führte, setzte sich mit ihm in Verbindung und eröffnete anschließend seinem Sohn, daß er am 1. September im Berghotel als Page anfangen könne.

»So weit weg?« murmelte Sascha leicht erschüttert.

»Mensch, freu dich doch, da hast du Ausgang bis zum Wecken«, versuchte Sven seinem Bruder die Sache schmackhaft zu machen.

Ich war auch nicht so unbedingt begeistert von der Aussicht, meinen Sprößling vierhundert Kilometer weit entfernt zu wissen, aber wenn er früh genug ins kalte Wasser springen mußte, würde er wohl ziemlich schnell das Schwimmen lernen.

»Was muß man eigentlich als Page tun?« wollte er wissen, denn seine Erfahrungen mit Nachtlagern außerhalb der heimischen vier Wände beschränkten sich überwiegend auf Jugendherbergen und Zeltlager.

Sven zuckte die Achseln. »Keine Ahnung, vielleicht Fahrstuhl fahren, Briefe wegbringen und ähnliche subalterne Tätigkeiten. Hoffentlich wächst dir die Verantwortung nicht über den Kopf!« Dann begehrte er zu wissen, was nun mit ihm geschehen würde: »Fangt aber nicht an, mich einem Blumenladen als Laufburschen unterzujubeln!«

»Keine Angst, mein Sohn«, beruhigte ihn sein Vater, »du fängst auch am 1. September an, und zwar als ungelernter Hilfsarbeiter in einem Betrieb für Garten- und Landschaftsbau in Stuttgart!«

»Hilfsarbeiter??«

»Was denn sonst? An Experten für Kakteenzucht sind die nämlich weniger interessiert!«

Am wichtigsten erschienen den beiden Berufsanwärtern zunächst einmal die finanziellen Aussichten, wobei Sven das bessere Los gezogen hatte. Er würde sehr anständig verdienen, und da er relativ billig im betriebseigenen Lehrlingsheim wohnen könnte, sah er sich schon als Kapitalist. »Wenn du mal nicht über die Runden kommst, dann wende dich vertrauensvoll an mich«, versicherte er Sascha, der bei freier Station nur mit einem bescheidenen Entgelt und möglichen Trinkgeldern rechnen konnte.

Im Grunde genommen paßte Rolf die ganze Sache überhaupt nicht. Ausgerechnet seine beiden Söhne, in die er so große Erwartungen gesetzt hatte, sollten nun auf der sozialen Stufenleiter abwärtsklettern, und dann auch noch in die tiefsten Tiefen: Der eine als Hilfsarbeiter im Gartenbau, der andere als Page und damit Trinkgeldempfänger.

»Durchhalten werden sie sowieso nicht«, beruhigte er mich (und sich), als ich Saschas Koffer packte, »ich bin nur neugierig, wer von beiden zuerst das Handtuch wirft!«

Am nächsten Tag lud er Sohn und Gepäck ins Auto, um beides in Bad Harzburg abzuliefern und Sascha bei dieser Gelegenheit die Stätten seiner Kindheit zu zeigen. Man besuchte ehemalige Schulkameraden, die den inzwischen erworbenen Wohlstand in Form von Häusern und Bäuchen vorzeigten und sichtlich bestrebt waren, beides zu konsolidieren; man tauschte Erinnerungen und Familienfotos, und man verschmähte auch nicht die geistigen Genüsse, so daß Sascha seine verantwortungsvolle Tätigkeit erst mit 24stündiger Verspätung antreten konnte, weil er am anderen Morgen einen ausgewachsenen Kater spazierenführte.

Den nun folgenden Zeitabschnitt bekamen wir nur telefonisch, seltener auch brieflich mit. Demnach gefiel es dem Pagen ganz gut, wenn er auch nicht unbedingt sein Lebensziel darin sah, dicke Möpse von dicken Damen spazierenzuführen. »Aber man lernt eine ganze Menge Leute kennen«, erzählte er mir einmal, »heute habe ich mit Inge Meysel gesprochen.«

»Worüber habt ihr euch denn unterhalten?«

»Ach, sie hat mich gefragt, wo die Toiletten sind.«

Wenn wieder einmal Post von Sascha gekommen war, winkte Rolf meistens ab. »Du brauchst mir jetzt nicht den ganzen Brief vorzulesen, nur den Absatz, der mit ›Übrigens, Papi‹ anfängt.«

Wenn Geld auch sicherlich nicht alles bedeutet, so hält es die Verbindung mit den Kindern aufrecht.

Offenbar beschränkte sich Saschas Tätigkeit keineswegs auf ein dekoratives Herumstehen, er wurde vielmehr überall dort eingesetzt, wo Not am Mann herrschte. So hängte er abwechselnd Nerze und Breitschwänze auf Garderobenbügel, flickte Leihfahrräder, drehte in der hauseigenen Konditorei Marzipankugeln und schippte Schnee. Letzteres sehr häufig und dank seines Heidenberger Trainings mit einer gewissen Routine. Und er dachte gar nicht an Kapitulation.

Sven auch nicht. Ihn sahen wir häufiger, weil er jedes zweite Wochenende nach Hause kam, beladen mit Süßigkeiten für seine Schwestern, die ihn wohl als eine Art verfrühten Weihnachtsmann betrachteten und bei künftigen Freizeitplänen als potentiellen Geldgeber einkalkulierten. »Gehst du mit uns heute ins Kino? Es gibt das ›Dschungelbuch‹.«

Manchmal brachte er mir auch etwas mit. So kam er einmal mitten im Winter mit einem riesigen Blumenstrauß an, wehrte Danksagungen aber entschieden ab: »Nun fall nicht gleich aus allen Wolken! Jemand hat ihn im Zug liegengelassen!«

Erfreulicherweise sah der Bengel prächtig aus, braungebrannt, gesund und durchtrainiert.

»Mußt du nicht ziemlich schwer arbeiten?« fragte ich ihn besorgt.

»Ach nein, nicht gerade schwer, nur so schrecklich regelmäßig!«

Dann versetzte er seinem Vater einen Tiefschlag: »Ich habe mich schon erkundigt, ob ich in meinem Laden die Lehre abreißen kann. Das geht in Ordnung. Ab Februar bin ich Azubi.«

»Was bist du?«

»Auszubildender! Das klingt zwar reichlich geschwollen, ist aber nur die moderne Umschreibung für Lehrling.«

»Wieso Lehrling?« fragte Rolf verdutzt.

»Na ja, irgendwann muß ich ja mal anfangen. Ich mache jetzt eine dreijährige Gärtnerlehre mit Berufsschule und allem Drumherum, nach der Prüfung muß ich mich für die Fachschulreife qualifizieren, und später baue ich meinen Igenieur. Wahrscheinlich werde ich ganz schön büffeln müssen, aber das macht mir nichts aus. Die Unterscheidungsmerkmale zwischen einem Abies alba und einem Abies concolor sind leichter zu behalten als die Unterschiede zwischen Neutronen und Protonen. Ich weiß nicht mal mehr, was das überhaupt ist.«

Rolf schüttelte resigniert seinen graumelierten Kopf: »Und ich hatte gehofft ...«

»Ich weiß, was du gehofft hast«, unterbrach ihn sein Sprößling ungerührt, »du hast geglaubt, daß ich die Flinte ins Korn werfe und reumütig zurückkomme, damit du dir doch noch dieses Scheißabiturzeugnis an die Wand nageln kannst!«

»Ich verbitte mir diesen Ton!«

»Tschuldigung, aber recht habe ich trotzdem. Übrigens gibt es bei der Firma Sommer vierzehn Azubis, davon haben vier Realschulabschluß und zwei Abitur. Und alle lernen Landschaftsgärtner. Biste nun beruhigt?«

Rolf war es nicht, aber was sollte er machen? Sven war erstens volljährig und zweitens zur Selbständigkeit erzogen worden, und die endete nun keineswegs bei der Fähigkeit, sich notfalls mal einen Knopf alleine annähen zu können. Trotzdem brachte er seine Wäsche regelmäßig mit nach Hause, auf daß ich sie wüsche, reparierte und schrankfertig verpackt wieder in den Koffer legte. Statt Münzen und Büroklammern fischte ich jetzt Steinchen und Reste von Blumenbast aus den Hosentaschen, aber sonst hatte sich nicht allzuviel geändert.

Weihnachten war die Familie wieder einmal komplett. Sascha hatte zehn Tage Urlaub bekommen, und Sven hatte 14 Tage Urlaub genommen, unbezahlten natürlich, aber er brauchte ja Zeit, um den gebührend beeindruckten Freunden seine neue Errungenschaft vorzuführen. Sie war nicht mehr die Jüngste, schien auch schon bessere

Tage gesehen zu haben und hörte auf den Namen Püppi. Püppi war rot, trug drei silberne Streifen auf dem Kopf und war ein Auto. Ein sehr kleines zwar und auch ein ziemlich altes, aber es lief, und es lief sogar auf Rädern statt auf Wechseln.

Rolf wollte sich probehalber hinter das Steuer zwängen, gab den Versuch aber gleich wieder auf. »Wird der Schuhanzieher zum Einsteigen vom Werk eigentlich mitgeliefert?« Mit schmerzlich verzogenem Gesicht rieb er die angeschlagene Kniescheibe.

»Wenn die Autos weiterhin immer kleiner werden, kommt bald der Tag, wo der Fußgänger zurückschlagen kann!«

Sascha empfahl seinem Bruder, den Wagen auf keinen Fall zu waschen, weil er nur noch durch die solide Dreckschicht zusammengehalten werde, aber die düstere Prognose hinderte ihn doch nicht, in das Vehikel hineinzukriechen und die Möglichkeiten für den Einbau der Stereoanlage zu überprüfen. Sven meinte allerdings, die nicht unerheblichen Fahrgeräusche würden auch den leistungsfähigsten Lautsprecher übertönen. So hörte ich das stereophone Geröhre weiterhin zu Hause, denn der neugebackene Autobesitzer tauchte nun an jedem Wochenende auf, und wenn er nicht da war, dann benutzten die Zwillinge seine Anlage. Obwohl technisch unbegabt und allenfalls imstande, Stefanies Taschenrechner zu programmieren (natürlich heimlich!), kamen sie mit dem komplizierten Steuerungssystem ohne weiteres zurecht. Den Lautstärkeregler fanden sie immer zuerst.

Eines Morgens kurz vor sieben Uhr klingelte es Sturm. Bei solchen Gelegenheiten habe ich sofort ein schlechtes Gewissen, dabei weiß ich nie, weshalb. Die mehr oder weniger regelmäßigen Besuche von Polizeibeamten hatten ein Ende gefunden, seitdem Sven und Sascha angefangen hatten, sich mehr für Mädchen als für Motorräder zu interessieren; Hiobsbotschaften werden uns meistens telefonisch übermittelt, und die Zeitungsfrau kommt in der Regel am Monatsanfang zum Kassieren. Und das tagsüber. Wer konnte also in aller Herrgottsfrühe…?

Es war Sascha. »Könnt ihr mal eben das Taxi bezahlen? Ich bin total pleite.«

Rolf zückte bereitwillig die Brieftasche und entlohnte den Fahrer überaus großzügig. Dann trug er die Koffer ins Haus, goß seinem sichtlich übernächtigten Sohn eine Tasse Kaffee ein und nahm erwartungsvoll neben Sascha Platz.

»Du brauchst mir gar nichts zu erzählen. Eigentlich wundere ich mich nur, daß du fast fünf Monate durchgehalten hast. Seit wann spielst du denn schon mit dem Gedanken, aufzugeben?«

»Wieso aufgeben? Ich bin rausgeflogen!«

Rolf rührte sich Marmelade in den Kaffee, zündete die Zigarette am Filtermundstück an, bemerkte es gar nicht, stierte seinen Sohn an und – schwieg.

»Nun guck nicht so entgeistert! Ich habe keine silbernen Löffel geklaut. Man hat mich rausgeschmissen, weil ich angeblich faul und aufsässig bin, dabei hatte ich mich nur geweigert, in den Müllcontainer zu kriechen!«

»Könntest du das etwas deutlicher erklären?«

Sascha zog ächzend seine Schuhe aus und besah sich stirnrunzelnd das große Loch im Strumpf: »Das war das letzte heile Paar. Eins habe ich jedenfalls in der Zwischenzeit gelernt: Es gibt im Hotelgewerbe zwei Berufskrankheiten, nämlich Plattfüße und Alimente. Im Berghotel zahlen drei Kellner und ein Koch Unterhalt für außereheliche Kinder. Ich frage mich nur, wie die das zeitlich fertiggebracht haben. Bei uns ist doch kaum jemand vor ein Uhr ins Bett gekommen.«

»Du etwa auch nicht?«

»Nee, bei mir wurde es manchmal noch später, weil ich aufräumen mußte. Ich brauchte zwar morgens erst um zehn Uhr anzufangen und hatte auch mittags zwei bis drei Stunden frei, aber dann war Rush-hour bis Mitternacht. Manchmal war das schon ein ziemlicher Schlauch. Und dein sogenannter Schulfreund ist der reinste Sklaventreiber. Bei dem wäre ich sowieso nicht geblieben, aber ich wollte wenigstens mein halbes Jahr herumbringen. Na ja, fünf Monate reichen aus. ›Da ich zu Hause bin, bin ich an einem bessern Ort.‹ Ist übrigens von Shakespeare. Der ist gar nicht so ohne, wir haben ihn im Speisesaal oft rezitiert. Macbeth zum Beispiel, wenn die Gästeschar kein Ende nahm: ›Wie! Dehnt die Reih sich bis zum Jüngsten Tag?‹«

»Es freut mich, daß die sieben Jahre Gymnasium nicht völlig umsonst gewesen sind«, sagte Rolf sarkastisch, »aber deine unerwarteten Kenntnisse der englischen Literatur erklären noch immer nicht, weshalb du jetzt hier am Tisch sitzt!«

»Also, das war so: – Kann ich mal 'ne Zigarette haben? Danke. – Der Oberkellner vermißte die Abrechnungen der vergangenen Woche, stellte das ganze Office auf den Kopf, das heißt, ich stellte und er sah zu, und als der Krempel nirgends zu finden war, fiel ihm ein, daß die ganzen Papiere möglicherweise in den Papierkorb gefallen und folglich auf dem Müll gelandet sein könnten. Der wird zusammen mit Küchenabfällen und allem anderen Dreck in einem Container gesammelt. Dort sollte ich nun rein und diese dämlichen Abrechnungen suchen. Ich habe mich natürlich geweigert, vielleicht bin ich auch ein bißchen pampig geworden, jedenfalls hat mir der Markowitz eine geknallt, und ich habe zurückgeschlagen. Ende der Vorstellung.«

»Man schlägt keine Vorgesetzten«, war das einzige, was mir dazu einfiel.

»Erstens war er das gar nicht, zweitens hat er mich von Anfang an schikaniert, und drittens ist er erst vierundzwanzig, aber doppelt so aufgeblasen.«

Rolf griff zum Telefon. »Laß das bitte, Paps, da kannst du doch nichts mehr einrenken! Außerdem will ich auch gar nicht zurück. Ich habe gelernt, wie man Bierleitungen säubert und Schnee schippt, kann perfekt Kassenbons auf Drähte spießen und beleibten Damen in den Persianer helfen, aber nun reicht es.«

»Was willst du denn jetzt machen? Weiter zur Schule gehen?« fragte Rolf hoffnungsvoll.

»Das nun ganz bestimmt nicht. Mir gefällt die Hotelatmosphäre. Ich bleibe auch dabei, nur muß ich eben richtig einsteigen.«

»Am besten gleich als Direktor, nicht wahr?«

Sascha grinste. »Wäre gar nicht so schlecht. Dein Schulfreund hat bloß gesoffen und Besucher empfangen, damit wir Angestellte ungestört arbeiten konnten. – Aber mal im Ernst, Paps, wenn man in dieser Branche etwas werden will, muß man von der Pieke auf lernen, entweder als Kellner oder als Koch. Koch kommt nicht in Frage, bleibt also Kellner. Dann kommen noch ein paar Monate Hotelfachschule und anschließend ab ins Ausland, Sprachen lernen. Der Markowitz, also der Oberkellner vom Berghotel, ist menschlich zwar eine Niete, aber sein Fach versteht er. Der spricht außer Deutsch noch fließend Englisch und Französisch, leidlich gut Italienisch und ein bißchen Spanisch. Das hat mir mächtig imponiert.«

Rolf hatte offenbar nur ein einziges Wort verstanden, nämlich Kellner. »Du willst mir doch nicht weismachen, daß du dein Leben lang Bier und Bockwürste durch die Gegend tragen möchtest?«

Sascha blickte ergeben an die Zimmerdecke, als ob ihm von dort eine Erleuchtung käme, um dann seinem Vater in einem Tonfall, den man normalerweise Kleinkindern gegenüber anschlägt, seinen künftigen Werdegang zu erklären:

»Sieh mal, Paps, du hast doch auch erst Setzer gelernt, bevor du auf der Kunstakademie nackte Mädchen gemalt hast. Dann warst du bei der Presse, und jetzt machst du in Werbung. Mit einem Setzkasten könntest du doch heute vermutlich gar nichts mehr anfangen.«

»Das verlernt man nie!«

»Na bitte! Und ich lerne eben erst einmal Kellner – übrigens heißt das jetzt Restaurant-Fachmann. Darauf baue ich dann auf. Ob ich beim Service bleibe, weiß ich noch nicht, auf jeden Fall will ich den Betriebsassistenten machen, und dann kann ich immer noch sehen, wo es am besten weitergeht. Später möchte ich mal ins Management. Allerdings gibt es noch einen Haken, und ich weiß nicht, ob daran nicht alles hängenbleibt.«

»Du hast doch deine Laufbahn schon bis an dein Lebensende programmiert. Welches Hindernis sollte es also noch geben?« wollte ich wissen.

»Ich brauche einen anständigen Ausbildungsbetrieb. Eine Lehrstelle in einer kleinstädtischen Bahnhofswirtschaft nützt mir gar nichts, es muß schon ein renommiertes Hotel oder ein erstklassiges Restaurant sein, wo man auch den ganz großen Service mitkriegt.«

»Berghotel Bad Harzburg«, sagte Rolf.

Sascha gönnte ihm ein schiefes Lächeln. »Was Besseres fällt dir wohl nicht ein? Aber können wir nicht morgen darüber reden? Ich bin hundemüde. Kein Wunder nach dieser endlosen Bahnfahrt. Nicht mal schlafen konnte ich. Im Abteil saß so ein Heini, der dauernd Kreuzworträtsel geraten hat und immer von mir wissen wollte, wie die griechische Quellnymphe heißt und welche Verdi-Oper sieben Buchstaben hat!«

Der künftige Hotelmanager begab sich also zur Ruhe und ließ ein reichlich verstörtes Elternpaar zurück.

Diesmal dauerte es etwas länger, bis Rolfs Bemühungen Erfolg hatten, zumal Sascha plötzlich einen ausgeprägten Familiensinn entwickelte und unbedingt in Stuttgart arbeiten wollte. »Da kann ich doch mit Sven zusammen nach Hause fahren, dann wird der Spaß wenigstens nicht so teuer. Außerdem bist du doch auch öfter mal in Stuttgart, nicht wahr, Paps?«

Nach sechs Wochen, in denen sich Sascha redliche Mühe gab, mir die Feinheiten der französischen Küche beizubringen, denn er hatte dem Chefkoch gelegentlich über die Schulter gesehen, war es endlich soweit.

»Kennst du in Stuttgart das ›Schwalbennest‹?« fragte Rolf und breitete auf dem Schreibtisch ein halbes Dutzend Speisekarten aus, die in Größe und Umfang den Wochenendausgaben von überregionalen Tageszeitungen glichen.

»Moment mal«, überlegte Sascha, »ist das nicht dieser Luxusschuppen in der Nähe vom Schloßplatz?«

»Eben dieser. Und wenn du dich bereitfinden könntest, deine Gammelkluft vorübergehend abzulegen und dich wie ein normaler Mittelstandsbürger zu kleiden, kannst du dich übermorgen beim Geschäftsführer vorstellen. Ein Friseurbesuch erscheint mir vorher ebenfalls noch angebracht!«

Sascha, inzwischen achtzehn und keinesfalls mehr gewillt, mütterliche Ratschläge und väterliche Auflagen zu beherzigen, verwandelte sich plötzlich in einen gehemmten Dreizehnjährigen. »Was meinst du, Määm, muß ich einen Kulturstrick umbinden, oder kann ich ein Halstuch tragen?«

»Ich glaube, eine Krawatte ist nicht unbedingt nötig.«

»Sag mal, Paps, kann ich das blaue Pilotenhemd anziehen, oder muß es partout ein weißes sein?«

Dann wollte er wissen, ob zur grauen Hose braune Schuhe besser paßten als schwarze, ob er »Herr Direktor« sagen solle oder »Herr Meyer«, ob bei einer eventuell in Erscheinung tretenden Frau Meyer ein Handkuß angebracht sei (»Den kann ich jetzt auch!«) und ob man bereits bei einem ersten Gespräch über Freizeit und Urlaubsansprüche reden könnte.

»Zieh schwarze Schuhe an, sag ›Herr Meyer‹, Frau Meyer kommt bestimmt nicht, und alles andere überlaß lieber deinem Vater. Der würde es sogar fertigbringen, den Eingeborenen in Rhodesien Heizöfen zu verkaufen, also wird es ihm auch gelingen, *dich* an den Mann zu bringen!«

Es gelang ihm. Sascha war selig.

»Also wenn du den Laden siehst, Määm, dann flippst du aus. Ich habe ja schon das Berghotel als Nobelherberge angesehen, aber das ›Schwalbennest‹ ist wirklich der Hammer! Ich fange in der Rôtisserie an. Der Maître da ist ein Italiener, noch ganz jung, aber schwer in Ordnung, und dann gibt es noch einen Lehrling, der sieht aus wie der Sarotti-Mohr, kohlrabenschwarz, spricht aber prima Deutsch, obwohl er aus Nigeria kommt, sein Vater managt da irgendwo ein Hotel, Mike heißt er – natürlich nicht der Vater –, und anfangen kann ich am Fünfzehnten, und die haben auch ein Restaurant in London, da kann ich nach meiner Prüfung hin...«

In diesem Tonfall ging es noch eine Stunde lang weiter, dann war er heiser.

»Der Bengel hat wirklich Glück gehabt«, meinte auch Rolf. »Wenn er dort nicht eine erstklassige Ausbildung bekommt, wüßte ich tatsächlich nicht, wohin man ihn sonst noch schicken könnte. Ich habe mich lange mit dem Geschäftsführer unterhalten – der hat übrigens auch als Kellner angefangen – und mich überzeugen lassen, daß Sascha keine schlechte Wahl getroffen hat. Ihm stehen in diesem Beruf alle Möglichkeiten offen. Es liegt jetzt an ihm, ob er sie nutzt.«

Hätte ich geahnt, was auf mich zukommen würde, dann hätte ich ihm vermutlich geraten, Finanzbeamter zu werden oder Börsenmakler – keinesfalls jedoch einen Beruf zu ergreifen, der in meinen unmittelbaren Herrschaftsbereich fällt. Es war zwar ganz angenehm, einen Fachmann zu haben, der gelegentlich das Tischdecken übernahm, aber die damit verbundenen Reklamationen gingen mir bald ziemlich auf die Nerven.

»Wenn ich so ein Glas auf den Tisch stellen würde, bekäme ich vom Bertoni aber einiges zu hören!« Sascha hielt das beanstandete

Glas gegen die Fensterscheibe und deutete auf eine kleine matte Stelle.

»Wie soll ich die Servietten vorschriftsmäßig falten, wenn du sie nicht anständig stärkst?« (Ich kann diese brettsteifen Dinger nicht leiden!)

»Haben wir denn keine Rotweingläser? Du willst doch wohl den Beaujolais nicht aus diesen Waschwannen trinken?«

»*Was* soll das für eine Sauce sein? Weißt du denn nicht, daß da Zitronensaft reinkommt und kein Essig? Was du da machst, ist direkt eine kulinarische Vergewaltigung!«

Irgendwann platzte mir auch mal der Kragen, und ich brüllte ihn an: »In ein paar Jahren wirst du irgendeinem unschuldigen jungen Mädchen erzählen, was für eine fabelhafte Köchin deine Mutter ist – nun iß auch gefälligst das, was ich koche!«

Die Unterhaltungen mit Sven gestalteten sich weniger schwierig, waren aber auch nicht ganz unproblematisch. Freute ich mich über die Forsythien, die in voller Blüte standen, so belehrte mich mein Sohn, daß die Lentizellen eine abartige Struktur aufwiesen, woraus zu schließen sei, daß der Strauch wohl bald eingehen würde. (Er steht immer noch.) Außerdem benötigte der Pyracantha crenoserrata einen Auslichtungsschnitt, und ob ich nicht wisse, daß der Cytisus praecox einen helleren Standort brauche. Ich verstand Bahnhof, nickte aber zustimmend und ließ alles beim alten.

Die Zwillinge machten sich einen Spaß daraus, irgendwelche Blätter mitzubringen oder bizarr geformte Blüten und sie Sven vorzulegen, auf daß er sie klassifiziere. Weil ihm das in den seltensten Fällen gelang (»Dazu müßte ich den Habitus der Pflanze sehen und den Blattaustrieb!«), verloren sie bald den Respekt vor seiner Gelehrsamkeit und kamen zu dem Schluß: »Der kann uns doch viel erzählen! Wer weiß, ob diese komischen Namen überhaupt stimmen, wir können ja noch kein Latein.«

Sascha imponierte ihnen mehr, hauptsächlich deshalb, weil er uns seine neuerworbenen Fähigkeiten immer gleich vorführen wollte, und wenn diese Demonstrationen auch selten ganz einwandfrei gelangen, so waren die Produkte in den meisten Fällen trotzdem noch genießbar. Nur einmal wäre die Sache beinahe schiefgegangen: Die Vorbereitungen für das Flambieren von Kirschen waren abgeschlossen, Sascha goß den Cognac über die Früchte und hielt ein Streichholz dran, gebannt sahen wir zu, wie die Flüssigkeit auch vorschriftsmäßig aufflammte, aber dann stieß der Maestro an den Pfannenstiel, worauf sich das brennende Zeug über Tisch und Teppich ergoß.

»Macht man das neuerdings auf *diese* Art?« erkundigte sich Rolf maliziös, nachdem er mit dem Inhalt der Blumenvase die Flammen erstickt hatte.

Als Sascha das nächstemal ein Feuerwerk inszenieren wollte, stellte sich Sven neben ihn, in der Hand ein Tablett, auf dem – umrahmt von Serviette, drei Petersilienstengeln und einer Zitronenscheibe – ein Feuerlöscher stand, eigens zu diesem Zweck aus dem Auto geholt.

Ein anderes Mal bat ich Sascha, doch gelegentlich eine Languste mitzubringen, weil die Zwillinge so ein Vieh mal in natura sehen wollten.

»Kann ich machen«, sagte er bereitwillig, »ich kriege das Zeug ja billiger. Aber hast du schon mal Flönze gegessen?«

»*Wie* heißt das?«

»Flönze!«

»Nein, was ist das?«

»Ein Flonz«, dozierte Sascha, »lateinisch Gulpinus rectalis, gehört zur Gattung der Schlörpse und ist ein rosaroter, etwa 7 bis 11 Zentimeter langer südamerikanischer Grottenolm, der am besten in gegrilltem Zustand schmeckt!«

»Dann bring mal einen mit!«

Sascha kugelte sich vor Lachen. »Das hat unser Serviermeister in der Berufsschule auch gesagt. Ich habe ihn nämlich gefragt, ob man für dieses Gericht Fischbesteck eindeckt oder eine Hummergabel. Der ist auf den Flonz genauso hereingefallen wie du. Der Quatsch muß also ziemlich glaubhaft klingen!«

Mit besonderem Vergnügen schilderte er den Partisanenkrieg, der angeblich seit jeher zwischen Köchen und Kellnern herrscht und an dem er sich bereits erfolgreich beteiligte.

»Angefangen hatte es damit, daß mich der Chefkoch ins Office schickte, um den Kümmelspalter zu holen. Auf *den* Leim bin ich zwar nicht gekrochen, aber etwas später lag auf dem Fußboden ein Fünfmarkstück. Ich wollte es natürlich aufheben und habe mir fürchterlich die Pfote verbrannt. Der Kerl hatte das Geld vorher in den Salamander gelegt – das ist so eine Art Mikrowellenherd. Dafür habe ich ihm eine halbe Stunde später ein Bier gebracht, gut gewürzt mit Tabasco-Soße. Sein Gejaule hat man bis ins Restaurant gehört! Dann war drei Tage lang Ruhe. Am vierten habe ich beim Mittagessen einen heldenhaften Kampf mit meinem Schnitzel ausgefochten, bis ich dahinterkam, daß ich einen dick panierten gebratenen Bierdeckel durchsäbeln wollte. Jetzt muß *ich* mir wieder etwas einfallen lassen!«

Auch Sven wußte Erheiterndes zu berichten von den Auseinandersetzungen, die gelegentlich zwischen den von ihm verachteten Gartenbau-Architekten und den Ingenieuren stattfanden.

Im Laufe der Zeit ließen sich unsere ›Azubis‹ aber immer seltener zu Hause blicken. Die Großstadt forderte ihren Tribut.

»Was soll man in diesem Kaff hier schon anfangen?« hatte Sven gemeckert, als er doch wieder einmal erschienen war, um seine Püppi einer fachkundigen Inspektion unterziehen zu lassen. Zweifellos gab es auch in Stuttgart Reparaturwerkstätten, aber dort war die väterliche Brieftasche schwerer erreichbar.

Sascha sahen wir noch weniger. Seitdem er ein Zimmer in einem Studentenwohnheim bezogen hatte, das ihm normalerweise gar nicht zustand und an das er auf nicht ganz legalem Wege herangekommen war, gehörte er zu einer festen Clique, die sich hauptsächlich aus angehenden Chemikern zusammensetzte. Mit ihnen verstand er sich bestens.

Wer nun aber vermutet, daß Rolf und ich – der unmittelbaren Verantwortung für unsere Erstgeborenen weitgehend enthoben – nunmehr ein beschauliches Dasein führen konnten, der irrt. Zu den Dingen, die so einfach zu handhaben sind, daß auch ein Kind damit umgehen kann, gehören die Eltern.

Katja wünschte sich ein Fahrrad mit Gangschaltung, bekam es, knallte damit gegen eine Mauer und brach sich den Arm. Steffi wünschte sich Rollerskates, bekam sie, fuhr gegen die Garagentür und brach sich den Knöchel. Nicole wünschte sich einen Chemiekasten, bekam ihn und lernte als erstes, daß sie nie wieder einen bekommen würde. Der Maler fragte später, ob sie in ihrem Zimmer Würstchen gegrillt hätte.

Unser Haus bevölkerten weiterhin Scharen von Teenagern, deren Geschlecht sich meist erst beim zweiten Hinsehen feststellen ließ. So ermahnte Steffi einmal ihre langmähnige Seitendeckung ganz leise: »Dreh ihnen den Rücken zu, dann halten sie dich für ein Mädchen, und es gibt keinen Ärger!«

Die beiden einzigen Dinge, die Kinder willig an andere weitergeben, sind ansteckende Krankheiten und das Alter ihrer Mutter. Als ich meinen fünfundvierzigsten Geburtstag feierte (man sollte spätestens beim dreißigsten damit aufhören), erschien die halbe Nachbarschaft zum Gratulieren. Frau Keks drückte mir einen herrlichen Fliederstrauß in die Hand und meinte tröstend: »Machen Sie sich nichts draus, die mittleren Jahre sind auch sehr schön!«

»Ich weiß«, sagte ich, »das ist die friedliche Zeit, wenn die Kinder aus dem Haus sind und bevor man bei den Enkeln helfen muß!« Ich dachte an Luise und ergänzte: »Soviel ich weiß, dauern die mittleren Jahre in der Regel fünf bis sechs Monate!«

Dann hörte ich Katja, die ihrer Freundin Bettina vom Fenster aus zurief:

»Nee, im Augenblick kann ich nicht kommen. Ich muß erst noch Mathe machen, den Kaffeetisch decken, meinen Schrank aufräumen und die Blumen gießen. In zehn Minuten bin ich aber fertig!«

Ich fürchte, meine mittleren Jahre werde ich vorläufig noch nicht genießen können!

Hans G. Bentz

Zwei Töchter auf Pump

1

Es geht gegen Abend. Ich stehe auf der Landungsbrücke und schaue auf den See, der im Riesenrund der eisgepanzerten Berge liegt. Seltsamerweise hatte er an diesem Morgen, Ende Februar, unter dem warmen Blasen eines schweren Föhns, zu tauen begonnen. Risse laufen durch das Eis wie Gespenster. Wenn die Eisstückchen aneinanderstoßen, entsteht ein leises Klingeln, so, als wenn über den ganzen See hin Hunderte von Harfensaiten sanft angeschlagen würden.

Mein schönes, ruhiges Leben, das mich nun schon seit Jahren in diesem kleinen Dorf am Ufer des großen Sees umfängt; die Berge, der See, das Feuergewölk im Himmel – ich empfange den Eindruck letzter, größter Schönheit, die wie alles Große in ihrem innersten Kern erhabene Trauer trägt.

Wie das wohl sein wird, wenn mich meine Gefährtin morgen früh verläßt, um auf vier Wochen nach St. Moritz zu fahren? Ich kann's mir kaum vorstellen. Noch ruhiger jedenfalls, noch einsamer. Aber ich habe ja meine beiden Hunde, den Springercocker Cocki und den Drahthaarfoxl Weffi.

Cocki ist körperlich und seelisch etwas ungemein Massives mit schwerem Ohrgehänge, schwärmerischen Goldaugen, seidigem, braunweißem Fell und dicken Knudeltatzen. Er heißt auch der ›Dicke‹ oder der ›kleine Löwe‹ und huldigt der Weltanschauung, daß man am besten mit diesem Leben fertig wird, indem man sich aus Leibeskräften hineinschmeißt, -beißt, -schubst und -drängelt.

Drahthaarfoxl Weffi hat mit seinem Lebenskameraden nur eines gemeinsam – die Schönheit. In seinem Wesen ist er weder Cocki noch den eigenen Artgenossen ähnlich. Von den beiden anderen Foxln in meiner Bekanntschaft fraß der eine Klosettbrillen, und der andere ernährte sich vorwiegend von Äpfeln und Tomaten und sprang von fünf Meter hohen Felsen ins Meer. Weffi jedoch hat ein zu schwaches Herz mit auf die Welt bekommen. Das dämpft einerseits wohltuend sein Temperament, verlangsamt aber andererseits seine Gehirnfunktionen. Dadurch ist er von einer rührenden Kindheit und immer um einige Minuten hinter der Situation zurück. Er bellt zum Beispiel immer etwas zu spät und auch nur, weil Cocki bellt, und außerdem nach der falschen Richtung. Dafür aber bellt er in der gleichen Tonhöhe: Wä... wä... wä (wovon sein Name Weffi stammt), und so lange, bis man ihn wie eine Flasche mit Hustenmedizin schüttelt.

Beide, Cocki und Weffi, sind schon ältere Herren, ohne daß man ihnen ihr Alter im geringsten ansieht. Als ich jetzt die Brücke verlasse, finde ich Cocki bis zum Bauch im Eiswasser stehen. Er gräbt nach irgend etwas. Ein paar Meter weiter hat Weffi die Überreste einer Krähe entdeckt und macht den Versuch, sich darin zu wälzen. Glücklicherweise klappt es mit dem Hinschmeißen nicht so richtig. Er kommt immer etwas daneben zu liegen. Ich gebe ihm einen Klaps und schiebe ihn in Richtung Heimat ab. Er wirft mir über die Achsel einen Blick stillen Vorwurfs zu, beginnt aber brav durch den Schnee zu stelzen. Den kleinen Löwen muß ich an den Hinterbeinen aus der aufgeweichten Eisbrühe ziehen. Er schüttelt sich, daß die Tropfen mir bis ins Gesicht fliegen, und schaukelt dann mißmutig Weffi nach.

Oben auf dem Hügel liegt das Dorf, das mir zur Heimat wurde. Seine Fensterscheiben flammen im Abendrot, und der spitze weiße Kirchturm steht über ihm wie eine Weltraumrakete. Am Fuß des Hügels, etwas abseits des Dorfes, sehe ich unsere beiden Häuschen, die schon im Schatten liegen.

Unsere beiden Häuschen. Das rechte (vom See aus) gehört mir und meiner Familie, bestehend aus Frauchen, der Mama – zweiundachtzig Jahre alt und rüstig wie ein Wiesel –, den beiden Herren da vor mir und meiner Wenigkeit. Das Nachbarhaus gehört meinem Freunde Teddy Bentler, seiner Frau Addi und ihren Töchtern Susanne, achtzehn, und Margot, siebzehn Jahre alt. Von Teddy wäre zu berichten, daß er ein schwerer blonder Kerl von fünfundvierzig Jahren und Generalvertreter für Waschmaschinen ist. Er hat ein brutales Bulldoggengesicht, erweist sich aber innerhalb seines Milieus als das gutmütigste und aufopferndste Schaf von Familienvater, das man sich vorstellen kann.

Seine Addi ist fünf Jahre jünger, ein rassiges, langbeiniges Geschöpf mit dunkelbraunem Haar, großen braunen Augen, tiefer Stimme und trockenem Humor.

Die kleine, zierliche Susanne, ihre älteste Tochter (wie gesagt, achtzehn Jahre alt), hat die Schlankheit und das schmale Gesicht der Mutter und die blauen Augen und das aschblonde Haar des Vaters. Sie trägt es straff nach hinten gekämmt und wirkt auf den ersten Blick sehr stolz und unnahbar. Dieses Äußere ist jedoch, genau wie beim Vater, eine täuschende Fassade, denn Susanne, die gerade die Freuden junger Liebe entdeckt, ist dem anderen Geschlecht gegenüber – um einen der poetischen Ausdrücke ihrer Mutter zu gebrauchen – gutmütig wie eine Kuh. Man könne – pflegt Addi zu sagen – froh sein, wenn man sie baldmöglichst und einigermaßen unbeschädigt unter die Haube brächte.

Margot, ihre jüngere Schwester, ist molliger, kleiner und hat wie die Mutter große, runde, braune Kulleraugen. Ihr braunes Haar trägt sie zu einem Zottelkopf geschnitten, und unter dieser widerspenstigen Schädelmatratze arbeitet ein verdammt klares und zielbewußtes Hirn präzis wie die Maschinen, die ihr Vater verkauft. Irgendein tieferes Interesse am anderen Geschlecht ward bisher an ihr noch nicht entdeckt.

Beide Mädels besuchen die Oberschule der benachbarten Stadt und in ihr die gleiche Klasse, da Susanne infolge ihres wildbewegten Innenlebens gezwungen war, die siebente Klasse zu repetieren. Auch jetzt noch ist sie sich über Kegelschnitte und unregelmäße englische Verben ebenso sehr im Zweifel wie über ihre Gefühle und muß immer wieder die herablassende und ziemlich ungeduldige Hilfe der Schwester in Anspruch nehmen. Gibt es zwischen den beiden Krach, so wendet sich Susanne wegen des Englischen an mich. Leider nützen ihr meine Sprachkenntnisse nicht viel, da ich sie aus amerikanischen Detektivromanen schöpfe, deren kraftvoller Stil mich begeistert. Als ich ihr neulich einen Aufsatz geschrieben hatte – meiner Ansicht nach einer der besten und lebendigsten Aufsätze, die je in Englisch geschrieben wurden –, gab ihr die Lehrerin einen Brief an die Eltern mit. Diese möchten – so riet die humorlose Person – auf ihre Tochter achtgeben. Offenbar sei dieselbe zu ihren sonstigen sattsam bekannten Schwächen neuerdings auch noch mit einem Chicagoer Gangster befreundet...

Und da wir gerade vom Amerikanischen sprechen, muß ich erwähnen, daß ich von beiden Mädchen seit dem vorigen Winter ›der

Colonel‹ genannt werde. Früher hieß ich ganz normal ›Onkel Hansi‹, aber eines Abends kamen sie aufgeregt aus einem Film und erzählten, durcheinanderzirpend wie zwei kleine Schwalben, darin sei ein Colonel aufgetreten, ›einfach toll – so was mit etwas grauen Schläfen, wie Onkel Hansi‹ ... Und seitdem heiße ich bei ihnen ›der Colonel‹.

So, und da wären wir an unserem Garten angelangt. Ich gebrauche mit Absicht ›den Garten‹ in der Einzahl. Ursprünglich waren es nämlich zwei Gärten, ebenso klein wie unsere Häuser. Eines Tages aber verheizten wir kurz entschlossen den Trennungszaun und gewannen auf diese Weise einen ganz netten gemeinsamen Garten – ein Vorgang, der Anlaß zu einer Familienfeier voll alkoholischer Rührung wurde. Natürlich hatte diese Gemeinsamkeit, wie alles im Leben, auch ihre Kehrseite. Mein Cocki zum Beispiel interessiert sich sehr für Addis gelegentliche Anfälle von gärtnerischem Ehrgeiz. Er pflegt mit gerunzelter Stirn und vorgeschobenen Riesenohren aufmerksam zuzuschauen, wie sie im Frühling den Boden aufgräbt und irgendwelche Blumenzwiebeln in die Erde bettet. Kaum hat sie ihm den Rücken zugekehrt, gräbt er mit seinen dicken Tatzen nach, holt die Zwiebeln wieder heraus, beschnüffelt sie und wendet sich dann mit einem Ausdruck melancholischer Verachtung in seinen goldenen Löwenaugen ab: ›Wieder mal typisch für diese Menschen, solchen Quatsch vergraben. Als ob es Knochen wären!‹

Dafür geschieht es, wenn ich an einem Sommerabend noch einen Gartenrundgang machen möchte, daß ich von der einzigen Bank unseres Gemeinschafts-Grundstücks ein Geflüster und Gekicher höre und im Schein einer glimmenden Zigarette das leicht aufgeweichte Antlitz Susannes erblicke. Worauf ich mich dann unwillig, aber diskret entschließe, meinen Verdauungsmarsch außerhalb der Liebesbannmeile zu erledigen ...

Trotz dieser kleinen Unbequemlichkeiten halten wir jedoch an unserem gemeinsamen Garten fest. Der verheizte Zaun ist für uns so etwas wie ein Symbol unserer Wahlverwandtschaft, und diese ist uns allen allmählich sehr teuer geworden, viel teurer, glaube ich, als uns so gemeinhin bewußt ist.

Ich öffne die Tür und wandele nachdenklich über den Kies der

Garageneinfahrt meinem Hause zu. Während ich mir in der Diele die Füße abputze, ruft die Mama von oben: »Ist da wer?«

»Ich bin's.«

»Ach so. Ich dachte, da ist wer. Du kannst schon mal den großen Koffer zumachen. Er ist fertig gepackt.«

Ich hänge den Mantel auf. Als ich mich umdrehe, steht Weffi wedelnd hinter mir. Er hat sich die tote Krähe, in der er sich wälzen wollte, wiedergeholt. Ich entreiße sie ihm und werfe sie in den Garten. Sie ist noch ganz steif gefroren. Dann hole ich mir die Hundetücher aus dem Bad, hocke mich hin und beginne mit der Säuberung. Ja, also diese Reise nach St. Moritz – sie kam dadurch zustande, daß Frauchen von Tante Lola dazu eingeladen wurde. Tante Lola aus Philadelphia, Witwe eines millionenschweren Konservenfabrikanten. Wenn ich an sie denke, sehe ich sie immer noch so vor mir, wie ich sie als kleiner Junge erlebte: als eine schlanke dunkle Frau mit Gazellenaugen, einer tiefen Stimme und einem wundervollen Parfüm. Vor ein paar Tagen erhielten wir die Nachricht, daß sie nach Europa komme, und zwar nach St. Moritz, das ihr von ihrem Arzt empfohlen worden sei. Meine Gefährtin wolle sich für vier Wochen ebenfalls dort einfinden. Eingeladen – und tausend Dollar Taschengeld! Abholung in einem für diesen Zweck in der Schweiz gemieteten Cadillac, pünktlich morgen, zehn Uhr vormittags.

Vier Wochen St. Moritz und tausend Dollar Taschengeld! Ich finde es verständlich, wenn auch nicht gerade ermunternd, daß man total vergaß, mein Einverständnis einzuholen. Ich fragte Teddy, ob das nicht etwas viel für mein sowieso wackliges häusliches Prestige sei. Er sah mich mitleidig an: »Prestige! Weißt du, was du machst, du Glückspilz? Du hältst die Klappe und gehst auf Zehenspitzen, bis sie weg ist!« Er schlug mir auf die Schulter, daß meine Lungenflügel schlotterten: »Mensch – vier Wochen Strohwitwer! Und ganz umsonst! Das verdienst du ja gar nicht!«

Ich überlegte mir die Sache und beschloß, eine Haltung würdigwohlwollender Neutralität einzunehmen. Schade nur, daß niemand bemerkte, wie gut ich diese nicht einfache Rolle spielte.

Unsere drei Frauen, Addi, die Mama und mein Exemplar waren nämlich vollauf damit beschäftigt, die Garderobe für die Reise zusammenzustellen. Sie hatten sich auf den Grundsatz geeinigt, daß dieselbe einerseits nicht zu ärmlich, andererseits aber so bemessen sein solle, daß Tante Lola genügend Lücken darin aufzufüllen fände. Addi erhielt die Zusage, von einem eventuellen Überfließen dieser Lückenauffüllung zu profitieren, und schwelgte in seligen Erwartungen. Auf diese Weise kam es, daß auch Teddy von einer Art Strohwitwertum betroffen wurde, zumal sogar seine Töchter nichts anderes im Kopf hatten als eventuelle indirekte Erbschaften aus diesem sagenhaften Unternehmen.

Nach Säuberung der Hunde werde ich damit beschäftigt, Koffer zu- und wieder aufzumachen. Es stellt sich nämlich heraus, daß manche der bereits geschlossenen Koffer Dinge enthalten, die entweder zu Hause bleiben oder durch andere ersetzt in einen anderen Koffer verpackt werden sollen. Nach einer halben Stunde entläßt man mich aus meiner Hausdiener-Tätigkeit. Zu viert gehen wir nach oben ins Zimmer der Mama, sitzen dort völlig erschöpft um den Tisch, und Addi greift zur Cognacflasche.

»Heute nacht werde ich aber schlafen!« sagt sie gähnend. »Mensch, ist das aufregend!«

Ihr Gähnen steckt mich an. Wir schwatzen nur noch kurze Zeit, essen eine Kleinigkeit, dann geht Addi zu sich hinüber und Frauchen ins Bad. Ich wanke in mein Schlafzimmer und finde dort zu meinem Erstaunen die beiden Herren Hunde, die sonst in Frauchens Zimmer zu schlafen pflegten. Beide scheinen begriffen zu haben, daß man sie nicht mitnimmt, und haben mich mit einem Opportunismus, den ich als schamlos empfinde, zu ihrem neuen Schlafburschen ernannt. Weffi liegt auf meiner Decke und knurrt, als ich mich auf das Bett setze.

»Na, erlaube mal!« sage ich. »Vielleicht ist auch noch 'n bißchen Platz für mich da!«

Er wirft mir einen scheelen Blick zu, seufzt und steckt dann die Nase wieder zwischen das Kuddelmuddel aus Vorder- und Hinterpfoten. Cocki liegt vor dem Bett.

Ich beschließe, auf alle Waschzeremonien zu verzichten und einfach ins Bett zu gehen. Das Unhygienische dieses Vorgangs erfüllt mich mit Erinnerungen an meine Knabenzeit und außerdem mit ausgesprochenem Behagen. Nach längerem Handgemenge einige ich mich mit Weffi dahin, daß er in der rechten unteren Ecke meiner

Schlafcouch sein Quartier aufschlägt. Gerade als ich die Lampe auslöschen will, beschließt Cocki, ebenfalls mein Bett zu entern. Er haut sich mit seinen achtundvierzig Pfund eisenharter Muskeln gegen meine Brust, bläst die schnurrbärtige Flappe auf und entläßt einen tiefen Schnarcher.

»Dicker«, sage ich, »das ist ja nun Quatsch. Dir wird doch viel zu warm! Was soll denn dieser Blödsinn?«

Ein schläfriges Löwenauge öffnet sich und sieht mich vorwurfsvoll an: ›Du solltest froh sein, daß ich dich mit meiner Gegenwart beehre – verstehst du natürlich wieder nicht!‹ Flappe aufgeblasen, Schnarcher.

Ich seufze: »Also schön, versuchen wir's.« Ich lösche das Licht und beginne, zwischen den beiden Kumpanen hingebogen wie ein Fragezeichen, zu entschlummern. Als sich eben meine Sinne verwirren, gibt es einen Ruck. Die Matratze, von Cockis Gewicht befreit, schnellt hoch. Weffi brummt empört, ich höre Cockis dicke Löwentatzen, patsch-patsch aus meinem Zimmer in die angrenzende Bibliothek latschen. Dann ein dumpfes Knarren, er ist in den großen Lehnsessel gesprungen. Und dann, von dort her, der erste Schnarcher, gefolgt von einem dünnen Pfiff und erneutem Federknarren.

›Das ist ja unmöglich‹, denke ich, ›wer soll das aushalten? Wenn es mir nicht gelingt, diesen Kerl irgendwo anders hin abzuschieben, werde ich vier Wochen lang kein Auge zutun...‹

Und dabei bin ich auch schon eingeschlafen.

2

Da haben sie mich also doch erwischt – die Gangster. Sie drängen mich in eine Mauernische. Der Große mit der niedrigen Stirn gibt mir einen Kinnhaken, während der Kleine mit dem Mausgesicht mir die Pistole in den Rücken drückt.

Ich hole aus, bekomme aber sofort wieder von dem Gorilla einen Schlag – und bin wach.

Dicht vor meinem schweißbedeckten Gesicht ist ein Löwenkopf mit langen Ohren und goldenen Augen. Cocki sitzt vor meinem Bett und holt eben wieder mit der Tatze aus. Er läßt sie sinken, als er sieht, daß ich die Augen aufmache.

Hinter der Tür rumort es, etwas Hölzernes, anscheinend ein Kleiderbügel, fällt klappernd auf den Boden, und die Stimme der Mama sagt: »Schläft denn Hans immer noch?«

»Weck ihn auf«, erwidert Frauchens Stimme, »er soll schon die Koffer in die Diele tragen.«

Ich setze mich mit einem Ruck auf: Sie verreist ja! Einen flüchtigen Moment fällt mir der Gorilla ein, Spuk aus dem angeritzten Unterbewußtsein, psychoanalysiere ich. Aber warum angeritzt? Weil Frauchen verreist? Was ist man doch für ein Gewohnheitstier! Oder ist da noch etwas anderes – etwas mehr?

Da ist schon die Mama. Sie bemüht sich, streng auszusehen. »Na, alter Faulpelz, bist du noch nicht auf?«

Ich gähne: »Psychoanalyse.«

Als ich nach einer halben Stunde angezogen aus meinem Zimmer komme, tritt Frauchen gerade aus ihrem Schlafzimmer, das heißt, genauer gesagt, sie hinkt. Bekleidet ist sie mit Schlafrock, unter dem ein Stück Nachthemd vorschaut: »Komm schnell nach oben, frühstücken«, sagt sie, »es ist ja schon neun Uhr!«

»Es ist sogar viertel zehn«, sage ich, während wir die Treppe hinaufsteigen. »Außerdem – warum hinkst du?«

»Weil ich den zweiten Pantoffel nicht gefunden habe.« Sie bleibt stehen und sagt mit gedämpfter Stimme: »Achte darauf, daß die Mama beim Essen nicht so schmatzt und nicht alle Türen offenläßt, damit ihr nicht nur für das Treppenhaus heizt. Vor allem soll sie die Hunde nicht überfüttern und ihnen nicht wieder das Betteln angewöhnen.«

»Mach ich.«

»Und achte darauf, daß sie nicht zuviel trinkt, ein Gläschen Vermouth am Abend ist genug.«

Im großen Zimmer oben hat die Mama schon den Frühstückstisch gedeckt und rumort in der benachbarten Küche. Frauchen geht zu ihr. Die Herren Hunde sind auch schon zur Stelle, aber sie belagern nicht wie sonst den Frühstückstisch. Weffi sitzt mit zitternden Fellbeinchen an der Tür, den Ball neben sich. Cocki hat sich in seinen Schmollwinkel neben dem Kamin zurückgezogen. Ein hellblauer

Gegenstand schaut unter seiner Flappe hervor. Als ich ihn mir näher betrachte, sehe ich, daß es Frauchens Pantoffel ist. Ich greife danach, worauf er die Flappe hochzieht und mir den Eckzahn zeigt. Worauf er von mir eins hinter die Ohren und den Pantoffel weggenommen bekommt. Er reicht mir eine dicke Knudelpfote und seufzt.

Ich streichle ihm über die langen Ohren und die hohe Stirn: »Frauchen kommt ja bald wieder!« Und dann starren wir beide auf die Küchentür.

Dahinter höre ich Frauchens Stimme: »Und vor allem, Mami, achte darauf, daß er nicht zuviel trinkt. Eine Flasche Bier am Abend genügt. Und er soll nicht die Füße auf den Schreibtisch legen.«

»Er hört ja nicht auf mich«, sagt die tiefe Stimme der Mama düster.

»Außerdem soll er beim Essen nicht lesen und die Hunde nicht mit ins Bett nehmen, und wenn Frau Schleußner zum Aufräumen kommt, soll er ihr keine unanständigen Witze erzählen. Sie lacht zwar darüber, aber sie trägt uns im ganzen Ort herum. Außerdem bezahle ich sie nicht fürs Lachen, sondern fürs Aufräumen.«

Ich stehe auf und gehe in die Küche: »Hier ist dein Pantoffel.«

»Danke. Da, nimm das Tablett, bitte. Wo war er denn?«

»Cocki hat ihn sich raufgetragen und lag mit dem Kopf drauf.«

Das Wasser schießt ihr in die Augen. Sie eilt – immer noch hinkend, weil Pantoffel noch in der Hand – ins Zimmer, kniet sich neben Cocki und zieht seinen Kopf an ihre Brust: »Ach, mein Dickerchen!«

Weffi kommt von der Tür und bohrt ihr den Kopf unter die Achsel. Sie umklammert ihn mit dem anderen Arm: »Du auch, mein Liebling!«

Die Mama, in der Küchentür stehend, gräbt das Taschentuch aus und heult wie ein Schloßhund. Ich fühle, verdammt noch mal, einen Kloß in meiner Kehle, räuspere mich und sage: »Neun Uhr fünfundzwanzig!«

Frauchen erhebt sich und hinkt zum Tisch: »Ich bin ja fix und fertig. Warum sitzt du nicht längst? Mami, setz dich auch!«

Die Mama steckt das Tuch weg und setzt sich. Als wir gerade bei der zweiten Tasse Kaffee sind, ertönt unten eine Fanfare. Eine sehr prominente und auffordernde Fanfare. Der Mama bleibt die Hand mit dem dritten Brötchen darin in der Luft hängen: »Um Gottes willen, da ist er schon!«

»Was heißt um Gottes willen«, sagt Frauchen, »der Mann kann doch warten. Er ist schließlich kein Zug, der abfahren muß.« Sie hat Weffi auf dem Schoß, Cocki neben sich und füttert beide abwechselnd.

Ich stehe hastig auf: »Gehe mal runter...«

»Ja, und sage ihm, ich komme gleich.«

Ich renne die Treppe hinunter. Die Hunde hinter mir. Es gelingt mir gerade noch, Cocki, der die Widersetzlichkeit eines Elefanten entwickelt, mit dem Fuß zurückzuschieben und rasch die Haustür vor seiner großen Nase zu schließen.

Und dann, als ich mich draußen umwende, bleibe ich mit offenem Mund stehen. Der Cadillac! Sooo lang und sooo breit und ganz niedrig! Es ist ein dunkelrotes Kabriolett mit einer Züricher Nummer und einem livrierten Chauffeur am Steuer. Als er mich sieht, steigt er aus und nimmt die Mütze ab. Er hat ein markantes, braungebranntes Gesicht mit silbernen Schläfen. Wir schütteln uns die Hände und sind uns vom ersten Augenblick an sympathisch.

Ich frage ihn, ob er gefrühstückt habe und wenn nicht, ob er nicht wolle. Er wisse ja, die Frauen... Er sagt, er wolle nicht, und im übrigen sei auch er verheiratet. Allerdings sei die amerikanische Dame etwas ungeduldig... Das, erwidere ich, sei sie schon seit fünfundsiebzig Jahren, und man werde es kaum ändern können.

Aus dem Nebenhaus kommt Teddy und gesellt sich zu uns. Ich stelle die beiden Herren einander vor, dann biete ich dem Chauffeur eine Zigarre an und ermuntere ihn, die Motorhaube zu öffnen.

In diesem Augenblick jedoch geht die Haustür auf, und Frauchen erscheint, den Mantel zur Hälfte angezogen. Ein Koffergebirge türmt sich im Hintergrund. Das Ganze ein Bild rührender weiblicher Hilflosigkeit. Bevor ich mich noch in Gang setzen kann, sind schon Teddy und der Chauffeur auf sie zugesteuert und keuchen mit Koffern in jeder Hand zum Wagen zurück. Auch Addi ist von irgendwoher aufgetaucht und hilft Frauchen in den Mantel. Mami steht im Hintergrund und hat schon wieder das Taschentuch vor dem Gesicht. Mir bleibt nichts, als einige symbolische Bewegungen in Richtung Mantel und Gepäck zu vollführen. So gebe ich mich denn männlich rauh, küsse sie energisch, klopfe ihr auf die Schulter und sage: »Halt dich senkrecht, old girl!«

Frauchens Blick streift mich mit einem ätherisch-zarten Augenaufschlag, der offenbar schon für den Skilehrer in St. Moritz geübt wird. Dann küßt sie sich mit Addi, und dann wird sie von Teddy übernommen, der aus dem Abschied eine gewaltige Veranstaltung macht. Er hebt sie hoch, klopft sie auf den Rücken, erst oben, dann weiter unten, und küßt sie mit der Inbrunst eines Matrosen nach zwei Jahren auf hoher See.

»Hau ihm doch eine runter, dem frechen Kerl!« sagt Addi. Teddy setzt die süße Last auf die Erde und fragt, wie sie das gefunden habe. Frauchen klopft ihm mütterlich auf die Brust und sagt, sie wisse ja, was er für ein toller Kerl sei. Ob er nun mit dem Abschied fertig sei, denn sie müsse noch mal ins Haus und sich den Kopf nebst Hut in Ordnung bringen.

Teddy versichert, daß er total fertig sei, der Chauffeur grinst diskret. Frauchen geht, von Addi begleitet, noch mal zurück: »Nun hör auf zu heulen!« höre ich sie in der Tür streng zur Mama sagen.

Ich packe Teddy am Arm: »Jetzt komm aber und sieh dir den Motor an!« Im nächsten Augenblick hängen wir beide unter der Haube und staunen. Dann hole ich schnell einen alten Sack aus der Garage, wir legen uns Seite an Seite darauf und studieren die Luftfederung.

Addi erscheint, öffnet die Wagentür und wirft eine Decke hinein. Dann stellt sie sich mit eingestemmten Armen neben uns: »Ja, ihr seid wohl nicht gescheit!«

Wir stehen, ohne sie weiter zu beachten, auf und krabbeln auf die vordere Sitzbank. Dort wird uns ganz feierlich. Unsere Blicke kosen die Instrumente und die gewaltige Haube. Teddy fingert ehrfürchtig über das Steuerrad. Dann seufzen wir im Duett, während der Chauffeur geschmeichelt zum Fenster hereinschaut.

Frauchen kommt wieder aus dem Haus. Wir klettern schweren Herzens wieder aus dem Wagen, alles küßt sich noch mal, die Mama beginnt wieder zu heulen, der Chauffeur schließt die Haube, setzt sich ans Steuer und dreht den Zündschlüssel um. Unter der Haube ist ein seidenweiches, unerhört aufregendes Purren von vierhundert PS, der Chauffeur grüßt, Frauchen winkt mit geröteten Wangen, dann setzt sich der Koloß mit breitem Wiegen in Bewegung und ist wie ein Schatten um die Ecke. Wir vier Zurückgebliebenen sehen uns unbeholfen an.

»Na also!« sage ich schließlich. Dann gehen wir, je zwei, in unsere Häuser.

Drinnen schauen die Mama und ich einander in die Augen, dann sagt sie: »Jetzt brauch ich erst mal einen!«

»Ich auch.«

Cocki und Weffi erscheinen Seite an Seite, schnüffeln in das Chaos und drängen sich eng an uns, als wir nach oben gehen. Dort greift jeder von uns zu seiner Flasche, sie zum Vermouth, ich zum Cognac. Wir stoßen auf eine glückliche Reise an. Dann gehe ich mit meiner Flasche nach unten, die Mama behält ihre in der Hand. Unten nehme ich noch einen, zünde mir eine Zigarre an, setze mich hinter den Schreibtisch und lege die Füße darauf: Strohwitwer!

Oben höre ich ein erneutes Gläserklirren und nach einer Weile – als Begleitung zu den üblichen Haushaltsgeräuschen – Mamis Lieblingslied: »Glühwürrmchen, Glühwürrmchen, schimmrre, schimmrre...« mit hartem Bühnen-R.

3

Beim Mittagessen genießen wir zunächst unsere Freiheit. Die Mama hat das alte, angeschlagene Geschirr gedeckt (verboten) und setzt sich mit der feuchten Schürze an den Tisch (besonders streng verboten!). Ich schmökere einen Detektiv-Schinken, habe den Schlips abgebunden und den obersten Hemdknopf offen (noch strenger verboten: ›Du siehst aus wie ein Straßenarbeiter!‹). Draußen schneit's wieder seit Stunden unentwegt.

Plötzlich blicke ich auf: Etwas ist verändert und hat mich aus meiner mit unterbewußtem Essen verbundenen Lektüre geschreckt. Dann merke ich, was es ist: die Mama hat aufgehört zu schmatzen und starrt mit erhobener, spaghettiumwickelter Gabel ins Leere: »Wer weiß, wo sie jetzt ist!« sagt sie dumpf.

Ich lege das Buch zur Seite: »Wahrscheinlich an der Schweizer Grenze.«

»Oder in irgendeinem Abgrund!« Und übergangslos fügt sie hinzu: »Sieh mal, du Ferkel, was du da gemacht hast – der schmutzige Suppenlöffel als Lesezeichen! Das geht wirklich zu weit!«

Die Tür springt auf, und herein marschieren Cocki und Weffi. Beide haben dicke Eisklumpen im Fell, und mit ihnen marschiert ein unverkennbarer Geruch.

Die Mama schweigt erstarrt, nur ihre Nasenflügel wackeln.

»Ich habe mich immer gefragt«, sage ich hastig, »warum die Bauern den Dung auf den Schnee streuen. Bis mir der Wurzel-Sepp mal erklärt hat, daß der Dung in den schmelzenden Schnee eindringt und dadurch gewissermaßen in den Boden hineingezogen wird.«

Zwei alte blaßblaue Augen sehen mich an: »Du hast die Terrassentür aufgelassen! Da sind sie raus!«

Cocki hat sich auf den Teppich geschmissen und beginnt sich das Eis aus den Pfoten zu knackern. Weffi steht über ihm, riecht an einer verklebten Stelle in seinem Fell und schlottert mit den dicken Vorderbeinen. Dann beginnt er sich mit dem Hinterbein unter dem Bauch zu kratzen und zieht die Lefzen bis an die Ohren.

»Und Flöhe haben sie auch!« sagt die Mama. »Die haben sie sich sicher von dem weißen Spitz geholt. Wenn du nicht die Terrassentür aufgelassen hättest...«

»Es können auch Flöhe aus dem Dung sein«, versuche ich sie zu trösten. »Der Wurzel-Sepp hat gesagt, daß Flöhe interessanterweise...«

»Dung!« Sie wirft die Gabel hin: »Jetzt kann ich mitten im Essen aufstehen und diese Strolche sauber machen! Wenn du nicht die Terrassentür...«

»Bleib sitzen, ich mach's nach dem Essen.«

»Ja, glaubst du denn, ich kann in diesem Gestank...«

»Also gut«, sage ich, stehe auf, packe Cocki am Kragen und schleppe ihn die Treppe hinunter ins Bad: »Unter uns«, sage ich, während ich ihn verarzte, »die Mama hat recht, du Stinkfetzen! Pfui Teufel!«

Zehn Minuten später liegt er, eingepackt in ein altes Handtuch, oben an der Heizung und schielt mich verächtlich an. Weitere zehn Minuten später liegt Weffi daneben. Sie beriechen sich gegenseitig und wenden sich voll Abscheu voneinander ab.

Die Mama kommt mit meinem Teller aus der Küche: »Ich hab dir das Essen warmgestellt.«

Der Tisch ist abgeräumt. Es gibt nichts Melancholischeres als einen leeren Tisch und einen Teller Spaghetti darauf. Ich esse und fühle mich verlassen. Die Mama spült nebenan in der Küche das Geschirr.

Dann macht unten Addi »Huhu!«

Ich hole sie herauf und küsse sie ausführlich. Sie stemmt sich von mir ab: »Na, sag mal, ist das dein Abschiedsschmerz?«

»Weiß ich, was ich in meinem Schmerz tu? Habe ich dir eigentlich den Witz schon erzählt? Kohns Frau ist gestorben und ...«

»Du hast ihn mir sogar schon dreimal erzählt. Und ich wollte dir nur sagen, ihr sollt doch abends zu uns kommen, wenn ihr euch einsam fühlt.«

»Ach, Addi, ich fühle mich jetzt schon so einsam!«

»Pfoten weg! Teddy und ich fahren jetzt erst mal in die Stadt, Winterschlußverkauf. Wiedersehen.« Als sie die Tür schließt, braust Cocki an ihr vorbei wieder ins Freie. Unten entfernt sich das Wagengeräusch. Die Mama kommt wieder aus der Küche: »Du kannst allein gehen, ich bleibe hier. Ich bin vollkommen fertig.«

Nachdem sie verschwunden ist, gehe ich hinunter ins Arbeitszimmer, zu meiner Cognacflasche.

»Konzentrierter Alkohol«, hat Dr. Bichler gesagt, »ist das schlimmste, was Sie Ihrer Leber antun können.«

Ich setze schnell die Flasche an den Mund und ziehe einen Doppelten heraus.

Ulkiger Kerl, der Bichler. Spinnt etwas, wie alle Landärzte. Und manchmal bin ich nicht ganz sicher, ob er nicht mehr auf der Seite der Bakterien steht als auf unserer. Seine Augen leuchten, wenn er mir schildert, wie sie sich an das Penicillin angepaßt haben. ›An irgend etwas muß man ja schließlich sterben‹, pflegt er seine Diagnosen abzuschließen. Aber er steht nachts um drei Uhr auf und quält sich mit seiner klapprigen Karre zwölf Kilometer durch den tiefen Schnee, um einem alten Einödbauern zu helfen, der keine Luft mehr bekommt und in drei Monaten ohnedies sterben muß. Den Besuch liquidiert er erst gar nicht, weil er sowieso kein Geld sieht. Verrücktes Huhn! Und so herrlich inkonsequent. Gerade deshalb habe ich ihn gern.

Ich stelle die Flasche weg, schließe den Schrank und recke die Arme: allein! Alleinsein ist auch schön. Es ist so still, daß ich das Blut in meinen Ohren singen höre.

Ich seufze und schieße einen schiefen Blick zum Schreibtisch, wo ein angefangener Artikel für einen Jugendalmanach liegt. Seitdem ich im Herbst den Boys im Verlag von meinen Studien an Susanne und Margot berichtete, halten sie mich dort anscheinend für einen Jugendexperten. Ich darf es ihnen aber nicht übelnehmen, denn ich halte mich ja selbst dafür. Nur, daß das Ganze in Arbeit ausartet... Andererseits, wenn man nichts zu tun hat, ist es auch nicht recht. Also los, keine Müdigkeit vorschützen.

In diesem Augenblick tauchen vier igelhaarige Jünglinge in Anoraks und Röhrenhosen auf und steuern Teddys Haus an. Gleichzeitig erscheinen oben am Fenster zwei Köpfe, ein blonder und ein brauner. Die Haustür geht auf, und die vier Musketiere schieben sich hinein. Sie haben jeder eine Zigarette im Mundwinkel hängen und mindestens eine Hand in der Tasche. Ich höre, wie sie sich die schneebedeckten Schuhe abkratzen, wie die Mädchen zwitschern und gleich darauf das Grammophon südamerikanisch zu stottern beginnt. Ich grinse einsam in mich hinein. Großartigen Nachrichtendienst hat der Verein! Kaum sind die Eltern um die Ecke, sind die Bürstenköpfe da.

Ja, wer kommt denn da? Ein Nachzügler! Nein, es ist der Reiserer-Franz mit einem Schneeschieber über der Schulter. Er wohnt mit seiner Mutter im Haus oben am Hang. Die Mutter betreibt ein Seifengeschäft, er arbeitet in der Möbeltischlerei. Jetzt, im Winter, wo die Leute keine Möbel kaufen, hat er manchmal etwas Zeit. Franzl ist schon zweiundzwanzig Jahre alt, athletisch gebaut und seit einer Woche schnurrbärtig. Vielleicht hofft er damit Eindruck auf Susanne zu machen. Susanne ist seine große Liebe, seit jeher. Er hat sie schon geliebt, als sie erst vierzehn Jahre zählte. Damals war seine große Zeit. Er durfte für sie Kirschen klauen und sie spazierenrudern. Auch tischlerte er ihr einen Schuhschrank und einen Arbeitstisch und holte für sie ein, wenn sie von Addi abends noch weggeschickt wurde. Und er legte ihr jeden Morgen, ehe er zur Arbeit ging, ein Blumensträußchen aufs Fensterbrett.

Als Susanne vor einem Jahr ihre Weiblichkeit zu entdecken begann, übte sie sich an ihrem treuen Knappen im Blickewerfen und wahrscheinlich auch im Küssen. Der Knappe verstand das miß und stieg nach alter bayerischer Art eines Abends in Susannes Fenster, obwohl er doch wußte, daß hinter diesem Fenster auch Margot schlief. Vielleicht dachte er, daß sie einen besonders tiefen Schlaf habe. Vielleicht dachte er sich in diesem Augenblick auch gar nichts. Um so mehr dachten sich die beiden Mädchen und handelten danach. Sie teilten sich schwesterlich in die Backpfeifen und streichelten ihn mit Kleiderbügeln, bis er wieder zum Fenster hinaus war. Die Mädchen wurden von den Eltern belobt und Teddy zu Franzls Mutter geschickt, um dort auf den Tisch zu schlagen. Er kehrte sehr heiter zurück, und es stellte sich bei längerem Fragen heraus, daß er zwar nicht auf den Tisch geschlagen, dafür aber der Mutter eine Waschmaschine verkauft hatte.

Seitdem jedoch ist Franzl bei Susanne unten durch, und zwar, wie ich fürchte, weniger aus Keuschheit als deshalb, weil sie indessen die Insassen des vornehmen Internats jenseits des Sees getroffen und über soziale Unterschiede nachgedacht hat. All das aber schreckt den Franzl nicht. Er spielt seitdem die Rolle des treuen Hundes, der das verlorene Paradies umstreicht. Er bildet sich ein, daß es für ihn außer Susanne keine andere gäbe, der unglücklichselige Irre. Vielleicht glaubt er auch, daß Hartnäckigkeit zum Ziele führt.

Was macht er denn da? Er beginnt doch tatsächlich mit dem Schneeschieber den Gartenweg zu räumen. Er weiß, daß das Susannes Aufgabe ist, wie er alles weiß, was in diesem Hause vorgeht. In dem wüsten Schneegestöber hat er nur ein Wollhemd an, und ich sehe, wie seine starken Schultermuskeln darunter spielen. Ab und zu hält er inne und lauscht der Tanzmusik. Sein Gesicht ist traurig und wie aus Holz. Eine besondere Pikanterie der Situation besteht darin, daß die Musik, die da von drinnen herausdringt, auf seinen Platten erzeugt wird. Neulich wurde er von Susanne in einer ihrer vielen Launen halb und halb in Gnaden wieder aufgenommen. Plötzlich tauchte sie bei ihm und seiner Mutter auf, plauderte wie in alten Zeiten und pumpte sich Schallplatten von ihm. Er durfte sie ihr sogar vorspielen. Dann aber war plötzlich Schluß. »Der Kerl starrte mich an, daß mir direkt unheimlich wurde«, erzählte sie mir später. Sie ging – aber mit den Platten unter dem Arm. Und seitdem werden sie von ihr gespielt. Als ich sie fragte, ob sie sich nicht schäme, sah sie mich völlig verständnislos an: »Ja, wieso, Colonel? Glaubst du denn, daß er sie mir nicht gern geliehen hat?«

»Ja, aber... wenn ein Mann so was tut, dann erwartet er doch, daß...« Ich schaute in diese großen, blauen, unschuldig aufgerissenen Augen und versuchte zu ergründen, was dahinter vorging. Dann gab ich es auf. »Du bist ein Biest!« erklärte ich abschließend. »Wenn ich an Franzls Stelle gewesen wäre, ich hätte dich übergelegt und dann rausgeschmissen – ohne Platten.« Ihre Augen waren plötzlich sehr interessiert gewesen: »Wahrscheinlich wäre ich dann wiedergekommen«, meinte sie, »brutale Männer sind himmlisch.«

Na, was soll man dazu sagen?

Ich seufze und gehe an meine Arbeit. Bald habe ich alles vergessen. Die Stunden verrinnen ungezählt, als tropften sie lautlos in den Abgrund. Einmal höre ich im Unterbewußtsein die Haustür klappen und eilige Schritte. Kurz darauf fällt ein Wagenschlag zu. Die beiden sind anscheinend aus der Stadt zurück. Ich benutze die Störung, um Licht anzuknipsen, und versinke dann wieder in meine Arbeit. Und dann, als ich gerade fertig bin und mir die Brille müde auf die Stirn geschoben habe, tut sich die Tür auf. Ich lasse die Brille wieder herunterfallen und erblicke die Mama in ihrem guten schwarzen Kleid mit dem alten goldenen Halsband, das bei uns die ›Gänsegurgel‹ heißt. Darunter trägt sie die große Brosche mit dem heiligen Georg, und darüber ist das Gesicht ein einziger Vorwurf:

»Es ist halb sieben!« sagt sie. »Die beiden drüben sind schon seit fünf Uhr zurück, und du sitzt immer noch im Räuberzivil!«

»Ja – ich denke, du willst nicht mitkommen?«

»Nicht mitkommen! Schließlich sind es doch unsere Nachbarn, und wir sind auf sie angewiesen. Wenn ich mit meinen zweiundachtzig Jahren...«

»Na schön«, sage ich, »gehen wir.«

Als wir drüben ankommen, ist dicke Luft. Addi steht mit gerunzelter Stirn in der Küche neben ihrem Mix, der auf vollen Touren läuft, aber offenbar schon seit längerer Zeit nichts Flüssiges mehr von sich gibt, ohne daß sie es bemerkt. Als wir den Kopf in die Küche stecken, wacht sie auf, stellt den Mixer ab: »'n Abend, Mami, 'n Abend, Hannes.« Ihr Gesicht belebt sich: »Ach, wir haben ja so schön eingekauft, ihr werdet staunen!«

Hinter meinem Rücken, im Mädchenzimmer, ist die ziemlich laute Stimme Teddys vernehmbar. Gleich darauf fährt er mit hochrotem Gesicht aus der Tür: »Da seid ihr ja! Entschuldigt. Ich hab den beiden jungen Damen da drin mal die Meinung gesagt. Wir kommen vorhin nach Hause – alle Fenster auf, daß uns die Zähne klappern! Und stinkt trotzdem noch nach kaltem Rauch! Hat wieder der Verein getagt! Haben uns anscheinend zu spät gehört, die Herren, und sind hinten zum Fenster raus. Fensterbretter zerkratzt, Zigarettenstummel in die Blumentöpfe gedrückt – und sieh dir nur den Teppich im Wohnzimmer an! Und den Fußboden nebenan im Büro! Die Lauser haben es anscheinend nicht nötig, sich die Füße abzukratzen, ehe sie reinkommen.«

Die Mädchenzimmertür öffnet sich abermals, und es erscheinen tief gekränkt die jungen Damen. »Sie haben sich die Füße sehr wohl abgekratzt«, sagen sie im Chor.

»Und wenn ihr glaubt«, donnert Teddy, »daß ihr noch obendrein die Lippen bis auf die Knie hängen lassen müßt, dann werde ich euch mal zeigen, daß ihr noch dumme Jören seid, indem ich euch nämlich beide übers Knie lege!«

Die Sünderinnen klappern hoheitsvoll mit den Augendeckeln, schießen hilfesuchende und empörte Blicke teils auf mich, teils auf Addi, die in die Küchentür getreten ist und sich die Hände abtrocknet, beschließen dann aber doch, die Lippen vorsichtshalber wieder hochzuraffen. Addi betrachtet sie ohne wesentliche Sympathie: »Margot, hast du schon Vatis Schuhe geputzt? Dann aber schnell! Und du, Susanne, gehst runter in die Heizung und schüttest noch tüchtig nach, daß es schnell wieder warm wird.« Und zu uns: »Kommt ins Wohnzimmer.«

Wir wandern zu viert ins Wohnzimmer. Dort lassen die Mama, Teddy und ich uns nieder. Addi verschwindet im Schlafzimmer und raschelt dort mit Papier. Teddy gießt der Mami einen Vermouth ein und macht für uns beide eine Cognacflasche auf. Dann stellt er Teegebäck, Nüsse, Salzstangen und Konfekt auf den Tisch.

»Danke«, sagt die Mama, »wir haben schon gegessen.« Worauf sie das Schüsselchen mit dem Konfekt in Angriff nimmt. Teddy schenkt mir einen Cognac ein und grinst mich an: »Hast du gesehen, wie schnell die beiden jungen Damen ihre Gesichtszüge wieder umrangiert haben? Wie viele von den Bürstenköpfen waren's denn diesmal?«

»Vier!« sagt die Mama.

»Das langt ja.«

»Besser als zwei«, sage ich. »Bei vieren passiert bestimmt nichts.«

»Und warum soll man ihnen nicht das bescheidene Vergnügen gönnen, mal 'n bißchen zu tanzen und 'n paar Glimmstengel zu rauchen? Besser, sie treffen sich in 'ner netten Häuslichkeit, als daß sie auf den Straßen rumstehen und dumme Streiche machen.«

»Hannes hat ganz recht«, sagt Addi von der Tür her. »Im Grunde sind es zwei liebe und leicht zu lenkende Kinder.« Ich wundere mich einen Augenblick über die nachdrückliche Betonung in ihren Worten und den bedeutsamen Blick, den sie dabei auf Teddy wirft, vergesse es aber sofort wieder, denn sie steht da in einem feschen Wintermantel, Kragen hochgeklappt, schön wie ein Bild. Die Mama ist sofort auf den Beinen und befühlt den Stoff. Dann knöpft sie ihr den Mantel auf und untersucht das Futter. »Das Kleid ist ja auch neu!« schreit sie.

»Ist es auch!« sagt Teddy und wirft sich in die Brust. Die Mami hebt ihr das Kleid hoch und befühlt auch diesen Stoff. Ich stehe auf, hebe die andere Seite vom Kleid in die Höhe und bekomme von Addi eins auf die Finger. Ein Paar Beine hat das Kind!

»Erlaube mal«, sage ich, »es hätte ja sein können, daß das Unterkleid auch neu ist!«

Teddy wiehert wieder, und die Mama macht »Psst«, weil Margot nach auffallend schneller Beendigung des Schuhputzens eintritt. Kurz danach erscheint auch der Heizer Susanne. Beide stehen in der Tür und sehen die Mutter an, die sich den Mantel wieder zugeknöpft hat und sich im Kreise dreht. Ich reiße mich mit Mühe von Addis hübschen Beinen los: »Na, was sagt ihr zu eurer Mutter?«

Margot schiebt die Unterlippe vor. »Wenn du nicht so alt wärst, Mutti, könntest du, glaube ich, heute noch den Männern den Kopf verdrehen.«

»Alt!« Teddy schnappt nach Luft. »Alt sagst du zu deiner Mutter, du – du Embryo! Deine Mutter fängt ja gerade erst an zu leben!«

»Ja, das merkt man«, sagt Susanne spitz.

»Was heißt das?« fragt Addi heftig. Sie tauscht einen beunruhigten Blick mit Teddy, und beide schauen drohend auf ihre Brut. Aber sie fühlen sich offenbar in der Verteidigung.

»Na, das Kleid...«, erklärt Susanne und läßt sich mit einer katzenhaft geschmeidigen Bewegung auf der Couch nieder.

Addis Augen sind hart: »Was ist mit dem Kleid?«

Margot setzt sich neben die Schwester, zieht die Beine hoch und faltet die Hände davor: »Würde uns auch stehen.«

»Wenn ich mich nicht irre«, sagt Teddy bedrohlich leise, »habt ihr beide in diesem Winter neue Mäntel, Schuhe und Tanzkleider bekommen!«

»Und wenn ich mich nicht irre«, sagt Addi, »hat euer Vater, der jeden Pfennig schwer verdienen muß, immer noch keinen Wintermantel!«

Teddy wird rot. »Das steht nicht zur Debatte, Addi. Das kannst du nicht so sagen. Du weißt, mir wird immer im Wintermantel zu heiß. Außerdem ist der Wagen ja geheizt, und wenn ich auf Tour bin, husche ich nur so über die Straßen in die Geschäfte.«

»Und wenn du mal spazierengehst?« fragt die Mama.

»Wenn ich spazierengehe, ziehe ich mir eben ein paar Pullover unter, da kann man sich immer noch besser bewegen als im Mantel.« Er wendet sich hilfesuchend an mich: »Du solltest auch nicht in so dicken Mänteln herumlaufen.«

»Ja«, erwidere ich mechanisch. »Ich bin nur nicht so abgehärtet wie du.« Dabei fixiere ich die beiden Mädchen. Das Aufsässige in ihren Blicken verschwindet, und beide werden wie auf Kommando rot.

»So!« sagt Addi. »Und jetzt geht ihr in euer Zimmer. Für diesen Abend haben wir genug von euch.«

Margot steht als erste auf, wendet sich hoheitsvoll an der Tür um: »Come on, Susan!«

Da erhebt sich auch Susanne. Sie hat gar nicht mehr das Katzenhafte, sondern bewegt sich hölzern und sieht vor Verwirrung ganz dumm aus. Addi reißt hinter ihnen die Tür noch mal auf und ruft in die Diele: »Und Schlag neun Uhr wird das Licht ausgemacht. Ich sehe nach! Schimpfen könnt ihr über uns auch im Dunkeln.« Sie schmeißt die Tür zu, geht erregt auf und ab, bleibt vor Teddy stehen: »Morgen fahren wir noch mal rein und kaufen einen Wintermantel für dich!«

Teddy öffnet den Mund, aber sie macht eine wilde Bewegung: »Keine Widerrede! Ich hatte mir was gespart für meinen Fahrkurs, aber das ist ja lächerlich.« Sie zieht den Mantel aus, wirft ihn über die Couchlehne und sieht plötzlich darauf wie auf etwas Giftiges: »Es ist ja eine Schande! Wie komme ich mir denn vor? Teddy, der arme Kerl, muß sich abstrampeln, um das Geld ranzuschaffen, und wir Weiber hängen uns alles auf den Leib und sagen nicht mal danke dafür! Habe ich recht, Mami?«

»Das finde ich auch, mein Kind«, sagt die Mama. »Ich wollte mich nur nicht einmischen.«

Addi kann sich noch immer nicht beruhigen: »Das Kleid! Im Grunde stehen sie auf dem Standpunkt: Was braucht die Alte noch schicke Kleider? Die hat ja ihren Mann und uns und den Kochtopf.« Sie bleibt vor mir stehen und fummelt mich an. »Warum sagst du gar nichts? Findest du das vielleicht auch in der Ordnung?«

Ich versuche ein Grinsen: »Wenn du die Wut hast, bist du noch hübscher!«

»Ich habe dich gefragt, ob du ihnen recht gibst!«

»Das nicht ... aber ... ich finde es verständlich.«

»Verständlich!«

Teddy macht sein Verkaufsgesicht, diplomatische Ausgabe: »Aber laß ihn doch ausreden! Warum verständlich, Hans?«

»Nun – erstens: wir waren genauso. Für uns waren in dem Alter alle Menschen über Dreißig alte Leute. Vor allem aber vergeßt ihr immer wieder, daß so ein Kind wie ein kleines Tier ist, unverstellt egoistisch.«

»Nenn es lieber brutal«, meint Addi und setzt sich.

Die Mama hat eben den dritten Vermouth erledigt und sagt mit etwas schwimmenden Augen: »Als Kinder mußten wir immer die abgelegten Kleider unserer Mutter tragen. Sie waren für unsere Begriffe viel zu fesch und bunt, und in der Schule verspottete man uns, wenn wir in den bunten umgeänderten Kleidern kamen. Wir haben Qualen gelitten.«

Niemand von uns weiß mit dieser Reminiszenz etwas anzufangen. Teddy gießt ihr einen weiteren Vermouth ein: »Schön, daß du solches Verständnis für kleine Mädels hast, Mami!«

Sie sieht ihn etwas über Kreuz an, wird dann unruhig und steht auf: »Jetzt muß ich gehen!« Und als wir sie alle verblüfft wegen dieses zarten Übergangs ansehen: »Wenn ich noch kann!«

Teddy ist sofort auf den Beinen: »Wir beide bringen dich rüber, Mami, du brauchst keine Angst zu haben!«

Sie schüttelt hartnäckig den Kopf. »Nein. Mein Hannes genügt mir. Schlaft schön.«

Ich zucke die Achseln, verabschiede mich und bugsiere sie über den Trampelpfad bis zu unserem Haus hinüber. Dort bringe ich sie vorsichtshalber bis in ihr Zimmer: Sie dreht sich um und gibt mir einen Kuß: »Du mußt noch mit den Hunden raus!«

»Mach ich, mach ich. Und im übrigen, ich finde es auch sehr nett, daß du soviel Verständnis für die Mädels hast!«

»Du bist ja nicht bei Trost! Wahrscheinlich ha... hast du wieder zuviel getrunken. Nicht geschenkt möchte ich die Jören...«

4

Wie – was – was ist denn?

Ach so, Morgen. Im Halbdunkel meines Zimmers bewegt sich eine schattenhafte Gestalt. Sie ist von etwas Dunklem umwallt und sagt »Au!«, als sie sich am Ablagetisch stößt, der vor meiner Couch steht. Jetzt reißt sie das Fenster auf, schlägt die Läden zurück und ist die Mama. Die Mama in ihrem ältesten Wintermantel, der in der Familie ›Sack und Asche‹ genannt wird und ihr zu tragen von Frauchen streng verboten ist, weil sie die Familie damit blamiert.

Sie hat bereits zwei neue Wintermäntel als Ersatz bekommen, versteht es aber immer wieder, den alten Mantel vor unseren Verfolgungen zu retten, um heimlich damit ihre Lieblingsrolle zu spielen: arme Frau muß arbeiten und leichtsinnige Kinder vor dem Verkommen retten, verkommt aber dabei selbst.

Ich gähne laut, dito Weffi, der neben mir liegt und dabei die vier Beine in die Luft reckt. Von nebenan kommt Cocki – ebenfalls noch total verpennt – und macht hinter dem Rücken der Mama Kniebeugen. Die rafft ächzend ein Paar Strümpfe vom Teppich auf.

»Laß doch«, sage ich, »das mache ich nachher.«

»Ja – du! Das kenn ich. Die liegen übermorgen noch da.«

Ich gähne nochmals: »Sehr unwahrscheinlich. Da ich ja schließlich nicht ohne Strümpfe rumlaufen kann und sie nachher anziehen muß. Was ist denn für Wetter?«

»Es hat wieder geschneit. Ich habe schon Schnee geschippt. Frau Seldes (Inhaberin des Lebensmittelladens am Ortseingang) kam vorbei und sagte: ›Mein Gott, Mami Bentz, daß Sie das mit Ihren zweiundachtzig Jahren noch machen müssen! Und elend ausschauen tun S', zum Umblasen!‹

Ich schwenke die Beine aus dem Bett und kratze mir den Kopf: »Erstens hätte ich jetzt gleich den Eingang freigeschippt...«

»Hätte – wenn ich das höre!«

»...und zweitens ist das kein Wunder, wenn du wieder in Sack und Asche läufst! Zieh das sofort aus, oder ich zerschneide es zu Polierlappen!«

Ich wanke ins Bad und höre noch hinter mir, wie sie die Tür zur Veranda aufreißt. »Raus mit euch beiden!« Kurz darauf Weffis gellendes Morgengebell.

Als ich zum Frühstück nach oben komme, stelle ich fest, daß der Frühstückstisch auf irgendeine mysteriöse Weise trostlos aussieht. Butter im Papier, Marmelade in einem angeklopften Finkennäpfchen, der Kaffee selbst: Original Bliemchen. Die Mama davor in der feuchten Schürze, seufzend und tragischen Blicks in das schneeleuchtende Alpenrund starrend, das man vor dem Fenster sieht. Nur Weffi und Cocki, die mit erwartungsvoll angelegten Ohren zu ihren beiden Seiten sitzen, sehen optimistisch aus und haben Bäuche wie Trommeln.

Ich hole die Butterdose und haue die Butter aus dem Papier rein, organisiere aus der Speisekammer noch ein Glas Gelee und feuere einen Löffel pulverisierten Kaffee ins Bliemchen. Dann stelle ich eine Blumenvase auf den Tisch, binde der Mami die Schürze ab und gebe ihr einen Kuß: »Grüß Gott, geliebte Trauerweide!«

Sie muß grinsen, verbirgt es aber schleunigst: »Was soll denn all dieser Pflanz? Kommt etwa Besuch?«

»Ist schon da!«

Ihre Augen werden ganz rund vor Entsetzen. Eine ihrer schlimmsten Angstvorstellungen ist es, daß uns jemand unangemeldet in irgendeine Mahlzeit fällt: »Wer denn?«

»Der sympathischste Mensch, den ich kenne.«

»Ja, wer denn?«

»Ich.«

»Hanswurst. Und dafür der Aufwand!«

»Für uns ist mir nichts zu schade. Apropos Hanswurst – ist da nicht noch Wurst und Schinken?«

»Ah – englisches Frühstück für den Herrn? Bitte sehr, wir haben's ja – bis wir pleite sind.«

Sie steht auf, rumort in der Küche und erscheint mit Wurst und Schinken auf einer Silberplatte mit Petersilie garniert: »Bitte sehr, Mylord.«

Ich lasse mich nicht lumpen, springe auf und schiebe ihr den Stuhl unter. Dann gehe ich ans Radio: »Was wünschen Mylady, Volkslieder, Tänze, Haydn?« Setze mich hin, nehme ihr die Semmel vom Teller, auf die sie einen dünnen Butterfilm gekratzt hat, schmiere nach und lege ihr eine Schinkenscheibe drauf: »So!«

Sie schaut erschüttert auf die Semmel: »Eine Sünde, morgens schon Schinken. Und am Ersten fehlt's dann!«

Ich sehe von der Zeitung auf: »Ha? – Ich will dir mal was sagen: Es gab da gegen Ende des letzten Krieges einen Tag, an dem du weintest, weil du noch eine Scheibe Brot haben wolltest und keine mehr da war. Wir haben's überlebt, aber ich hab's mir gemerkt, und damals habe ich mir geschworen, das Gute zu genießen und dafür zu sorgen, daß du es genießt, solange wir's haben! Willst du die Unterhaltungsbeilage?«

Wir frühstücken in ungestörter Harmonie zu Ende. Die Mama stopft die Hunde, bis es ihnen hochkommt, und ißt, tief in Gedanken, zwei Schinkensemmeln und einen Toast mit Gelee. Dann stehe ich auf und gehe nach unten.

»Was machst du denn?« ruft sie hinter mir her.

»Ich schippe dir erst mal 'n richtigen Weg bis zur Straße.«

»Zieh dir die warmen Schuhe an!«

»Mach ich.«

Ich schaufle den Weg und die Garageneinfahrt frei. Die beiden Kavaliere immer um mich herum. Sie sind offenbar heute morgen ausgesprochen häuslich eingestellt. Weffi hat am Zaun eine Riechstelle gefunden, über die er völlig tiefsinnig wird, und Cocki hat die tote Krähe aus dem Schnee gegraben und trägt sie wichtig in die andere Gartenecke, wo er sie eingräbt und mit der großen Pappnase sehr umständlich frischen Schnee darüber schiebt.

Dann stütze ich mich auf den Schneeschieber und sehe auf die Berge. Sie sind silbern und nah, ein fast giftiges Blau darüber. Wird wohl Föhn geben. Der See ist erneut gefroren, und der Wind hat den frisch gefallenen Schnee auf ihm zu seltsamen Zeichen geformt. So, als habe eine Riesenhand eine gewaltige Schiefertafel vollgeschrieben.

»Hallo!« ruft es von drüben. Teddy hat seinen Wagen, der auf den Namen Poldi hört, herausgefahren und steht, nur mit einem dünnen Pullover über dem Hemd, daneben. Zu seinen Füßen ein Eimer, aus dem es dampft. Es gehört zu unseren Gepflogenheiten, unsere Wagen drüben bei ihm zu waschen, weil er nämlich einen Schlauch mit Gummibürste besitzt und ich nicht. Wagenpflege ist für uns beide eine rituelle Handlung.

Ich drehe denn auch sofort um, ziehe meinen Overall an und fahre meinen Wagen, der Boxi heißt, nach drüben.

Nun stehen sie beide nebeneinander, genau wie wir. Wir heben die Nasen in den Wind und kontemplieren das Wetter.

»Gibt bald Sonne!« erklärt Teddy. »Also erst mal schnell oben rum und gleich hinterher ledern, damit's keine Flecken gibt. Hast du warmes Wasser?«

»Nein. Ich muß schnell rüber zu Mami...«

Über uns ertönt Addis Stimme: »Ach, laß man! Ich habe für dich auch warmes Wasser. Hol deine Eimer.«

Ich sause rüber und hole die Eimer. Dann fangen wir an. Ich wasche die Räder, er die Karosserie; dann, bis sie trocken ist, macht er die Gepäckklappe auf. »Die beiden großen Koffer kriege ich bestimmt hinten rein«, sagt er. »Alles, was wir für die Nacht brauchen, kommt nach vorn.«

»Sicher – wieso? Willste verreisen?«

Er zündet sich eine Zigarette an: »Ich nicht – wir. Vielleicht.«

Ich bin erst verblüfft, dann haue ich ihm auf die Schulter: »Na, Junge, das ist aber gescheit! Das hast du dir schon lange verdient! Wo wollt ihr denn hin?«

Er pafft heftig und wirft mir einen schrägen Blick zu: »Na – so'n bißchen nach Süditalien vielleicht. Da soll man ja Anfang März schon baden können.«

»Sicher kann man da schon baden.« Dann fällt mir etwas ein: »Ja – aber die Mädels haben doch gar keine Ferien?«

Teddy schnauft schwer: »Die bleiben hier. Addi und ich wollen uns mal wirklich erholen.«

»Na sieh mal! Das finde ich doch viel vernünftiger!«

Teddy reicht mir den Schlauch: »So, jetzt kannst du oben rum waschen, ich ledere, und nachher poliere ich.«

Wir machen uns wieder ans Werk. Die Welt ist voller Harmonie. Oben am Fenster erscheint wieder Addis Kopf. Ich rufe hinauf: »Du! Addi! Teddy hat mir eben erzählt, ihr haut ab, ohne die Mädels!«

Sie zwinkert nervös: »Ja – wie findest du das?«

»Na prima! Sehr vernünftig!«

Teddy ledert mit verbissenem Gesicht vor sich hin: »Sag mal – dir macht's doch nichts aus, so'n bißchen auf die Mädels aufzupassen?« Und als ich verblüfft innehalte: »Weißt du, Addi und ich haben gestern abend noch miteinander gesprochen. Du verstehst sie doch so großartig. Und sie haben dich doch so gern und hören auf dich.«

»Ja – ja, natürlich. Macht euch keine Sorgen.« Mir wird plötzlich flau, aber ich habe das Gefühl, daß ich nicht mehr zurück kann: »Wann fahrt ihr denn?«

»Na, morgen.«

»Was sagen denn die Mädels?«

»Die sind natürlich glücklich.«

Im gleichen Augenblick erscheinen sie wie auf ein Stichwort, Susanne und Margot. Sie fliegen mir um den Hals: »Ach, Colonel, das wird schick!« Und dann erbieten sie sich, meinen Wagen innen zu säubern, mit Staubsauger und allen Schikanen. Mir wird zunehmend schwächer, und ich lasse alles wie im Traum geschehen.

»Die Mama«, sagt Addi, besorgt mein Gesicht beobachtend, »wird auch froh sein! Endlich hat sie mal wieder Kinder zu betreuen! Wie in der Jugend...«

»Na, Kinderchen«, sage ich zu Susanne und Margot, »dann nehmt ihn euch mal vor, auch die Gummimatten. Ich komme gleich wieder.«

»Wo gehste denn hin?« fragt Teddy.

»Nur mal rüber.«

Stimme Addis aus dem Fenster: »Sag der Mami, daß wir mal nachmittags rüberkommen, um alles zu bereden!«

»Ja – bitte schön.«

Drüben flüchte ich mich in die Bibliothek. Auf dem Teppich liegt Weffi und kaut im Zeitlupentempo an einem Knochen. Als ich eintrete, wedelt er und sieht mich aus seinen braunen Nußaugen freundlich an. Er ist ganz glücklich, daß er auch mal was gefunden hat und noch dazu so was Großes. Unmittelbar vor ihm liegt Cocki mit gerunzelter Stirn. Er wirft mir einen kurzen, sachlichen Blick zu: ›Entschuldige, daß ich nicht aufstehe, aber ich muß aufpassen, bis dieser Idiot den Knochen fallen läßt. Viel zu schade für ihn!‹

Ich gehe an den Schrank und hole meine Cognacflasche, die Schale gleich dazu. Dann setze ich mich in den Ohrensessel und nehme zunächst mal zwei Schalen voll, um das innere Gleichgewicht wiederherzustellen. Weffi steht auf, läßt den Knochen fallen, kommt zu mir und steckt mir den Kopf zwischen die Knie. Cocki kassiert sofort den Knochen, schiebt mit der Tatze die Terrassentür auf und verschwindet im Garten. Er wirft mir nur noch einen Blick über die Achsel zu: ›Na siehste – was habe ich gesagt?‹

Ich kraule Weffchen hinter den Ohren: »Ach, mein kleines Papppferd! Ich glaube, ich bin dabei, eine Riesendummheit zu machen. Mit euch beiden allein war alles so einfach.«

Schritte die Treppe herunter, Tür auf, die Mama: »Was ist denn das für 'n Stilleben? Ist dir nicht gut?«

»Wie kommst du denn darauf? Einfach kleine Feierstunde.«

»Da stimmt doch was nicht! Hast du dich mit Bentlers gezankt?«

»Gezankt?« sage ich mit Emphase. »Wenn es zwei Menschen gibt, mit denen ich mich bestimmt nie im Leben zanke, sind es die beiden.«

Sie scheint zufriedengestellt und beginnt auf den Bücherregalen Staub zu wischen. Ich beobachte sie eine Weile, dann sage ich möglichst unbefangen: »Es ist doch eigentlich ein Segen, daß wir die

Bentlers zu Nachbarn haben. Ebensogut könnten wir ja auch eine ganz ekelhafte Bande da neben uns haben.«

Die Mama bleibt mit dem Staubtuch in der Hand an der Terrassentür stehen und blickt nachdenklich hinüber: »Ja, nette Leute, sie und er. Er besonders. So was Bescheidenes von Mann! Jetzt putzt er schon wieder den Wagen! Ein rührender Mann – und so ordentlich!«

Das geht auf mich, aber ich schlucke es ohne jede Anstrengung: »Ja – und so fleißig! Was der Mann arbeitet!«

»Viel zuviel! Er sollte wirklich auch mal ausspannen.«

Das ist das Stichwort! Ich stehe auf, stelle mich neben sie und lege ihr den Arm um die Schulter: »Da hast du vollkommen recht! Aber leider war ja mit ihm nicht zu reden, bisher.«

»Bisher?«

»Na ja – er hört jetzt endlich auf mich und fährt mal 'n bißchen weg.«

»Wohin denn?«

»Nach Italien. Addi fährt mit.«

»Ja, und was wird aus den beiden Hühnern? Die lassen sie allein?«

»Warum nicht? Die sind doch groß genug, für sich selbst zu sorgen.«

Sie kneift die Augen zusammen: »Für sich – na, das wird 'ne nette Sache geben.«

»Wir werden eben 'n bißchen aufpassen.«

»Ein bißchen... Wann fahren denn die beiden?«

Ich gähne ostentativ: »Morgen. Sie kommen natürlich noch rüber, um sich zu verabschieden. Heute nachmittag. Ich werde Kuchen holen, für dich die Cremetorte, die du so gern ißt.«

Sie setzt sich in den Schreibtischsessel und hat ganz rote Bäckchen vor Aufregung: »Also wir haben die Bälger auf dem Hals! Ja, bist du denn ganz von Gott verlassen?«

Ich beschließe, zum Angriff überzugehen: »Nun will ich dir mal was sagen, ganz im Ernst: Die da drüben sind unsere Freunde. Deine auch! Die ganzen Jahre sind sie nur hilfsbereit gewesen und nett. Jetzt kommt mal so eine kleine Bewährungsprobe – und da wollen wir uns in die Büsche schlagen? Im übrigen: Reg dich nicht auf, ich übernehme das Aufpassen selbst.«

»Haha! Willst du dich etwa drüben vors Fenster setzen oder jeden Abend unter die Mädelbetten kriechen, um zu sehen, wie viele Bürstenköpfe da versteckt sind? Oder das Wirtschaftsgeld nachzählen? Das ist doch nach der ersten Woche alle! Und was machst du, wenn's alle ist? Du pumpst. Und wer hat dann kein Geld mehr? Wir!«

Ich verzichte darauf, dieser sehr bedrohlichen Argumentation zu folgen, und sage obenhin und väterlich: »Außerdem mußt du dir eins überlegen, mein Kind: Den Stoff für meine Bücher bekomme ich nicht daher, daß ich hier herumsitze und am Federhalter kaue. Ich brauche Erlebnisse, verstehst du?«

»Na, erleben wirst du was! Da bin ich ganz sicher.«

»Also, wie gesagt, reg dich nicht auf. Ich muß jetzt rüber, den Wagen weiter waschen.«

Während ich hinausgehe, höre ich sie sagen: »Da hast du ja mehr Verstand, Weffi!«

Am Nachmittag kommen Addi und Teddy. Ich habe aufgepaßt, daß die Mama einen richtigen Kaffee macht. Aber sie hat es doch fertiggebracht, unten in der Diele den Teppich aufzurollen und oben einen Besen an die Wand zu lehnen. Addi sieht es natürlich sofort: »Nanu, Mamichen, beim Aufräumen? Heute, am Sonntag?«

Die Mama ist ganz Königin-Mutter: »Es sind Vorbereitungen für morgen, mein Kind, da kommt Frau Schleußner zum Saubermachen.«

Addi spürt gleich, was los ist: »Wir bleiben ja auch nicht lange, Mamichen, nur einen Augenblick, um auf Wiedersehen zu sagen.«

»Jetzt redet keinen Quatsch«, schalte ich mich ein, »kommt rauf, und wir trinken alle zusammen gemütlich Kaffee.«

Oben, als sich alle gesetzt haben, enthülle ich das Kuchenpaket. Ich habe zwei große Stücke Cremetorte für die Mama mitgebracht. Sie zwinkert mit den Augen: »Ich habe gar keinen Hunger.« Dabei zieht sie den Mund herunter, läßt die Wangen einfallen und bekommt eine ganz spitze Nase. Es ist eins ihrer Talente, daß sie mit einem Ruck so aussehen kann, als habe sie die letzten vierzehn Tage nichts gegessen.

Teddy und ich wechseln einen kurzen Blick, er nimmt ihren Teller und legt ihr beide Tortenstücke darauf: »Los, Mami, du siehst ja ganz verhungert aus!«

Sie wirft einen tragischen Blick in die Runde: »Das ist nicht der Hunger. Das ist die viele Arbeit. Jetzt, wo unser Frauchen weg ist, besonders. Mein Herr Sohn schwebt ja meist in höheren Regionen.«

Addi macht ein ganz verzweifeltes Gesicht, geht aber tapfer zur Attacke über: »Die Mädels werden dir bestimmt helfen können, Mama! Sie haben ja nicht viel zu tun, wenn sie aus der Schule kommen. Das bißchen Essen machen sie sich schnell, und sie werden froh sein, wenn sie dann noch irgend etwas anderes machen können außer Schularbeiten.« Die Mama stößt einen krähenden Laut aus und verschluckt sich.

»Was hat sie denn?« fragt Teddy. »Ist sie erkältet?«

»Nein«, sage ich boshaft. »Mit diesem Kräher meinte sie die Verehrer-AG und vergißt ganz, was sie selber für 'ne dolle Motte war.«

Die Mama würgt so heftig ein Viertel Cremetorte hinunter, daß man es wie bei der Schwanenfütterung in ihrem Hals hinunterrutschen sieht: »In dem Alter noch nicht!«

»Na«, sage ich, »du hast es später aber sehr nachgeholt.«

Addi nimmt sie um die Schulter: »Ach, Mami, sei doch nicht so! Wir freuen uns doch so sehr auf die Reise, Teddy und ich!«

Die Mama sieht sich in der Runde um: »Wie lange bleibt ihr denn weg?«

»Drei bis vier Wochen.«

»Hm. Und was habt ihr den Mädels als Wirtschaftsgeld dagelassen?«

Addi sieht, daß sie freie Fahrt bekommt, und schaltet sofort um: »Ja, das wollte ich dich eigentlich fragen, Mami. Du wirtschaftest doch so großartig. Meinst du, daß zweihundert Mark genug sind?«

Das Gesicht der Mama rötet sich. Sie ist glücklich, um Rat gefragt zu werden, und versucht vergeblich, es zu verbergen: »Tja – zweihundert Mark – ach, das müßte eigentlich reichen. Allerdings ...«

»Ich gebe dir noch hundert Mark«, sagt Addi, »als Reserve, für alle Fälle. Außerdem müssen die Mädels dir jeden Tag vorrechnen, was sie ausgegeben haben.

Und wegen der Jungs brauchst du dir keine Sorgen zu machen. Margot interessiert sich noch gar nicht für sie und verkohlt sie nur.

Susanne ist, wie du weißt, immer in mehrere gleichzeitig verliebt, und das ist besser, als wenn's nur einer wäre. Außerdem habt ihr beide natürlich nicht die geringste Verantwortung! Es ist unser Risiko. Abgesehen davon aber hast du, Mami, absolut das Kommando! Sie können ein bißchen tanzen, aber um neun Uhr abends ist Zapfenstreich. Du schmeißt sie alle raus!«

»Das mache ich«, sage ich. Die Mama sieht mich nur kurz an, und zu Addi: »Wie oft dürfen sie ins Kino?«

»Zweimal in der Woche, das heißt, wenn sie sparsam sind. Sonst nur einmal.«

»Wie ist das mit der Wäsche?«

»Ich habe alles gewaschen, die großen Stücke sollen sie aus dem Haus geben, die kleinen Sachen, die sie unbedingt brauchen, waschen sie sich selbst.« Die Unterhaltung verwuzelt sich immer mehr ins Hausfrauliche. Teddy und ich stehen leise auf und schleichen uns in die Bibliothek. Dort sieht mich Teddy besorgt an: »Erst war sie ziemlich böse, was?«

»Sie scheut vor allem Ungewohnten, wie'n alter Droschkengaul.«

»Laß man. Die Mami ist in Ordnung.«

Am nächsten Tag, gegen Mittag, fahren Addi und Teddy ab. Wir winken, bis der rote Wagen um die Ecke ist. Die Mädels können nicht winken, weil sie in der Schule sind. Als sie nachmittags heimkommen, laden wir sie zum Abendbrot ein. Sie sind sanft und nachdenklich, essen bescheiden und machen schon um dreiviertel neun drüben das Licht aus. Mami ist ganz enttäuscht, nichts monieren zu können. Mir ist etwas unheimlich. Die ganze Sache scheint mir stark überspielt. Susanne sah aus wie die fromme Helene von Wilhelm Busch. Na, mal sehen ...

5

Und wieder ein Morgen. Der sechste seit Frauchens Abfahrt, überlege ich, mich wohlig räkelnd.

Nebenan schlägt die Mama mit Getöse die Läden auf, kommt dann ins Zimmer, gestiefelt und gespornt: »Halb neun, jetzt aber auf!«

Ich gähne: »Wo willst du denn hin?«

»Rüber zu den Mädels. Stubenmädchen spielen. Bis du endlich soweit bist, habe ich diesen Zigeunerwagen da drüben dreimal aufgeräumt.« Und damit ist sie weg. Ich gähne erneut, lange nach dem Rasierapparat und stöpsle ihn ein. Cocki zieht die lila Schlafhaut vom Auge, sieht mich empört an, ist auf und hinunter. Er hat keine Bedenken, sich mit einer Tigerdogge zu prügeln, aber vor dem Summen des Rasierapparates rückt er aus. Offenbar glaubt er, es sei eine Hornisse. Sein Rückzugsweg führt genau über Weffi, der knurrt und wütend hinter ihm herschnappt. Nach dem Rasieren wasche ich mich, dann gehe ich nach oben, um zu frühstücken, und finde dort außer einem Brief von Frauchen sowie Cocki und Weffi, die sich schon rechts und links von meinem Stuhl postiert haben, zu meiner größten Überraschung die Mama. Sie sieht ganz verwirrt aus, während sie mir den Kaffee eingießt. Eine ganze Weile später sagt sie: »Stell dir vor! Sie hatten aufgeräumt!«

»Tata«, mache ich, den Kurszettel studierend. Dabei ziept es wie immer in meiner Galle. Ich möchte bloß wissen, wie ich darauf gekommen bin, meine paar Ersparnisse in ›Zwiebelsdorfer Kunstmühle‹ anzulegen. Es ist zweifellos das boshafteste und hinterlistigste aller Börsenpapiere. Wenn die Kurse steigen, macht es nur ein paar müde, symbolische Bewegungen. Geht die Börse aber in einem ihrer zahllosen hysterischen Anfälle nach unten, wer galoppiert da an der Spitze nach unten? Zwiebelsdorfer Kunstmühle!

»Du hörst mir ja gar nicht zu!« sagt die Mama.

Ich lege die Zeitung zusammen. »Entschuldige. Was ist mit der Kunstmühle – ich meine, mit den Mädels?«

»Sie hatten schon selber aufgeräumt!«

»Das habe ich gehört und darauf geantwortet.«

»Tata ist keine Antwort.«

»Also schön, aha! Im übrigen ist das selbstverständlich.«

»Das ist gar nicht selbstverständlich, bei dieser Disziplinlosigkeit heutzutage!« erwidert die Mama und hält Cocki, der wegen völliger Unergiebigkeit meinerseits zu ihr hinübergewechselt ist, ein Stück Butterbrot hin.

»Willst du noch Kaffee?«

»Ja, bitte.«

»Was machst du denn nachher?«

Ich sehe seufzend auf einen dicken Brief, der vor dem Radio liegt. Es ist eine meiner Novellen, die ich auf Schallplatte sprechen soll und deren Manuskript mir die Schallplattenfirma zurückgeschickt hat. Zwei Seiten zu lang. Außerdem laufe jede Seite der Platte sieben Minuten, und ich müßte in der Mitte einen guten Ausgang finden, wo man umdrehen könnte. Vorstellungen haben diese Leute! Ich bin noch nie darauf gekommen, bei einer Novelle die Mitte zu suchen! »Ich werde mal versuchen, dieses Zeug hier auf Band zu sprechen. Sei, bitte, 'n bißchen leise.«

»Ich verschwinde ja schon in die Küche, wo die Alte hingehört. Und die Hunde nehme ich auch mit!«

»Fein.« Ächzend mache ich den Tonbandkoffer auf, schalte das Mikrofon ein und beginne zu lesen. Ich komme in Fahrt. Klappt ja ganz famos. Vielleicht hätte ich Schauspieler werden sollen? Zwischendurch habe ich das dumpfe Gefühl von Nebengeräuschen aus der Küche, achte aber nicht darauf. Also hier – die Mitte paßt ganz gut.

Nach einer Viertelstunde lehne ich mich befriedigt zurück und zünde mir eine Zigarre an. Das hätten wir. Und die Zeit stimmt auch ungefähr. Vielleicht brauche ich gar nicht in das Studio zu fahren, sondern kann ihnen einfach das Band schicken. Wollen mal sehen.

Die Spule surrt im Rücklauf, dann stöpsle ich den Kontakt ins Radio und setze mich erwartungsvoll zurecht:

»Draußen stürmt die Dezembernacht...« (Leises Tellerklirren aus der Küche.) »In einer kleinen Hütte am Rande des Fabrikgeländes saßen drei Männer zusammen...« (Uuaa – weff-weff – bumm, klirr, die Stimme der Mama: »Wieder eine Tasse. Hatte schon 'n Sprung!«) »...und spielten Karten. Plötzlich erhob sich einer der drei – Inspektor Gulbransson – und ging wortlos hinaus...« (Wasserrauschen, »Cocki, um Gottes willen, du hast ja den Wurstzipfel mit der Strippe runtergeschluckt!«) – »...sagte Ericson: Was kann er nur haben, er war in letzter Zeit schon so seltsam...« (Leise: »Glühwürrmchen, schimmrree, schimmrre – ach so, ich soll ja leise sein!«) »...hob Ericson den Kopf: Haben Sie nicht einen Schuß gehört?« – (»Leise, hat Herrchen gesagt, Weffi! Komm mal her, was hast du denn da?«) Ich stelle das Tonband ab.

Da würde ich also doch ins Studio fahren müssen, und davor ist mir ganz ungeheuer mies. Zur ersten Schallplattenaufnahme war ich sehr selbstbewußt erschienen und glaubte, ich setzte mich da einfach, läse mein Zeugs herunter, steckte das Geld ein und führe nach Hause. Statt dessen führte mich der Tonmeister in allen möglichen Ecken und Kabüsen herum, wo ich mich räuspern und ›Aha‹ sagen mußte. Schließlich fand er heraus, daß die rechte obere Ecke meiner Stimmfarbe am besten bekomme. Dann mußte ich probelesen, ohne Mikrofon. Und dann mußte ich probelesen, mit Mikrofon, wobei die Zeit gestoppt wurde. Und dann mußte ich im Manuskript streichen, und dann ging's wieder los. Und dann war die erste Hälfte zu schnell und die zweite zu langsam gesprochen, und beim fünftenmal war's gerade umgekehrt. Und beim sechstenmal war ich schon so tatterig, daß ich mich bei jedem dritten Satz verhedderte und überhaupt nicht mehr wußte, was ich eigentlich las. Vor der siebenten Lesung bekam ich einen schwarzen Kaffee mit Cognac. Bei der neunten ging's dann einigermaßen: »So, jetzt haben wir's«, sagte der Tonmeister, offenbar ein Genie in seiner Art, aber nervenzerrüttend, wie alle Genies. Ich wischte mir den Schweiß von der Stirn, stellte fest, daß ich vier Stunden geredet hatte, schüttelte ihm die Hand und wollte gehen. Er aber sah mich nur erstaunt an und meinte, jetzt ginge es ja gerade erst los! Während ich halb ohnmächtig wieder in den Sessel sank, begann er dann, alle neun Fassungen stückweise durchzuspielen, und ich sollte mein Urteil dazu abgeben, ob das Wort ›Hintertreppe‹ in der vierten oder sechsten Fassung besser sei.

Die Mama steckt den Kopf aus der Küche: »Na, fertig?«

»Total fertig. Soll ich's dir mal vorführen?« Ich schalte das Band ein, und sie hört fasziniert zu. Als ich zu Ende bin, strahlen ihre Augen: »Man hört genau, wie ich die Tasse hinschmeiße!«

»Na, ich gehe mal mit den Hunden«, sage ich.

Am späten Nachmittag kommen die Mädchen aus der Schule. Die Mama tritt von einem Bein aufs andere und ist so zerstreut, daß sie mir einen richtig starken Kaffee macht. Sie bringt ihn mir sogar hinunter an den Schreibtisch, wo ich über meinem Jugendartikel brüte. Während ich den Kaffee trinke, geht sie an die Terrassentür und hypnotisiert das andere Haus.

»Na, geht schon rüber«, sage ich schließlich.

Sie strahlt: »Ja, nicht wahr? Ich muß doch sehen, ob sie sich was Anständiges zu essen machen oder ob das nur so husch-husch geht.«

Nach einer Stunde kommt sie wieder und bricht mitten in meine literarischen Bemühungen ein: »Also – ich muß schon sagen, sehr nett!«

»Hm.«

»Jede ein Kotelett, dazu Endiviensalat und Bratkartoffeln, und zu trinken haben sie sich Mohrrübensaft mit Sellerie gemacht, im Mixer. Was sagst du dazu?«

»Tata.«

Sie würgt einen Moment an dem Tata, beschließt aber offenbar, es zu ignorieren, um weitererzählen zu können: »Und dann haben wir zusammen das Wirtschaftsgeld durchgerechnet – ich kann dir nur sagen – erstaunlich geschickt! Ganz famos. Wenn sie so weitermachen, werden sie noch was übrigbehalten!«

»Hm.«

»Und weißt du, was sie von dem Geld kaufen wollen?«

»Was denn?«

»Eine elektrische Eisenbahn für den Vater! Er erzählt doch immer, daß er sie sich in seiner Jugend immer gewünscht und nie bekommen hat und daß er sie sich als erstes kauft, wenn er mal in der Lotterie gewinnt. Wie findest du das?«

»Unheimlich.«

»Wieso unheimlich?«

»Weil eine elektrische Eisenbahn mindestens hundertsiebzig Mark kostet, und soviel können sie bestimmt nicht sparen.«

»Woher weißt du denn das?«

»Wenn ich mich mal zufällig mit Teddy in der Stadt treffe, gehen wir immer zu Künzels in die Spielwarenhandlung und spielen 'n bißchen damit.«

Sie schweigt einen Moment und sieht mich ganz merkwürdig an. Ich halte das, was ich in ihrem Blick lese, für Rührung. Dann reißt sie sich zusammen: »Du mußt immer Hintergedanken haben! Sie wissen sicher gar nicht, daß so was so teuer ist. Auf jeden Fall ist es sehr nett gemeint!«

»Natürlich, natürlich.« Jetzt tut es mir leid, daß ich ihre Illusionen zerstört habe. Sie geht zur Tür und feuert von dort ihre letzte Breitseite: »Du mußt nachher rüber und dich um die Schularbeiten kümmern!«

»Na schön.«

Nach einer Stunde gehe ich dann hinüber. Der Schnee schimmert schon blau in der Dämmerung. Cocki und Weffi drängeln sich hinter mir auf dem engen Trampelpfad. Drüben bleibt Cocki mit sehr aufmerksamen Augen unter dem Vogelhäuschen stehen und überlegt sich, ob er nicht mit einem kleinen Sprung ... Ich kriege ihn am Halsband und schleife ihn ins Haus.

Drinnen wirklich ein Genrebild: In Teddys Arbeitszimmer brennt die Stehlampe, und in ihrem Schein sitzen die beiden vor ihren Heften. Ich bekomme von jeder einen Kuß. Dann setzen sie sich wieder über ihre Arbeit. Ich betrachte sie gerührt, den blonden und den braunen Kopf. Ihre angespannten, niedlichen Gesichter. Wenn das nun mein eigenes Fleisch und Blut wäre, zwei so entzückende junge Geschöpfe? Vielleicht ... Ja, ich kann so einen Vater verstehen: daß er stolz auf sie ist, daß ihm das Herz aufgeht, so ganz heimlich, wenn er sie sieht, und daß er sich trotz gelegentlichen Ärgers und so vieler versagter Wünsche für sie schlachten ließe ...

»Na, Kinderchen«, frage ich, »kann ich euch was helfen?«

»Nein, danke.« (Im Chor gesagt.)

»Fein«, sage ich und lege mich auf die Couch. Sofort sind sie beide da, eine bringt mir Zigaretten, die andere Feuer, sie stecken mir sogar eine Zigarette an und rücken mir einen Aschenbecher daneben. Dann setzen sie sich erneut an ihre Aufgaben.

»Sagt mal, Kinderchen«, meine ich nach einer Weile, »wie habt ihr euch denn den Verlauf des Abends gedacht?«

Die beiden wechseln einen Blick: »Wenn wir hier fertig sind, kommen noch 'n paar Jungs.«

»Hm. Wer denn?«

Susanne grient: »Buddy, Thomas, Karl-Friedrich.«

Ich sehe sie vor mir: Buddy ist der kleine dunkle Drahtige, der Sohn des Sägewerkbesitzers. Netter Kerl. Wird trotz des vielen Geldes ziemlich streng gehalten. Sein Taschengeld vergrößert er unter anderem dadurch, daß er im Sommer auf dem Geländer der Landungsbrücke balanciert. Kostet für den, der sich diesen Artistenakt bestellt, fünfzig Pfennig. Er ist bisher nur zweimal dabei ins Wasser gefallen. – Thomas ist der Sohn der verwitweten Dorfschneiderin, ein großer, athletischer Kerl, sehr still und bescheiden und von bemerkswert guten Manieren. – Und Karl-Friedrich ist etwas ganz Semmelblondes mit vorstehenden Karnickelzähnen, Sohn des pensionierten Direktors, der an der Kirche wohnt. Ein Bücherwurm, aber auch ein netter Kerl. Außerdem – zu fünft kann ja nichts passieren.

»Meinetwegen«, sage ich. »Aber um neun Uhr ist Schluß, Kinderchen.«

»Ja, Colonel.«

»Sagt mal, der Buddy...«

Margot hebt den Kopf: »Ja, was ist mit ihm?«

»Ich habe gehört, er soll nicht sein Abitur machen, sondern jetzt schon ins Geschäft vom Vater?«

Wieder wechseln die beiden einen Blick: »Er hat sich's anders überlegt«, meint Margot dann betont beiläufig. »Er will doch 's Abi machen.«

»Aber ich denke, die Schule macht ihm keinen Spaß?«

»Wem macht schon die Schule Spaß?« fragt Susanne, und dann kichern sie beide. Irgend etwas ist dahinter, weiß der Himmel, was.

Ich komme mir dumm vor und stehe auf: »Na, dann werde ich mal wieder.«

Sofort sind auch die beiden auf den Beinen. Ich bekomme wieder je einen Kuß, Margot hilft mir in den Mantel, und Susanne hält mir die Tür auf. Cocki und Weffi quetschen sich an mir vorbei ins Freie.

Ich stampfe noch hinunter zum See. Die Sonne, eine breitgedrückte Feuermelone, sinkt gerade in den blaugrauen Dunst des Horizonts. Ihr Schein reißt eine Glutfurche in den stählernen Schild des Sees. Das Rund der vereisten Berge blinkt orange. Der Eisvogel zischt wie eine kleine, bunte Rakete an mir vorbei ins Bootshaus, wo er sein Nest hat. In der eisfreien Rinne, dort, wo der Krebsbach in den See mündet, ist ein Schwarm Bleßhühner vor Anker gegangen. Ein paar Krähen marschieren auf dem Eis umher und sehen ihnen beim Tauchen zu. Ich warte, bis die Sonne herunter ist und die Berge rot zu glühen beginnen. Dann gehe ich heim.

»Na?« fragt die Mama.

»Na ja – zwei Mustermädchen.«

»Das habe ich dir doch gesagt!«

»Addi muß sie ja ganz fürchterlich zusammengestaucht haben, ehe sie weggefahren ist.«

»Es sind zwei liebe, nette Mädchen!«

»Tja – offenbar.«

Punkt sieben Uhr erscheinen die Bürstenköpfe. Sie kommen natürlich per Rad, trotz des Schnees, und wir verfolgen ihre Ankunft hinter der Gardine. Es sind aber nicht drei, sondern fünf. Zwei davon kenne ich nicht. Die Mami kennt sie auch nicht. Der eine ist ein Langer mit einer Brille, und der andere ein untersetzter Schwarzer, breit wie ein Gorilla.

»Das sind schon ältere«, sagt die Mama. »Möchtest du nicht rübergehen und feststellen, wer das ist?«

»Ich denke gar nicht daran. Fünf Stück – was soll denn dabei passieren? Wahrscheinlich lauter Akquisitionen von Susanne. Außerdem ist ja Margot da, die sich nichts aus den Bengels macht und aufpaßt.«

Bald darauf ertönt der erste Mambo, und die Vorhänge werden zugezogen. Wir sehen nur noch die Schatten der tanzenden Paare.

Unser Abendbrot verläuft einsilbig, die Mama sieht immer wieder auf die Uhr. Nach dem Essen vertiefe ich mich wieder in meinen Jugendartikel.

Plötzlich erscheint die Mama: »Es ist fünf vor neun, und sie tanzen immer noch!«

»Na, laß sie doch, es ist ja noch nicht neun.«

»Was machen wir aber, wenn es neun ist und sie immer noch tanzen?«

»Dann gehe ich rüber und blase den Zapfenstreich.«

Aber Schlag neun Uhr ist drüben Schluß mit der Musik, man hört Stimmengebrabbel, dann flammen ein paar Lichtpunkte auf, offenbar Zigaretten, und gleich darauf klingeln die Fahrräder. Die Mama gähnt: »Na, so um halb zehn gehe ich noch mal hin und sehe nach, ob alles in Ordnung ist!«

»Das wirst du nicht tun. Es ist grimmig kalt draußen, und außerdem bist du müde.«

Um halb zehn gehe dann ich noch mal hinüber. Die beiden Hunde bleiben draußen im Garten. Sie heben erst die Beine, und dann fangen sie an, im Schnee zu graben. Drinnen ist schon alles dunkel. Erst mache ich die Runde durch die Zimmer. Alles ist schön aufgeräumt, es riecht auch kaum noch nach Rauch. Offenbar hat man gut gelüftet. Im Mädchenzimmer spielt das kleine Radio. Ich klopfe an.

»Herein, Colonel!« (Im Chor gesagt.)

Als ich hereinkomme, springen beide aus den Betten und fallen mir um den Hals. Mir wird momentan etwas ulkig. Schließlich bin ich erstens nicht ihr Vater und zweitens noch kein Mummelgreis.

»Marsch, ins Bett!« sage ich übermäßig streng. Aber die süße Doppellast ist nicht so schnell von meinem Hals wegzubekommen. Sie riechen so gut, diese jungen Dinger, wie frische Äpfel, und ihre Augen glitzern vor Lebensfreude.

»Ach, Colonel«, sagt Susanne, »du mußt uns was versprechen!«

Margot gibt mir noch einen Kuß: »Ja, versprechen!«

»Geht mal erst wieder ins Bett.«

Sie klettern in die Falle, ich setze mich auf Margots Bettrand: »Also, was ist los?«

Susanne seufzt: »Ach, Colonel ...«

»Na los, los! Ich will wieder rüber.«

Margot betrachtet mich mit einem sehr wissenden und abschätzenden Blick. Plötzlich habe ich die Empfindung, daß sie bedeutend mehr von Männern weiß, als ich bisher angenommen hatte. Sie senkt schnell die Augenlider und streicht über die Decke: »Morgen abend ist doch im ›Königsbräu‹ der Ball vom Schützenverein, in Kostümen.«

»Ja, und?« Ich suche verzweifelt in meinem Gedächtnis nach den Instruktionen Addis für den Fall eines Kostümballes: »Eure Mutter hat gesagt ...«, beginne ich.

»Die Mutti hat gesagt«, nimmt mir Susanne das Wort weg, »wenn wir artig sind, dürfen wir aufs Schützenfest! Du mußt natürlich mitkommen – als Anstandswauwau.«

Ich, auf einen Kostümball? Hm.

»Na schön«, sage ich, »wenn's denn sein muß ...«

»Ach, Colonel, du bist goldig!« schreit Susanne.

Dann stehe ich wieder draußen. Mein Kopf summt. Diese Racker, diese beiden – da haben sie mir also doch noch die Rechnung für das Bravsein präsentiert. Na ja. Wenn sie weiter schön manierlich sind – und wenn ich an meine eigene Zeit denke ...«

Ich denke daran und wache erst auf, als ich eine Viertelstunde weit bis zum Bootshaus gegangen bin. – Als ich heimkehre, ist die Mama schon ganz aufgeregt: »Wo bleibst du denn so lange?«

»Luft geschnappt. Was soll denn sein?«

»Du bist ja ganz rot im Gesicht!«

»Rot – ach so, es ist Wind draußen.«

»War alles in Ordnung?«

»Ja, natürlich. Übrigens ...«

Sie dreht sich in der Tür um: »Ja, was denn?«

»Ich muß da morgen mit den beiden auf den Schützenball.«

»Auf den ...«

»Ja, Schützenball. Übrigens ist es ein Kostümball. Was ziehe ich denn da an?«

Sie kommt nochmals ins Zimmer und läßt sich in einen Sessel fallen: »Kostümball – ja, du bist wohl nicht gescheit? Das kostet doch 'ne Menge!«

»Das kostet gar nichts. Vielleicht 'ne Mark oder zwei Eintritt pro Nase und 'n halbes Fläschchen Wein, basta. Um zehn gehen wir wieder.«

Die Mama melkt nachdenklich ihr Kinn. Dann tritt ein schlauer Ausdruck in ihre Augen: »Ich hab was für dich! Einen persischen Palastmantel!«

»Einen persischen was bitte?«

»Einen persischen Palastmantel. Du kennst ihn nicht. Ich habe ihn oben in der Kiste, er ist noch von Onkel Rudi aus der Erbschaft. Sehr vornehm und distinguiert. Damit wirst du bestimmt Ehre einlegen. Und was ziehen die Mädels an?«

»Die Mädels – keine Ahnung.«

»Na, dann werde ich mich mal morgen sehr drum kümmern, daß sie nicht halb nackt da hingehen.« Sie melkt wieder ihr Kinn: »Vielleicht haben wir uns zu früh gefreut. Jetzt geht's los mit den Scherereien.«

6

Wagenwaschen im Winter ist ein Problem. Wäscht man ihn draußen vor der Garage, selbst in der Sonne, so ist das Wasser auf der Seite, die der Sonne abgewandt ist, gleich wieder vereist. Wäscht man ihn in der Garage, bekommt man Krach, weil der Fußboden naß wird und man angeblich nicht weiß, wie man die Nässe wieder wegbringen soll, da das Genie von Baumeister seinerzeit den Abfluß vergessen hat. Ich habe mich entschlossen, ungeachtet aller Meckerei in der Garage zu waschen und mir gerade einen Eimer warmen Wassers gemacht, als die Mama den Kopf durch die Kellertür steckt und mit der Amplitude eines Großfeuer-Alarms schreit:

»Das Telefon!«

»Ja. Nimm's doch ab«, sage ich.

»Das Telefon!« schreit sie noch mal und macht die Kellertür zu.

Ich schmeiße den Schwamm ins Wasser, wische mir die Hände an den Jeans ab und renne nach oben. Es ist Luise.

Luise war die Tochter meines früheren Zeichenlehrers. Äußerlich ein scheues Reh mit einer dicken braunen Haarkrone und ebenso braunen Kulleraugen. Nach der Schule verloren wir uns aus den Augen, aber später tauchte sie wieder auf, weil sie einen Architekten geheiratet hatte, der zufälligerweise einen Artikel über Architektur bei mir unterbringen wollte, als ich noch Redakteur war. Theo hieß er. Wir kamen ebenso zufällig auf unsere Frauen zu sprechen, und dabei ergab sich die alte Beziehung. Aus der Beziehung wiederum ergab sich die entsprechende Rührung und aus dieser schließlich eine sehr nette Freundschaft. Nach dem Kriege zogen Theo und Luise in dasselbe Dorf wie ich, aber in das sogenannte Oberdorf, wo es von feinen Leuten wimmelt, als da sind pensionierte Ministerialdirektoren, erfolgreiche Porträtmaler, Filmkaufleute und moderne Architekten wie Theo, deren supermoderne Heime dann in der ›Eleganten Frau‹ oder in ›Wohnen und Leben‹ erscheinen.

»Hör mal zu«, sagte Luise jetzt am Telefon, »du gehst doch heute auf diesen Kostümball von den Schützen...«

»Woher weißt du denn das?«

»Woher! Alle gehen doch hin. Also hör zu! Ich muß leider für drei

Tage nach München. Und Theo möchte plötzlich auf diesen Ball, angeblich um Anregungen zu sammeln. Na, du kennst ihn ja! Ich habe ihm ein nettes Kostüm zurechtgemacht und dachte mir, du könntest ihn vielleicht im Wagen abholen und wieder nach Hause bringen. Damit er sich nicht erkältet.«

»Ja, gewiß – aber euer Wagen ...«

»Den nehme ich natürlich. Und paß auf ihn auf, du weißt, wie die Weiber hinter ihm her sind!«

»Ja, sicher, gern. Aber ich habe da schon die beiden Mädchen von Bentlers zum Aufpassen ...«

»Das kannst du sowieso nicht. Außerdem, wenn da was vorkommt, geht wenigstens keine Ehe kaputt.«

»Ja, ist es denn mit Theo dermaßen schlimm bei solchen Gelegenheiten?«

»Noch schlimmer! Er wirkt auf Frauen schlechthin dämonisch.«

»Ach, du lieber Gott, auch das noch. Na schön, ich hole ihn ab.«

»Bringst du ihn auch wieder heim?«

»Wenn ich noch fahren kann, ja. Sonst kann er ja bei mir schlafen.«

»Gut. Aber paß auf, daß er nicht aus Versehen mit Absicht bei deinen Mädchen landet. Solche jungen Dinger ... warum sagst du denn gar nichts?«

»Ich?«

»Ja, du!«

»Na, ich dachte gerade nach. Ich werde ihm meine Couch geben und ihn einschließen.«

»Und wenn er nun durchs Fenster steigt?«

»Dann kann auch nicht viel passieren. Er bricht sich höchstens das Genick. Darunter liegt nämlich die Garageneinfahrt.«

»Ich habe immer gewußt, daß du eine Seele von Mensch bist. Da bin ich also unter Umständen morgen früh Witwe.«

»Unter Umständen. Übrigens hat dir Schwarz immer gut gestanden. Sonst noch was?«

»Ja. Paß auch auf dich auf!«

»Dazu werde ich gar keine Zeit haben.« Ich hänge auf. Und steige wieder in die Garage hinab. Als ich eben den Wagen geschwammt habe und mit dem Ledern anfangen will, klingelt wieder das Telefon. Es ist Theo: »Ich wollte nur wissen, ob du mich abholst?«

»Ja, ich hole dich ab. Warum kannst du eigentlich nicht die zehn Minuten bis hier zum ›Königsbräu‹ laufen?«

»Im Kostüm? Wie stellst du dir das vor?«

»Na, zieh dir doch 'n Mantel drüber, dummes Luder.«

»Dann friere ich trotzdem unten rum.«

»Als was gehst du denn?«

»Als Mephisto. Im schwarzen Trikot, mit dem ›Mäntelchen aus starrer Seide‹ und Degen.«

»Na schön, ich hole dich ab.«

Als ich wieder in die Garage hinunterkomme, steht dort Buddy und ledert den Wagen.

»Ja, Buddy, du bist wohl nicht gescheit? Wie kommst du denn darauf?«

Er scheint verlegen, ein bei ihm gänzlich unbekannter Zustand. »Ich – ich – die Margot hat mir nämlich erzählt, daß Sie so viele englische Bücher haben. Krimis. Und ob Sie mir vielleicht mal einen leihen würden! Englisch, das fällt mir nämlich ziemlich schwer, und da dachte ich mir, wenn ich so 'n paar Krimis lese, die mich auch interessieren, dann geht's vielleicht besser.«

»Ausgezeichnete Idee«, sage ich. »Am besten ist, du gehst rauf in die Bibliothek und suchst dir selbst was aus.«

Mein schnelles Einverständnis scheint ihn zu bestürzen: »Nein – bitte, beeilen Sie sich doch nicht so, es hat ja Zeit! Erst möchte ich den Wagen fertigmachen, wenn's Ihnen recht ist, um mich für das Leihen zu revanchieren.«

»Na schön. Bleib da vorn. Ich nehme mir das Hinterteil vor. Ich wäre längst fertig, wenn mich nicht gerade ein Freund angerufen hätte.«

Er widmet sich mit besonderer Sorgfalt der Stoßstange: »Ich habe es zufällig gehört – Sie wollen doch auf den Kostümball gehen?«

»Wollen? Muß, mein Junge, muß! Vatersorgen, sozusagen, haha! Aber wenn's nur das wäre! Jetzt hat mir eine Freundin auch noch ihren Mann aufgehalst, der sich auf Kostümbällen angeblich in einen Erotomanen verwandelt.«

Buddy studiert mich einen Moment, greift dann in die Tasche und bietet mir eine Zigarette an: »Wenn ich Ihnen irgendwie behilflich sein kann, indem ich vielleicht 'n bißchen auf die Mädchen achtgebe...«

»Nett gemeint, Buddy, aber – hm – na ja, wenn du wirklich 'n bißchen auf die Mädchen aufpassen würdest? An sich kann ich das ja gar nicht von dir verlangen, du willst ja schließlich auch auf deine Kosten kommen!« Ich sehe ihn mir bei dieser Gelegenheit zum erstenmal bewußt an. Ein drahtiger Bursche, wenig über mittelgroß, mit dunklem gewellten Haar, anständigem Profil, tiefblauen Augen und langen Wimpern, um die ihn jedes Mädchen beneiden konnte. Schon vorstellbar, daß er beim weiblichen Geschlecht eine erhebliche Durchschlagskraft beweist.

»Ich mach's gern!« sagt er. »Auf welche soll ich denn besonders aufpassen?«

Ich lache: »Als ob du das nicht wüßtest, du Stromer! Auf Susanne natürlich. Margot macht sich ja Gott sei Dank noch nichts aus euch. Wenn du dich nun vielleicht mit Margot an dem Abend zusammentätest, daß ihr gemeinsam auf Susanne aufpaßt? Ich meine – ich kann's wirklich nicht verlangen, daß du…«

Er richtet sich mit dem Leder in der Hand auf und legt die Hand an die Schläfe: »Wird als Befehl entgegengenommen, Colonel! Ich tu mich mit Margot zusammen, und wir beide bringen Ihnen die Susanne pünktlich heim. Wann soll sie denn da sein?«

»Hm – na, an sich um zehn. Ich weiß, was du sagen willst, es fängt ja erst um neun richtig an. Also schön – sagen wir, halb zwölf. Abgemacht?«

»Okay, Colonel, abgemacht.«

Wir waschen schweigend den Wagen zu Ende. In mir beginnt es dabei zunehmend zu summen. Da gehe ich also auf einen Kostümball. Dumdideldei, dumdideldei!

»Sagten Sie was?« fragt Buddy.

»Ich – wie? Nein, das heißt, komm mal jetzt mit rauf, damit ich dir den englischen Krimi gebe.«

Er bekommt seinen Kriminalroman und zieht damit ab. Scheint es ernstzunehmen mit seinem Abitur.

Wieder klingelt das Telefon. Es ist Artur Brandt, Bildhauer aus dem Oberdorf. Er trägt eine Ponyfrisur à la Bert Brecht, ist aber sonst ganz normal.

»Gehst du auch hin?« fragt er.

»Wohin denn?« reizt es mich zu antworten.

»Na, auf den Ball im ›Königsbräu‹, Idiot!«

»Ja, ich gehe auch hin.«

»Ich auch! Mit drei Schülern. Ein Amerikaner, ein Franzose und eine junge Schwedin. Es wird ganz groß, sage ich dir.«

»Nicht für mich.«

»Warum nicht?«

»Ich muß auf zwei junge Frauen aufpassen und auf einen Don Juan, dessen Frau verreist ist.«

»Na, Mensch, ist doch großartig! Dein Freund kriegt die Schwedin, und die beiden Jungens kriegen die Mädchen!«

»Ich habe gesagt, daß ich auf die Mädchen *aufpassen* muß! Sie sind mir von ihren Eltern anvertraut, und ich bin für sie verantwortlich. Was willst du eigentlich von mir?«

»Na, ich wollte bloß sagen – deine Frau ist doch verreist.«

»Und deshalb rufst du mich an?«

»Nein, ich meine, es wird doch wahrscheinlich ziemlich kalt heute abend, und hinterher ist man erhitzt, und da dachte ich, wir könnten auf jeden Fall bei dir schlafen!«

»Aber ich muß doch den Theo ...«

»Richte dich jedenfalls drauf ein, daß du auf der Couch schläfst. Wir Männer können bei deiner Frau schlafen, sozusagen, haha, und das Mädel werden wir auch noch irgendwie unterbringen. Also – bis abends!« Damit hängt er auf.

»Wer war denn das?« fragt die Mama von oben her über das Geländer.

»Ach, der Brandt, der Bildhauer.«

»Der Verrückte? Was will er denn?«

»Gar nichts. Du mußt nicht immer alles wissen.«

In diesem Augenblick hupt es draußen. Es ist Werner Müller, Großgaragenbesitzer aus der Kreisstadt Biederstein. Ich habe zwei gebrauchte Wagen bei ihm gekauft. Seit dem zweiten duzen wir uns.

Als ich die Haustür öffne, kommt er schon durch den Schnee den Gartenweg heraufgestampft, breitschultrig, untersetzt, blondhaarig und unruhig wie immer. Er hat eine kurze Pelzweste an, vorn aufgeknöpft.

»Tag!« sagt er. »Ich hab nicht viel Zeit!« Er sieht die Mama, grient mit unechter Freundlichkeit und stößt mich gleichzeitig mit der Stiefelspitze vors Schienbein: »Ich hab draußen 'nen Wagen, der dich interessiert. Komm mal mit!«

»Es ist wegen heute abend«, sagt er, als wir am Wagen stehen.

»Du kommst doch nicht etwa auch?«

»Wie? Ja, natürlich komme ich auch! Warum schneidest du denn so 'n Gesicht?«

»Also, das verstehe ich einfach nicht! Hier in unserem kleinen Kaff ist 'n simpler Kostümball, und plötzlich interessiert sich Gott und die Welt dafür! Jetzt kommst du sogar aus Biederstein...«

»Und das erstaunt dich? Das erstaunt mich aber ganz gewaltig, daß dich das erstaunt! Wie stellst du dir eigentlich mein Liebesleben vor? Hm? In Biederstein ist es doch am nächsten Morgen in der ganzen Stadt rum, wenn man da mal über die Stränge haut. Bei euch kräht kein Hahn danach. Womit wir übrigens beim Thema wären. Ich bringe nämlich zwei tolle Weiber mit! Bloß weiß ich noch nicht, welche ich mir heute abend nehme. Auf jeden Fall, die, die übrigbleibt, kannst du haben. Du bist doch Strohwitwer.«

»Vielen Dank. Ist das alles?«

»Natürlich nicht. Ich habe mir gedacht, wenn du wirklich mein Freund bist, schläfst du heute nacht auf der Couch.«

»Das tue ich sowieso.«

»Warum?«

»Erstens schlafe ich immer auf der Couch und zweitens, weil in den übrigen Betten der Artur Brandt mit Amerikanern, Franzosen und jungen Schwedinnen schläft.«

»Schmeiß ihn raus!«

»Kann ich nicht, er hat sich zuerst gemeldet.«

Werner Müller kratzt sich das Kinn: »Hm – sag mal – da drüben, der dicke Bentler, der ist doch auch verreist mit seiner Frau. Dann könnte ich doch vielleicht da drüben – den Töchtern ist das doch bestimmt wurscht!«

»Da drüben kommt mir überhaupt keiner hin, außer den Mädchen, die da hingehören.«

»Nun sei doch nicht kindisch! Ich mach dir einen anderen Vorschlag. Wenn du auf die Mädels aufpassen mußt, dann schlaf doch du drüben! Da kannst du am besten achtgeben! Der Brandt könnte dann in euer Schlafzimmer mit seinem Verein, und ich könnte auf deine Couch.«

»Da schläft doch die Schwedin!«

»So, die Schwedin – kennst du die? Ist sie hübsch?«

»Keine Ahnung. Wahrscheinlich ist sie flachsblond und ein Eiszapfen.«

»Du hast keine Ahnung, mein Junge! Schwedinnen im Urlaub sind wie wilde Tiere.« Er knabbert an seiner Unterlippe und sieht wieder sehr ruhig aus: »Vielleicht wäre die Schwedin was für mich? Müßte mal bei Brandt vorbeifahren... Na, jedenfalls, bis heute abend!« Und damit klettert er in seinen Wagen und startet.

»Was wollte er denn?« fragt die Mama, als ich zurückkomme.

»Gar nichts. Alles wegen dem blödsinnigen Ball. Jetzt lege ich mich erst mal 'n bißchen hin und schlafe auf Vorrat.«

»Du hast anscheinend ganz vergessen, daß wir noch nicht zu Mittag gegessen haben?«

»Wirklich nicht?«

»Ich habe alles warmstellen müssen, bis du dich mit deinem Busenfreund ausgetratscht hast.«

Es wird ein schnelles und einsilbiges Mahl. Dann stehe ich auf: »So, jetzt lege ich mich hin.«

In diesem Augenblick rasen Cocki und Weffi mit Gebrüll nach unten. Es sind die Mädels. Beide fallen mir um den Hals: »Ach, Colonel, wir sind ja so aufgeregt! Es wird toll! Gegessen haben wir in der Stadt, und gleich probieren wir die Kostüme! Ich sage dir – ganz toll!« Sie winken über mich hinweg gegen das Treppengeländer: »Huhu, Omi! Bitte, kommt doch gleich rüber!«

»Aber Kinderchen – eigentlich wollte ich...«, beginne ich. Da sind sie schon wieder weg, um die Ecke. Die Hunde hinter ihnen her.

Die Mama bindet die Schürze ab: »Ich geh rüber. Du kannst ruhig hierbleiben. Dazu bist du gar nicht nötig. Im Gegenteil – wenn sie sich umziehen, oder wenn noch was zu nähen ist...«

»Ich gehe trotzdem mit. Schließlich bin ich es ja, der sie ausführt. Ich will wissen, was sich da so tut.«

»Das kann ich mir vorstellen.«

»Das kannst du dir gar nicht vorstellen! Also, komm.«

Als wir drüben auftauchen, haben sich die beiden in ihrem Zimmer eingeschlossen: »Einen Augenblick, bitte!« schreien sie hinter der Tür. »Setzt euch solange ins Wohnzimmer!«

Also gehen wir ins Wohnzimmer. Dort fährt die Mama mit dem Finger die Möbelkanten entlang und hebt den Teppich hoch.

»Sie sind sicher gestern und heute noch nicht zum Saubermachen gekommen«, meine ich vorbeugend. »Es ist gar nicht so schlimm. Zwei *sehr* brave Kinder, gut erzogen. Hätte ich Addi gar nicht zugetraut.«

»Meinst du nicht, daß Teddy auch 'n bißchen daran mitgewirkt hat?«

»Töchter werden nur von den Müttern erzogen!«

»Verzeihung.«

Da tut sich die Tür auf, und die beiden erscheinen. Es verschlägt einem ja immer ein bißchen den Atem, wenn man vertraute Menschen plötzlich ganz verändert und geschminkt im hellen Tageslicht sieht. Susanne hat sich aus etwas blau-weiß Gestreiftem eine Art Männer-Pyjama zurechtgemacht, zu dem sie einen blau-weißen Papierzylinder und einen Spazierstock trägt, an dem eine rote Papierrose angebunden ist. Margot hat sich einen Mop als Perücke über den Kopf gestülpt, die Augen mit Schminke langgezogen, das Gesicht ist gelb bemalt. Sonst ist sie etwas spärlich bekleidet: Büstenhalter, um den linken Oberarm ein paar Messingringe, blaues, kurzes Röckchen und um die Fußgelenke ein paar Bijouterie-Armbänder der Mutter.

Die Mama ist sichtlich beeindruckt, besonders von Susanne: »Sehr nett, Susannchen, sehr nett! Hast du denn unten rum was an? Bißchen dick um die Hüften!«

»Ja, ich hab was drunter«, sie schießt einen keuschen Blick auf mich, »damit man in der Hose die Formen nicht so sieht.«

Margot bläst die Lippen auf und macht: »Pöh!«

»Du brauchst dich über deine Sehwester gar nicht zu mokieren«, sagt die Mama. »Schließlich seid ihr schon erwachsene Mädchen, mit allerhand vorn und hinten. Könntest du nicht wenigstens den Nabel mit irgendwas so 'n bißchen zumachen, Margot? Was soll eigentlich dieses Kostüm vorstellen?«

Margot dreht sich einmal um ihre Achse, wobei das duftige blaue Röckchen hochfliegt und ein ganz abnorm kurzes Höschen enthüllt:

»Ich bin Amen Heteb, die Ägypterkönigin. Vielleicht kann ich mir einen Rubin in den Nabel kleben – irgend so 'n Stück rotes Glas natürlich nur. Ich glaube, sowas trug man damals auch im alten Ägypten, stimmt das, Colonel?«

»Wie – ach so, ja, möglich. Ich muß mal drüben in meiner Steinsammlung nachsehen, vielleicht finde ich was Geeignetes.«

Die Mama sieht nun zunehmend bedenklich aus, aber bevor sie etwas sagen kann, ist draußen ein Hupen, und die Hunde, die derweilen mit ihren schneenassen Füßen auf der Couch in Teddys Arbeitszimmer gepennt haben, fahren mit Gebrüll ans Fenster.

»Ach, um Gottes willen, die Kohlen!« schreit die Mama.

»Ich gehe schon rüber«, sage ich.

»Nein, das mache ich! Das kannst du nicht. Ich muß die Säcke zählen und aufpassen, daß die Männer mir nicht alles volltrampeln.« Sie hastet in die Diele und kämpft mit ihrem Mantel. Susanne hilft ihr dabei.

»Lieb von dir, mein Kind«, sagt die Mama. »Sehr lieb von dir. Was soll eigentlich dein Kostüm vorstellen?«

»Kavalier aus Nymphenburger Porzellan.«

»Sehr schön – sehr schön. Margot, bei dir weiß ich allerdings nicht...«

»Paß auf«, unterbreche ich, »daß du draußen nicht ausrutschst. Und gib den Kohlenmännern nicht wieder soviel Vermouth zu trinken. Das letzte Mal haben sie den halben Zaun mitgenommen, als sie abfuhren.«

Sie hat die Tür aufgerissen und eilt den engen Schneepfad entlang. Cocki fährt so dicht an ihren Beinen vorbei, daß er sie um ein Haar umwirft. Weffi hoppelt mit gellendem Gebell hinterher, traut sich aber nicht an ihrem Mantel vorüber. »Und trink du selber auch nicht soviel!« rufe ich hinter ihr her.

Aber sie hört gar nicht mehr. Ich sehe, wie sie drüben von einem der Kohlenleute mit einer galanten Verbeugung begrüßt wird. Es ist der schöne Alfred, Mamas ebenso stiller wie später Schwarm. Sie findet, daß er ein ›ausgesprochen schöner Kerl‹ sei, ›besonders, wenn er gewaschen ist‹. Sie hat ihn einmal in diesem Zustand auf der Straße getroffen und ist seitdem hingerissen von ihm. Ich drehe mich grinsend um und finde, daß auf der Diele eine heftige Diskussion zwischen den Mädchen im Gange ist.

Die Königin Amen Heteb erklärt: »Der Colonel wird schon was für meinen Nabel finden. Und wenn er nichts findet, gehe ich eben so.«

»Ich würd mir auf jeden Fall was reinmachen«, meint der Nymphenburger Kavalier spitz, »so schön ist er nicht.«

Die verlängerten Augen flammen: »Du hast's nötig, du Schraube, du saublöde! Du falscher Tugendpinsel! – Ich werde dir mal was zeigen, Colonel!« Und ehe es Susanne sich versieht, springt Amen Heteb wie eine Katze auf sie zu, packt einen kleinen Haken an Susannes Hals und reißt einen Reißverschluß auf. Der Nymphenburger Kavalier sinkt in zwei Hälften rechts und links an ihr herunter, und vor mir steht ein Hulamädchen im roten Büstenhalter und Schilfröckchen. Margot reißt ihr eine Handvoll Schilf aus und hält es mir entgegen: »Das war's, was sie drunter hat! ›Damit sich die Formen nicht so markieren!‹ Die Gans, die scheinheilige!«

Susannes langsameres Gehirn ist allmählich in Gang gekommen. Ein böses Glitzern ist in ihren blauen Augen: »So – scheinheilig! Ich! Na, dann will ich dir auch mal was erzählen, Colonel! Der Buddy...«

Sie verstummt. Aus den Augen Amen Hetebs ist etwas gefahren, wie ein dunkler Blitz, der selbst mich erschauern läßt. Ich schaue zwischen den beiden Gestalten hin und her, und es wird mir erschreckend klar, wie wenig sich die Gattung Mensch seit den Zeiten des seligen Neandertalers geändert hat, besonders die lieben Weibchen. Man braucht diesen beiden halben Nackedeis nur ein paar Feuersteinmesser in die Hand zu geben...

»Tja, ich muß schon sagen, Susanne«, beginne ich.

Sie klappert mit den Augen und legt mir die Arme um den Hals! »Das ist ja nur für den Notfall, Colonel. Falls mir zu heiß wird. Ach, bitte, bitte, Colonel, sag nichts der Omi...«

Ich löse ihre Arme: »Mir ist jetzt schon zu heiß. Ich muß aber trotzdem sagen...«

Da habe ich plötzlich auch Heteb am Hals: »Ach, Colonel, du wirst ihr doch den Spaß nicht verderben!«

»Nanu – jetzt seid ihr ja mit einemmal wieder einig?«

Zwischen den beiden fliegt ein merkwürdiger Blick hin und her, dann sagt die Ägypterin, immer noch an meinem Hals hängend: »Wir erzählen auch niemandem, was du heute abend treibst!«

Es gelingt mir endlich, auch sie loszubekommen: »Das ist Erpressung, ihr Schlingpflanzen. Was ich treiben werde! Ich muß auf meinen Freund Theo aufpassen und auf euch, und der verrückte Brandt kommt mit einem jungen Amerikaner und einem Franzosen und will bei mir schlafen, und eine Schwedin hat er auch...«

Das Hulamädchen, das gerade aus der weiß-blauen Hose gestiegen ist, die ihr um die Fußgelenke baumelte, hält inne, mit der Hose in der Hand: »Ein Ami und ein Franzose? Auch Bildhauer?«

»Ja. Und der Garagen-Müller...«

Sie schlägt die Hände zusammen: »Colonel – das ist ja toll! Der Ami besonders! Du mußt mich gleich mit ihm bekannt machen! Bitte, ja?«

»Und was machst du mit deinem Fredi?« fragt Margot trocken.

Das Hulamädchen wischt den Einwand mit einer großzügigen Handbewegung fort: »Ein Bildhauer – himmlisch!«

Mir wird schwach: »Ich geh mal rüber zu den Kohlenmännern«, sage ich.

Draußen an der Hauswand lehnen vier Fahrräder. Die dazugehörigen Herren stehen im ernsten Gespräch und grüßen mich mit familiärer Vertrautheit, als ich an ihnen vorübergehe. Unter ihnen ist Fred, der eine der beiden Fremden, die wir neulich vom Fenster aus gesehen haben, als sie zu den Mädels kamen. Der andere war so eine Art Gorilla, den ich aber jetzt nicht sehe. Dafür sehe ich Fred jetzt zum erstenmal in der Nähe, ein käsiger, arroganter Brillenspargel. Gefällt mir gar nicht. Er zieht mit ironischem Lächeln sein Taschentuch heraus: »Sie haben da etwas Lippenstift im Gesicht. Wenn Sie mal raufspucken wollen...« Er zaubert auch einen Taschenspiegel vor, und ich beseitige unter allseitigem Schmunzeln die Spuren der beiden Circen. »Danke sehr«, sage ich und gebe ihm seine Utensilien zurück. »Im übrigen – hm –, was das Susannchen betrifft, es kommen da zwei junge Künstler mit dem Brandt mit, ein Amerikaner und ein Franzose. Susanne will sie natürlich unbedingt kennenlernen.«

»Natürlich«, sagt Fred. Seine Wangenmuskeln spielen, und er

wechselt einen kurzen Blick mit den drei anderen. »Schönen Dank für den Tip, Colonel.«

Jetzt nennt der mich auch schon Colonel! Dabei hat er sich noch nicht mal vorgestellt. Immerhin wird er nun auch auf Susanne aufpassen. Sicher sogar mehr als Buddy.

Ich gehe zu den Kohlenmännern und stelle fest, daß meine mit soviel Mühe konstruierte Garageneinfahrt bis auf den Grund von dem Kohlentraktor aufgewühlt ist und daß außerdem der eine der Eckpfosten der Ausfahrt frische Splitternarben aufweist. In der Garage kehrt Frau Schleußner den Kohlenstaub zusammen, und oben aus der Küche höre ich ein schmetterndes ›Glühwürrmchen, Glühwürrmchen, schimmrre, schimmrre‹.

Ich gehe in den Kohlenkeller und weide mich an der Fülle der Preßkohlen und des Kokses. Als ich mich umwende, quietscht Weffi, dem ich auf die Pfote getreten bin.

»Ja, Kerl«, sage ich, »wenn du mir aber auch so dicht nachschleichst!« Ich knie mich nieder und untersuche die Pfote: »Na, ist ja nichts kaputt. Pfotchen ist noch dran.« Cocki drängt sich dazwischen und will auch die Pfote sehen. Weffi schiebt mir den Kopf zwischen die Knie. Ich kraule ihn: »Ja, ihr habt ganz recht, Jungs. Herrchen hat gar keine Zeit mehr für euch. Alles wegen der Weiber. Herrchen ist ein ganz schlechtes Herrchen.«

Cocki drängt mir die große Pappnase unter die Hand und wirft sie damit hoch. Ich kraule ihn mit der anderen Hand, und ein paar Minuten lang ist es so wie früher: schön und friedlich.

Schließlich tun mir die Knie weh, und meine Arbeit fällt mir ein. Ächzend richte ich mich auf, während vier braune Hundeaugen diesen jämmerlichen Vorgang aufmerksam beobachten. »Ja, schaut euch das nur an«, sage ich. »Faul, fett und steif – euer Herrchen! Keine Spaziergänge mehr, keine Arbeit mehr. Nur noch diese beiden Hühner und ihre Bürstenköpfe auf Fahrrädern. Aber damit ist morgen Schluß. Von da an rege ich mich nicht mehr so auf. Schlimm genug, daß ich mir die halbe Nacht um die Ohren schlagen muß wegen dieses Gehopses. – Kommt rauf. Wollen mal sehen, was unser Glühwürmchen macht.«

Das Glühwürmchen hängt sich von oben über das Geländer, als wir zu ebener Erde auftauchen: »Bist du es?«

»Nein.«

Sie kichert: »Du, weißt du, was der Alfred gesagt hat?«

»›Danke schön‹, vermute ich.«

»Er hat gesagt, ich sehe aus wie eine flotte Sechzigerin!«

»Na, sowas. Ist noch was in der Vermouthflasche drin?«

»Was geht dich denn das an? Es war *meine* Flasche!«

»Ich meine ja nur. Weil sie wieder den Zaunpfosten angefahren haben.«

»Das kommt von deinem Weg, den du da gebaut hast!«

»Glühwürmchen, du wirst ausgesprochen impertinent. Ich gehe jetzt arbeiten.«

»Ja, tu auch mal was! Glühwürrmchen, Glühwürrmchen ...«

Und damit verschwindet sie in der Küche.

Tu auch mal was! Ich setze mich grollend hinter den Schreibtisch. Als ob ich sonst nichts täte! Da springt die Tür auf, und es erscheint Cocki, der Weffi am Ohr führt. Weffi legt sich auf den Rücken, und sie fechten einen Scheinkampf aus, mit viel Fauchen und Zähnefletschen. Schließlich wird ihnen auch das zu langweilig, und sie beginnen sich gleichzeitig zu kratzen. Ich lese das zuletzt Geschriebene durch. Ganz ordentlich. Aber jetzt kommt der Schluß mit der Pointe. Diese jedoch fällt mir absolut nicht ein. Ich reiße den Mund auf und habe vom Gähnen soviel Wasser in den Augen, daß ich das Manuskript gar nicht mehr entziffern kann. Hat keinen Zweck. Hau dich lieber noch 'n bißchen auf die Couch und schlaf Vorrat für heute nacht. Schließlich bin ich ja mein freier Herr, nicht wahr? Dafür kriege ich auch weder Gehalt noch Pension.

Ich stehe auf. Die Hunde verstehen das miß und drängen zur Terrassentür. Ich öffne sie: »Raus mit euch!«

Sie sausen in den Schnee hinaus. Ich hole mir Kissen, werfe mich hin und ziehe mir die Decke über die Ohren.

Wie spät ist es denn eigentlich? Ich knipse das Licht an: halb sechs. Gerechter Strohsack, jetzt aber los! Ich gehe ans Fenster. Bei den Mädchen drüben ist in ihrem eigenen und im Eltern-Schlafzimmer Licht. Da hängt nämlich der große Spiegel ...! Die Fahrräder sind verschwunden. Drüben im ›Königsbräu‹ ist auch schon überall Licht.

Jetzt über mir ein Poltern: die Mama steht auf. Offenbar hat der

Kohlenmänner-Vermouth ihren Mittagsschlaf gewaltig verlängert. Jetzt knipst sie nebenan Licht an, und gleich darauf steht sie in der Tür: »Ja, sag mal – es ist halb sechs, und du schläfst immer noch? Was willst du denn essen? Du mußt doch vorher was essen!«

»Ja, was möglichst Fettes, damit mir nachher das Trinken besser bekommt. Weißt du was – mach eine Büchse Ölsardinen auf. Die esse ich und trinke das Öl hinterher. Was ist eigentlich mit dem Palastmantel?«

»Den mache ich dir nachher zurecht.«

»Das willst du schon den ganzen Tag. Hoffentlich ist er in Ordnung. Ich gehe jetzt mal raus und schippe die Einfahrt frei. Mach du derweilen das Abendbrot.«

Um halb sieben habe ich die Einfahrt so weit freigeschaufelt, daß ich denke, ich könnte. Ich kann aber nicht, wie sich sehr schnell herausstellt. Der Wagen fährt ungefähr fünf Meter geradeaus, dann fällt es ihm ein, mit dem Po zu wackeln und mit den extra angeschafften Winterreifen (›...ziehen Sie garantiert auch aus dem tiefsten Schnee heraus!‹) einen Schneehaufen umzupflügen. Ich steige aus und überdenke die Situation. Wie aus dem Nichts sind dann plötzlich wieder die vier Kavaliere um mich, diesmal aber ein Clown, ein Charlie Chaplin, etwas Undefinierbares mit schwarzem Papierzylinder und beschmiertem Gesicht – vielleicht ein verunglückter Kaminkehrer – und ein Matrose.

»Nanu«, sage ich, »schon in voller Kriegsbemalung?«

Man ist etwas verlegen, erklärt sich aber sofort bereit, mir zu helfen. Drei schieben, einer schaufelt, und ich gebe ab und zu Gas. Nach einer weiteren halben Stunde stehe ich endlich auf der Straße.

»Wollt ihr nicht 'n bißchen reinkommen, Jungs«, schlage ich vor, »ihr seid doch so heiß geworden!«

Aber man will offensichtlich nicht und erkundigt sich statt dessen, wann die Mädchen weggingen.

»Na, auf keinen Fall vor acht«, sage ich. »Aber geht mal schon rüber und wartet, bis sie fertig sind.«

Sie machen auf der Hinterhand kehrt und stampfen zum anderen Haus. Das heißt, drei stampfen. Der vierte, Fred, geht langsam, damit man sieht, daß es nichts Besonderes für ihn ist.

»Essen fertig!« sagt die Mama über den Balkon. Es gibt außer den

Sardinen drei Spiegeleier für mich. Dazu hole ich aus dem Keller eine Flasche Rotwein. »Dann brauche ich drüben nicht soviel zu trinken.«

Wir teilen sie uns, und als sie leer ist, herrscht eine ausgesprochen gemütliche Stimmung.

»Wie schön wäre es«, meine ich, »wenn ich jetzt zu Bett gehen und mir die Decke über die Ohren ziehen könnte.«

Die Mama hat rote Bäckchen und glitzernde Augen: »Sei nicht so ein Mummelgreis!«

In diesem Augenblick hupt es draußen. Das ist Brandt mit seiner Fuhre. Diese Fuhre – die gleich darauf, Schneeklumpen und Pfützen verbreitend, in das Haus bricht – besteht aus Brandt selbst (als Küfer mit Lederschürze), dem französischen Schüler, der als Jérôme vorgestellt wird (Existentialisten-Sauerkohl ums Kinn, schwarze Russenbluse), dem amerikanischen Schüler (Vorname Jimmy, knallroter Bürstenkopf, Cowboy-Kostüm mit zwei echten Colts) und der Schwedin Svea (etwas Semmelblondes, ziemlich flachbrüstig, mit breiten Backenknochen und Ponyschnitt). Sie hat die Wahnsinnsidee gehabt, sich als bayerisches Dirndl anzuziehen.

Das Telefon klingelt, es ist Theo: »Ja, wo bleibst du denn?«

»Wieso bleiben? Es ist doch gerade erst viertel nach acht.«

»Ich friere aber!«

»Was machst du?«

»Ich friere! Ich hab die Heizung schon um sieben ausgehen lassen, und ich habe doch unten rum nur Trikot!«

»Und ich habe deinetwegen eine Stunde Schnee geschaufelt, dämlicher Hund. Zieh zwei Paar Unterhosen drüber, bis ich komme. Warum hast du denn überhaupt die Heizung ausgehen lassen?«

»Sie ist von allein ausgegangen«, erklärt Theo kläglich. »Luise besorgt sie nämlich immer. Und jetzt ist sie weggefahren! Ich werde überhaupt bei dir übernachten müssen, ich kann doch morgen früh nicht in das kalte Haus kommen!«

»Ja, komm ruhig her«, sage ich. »Unser Haus ist ganz leer. Kein Mensch außer dir übernachtet hier. Nur Brandt, ein Franzose, ein Amerikaner, eine Schwedin und der Garagen-Müller mit zwei Geliebten. Du siehst, es geht tadellos. Ich lege euch schichtweise in die Garage, einmal längs, einmal quer. Und jetzt komm ich rauf und hole dich. Kannst ja Kniebeugen machen, bis ich bei dir bin.«

»Ja – Moment mal, du glaubst wirklich nicht, daß ich bei dir schlafen kann?«

»Ich *weiß* sogar, daß du nicht kannst. Such dir gefälligst ein warmes Gretchen, Mephisto. Also, zieh dir Unterhosen an – und mach Kniebeugen!«

Als ich bei Theo vorfahre, steht er schon in der erleuchteten Haustür: Mephisto mit dem Mäntelchen aus starrer Seide, den Degen um die Hüfte gegürtet, Kragen hochgeschlagen, schwarze Kappe mit Pfauenfeder – und die Beine im Trikot! Mir bleibt die Spucke weg. Ich selbst habe gewiß keine dicken Beine, aber diese beiden Spinnen-Aggregate – du großer Gott! Ich kenne ihn doch nun schon so lange, aber ich bin noch nie mit ihm baden gegangen. Dieses Kostüm ist sicher Luises Geschoß!

Er kommt auf den Wagen zugerannt: »Schnell, schnell, ich bibbere!«

Er hat eine gewaltige Cognacfahne; ich merke es, als er sich hineinzwängt. Aber mit dem Zwängen klappt es nicht, wegen des Degens. Es ist ein ungeheurer Degen, mit großem Korb und Lederscheide. Einmal steht er quer, einmal steht er längs, und immer ist er im Wege.

»Was machen wir mit dem verdammten Ding?« fragt Theo klappernden Gebisses. »Im übrigen könntest du dir deine Türen ruhig 'n bißchen breiter machen lassen!«

»Breiter machen lassen! Paß auf, du zerkratzt mir den ganzen Lack mit dem dämlicher Ding, du alberne Spinne. Hak es ab und schmeiß es in den Vorgarten.«

»Da verschwindet's im Schnee und verrostet!«

»Hoffentlich.«

»Es ist ein friderizianischer Degen!« erklärt er. »Von meinem Ur-Urgroßvater, der war General!«

»Du bist schon so besoffen, daß du nicht mehr weißt, was du mir erzählt hast. Daß du ihn nämlich für elf Mark fünfzig beim Antiquar gekauft hast, voriges Jahr, als Wanddekoration. Und jetzt hak diesen Bratenspieß los und wirf ihn in den Garten.«

Er hakt den Degen ab, feuert ihn in den Vorgarten und steigt ein.

Drinnen klappt er die Sonnenblende herunter, frisiert sich im Make-up-Spiegel und ist gleich wieder auf der Höhe: »Deine Couch brauche ich auch nicht! Gedenke diese Nacht im Hotel zu verbringen, falls sich irgendwo ein einigermaßen erträgliches Schmaltier auf dieses Dorfgehopse verirren sollte.«

»Das natürlich sofort deinem Charme erliegt!«

Ich biege, um einen riesigen Schneehaufen herumschlitternd, in den Hof des ›Königsbräu‹ ein. Der Parkplatz ist schon jetzt mit eingezuckerten Wagen halb gefüllt.

Theo mustert die Autos mit einem kühlen Blick: »Ich überlege mir natürlich, ob es nicht praktischer wäre, wenn ich mir irgendeine motorisierte Strohwitwe nähme, die mich zu sich nach Hause fährt. Dann würde ich mir das Taxi und das Hotel sparen.« Er klettert aus dem Wagen: »Sollte ich irgendso was Kleines, Bescheidenes, Anschmiegsames für dich finden, stelle ich es kalt.«

»Ich bin gerührt.«

Ich fahre Boxi wieder zurück in die Garage, wische ihm den Schnee ab und gehe nach oben. Dort finde ich die Mädchen, denen Jimmy und Jérôme Vorträge über die Wiedergabe des weiblichen Körpers in der modernen Bildhauerei halten. Susanne sitzt zwischen ihnen und mehreren meiner Schnapsflaschen auf der Couch, hat den Reißverschluß schon halb offen. Margot lehnt an der Wand, hat eine Zigarette im Mundwinkel hängen und bemüht sich, blasiert zu lächeln. Susanne sieht – finde ich – geradezu gefährlich dämlich aus. Und obendrein leider auch bildhübsch. Dann fällt mir auf, daß Margot etwas Rotes im Nabel hat. Ich gehe hin und sehe es mir an: »Was ist denn das?«

Die braunen Augen werden ganz sanft aufgeschlagen: »Das hat Jimmy gemacht. Kaugummi, in rote Tinte getaucht. Ist das nicht genial?«

»Hm. Und was, zum Teufel, habt ihr beide überhaupt hier zu suchen?«

Erstaunter und leicht gekränkter doppelter Augenaufschlag; in Braun und Blau: »Aber Colonel, wir haben doch auf dich gewartet!«

Brandt hält meine kostbare und nunmehr leere Whiskyflasche gegen das Licht: »Du hast anscheinend schlechte Laune. Wir gehen rüber und nehmen die jungen Damen mit.«

»Ihr werdet rübergehen, aber die Gören bleiben hier, bis ich mich umgezogen habe.«

Brandt steht auf: »Na gut.« Er mustert mich milde: »Im übrigen kann ich deine Nervosität verstehen. Nicht jeder kommt gleich mit zwei erwachsenen Töchtern nieder. Wo hast du euren Tisch bestellt?«

»Unseren...«

Die beiden Mädchen starren mich erschrocken an und sagen dann zweistimmig: »Ach, Colonel, haben wir – hast du denn überhaupt einen bestellt?«

»Ich – äh – wie? Nein, ich dachte... Na, es wird ja wohl jetzt noch einen freien Tisch geben?«

»Es wird keinen freien Tisch mehr geben«, sagt Brandt sanft, »nicht mal einen freien Stuhl, und du könntest mit deinen Kücklein ein Standesamt gründen, wenn wir nicht einen Tisch reserviert hätten, du Hanswurst.«

»Dann muß ich euch wohl noch dankbar sein?«

»Selbstverständlich!« Er macht eine imperiale Handbewegung.

»Macht, daß ihr rüberkommt. Alle!«

Ich vergesse nur zu gern mein eben ausgesprochenes Verbot, atme auf, als sich die Tür hinter dem Schwarm geschlossen hat, und steige die Treppe hinauf. Oben sitzt die Mama in ihrem Zimmer und näht an etwas, das weiß und golden über ihren Schoß fließt. Ihre alten, von der Gicht verkrümmten Hände mit den dicken Adern bewegen sich mit der Präzision eines Uhrwerks. Ich bleibe im Türrahmen stehen und sehe ihr zu. Dieses Gesicht – es ist wie eine vertraute Landschaft, in die man nach vielen Jahren heimkehrt. Die Bäume haben Moosbärte bekommen, einige von ihnen sind im Sturm zersplittert, die Scheune, in der man spielte, ist eingefallen... Und trotzdem: Es ist die Heimat, doppelt liebenswert, da sie nun bedeckt ist mit den Narben der Zeit und vieler Stürme. Und diese Hände – sie haben meine Windeln gewaschen, meine Hemden gebügelt, meine Knöpfe angenäht. Wie viele tausend Male? Sie haben mir die ersten Buchstaben vorgemalt, Umschläge auf die fieberheiße Stirn gelegt...

Sie schneidet einen Faden ab, blickt auf und nimmt die Brille herunter: »Na, zieh ihn mal an.«

Ich tue es, sie zupft an den Schultern, tritt zurück, mustert mich von oben bis unten: »Bißchen muddelig. Ich hab's gar nicht gemerkt, als ich ihn aus der Rumpelkammer holte. Sonst hätte ich ihn gestern noch gewaschen. Sieht aber keiner an so 'nem Abend.«

Ich schaue in den Spiegel: »Laß man, Mulleken, er ist wunderschön. Ist er nicht 'n bißchen zu warm?«

»Du brauchst ja nicht so rumzutoben. Hier habe ich auch eine Maske. Daran hast du sicher nicht gedacht.«

»Nein.«

»Verlier sie nicht. Die hab ich getragen, auf meinem letzten Maskenball. Und nun mach, daß du zu deinen Mädchen kommst!«

Ich gebe ihr den Gutenachtkuß und steige die Treppe hinunter. ›Mach, daß du zu deinen Mädchen kommst!‹ Wie lange ist es her, seit sie das zum letztenmal zu mir gesagt hat? Vierzig Jahre – mindestens. Damals war sie eine Frau auf der Höhe des Lebens, ich Primaner, der seine ersten Novellen schrieb und sich vor dem Spiegel im blasierten Herabziehen der Mundwinkel übte. War es nicht wie gestern, daß sie mich mit ihrer Jugend beglückten, die Blonden, die Dunklen, mit denen ich tanzte und die ich küßte, mit denen ich Tolstoj diskutierte und vom Portier auf der Kellertreppe erwischt wurde?

Ich stehe auf der hell erleuchteten Treppe in meinem Palastmantel und starre zum erstenmal meinem Alter ins Antlitz. Verdammt kalt, dieses Treppenhaus. Man friert direkt. Draußen höre ich einen Wagen. Jemand reißt fast die Klingel ab. Der Werner Müller wahrscheinlich. Er kommt mir plötzlich sehr gelegen. Ich öffne, und er bricht herein: »Gut, daß du schon angezogen bist! Du mußt mir gleich helfen, das Ding aus dem Wagen zu holen!«

»Was für 'n Ding?«

»Na, das Kostüm.«

»Warum muß ich dir denn dabei helfen? Und wo sind die tollen Frauen?«

»Nicht mitgekommen – wegen der Schwedin.«

»Verstehe ich alles nicht!«

»Brauchst du auch nicht, komm mit.«

Am Wagen stellt sich heraus, daß er tatsächlich Hilfe braucht. Eine höchst geheimnisvolle Sache jedenfalls, dieses Kostüm. Zwei runde, steife Schalen, ungefähr einen Meter lang und sorgfältig verpackt.

Dazu noch ein kleineres Paket, etwas Rundes, Flaches, ziemlich schwer.

»Was ist denn das für ein fabelhaftes Kostüm?«

»Ich gehe als Ofen.«

»Als ...?

»Als Ofen! Und nun schramm bloß ab. Die Montage mache ich allein. Große Sensation. Davon werdet ihr in eurem Kuhdorf noch nach hundert Jahren reden.«

7

Als ich im ›Königsbräu‹ ankomme, werde ich sofort von dem Viererklub Buddy, Thomas, Karl-Friedrich und Fred in Empfang genommen. Karl-Friedrich salutiert grinsend: »Situation well under control, Colonel! Don't worry.«

»Augenblicklich«, berichtet Thomas, »tanzt sie mit dem Franzosen, aber auf die Dauer wird wohl der rothaarige Ami das Rennen machen.«

»In dem Moment, wo er sie anfaßt«, sagt Fred, »locken wir ihn vors Haus und machen ihn fertig.«

Das klingt unangenehm: »Ich will keine Schlägerei!« erkläre ich. »Der Mann tut ja schließlich nichts Unrechtes, wenn er ein bißchen mit ihr poussiert. Außerdem gehören immer zwei dazu. Wenn es mulmig wird, benachrichtigt ihr mich und Margot. Wo ist sie übrigens?«

»Kommt gerade«, meldet Thomas. »Was hat sie denn da?«

Margot erscheint und hat etwas unter dem Arm, was mir beängstigend bekannt vorkommt. Es ist der blau-weiße Reißverschluß-Kavalier von Susanne. Als Margot meinen Blick sieht, zuckt sie die Achseln: »Es ist wirklich ziemlich heiß. Ich bring's nur schnell in die Garderobe.«

»Also schon Hula-Hula-Stadium? Was treibt sie denn augenblicklich?«

»Jérôme hat sie an die Bar geführt, aber dann hat er sich gedrückt, weil's ihm zu teuer wurde. Jetzt hat sie Jimmy übernommen.«

»Wir passen beide auf sie auf«, versichert Buddy. »Sie können wirklich unbesorgt sein. Dieser Schlafrock wird Ihnen sicher auch zu heiß!«

»Schlafrock? Hm. Na, ich werde mich erst mal umsehen. Viel Spaß, Jungs.« Und damit werfe ich mich ins Gewühl. Schlafrock! Na ja, woher sollten denn die Bengels auch wissen, was ein Palastmantel ist. Bald habe ich es vergessen.

Es ist wirklich allerhand, was sich tut. Das Oberdorf scheint im ganzen Land herumtelefoniert und unseren bescheidenen Maskenball als eine Art Sensation angepriesen zu haben. Der Wirt hat sich dementsprechend gewaltig ins Zeug gelegt. Der vordere Saal ist ganz auf bayerisch abgestimmt, mit Blaskapelle, Riesenfaß und Gebirgen von Weißwürsten auf der Holztafel, die den Tanzraum umrandet. Hier tanzen und schwitzen ›Ausländer‹ und Einheimische, manche von den Einheimischen in ihren uralten, wunderbaren Dämonenmasken aus geschnitztem Holz.

Im Nebensaal spielt eine Jukebox etwas Südamerikanisches. Mit enormer Lautstärke und bei dunkelgrünem Licht. Darunter eine dichtverschlungene Masse von Leibern, die nach dem heißen Rhythmus wackelt. Zwei süße Cowboymädchen tanzen miteinander an mir vorüber und werfen Glutblicke. Ich werfe mich dazwischen: »Darf ich dieses reizende Duett auflösen?«

Sie sehen mich an und beginnen dann mit den Nasen zu wackeln wie die Kaninchen. Die eine stößt mich mit dem Zeigefinger vor die Brust: »Aus welche Kiste ham se dir denn ausjebuddelt, Opa? Du riechst ja noch ganz schön nach Mottenkugeln!« Die andere biegt sich vor Lachen: »Du bist wohl aus 'm Wilhelm-Busch-Album? Der im Schlafrock, dem se Schießpulver in de Pfeife jetan ham?«

Opa! Wilhelm Busch! Mir wird plötzlich brühheiß unter diesem verdammten Palastmantel. Wo ist ein Spiegel? Vielleicht draußen in der Garderobe. Ich kämpfe mich dem Ausgang zu. Die Tür ist – erinnere ich mich – neben der Musikbox, und neben dieser wiederum sitzt Buddy und hat Margot auf dem Schoß. Sie bemerken mich erst, als ich vor ihnen stehe: »Ihr solltet besser auf Susanne aufpassen!« sage ich. »Wo ist denn hier 'n Spiegel, Margot? In der Garderobe?«

Sie springt auf und ist ganz verdattert: »Ja, Colonel. Was ist denn los?«

»Ach, dieser Palastmantel hier...«

Buddy nimmt meinen Arm und hilft mir, die letzten Meter bis zur Tür freizudrängeln: »Ich habe Ihnen doch gesagt, daß Ihnen der Schlafrock zu heiß werden wird.«

»Schlafrock! Das ist ein persischer Palastmantel, du Kulturniete! Ah – da ist ja der Spiegel. Hm. Na, das ist allerdings...«

Ich drehe mich vor dem Spiegel hin und her, während mir Margot und Buddy voll diskreten Mitleids zusehen. Im Spiegel bewegt sich eine schmuddelige Jammerfigur, der die Schweißtropfen unter der Maske vorlaufen und die – wie ich jetzt selber merke – außerdem nach Mottenpulver stinkt.

»Das ist Mamas Geschoß«, sage ich ganz ruhig. »Na warte! Schönen Dank, Kinderchen. Geht schnell wieder rein und paßt auf Susanne auf. Ich ziehe mich eben drüben um, aber richtig, das kann ich euch sagen!«

»Ich würde mir diesmal wirklich Zeit lassen«, meint Buddy. »Sie versäumen ja nichts. Die Sache hier kommt erst langsam in Schwung. Und auf Susanne passen wir bestimmt auf.«

Ich sehe ihnen gerührt nach. Zwei reizende Kinder. Das mit dem Schoß-Sitzen haben sie sicher nur getan, weil sie glauben, es gehöre dazu. Wahrscheinlich habe ich ihnen selber mal so was aus meiner Jugend erzählt. Wissen noch gar nicht, was es bedeutet. Ja, Jugend kann lustig und rührend zugleich sein.

»Ist da wer?« fragt die Mama, als ich an der Tür den Schnee abschüttle.

»Ja, hier ist wer. Nämlich dein Sohn, der sich jetzt erst mal ein richtiges Kostüm anziehen wird.«

»Ja, aber...«

»Gar kein Aber. Ausgelacht haben mich die Leute in diesem Mottenfrack! Wo hast du den roten Seidenschal?«

Ich brause mit dem Schal durch die unteren Räume, ziehe eine alte dunkle Hose an, winde den Schal darum, schneide zwei Gardinenringe von der Stange, klemme sie mir in die Ohrläppchen, binde mir ein Bauerntaschentuch um den Kopf, male mir Koteletten, Schnurrbart und Spitzbart mit Wimperntusche, reiße eine alte Duell-Pistole von der Wand, ramme sie mir in die Bauchbinde, stecke noch eine Maiskolbenpfeife zwischen die Zähne, werfe den Mantel über und brause wieder ab. Dabei passiere ich den Schloßgeist, der mit seinem ›Palastmantel‹ über dem Arm fassungslos in der Bibliothek steht und die verstümmelte Gardine betrachtet.

Ich eile durch eine Seitentür gleich in den kleineren Saal mit der Musikbox. Erst mal sehen, was meine verschiedenen Lämmerchen treiben. Da ist es plötzlich, als empfange ich einen Stich, einen feinen, genauen Florettstich mitten ins Herz. Das Radau-Instrument spielt einen Tango, einen uralten, sentimentalen Tango – aber zu seinen Klängen habe ich das letztemal mit Judith, der großen Liebe meiner Jugend, getanzt. Die Szene rückt auseinander, verwandelt sich: Berlin, Marmorsäle – auch ein Maskenball. Wir hatten uns lange nicht sehen können. Ich glühte die ganze Woche hindurch vor Aufregung – aber am Vortag des Balles bekam ich eitrige Angina. Trotzdem ging ich, mit neununddreißig Grad Fieber. Ich ging wie auf Watte und sah alle Dinge wie aus dem Innern eines Kachelofens heraus. Dann erblickte ich sie – irgendwas aus grüner Seide mit Turban, die großen braunen Augen darunter strahlend wie zwei Sonnen. Ihr leidenschaftlicher Mund, ihre Arme um meinen Hals, ihr geliebter Körper an mich gepreßt, daß wir wie ein einziges Wesen zusammenbrannten.

»Küß mich nicht«, sagte ich, »ich bin krank.«

»Dann will ich auch krank sein!« Und sie küßte mich, mitten unter tausend Leuten, auf den Mund. Wir tanzten, bis mir schwarz vor den Augen wurde und ich zu taumeln begann. Sie stützte mich, als ich die große Marmortreppe hinunter zur Garderobe wankte. Half mir in den Mantel: »Soll ich dich nicht nach Hause bringen?« Ihre tiefe, etwas heisere Stimme. Nein, sie solle sich nicht in dem schönen Vergnügen stören lassen. Nur küssen möge sie, bitte, keinen anderen.

»Das schwöre ich. Nimm dir ein Taxi, Liebster.«

Ich wandte mich an der Drehtür noch einmal um. Sie stand auf der halben Treppe wie ein Märchen aus Tausendundeiner Nacht und winkte mir zu. Und drinnen im Saal spielte man den Tango – diesen Tango. Nie mehr im Leben habe ich mit ihr getanzt. Nie mehr...

»Colonel! Ich hab dich gar nicht erkannt. Schick siehst du aus! Willst du nicht mal mit mir tanzen?«

Es ist Margot. Und sie hat dieselben großen braunen Augen. Etwas kleiner ist sie – aber der gleiche Duft heißer Jugend umhüllt sie...

»Ja, komm schnell, solange sie noch diesen Tango spielen.«
Wir tanzen. Um mich verwirren sich Zeit und Welt. Dann, mit den letzten Takten, ist der Zauber zu Ende. Was war denn – ach so, da hatte ich ja diese kleine Krabbe im Arm. Aus der Maske sehen mich zwei Augen prüfend an: »Ja, Colonel – du kannst einem ja direkt gefährlich werden!«
»Ich? Hm. Wo ist Susanne?«
»Buddy tanzt mit ihr.«
»Schön. Dann kann ich mich mal um Theo kümmern.«
»Wer ist Theo?«
»Ach, ein Freund von mir. Hast du ihn nicht gesehen, so 'n Mephisto mit ganz dünnen roten Trikotbeinen, schwarzes Seidenmäntelchen, Degen – ach nein, den haben wir ja weggeworfen, aber ein Barett mit Pfauenfeder. Vielleicht aber haben ihm die Frauen die Feder schon ausgerissen. Er soll es ja so toll treiben.«
»Nein, nicht gesehen.«
»Macht nichts. Paßt weiter auf Susanne auf.«
Theo finde ich im sogenannten Nebenzimmer, wo er wie eine Kreuzspinne auf einem Barstuhl hängt und ein kleines Pilsener trinkt. Ich bestelle mir auch eines und klettere auf den Nachbarhocker: »Was treibst du denn hier, Mephisto? Ich dachte, ich würde dich aus einem Gebirge von Weiberfleisch ausbuddeln müssen.«
Er bläst den Schaum vom Bier und hält es gegen das Licht: »Ich warte auf das große Erlebnis.«
»Aha. Und du glaubst, es kommt so von allein hierher?« Er seufzt unendlich gelangweilt, wie ein Mathematikprofessor, der von einem Vorschüler interviewt wird: »Natürlich. Im übrigen machst du auch keinen sehr erfolgreichen Eindruck.«
»Hatte 'nen Fehlstart. Weil ich mit euch allen soviel zu tun habe, daß ich mich nicht um mein Kostüm kümmern konnte. Aber jetzt, als Seeräuber, habe ich Chancen, mein Lieber! Sogar bei der jüngsten Jugend.«
Er seufzt wieder: »Vielleicht gerade bei der. Du siehst wirklich etwas nach Kinderbilderbuch aus.« Seine Haltung verändert sich plötzlich, er holt die Maske herunter, die er auf die Stirn geschoben hatte, klettert vom Stuhl und verbeugt sich nach altspanischer Etikette, mit tiefem Kratzfuß, die Kappe gegen das Herz gedrückt. Das

Objekt dieser Huldigung ist etwas Kleines, Kohlschwarzes, mit Wuschelkopf, schwarzem Trikot und aufgenähten Silbersternen.

»So, hast du mich nicht vergessen, holde Königin der Nacht? Darf ich dir meinen Freund vorstellen, Sindbad den Seefahrer, der für einen Augenblick hier vor Anker gegangen ist.«

Er betont den ›Augenblick‹ sehr deutlich, aber das Schwarze demaskiert sich, schüttelt die Locken und ist niedlich-frech. Sie nimmt auch mir die Maske ab und mustert mich: »Ich kaufe nicht gern die Katze im Sack!« erklärt sie mit der Nüchternheit einer Obsthändlerin. »Du kannst auch hierbleiben.« Sie stellt sich zwischen uns und zieht uns auf sich zu: »Ihr seid beide flotte Jungens. Bestellt ihr mir was zu trinken?«

»Natürlich«, sagt Theo. »Bestell mal was, Hannes.«

»Gern.« Ich wende mich zum Seiler-Max um, der in diesem abgelegenen Winkel als Barmädchen fungiert, weil er für die Bedienung in den großen Sälen zu dusselig ist. Er hat eine niedrige Stirn, engstehende Augen und eine Riesenkinnlade und wird alltags damit beschäftigt, den Hof zu fegen, Holz zu hacken und Fässer zu rollen. »Eine Flasche Sekt für den Herrn hier!« sage ich.

Theos Adamsapfel fährt einmal auf und nieder. Ich fasse die Kleine um die Hüfte: »Die zweite Flasche zahle ich!« Sie schlingt die Arme um meinen Hals und küßt mich glühend. Sie entwickelt dabei eine bemerkenswerte Technik, und es dauert ziemlich lange. Als wir endlich fertig sind, hat der Seiler-Max die Flasche schon geöffnet und die Gläser hingestellt. Bei Theo muß er gleich nachfüllen, weil der seinen Sekt schon hinuntergestürzt hat. Ich weiß nicht, ob aus Zorn, oder weil er die Flasche bezahlen muß.

»Du mußt Mephisto auch küssen«, sage ich zu ihr.

»Komm her, Mephi!« schreit sie, stürzt den Inhalt ihres Glases hinunter und wirft Theo die Arme um den Hals. Es dauert wieder ziemlich lange.

Im Saal wälzt sich hundertfarbig und tausendgliedrig immer der Tanz. An den Seiten sind schon viele ermattet auf Stühlen und Bänken niedergesunken. Jetzt kommt ein Tusch (mit einigen unverkennbar falschen Blechtönen). Die stampfende Menge erstarrt wie Weingelee, dann explodiert sie in Riesengebrüll. Rings um mich herum reißt man sich die Masken herunter, fällt sich in die Arme. Ich habe plötzlich etwas Blondes, Dickes um den Hals, das mein Gesicht überschwemmt und mich zum Schluß in die Nase beißt.

»Prost Neujahr!« sage ich gerührt.

Sie schreit vor Lachen: »Och, bist du süß, du Jeck! Komm, jib Klein Elsie dein Händken, ich nehm dich mit!«

»Moment«, sage ich, »wewewewenn nicht Silvester ist, warum nimmst du denn dann die Maske ab?«

Sie stemmt die Arme in die Seiten: »Mitternacht, du Döskopp, Demaskierung!« Dann macht sie wieder auf Mutter mit Baby: »Nu komm man mit Muttern mit, Kleiner, ich paß schon jut auf dich auf. Wat is denn, wat jlotzt de denn wie ne tote Hering aus de Wäsch?«

»Mitternacht«, wiederhole ich dumpf, »ich muß meine Töchter suchen...«

Ich steige wie der Storch auf der Wiese durch ein Labyrinth von Beinen, Busen, Köpfen und Armen, rudere durch das Tanzgewühl, werde an einen Tisch gerissen, wo ich mitschunkeln muß, löse Heiterkeit aus, weil ich die Tischdecke hochhebe, um drunterzuschauen, ich beginne nicht nur vor Hitze, sondern allmählich auch vor Angst zu schwitzen und verfluche meine Vaterschaft. Von den Mädchen keine Spur. Endlich entdecke ich Buddy. Er hat sein Cowboyhemd aufgerissen, und er ist nicht nur am Mund, sondern auch an Hals und Brust total mit Lippenstift verknutscht.

»Gott sei Dank, Buddy! Wo sind die Mädels?«

Er sieht mich dienstlich ernst an: »Margot hab ich Punkt halb zwölf nach Hause gebracht. Mit Susanne ist es etwas schwieriger. Ich will's jetzt noch mal versuchen.«

»Wo ist sie denn?«

»Das letztemal sah ich sie oben auf der Galerie, ganz in einer Ecke. Immer noch mit diesem rothaarigen amerikanischen Bildhauer.«

»Na, servus. Wenn ich mir vorstelle...«

»Keine Sorge. Fred paßt auf.«

Als wir oben ankommen, finden wir folgende Situation: Fred (mir nach wie vor unsympathisch – auch als Torero) wacht vor einer seltsamen Konstruktion. Sie besteht aus vier Tischen, die so umgekippt sind, daß die Beine alle nach außen ragen. Die Platten bilden auf diese Weise eine Art Koje, aus der ein Besen mit einem darübergestülpten Hemd ragt. In der Koje sitzt mit schimmernden Augen Susanne und – ohne Hemd – Jimmy. Ihr Kopf ruht an seiner mit wilden Tätowierungen bedeckten Brust.

»Hello, Colonel!« begrüßt mich Jimmy. »How do you like meine Jolle?« Er greift neben sich, setzt eine Sektflasche vor den Kopf, säuft den Rest aus und betrachtet mich dann, die Flasche als Fernrohr benutzend. Ich kombiniere, daß er sich als Segler vorkommt und den Besen als Mast und das Hemd als Segel betrachtet.

Susanne winkt mir mit ausrutschenden Bewegungen: »Hallo, Colonel! Es ist himmlisch! Wir fahren gerade nach Hawaii!«

Ich sehe mir die beiden an, besonders Susanne. Sie ist das Betrachten ausgesprochen wert, und ich frage mich, alkoholisch gerührt, ob ich das Recht habe, dieses bezaubernde Kind der Aphrodite aus seinen Südseeträumen zu reißen. Wenn ich nun aber nachgebe? Dann wäre wahrscheinlich kein Halten mehr. Eine erneute, diesmal sehr besorgte Musterung des weiblichen Corpus delicti ergibt, daß es sich um ein voll erblühtes junges Weib handelt, dessen Manometernadel bedenklich über der Gefahrenmarke zittert. Und der Mann? Er sieht einerseits nicht unsympathisch, andererseits aber beängstigend männlich und überdies keineswegs so aus, als ob man eine Alimentenklage gegen ihn mit Erfolg durchsetzen könnte. Geschweige denn eine Eheschließung.

Fred neben mir zeigt auf Jimmy und sagt dann zu Buddy: »Wenn der glaubt, daß er mir so 'nen steilen Zahn abschrauben kann, ist er schief gewickelt. Den puste ich doch glatt aus der Hose.«

Buddy übersetzt, als ich ihn ratlos ansehe: »Das ist Jazzdialekt. Zahn heißt Mädchen, steil heißt prima und abschrauben heißt wegnehmen. Alles veraltet übrigens. Kein Mensch redet mehr so – außer Fred.«

Jimmy scheint keinen Übersetzer zu brauchen. Er betrachtet den Torero Fred, wobei sich ein gefährliches Grinsen über sein Gesicht verbreitet. Dann zieht er seine Arme so plötzlich unter Susanne weg, daß sie hintenüberkippt, steht auf, streift das Hemd über und steigt aus der Jolle: »Come on, sunny boy, let's get it over with!«

Fred wird blaß, aber er weicht nicht zurück: »Was sagst du da?«

»Komm raus, ich mach dich fertig«, übersetze ich nicht ganz genau, aber mit Vergnügen. Plötzlich ist auch Karl-Friedrich neben mir: »Wir gehen mit, als Sekundanten«, sagt er mit einem Blick auf Buddy.

»Also gut«, meint Fred. Er schwitzt, aber in seinen Augen brennt ein böses Licht. Sie schieben zu viert in Richtung auf den Ausgang ab. Susanne hockt mit glitzernden Augen in ihrer Traumjolle: »Wir müssen auch mit, Colonel!«

»Einen Schmarren müssen wir! Los, komm raus, steiler Zahn, es ist ein Uhr. Nichts wie in die Falle.«

»Aber sie schlagen sich doch meinetwegen!«

»Stimmt. Und dafür sollte man *dich* schlagen.«

Sie steigt über die Tische, klappert mit den Augen und legt mir die Arme um den Hals: »Ach, Colonel, lieber Colonel!«

Ich binde mir die Arme wieder ab: »Marsch, ins Bett!«

»Er hat gesagt, er will mich modellieren, als Venus!«

»Die Sorte Venus, die der zustande kriegt, kann er aus jedem Schrotthaufen zusammenschrauben. Hier lang geht's zur Garderobe.«

»Moment, Colonel, ich muß mal hier rein, ich verliere meinen Rock!«

»Das möchte dir so passen. Du hast ja hoffentlich noch was drunter.«

»Ich muß aber sowieso mal!«

»Das kannst du zu Hause erledigen. Marsch, weiter. Wo hast du die Garderobenmarke?«

»Ich weiß nicht...«

»Aber ich. Die Strippe guckt ja da aus deinem lächerlichen Büstenhalter. Na, wird's bald? Ich möchte nämlich auch noch was von diesem Abend haben.«

Sie merkt, daß es mir ernst ist, holt die Marke vor und zieht eine Schippe. Plötzlich ist sie gar nicht mehr verführerisches Weib, sondern trotziges Kind: »Margot muß aber auch gehen!«

»Deine Schwester ist im Gegensatz zu dir ein braves Kind, das sein Wort hält. Sie ist seit halb zwölf im Bett. Hier, schlupf in den Mantel.«

»Woher weißt du denn, daß sie im Bett ist?«

»Weil Buddy sie selber rübergebracht hat.«

Nun ist sie wieder Weib mit tanzenden Koboldlichtern in den Augen: »Na, dann glaube ich's! Ist er nicht rührend, der brave Buddy?

»Du solltest dich schämen, nimm dir ein Beispiel an ihr. Klapp den Kragen hoch und mach den Mund zu. Draußen ist es kalt.«

Als wir ins Freie treten, merke ich sofort, daß die Kälte weiter angezogen hat. Ein Dreiviertel-Mond, unter dem die letzten Wolkenschleier dem Gebirge zujagen, scheint durch das eisenstarre Wintergeäst. Die Lichtquadrate, die aus den hohen Fenstern auf den Schnee fallen, lassen ihn bläulich-golden aufflimmern. Rings um den verglasten Mauerwürfel, in dem die Zweibeiner toben und lärmen, stehen ihre vierrädrigen Sklaven, geduldig wartend, mit bizarren Schneegebilden auf ihren Dächern, Kotflügeln und Motorhauben. Mit den Augenöffnungen der von den Scheibenwischern freigelegten Löcher sehen sie aus, als hätten sie sich der närrischen Stunde entsprechend maskiert.

Ich merke, wie Susanne an meiner Seite schaudert. Sie kuschelt sich – trotz Wut – eng an mich.

»Schnell rüber«, sage ich, »du hast ja nicht mal Strümpfe an!«

Da kommen Stimmen und Schatten durch das bläuliche Mondlicht auf uns zu. Es sind zwei, die einen dritten in der Mitte führen. Mit dem dritten ist irgend etwas nicht in Ordnung. Dann sehe ich, daß es Buddy und Karl-Friedrich sind, die den Fred zwischen sich schleppen. Wir hören, wie er mit etwas undeutlicher Stimme murmelt: »Aber mein Magenhaken war nicht schlecht, das müßt ihr zugeben!«

»Nimm mir's nicht übel«, meint Buddy, »aber das war ein Tiefschlag, ein ausgesprochenes Foul.«

»Foul!« murmelt Fred empört. »Hast du das gehört, Karli?«

»Na ja«, kommt die ruhig-diplomatische Antwort, »er saß 'n bißchen tief, ist schon wahr.«

Nun stehen wir uns gegenüber. Susanne schreit auf: »Fred – wie siehst du denn aus?«

Fred hat ein dunkelblaues linkes Auge, das schon halb zugeschwollen ist, eine aufgespaltene Lippe, die sein Torerokostüm vollgeblutet hat, und eine Beule an der linken Kinnladenseite, ziemlich genau am richtigen Punkt.

»Kleinigkeiten«, murmelt er. »Wir gehen jetzt rein und saufen's weg. Au!«

Er hält sich den Mund, und ein paar Tropfen Blut rinnen durch seine Finger.

»Du mußt ja auch dauernd quasseln«, sagt Buddy. »Davon wird's nur schlimmer.«

»Wie ist es denn ausgegangen?« frage ich.

»Knockout in der ersten Runde«, erklärt Karl-Friedrich wichtig.

»Aber mein Magenhaken...«, wiederholt Fred, »au!«

»Wo ist denn dieser Amerikaner?«

»Der ist erst an 'n Baum gegangen, weil ihm nach dem Tiefschlag übel war«, sagt Buddy, »und dann, glaube ich, zu Ihnen rüber, Colonel.«

»So. Na, ich werde mich mal um ihn kümmern. Aber erst bringe ich dich nach Hause, Susanne.«

»Soll ich sie bringen?« bietet sich Buddy an.

»Nee, laß man, Junge. Du hast genug von deinem Abend geopfert.«

»Ich bring sie aber gern!«

»Nehm's für geschehen. Kümmert euch um eure Boxleiche da.«

Susanne reißt sich von mir los, stürzt sich auf Fred und gräbt in ihrem Mantel nach einem Taschentuch. Mit dem Tuch tupft sie seine Lippe ab: »Ich gehe mit! Wir müssen ihn doch verbinden!«

Ich befördere sie mit einem an Cocki weidlich ausprobierten Ruck wieder an meine Seite: »Das können die beiden anderen viel besser. Wenn Sie wollen, Fred, rufe ich den Arzt an.«

Er lächelt schief: »Danke, nicht nötig!« Und dann triumphierend zu den beiden anderen: »Na, jedenfalls habe ich dem Penner seinen Zahn abgeschraubt!« Und damit verschwinden sie im Lokal.

Susanne preßt meinen Arm, und im Mondlicht sehe ich, wie ihre Augen glänzen: »Er hat sich für mich geschlagen! Ist das nicht aufregend?«

»Ich habe dir schon gesagt, was ich davon halte, du steiler Zahn. Wo hast du denn deinen Hausschlüssel?«

»Den hat Margot.«

»Na, servus. Die schläft doch wie ein Murmeltier.«

»Die schläft nicht.« Sie klopft an die Scheibe, und drin ist auch gleich Licht hinter den Gardinen. Dann macht Margot auf, im Schlafanzug: »Wie ist es ausgegangen?«

»Ach, toll!« sagt Susanne. »Fred hättest du sehen sollen! Mit seinen Wunden! Wie im Film! Aber der Jimmy hat auch was abbekommen, so daß ihm übel wurde!«

»So, und jetzt Tür zu und ins Bett!« kommandiere ich. »Vor allen Dingen du, Margot, sonst holst du dir noch was. Ich komme gleich wieder vorbei und sehe nach, ob das Licht auch aus ist.«

Ich muß mir einen Pfad durch den Garten hinüber zu meinem Haus stampfen. Unten liegt die verdämmernde Fläche des Sees mit den schattenhaften Linien der Landungsbrücke, der Schnee knirscht, und die Sterne flimmern grün und blau. Wie tröstlich, daß das alles unbeirrt neben dem Getobe da hinten weiterexistiert.

Dann wundere ich mich, woher eigentlich Margot gleich wußte, daß dieser Boxkampf stattgefunden hat – na ja, wahrscheinlich haben es ihr Buddy und Karl-Friedrich erzählt, sind schnell mal rübergelaufen. Der Dorftelegraf hat jedenfalls mal wieder gut gearbeitet. – Und woher wußte Susanne, daß Margot noch nicht schlief? Sonderbar.

Daheim mache ich einen Rundgang durch das Erdgeschoß. In Frauchens Bett liegen Brandt und dieser Jérôme. In der Bibliothek hat sich Jimmy zwei Sessel zusammengerückt, hängt dazwischen und stöhnt im Schlaf. Die Sensation aber finde ich in meinem Zimmer. Bei voll aufgedrehter Heizung liegt die Schwedin im königlich-schwedischen Badekostüm. Das heißt, sie hat nur die Heizung an. Dazu brennt die Tischlampe. Die Decke hat sie – wohl wegen der Hitze – weggeworfen, und über die Stühle verteilt hängt ihre sehr dürftige Garderobe. Neben ihr liegt, die dicken Fellbeinchen starr in die Luft gereckt, Weffi, dieser alberne Opportunist. Aus dem Badezimmer kommt Cocki und sieht mich fragend an. Als ich den Kopf schüttle, watschelt er seufzend zurück. Die Schwedin macht ein Auge auf und sagt: »Hello!« Dann wirft sie sich auf die Seite, so daß mir nunmehr wenig zu erraten übrigbleibt. Ich befehle meinen Füßen, die durchaus auf dem Teppich Wurzeln schlagen wollen, sich wieder zur Tür zu bewegen. Vorher knipse ich noch die Lampe aus.

Während ich durch den Schnee zurückstampfe, komme ich mir gleichzeitig heroisch und blöde vor.

Als ich durch die Schwenktür in den kleinen Saal komme, ist das Fest sichtlich im Welken. Schon in der Garderobe habe ich allerhand Volk gesehen, das sich in Schals und Mäntel wickelt, trällernde Töchter einfängt und bleiche Jünglinge fürsorglich in Empfang nimmt, wenn sie von der Toilette oder aus dem Garten kommen.

Mir ist nicht besonders. Der ›Schpözielle‹ des Seiler-Max vertrug sich offenbar nicht mit der frischen Luft. Anscheinend bin ich sogar so durcheinander, daß ich Visionen habe. So bilde ich mir ein, ich hätte am Ende des Saales, neben der Musikbox, Susanne mit Fred gesehen. Als ich mir die Augen reibe und noch mal hinschaue, ist die Erscheinung verschwunden.

An der Bar treffe ich einen äußerst selbstsicheren Theo, der, mehr denn je einer Vogelspinne gleichend, auf seinem Stuhl hockt.

»Komm, setz dich doch zu mir«, fordert mich Theo mit einer Freundlichkeit auf, die mir verdächtig scheint. Er greift hinter sich und nimmt eine neue Moselflasche vom Eis, aus der er mir eingießt.

»Na, wie geht's?« fragt er.

»Großartig. Endlich habe ich meine Gören eingefangen und zu Bett gebracht, worauf man hier die Läden runterläßt. Und du? Bist du zu Stuhl gekommen?«

»Natürlich.«

»Natürlich – dein Natürlich macht mich noch wahnsinnig! Außerdem – wieso?«

»Sie fährt mich in ihrem Wagen zu sich nach Hause. Da kommt sie übrigens!« Er rührt sich nicht von der Stelle und sieht ›ihr‹ mit der lässigen Sicherheit eines Paschas entgegen, vor dem die Lieblingsfrau sogleich in die Kissen sinken wird.

Dann bemerke ich, daß seine Augen sich verengen, und entdecke die gelenkige Schwarze. Aber sie kommt nicht allein, sondern hat einen ziemlich versaubeutelten Pierrot mit Hängebacken und Glatze im Schlepptau.

»Helft mir doch mal, Jungs«, sagt sie. »Das ist mein Mann. Ihm ist ziemlich übel.« Sie dreht sich mit zärtlichem Augenaufschlag zu Theo: »Du nimmst ihn zu dir nach hinten, ich fahre.«

Mephisto blickt wild und hilfesuchend um sich. Ich aber lege ihm den Arm um die Schulter: »Theo ist ein großartiger Kavalier. Außerdem war er im Krieg Sanitäter. Er tut es sehr gern – natürlich!«

»Das hast du schön gesagt«, antwortet sie, legt den in diesem Moment stark rülpsenden Pierrot in Mephistos Arme und gibt mir einen glühenden Kuß: »Vergiß mich nicht!«

»Nie!«

Theo wirft mir einen Blick zu, der es mich als Glück empfinden läßt, daß wir seine Plempe in den Vorgarten geworfen haben. Dann schwanken sie zu dritt ab.

Ich sehe ihnen nach. Sic transit gloria, Don Juan! Gleich darauf tut er mir leid, und ich schäme mich meiner Schadenfreude.

Jemand packt mich am Arm: »Sie – Herr Dokta...« Es ist der Seiler-Max. »So schaun S' doch amal, Herr Dokta!«

Der ›Dokta‹ ist ihm nicht abzugewöhnen, solange ich meine Brille aufhabe und Bücher schreibe. Jetzt dreht er mich mit sanfter Gewalt um, daß mir die Nase fast auf dem Rücken steht. Ich sehe aber nichts anderes als die gute, rundliche Frau Bachmeier, Flüchtlingswitwe mit zwei Kindern, die ihr Geld mit Aufwartungen verdient. Sie beginnt gerade mit dem Saubermachen. Während in den Ecken noch einige Paare aufeinander einreden, hat sie den Putzeimer wie ein Menetekel mitten in die Bar gestellt und setzt den Besen in Bewegung, der eine Bugwelle von Konfetti, Papierschlangen, Masken, Papiernasen, Zigarettenstummeln und Glasscherben vor sich herschiebt.

»Dös is a Weiberl, gell?« fragt mich der Seiler-Max. »B'sonders wann s' si so buckt, wie jetza!« Er dreht meinen Kopf wieder zu sich herum: »Wann i mir bloß trauen tät, i würd's pfeilgrad heiraten, glauben S' des?« Er hat blutunterlaufene Augen wie ein alter Bernhardiner.

»Ich mach dir 'nen Vorschlag, Maxl«, sage ich. »Du hörst auf, mir den Kopf abzuschrauben, und ich geh hin und sag ihr's.«

»Dös wann S' täten, Herr Dokta...« Er gießt rasch noch einen Spöziellen hinunter, woraufhin sich seine Augen verschleiern. Ich bin ganz milde Würde, als ich mit einer nur unbeträchtlichen Rechtsabweichung auf die fleißige Witwe zuschlingere. Sie schaut mich mitleidig an: »Na, Sie sollten auch Schluß machen, Herr Doktor!«

Ich lege ihr eine Hand auf die Schulter: »Frau Bachmeier, ich bin nicht Doktor, sondern Amor, der Liebesbote.«

»Ja, schon gut, schon gut, Herr Doktor. Soll ich Ihnen den Mantel aus der Garderobe holen?«

»Frau Bachmeier, wenn Sie mir nicht glauben, werden Sie das Ihr ganzes Leben bereuen! Ich komme im Auftrag vom Seiler-Max, um Sie um seine Hand zu bitten – ich meine, ihn um seine Hand – auch nicht richtig, na, Sie wissen schon!«

Sie scheint zu wissen, denn sie steht auf ihren Besen gestützt und starrt gegen die Bar: »Das hat er gesagt?«

»Das hat er gesagt. Er ist nur zu schüchtern, aber er liebt Sie seit seiner Geburt.«

Sie steht noch immer unbeweglich, aber durch die komischen Punkte, die vor meinen Augen herumkullern, sehe ich, daß ihr Gesicht sich verändert hat: »Also, er hat's gesagt«, murmelt sie. »Wo ist er denn?«

Ich wende mich um, als ich ihre Verwirrung bemerke: Der Seiler-Maxl ist weg! Wir eilen zur Bar – er liegt dahinter, den Kopf auf einer Schnapskiste, und schnarcht. Das Gesicht von Frau Bachmeier ist plötzlich wieder hager und grau.

»Nun, nehmen Sie's ihm nicht übel«, sage ich. »Der letzte Spözielle hat ihn umgeworfen. Selbst einen alten Seemann wie mich hat das erschüttert.«

»Was mache ich jetzt?« fragt sie.

»Furchtbar einfach«, erkläre ich großartig. »Neh... nehmen Sie Ihren Putzeimer und stecken Sie den Maxl mit dem Kopf rein. Und wenn er wieder da ist, geben Sie ihm Ihr Jawort. Sa-sagen Sie ihm, der Herr Doktor hat's verordnet, und damit basta – tatata...«

Ich steuere die Tür der Garderobe an, und es gelingt mir tatsächlich, sie zu erreichen. Als ich mich noch einmal umwende, sehe ich, wie Frau Bachmeier gerade den Eimer hochhebt und auf die Bar zugeht. Ihr Gesicht ist nachdenklich – aber fest entschlossen.

Drüben, am Bentlerschen Hause, entdecke ich, daß das Fenster des Elternschlafzimmers (es liegt zu ebener Erde neben dem der Mädchen) halb offensteht. Ich drücke es an. Das kann ja eine nette Temperatur für meinen Gastschlaf dort werden! Leise schließe ich auf. In der Diele sehe ich, daß das Licht im Mädchenzimmer einen Moment an- und gleich wieder ausgeht. Ich öffne die Tür und knipse wieder an: »Ich bin's, Kinderchen. Alles in Ordnung? Wundert euch nicht, ich... nanu, wo ist denn Susanne?« Margot, von der ich nur eine Deckenrolle mit dunklem Haarschopf sehe, fährt hoch: »Colonel? Hab ich mich erschrocken! Ich hab ganz fest geschlafen.«

Das hätte sie nicht sagen sollen. Es weckt selbst in meinem benebelten Hirn einen unbestimmten Argwohn. Ich schaue mir den Fratz genauer an: die Augen sind ganz klar und nicht die Spur verschlafen. Außerdem: Wer hat eben das Licht aus- und angeknipst? Ein Geist vielleicht? Und daß sie sich jetzt wie ein junges Pantherweibchen dehnt, wirkt ausgesprochen überspielt.

Sie rückt gegen die Wand: »Setz dich doch und erzähl mir, was noch alles los war?«

»Wo ist Susanne?«

Sie klappert mit den Augen: »Susanne – ach, die hat sich ins Elternschlafzimmer gelegt! Sie wollte endlich mal allein schlafen.«

»Tut mir leid, das kann sie meinetwegen morgen machen. Heute muß ich da schlafen. Drüben bei mir habe ich die ganze Bude voll.«

Ich wende mich zur Tür, aber mit einem Satz ist Margot aus dem Bett und steht mit ausgebreiteten Armen davor: »Das ... das kannst du nicht machen, Colonel ... das ... es geht nicht!«

»Nicht? Und warum nicht, wenn ich fragen darf?«

»Weil ... weil ... es ist möglich, daß ...«, sie schlägt züchtig die Augen nieder, »... daß Susanne – ganz ohne alles daliegt!«

»Soso. Und warum sollte das liebe Kind wohl so ganz ohne alles daliegen?«

»Weil ... es wird ihr zu heiß sein – sie sagte ...«

Ich lange ihr unter das Kinn und hebe das Gesicht hoch. Ihre Lippen zucken, die Augen weichen mir aus.

»Du hast Pech«, sage ich grimmig. »Das Fenster drüben war offen, und im Elternschlafzimmer sind mindestens zehn Grad Kälte. Willst du mir einreden, daß eine so verfrorene Wurscht wie Susanne in dieser Temperatur ohne alles schläft? Und jetzt ziehst du dir einen Schlafrock über und kommst mit. Ich möchte mir diese holde Schläferin mal ansehen.«

Die Farbe ist aus ihrem Gesicht gewichen. Plötzlich kann ich mir vorstellen, wie sie als Frau von dreißig oder vierzig aussehen wird: »Ich hab dich belogen, Colonel. Sie ist weg. Sie wollte drüben schlafen, das ist wahr, aber dann – ich hörte das Fenster, gleich nachdem du vorhin weggegangen bist. Ich ...«

Da bin ich schon draußen und wieder unterwegs zum ›Königsbräu‹. Also war es keine Vision, daß ich die Range und den Fred gesehen habe, da an der Säule ... Na, warte!

Ich fege durch den großen Saal. Die meisten Lichter hat man schon gelöscht. Nur auf der Bühne, wo die Musik gespielt hat, tanzt noch ein Paar. Es sind Susanne und der mehrfach bepflasterte Fred. Ein Dritter mit breiten Schultern und in einem gestreiften Sweater sitzt im Schatten und spielt Mundharmonika. Susanne hat ihr Gesicht an Freds Schulter gelegt, es ist von Hingabe völlig aufgeweicht.

Mit einem Satz bin ich auf dem Podium, packe sie am Arm und reiße sie weg: »Schluß jetzt. Du kommst mit rüber. Das Weitere verhandeln wir dort.«

Ihre Augen öffnen sich nur einen Spalt: »Colonel – was ist denn – ich habe doch nur ...«

Fred fletscht die Zähne: »Ich muß doch bitten ...«

»Einen Dreck müssen Sie. Ihr Verhalten ist unverantwortlich!«

Da ist der Breitschultrige neben mir: »Langsam, langsam, Herr!«

Plötzlich fühle ich Gefahr. Sie liegt in der Luft, so dick wie ein Nebel, der aus dem Boden aufsteigt. Dieser Gorilla – das war ja der, der Fred neulich im Schlepptau hatte – sieht unangenehm aus. Auf den enormen Schultern ein kurzer Hals, darüber ein Rundschädel mit niedriger, tief gefurchter Stirn, engstehende Augen, breite Nase. Es entströmt ihm ein merkwürdig unsympathischer Geruch. Er ruft in mir irgendeine trostlose Gedankenassoziation hervor, die ich aber im Moment nicht unterbringen kann.

Ich sehe mich um. Aus dem Dunkel des Saales kommen der Wirt und zwei Kellnerinnen.

»Wer sind Sie überhaupt?« fauche ich den Gorilla an. »Wollen Sie sich nicht wenigstens vorstellen? Was geht Sie das hier an? Ich werde Sie feststellen lassen!«

Als ich das vom Feststellen sage, erlischt das tückische Glimmen in seinen Augen, und statt dessen sehe ich für einen Moment etwas ganz anderes darin: Furcht. Er hebt die Hand, eine breite, kurzfingerige Hand mit abgeknabberten Nägeln: »Nichts für ungut, Herr!« Er schaukelt zu Fred hinüber: »Wir gehen.«

Der wirft die Unterlippe auf: »Ich denke gar nicht dran! Ich ...

Da packt ihn der andere mit einem Griff, daß Fred das Gesicht verzieht: »Wir gehen!« Und sie gehen.

Ich nehme Susannes Mantel, der über einem Stuhl baumelt, und ziehe ihn ihr an: »Los!«

Sie stolpert neben mir von der Bühne: »Das finde ich aber gar nicht nett, Colonel!«

»Halt den Mund.«

Aber sie gibt sich noch nicht geschlagen: »Woher weißt du denn überhaupt, daß ich hier bin?«

»Woher ich das weiß? Paß auf die Stufe auf, sie ist glatt. Ich werde nämlich heute nacht im Zimmer eurer Eltern schlafen. Als ich rüberkam, war Margot noch wach...« Sie bleibt in aufsässiger Trunkenheit stehen, reißt sich los und stemmt die Arme in die Seiten: »Ach, sieh mal an! Margot, mein liebes, braves Schwesterchen! Da hat sie sich wohl wieder mal auf meine Kosten beliebt machen wollen!« Ihre Augen glühen: »Aber ich sage dir eins, Colonel, sie macht dir was vor, dir genau wie den Eltern! Sie liebt Buddy schon seit einem Jahr, und sie ist mit ihm so dicke, wie ich noch nie mit einem Jungen gewesen bin, jawohl! Sie hat euch alle an der Nase rumgeführt, so raffiniert ist sie. Beide sind so raffiniert, der Buddy auch!«

Es läuft mir kalt über den Rücken. Aber vielleicht ist es auch Verleumdung? Das Mädel hier ist ja völlig außer sich, weil ich sie, die junge Dame, vor ihrem im Kampf verwundeten Galan blamiert habe. So nehme ich wieder ihren Arm: »Komm.«

Sie scheint ihre Munition verschossen zu haben und trottet mit. Je näher wir aber dem Hause kommen, desto langsamer wird sie, bleibt plötzlich stehen: »Das war gemein von mir, Colonel! Bitte, vergiß es doch!«

Also stimmt es! Das ist ja eine schöne Bescherung!

»Ich denke nicht daran«, sage ich.

»Bitte, vergiß es! Ich hab nicht gewußt, was ich rede!«

»Dein Pech. Weiter.«

»Nein! Ich gehe nicht weiter, wenn du mir nicht versprichst...«

»Ich verspreche gar nichts. Aber wenn du hier noch lange Theater machst, lege ich dich schlicht übers Knie und haue dich durch, das ist das einzige, das ich dir verspreche. Es genügt, daß ihr mir den ganzen Abend versaut habt mit euren Verrücktheiten. Wer ist eigentlich dieser Gorilla?«

»Das ist ein Freund von Fred, sein Stellvertreter in der Blase.«

»Ach, Fred ist also der Chef.«

Sie wirft den Kopf hoch: »Jawohl, das ist er!«

»Na, den werde ich mir morgen mal vorknöpfen! Los, rein. Im übrigen hat Margot dich gar nicht verpetzt. Im Gegenteil.«

Die Tür öffnet sich von innen, als ich den Schlüssel ins Schloß stecke. Margot im Pyjama. Susanne fällt ihr um den Hals:
»Margot, ich hab's ihm gesagt, von dir und Buddy! Ich war so wütend, ich dachte, du...«
Margot schiebt die Schwester von sich, sieht sie einen Moment an, und dann klebt sie ihr eine, daß es nur so knallt. Susanne hält sich das Gesicht und stürzt ins Mädchenzimmer.
»Es stimmt also?« frage ich.
Ihre Augen sind groß und dunkel: »Ja.«
»Warum hast du's nicht wenigstens deiner Mutter gesagt?«
»Sie hätte mir nur dreingeredet. Es geht niemanden was an.«
»Darüber läßt sich streiten, mein Kind. Ist es ein Flirt? Oder mehr?«
»Mehr.«
»Hm. Soll das heißen...«
»Nein. Ich passe schon auf mich auf.«
Ich sehe sie an, wie sie da vor mir steht und ihre Liebe verteidigt, dann aber sage ich nur: »Geh schlafen, Mädel. Du erkältest dich.«
Sie tritt an mich heran, dreht an meinem Mantelknopf: »Böse?«
»Bißchen traurig.«
»Warum?«
»Früher hast du mir immer alles erzählt.«
»Colonel?«
»Hm? Na schön. Aber morgen. Jetzt geh ins Bett und kümmere dich um dieses lächerliche Küken da drinnen. Wenn sie noch mal aus dem Fenster will, holst du mich, verstanden?«
»Okay, Colonel. Danke!«

8

Ich gehe ins Bentlersche Schlafzimmer, schließe die Fenster und drehe die Heizung auf. Es ist so kalt, daß ich meinen Atem sehe. Wird eine ganze Weile dauern, bis es sich erwärmt. Soll ich nicht auch das Bett aufdecken, damit's schneller warm wird? Ich tue es, flüchte dann ins Eßzimmer, drehe alle Lichter an. Mir ist plötzlich angst vor dem Gedanken, da im Dunkeln zu hocken. Ich setze mich an den Tisch, zünde mir eine Zigarre an und starre auf den Rauch, der sich im Lampenlicht wölkt. Es ist ganz still. Nur ein einzelner Vogelschrei hallt unendlich in der harten Nacht. Ich entdecke, daß ich auf Addis Platz sitze. Hier, zu meiner Seite, saß Margot und neben ihr Susanne, als ich die beiden kennenlernte. Margot, ein dicker, dreijähriger Stöpsel, der sein Mittagessen mit dem Schieberchen auf dem Teller hin und her rangierte, bis Addi alles auf den Löffel packte und ihr in die verschmierte kleine Futterluke schob. Der Proppen würgte es hinunter und strahlte uns dann so selig mit seinen riesengroßen braunen Augensonnen an, daß wir alle lachen mußten. Susanne aß schon mit Messer und Gabel und hielt den rechten Zeigefinger in jeder unbeobachteten Minute in der Nase. Wie lange ist das her – eine Woche? Vierzehn Jahre! Und auch ich bin vierzehn Jahre älter, um den fünften Teil eines ganzen Lebens. In trunkener Rührseligkeit komme ich mir unendlich bedauernswert vor.

Wie dem auch sei: eine scheußliche Situation. Bisher war es nur eine nette Unbequemlichkeit, das mit den Mädels. Mit meiner gepumpten Vaterschaft hatte ich kokettiert und meinen Spaß daran gehabt. Plötzlich aber ist es Ernst.

Was soll nun werden? Das wird ja reizend, sagt mein anerzogener Pessimismus, wenn Addi und Teddy zurückkommen und sich dann nach einigen Wochen herausstellt, daß so 'n kleiner Buddy unterwegs ist!

Aber sie hat doch gesagt, daß sie auf sich aufpassen wird, erwidert – ziemlich schwächlich – meine Vernunft.

Daß sie verliebt ist, mit siebzehn Jahren – ja, du lieber Himmel, das ist so natürlich wie die aufgehende Sonne. Vielleicht verliere ich sogar ihre Achtung, wenn ich mich benehme wie eine kreischende alte Jungfer. Kinder haben ja einen unverstellten Blick. Sie würde sofort durchschauen, daß es mir um mich geht, um meine Verantwortung, und nicht um sie. Ich muß versuchen, ihr wirklich beizustehen, um ihretwillen, nicht meinetwegen, mit Verständnis und vor allem mit Ruhe – Ruhe – Ruhe...

Plötzlich bin ich zum Umfallen müde und gähne, daß ich mir fast die Kinnbacke ausrenke.

Ich sehe den Zeiger der Uhr, der auf fünf steht, und weiß plötzlich, was ich mache: Ich gehe zu Bett.

Im Schlafzimmer ist es jetzt mollig warm. Soll ich vielleicht ein Held sein und das Fenster einen kleinen Spalt weit öffnen? Nein, entscheidet der Held nach dem alten militärischen Grundsatz: Warmer Mief ist besser als kaltes Ozon.

Als ich erwache, legt es sich mir wie ein Stein auf die Brust: Margot und Buddy. Wenn nun schon etwas passiert ist? Was soll ich tun? Die Mama um Rat fragen? Nur wenn alle Stricke reißen. Ich richte mich auf und kratze mir intensiv den Kopf, ohne dadurch wesentlich klüger zu werden. Wahrscheinlich rege ich mich über all das viel zu sehr auf, und vor allem ändere ich gar nichts damit.

Wenn ich jetzt wieder ins Bett zurückkriechen und mir die Decke über den Kopf ziehen würde, müßte auch alles weitergehen. Und würde auch. Keine schlechte Idee übrigens. Einen Geschmack habe ich im Mund – als ob ich geleimte Pappkartons gefuttert hätte. Leberpillen nehmen. Dieser ›Spözielle‹ vom Seiler-Maxl hat mir direkt Löcher in den Magen gebrannt. Was ist denn das da Rotes auf dem Stuhl? Ach so – meine Schärpe. Jetzt riecht's nach Kaffee. Kein schlechter Gedanke. Na, mal aufstehen. Was für Wetter ist denn draußen?

Ich krieche aus dem Bett und rüttle am Fenster. Es ist dick zugefroren. Als ich es endlich auf habe, stößt mir Eiseskälte wie ein Messer gegen die Brust. Ich werfe nur einen flüchtigen Blick auf den See. Er besteht aus einem Wald von Dampfsäulen, die gegen einen drohend schwarzgrauen Himmel steigen. Dann drücke ich das Fenster rasch wieder zu. Mindestens zwanzig Grad.

Es klopft. Margots Stimme: »Colonel?«

»Augenblick...« Wo ist denn bloß meine Hose – da, unter dem Stuhl. Schnell mit der Hand über die Haare, dann öffne ich die Tür. Sie steht da, im Schlafrock, etwas blaß und ernst und beängstigend liebenswert. »Ich hab das Frühstück fertig, Colonel.«

»Nett von dir, Kerlchen, aber ich muß, glaube ich, erst mal zu mir rüber...«

»Das kannst du später.«

»Ich hab aber gar nichts zum Waschen...«

»Im Badezimmer sind neue Waschlappen von mir und Seife und Handtuch. Warmes Wasser ist auch schon da, und zu rasieren brauchst du dich nicht.«

Und dabei legt sie mir die Arme um den Hals und gibt mir einen Kuß. Ich schiebe sie weg, aber in meiner Brust gibt es einen Klang wie von einer kleinen Glocke. Dieses entzückende Wesen – nein, ich muß alles aufbieten, um sie zu bewahren. »Was macht denn Susanne?«

»Schläft.«

»Du bist sicher, daß sie nicht noch mal losgeflitzt ist?«

»Ganz sicher.«

»Wieso – du hast doch auch geschlafen!«

»Nein.«

»Warum nicht?«

Sie nimmt meine Hand, spielt an meinen Fingern, wie ein ganz kleines Kind: »Ach, Colonel...« Hebt dann den Blick, und es ist ein Blick aus vergangenen Tagen, als wir noch zusammen Pilze sammelten und Rehe beobachteten: »Eigentlich bin ich ganz froh, daß du's erfahren hast. Da kann ich doch mal mit jemandem drüber reden...«

»Machen wir«, sage ich würdig. »Lauf mal, während ich mich zurechtmache, zur Mami rüber und sag ihr, daß ich nachher käme.«

Sie dreht auf der Hinterhand um. Ich gehe ins Bad, höre von dort, wie sie den Mantel vom Bügel nimmt und die Tür öffnet. »Guten Morgen, meine Herren!« sagt sie. »Nicht so stürmisch!« Dann fällt die Haustür zu.

Fängt das schon wieder an mit den Bengels? Ich reiße die Badezimmertür auf – und herein stürzen Cocki und Weffi und springen an mir hoch. Sie haben gefrorene Tränen in den Augenwinkeln, und aus ihren Fellen dünstet die Kälte. »Ich wußte gar nicht mehr, daß es euch noch gibt«, sage ich, während ich mich niederknie, um ihnen den Schnee aus dem Fell zu klopfen und die Augen sauber zu machen.

Weffi springt auf den zugeklappten Thron, zittert mit den Hosen und reicht mir mit der Geziertheit einer Diva die Pfote. Dabei sehen seine braunen Augen still gegen den weißen Schein, der von draußen durch die Milchglasscheibe dringt. Der Löwe wirft sich vor mir auf den Rücken, läßt die lange, schwere Zunge albern aus dem offenen Rachen hängen und tatzt mit den dicken Pfoten gegen meine Beine. Da ist Liebe, einfache, unverstellte und unbedingte Liebe, die nach mir verlangt – und ich hatte sie vergessen! Vor lauter Kindergewuddel.

Ich ziehe die beiden Köpfe an mich: »Seid mir nicht böse, Jungs. Es dauert ja nur noch knappe zwei Wochen. Könnt ihr eurem Herrchen daraufhin noch 'n bißchen Kredit geben?«

Der kleine Löwe leckt mir quer über das Gesicht. Seine großen Goldaugen glänzen vor Seligkeit, daß Herrchen sich mal wieder mit ihnen ausspricht wie früher. Weffi beginnt vor Rührung zu gähnen und umhüllt mich mit einem Wölkchen Fischduft. Worauf ich ein Stück Watte und die Zahnpasta ergreife und beiden die Zähne putze. Worauf sie ihrerseits sich schleunigst empfehlen und somit der allgemeinen Rührung ein Ende machen.

Am Frühstückstisch finde ich eine von sanfter Trauer umwehte Susanne in einem freigebig klaffenden Morgenrock und mit leicht blauen Schatten unter den Augen. Sie sieht wie ein kompletter Renoir aus. Den Morgenrock zieht sie ostentativ zusammen, als ich das Zimmer betrete.

»Brav, daß du mit deinen Reizen sparst«, sage ich, »du mußt ja das wieder einbringen, was du heute nacht ausgegeben hast.«

Sie klappert mit den Augen, während sie diesen Geistesblitz verdaut, errötet dann, lacht und ist plötzlich wieder meine gute alte Susanne, frisch und lieb wie eine Wiesenblume. »Ach, Colonel!« sagt sie, läßt den Morgenrock klaffen und gießt mir Kaffee ein.

»Wenn du gelegentlich mal 'n bißchen Zeit hast«, sage ich, »kannst du dir die Spitze an deinem Nachthemd annähen.«

Sie zieht das Hemd vom Körper weg und besieht sich den Defekt: »Ach, wer sieht mich denn schon so!«

»Na, ich zum Beispiel!«

»Du bist doch der Colonel. Genug Sahne?«

»Danke. Also, ich bin nur der Colonel. Demnach gehöre ich also in deinen Augen zum Inventar und rangiere irgendwo zwischen Staubsauger und Zahnbürste.«

»Aber Colonel!« Sie gibt mir einen Kuß, daß der Kaffee überschwappt, und macht Miene, sich auf meinen Schoß zu setzen.

Ich kann sie gerade noch abfangen: »Laß das mal heute morgen. Dem fühle ich mich mit diesem Magen nicht gewachsen. Statt dessen sag mir mal etwas genauer, wer dieser merkwürdige Gorilla war, den dein verbeulter Held da im Schlepptau hatte? Der krebst doch schon eine ganze Weile hier herum.«

Sie setzt sich wieder hin, bestreicht ein Brötchen und sieht plötzlich überraschend intelligent und vorsichtig aus: »Das ist Walter.«

»Aha – Walter. Nun weiß ich's genau. Ich meine, was ist er? Er ist doch schon viel zu alt fürs Gymnasium.«

Die Marmeladendose scheint sie ganz ungewöhnlich in Anspruch zu nehmen: »Ach, der Walter ist ein armer, unglücklicher Mensch.«

»Das ist zwar sehr bedauerlich, aber kein Beruf. Wovon lebt er, und was hat er mit Fred zu tun? Die beiden passen doch überhaupt nicht zusammen.«

Mit einemmal wird sie lebendig: »Ach, wenn du wüßtest, Colonel, was das für ein fabelhafter Freund ist! Der geht für Fred durchs Feuer! Und Fred...« Sie stoppt und beißt in das Brötchen, daß es kracht.

Offenbar geht's hier nicht weiter. Ich ändere die Angriffsrichtung: »Apropos Fred: Was sind eigentlich seine Eltern?«

Sie würgt einen Riesenbrocken hinunter und hat daraufhin Tränen in den Augen: »Sein Vater ist tot.«

»Weinst du deswegen?«

»Nein, wegen der Semmel.«

»Das ist die erste Antwort, mit der ich was anfangen kann. Also, der Vater ist tot. Das ist auch sehr bedauerlich, genau wie der unglückliche Walter. Man kann aber ebensowenig davon leben.«

»Die Mutter lebt noch.«

»Prächtig. Und wovon?«

»Na, der Vater hatte doch die große Textilfabrik da bei Düsseldorf!«

»Es gibt Menschen, geliebter Hammel, denen das nicht bekannt ist. Zum Beispiel mich. Also, die Mutter hat die Fabrik geerbt...«

»Nein, Fred!« Sie richtet sich auf und betrachtet mich mit milder Nachsicht: »Die Mutter ist nur der Nichtsnutz.«

»Der – was? Ach, du meinst, sie hat die Nutznießung.«

Sie sackt wieder zusammen und wird rot: »Ja, den Nieß oder wie das heißt.« Dann schwillt sie erneut an: »Fred sollte eigentlich mit einundzwanzig Jahren die Fabrik übernehmen und jetzt schon dafür ausgebildet werden. Er will aber erst das Abi machen.«

»Das halte ich für sehr vernünftig.«

»Ja, nicht wahr? Und er hat den Führerschein gemacht und sich ein eigenes Auto gefordert, und das schicken sie ihm jetzt herunter.«

»Das halte ich für weniger vernünftig.«

Ihr Blick ist völlig fassungslos: »Aber Colonel! Das ist doch schick! Diese Woche kommt es, und wir fahren gleich alle nach Innsbruck damit!«

»Nicht, solange ich euch unter der Fuchtel habe, geliebtes Wesen.«

»Aber – Colonel, das kannst du doch gar nicht machen! Ich habe doch schon zugesagt!«

»Dann sagst du eben wieder ab.«

In diesem Augenblick platzt Margot herein. Sie hat kreisrunde rote Flecke auf den Wangenknochen: »Kinder, ist das eine Kälte! Der Wurzelsepp kam gerade vorbei, und er hat gesagt, heute früh wären siebenundzwanzig Grad gewesen! Jetzt sind's noch zwanzig! Wenn wir nachher gehen, Colonel, mußt du dir das Gesicht mit Vaseline einschmieren.«

»Er will uns nicht mit Freds Wagen fahren lassen«, knautscht Susanne.

Margots Augen schießen schnell zwischen ihr und mir hin und her und kehren dann mit sichtlicher Verachtung zur Schwester zurück: »Warum hast du ihm das gesagt?« (Aha, ich sollte offenbar auf eine geschickte Art, und zwar von Klein-Margot, auf den Rücken gelegt werden!)

Sie reißt sich den Mantel herunter, wirft ihn über einen Stuhl und stemmt die Arme in die Hüften: »Es war großartig, drüben bei dir, Colonel! Stell dir vor, diese Nuß, diese Schwedin, hat ganz nackicht auf deiner Couch geschlafen!«

»Weiß ich«, entfährt es mir, »und was weiter?« Die beiden starren mich an. Ich fühle, wie ich erröte, und versuche, die Situation zu retten: »Ich war für einen Moment drüben, ehe ich mich um euch kümmerte.«

Susannes Augen werden wie Teller. Sie rafft wieder den Schlafrock über der Brust zusammen. In Margots Blick aber kommt ein

Glitzern komplicenhaften Verständnisses. Sie sieht auf die Schwester hinunter: »Warum soll der Colonel nicht zwischendurch mal nach Hause gehen? Das konnte er doch nicht ahnen! Außerdem brauchst du gar nicht deinen Kittel zu raffen, er hat bestimmt schon viel schönere Frauen gesehen als dieses schwedische Plättbrett und dich.«

Susanne errötet unter diesem Tadel, läßt den Schlafrock wieder klaffen und wendet sich aufsässig gegen die Schwester: »Du brauchst dich gar nicht so aufzuspielen! Natürlich kann der Colonel nichts dafür, wenn die so daliegt.« Pause. Und dann mit Emphase: »Außerdem ist ja seine Frau verreist.«

Sie blickt voller Stolz über diesen Geistesblitz um sich. Worauf Margot vor Lachen fast erstickt, auf einen Stuhl fällt und nach Luft schnappt. Ich klopfe ihr aufs Knie: »Wenn du dich beruhigt hast, kannst du mir freundlicherweise weitererzählen, was sich drüben sonst noch tut.«

Sie wischt sich mit dem Handrücken die Nase und mit dem Taschentuch die Augen: »Drüben – ja, also, das war ganz groß! Als ich reinkam, steht die Omi in der Diele, mit Eimer, Putzlumpen und der alten Schürze, die du immer zerschneiden willst. ›Die Herrschaften da drinnen haben geruht, sich zu erheben‹, sagt sie, ›und ich warte hier im Vorzimmer, bis man mir gestattet, den Dreck der Herrschaften wegzuputzen.‹ Kannst du dir das vorstellen, Colonel?«

Ich könne es mir genau vorstellen, erkläre ich grimmig. »Nur finde ich es keineswegs ganz groß.«

»Na, das doch nicht, sondern das, was jetzt kommt. ›Das wollen wir doch mal sehen‹, sage ich und marschiere in die Zimmer. In Tante Anettes Zimmer hatten sich der dicke Brandt und der Jérôme gerade die Hosen angezogen. In der Bibliothek machte der Jimmy – (zu Susanne:) dein roter Südseeruderer! – Kniebeugen, und dieses Schwedenmädchen stand in seinem Zimmer, Colonel, fix und fertig angezogen und sah ihm zu. Ich sagte: ›Guten Morgen!‹ Der Jimmy riß die Augen auf, grinste, schüttelte mir die Hand und erklärte, ich käme ihm bekannt vor. Das Plättbrett tat, als wäre ich eine Fliege, und sagte: ›Come on, Jimmy, let's go!‹ Worauf ich sie in meinem besten Englisch fragte, ob sie vielleicht die Absicht habe, die ganze Unordnung, die sie in deinem Zimmer angerichtet habe, so zu hinterlassen. Und ob sie etwa glaube, daß eine zweiundachtzigjährige alte

Dame, die ihr freundlicherweise für diese Nacht Unterschlupf gegeben habe, ihren Dreck wegputzen werde. Du hättest sehen sollen, wie ihr die Spucke wegblieb! Sie murmelte nur – diesmal konnte sie plötzlich Deutsch –, daß mich das doch wohl nichts anginge. ›Nein‹, sagte ich, ›mich geht's bestimmt nichts an, aber Sie geht es was an!‹ Worauf der Jimmy erklärte, er sei zwar ganz froh, daß er mir keinen Heiratsantrag gemacht hätte, aber immerhin hätte ich recht, und die Schwedin – das Plättbrett heißt übrigens Svea, wie sich bei dieser Gelegenheit herausstellte –, die sollte also nicht so komisch sein, und er würde ihr helfen. Ich also wieder raus, der Omi Eimer, Besen und Lappen weggerissen, ihr die Schürze abgebunden und sie raufgeschickt. Ich dann mit dem ganzen Handwerkszeug rein, es den beiden hingestellt, rauf, den Staubsauger dazugeholt, rein in Tante Anettes Zimmer und die beiden Herren dort organisiert: Die machten auch erst Kulleraugen, aber dann begriffen sie und begannen Betten zu bauen. Jérôme murmelte sogar was davon, daß er der netten alten Dame Konfekt schicken wollte. Ich bin dann noch mal bei der Omi oben gewesen. Sie hatte schon wieder eine Schürze um und sah ganz enttäuscht aus.«

»Na, dann wollen wir mal weiter frühstücken«, erkläre ich. »Auf jeden Fall hast du das großartig gemacht, Margot.«

Wir knien uns in Toast, Butter und Marmelade, schlürfen laut den Kaffee und blinzeln in die graue Helle draußen. Keiner spricht ein Wort. Es ist urgemütlich. Dann klingelt draußen ein Fahrrad. Susanne ist mit einem Ruck hoch, aber ich bekomme sie am Arm zu fassen und ziehe sie wieder auf den Stuhl: »Du bleibst schön sitzen. Ich sehe nach.«

Es ist Thomas. Er hat sein reichlich dünnes Mäntelchen dicht um sich gezogen und ganz blaue Hände. Ob es den jungen Damen gut gehe und ob es ihnen bekommen sei. Es gehe ihnen gut und sei ihnen prachtvoll bekommen, erkläre ich. So prachtvoll, daß sie mindestens bis nach dem Mittagessen allein und ungestört bleiben möchten.

»Susanne auch?« fragt er verblüfft.

»Susanne ganz besonders.«

Ja, dann wolle er bloß noch sagen, daß es dem Fred auch ganz gut gehe, nur das Auge sei noch ganz zu, und er müsse Umschläge machen. Ob ich das der Susanne bestellen würde?

»Mache ich. Befinden gut – Auge zu. Sonst noch was?«

Der Wind pfeift, er zupft den Kragen noch höher: Nein, das wäre alles, und vielen Dank. – Ich sehe mir sein gutes offenes Gesicht mit der dicken, roten Nase an. Irgend etwas, fühle ich, ist an der Situation nicht in Ordnung. Aber wenn ich ihn jetzt reinlasse, geht er nicht wieder. Oder er geht, und fünf Minuten später ist die ganze Blase auch da. Und ich muß doch unbedingt die beiden Mädchen erst auf Vordermann bringen! Aber er friert, der arme Kerl. Seine Mutter ist die Witwe des Dorfschneiders, und er verdient etwas dazu, indem er im Sommer Koffer für die Feriengäste trägt, Brötchen für die Bäckerei ausfährt und im Winter für die Villenbesitzer im Oberdorf Schnee schippt. Schnee schippt! Plötzlich fällt mir mein alter Wintermantel ein. Aber man muß vorsichtig sein mit solchen Geschenken. Menschen in dieser Situation haben eine dünne Haut über ihrem Stolz. Gerade die Anständigen.

»Hör mal zu, old man«, sage ich. »Willst du mir 'n großen Gefallen tun?«

Er versichert erwartungsvoll, daß er es wolle.

»Dann schaufel mir die Garageneinfahrt frei. Ich mach's ja sonst selbst, wie du weißt, aber ich verliere mit den Mädels jetzt soviel Zeit.« Ich zögere und gebe mir den Anschein von Verlegenheit: »Allerdings kann ich dir im Moment nichts zahlen. Bei Schriftstellern ist zwischendurch immer wieder mal Ebbe in der Kasse.«

Er versichert mit verständnisvollem Schmunzeln, daß er diesen Zustand kenne. Er sei bei ihm zu Hause sogar sozusagen Dauerzustand. Ich sollte mir deswegen nur nicht den Kopf zerbrechen.

Das täte ich aber ganz entschieden in diesem Fall, erkläre ich. Und da möchte ich ihm ein Geschäft vorschlagen. Ich könnte ihm statt der Bezahlung einen alten Wintermantel geben. Bei mir sei er nur im Wege, und wenn er ihn nicht selber behalten wolle, könne er ihn vielleicht verkaufen.

Er sieht mich mißtrauisch an. Als ich aber unverändert kummervoll aus der Wäsche gucke, entscheidet er offensichtlich, daß ich die Sache genauso meine, und wird ganz rot vor Aufregung. Das sei doch aber viel zuviel!

»Quatsch. Kein Mensch gibt einem heute was für alte Sachen. Komm gleich mit rüber.«

»Ich will nur Fred und den anderen Bescheid sagen! Bin sofort wieder da!«

»In Ordnung.«

Den Mädels – die hinter den Scheiben geklebt haben – erkläre ich das Tagesprogramm und gehe dann zu mir hinüber. Die Mama öffnet, noch immer enttäuscht, daß sie ihre Glanzrolle ›Greise Mutter schaufelt Dreck fremder Bildhauer‹ nicht hat spielen können: »Wird ja Zeit, daß der Herr auch mal wieder nach Hause findet!«

Ich küsse sie auf die Stirn: »Reines Raffinement meinerseits, Mulleken. Der verlorene Sohn steht doch höher im Kurs als zehn Gerechte – oder so ähnlich. Ist die Bande endlich weg?«

»Die Jeunesse dorée ist bereits abgeflattert, aber das alte Pony (Bildhauer Brandt mit Bert-Brecht-Frisur) rumort immer noch in Frauchens Zimmer. Vielleicht sucht er nach ihrem Schmuck. Geh mal rein.«

»Den Schmuck hat sie mitgenommen, Pessi. Außerdem verdient der Kerl mit seinen durch die Mangel gedrehten Neandertalern niedrig gerechnet doppelt soviel wie ich. Aber ich schau trotzdem mal nach.«

Im Zimmer sehe ich zunächst nur Brandts dickes Hinterteil und seine Schuhsohlen. Der Rest steckt unter dem Bett. Als er die Tür klappen hört, richtet er sich auf. Mit der Frisur und den dicken Säcken unter den Augen sieht er wirklich wie ein altes Pony aus.

»Sie ist weg!« sagt er.

»Wer – die Schwedin?«

»Idiot! Die Brieftasche!« Er steht auf, kratzt sich den Kopf und sieht sich im Zimmer um.

»Vielleicht hat sie einer von deiner Gang eingesteckt?« frage ich. »Die kleine liebe Schwedin zum Beispiel.«

»Blödsinn. Warum? Außerdem habe ich sie gefragt.«

Sein fester Glaube an die Anständigkeit seiner Mitarbeiter beschämt mich: »Kannst du dich denn nicht entsinnen, wann du sie das letztemal hattest?«

»Wenn ich das wüßte, würde ich nicht hier in deiner Bude rumkriechen.«

»Na, hast du denn drüben die Rechnung bezahlt?«

»Weiß ich nicht.«

»Hast du vielleicht was an der Bar getrunken?«

»Ja – 'n Cognac.«

»Und bezahlt?«

»Warte mal – ja, doch, ich hab 'n bezahlt. Es war ein dolles Gedrängel, und so 'n Kerl mit enormen Schultern hing noch halb auf mir drauf und wurde pampig, als ich ihn wegschob. Da hab ich bezahlt. Also muß sie noch dagewesen sein!«

»Und nachher – hier, beim Ausziehen? Legst du sie bei dir daheim immer irgendwohin, auf den Nachttisch zum Beispiel, oder läßt du sie im Anzug?«

»Ich leg sie immer auf den Nachttisch.«

»Kannst du dich erinnern, ob du's heute nacht auch getan hast?«

»Nein – das heißt, doch – das heißt, nein – ich meine, sie war nicht mehr da! Ich habe sie nicht gefunden, jetzt fällt's mir ein!« Er betrachtet mich mit erschrocken aufgerissenen Augen: »Mensch, die ist mir geklaut worden, da an der Bar!«

»Möglich.«

»Möglich? Ganz sicher! Was soll ich jetzt machen?«

»Wieviel war drin?«

»Na – 'ne ganze Menge, zwei- oder dreihundert Mark. Viel hatte ich nicht ausgegeben.«

»Dann würde ich dir raten, rüberzugehen und es dem Wirt zu sagen. Vielleicht hast du sie danebengesteckt, und man hat sie gefunden.«

»Kannst du das nicht für mich machen?«

»Meinetwegen.«

»Schön. Dann haue ich jetzt ab.«

Kaum ist Brandt weg, da klingelt Thomas. Seine Brust hebt und senkt sich heftig: Offenbar ist er den Weg zurück wie wild gestrampelt.

»Ach, richtig, Thomas«, sage ich möglichst gleichgültig. »Geh schon in die Garage und nimm dir den Schneeschieber. Ich hole den Mantel.«

»Was für einen Mantel?« fragt der Schloßgeist von oben über das Geländer. Ich schiebe Thomas schnell auf die Garagentreppe und gehe hinauf. Nach kurzer Zeit habe ich die mütterlich-pessimistischen Bedenken über die Weggabe eines – nach einem Weltuntergang immerhin vielleicht noch verwendbaren – Kleidungsstückes besänftigt. Sie will sogar durchaus noch schnell eine aufgeplatzte Naht zunähen und kann nur durch den Hinweis davon abgebracht werden, daß Thomas' Mutter ja schließlich die Witwe des Dorfschneiders ist.

Dann bringe ich Thomas den Mantel. Er muß ihn oben in der Diele vor dem Spiegel anziehen und wird ganz stumm vor Stolz. Schnell saust er wieder hinunter und betritt hinter mir mit geschultertem Schneeschieber den Garten.

»Schau mal an«, sage ich, »du hast Konkurrenz!«

Drüben vor Bentlers Haus ist eine Gestalt im ärmellosen Lederkoller tätig: Wieder mal der Reiserer-Franz. Wir schütteln uns im Dreieck feierlich die Hände. Dann gehe ich hinein und die beiden Schnee-Experten an ihr Werk.

Drinnen finde ich Susanne im Mädchenzimmer am Fenster über eine Näherei gebeugt. Die kalte Wintersonne fällt auf ihr Haar und läßt es wie eine Gloriole um ihren schmalen Kopf flammen. Prachtvolle Gegenlichtaufnahme, geht es mir durch den Kopf. Laut sage ich: »Draußen schippt wieder dein Reiserer-Franz.«

Sie wirft die Lippen auf: »*Mein* Reiserer-Franz! Von mir aus kann er schippen, bis er 'n Meter kürzer ist.«

»Eigentlich müßtest du die Einfahrt freischaufeln. Das ist dir doch wohl klar.«

»Das ist mir gar nicht klar. Margot kann ja ...«

»Margot kann gar nicht, denn sie geht jetzt mit mir weg. Außerdem ist nicht sie aus dem Fenster geklettert, sondern du!«

In ihren Augen funkelt Spott, ein allerdings etwas unsicherer Spott: »Also Strafarbeit!«

»Sehr richtig, an Stelle von Popo voll, was eigentlich verdient.«

Darüber will sie sich nun vor Lachen ausschütten: »Popo voll vom Colonel!«

»Auch könnte ich es ja den Eltern schreiben«, meine ich.

Worauf sie verstummt.

»Also«, fahre ich fort, »entweder läßt du den Franz weiterschippen und sagst ihm jetzt wenigstens danke, oder du schaufelst selbst.«

Sie mustert mich prüfend: »Warum willst du das eigentlich, Colonel? Glaubst du vielleicht, der Franz wäre ein Mann für mich?«

»Erstens gehört es ganz einfach zu den guten Manieren, daß du dich bedankst, wenn du etwas annimmst. Zweitens ist es besser für dich, wenn du diese Manieren von deinen Eltern oder von mir beigebracht kriegst, als später von deiner Schwiegermutter. Schwiegermütter beharken nämlich dieses Thema mit Vorliebe. Drittens gibt es schlechtere Männer als den Franz für dich. Wenigstens liebt er dich treu und aufrichtig und ist ein festes, gesundes Mannsbild und kein so tiefschlagender Spargel wie dieser Fred.«

»Der Franz – ha! Ein Tischlergeselle!«

»Er wird mal Tischlermeister und hat ein eigenes Geschäft. Was für einen Prachtberuf wirst du denn haben, daß du so auf ihn runtersiehst?«

»Ich? Püh – Luft-Stewardeß.«

»Na, so was Originelles! Ich glaube, es gibt ungefähr zwei Millionen Luft-Stewardessen-Anwärterinnen in der Bundesrepublik. Mit der Absicht, entweder einen schneidigen Flugkapitän oder einen südamerikanischen Millionär mit angegrauten Schläfen zu heiraten. Stewardeß! Mit einer Vier in Französisch und einer Fünf in Englisch!«

»Laß noch was von ihr übrig«, sagt Margot hinter ihr. »Ich bin fertig, gehen wir?«

»Ich gehe erst, wenn diese junge Dame sich entschieden hat, was sie machen wird.«

»Na schön«, sagt Susanne, legt die Näherei zusammen und steht auf. »Wie du willst.« Sie geht zur Tür und wackelt mit den Hüften: »Ich werde deinen Franz zum Aufwärmen hereinbitten, und wenn er dann aus der Rolle fällt, während ihr nicht da seid, ist es nicht meine Schuld.«

Ich packe sie am Handgelenk: »Reiz mich nicht, Susanne! Verstanden?«

»Ich ... ich wollte ja nicht, Colonel ...«

Ihre Schnippischkeit zerstiebt, als sie mein Gesicht sieht: »Das ist sehr klug von dir, mein Kind. Das da draußen ist nämlich ein ausgewachsener Mann, und was er am allerwenigsten verdient, ist, daß du mit ihm spielst. Du wirst dich jetzt bei ihm bedanken, auch für die Schallplatten, die er dir geliehen hat und nach denen ihr hier mit den anderen Bengels tanzt, ohne daß ihr ihn dazunehmt. Und dann wirst du sehr schön wieder in dein Zimmer gehen und dich mal spaßeshalber mit dem englischen Aufsatz beschäftigen. Ich habe nämlich gesehen, daß er drüben auf dem Tisch liegt und immer noch nicht zu Ende geschrieben ist. Wenn ich mit Margot wiederkomme, ist er fertig, begriffen? Außerdem möchte ich, bis dieses freudige Ereignis eingetreten ist, weder Fahrräder noch Spargel mit blau gehauenen Augen noch Gorillas hier im Garten vorfinden.«

Sie salutiert: »Zu Befehl!« Aber es fällt gar nicht ironisch, sondern ziemlich jämmerlich aus, und als ich die Tür öffne, nimmt sie meine Hand: »Tut mir leid, Onkel Hansi. Sei mir nicht böse!«

Onkel Hansi! Plötzlich verwandelt sich das Weib da vor mir in einen kleinen, goldlockigen Stöpsel, der mich als Hottepferd benutzte und den ich mir manchmal von den sehr erleichterten Eltern für eine Spazierfahrt auslieh, weil dann Leute, die mich nicht kannten, ihn für meine Tochter hielten. Onkel Hansi... Wie die Jahre rasen – beängstigend. Ich gebe ihr einen Kuß auf die Nasenspitze: »Freut mich, daß wir uns so gut verstehen, holde Gans.«

9

Am See ist es noch immer grimmig kalt, obwohl der Wind völlig eingeschlafen ist. Das Eis auf dem See schimmert unter den Dampfsäulen wie ein harter Panzer, grau und erbarmungslos. Wie Dämonen stehen diese Säulen auf der riesigen Fläche. Oben sind sie durchscheinend silbrig von der Sonne, und noch höher darüber schweben die Häupter der schneebedeckten Bergriesen.

Ich stehe mit Margot am Ufer, und mein Herz klopft so stark, daß ich glaube, ich würde es durch den dicken Wintermantel fühlen, wenn ich die Hand daraufhielte. Warten, sie kommen lassen. Das gibt gleichzeitig noch einen kleinen Aufschub. Lieber Gott, laß mich keinen Fehler machen!

»Die ist bald hin!« sagt Margot und zeigt auf die Landungsbrücke. Der Eisdruck, unmerklich, aber stetig, hat mit schweigender Riesenkraft die mächtigen Stämme wie Streichhölzer geknickt und den Kopf der Brücke um Meter verschoben, so daß sie ganz krumm ist.

»Tut mir so leid«, sagt sie leise, als ich nur schweigend nicke. »Du hast Wichtigeres zu tun als dich um unsere Weiberaffären zu kümmern.«

Ich nehme ihren Arm: »Ich weiß nicht mal genau, ob das, was ich zu tun habe, wichtiger ist.«

Sie drückt meinen Arm, sagt aber nichts weiter.

Wir halten uns von den Ufersteinen fern, die mit dickem Eis glasiert sind, und stampfen immer am Ufer entlang durch den Schnee.

Margot holt tief Atem und sagt: »Du mußt mir helfen, Colonel. Die Luzie nämlich, die Luzie Moosmüller – ach, du weißt wieder nicht, welche ich meine. Die Blonde, die im schwarzen Trikot als Krampus rumgegangen ist und sich so an dich drängelte, als du bei Rauschbachers zur Kinderbescherung warst!«

»Ach, die – ja, erinnere mich. Sie drängelte übrigens sehr gekonnt.«

»Eben. Ihr Vater ist Lehrer in Biederstein, und die Mutter ist so 'ne unruhige Hummel, dauernd auf der Walze. Und sobald beide weg sind, hängt die Luzie ein Tuch ins Fenster, und dann kommen die Jungens – wie die Bienen.«

Die Sonne hat die Nebel überwunden und flammt in dem Eis vor unseren Füßen. Vor den Ufersteinen steht abgebrochenes, zerzaustes Rohr, und um jeden Halm hat sich ein Kristallfüßchen aufgebaut, daß es wie tausend Brillanten sprüht. Jedes der Füßchen ist anders zusammengesetzt, aber im Stil sind alle gleich.

»Siehst du diesen Naturbarock?« frage ich. Und als sie nur stumm nickt: »Na, das ist doch nun nicht weiter tragisch. Ich denke da an zwei junge Damen, um die die Jungen auch wie die Bienen schwärmen.«

Sie sieht mich immer noch an. Ihre Augen unter den langen dunklen Wimpern sind riesengroß, das Stupsnäschen, der herzförmige Mund, die Wangen wie Pfirsiche und unter der Mütze ein paar widerspenstige braune Haarzotteln. In seiner blühenden Unschuld ein bezauberndes Bild.

»Der Unterschied ist aber«, sagt die blühende Unschuld, »daß sie mit den Bengels schläft. Und neuerdings besonders gern mit Buddy. Seitdem sie weiß, daß ich ihn habe. Die pure Niedertracht von dem Biest. Als ob sie nicht genug Exemplare in ihrer Käfersammlung hat!«

Sie merkt gar nicht, daß ich innerlich nach Luft schnappe, sondern starrt nur nachdenklich auf die Kristallränder vor unseren Füßen.

»Ich bin nicht albern, Colonel. Selbstverständlich weiß ich, daß ihr anders konstruiert seid als wir. Buddy ist ein ausgewachsener Mann von neunzehn. Ich fürchte nun, daß ich ihn auf die Dauer verliere. Er neigt nämlich zur Dankbarkeit. Was soll ich tun?«

Ich räuspere mich: »Muß ich mir erst überlegen. Laß uns da raufgehen, den Bach entlang.«

Oben am Bach sitzen Eichelhäher, die sich sonst scheu in den Wäldern bergen, und hacken im Schnee herum. »Die müssen ja einen barbarischen Hunger haben«, meine ich. »Sieh mal, sie fliegen kaum zur Seite, wenn wir vorbeigehen.«

»Die haben's trotzdem gut«, erklärt sie düster. »Die haben keine Zeit für Gedanken. Aber ich ...« Sie bleibt stehen, preßt die Faust im roten Strickhandschuh gegen die Brust: »Wenn ich nachts so daliege und mir vorstelle, jetzt ist er bei der – und nur, weil ich zu feige bin –, soll ich's ihm geben, was er braucht, Colonel? Ich liebe ihn doch so furchtbar, Colonel, habe ich denn ein Recht ...« Und dann liegt sie mit dem Gesicht in meinem Pelzkragen und schluchzt, daß es sie schüttelt. Ihre Hände krampfen sich so in meine Arme, daß es durch den Stoff hindurch noch weh tut. Ich lege einen Arm um sie und streichle ihre Schultern. Welche furchtbare Verantwortung hat da nach mir gegriffen! Ich ahnte ja, daß da etwas ganz Schweres kommen würde. Meine Skrupel in der vergangenen Nacht waren eine Kleinigkeit gegenüber dieser Wirklichkeit. Was mache ich nur mit diesem kleinen Kerl?

An meiner Brust rührt es sich. Sie wischt sich die Nase an meinem Pelzkragen ab, stemmt sich von mir fort, lächelt. Ich gebe ihr mein Taschentuch, sie putzt sich die Tränen ab, schnaubt sich gewaltig, gibt mir das Tuch wieder: »Das stinkt ja wieder so nach Auto! Gib's mir, ich wasch's mit durch.«

»Gut, hier hast du's. Tja, und nun zu deinen Problemen. Das kann man natürlich nicht im Handumdrehen mit ja oder nein entscheiden. Das bedeutet keineswegs ...«, füge ich hastig hinzu, als ich Enttäuschung und Mißtrauen in ihren Augen sehe, »... daß ich mich um eine klare Antwort drücken will. Aber sie muß doch Hand und Fuß haben. Dazu ist mir die ganze Sache viel zu ernst.«

Sie drückt wieder meinen Arm: »Danke, Colonel! Ist es vielleicht leichter für dich, wenn ich frage?«

»Frag.«

Sie holt abermals tief Atem, und ich fühle, wie schwer ihr trotz aller Vertrautheit zwischen uns die Offenbarung fällt: »Also – glaubst du, daß es Menschen gibt, die füreinander bestimmt sind? Oder ist das alles nur Einbildung? Fred sagt, die Liebe ist eine Zwangsvorstellung.«

»Hm.« In mir ist die Vermutung, einen Vortrag mit ›einerseits und andererseits‹ zu halten und mich damit aus der Schlinge zu ziehen. Aber ich reiße mich zusammen: »Ja, ich glaube, daß es Menschen gibt, die füreinander bestimmt sind. Die Sache mit der Zwangsvorstellung ist Geschwätz.«

»Woran erkennt man nun«, fragt sie, »daß man füreinander bestimmt ist? Wenn ich an ihn denke, wird mir ganz eng ums Herz, so, als ob's platzt. Ist es das?«

»Es ist jedenfalls ein Zeichen dafür, daß du verliebt bist«, sage ich vorsichtig.

»Aber Susanne sagt, ihr ist auch schon so eng gewesen – bei Verschiedenen!« (Oho, so weit bist du schon von deinem Thron herabgestiegen, daß du Susannchen um Rat fragst!) »Man kann doch nicht für mehrere bestimmt sein – oder?«

Und da entschlüpft es mir: »Man kann im Grunde nur für einen einzigen bestimmt sein.«

Sie bleibt erschrocken stehen: »Und wenn man den nun nicht findet?«

»Darüber brauchst du dir nicht den Kopf zu zerbrechen. Es ist so selten, daß man ihn findet – es ist ein Wunder.«

Ich fühle mich mit fast angstvoller Aufmerksamkeit gemustert. »Glaubst du, daß es so ein Wunder sein könnte – mit Buddy und mir? Woran erkennt man es? Du hast mir keine Antwort gegeben!«

Wie leer es um uns ist. Als ob der Natur vor lauter Kälte der Atem stockt. »Man erkennt es zum Beispiel daran«, sage ich, jedes Wort überlegend, »daß zwischen den beiden nie ein böses Wort fällt. Das kann es gar nicht geben, wenn man den findet, der gewissermaßen unser zweites Ich ist.«

Ihre Augen sind vor Verwunderung weit aufgerissen: »Glaubst du, daß es so was gibt? Hast du schon mal so was getroffen?«

»Ja, einmal – bei einem Ehepaar. Meine Freunde. Ich glaube es jedenfalls.«

»Leben sie noch?«

»Nein, sie sind tot. Er starb zuerst. Als er tot war, aß sie nichts mehr, bis sie auch tot war.«

Aus dem Gesicht neben mir verschwindet die Röte des Frostes: »Und woran erkennt man es noch?« fragt sie sehr leise.

Das Wasser neben uns scheint kohlschwarz, und ein seltsames Schneegebilde, wie ein großer Raubtierschnabel, hängt darüber.

»Kannst du dir vorstellen«, frage ich, »daß du mit Buddy glücklich verheiratet bist?«

Die Röte schießt wieder in ihr Gesicht: »Na, klar! Ganz genau sogar!«

Muß ich es wirklich sagen – jetzt? Ich fürchte, ich muß: »Und nun stell dir vor, man bringt ihn dir eines Tages – Verkehrsunfall. Beide Beine abgefahren. Den Rest deines Lebens, nein, den Hauptteil deines Lebens mußt du mit einem Krüppel verbringen, mit einem Krüppel, der durch sein Unglück und seine Schmerzen launisch ist, der dich mit seiner Eifersucht verfolgt. Wie würde es dann mit dir aussehen?«

Sie wirft den Kopf zurück: »Ich würde bei ihm bleiben! Selbstverständlich! Und wenn man mir sagte, daß eine Bluttransfusion gemacht werden müßte, bei der ich aber mein Leben riskieren würde – ich würd's für ihn riskieren. Sofort. Im übrigen, Colonel, das mit den Beinen – wenn man an solche Ausnahmefälle denkt, würde ja kein Mensch heiraten!«

»Hm. Also, das mit der Bluttransfusion glaube ich dir. Jetzt, im Augenblick, würdest du's vielleicht tun. Aber in zehn oder zwanzig oder fünfzig Jahren? Nimm mal an, du heiratest nächstes Jahr. Du bist dann achtzehn und er zwanzig. Ihr könntet also ohne weiteres fünfzig Jahre und mehr verheiratet sein. Ich weiß nicht, wieviel fünfzig Jahre mal dreihundertfünfundsechzig ist, so ungefähr achtzehntausend, glaube ich. Achtzehntausendmal miteinander aufstehen und zu Bett gehen, Geschirr abwaschen, Zimmer machen, seine

Reden anhören, die ja meist dieselben sind, weil niemand achtzehntausendmal originell sein kann, seine Launen ertragen...«

Sie reißt ihren Arm aus meinem, hält sich die Ohren zu und stampft auf, daß der Schnee stiebt: »Hör auf! Ich kann es nicht hören!« Und dann fallen die Hände herunter, ihre Lippen zittern: »Ihr seid furchtbar, ihr Erwachsenen. Fred hat recht – man soll euch nichts erzählen.«

Das ist wie eine Ohrfeige. Ich zucke die Achseln und wende mich zum Gehen. Eine ganze Weile laufe ich und bin schon fast am Strandkiosk, dessen Fenster vernagelt sind und der unter seiner riesigen Schneehaube beinahe zusammenbricht. Da schiebt sich eine Hand unter meinen Arm: »Du mußt doch zugeben, Colonel, daß die Sache mit den Beinen ein Ausnahmefall ist!«

»Wir sprechen ja auch von einem Ausnahmefall, nämlich daß du diesen einen nicht triffst.«

Ihre Hand fingert an meinem Ärmel: »Und wenn man nun diesen einen nicht trifft? Das ist doch das Wahrscheinliche?«

»Dann trifft man mit etwas Glück einen, der diesem inneren Bild oder der gleichen Wellenlänge – oder wie du das nun nennst – ziemlich nahekommt. Das kann dann auch noch sehr schön werden.«

In ihren Augen wird es wieder hell: »Und glaubst du, das mit Buddy könnte so was – so was beinahe Richtiges sein, das auch noch sehr schön ist?«

Ich lache nervös: »Wie soll ich das wissen, du Kindskopf? Ich kenne die Geschichte ja erst seit gestern.«

»Aber du kennst doch uns beide schon so lange. Findest du, daß wir zueinander passen?«

Das ist eine unangenehme Frage. Ich finde nämlich so ganz im Innersten, daß etwas – wie soll ich sagen – etwas Schicksalhaftes die beiden miteinander verbindet – nein, verbinden könnte. Ich muß mich sehr vorsehen, daß meine Fantasie nicht mal wieder mit mir durchgeht. Das ist keine Literatur, das ist das Leben! Muß ich mir immer wieder klarmachen. »Ich könnte mir schon denken, daß ihr zueinander paßt. Aber...«

»Aber?«

»Aber sicher bin ich mir nicht. Und vor allem, Kerlchen, habe ich den Eindruck, daß du selbst dir noch nicht im Letzten sicher bist.

Deshalb...«, ich bleibe stehen, nehme sie an den Schultern und drehe sie zu mir um: »...deshalb würde ich es mir sehr, sehr überlegen, ihm jetzt schon etwas zu geben, was du nie wieder zurückbekommst. Wenn du dich nun geirrt hast...?«

Ihr Blick gleitet ab. Sie schiebt wieder die Unterlippe vor: »Wenn ich es nun täte...«

»Und wenn du dann später den Richtigen triffst?«

Sie sieht mich sachlich fragend an: »Meinst du, es würde ihn stören?«

Ich lasse ihre Schulter los und nehme sie unter den Arm, damit sie nicht merkt, wie ich albernerweise erröte. Addi, Teddy – vergebt mir, daß ich euch so oft vorwarf, eure Kinder nicht genügend aufgeklärt zu haben! Laut sage ich: »Menschenskind, du kannst einem aber auch zusetzen! Also, ich könnte mir sehr wohl vorstellen, daß es ihn stört.«

»Aber es gibt doch so viele Männer, die heiraten sogar Frauen mit Kindern von anderen und...«

»Aber...«

»...und bei den Eskimos muß man sogar mit der Frau des Hauses ins Bett gehen, sonst ist es eine Beleidigung! Und vielleicht hat es mein Zukünftiger gern, wenn ich nicht mehr so 'ne dumme Gans bin, und wenn er wirklich was sagt, werde ich ihn fragen: ›Und dein Vorleben???‹ Und was macht er dann?«

»Dann gibt er dir recht, nimmt seinen Hut und geht.«

»Hach, dann ist er ja schon mit mir verheiratet!«

»So! Du willst den armen Kerl also auf den Leim locken, du kleines Biest.«

Wir sehen uns an, und die fast unerträgliche Spannung löst sich in Gelächter. Wir kehren um und gehen den Uferweg zurück. Die Bergkette liegt jetzt wieder vor uns. Der Sonnenspitz hat sich eine riesige Krone aus lila Föhnfahnen aufgesetzt wie einen Damenhut um die Jahrhundertwende.

Margot nimmt meine Hand: »Wenn du nun an seiner Stelle wärst – würde es dich stören, wenn ich... wenn ich schon vorher jemanden...«

»Es würde mich ganz entschieden stören, besonders bei einem so jungen Ding wie dir, und das halte ich für normal.«

»Wenn du mich aber so richtig liebhättest, würdest du es übersehen – ich meine, würdest du mich trotzdem heiraten?«

»Vielleicht, aber ich würde mein Leben lang darunter leiden.«

»Aus Eifersucht?«

»Aus Eifersucht.«

»Auch schick.«

Worauf ich nur noch ächzen kann. Sie quietscht darüber vor Vergnügen, aber das Gequietsche ist gespielt. Dann nimmt sie einen neuen Anlauf: »Wenn ich nun aber... wenn ich mich trotzdem entschließen würde... Glaubst du, daß es Buddy an mich binden könnte?«

»Sehr ungewiß. Kann sein, kann nicht sein.«

»Und wenn ich es nun so einrichte, daß ich... daß ich ein Kind von ihm bekomme?«

»Mein Gott, Mädel!«

Sie schaut mich groß an und sieht dabei erschreckend unreif aus: »Wieso? Der Lofer Sepp und die Anni haben auch heiraten müssen, als es soweit war, und die Resl vom Hackerhof hat ihren Loisl auch auf die Weise gekriegt.«

»Du vergißt, daß beides Heiraten waren, mit denen die Eltern im Grunde einverstanden waren, weil Besitz zusammenkam. Was bringst du schon mit? Nichts. Willst du dein Abitur mit einem Säugling an der Brust machen? Und selbst wenn du's tust, was fängst du mit dem Abitur in Buddys Sägewerk an? Und glaubst du, daß er dir je verzeiht, daß du dir die Ehe mit ihm auf diese Weise erschlichen hast? Und was, glaubst du, machen die anderen Weiber in der Familie mit dir, seine Mutter, die Schwestern, die Frauen seiner Brüder? Sie würden dich zwischen sich in kleine Stücke zerhacken und dich im Handumdrehen so weit haben, daß du dich scheiden läßt oder in den Mühlbach gehst. Und wofür das alles? Für ein paar Wochen eines triebhaften Glücks bestenfalls! Und was gibst du für dieses Elend auf, das sicher danach kommt? Ein schönes Elternhaus, dein Studium, deine Freiheit. Was du damit verloren hast, würdest du sehr bald merken. Aber dann wär's zu spät. Mußt du diesen Blödsinn unbedingt durchexerzieren?«

Sie nagt an der Unterlippe: »Wenn er die Luzie wenigstens neben vielen anderen hätte, aber so – als einzige – ich glaube, ich werde noch verrückt darüber! Ich...«

Sie bricht plötzlich ab. Ich blicke auf und sehe, warum: Vom Bach her kommt Buddy auf uns zu. Jetzt stutzt er, geht nach einem Augenblick beschleunigt weiter in unsere Richtung. Ich spüre ihr Zittern. Als er heran ist und grüßt, läßt sie mich los: »Es ist ja schon halb zwölf! Ich muß noch was zum Mittag holen. Ihr beide könnt ja zusammen gehen. Tschüs!«

Sie saust davon, als sei der Teufel hinter ihr her.

Wir sehen ihr nach und dann uns gegenseitig an. Beide wenden wir den Blick schnell wieder ab. Ich schaue auf die Uhr: »Ja, ich werde mich auch heimwärts wälzen. Muß noch mal beim ›Königsbräu‹ vorbei.« Ich sage es nur, um ihn loszuwerden. Im Moment fühle ich mich einfach nicht imstande, nun auch noch den Kampf mit ihm aufzunehmen. Erst mal nach Hause und überlegen. Vielleicht doch mit der Mama sprechen.

Buddy aber nimmt meine Ausrede für wahr: »Darf ich Sie begleiten, Colonel?«

»Hm. – Wie ist denn das Fest bekommen?«

»Danke. Und Ihnen?«

»Na, ich hatte ja nicht viel davon – außer Sorgen um die Mädchen.«

»Ja, ich weiß, und... und es tut mir leid, daß wir Ihnen nun auch noch Sorgen machen.«

»Nicht zu ändern, Buddy. Wir müssen halt sehen, daß wir alle einen klaren Kopf behalten.«

»Sie können sich auf mich verlassen. Tut mir sehr leid, das mit Margot, aber was soll ich machen?«

»Eben einen klaren Kopf behalten. Wenn Margot so zu Ihnen steht, wie Sie zu ihr, wird sie es Ihnen früher oder später danken, daß Sie sie – hm – geschont haben.«

Wir gehen weiter. Ich blicke ihn von der Seite an. Seine Stirn ist grüblerisch in Falten gezogen. Vielleicht ist es mir gelungen, einen Damm aufzuwerfen vor der Lawine dieser Leidenschaft. Dann sagt er: »Sie ist kein schlechtes Mädel, ich meine die Luzie. Und wissen Sie auch, warum?«

»Na?«

»Weil sie aus Überzeugung handelt. Sie sagt, daß sie die blöden Puten verachtet, die Limonade in den Adern haben und sich aus Berechnung aufsparen. Ich glaube, daß jeder, der aus Überzeugung handelt, unschuldig ist – wenigstens in einem höheren Sinn.«

»Von Schuld kann man in dem Fall überhaupt nicht reden. Das Mädel kann einem nur leid tun.«

»Warum?« Es ist eine gute Portion Trotz in seiner Frage.

»Weil so ein Mensch, besonders, wenn es ein Mädel ist, früher oder später gegen die Mauer rennt. Schließlich sind uns in diesem Leben Aufgaben gestellt worden. Eine davon ist, sich zu beherrschen, seine Gedanken und seine Gefühle. Man soll seine Gefühle keineswegs verleugnen, aber – wie gesagt – beherrschen.«

Er schüttelt den Kopf wie ein kleiner Büffel: »Ich glaube nicht, daß uns im Leben Aufgaben gestellt sind. Fred sagt, das projizieren wir einfach in die Natur hinein. In Wirklichkeit ist alles ganz anders. Aufgaben – Sinn des Lebens – Entwicklung – das besteht alles nur in unserer Einbildung, sagt er.«

»Die ganze Welt besteht nur in unserer Einbildung, wenn Sie so wollen, Buddy. Auch Ihre oder vielmehr Freds Anschauung von der Sinnlosigkeit der Natur ist dann nur ein Teil unserer Einbildung. So kommen wir nicht weiter, und so ist es auch nicht. Übrigens – dieser Fred, wie heißt er eigentlich?«

»Ferdinand Frankenfeld. Sie mögen ihn nicht?«

»Nicht sehr. Das heißt, ich kenne ihn ja kaum. Scheint etwas zuviel Geld von den Eltern zu bekommen.«

»Halb so wild.«

»Na, er kriegt doch jetzt sogar einen eigenen Wagen! Meine beiden Hühner sind schon ganz verrückt.«

»Ich glaub nicht an den eigenen Wagen. Überhaupt...«

»Überhaupt was?«

»Ach...«

»Hm. Und dieser merkwürdige Mensch, den er da bei sich hat, dieser Gorilla? Der ist doch kein Mitschüler von euch!«

»Nein.«

Ich spüre deutlich eine Abwehr und schweige. Der ›Königsbräu‹ taucht vor uns auf, die großen, schneebeladenen Dächer tief ins Gesicht gezogen, von den Riesensäulen der Eichen umstanden.

»Ich weiß auch nicht, was die beiden aneinander haben«, meint Buddy. Und das bleibt alles, was er zu diesem Fall zu sagen hat.

Der ›Königsbräu‹ zeigt noch Spuren des Rummels in der vergangenen Nacht.

In der Müllschütte zerbrochene Flaschen, Gläser, Stuhlbeine, Pappnasen, Papierschlangen und ein zerfetztes Korsett. »Da hat's einer wissen wollen«, meint Buddy sachverständig.

Im Bräustüberl finden wir die letzten Überlebenden der tollen Nacht. Sie halten sich am Stammtisch fest und versuchen mit Hilfe kleiner Heller jenen lichten Augenblick des Hartsäufers zu erhaschen, in dem allein er den Weg ins Bett finden kann. Der Wirt, ein dunkler Mann mit schweren Augenlidern, traurigem Schnurrbart, Kehlbraten und roten Riesenpratzen, bedient sie in der unbegreiflichen Lebenszähigkeit des echten Gastwirts. Ehe ich den Mund aufbekomme, hat er für mich und Buddy zwei halbe Maß hingestellt und uns mit liebevollem Prankendruck auf die Bank gequetscht.

Mir gegenüber sitzt mit völlig verdüstertem Gesicht, die grüne Hausdienerschürze umgebunden, der Seiler-Max. Als er mich erkennt, reißt er die unrasierten Nußknacker-Kinnladen auf und entblößt eine Reihe gelber Zahnstummel: »Prosit, Herr Dokta!«

Der Wurzelsepp, neben den ich zu sitzen gekommen bin, stößt mich in die Seite: »Er woaß net g'nau, aber er glaubt, daß er verlobt is!«

»Ist er«, sage ich, »mit der Frau Bachmeier. Gratuliere, Max, kriegst eine gute Frau!«

Maxl richtet sich auf und sieht sich im Kreise um: »Alsdann stimmt's! Der Dokta hat's g'sagt. Gregor (das ist sein Chef, der Wirt), die Maß vom Herrn Dokta und vom Hackl-Buam zahl i!« Hackl-Bub – das ist Buddy bei den erwachsenen Einheimischen, die noch die alten Geschlechternamen der Höfe kennen. Der Hackl-Hof, der bleibt der Hackl-Hof, auch wenn er längst kein Hof mehr ist, sondern ein Sägewerk, und vier Besitzer mit ganz anderen Namen darüber hingestorben sind.

»Is scho recht«, der Wirt hockt sich neben mich: »Die wird ihn schon hinbiegen, die Bachmeier-Luise.« Und zum Max: »Aber deine alten Pferdezähn' tät ich mir reißen lassen und ein schönes neues Gebiß anschaffen vor der Hochzeit!«

»Da gibt's jetzt so was zum Festpicken«, erklärt der Mühlner-Schorsch, der Dorfpolizist. Ich habe ihn noch gar nicht bemerkt mit seinem blassen Pickelgesicht, zumal er in Zivil ist. »Damit's dir net außifliagt, wannst ›ja‹ sagst auf 'n Standesamt!« Er lacht so über seinen eigenen Witz, daß ein semmelblonder, dicker, verkaterter Pierrot, der an seiner Seite klebt, erschrocken auffährt: »Was denn – was denn – nicht doch, Mutti!« Er mustert uns argwöhnisch mit knallblauen kurzsichtigen Augen, fällt dann nach hinten gegen die Banklehne und beginnt zu schnarchen, während sich an seiner Nasenspitze ein heller Tropfen bildet, den wir alle fasziniert beobachten.

»Was ist denn das für 'n Vogel?« frage ich.

»Der ist von Köln«, sagt der Polizist.

»Die Brieftaschen haben s' ihm g'nomma mit hundertfuffzig Markeln! Nix mehr hat er g'habt, wie er hat zahl'n woll'n. Jetzt kann er net heim, und ganz bei sich is er a no net.«

Ich habe mich der Stimmung des Stammtischs ganz anheimgegeben. Diese so wohlbekannte Männerrunde, in der man sein Bier trinkt, ab und zu ein Wort sagt, dem Rauch nachschaut und sich gut ist, übt immer wieder einen unwiderstehlichen mollig-einschläfernden Magnetismus auf mich aus. Jetzt aber bin ich plötzlich munter: »Brieftasche genommen? Das ist ja interessant!«

»Hat's dir a dei Brieftasch'n zog'n, des schwarze Luada, mit der du an der Bar g'hockt bist?« fragt der Wurzelsepp.

»Nein, aber dem Brandt, dem Bildhauer.«

Der Haber-Leo, der neben dem Seiler-Max sitzt, reißt das Maul auf, daß man den Radi sieht, den er eben zerkracht hat: »Der – der Buidhauer, der wo immer die nackerten Weibsleut in seim Atüliö hat?« Er ist noch nicht fünfzig, der Haber-Leo, sieht aber aus wie sechzig und läuft herum, daß es Gott erbarmen könnte, mit geflickten Hosenträgern und grauen Hemden. Dabei ist er ein Millionär mit einem großen Hof und noch viel größeren Wäldern. Aus irgendeinem Grunde, den niemand kennt, ist er bei seiner Frau nicht gut angeschrieben und träumt seit zehn Jahren davon, die jeweilige Kellnerin des ›Königsbräu‹ zu verführen.

»Ja, der«, antworte ich.

Worauf der Mühlner-Schorsch aufspringt, daß der Pierrot ins Wanken kommt: »Sie – dös is fei interessant, Herr Dokta! I hock mi mal z' Eahna!« Er lehnt seinen röchelnden Schützling dem Haber-

Leo an die Schulter, setzt sich mir gegenüber und holt das Notizbuch heraus. Ich erzähle, was ich weiß, und er schreibt es unter allgemeiner Spannung auf, wobei er die Zunge in der Backe bewegt und ab und zu leise ächzt. Dann blickt er auf und mißt mich mit einem triumphierenden Blick: »Irgendwelcher Verdacht?«

»Keine Ahnung.« Dann aber fällt mir etwas ein: »Er hat nur gesagt, der Brandt, daß ihn ungefähr um die Zeit, als das passiert sein könnte, einer an der Bar angerempelt hat, einer mit enorm breiten Schultern.«

Der Mühlner hebt seinen abgeknabberten Bleistift vors Gesicht: »Sie – dös is sehr wichtig, Herr Dokta! Dös is nämli des erschte Indiz, versteh'n S' mi?«

Wieder sieht er sich triumphierend im Kreise um und beginnt dann erneut zu schreiben. Neben mir trinkt Buddy, der bis dahin schweigend in der Erwachsenen-Runde gesessen hat, sein Bier aus: »Ich muß heim, entschuldigen Sie mich, Colonel? Dank dir schön, Max, und viel Glück!«

»Dem pressiert's aber plötzlich!« staunt der Mühlner und blickt ihm durchbohrend nach.

Der Wurzelsepp lacht: »Na, so breite Schuitern hat der net, daß du ihm so nachschaugst, du bleder Hund!« Und zu mir: »Die werd'n fei streng g'halt'n, die Hackl-Buam! Die wann a paar Minut'n z' spat zum Ess'n kommen, gibt's nix mehr! Die müass'n d' erschtn und d' letzt'n sein im Betrieb und fuffzig Markl Tasch'ngeld und sonst nix mehr! Der Vatter sogt, wann ihr mehra hab'n wollts, sehgt's zua, wo ihr nach Feirabend was verdients. Und neuli«, fügt er mit hochgezogenen Augenbrauen hinzu, »neuli, auf Kirchweih, hat er d' ganz' Famili verdrosch'n, der olte Hackl, d' Alt und alle drei Buam.«

»Da legst di nieda!« meint der Seiler-Maxl anerkennend.

Der Mühlner aber, offenbar gekränkt darüber, daß ihn der Hackl aus dem Mittelpunkt des Interesses gedrängt hat, packt mein Handgelenk: »Sie, Herr Dokta – dös war a ganze Band'n, dös sag ich Eahna!«

»Eine Bande? Ja, ist denn überhaupt was gestohlen worden? Haben die beiden ihr Geld nicht vielleicht im Suff verloren?«

Er läßt mich los und ist ganz entsetzt, daß ich ihm seinen Fall nehmen könnte: »Nix da! Die beiden? Fünfe, sag ich Eahna, fünfe hab'n sich g'meld't bisher! Die Bande muß über zwölfhundert Mark g'stohl'n hab'n!«

Ich fühle den Wunsch, ihn zu trösten: »So, na, das klingt allerdings ziemlich ernst. Berufsverbrecher von außerhalb, könnte ich mir denken.«

Mühlner steht auf und ist ganz Würde: »Ich geh jetzt aufs Revier und mach ein Protokoll. Wenn S' vielleicht am Nachmittag umikommen täten und unterschreiben, Herr Dokta? Sonst kann ich a bei Eahna vorsprechen!«

»Ach ja, kommen Sie lieber zu mir«, sage ich, der ich Mühlners Vorliebe für meine Zigarren und Schnäpse kenne. Außerdem weiß man ja nie, wozu man die Polizei mal braucht.

Mühlner wendet sich an den Wirt: »Den...«, er zeigt auf den Pierrot, der friedlich an Habers Schulter schnarcht: »...den schaffst du auf a Zimmer und laßt ihn net furt, Gregor!«

Der lacht, daß ihm das Doppelkinn wackelt: »Da brauchst ka Angst net hab'n – bis 's Göld da is!«

Ich sehe auf die Uhr: »Ja – nun muß ich aber schleunigst!«

Es sind nur ein paar hundert Meter bis zu meinem Haus. Und ich wandere sie mit Genuß. Die Sorge um Margot und Buddy hat nachgelassen. Scheinen ja beide vernünftig zu sein. Und im übrigen ist alles hundsgemütlich! Die Tafelrunde war doch wieder ganz groß.

Jetzt tauchen schon unsere beiden Häuser auf. Im Feld hinter dem Garten pflügt Cocki mit wehenden Ohren durch den Schnee und stößt jappende Hetzlaute aus. Was hat er denn – eine Hasenspur? Nein, da schwirrt es dicht vor seiner Nase auf, ein Schwarm brauner Vögel. Das ist ja das Rebhuhnvolk, das seit Wochen immer an der gleichen Stelle einfällt. Wovon sie leben mögen, die kleinen Kerle?

Als ich in unseren Weg einbiege, kommen mir der Reiserer-Franz und Thomas entgegen. »Alles aufgeräumt, Colonel!« meldet Thomas. Fast hätte ich ihn nicht erkannt, weil er meinen alten Mantel trägt. Der ist ihm an den Schultern etwas weit und unten viel zu lang. Aber er marschiert daher wie ein General.

Der Franz, Hände in den Taschen und den Rücken in seiner kurzen Jacke krummgezogen, grinst mich an: »Kalt, wenn man wieder rauskommt!« Und als es bei mir sichtbar nicht ganz zündet: »Susanne hat mich reingeholt und mir einen Wein gegeben. Und getanzt haben wir auch. Ich bring ihr wieder Platten von mir, heute nachmittag.«

So heftig hätte der von mir anbefohlene Dank ja nun gar nicht ausfallen sollen. Dieses Susannchen!

Dann erscheint der Kopf der Mama am Fenster: »Ja, kommst du endlich? Es ist bald alles verbrannt, und der Magen hängt mir bis auf die Knie!«

10

Nach einem stumm verlaufenen Mittagessen erhebt sich die Mama in feuchter Küchenschürze vom Tisch: »Mahlzeit – Mönch!«

»Wieso Mönch?« fahre ich aus meinen Gedanken hoch. »Haben sich vielleicht einige Damen vom Kostümball über mich beschwert?«

»Das wohl kaum – aber ich komme mir vor wie im Trappistenkloster. Darf man vielleicht erfahren, worüber der Herr derart nachgrübeln, daß er sich den Himbeersaft vom Pudding auf den Leberkäse gegossen und das gar nicht bemerkt hat?«

»Doch, doch – gemerkt schon – es ist wegen der Sache mit Margot.« Verflixt noch mal, da habe ich es ja *doch* gesagt!

»Mit Margot?« Sie setzt sich wieder hin.

»Na, weil sie doch fest mit dem Buddy geht. Das ist erst gestern rausgekommen...«

»...rausgekommen...«

»Ja, als ich Susanne zurückholte, die aus dem Fenster geklettert war.« (Nun ist schon alles egal!)

Ich blicke auf und sehe sie sitzen, die Augen aufgerissen, die Hand vor den Mund geschlagen: »Das ist ja entsetzlich!« In ihrer Stimme schwingt unhörbar die tiefe Genugtuung, daß nun endlich doch eine Katastrophe eingetreten ist, angesichts derer man in den düsteren Prognosen schwelgen kann. Sie steht abermals auf und nimmt Kurs auf ihr Zimmer.

»Die ganze Sache ist natürlich halb so wild«, sage ich lahm hinter ihr her.

Sie antwortet nicht und erscheint dafür nach einigen Minuten heftigen Kramens und Stöhnens mit einem Telegrammformular, legt es vor mich hin: »Ich habe ungefähr gedacht: ›Sofort zurückkommen, beide Töchter gefährdet!‹«

»Du bist wahnsinnig. Ich will nicht, daß den beiden die paar Urlaubstage versaut werden. Außerdem müßte es doch mit dem Teufel zugehen, wenn wir nicht mit den Gören fertig würden, und drittens glaube ich, daß weder Margot noch Susanne ernsthaft gefährdet sind. Schließlich sind's ja noch halbe Kinder.«

»Halbe Kinder! Heutzutage mit siebzehn und achtzehn Jahren. Wo sie schon mit fünfzehn ausgewachsene Frauen sind, körperlich wenigstens! Dafür fehlt's oben im Dachstübchen um so mehr.«

»Soll ich dir was sagen, Mulleken?«

»Na?«

»Ich glaube, daß im Grunde zwischen uns als Jugend und dieser hier nicht viel Unterschied ist. So – und nun sag mir, wie wir die beiden am besten bändigen.«

»Hm ... ich würde sie ablenken. Mit irgendwelchen anderen Themen. Wir sollten sie zum Beispiel heute nachmittag einladen, damit sie mal einen Augenblick von den Bengels weg sind. Vielleicht kommen sie dann zum Nachdenken.«

»Gar nicht schlecht, Mulleken, gar nicht schlecht. Ich werde sie einladen.«

Sie lächelt befriedigt über das Lob und ist dann sofort wieder in ihrer Lieblingsrolle: »Na, dann werde ich meine mürben Knochen in Bewegung setzen und einen Kuchen für diese Wänste backen. Die futtern ja wie die Heuschrecken. Wenn man das vom Konditor holen würde, gingen wir pleite.« Sie erhebt sich stöhnend: »Das hat mir gerade noch gefehlt! Als ob wir keine anderen Sorgen hätten.«

»Ich wüßte nicht, was ich ohne dich täte, mein Goldstück. Du solltest Jugendpsychologin werden!«

Sie schlägt mir die Küchentür vor der Nase zu und murmelt drinnen mit Lautstärke zehn, daß man es bis in den Keller hätte hören können: »Wüßte nicht, was ich täte! Psychologin – Goldstück – auch noch Ironie –, da schuftet man und schuftet von früh bis spät, was die alten Knochen nur hergeben ...«

Ich steige lächelnd die Treppe hinunter: Sie wenigstens ist glücklich!

Meine Einladung wird von den beiden Mädchen mit beklommener Artigkeit entgegengenommen. Sie fletschen die Zähne wie zwei Gäule, was offenbar freudige Überraschung ausdrücken soll. Unmittelbar nachdem ich wieder in mein Haus zurückkomme, setzt drüben lebhafter Stafettenverkehr der Stifteköpfe ein. Anscheinend wird eine ganze Reihe von verabredeten Rendezvous umgeschaltet.

Kurz bevor sie kommen, fällt mir auf, daß beide Hunde verschwunden sind. Weffi finde ich oben unter dem Eßtisch. Er liegt vor einer toten und inzwischen aufgetauten Maus und wedelt schüchtern. Rund um ihn herum lösen sich mehr oder minder große Eisstücke auf, die er sich aus den Pfoten geknackert hat. Ich nehme ihm die Maus weg, gebe ihm dafür sein Bällchen, streichle ihm das Köpfchen, und dann gehe ich hinaus, um die Maus vom Balkon in den Garten zu werfen. Dabei pfeife ich dem kleinen Löwen. Eine Weile ereignet sich gar nichts, dann taucht er aus einem Gebüsch in der entferntesten Ecke des Gartens auf. Er ist über und über mit Schnee bekleistert und sieht mich traurig an. Ich gehe hinunter und lasse ihn durch die Terrassentür ein. Er watschelt an mir vorbei, ohne mich eines Blickes zu würdigen, und steuert die Küche an. In Anbetracht der Schneeklunkern dirigiere ich ihn auf das Badezimmer um, er gehorcht mürrisch: ›Du kümmerst dich ja doch nicht mehr um uns!‹

Es gibt mir einen Stich. Ich sehe mich um. Da liegt meine Arbeit auf dem Schreibtisch, steht mein neuer Radioapparat, über den ich mich zu Weihnachten so gefreut habe, meine Bücher, unten in der Garage mein Boxi, an dem ich normalerweise um diese Zeit bestimmt die Stoßstange neu eingefettet und die Batterie kontrolliert hätte. Alles weit weg. Die alten Möbel, meine lebenslangen Freunde, sind plötzlich nur hölzerne Kisten und mein Boxi ein Stahlbehälter mit Rädern. Das Leben und die Jugend haben sie entwertet. Durch eine schmale, unendlich tiefe Kluft fühle ich mich von ihnen getrennt, als ob sie einer anderen Dimension angehörten.

Dann sehe ich, wie die Mädchen drüben das Haus abschließen und auf dem schmalen Trampelpfad durch den fast hüfthohen Schnee herüberkommen. Da weiß ich, daß Leben und Jugend wichtiger für mich sind. Wenigstens im Augenblick. Und dieser Augenblick scheint mir – trotz allem – schön.

Eine halbe Stunde später sind wir im wesentlichen mit Kaffee und Kuchen fertig. Mamachen greift zum Vermouth, und ich gieße den jungen Damen und mir selbst einen Cognac ein. Junge Damen – ja, das sind sie ganz und gar, wie sie da nebeneinander am runden Tisch sitzen. Ihr Benehmen ist ausgesprochen vorsichtig. Die Mama, die das erste Glas ziemlich hastig geleert hat, geht zum Angriff über: »Ich habe da eben die Jungens bei euch gesehen. Die sind doch eigentlich alle viel zu jung für euch!«

»Ja, wo sollen wir denn ältere hernehmen?« fragt Susanne düster, und dann mit einem neckisch herausfordernden Aufflammen in den Augen: »Wie war denn das bei dir, Colonel? Als du so siebzehn, achtzehn warst?«

»Ach, Colonel«, sagt Margot, »erzähl uns doch mal, wann hast du eigentlich angefangen, mit Mädchen zu poussieren?«

Ich durchschaue diese Frage als Ablenkungsmanöver, aber sie kitzelt meine männliche Eitelkeit: »Wann? Na, wartet mal – ja, mit vierzehn Jahren, knapp fünfzehn.«

»So früh schon?« Susanne klatscht in die Hände: »Hach, das mußt du uns erzählen, unbedingt!«

Margot lehnt sich vor und stützt das Gesicht in die Hand: »Ach ja, erzähl!«

Ich werfe einen kurzen Blick auf die Mama, sie sieht besorgt aus. Dann lehne ich mich in den Sessel zurück. Ja, wie war denn das eigentlich...? »Also, meine erste Freundin hieß Erika. Halt, nein, das stimmt nicht. Davor war ja noch die Steffi.«

»Ach, richtig«, sagt die Mama. »Dieser dicke Stoppen von dem Missionar mit den vielen Kindern.«

»Ja, wie hieß er denn nur – weißt du's noch?«

»Nein.«

»Na, ist ja auch egal. Jedenfalls hatte er in seiner Wohnung sehr wenig Möbel, ich entsinne mich im wesentlichen überhaupt nur an eiserne Betten, weiß gestrichen, und an ein Eßzimmer mit einem großen Tisch und einem Dutzend Stühle. Er war ein ziemlich kleiner Mann mit Spitzbart, hatte eine ebenso kleine, ungesund aussehende Frau, die kränkelte...«

»Kein Wunder, nach den vielen Kindern«, meint Margot. »Wieviel waren's denn eigentlich?«

»Das kriege ich heute nicht mehr richtig zusammen, jedenfalls bestimmt zwei Söhne und vier Töchter. Der älteste Sohn ging in meine Klasse, war also, wie ich, ungefähr fünfzehn Jahre. Er hatte ein ganz rundes Gesicht und erfrorene Hände. Und dann war noch eine ältere Schwester da, an die erinnere ich mich, ein hübsches Mädel, aber schon sechzehn. Sie hatte einen festen Freund. Wenn sie von dem erst bei Dunkelheit zurückkam, wurde sie von den Geschwistern über eine Ziegelmauer gehievt, die Glasscherben obendrauf hatte. Von da ging's durch den Garten in den Hintereingang und oben noch über einen Balkon in ihr Zimmer. Es war sehr kompliziert. Tja, und dann war da noch die zweitälteste Tochter, Steffi, ein Jahr jünger als wir. Sie hatte dasselbe runde Gesicht wie ihr Bruder, zwei große, veilchenblaue Augen und lange, dicke braune Zöpfe, die ihr fast bis in die Kniekehlen hingen, so richtig starke Pferdehaare.

Eigentlich war ich ja noch ein Kind um diese Zeit. Meine ganze Leidenschaft war Soldatenspielen. Ich hatte eine große Armee und Kriegsschiffe und Holzhäuser und Brücken und Bäume und zusammensetzbare Papptafeln, die dann Flüsse und Wiesen und Hügel ergaben, auf denen ich meine Indianerschlachten oder meine Kämpfe aus Napoleons Zeit ausfocht. Mein Großvater, bei dem ich nach dem frühen Tod meines Vaters mit der Mama lebte, brachte mir von seinen Dienstreisen immer neue Schachteln voll Soldaten mit. Während ich meine Fantasieschlachten schlug, tobte draußen von Galizien bis nach Flandern, von der Nordsee bis zu den Dardanellen in furchtbarer Wirklichkeit der Erste Weltkrieg. Aber davon merkten wir Kinder nichts oder nur sehr wenig. Es gab zwar schlecht zu essen, das war schlimm. Andererseits aber wurden viele Lehrer eingezogen, und das war fein, denn mit dem Ersatz konnten wir machen, was wir wollten. Manche unserer Mitschüler erschienen mit schwarzen Armbinden, dann war draußen ein Bruder gefallen oder vielleicht auch der Vater. Aber uns focht das nicht an. Ich hatte weder Bruder noch Vater, und von den Missionskindern war auch keines im Feld, und Bombenangriffe erreichten damals das Hinterland noch nicht. Der Krieg war irgendwo ganz weit weg, nur in den Zeitungen und Verlustlisten.

In unserer Klasse nun gab es ein paar ältere, die schon mehrmals sitzengeblieben waren, und einer davon hieß Reubling, Kurt Reubling, ein massiver Bursche mit Kneifer, der einen kleinen Schnurrbart trug und eine tiefe Stimme hatte. Sein Gesicht war oval und groß und wäre eigentlich ganz hübsch gewesen, wenn er nicht immer so merkwürdige rote Flecke auf den Backenknochen gehabt hätte wie aus Schminke. Kurt Reubling also zeigte immer einen Schlüssel herum und erklärte, das sei der Hausschlüssel einer verheirateten Frau, mit der er ein Verhältnis habe.«

Die Mama räuspert sich, aber die beiden Mädchen schlagen die Hände zusammen und amüsieren sich: »Weiter, Colonel, ist ja himmlisch!«

»Na ja, also – der Reubling, der stach mir in die Nase. Ich war nämlich sehr ehrgeizig und wollte immer die erste Geige spielen. Kurt mit seinem Schlüssel zur verheirateten Frau hatte mich total ausgestochen. Darum fühlte ich mich verpflichtet, unbedingt auch eine Freundin zu besitzen. Ich fragte den Missionarssohn – wie hieß er denn bloß –, ach ja, Ottfried Weber! Weißt du noch, Mulleken?

Wenn er zu uns kam, war immer seine erste Frage: ›Gibt's heute Eier?‹ Eier gab es nämlich bei Missionars selten, weil die zu teuer waren. Er bekam auch abgelegte Sachen von mir und ab und zu nicht mehr ganz standfeste Soldaten und Trainwagen mit drei Rädern und verbogenen Deichseln, die er sich selbst reparierte. Ich ließ ihn auch immer von mir abschreiben, weil er sich in der Schule sehr schwer tat. Als ich ihm nun erklärte, ich brauchte unbedingt eine Freundin, zog er pflichtgemäß die Stirn in Falten und dachte angestrengt nach.

›Was willst denn mit so 'ner blöden Gans?‹ fragte er schließlich.

›Ich werd' schon sehen, was ich damit mache. Man muß eben so was haben, das verstehst du nicht.‹

›Nee, das verstehe ich bestimmt nicht!‹ sagte er. ›Das gackert doch nur durch die Gegend, und frech sind sie wie Affendreck, und du mußt nachsichtig und vorsichtig sein mit ihnen, weil's doch Mädchen sind – ein blödes Volk.‹ Plötzlich erhellte sich sein Gesicht: ›Wie wär's denn mit Steffi?‹

Steffi – darauf war ich noch gar nicht gekommen. Nicht mal schlecht, die Idee. Ich kannte sie ja nur vom Trapper- und Indianer- und Räuberspiel als einen ziemlich festen Brocken, der mir beim Nahkampf verschiedentlich recht kräftige Püffe versetzt hatte.

›Meinst du, die schafft das?‹ fragte ich. ›Stellt sich nicht zu dämlich an?‹ Ich fühlte seinen Blick spekulierend auf mir ruhen und faßte einen heroischen Entschluß: ›Ich will dir was sagen: Wenn das hinhaut und sie meine Freundin wird, kriegst du den Fahnenträger auf dem Schimmel, zehn Indianer und fünf Trapper!‹

›Auch Winnetou?‹ fragte er arglistig.

Das ging ins Herz! Winnetou war meine Lieblingszinnfigur. Er kniete, die Büchse im Anschlag, und die lange Federkrone floß ihm malerisch über den Rücken. ›Meinetwegen sollst du auch Winnetou haben!‹

Er hielt mir die Hand hin: ›Topp!‹

Ich schlug ein. ›Und wenn se nun nicht will?‹

›Kriegt se eine hinter die Löffel. Die will!‹

Am nächsten Tag in der Schule war Ottfried wohlwollend triumphierend: ›Na?‹ fragte ich.

›Geht in Ordnung. Ist doch klar. Hast was?‹

Ich gab ihm schweren Herzens den Fahnenträger auf dem Schimmel als Anzahlung.

›Winnetou aber auch!‹ erinnerte er.

›Morgen, wenn's geklappt hat. Wie geht's denn nun weiter?‹

›Du kommst heute zum Abendbrot, und nachher lassen wir euch allein.‹

Ich verbrachte den Tag in erheblicher Aufregung, und meine Leistungen in Mathematik sanken bis unter den Nullpunkt. Schlag sieben Uhr trat ich zum Abendessen an. Mutter Weber aber schien noch besorgter als ich, und zwar bezog sich ihre Besorgnis offenbar auf meinen Appetit. Es gab zur Stillung des ärgsten Hungers irgendeine dicke Suppe, die ich entsetzlich fand, aber brav hinunterwürgte, und hinterher einen Riesenhaufen Brote, rote Streichwurst und kalte Bouletten, dünn aufgeschnitten. Bemüht, einen guten Eindruck zu machen, nahm ich nur zwei Schnitten und erwies mich allem Zureden gegenüber als standhaft.

Im übrigen schienen, mit Ausnahme der Eltern, alle eingeweiht zu sein, um mich herum griente es verstohlen, und nur Steffi sah mich ernsthaft forschend an. Nach dem Essen verließ die Mannschaft geschlossen den Saal. Allerdings schien sich eine Geschwistertraube vor dem Schlüsselloch angesammelt zu haben, denn ich hörte ein

Gewisper und dann Ottfrieds energische Stimme. Irgend etwas knallte, vermutlich eine Ohrfeige, und jemand heulte los. Danach war Stille.

Steffi räumte den Tisch ab. Ich stand, die Hände weltmännisch in den Hosentaschen, am Geschirrschrank und sah ihr zu. Die Dämmerung ließ den großen kahlen Saal mit dem Tisch und den vielen Stühlen beinahe romantisch erscheinen. Ich betrachtete ihre starken Zöpfe und ihre runden Wangen und die schnellen, geschickten Bewegungen, mit denen sie die Teller ineinanderstellte und auf die Anrichte trug. Alles gefiel mir recht gut, und alles war anders als bisher. War das noch dasselbe Wesen, das mir erst vor ein paar Tagen bei der Erstürmung des feindlichen Wigwams ein Bein gestellt hatte, so daß ich erheblich auf die Nase flog, sie nachher bei den Zöpfen erwischte und ihr den Hintern vollhaute? Was machte man jetzt, um Gottes willen? Sie nahm die Schürze ab und kam durch das letzte Abendlicht zu mir, als habe sie meine Gedanken gelesen. ›Was machen wir nun?‹

›Also, du willst meine Freundin sein?‹

›Ja‹, sagte sie und sah mich aus ihren großen veilchenblauen Augen freundlich an: ›Und was machen wir nun?‹

›Ich glaube, wir geben uns jetzt am besten einen Kuß. Das gehört mit dazu.‹

›Bitte schön‹, sagte sie und hielt mir ihre Lippen hin. Ich küßte diese Lippen. Es war ihr erster und mein erster Kuß dieser Art, und er war gar nicht einfach. Vor allem waren uns unsere Nasen im Wege, und dann, als wir die richtige Kopfhaltung herausgefunden hatten, damit sie nicht mehr im Wege waren, ging der Kuß zwar vonstatten, fiel aber ziemlich feucht aus, so daß wir uns beide hinterher den Mund wischten.

›Und was weiter?‹ fragte sie.

Ich holte tief Atem: ›Ich glaube, wir müssen auch ein Rendezvous veranstalten.‹

›Was ist das?‹

›Na, wir treffen uns wo, und das darf keiner wissen.‹

›Ach! Warum treffen wir uns denn nicht hier?‹

›Das ist nicht schick. Rendezvous gehört mit dazu, kannst dich drauf verlassen.‹

›Na schön. Also wann treffen wir uns?‹

›Übermorgen, da ist Sonntag. Da gehst du sicher zur Kirche. Wann ist denn die aus?‹

›Um zehn Uhr.‹

›Gut, ich bin um fünf nach zehn da, warte auf mich.‹

›Ja‹, versprach sie, ›ich warte.‹

›Gut‹, sagte ich aufatmend, ›dann können wir ja den Ottfried rufen.‹

Ich erinnere mich noch, wie ich dann nach Hause ging. Es war Mai, und die Pyramiden der Kastanien leuchteten im Schimmer der Gaslaternen. Mir war ganz seltsam zumute, aber hauptsächlich war ich höchst vergnügt, daß ich nun eine Freundin hatte und mir von Kurt Reubling nicht mehr imponieren zu lassen brauchte. Jetzt gehörte ich endgültig zu den ›Männern‹ in meiner Klasse.

Am nächsten Tag waren Turnspiele irgendwo im Grunewald. Fußball. Hinterher brachte mich Kurt mit seinem Fahrrad nach Hause. Ich stand hinten drauf, weil ich kein eigenes Rad haben durfte. Die Mama erlaubte es nicht, weil sie Angst hatte, ich würde überfahren.

›Du warst ganz gut heute‹, sagte Kurt herablassend. Er war nämlich Mannschaftsführer, und Fußball war die einzige Sparte in der Schule, in der er glänzte. ›Ich würde dich gern als Torwart haben.‹

›Meinetwegen‹, erklärte ich großzügig.

›Dann mußte aber morgen mit mir trainieren. Der Paul‹, ein anderer von den ›Männern‹, ›schießt, und ich zeig dir, wie man abfängt. Wir haben die Turnhalle für uns.‹

Das war der große Augenblick für mich: ›Tut mir leid, bin verabredet.‹

Kurt schmiß uns fast um: ›Was? Mit wem denn?‹

›Ach, mit 'nem Mädel. Die ist ganz verrückt nach mir.‹

›Und dafür läßte 'n Torwart sausen, für so 'n blödes Weibsbild?‹

Und das sagte er, Kurt, der Herzensbrecher mit dem Hausschlüssel der verheirateten Frau! ›Nanu‹, meinte ich, ›wie kommst du mir denn vor?‹

Ich sah von hinten, daß er ganz rote Ohren bekam. Er legte sich nach vorn und erhöhte das Tempo: ›Ach – allmählich gehen einem die Weiber auf die Nerven. Fußball ist viel vernünftiger. Möchtest du nicht doch Torwart werden?‹

›Nee, nicht geschenkt. Nimm doch den Paul.‹

Kurt schwieg eine Weile nachdenklich. Als er mich dann an meiner Haustür absetzte, gab er mir die Hand, und ich fühlte, daß Achtung in diesem Händedruck lag: ›Muß ja 'ne ganz dolle Puppe sein, die du dir da aufgetan hast!‹

›Kann man wohl sagen. Scharf wie 'n Rasiermesser.‹«

Susanne schlägt wieder die Hände zusammen: »Ist ja großartig, Colonel!« Sie wendet sich zu Margot: »Eigentlich haben die doch damals genauso geredet wie wir heute! Nur – ihr wart ja noch viel jünger! Stimmte denn das, daß er das Verhältnis mit der verheirateten Frau hatte?«

»Unterbrich doch den Colonel nicht dauernd!« sagt Margot wütend.

»Ich erzähl's dir nachher«, sage ich. »Also, die Sache mit Steffi ... Am nächsten Tag, dem Sonntag des Rendezvous, fand ich am Frühstückstisch auf meinem Platz zwei Schachteln mit Soldaten aufgebaut und eine große Kanone, aus der man richtig mit Erbsen schießen konnte. Opapa war während der Nacht von der Dienstreise gekommen, und das hatte er mir mitgebracht. Ich geriet völlig aus dem Häuschen. Vor allem mußte ich ja jetzt die anderen Truppen aufmarschieren lassen, um die beiden neuen Kompanien und die Kanone zu begrüßen. Als ich mit dem Aufstellen der Zinnsoldaten fertig war und auf die Uhr schaute, war es dreiviertel elf!

Ach, du großer Strohsack – Steffi! Ich riß meine Mütze vom Haken und sauste los. An der Kirche war niemand mehr. Ich wartete eine halbe Stunde und ging dann nach Hause. Am nächsten Morgen in der Schule war Ottfried ziemlich zugeknöpft: ›Wo warste denn bloß, Mensch? Steffi hat 'ne dreiviertel Stunde auf dich gewartet!‹

›Hat sie geweint?‹

›Nee, sie hat bloß gesagt, du könntest sie mal kreuzweise. Was war denn bloß los?‹

Eigentlich war ich sehr enttäuscht, daß sie nicht geweint hatte. In diesem Fall hätte ich irgend etwas von einer plötzlichen Krankheit oder noch was Dramatischeres erzählt. So aber sagte ich schlicht die Wahrheit.«

»Ach, Colonel«, meinte Margot, »das ist aber kümmerlich! Das war ja keine richtige Liebe!«

»Nein«, gebe ich zu, »das war's noch nicht. Der kleine Junge hatte noch mal über den Mann gesiegt, wenn man so will.«

»Na, hast du sie denn gar nicht wiedergesehen, und wie war's denn dann später?« forscht Susanne.

»Wiedergesehen haben wir uns schon, noch 'n paarmal, und auch wieder zusammen gespielt, aber dann habe ich sie aus den Augen verloren, wie das so geht.«

»Und das fiel dir gar nicht schwer?«

»Nein, eigentlich nicht. Ich hatte ja dann auch bald meine erste richtige Liebe.«

»Nix wie los, Colonel«, ruft Margot, aber Susanne protestiert: »Erst will ich wissen, was aus Kurt Reubling und der verheirateten Frau wurde, du hast mir's versprochen, Colonel!«

»Ich erzähle es ja auch. Aber immer der Reihe nach. Jetzt kommt erst – Erika.«

11

Margot neigt sich mit glühenden Augen vor, das Kinn in die Hand gestützt: »Wie alt war sie denn?«

»Vierzehn.«

Susanne reißt die Augen auf: »Na – das ist ja ...«

In mir aber beginnt es wieder zu summen. Ein Balkon ist da, unser Balkon, draußen die Nachmittagssonne eines frühen Sommertages. Ich sitze und mache Schularbeiten. Und auf dem Nachbarbalkon...

»Es passierte unmittelbar nach der Geschichte mit Steffi. Etwas von diesem ersten Poussageversuch war nämlich trotz aller Soldaten in mir haftengeblieben, außerdem war es inzwischen Frühsommer geworden, und wenn ich abends mit gefurchter Stirn und nach lyrischen Inspirationen suchend über die Plätze strich, saßen überall die verliebten Pärchen auf den Bänken. Plötzlich beneidete ich sie und wurde ganz schwermütig.

Die Sache selbst fing aber nicht abends an, sondern an einem Nachmittag, an einem sehr warmen, schönen Tag.

Ich saß also auf dem Balkon, machte Schularbeiten und ärgerte mich, daß ich bei diesem schönen Wetter Mathe ochsen mußte. Was meiner Ansicht nach sowieso keinen Zweck hatte, weil ich's doch nicht begriff. Und wie ich so an meinem Federhalter kaute, räusperte es sich auf dem Nebenbalkon. Es war gar kein richtiges Räuspern, sondern so ein künstliches, das merkte ich gleich. Ich stand auf und sah durch unsere Petunien hinüber. Der Nebenbalkon war unmittelbar neben dem unseren, nur durch die Regenrinne getrennt, und da saß Erika und malte eifrig an einer Schularbeit. Ich kannte sie natürlich, hatte sie aber bisher wenig beachtet, weil sie sich fast nie an unseren Spielen auf der Straße beteiligte. Ihr Vater war irgendwo Direktor, und offenbar hielten die Eltern sie für zu gut, um mit uns zu spielen.

Als ich sie eine Weile angesehen hatte, schaute sie auf, und plötzlich bemerkte ich, wie hübsch sie war. Dieses herzförmige Gesicht, haselnußbraune Augen, der Mund wie eine Kirsche, diese schönen Farben und die kleinen Hände und der Goldschimmer in ihrem Haar, das sie jetzt nach hinten strich – sie lächelte mich an und wurde noch hübscher: ›Auch Schularbeiten?‹

›Hm‹, grunzte ich nur und starrte sie an.

›Geht's nicht richtig?‹

›Nee.‹

›Was ist es denn?‹

›Mathe. Kannst du Mathe?‹

›Ja. Aber ich kann dir leider nicht helfen.‹

›Natürlich nicht‹, sagte ich mit erwachtem Stolz. Was die sich einbildete! Aber verdammt hübsch war sie trotzdem.

Sie lehnte sich zurück und reckte gähnend die Arme: ›Ach, ich hab auch keine Lust mehr!‹ Sie sah mich kokett an: ›Weißt du was? Schreib mir doch 'n Liebesbrief!‹

›Einen ... na schön. Aber dann mußt du mir auch einen schreiben.‹

Worauf wir uns beide ans Werk machten. Erst wußte ich überhaupt nicht, was ich schreiben sollte. Aber dann überkam mich der Geist, und es wurde ein umfangreiches Gedicht. Die Verse flossen mir nur so zu, es reimte sich herrlich, und ich hörte erst auf, als sie mich schon dreimal von drüben gefragt hatte, ob ich denn immer noch nicht fertig sei.

›Du mußt eine richtige Adresse draufschreiben‹, sagte sie, als ich wieder ans Geländer kam. ›Und dann stecken wir's hier hinter die Regenrinne, das ist unser Briefkasten!‹

Ich tat wie geheißen, und beide steckten wir nacheinander mit ernsten Gesichtern die Briefe hinter die Regenrinne. Dann gingen wir für einen Augenblick an unsere Tische, und dann standen wir wieder auf und holten die Post ab.«

»Was hatte sie denn geschrieben?« fragt Susanne, woraufsie von Margot einen Knuff bekommt, weil sie mich schon wieder unterbrochen hat.

»Das weiß ich heute nicht mehr genau. Irgendwas – ich sei ein netter Junge, und sie hätte mich schon eine ganze Weile beobachtet. Jedenfalls, gerade als sie beim Lesen war, ging hinter ihr die Balkontür auf, und ihre Mutter erschien. Erika konnte eben noch mein Gedicht in ihrer Bluse verschwinden lassen.

Die nächsten Tage war ich wie betrunken. Endlich war es mir gelungen, verliebt zu sein! Ich gefiel mir ganz außerordentlich in diesem Zustand, und meine Fantasie schlug Wellen. Selbstverständlich würde ich Erika heiraten. Das stand fest.«

Susanne kringelt sich vor Lachen: »Du bist aber komisch, Colonel! Warum denn, um Himmels willen?«

»Tja, warum – ich glaube, weil ich mir einfach nicht vorstellen konnte, daß so etwas mal zu Ende sein könnte. Eine Liebelei anfangen mit dem vollen Bewußtsein, daß es nur für eine Zeit ist – unmöglich!«

Susanne macht runde Augen: »Ach!«

Margot mustert mich sehr interessiert. Ich habe das Gefühl, irgend etwas verpatzt zu haben, und fahre hastig fort:

»Am nächsten Nachmittag saß ich mit einem derartigen Eifer über meinen Heften auf dem Balkon, daß die Mama ganz gerührt war. Sie wies mehrfach darauf hin, daß es doch gar nicht so warm sei, ich aber erklärte, daß mir nicht nur warm, sondern brühheiß sei – und das war nicht mal gelogen. Dann kam mir eine Idee: Ich würde ein Rendezvous mit Erika verabreden, diesmal ein richtiges, zu dem ich auch hinging. Ich kritzelte einen Brief: ›Heute um sechs Uhr Rendezvous auf dem Lindenplatz?‹ und steckte ihn hinter die Regenrinne.

Dann kam wieder meine Mama, übrigens eine erschreckend blasse und durchsichtige Mama, und sagte mir, ich sollte mich ins Zimmer setzen, damit ich ein eventuelles Klingeln hören könnte. Sie müßte zum Kaufmann, dort gäbe es vielleicht eine Extrazuteilung Kunsthonig. Es war nämlich das Jahr 1917, eines der fürchterlichsten Hungerjahre des Ersten Weltkrieges. Wir lebten hauptsächlich von Graupen und Backpflaumen, die die Mama und die Großmutter in Näpfen aus der Volksküche heranschleppten. Das heißt von den Backpflaumen waren nur die Kerne und so 'n paar Fusseln drin. Wer die Pflaumen bekam, haben wir nie erfahren.

Draußen tobte die Flandernschlacht mit Hunderttausenden von Toten. Aber nichts von alledem focht mich an – ich hatte nur eines im Kopf: die Balkontür da nebenan.

Ich setzte mich also hinein, bis die Mama weggegangen war. Dann gleich wieder raus. Da – endlich, die Balkontür! Ihr Gesicht – die großen braunen Augen sahen ernst aus, und sie legte den Finger auf den Mund. Ich wies schweigend auf die Regenrinne. Sie tat, als ob sie an den Blumen röche, griff schnell den Brief, ließ ihn wieder in ihrem Ausschnitt verschwinden. ›Arbeitest du heute nicht draußen?‹ flüsterte ich. Kopfschütteln. Und dann, wie ein Hauch: ›Warte!‹ Sie ging hinein. Was war los? Hatte ihre Mutter was gemerkt? Wahrscheinlich war es ihr nur zu kühl, um Erika draußen arbeiten zu lassen. Ich fröstelte – zum Sitzen war es tatsächlich reichlich kühl. Da – wieder die Balkontür. Erika sagte offenbar absichtlich laut etwas über die Schulter ins Zimmer zurück. Dicke Luft also! Ich blieb in Deckung. Dann raschelte es an der Regenrinne. Die Tür schloß sich wieder. Eine Sekunde später hatte ich ihren Brief in der Hand: ›Um sechs – aber ich muß um sieben zum Abendbrot daheim sein!‹

Ich sah auf meine flache, goldene Einsegnungsuhr, die ich an einem Studentenzipfel trug in der stillen Hoffnung, gelegentlich für einen Studenten gehalten zu werden. Vier Uhr erst! Wie sollte ich das bloß bis sechs aushalten!

Um sechs Uhr am Lindenplatz! Da sind sie wieder, die jungen Linden, im Rechteck um Rasen und Bassin gepflanzt. Der Sonnentag ist schon ganz leise im Welken, und die Sonne scheint schräg über das Wasser des Bassins, daß es mit tausend Flämmchen in den Augen sticht. Noch im vorigen Jahr habe ich meine Schiffe hier schwimmen lassen, das Linienschiff, das eine richtige kleine Dampfmaschine hatte, und die holländische Schute mit den Seeräubern an Bord. –

Ringsum die große Hecke mit den tiefen Einschnitten. In jedem Einschnitt eine Bank. Der Platz ist fast leer. Kinder und Mütter sind zu Hause, Männer kaum noch in der Heimat. Ein abgemagertes Pferd schleppt eine Droschke über den Asphalt. Klapp-klapp – gehen seine müden Hufe. Dann ist es wieder so still, daß man die Spatzen in den Büschen tschilpen hört. Ich renne schon seit einer halben Stunde auf und ab und sehe alle fünf Minuten nach der Uhr. Und dann sehe ich sie – ein winziges weißes Figürchen, ganz in der Ferne am Anfang der Straße. Aber ich weiß, sie ist es – und mein Herz beginnt so zu schlagen, daß meine Kehle ganz trocken wird und es mir vor den Augen flimmert...

Dann standen wir uns gegenüber, reichten uns die Hand. Es war eine kleine, feste Hand, die kräftig zudrückte.

Wir fanden eine leere Bank in der tief eingeschnittenen Hecke. Zweige verdeckten den Ausblick auf das Bassin. Wir sahen uns an und wußten nicht, was wir reden sollten.

›Du bist noch ganz außer Atem‹, sagte ich schließlich.

›Ja, immer noch! Ich bin so gerannt – fühl mal, wie mein Herz klopft!‹ Und sie nahm meine Hand und legte sie unbefangen auf ihr Herz. Es schlug wirklich ganz fürchterlich, man spürte es deutlich. Ich wagte die Hand nicht zu bewegen.

›Ja‹, sagte ich, ›da wären wir...‹

›Ja, da sind wir.‹

Sie hatte meine Hand noch in der ihren, legte sie jetzt auf ihren Schoß und sah sie an: ›Du könntest dir mal die Nägel sauber machen‹, meinte sie.

Eilig zog ich die Hand weg: ›Entschuldige – aber – es ging so schnell...‹

›Meine Mutter sagt immer, man soll den Männern auf die Hände gucken. Du brauchst dich gar nicht zu genieren, abgesehen von den Nägeln hast du eine hübsche Hand.‹ Sie hielt mir die ihre hin: ›Wie gefällt dir meine Hand?‹

Ich sah sie an, und dann kam mir eine Idee. Ich führte sie an die Lippen! Sie riß sie mir weg und wurde rot: ›Na, du bist wohl nicht gescheit!‹

Ich holte mir die Hand wieder, und dann nahm ich all meinen Mut zusammen und sagte: ›Wir müssen uns jetzt einen Kuß geben!‹

Sie betrachtete mich zweifelnd: ›Meinst du?‹

›Ja, unbedingt!‹

Sie blickte rasch um sich – aber die Hecke umschloß uns dicht. Niemand achtete auf uns. ›Na, denn los!‹ sagte sie, machte die Augen zu und hielt mir ihre Lippen hin. Und ich küßte sie. Erst ganz flüchtig. Sie roch wie ein frischer Apfel. Dann gab ich ihr einen langen Kuß.

Als wir auseinanderwichen, wischte sie sich mit dem Handrücken den Mund und sah mich mißtrauisch an. Ihre Augen waren jetzt ganz dunkel: ›Bist du jetzt zufrieden?‹

›Es wird schon werden‹, sagte ich, ›wir müssen's nur noch ein paarmal versuchen.‹

Sie nahm wieder meine Hand, betrachtete sie einen Augenblick, dann sah sie mich ernst an: ›Jetzt sind wir, glaube ich, verlobt.‹

Ich erschrak selig: ›Meinst du?‹

›Doch, doch! Meine Mutter sagt, Verlobte küssen sich. Wir haben uns geküßt, also sind wir verlobt.‹

›Das ist logisch. Und was weiter?‹

›Wieviel verdienst du?‹

Ich starrte sie entgeistert an, und dann errötete ich: ›Zwei fünfzig die Woche, Taschengeld.‹

Sie seufzte: ›Das ist wenig. Da wird's noch eine lange Weile dauern, bis wir heiraten können.‹

›Wirst du auf mich warten?‹

›Ja.‹

Damit war eigentlich alles gesagt, fand ich. Die Schatten wuchsen, und von der Kirche schlug es halb.

›Jetzt müssen wir gehen‹, sagte sie.

›Ja.‹

›Wollen wir uns noch einen Kuß geben?‹

Diesmal war sie es, die meinen Kopf in beide Hände nahm und mich küßte: ›Wie war das?‹

›Du riechst so gut!‹

Sie stand auf: ›Komm.‹

Wir gingen nebeneinander langsam nach Hause. Eine Strecke lang fanden sich unsere Hände, und wir schlenkerten die Arme zwischen uns hin und her. An der Ecke vor unserer Straße aber ließen wir uns los. Ich wartete, und sie ging allein weiter. In der Haustür wandte sie sich um und hob verstohlen den Arm. Ich winkte ebenso verstohlen zurück. Dann ging auch ich heim.

Wir bildeten uns ein, sehr geschickt gewesen zu sein. Irgendwie aber kam die Sache heraus, und es erfolgte ein offizieller Besuch der Mutter Erikas bei der Mama. Dann wurde ich zu Opapa gerufen. Er betrachtete mich eine Weile schweigend und versuchte krampfhaft, streng auszusehen. Schließlich aber stand er auf, gab mir einen Knuff, der mich in den nächsten Sessel beförderte, setzte sich, lehnte sich gegen mich vor und fragte: ›Ist das nicht 'n bißchen früh?‹

›Was?‹

›Du weißt doch ganz genau, was! Wir wollen mal unter Männern reden. Bedrohte Unschuld von nebenan! Dieser o-beinige Brauereidirektor da – hast du 'n mal gesehen? Scheußlicher Kerl. Die Frau ist ja ganz niedlich…‹ Er spitzte die Lippen, kniff die Augen zusammen und dachte einen Moment nach, vielleicht über die Frau.

›Er braucht sich gar nicht zu beunruhigen, der alte Esel‹, sagte ich, bemüht, seinen Ton nachzumachen, ›wir werden ja heiraten.‹

Opapa fiel die Zigarre aus dem Mund. Ich hatte den Eindruck, als wollte er in ein unbändiges Gelächter ausbrechen, aber er beugte sich hinunter und hob die Zigarre wieder auf. Bis er die Spitze mit dem Daumen abgewischt und das Deckblatt angeleckt hatte, bekam er sein Gesicht wieder in Ordnung: ›Weißt du‹, sagte er, ›das ist ja nun 'ne schwierige Situation für mich.‹

›Aber die Sache ist doch ganz einfach‹, erklärte ich. ›Sie will warten. Wen stören wir damit?‹

›Soso. Sie will warten. Wie alt ist sie?‹

›Vierzehn.‹

›Hm – und du bist fünfzehn. Und nun wollen wir mal rechnen. Bis achtzehn bist du in der Schule. Wenn du zur Armee gehst – falls wir nach diesem Krieg überhaupt noch eine Armee haben –, brauchst du ungefähr zehn Jahre, bis du als Offizier eine Frau ernähren kannst, und zwar sehr kümmerlich. Wenn du einen anderen Beruf ergreifst, geht's vielleicht 'n bißchen schneller, sagen wir sieben Jahre. Das sind immerhin zusammen noch zehn Jahre. Sie ist 'n reiches Mädel, Junge. Wenn die erst mal richtig in Fahrt kommt, wird sie ein Dutzend Verehrer an jedem Finger haben. Hübsches

Ding – gebe ich zu. Aber in der Veranlagung – Papa plus Mama. Das heißt, sie weiß genau, was sie will und wo ihr Vorteil liegt. Zehn Jahre warten...‹ Er schüttelte den Kopf: ›Schlag's dir aus dem Kopf!‹

Ich starrte ihn entgeistert an: ›Aber Opapa – das ist doch gar nicht möglich – man kann doch nicht jemanden lieben – wenn man nicht die feste Absicht hat, das ganze Leben miteinander zu verbringen! Man kann doch mit so was nicht spielen!‹ Und als er nicht antwortete: ›Könntest du denn das? Mit jemandem eine Freundschaft anfangen – und dabei wissen, eines Tages ist es aus?‹

Seine Augen wichen von mir und gingen ins Leere. ›Man sollte es nicht können, Hänschen‹, sagte er dann langsam und sehr ernst. ›Man sollte es nicht. Aber man tut es. Die Welt, mein Junge, ist hart und sehr in Unordnung und gar nicht so, wie sie sein sollte. Und besonders die Dinge zwischen Mann und Frau – die sind vor allem in Unordnung.‹ Er stand auf, steckte die Hände in die Hosentaschen und ging qualmend auf und ab. Dann legte er mit einer behutsamen Bewegung die Zigarre in den Aschenbecher, wandte sich mir zu: ›Versprich mir, daß du über den Rat, den ich dir jetzt gebe, wenigstens mal nachdenkst!‹

›Ja.‹

›Also paß auf. Jeder von uns muß irgendwie mit dieser Welt fertig werden – mit der Welt, so wie sie ist. Es gibt daneben 'ne Idealwelt, in der lebst du heute. Hoffentlich noch recht lange. Aber ich fürchte, allzu lange wird's nicht mehr dauern. Dann kommt der Augenblick, in dem diese Idealwelt mit der wirklichen zusammenstößt, und das ist einer der gefährlichsten Augenblicke in unserem ganzen Leben. Auch für mich, mein Lieber, kam mal dieser Augenblick, und beinahe hätte ich mir damals das Leben genommen – ganz ernsthaft! Und glaube nicht, daß ich heute darüber lache!

Aber dann, so ganz allmählich, habe ich mich zurechtgefunden und einen Standpunkt der Welt gegenüber eingenommen. Jeder anständige und ernsthafte Mensch muß das, damit er überhaupt weiterleben kann. Ich hab mir meine Idealwelt erhalten – und diese Welt habe ich immer noch...‹, er deutete gegen seine Brust, ›hier ganz innen. Aber nur so für den Hausgebrauch, verstehst du? Für das normale Leben, da habe ich folgendes Prinzip: Ich erwarte nichts Besonderes von den Menschen. Jedenfalls nichts besonders Gutes.

Wenn ich's mal treffe – und ich habe es ab und zu getroffen –, ist's wie ein Geschenk, das uns der liebe Gott macht. Aber von vornherein nehme ich an, daß jeder wie mit Scheuklappen seinem Vorteil nachrennt und sich danach benimmt. Wenn du einen einzigen guten Freund im Leben findest und die richtige Frau, dann ist das, als ob du zweimal hintereinander das Große Los gewinnst, das mußt du dir immer sagen!‹

›Es könnte doch aber sein, Opapa, daß Erika die Richtige ist! Gibt's so was nicht, daß gleich die erste die Richtige ist?‹

›Hm – nach dem Gesetz der Wahrscheinlichkeit ist es jedenfalls kaum zu erwarten. Weißt du was – wann fangen die Ferien an?‹

›In vierzehn Tagen.‹

›Hm – vierzehn Tage. Also bis dahin – würde ich sagen – versuch mal, na – wie soll ich sagen – die Dinge an dich herankommen zu lassen.‹

›Ja, soll ich denn gar nicht mehr mit ihr reden, wenn sie auf dem Balkon ist?‹

›Würde ich nicht raten. So, wie ich die Mutter kenne, wird sie sowieso wie eine wütende Henne ihr Küken bewachen.‹

›Ich will's versuchen. Aber garantieren kann ich's nicht‹, sagte ich. Dann vollzog ich einen ziemlich eiligen Rückzug auf die Toilette, und dort heulte ich erst mal eine Weile. Ich kam zu dem Ergebnis, daß ich der unglücklichste Mensch auf der ganzen Welt sei und daß es bestimmt auch vor mir keinen anderen Menschen gegeben hatte, der dermaßen unglücklich war. Und darüber wurde ich noch unglücklicher und weinte noch mehr, und das tat mir sehr wohl.

Meine Standhaftigkeit brauchte ich gar nicht auszuprobieren, denn ich konnte sie sowieso nicht mehr sprechen. Keine Schularbeiten mehr auf dem Balkon, und wenn sie ausging, war immer die Mutter dabei. Kaum, daß sie einen ganz verstohlenen Blick zu unseren Fenstern hinaufwerfen konnte, wo ich hinter den Gardinen stand.

Dann kamen die großen Ferien. Als ich von der Reise zurückkam, flog mein erster Blick zu ihren Fenstern. Sie sahen merkwürdig leer aus. Keine Gardinen! Vielleicht haben sie große Wäsche, dachte ich, aber ich hatte ein unheimliches Gefühl im Magen. Ich stürzte die Treppen hinauf, meine erste Frage an Opapa: ›Was ist mit Erika?‹

Er paffte heftig an seiner Pfeife, einen entsetzlich stinkenden Ersatztabak, wie er damals im vorletzten Kriegsjahr ausgeteilt wurde. Eben jetzt habe ich wieder den Geruch in der Nase. ›Tja, Hänschen‹, sagte er, ›sie ist weg.‹

›Was heißt weg?‹ stammelte ich.

›Die Eltern haben sich 'ne Villa gekauft, sind nach Westend gezogen.‹

Ich sagte kein Wort. Aber ich war wie versteinert. Es dauerte Wochen, bis ich wieder mal lachen konnte.«

Ich erwache und sehe auf. Da sitzen die beiden, Geschöpfe aus einer ganz anderen Zeit, und doch wie ähnlich den Mädchen meiner Jugend. Und ebenso wie wir damals kümmern sich die beiden hier nicht um das gewaltige Geschehen der Welt, dessen Drohung heute noch viel furchtbarer ist als das Toben des Krieges damals. Oder fühlen sie es doch? Unbewußt vielleicht... Vielleicht ist es das, was sie so herb und wild macht?

»Und du hast nie wieder was von ihr gehört?« fragt Margot.

»Nach ungefähr vier Jahren, als ich schon junger Journalist war, ging ich mit einer Freundin in Westend spazieren und kam zufällig an Erikas Haus vorbei. Ich wußte gar nicht, daß sie dort wohnte, aber plötzlich tat sich die Gartenpforte auf, und sie kam heraus, mit einem Dienstmädchen. Sie trugen einen Wäschekorb zwischen sich, den sie über die Straße in eine Wäscherei brachten. Sie erkannte mich sofort, wurde blutrot, riß das Kinn hoch. Ich war so verdattert, daß ich nicht mal grüßte.«

Susanne schlägt die Hände zusammen: »Das gönne ich ihr, der dummen Gans!«

Margot beobachtet mich nachdenklich: »Ich an ihrer Stelle hätte es mir nicht verbieten lassen«, sagt sie.

12

Susanne rutscht nach vorn und zupft mich am Ärmel: »Jetzt will ich aber endlich wissen, was mit dem Kurt und der Frau war!«

Die Mama, die bei Erzählungen von Steffi und Erika sichtlich gerührt war, wird unruhig. Aber ich besänftige sie mit einer Handbewegung: »Ja, also mit dem Kurt war das so: Ich fand erst zwei Jahre später heraus, was es mit der Frau und ihm auf sich hatte.«

Ich verstumme, denn die Erinnerung kommt mit fast lähmender Kraft über mich. Mit Gewalt muß ich mich zwingen, sie für meine beiden hier in Worte zu fassen.

»Wir waren ein Dreierklub, der Kurt, mein Freund Max Bernstein und ich. Max komponierte, ich dichtete Lyrik und Kurt schrieb an einem unendlich langen und wehmütigen Roman, den er ›Das Leid‹ nannte. Der Hauptheld war ein Mann, der langsam an Lungentuberkulose dahinsiechte, dabei sehr zahlreiche und meist sehr wehmütige Liebschaften hatte und sein Schicksal in sehr langen und noch wehmütigeren Monologen sezierte.

Wir waren fast Tag für Tag zusammen, am liebsten bei Mäxchen Bernsteins Eltern. Sein Vater war Generalkonsul und hatte eine große Wohnung im Westen. Dort hockten wir in Mäxchens Zimmer. Derjenige, der vorlas – und das war meist Kurt –, saß mit dem Rücken zum Flügel, weil er dort das Licht von der Klavierlampe hatte. Max lag auf dem alten Kanapee, und ich hatte meinen Stammplatz auf dem Boden neben Max.

Zu einem dieser Abende nun holte ich Kurt ab. Während er sich noch seine gute Jacke anzog, wurde draußen ein Schlüssel umgedreht, und die Mutter kam, eine ganz kleine Frau mit zotteligen grauen Locken und merkwürdig großen Schuhen, die mich immer an eine Sorte von Hühnern erinnerten, die so eine Perücke über dem Schnabel und dicke Federfächer über den Krallen haben. – Normalerweise standen Kurt und seine Mutter sehr nett miteinander. Der Vater war lange tot, und sie sparte sich sein Schulgeld von ihrer kleinen Pension ab. Diesmal aber war sie fuchsteufelswild, und ich war dem Lachen nahe, als ich sah, wie dieses kleine Wesen auf den großen, schweren Kerl losfuhr: Er nahm schweigend einen Stuhl, stellte ihn vor sie hin und sagte. ›Ich weiß zwar nicht, worum sich's handelt, aber wenn du mir eine runterhauen willst – bitte schön. Soll ich dich raufheben?‹

Da mußte sie wieder lachen und wandte sich an mich: ›Ideen habt ihr manchmal, ihr Bengels! Heute morgen kommen die Kohlen, und was finde ich nicht? Den Kohlenkellerschlüssel. Ich suche die ganze Wohnung ab – nichts. Schließlich fiel mir ein, daß Kurt ihn ein paarmal hatte. Und tatsächlich, in der Hosentasche von seinem anderen Anzug – da war er!‹ Sie warf den Schlüssel auf den Tisch. Es war der Hausschlüssel der verheirateten Frau!

›Das nächstemal hängst du ihn an den Haken, wo er hingehört, da wünsche ich ihn von jetzt an zu sehen!‹ sagte sie und fegte hinaus.

Ich konnte Kurt gar nicht ansehen und sagte nach einer Weile bloß: ›Na, dann wollen wir mal gehen.‹

Er begann wieder zu husten: ›Geh du nur allein. Ich glaube nicht, daß ich heute in Stimmung bin zum Lesen.‹« Ich schweige und grüble, und ein leiser Schmerz nistet in meiner Brust.

»Ach, der arme Kerl«, sagt Susanne. »Was ist aus ihm geworden?«

Kurt – da war wieder sein rundes Gesicht mit den roten Flecken auf den Backenknochen.

»Ich glaubte«, höre ich mich sagen, »daß er diese Flecke hatte, weil ihm mal im Winter das Gesicht erfroren war. Bis das Abitur kam. An sich ging es überraschend gut, so ähnlich wie bei einer Zahnoperation, die man sich so grauenvoll vorstellt, daß man von der Wirklichkeit angenehm überrascht wird.

Bis auf die Mathematik. Sie wurde von einem Professor Wackel zelebriert, einem gewaltigen, auf O-Beinen watschelnden Etwas. Drei Aufgaben wurden uns gestellt, und mit keiner wußte ich etwas anzufangen. Die einzige Chance blieb, eine Hilfe zugesteckt zu bekommen. Aber man hatte uns weit auseinandergesetzt, der nächste war Max, der selber hart an den Dingern kaute, obwohl ihm Mathematik sonst doch besser lag. Wackel obendrein watschelte unentwegt zwischen den Bänken auf und ab. Manchmal lehnte er sich auch mit einem bösen Lächeln zurück und sah auf diese Weise halb unter die Tische, ob wir nicht vielleicht doch von einem Zettel abschrieben.

›Nur ruhig, meine Herren‹, sagte er, ›nur ruhig!‹ So, als ob der Scharfrichter sagte: Bitte, den Kopf etwas mehr nach links und schön das Hälschen stillhalten! – Zweimal schon hatte er mir mit Genuß über die Schulter gesehen und gesagt: ›Na, Bentz? Noch nicht viel, was. Nachdenken, nur nachdenken, sich immer schön konzentrieren!‹ Dann war er wieder an mir vorbei, und ich sah nur seinen breiten Rücken mit dem Gummikragen und dem unordentlichen Zottelhaar darüber, rechts und links von dem verhaßten, breitgequetschten Hinterkopf die Bartspitzen.

Max blickte zu mir herüber. Ich rang die Hände. Er zuckte die Achseln, sah dann mit wütendem Gesicht auf Dombrowski. Das war unser Primus, ein schüchterner Junge mit großen Antilopenaugen. Kein Stänker, aber ziemlich feige. Nun, man hat ja auch mehr zu verlieren als Primus! Die ganze Klasse begann sich zu räuspern, alles sah zu ihm hin. Aber auch Wackel sah auf Dombrowski, der sich unter all diesen Blicken wand wie auf einem Rost. Etwas hatten wir uns alle durch Zeichensprache klargemacht: Die dritte Aufgabe konnte keiner. Die Lösung der ersten hatte ich inzwischen von Max mit einem kleinen Ball zugeworfen bekommen, aber es war nur die Lösung, die Rechnung selbst fehlte mir! Da machte Kurt, der zwei Bänke vor mir saß, etwas Großartiges: Während Wackel gerade wieder auf Dombrowski starrte und uns für einen Moment den Rücken wandte, reichte er mir mit einer blitzschnellen Bewegung sein Heft nach hinten. Ich reagierte ebenso rasch und gab ihm meines. Wackel hatte irgendwas gehört und fuhr herum, aber schon saßen wir beide wieder über einem Heft. Ich schrieb die ganze Sache ab und dann, während uns die Blicke der Klasse mit angehaltenem Atem verfolgten, praktizierten wir alles noch einmal. Jetzt hatte ich also Aufgabe eins, aber das genügte noch nicht.

›Scheißkerl!‹ zischte einer zu Dombrowski hinüber. Der wurde bleich, biß die Zähne in die Lippen, richtete sich dann auf und hob den Arm: ›Ich möchte bitte austreten.‹

Alles atmete auf. Wackel war zuckersüß: ›Bitte sehr, lieber Dombrowski, selbstverständlich! Übrigens, erschrecken Sie nicht, wenn Sie unten Herrn Assessor Schmitt sehen, er paßt auf, daß nichts in den Kabinen liegenbleibt... Vor ein paar Jahren war mal so eine häßliche Geschichte, und wir wollen die Herren gar nicht erst in Versuchung führen.‹

Dombrowski errötete wie ein Mädchen und ging.

Wir verfielen wieder in Trübsinn und glühenden Haß gegen dieses watschelnde Walroß. Nach fünf Minuten kam Dombrowski zurück. Er sah jetzt blaß aus wie Marmor, um seinen Mund aber war ein ungewöhnlich entschlossener Zug. An der vordersten Bank, auf der Kurt saß, stolperte er, fiel krachend hin, sein Kopf schlug gegen die Bank. Kurt sprang sofort auf, half ihm hoch, auch Wackel war gleich da: ›Haben Sie sich was getan, Dombrowski?‹

Der stammelte: ›Nein – nicht viel – entschuldigen Sie bitte, diese Eisenschiene ...‹ Er hinkte auf seinen Platz. Bevor er sich setzte, blieb er noch eine Sekunde stehen und bewegte prüfend seinen Knöchel. Und während Wackel ihn dabei fasziniert beobachtete, warf mir Kurt eine Papierkugel zu. Es war die Lösung der dritten Aufgabe, die ihm Dombrowski zugesteckt hatte! Ich schrieb sie schnell ab, aber während der ganzen Zeit fühlte ich die hungrigen Blicke der anderen auf mir. Und noch einer fühlte sie, nämlich Wackel. Auf Katzensohlen kam er mir näher. Ich griff in meine Tasche, wo ich eine Rolle mit Pfefferminztabletten hatte, und steckte eine Tablette in den Mund. Aber vor der Tablette die kleine Papierkugel mit der Lösung. Ich schluckte sie hinunter, Pfefferminz samt Kugel. Es tat in der Gurgel weh, aber dann war beides weg. Da kam Wackel schon heran: ›Darf ich mal sehen?‹

›Selbstverständlich, Herr Professor.‹

Er nahm die Glasröhre, sah sie von allen Seiten an, schüttete sie sogar in seine Hand aus.

›Sehr erfrischend‹, sagte ich.

Er sah mich starr mit glitzernden Augen an: ›Würde es Ihnen etwas ausmachen, wenn Sie mal aus Ihrer Bank herausträten?‹

Ich setzte eine tief gekränkte Miene auf: ›Nicht im geringsten, Herr Professor!‹

Er bückte sich und fuhr mit der Hand unter die Bank: ›Autsch!‹ machte er, und in einem seiner dicken Finger steckte eine Nadel. Eine Nadel! Plötzlich kam mir ein Gedanke. Ich packte sein breites Handgelenk, zog die Nadel heraus, riß mein Taschentuch vor, betupfte seinen Finger: ›Das kann leicht eine Blutvergiftung geben, Herr Professor!‹

Jemand kicherte nervös. Er sah mich wütend an: ›Ach, Unsinn! Seien Sie nicht albern!‹ steckte den Finger in den Mund und ging weiter.

Eine Nadel! Gute, kleine Nadel! Ich mußte es riskieren, das war ich all diesen braven Kerlen schuldig. Ich schrieb die Lösung auf einen kleinen Zettel, und als Wackel das nächstemal an mir vorbeikam, heftete ich den Zettel mit der Nadel hinten auf seinen Rock.

Schlagartig änderte sich das Verhalten der Klasse. Man war ungeheuer freundlich zu ihm, verwickelte ihn in kleine Gespräche: Ob man nicht jetzt ein Fenster öffnen könne, ob es noch ein paar Minuten Zugabe gäbe. Manche machten auch verdächtige Bewegungen unter ihren Tischen, so daß er länger bei ihnen stehenblieb. Und die, denen er dabei den Rücken zuwandte, schrieben rasch die Lösung ab. Die Klasse siedete in diabolischer Freude. Er, dieser Schinder, trug selbst die Lösung spazieren! Dann aber kam das große Problem: Sie mußte ihm ja wieder abgerissen werden, denn sie trug meine Handschrift. Wilde Telefonie hin und her, Kurt gab ein Zeichen – er wollte es tun. Und er tat es! Meisterhaft! Mit einem einzigen scharfen Ruck. Aber trotzdem hatte Wackel irgend etwas gemerkt und fuhr zu ihm herum. Kurt riß schnell sein Taschentuch heraus und mimte einen Hustenanfall.

›Zeigen Sie mir Ihre linke Hand!‹ brüllte Wackel. Kurt schüttelte den Kopf und hustete. Es war ein prachtvoller Anfall, er hörte überhaupt nicht mehr auf.

›Ihre Hand!‹ zischte Wackel und riß sie Kurt mit dem Taschentuch vom Mund. Wir waren alle zu Eis erstarrt. Jetzt mußte alles herauskommen, und ich war erledigt. Aber dann merkten wir, daß sich irgend etwas Besonderes ereignet hatte, etwas Unerwartetes. Wackel starrte auf das Taschentuch, auch Kurt starrte darauf. Dann sahen er und Wackel sich an, und plötzlich legte Wackel ihm ganz vorsichtig die Hand auf die Schulter: ›Gehen Sie raus, Kurt. Ich würde mitkommen – aber, na, Sie verstehen! Unten ist Assessor Schmitt, werden Sie es schaffen bis dahin?‹

Kurt nickte, stand wie im Traum, das Tuch noch immer in der Hand. Und dann sahen wir es: ein roter Fleck war darin, ein großer roter Blutfleck!

Nach dem Abitur verreiste ich für ein paar Wochen, bevor ich meine erste Stellung bei einer Zeitung antrat. Meine Offizierspläne hatte ich nach dem Zusammenbruch des Kaiserreiches aufgeben müssen. Als ich wiederkam und der Mama und den Großeltern meine Ferienerlebnisse geschildert hatte, verließen die beiden Frauen mit etwas auffälliger Hast das Zimmer. Ich blieb mit Opapa allein. Er paffte nervös.

Endlich sagte er: ›Da ist noch eine Sache – mit deinem Freund Kurt...‹

›Wieso – was meinst du?‹

›Er ist im Krankenhaus, und ich glaube, es wäre vielleicht ganz gut, wenn du gleich mal hinfahren würdest.‹

Mir wurde ganz kalt: ›Ist es ... ist es ...?‹

›Du wolltest doch Soldat werden, nicht wahr?‹

›Ja.‹

›Ein Soldat muß allem ins Auge sehen, besonders diesem!‹

Ich sprang auf, zog mich wieder an, raste die Treppen hinunter. Die Trambahn, die Menschen – Straßen – es war wie ein Traum, ein häßlicher Traum. Dann das Krankenhaus, Gänge mit vielen Türen, Linoleumboden, eine Schwester, die leise sprach und mich bat, ihn nicht aufzuregen. Er hatte ein Einzelzimmer und viele, viele Blumen. Aber er – war das Kurt? Diese gelbe Haut, diese riesigen Augen, dieser wissende, alte Ausdruck im Gesicht ... Er winkte mir mühsam zu: ›Komm mir nicht zu nah!‹

›Kurt!‹

Er warf einen Blick zur Seite, dort lag ein dickes Bündel Papiere. Darauf mit Rotstift: ›Das Leid.‹ Er hustete. Als der Anfall vorüber war, flüsterte er: ›Pech, Hannes. Es ist beinahe fertig. Ich schenk dir's. Vielleicht – wenn du mal sehr viel Geld hast – du könntest es vielleicht zu Ende schreiben und ... und drucken lassen! Und – heul bloß nicht, hörst du! Heul nicht, es ist gar nicht schlimm.‹

›Aber du wirst sicher wieder ...‹

›Unsinn.‹

Die großen, glänzenden Augen wichen nicht einen Moment von mir: ›Ich danke dir auch noch ...‹

›Wofür denn?‹ stammelte ich, während es wieder in meiner Kehle würgte.

Abermals ein Hustenanfall, und dann lächelte er mich an und sah ganz jung aus, so – gespenstisch jung. ›Ich danke dir‹, sagte er, ›daß du den anderen nie was erzählt hast von dem Hausschlüssel ...‹

›Na, das war doch selbstverständlich!‹

›Nein, nein – das war es gar nicht. Das wäre eine großartige Anekdote für dich gewesen zum Weitererzählen. Aber so haben sie mich für einen tollen Kerl gehalten – bis ... zum ... bis zum Schluß.‹ Er hustete erbärmlich, fing sich aber wieder. Sein Lächeln war etwas verblichen, aber immer noch deutlich: ›Ich hätt's ja gern erlebt, wie das ist – so in Wirklichkeit, mit einer Frau. Aber vielleicht ist es gar nicht so schön, wie ich es mir vorgestellt hatte. Vielleicht ist's gut so – wie es gekommen ist.‹ Er sah mich lange an, und mir war, als triebe sein Gesicht dabei von mir fort, in unendliche Ferne. ›Du wirst es ja erleben. Und wenn's die Richtige ist – halt sie fest!‹

Die Schwester sah zur Tür herein: ›Sie müssen jetzt gehen!‹

›Ich komm morgen wieder!‹ sagte ich.

›Nimm das Buch mit.‹

›Aber das kann doch noch ...‹

›Nimm das Buch mit!‹

›Na schön. Also – bis morgen!‹

›Leb wohl!‹ Er winkte mir nach.

In dieser Nacht starb er ...«

Ich fahre zusammen. Susanne lacht hysterisch, mit aufgerissenen Augen und zuckendem Mund. Sie reißt ihrer Schwester das Taschentuch aus der Hand, schnaubt sich gewaltig – und dann kommen ihr die Tränen und laufen ihr die Wangen hinunter, als seien zwei Wasserhähne aufgedreht worden. Ihre Schultern zucken.

»Du erzählst aber den Kindern auch Geschichten!« sagt die Mama empört. »Du bringst sie ja völlig durcheinander mit diesen schaurigen Sachen!«

»Wieso«, murmle ich, »da, nimm lieber mein Taschentuch, Susanne. Es ist ja schon so lange vorbei ...«

Die Mama sieht mich noch immer an: »Das hast du mir noch nie so erzählt, so im Zusammenhang. Ich meine – so, wie du das empfunden hast. Damals, als du aus dem Krankenhaus kamst, hast du dich eingeschlossen bis in die Nacht. Das weiß ich noch ...« Sie reißt sich zusammen: »Jetzt werde ich mal eine Geschichte erzählen.«

Margot schielt verstohlen auf ihre Uhr.

»Ist deine Geschichte auch so traurig?« schluchzt Susanne.

»Nein, die ist lustig.«

»Wann spielt sie denn?« fragt Margot.

»Als meine jüngere Schwester Braut war.«

»Braut?« rufen beide im Chor, und ihre Augen glitzern. Susanne schnieft entschlossen durch die Nase und gibt ihrer Schwester das Tuch zurück. Ich bin ärgerlich. Natürlich, wenn eine Braut auftaucht, sind sie Feuer und Fett, die Gören. Tut mir eigentlich leid, daß ich ihnen die beiden Sachen erzählt habe von Steffi und Erika.

Etwas schiebt sich in meine Hand, eine dicke Pfote. Als habe er meine Enttäuschung gefühlt, der Cocki. Seine goldenen Augen sehen mich liebeheischend an. Ich streiche über seine glatte Stirn: ›Hast recht, Dicker‹, sage ich in mich hinein, ›wir Hunde sind doch bessere Menschen.‹ Jetzt möchte ich bloß wissen, was das für eine lustige Geschichte aus der Brautzeit ist, die das Mulleken da verzapfen will.

»Wie alt warst du denn damals?« fragt Margot gerade.

»Fünfundzwanzig«, sagt die Mama.

Susanne ist ganz erschrocken: »Fünfundzwanzig? Wie alt warst du denn dann, als du geheiratet hast?«

»Achtundzwanzig!« erklärt die Mama und richtet sich auf. »Wie du siehst, hat es mir nicht geschadet, daß ich wartete, bis der Richtige kam.«

Susanne blickt hilfesuchend ihre Schwester an: »Ei je, ei je!«

Margot wirft die Lippen auf: »Du wartest sicher nicht so lange.«

Die Mama schließt betäubt die Augen, schluckt, öffnet die Augen wieder: »Als meine Schwester schon verlobt war und ich noch nicht...«

»Entschuldige, Omi, daß Susanne dich unterbrochen hat«, sagt Margot.

»Ja, entschuldige bitte«, murmelt Susanne. »Was war denn der Bräutigam von deiner Schwester?«

»Forststudent! (Strenger Blick auf Susanne.) Damals fuhr ich mit ihr nach Tharandt, dort war die Forstakademie. Es waren sehr viele Studenten da, mit Mützen und Bändern, und wir waren jeden Tag auf irgendeinen Ball oder zu einer der vielen Verbindungen eingeladen.«

»Ach, himmlisch«, seufzt Susanne und sieht aus unbekannten Gründen ihre Schwester vorwurfsvoll an, als könne diese dafür, daß sie nicht auf den Wellen einer solch wildbewegten Männersee herumrudern kann.

»Es war sehr streng«, erklärt die Mama mit unüberhörbarem pädagogischen Unterton. »Die Herren waren sehr eifersüchtig auf die Ehre ihrer Damen. Wenn wir zum Beispiel von anderen Studenten etwas länger angeguckt wurden, stand der eigene Student auf, ging zu dem anderen rüber, verbeugte sich steif und sagte: ›Sie haben meine Dame fixiert, mein Herr!‹ Dann stand der andere Student auch auf und sagte: ›Ich stehe zu Ihrer Verfügung!‹

Und dann gingen sie raus und tauschten ihre Visitenkarten aus, und manchmal ohrfeigte der eigene Student auch den anderen noch – und dann duellierten sie sich, manchmal sogar sine-sine.«

Susanne ist bis an den äußersten Stuhlrand gerutscht, ihre Augen erscheinen noch größer als gewöhnlich: »Sine-sine – was ist das?«

»Latein, du Rindvieh«, sagt Margot. »Das solltest du in den vier Jahren gelernt haben.«

»Ich kann mir mein Latein selber übersetzen, dazu brauche ich dich nicht. Ohne-ohne heißt es, aber was bedeutet es?«

»Ich werde mir merken, daß du dir dein Latein selber übersetzen kannst«, erklärt Margot giftig, worüber Susanne in sich zusammensinkt wie ein angeschossener Luftballon.

»Sine-sine«, erläutert die Mama, »bedeutet, daß sie sich ohne Schutzbandagen um den Hals und so mit ihren Säbeln schlugen, bis der eine umfiel oder sogar tot war.«

»Mein Gott, ist das aufregend!« seufzt Susanne.

»Es ist idiotisch«, meint Margot. »Wenn ich mit einem Mann auf einen Ball gehe, sollte er doch froh sein, wenn mich die anderen Männer auch nett finden und ansehen.«

Die Mama, durch Margots gesellschaftskritische Anmerkungen aus dem Konzept gekommen, bemüht sich, schleunigst weiterzuerzählen:

»Also, wir beiden Mädels hatten ein Zimmer im Hotel, hinten nach dem Hof raus, und morgens kamen immer die Studenten und brachten uns Ständchen mit Gitarren und sangen dazu, und manchmal auch abends. Dann schimpfte allerdings die Nebenmieterin, besonders weil Poldi dazu heulte.«

»Wer war Poldi?« will Margot wissen.

»Das war unser Dackel, den wir mitbekommen hatten, weil unsere Eltern nach Kissingen zur Kur fuhren, während wir die Studenten besuchten. Ein scheußlicher Hund. Er übergab sich aus reiner Bosheit und zu den unpassendsten Augenblicken. Zum Beispiel einmal, als unsere Tanzstundenherren bei unseren Eltern Besuch machten. Damals war das so Sitte. (Strenger Blick auf beide Mädchen.) Die Herren kamen im Cut, mit Handschuhen und Zylinder. Die Zylinder stellten sie unter ihre Stühle und bekamen Vermouth mit Keksen. Während sie so saßen und tranken und die Großmama herauszufinden versuchte, ob vielleicht einer von ihnen eine gute Partie wäre, übergab sich Poldi unten in die Zylinder. In beide – er teilte sich's ganz genau ein. Alle merkten es natürlich, aber keiner wollte es wahrhaben. Poldi, der ganz beleidigt war, weil niemand schimpfte, nahm sich noch einen der Handschuhe, verkroch sich unter die Kommode und geiferte von da vor. Die Herren zogen sich bald zurück, mit drei Handschuhen und zwei gefüllten Zylindern.«

Die beiden Mädchen quietschen vor Vergnügen, und die Mama sieht mich triumphierend an. Dann, als das Gelächter sich gelegt hat, fährt sie fort:

»An einem Abend nun, als wir dort in Tharandt schon im Bett waren, fiel es Poldi ein, groß ins Zimmer zu machen, obwohl wir vorher drei Stunden unterwegs gewesen waren – mit ihm und den Studenten. Wir hörten irgendwelche Geräusche, waren aber zu müde. Am nächsten Morgen merkten wir es dann. Gott sei Dank waren es ziemlich harte Kullern, weil er wieder so viele alte Knochen gefressen hatte. ›Was machen wir nun damit?‹ fragte meine Schwester. ›Wir packen sie in eine Zeitung und tragen sie weg‹, sagte ich. Es stellte sich aber heraus, daß wir keine Zeitung hatten. Da kam meine Schwester auf eine Idee: ›Weißt du was, wir pieken es auf Haarnadeln und werfen es aus dem Fenster. Es ist ja noch dunkel draußen!‹ Wir piekten also die Kötel auf und warfen sie aus dem Fenster. Dann haute ich Poldi die Jacke voll, er schnappte nach mir, und dann schliefen wir noch mal ein. Wir wachten erst auf, als unten das übliche Morgenständchen der Studenten ertönte, aber es brach schnell ab, und statt dessen hörten wir ein furchtbares Gejohle und Gelächter. Es stellte sich heraus, daß unsere Haarnadeln alle in einer kleinen Tanne hängengeblieben waren, die unter unserem Fenster stand. Der Verlobte kam herauf und sagte, er hätte so was noch nie erlebt. Es sehe fast so aus wie 'n Weihnachtsbaum.«

Erneutes stürmisches Gelächter. Die Mama sieht mich wieder triumphierend an.

»Wie lange war denn deine Schwester mit ihrem Mann verlobt?« fragt Margot.

»Sieben Jahre«, erklärt die Mama stolz. »Bis er ausstudiert hatte und junger Förster war.«

»Aha«, meint Margot und sieht mich bedeutungsvoll an. »Das ist ja interessant!«

Die Mama, ohne zu merken, daß da irgendeine Panne passiert ist, gießt sich ein weiteres Glas Vermouth ein. Susanne kommt mir – ebenso ahnungslos – zu Hilfe: »Bilde dir nur ja nicht ein, daß dein Buddy so lange auf dich wartet! Du vielleicht auf ihn ...«

»Na, dein Fred vielleicht auf dich? Dieser pickelige Brillenhering?«

Susanne schmeißt das Kinn hoch: »Braucht er gar nicht. Er kriegt ja bald die Fabrik, dann kann er heiraten.«

Ich stehe auf: »Kinder, darf ich vorschlagen, das Match zu vertagen? Ich glaube, ihr müßt noch Schularbeiten machen.«

»Ja«, sagt Margot, »darauf freue ich mich direkt.«

»Das ist brav, Kind«, meint die Mama mit schwimmenden Augen.

Margot sieht sie verdutzt an: »Brav? Ich meine doch, weil Susanne ihre Lateinübersetzung ohne mich machen wird. Sie braucht mich ja nicht, hat sie doch vorhin bei *sine-sine* gesagt! Nicht wahr, mein liebes, kleines Schwesterchen?«

Susanne holt tief Atem und will etwas Ungeheuerliches erwidern. Ich aber halte ihr den Schnabel zu: »Seid friedlich, Gören. War so 'n netter Nachmittag. Ihr hattet, glaube ich, nicht mal eure Boys vermißt.«

»Ja«, sagt Margot, ihren Groll im Augenblick vergessend, »es war wirklich prima!«

»Und vielen Dank, Omi«, sagt Susanne, »für die Hundewürste auf Haarnadeln! Hach, wenn ich das morgen in der Schule erzähle ...«

Ich schiebe sie beide aus dem Zimmer, helfe ihnen in die Mäntel, bekomme von jeder einen Kuß, und dann huschen sie zu sich hinüber. Es ist schon ganz dunkel draußen und die Kälte schon so wild, daß einem der Atem wegbleibt. Der Schnee quietscht unter den Schuhen der Mädchen. Eine funkelnde Milchstraße glänzt erbarmungslos über der erstarrten Erde.

Als ich wieder nach oben komme, ist die Mama beim Abräumen: »Siehst du, so was muß man den Kindern erzählen, einfache, heitere Begebenheiten, ohne Erotik.«

13

Am nächsten Vormittag gibt es soviel angesammelten Kleinkram für mich zu erledigen, daß ich kaum an die Mädels denken kann. Ich bringe mit unerhörter Anstrengung zwei Postkarten – eine an das Frauchen und eine an die Bentlers – zustande. Dann nehme ich mir die Hunde vor. Wir verziehen uns zu dritt ins Bad, wo Ohren gesäubert, Augen ausgewischt und Flöhe gesucht werden. Beide sind erst ziemlich zurückhaltend, als wollten sie sagen: ›Ach, fallen wir dir endlich auch mal wieder ein?‹ Dann aber, als ich durch lange Ansprachen und intensive Flohjagd tätige Reue zeige, schmelzen ihre lieben Herzen nur allzu willig. Weffi richtet sich, während ich den kleinen Löwen striegle, an mir hoch und leckt mich hinterm Ohr. Der Löwe kaut derweil, auf dem Rücken liegend, meinen Fuß. Sobald ich mit dem Striegeln aufhöre, tatzt er nach meinem Gesicht: Es soll weitergehen.

Ich lasse sie in den Garten, wasche mich, ziehe mich richtig an und mache dann einen Rundgang durch das Haus. An allen Fensterscheiben dicke Eisblumen. Einen scheuen Blick werfe ich zum Schreibtisch, wo der angefangene Artikel immer noch liegt, und muß dann zur Tür, weil Weffi draußen kratzt.

»Schon wieder rein?« frage ich.

Er zittert nur mit den Fellhosen. Es ist ja auch barbarisch kalt. Sonst, wenn man aus dem warmen Haus ins Freie tritt, hat man noch ein paar Augenblicke eine Art Wärmemantel um sich. Der aber ist jetzt im Moment zerstoben, und die Kälte bohrt mir ihre Lanzen bis in die Knochen. Gerade als ich Weffi hineingelassen habe, sehe ich den Mühlner-Schorsch, unseren Ortspolizisten. Er ist wieder in Zivil und steuert in den Gartenweg.

»Wollen Sie zu mir?« frage ich ihn.

»Nur einen Augenblick.«

»Dann kommen Sie schleunigst rein, Menschenskind. Es ist ja saumäßig kalt.«

Drinnen gibt er zu, daß es tatsächlich noch kälter sei als gestern. Oben an der Kirche habe man um drei Uhr früh dreißig Grad gemessen. Mit seinem runden Pickelgesicht, aus dem allmählich die Frostkälte weicht, sieht er überwältigend unbedeutend aus, aber die hellen Augen sind wach und wandern in der Bibliothek umher: »Ja mei«, seufzt er, »so viele Bücher! Da sind Sie ja direkt berühmt!«

Ich gebe geschmeichelt eine gewisse Bekanntheit zu!

»Kann ich etwas für Sie tun?« (Man muß sich mit der örtlichen Polizei immer gut stellen, schon wegen falschem Parken und so.)

Er wehrt hastig ab, läßt wieder seine Blicke wandern. Ich biete ihm eine Zigarre an und hole den Steinhäger. Dann frage ich ihn, ob er mit der Faschingssache schon weitergekommen sei. Er erklärt, für ihn stehe fest, daß es sich erstens um Berufsverbrecher handle und daß sie sich – zweitens – noch hier in der Nähe aufhielten. Er hat sich vorgeneigt und zählt an den Fingern die Argumente dafür auf. Plötzlich sieht er gar nicht mehr unbedeutend aus. Es fällt mir ein, daß er eine sehr nette kleine Frau und zwei Jungen hat, die jedesmal die Mütze abnehmen, wenn sie mir begegnen, und anständig ›guten Tag‹ sagen. Meine noch aus Journalistentagen stammende Sympathie für die Arbeit der Polizei wird wach. Ich stehe auf und greife in die Bibliothek: »Ich hab da letzthin einen Kriminalroman geschrieben – wenn er Sie interessiert...«

Er wird verlegen und nimmt das Buch, als sei es eine abgezogene Handgranate: »Sehr freundlich von Ihnen.« Er spricht heute Hochdeutsch, und das wirkt verdächtig bei ihm.

Jetzt steht er auf und tritt ans Fenster: »Die Bentlers da drüben sind verreist, gelt?«

»Ja, endlich mal.«

»Und die Madeln?«

»Wir passen auf sie auf.«

Er sieht noch immer aus dem Fenster: »Ziemlich einsam hier heraußen.«

»Ja, aber dafür ist auch unsere Straßenlaterne alle drei Tage kaputt. Sagen Sie's mal dem Bürgermeister, wenn Sie ihn sehen.«

»Und es treibt sich so allerhand Gelichter hier rum. Das Zuchthaus Waldweiler – wenn da einer auskneift, der taucht erst mal bei uns unter, weil wir so abseits liegen.«

»Interessant. Daran habe ich noch gar nicht gedacht.«

»Na, Sie haben ja 'ne Pistole.«

»Aha, die Polizei weiß alles! Ich habe aber auch einen Waffenschein!«

Er dreht sich um und zeigt die Zähne. Es soll wohl ein Lächeln sein: »Das weiß ich auch. Wenn ich mich nicht irre, ist er aber abgelaufen.«

»Abgelaufen – Donnerwetter, da muß ich doch gleich mal...« Ich krame den Schein aus der Brieftasche: »Hier – nein, gilt bis ersten April, bitte!« Ich reiche ihm den Schein. Er studiert ihn: »Das wäre in zwei Wochen – wenn Sie wünschen, besorge ich Ihnen schon immer das neue Formular und fülle alles aus. Sie brauchen nur zu unterschreiben, ich geb's dann an den Bürgermeister weiter. Es läuft übers Landratsamt.«

»Na, das wäre aber wirklich reizend von Ihnen, Herr Mühlner! Papierkrieg liegt mir gar nicht.«

Er studiert immer noch den Schein: »Ich darf ihn gleich mitnehmen. Eine Mauser haben Sie? Wird gar nicht mehr hergestellt. Dürfte ich die mal anschauen, ich interessiere mich für Pistolen.«

Komischer Kauz! Laut sage ich: »Gern – das heißt, ich muß erst mal sehen, wo ich sie habe.«

Er zeigt sich erstaunt: »Das wissen Sie nicht? Wenn nun hier nachts einer auftaucht, dann haben Sie keine Zeit zum Suchen!«

Ich ziehe mehrere Schubladen auf: »Hier ist sie auch nicht – wo steckt denn nur das Luder –, was sagten Sie? Keine Zeit? Ach, die habe ich nur damals angeschafft für meine Vortragsreisen, wenn ich nachts unterwegs war. Und da waren doch diese Autobahnräuber...«

Plötzlich ist er neben mir. Sein Ton wird ausgesprochen väterlich: »Ich würde sie mir aber doch unbedingt an einen festen, schnell zugänglichen Platz legen!«

»Ja, müßte man, müßte man – man müßte so vieles, mein Lieber! Außerdem würde ich aber mit der sowieso nicht schießen.«

»Nicht?«

»Nein. Als ich sie zuletzt ölen ließ, zeigte mir dieser Fritze da im Waffengeschäft in Biederstein – der... der...«

»Der Waldhuber?«

»Richtig. Also, der zeigte mir, daß im Lauf so 'n paar Roststellen sind. Er kriegte sie nicht weg. Es wäre zwar ungefährlich, meinte er, aber ich hab Angst, das Ding fliegt mir um die Ohren. Da drüben in der Kommode habe ich doch auch schon nachgesehen... Moment! Mamachen... Ma-ma-chen!«

Ich stehe in der Diele. Der Mühlner wieder neben mir, offenbar sehr erheitert. Die Mama erscheint oben am Geländer und erklärt nach Schilderung der Sachlage, sie habe das ›scheußliche Ding‹ weggepackt, wegen der Kinder.

»Wegen der Mädels?«

Ja. Die nähmen schnell mal so was in die Hand. Im übrigen stände die Schachtel ganz hinten auf ihrem – der Mama – Kleiderschrank und sei infolgedessen nicht zugänglich.

»Wissen denn die Mädchen, daß eine Waffe im Haus ist?« fragt der Mühlner sie.

»Natürlich. Mein Sohn hat sie ihnen ja neulich noch gezeigt.« Damit zieht sie sich – in der alten Küchenschürze – zurück.

Mühlner kneift ein Auge zu und sieht direkt verwegen aus: »Bleibt die alte Dame jetzt in der Küche?«

»Ja.«

»Könnten Sie nicht doch mal versuchen, ob Sie die Waffe finden? Ich möchte mir gern mal die Roststellen im Lauf ansehen.«

»Das ist aber wirklich zu liebenswürdig! Würden Sie mir mal den Stuhl dabei halten?«

»Gern.«

Wir schleichen uns wie zwei apfelstehlende Buben in das Zimmer der Mama und finden schließlich die Pistole. Irre ich mich, oder sieht der Mühlner etwas enttäuscht aus, als er damit zum Fenster tritt? Er untersucht den Lauf, indem er ihn gegen das Licht hält: »Das ist wirklich nicht schlimm. Feuern Sie die Waffe ein paarmal ab, dann geht's von selbst weg.« Er schaut auf seine Uhr und hat es plötzlich sehr eilig. »Da habe ich mich aber schön verspätet! Also – das mit dem Waffenschein mache ich. Und vielen Dank auch für das Buch!«

Weg ist er! Ich sehe ihm unten aus dem Fenster nach. Was hat er nun eigentlich gewollt? Sich vielleicht bei mir Rat holen – immerhin habe ich ein paar Artikel und zwei Bücher über sein Fach geschrieben. Verschämte Form kollegialer Konsultation also? Ich sollte mich vielleicht wirklich mal um die Faschingssache kümmern, unter Umständen kann ich ihm helfen – netter, tüchtiger Mensch übrigens.

Meine Fantasie springt sofort wieder an. Ich sehe mich, wie ich die Diebe durch Vorhaltung meiner angerosteten Pistole zur Übergabe zwinge, den Triumph aber dem Mühlner überlasse. Überdies – um meinen Edelmut voll zu machen – nehme ich ihn mit zum Minister. Otto, hier bringe ich dir den Hauptwachtmeister Mühlner. Er hat da draußen bei uns einen Fall sehr geschickt ... Mühlner wird befördert und ist ewig dankbar. Das Geflüster der Dorfleute hinter mir her: Ein mächtiger Mann. Sieht man ihm gar nicht an, wenn er so selber seinen Wagen wäscht und die Kohleneimer trägt ...

»In zwanzig Minuten Mittagessen!« verkündet hinter mir die Mama.

»Hm. Aber das ist ja dann erst Schlag zwölf Uhr!«

»Zu früh? Wie der Herr belieben. Ich esse jedenfalls um zwölf, schließlich bin ich seit Morgengrauen auf!«

»Ja, natürlich, ich wollte doch auch nur ...«

»Es paßt dir ja neuerdings gar nichts mehr. Die Essenszeit und die schöne Geschichte mit den Haarnadeln ...«

Ich stelle schnell das Radio an, ganz laut.

Gleich nach dem Essen gehe ich zum See hinunter. Der Himmel hat sich verdüstert, und unter seiner Bleikuppel liegt die Welt erstarrt in unbarmherziger Kälte. Ich habe Gemüseabfälle, das Weiche der Frühstücksbrötchen und alte Brotreste bei mir, um die Bläßhühner zu füttern. Als ich, die Nase tief im Pelzkragen vergraben, ans Ufer komme, bleibe ich überrascht stehen. Der See hat über Nacht meterhohe Eisblöcke an Land geschoben. Ist etwa die letzte Lebensrinne der armen Kerlchen, der Bachausfluß, blockiert?

Nein, da ist er ja noch offen. Aber, mein Himmel, wie klein ist er geworden, der Lebensraum aus schwarzem, offenem Wasser; vielleicht noch vierzig Meter lang und zwei Meter breit. Und alles voller Vögel! Bläßhühner, Haubentaucher, Zwergtaucher und verschiedene Arten, die ich nicht kenne. Auf den Eisklippen entlang der Rinne sitzen wieder die Krähen, und in der großen Eiche am Ufer ist ein Schwarm von Dompfaffen eingefallen. Ihre roten Brüste leuchten im knackend-dürren Wintergeäst wie Granatäpfel. Jetzt drüben vom Wald her ein einzelner Krähenschrei, und mit einem Ruck schwingt sich das ganze Krähenvolk am See in die Luft, die voll ist von ihren schwarzen Flügelschlägen und ihrem Gekrächz. Vielleicht ist irgendwo ein Hase verendet, oder ein Reh hat den Kampf gegen die Eisriesen aufgegeben...

Ich schütte das Futter teils aufs Eis, teils ins Wasser, damit es auch zu den Furchtsameren weiter draußen getragen wird, die sich immer noch nicht herantrauen. Es sind ihrer nur noch wenige. Die meisten haben alle Scheu verloren und kommen in erschütternder Zutraulichkeit bis an meine Füße. Zwei Zwergtaucher möchten das auch, aber die anderen beißen sie weg. Ich werfe den Kleinen ein paar Extrabrocken zu, aber ehe sie zuschnappen können, hat sich schon ein halbes Dutzend Bläßhühner darübergestürzt. Die beiden Kleinen drängen sich aneinander, als suche eines beim anderen Rat. Dann tauchen sie, verschwinden unter dem Eis. Sie werden kein Glück haben, denn sicher haben sich längst alle Fische vor dieser Massierung hungriger Schnäbel geflüchtet. Ich werde mir Fleischabfälle besorgen und versuchen, daß ich vielleicht doch an die beiden Kleinen herankomme. Schade, daß sie so verängstigt sind. So jämmerlich sehen sie aus – so verloren.

Hinter mir ein Geräusch, ein Ausruf, dann ein Lachen. Ich drehe mich um und sehe Buddy und Fred, beide mit ihren Schulmappen, die Kragen ihrer kurzen Mäntel hochgeklappt. Buddy ist ausgerutscht und hingefallen, und Fred lacht sich schief darüber, ein fieberhaftes hysterisches Gelächter. Buddy wirft ihm einen kurzen, verächtlichen Blick zu und stellt sich neben mich:

»Mahlzeit, Colonel!«

»Mahlzeit, Buddy.«

Er sieht auf die Vögel zu unseren Füßen: »Was für hohe Ständer die Bläßhühner haben! Sieht man gar nicht, wenn sie im Wasser sind.«

Fred tritt an meine andere Seite, zeigt auf den See hinaus, wo man an drei, vier Stellen dunkle Klumpen sieht, zu Haufen zusammengedrängt, unbeweglich: »Die haben's schon überstanden.«

Ich erschrecke: »Sie meinen, die sind schon tot?«

»Natürlich, tot. Unten bei uns, am Internatsstrand, von da kann man schon seit drei Tagen zur Insel rüberlaufen. Die Leute, die das gestern machten, fanden Bläßhühner, Hunderte, festgefroren. Sie haben sie totschlagen müssen. Von manchen, die sich losrissen, blieben die angefrorenen Füße auf dem Eis kleben.«

»Mensch, hör doch auf!« sagt Buddy.

Der andere aber schiebt den bleichen, bebrillten Kopf dicht vor mein Gesicht: »Sind Sie eigentlich fromm?«

Unwillkürlich weiche ich einen Schritt vor ihm zurück: »Was hat das mit den Bläßhühnern zu tun?«

»Mir scheint – sehr viel. Und Sie wissen es auch!« Er zeigt mit einer emphatischen Gebärde auf die düstere Riesenbühne des Sees hinaus: »Was haben die getan? Welche Schuld haben die? Aber Ihre Generation – die kümmert das ja wenig, Colonel! Wie viele Tote hat sie auf dem Gewissen? Vierzig, fünfzig Millionen, vielleicht noch etwas mehr. Und als Belohnung dafür kam das Wirtschaftswunder, und alles ist in Butter. Alles sitzt bis zum Kragen im Fett!« Jetzt knirscht er tatsächlich mit den Zähnen, fängt sich wieder: »Verzeihung. War natürlich nicht persönlich gemeint. Aber Sie haben meine Frage nicht beantwortet, sind Sie fromm, glauben Sie an Gott?«

»Ich möchte darauf nicht antworten.«

Er scheint verdutzt: »Aber – wieso nicht?«

»Vielleicht möchte ich nicht gefragt werden – in dieser Form.«

Er wird steif: »Dann bitte ich um Entschuldigung. Sind die Mädchen schon zu Hause?«

»Keine Ahnung.«

»Dann darf ich... dann werde ich mal selbst...« Er macht eine komische kleine Verbeugung, wendet sich ab, dreht sich aber noch einmal um, holt aus seiner Tasche eine Schnitte, hält sie mir hin: »Habe ich ganz vergessen. Wenn Sie das den Vögeln auch geben würden?«

»Ich danke Ihnen im Namen der Vögel.«

Er hält das wohl für Ironie, wird rot, während in seinen Augen die Wut funkelt, wendet sich wieder um. Natürlich rutscht er in seinem krampfhaften Abgang auch noch aus und fällt auf Hände und Knie. Sein Gesicht ist ganz verzerrt, als er die Mappe aufhebt. Er hinkt, während er in Richtung unserer Häuser geht.

Buddy sieht ihm mit gerunzelter Stirn nach: »Kommt sich wer weiß wie vor. Es wird immer schlimmer mit dem in letzter Zeit. Dabei ist er im Grunde dumm, glauben Sie's?«

»Und leider unsympathisch.«

Buddy streift mich mit einem Seitenblick: »Deshalb wollten Sie's ihm nicht sagen. Verstehe ich.«

»Er hat über meine Generation geschimpft. Denkt ihr alle so?«

»Nee! Das ist wirklich altmodisch, was er da sagt. So haben wir mal gedacht. Ich selber zwar auch nicht – aber doch 'ne ganze Menge von uns. Sie waren mächtig mißtrauisch gegen alles, was von euch kam.«

»Das waren wir unseren Eltern gegenüber auch. Sie hatten damals gerade den Ersten Weltkrieg hingelegt, und alles war zum Teufel. Weißt du, mir kommt's fast so vor, als ob unser Mißtrauen länger anhielt als eures. Oder täusche ich mich?«

Er lächelt zum erstenmal wieder: »Nein, Sie täuschen sich nicht. Die ärgsten Schreier von früher protzen jetzt manchmal direkt mit ihren alten Herrschaften!«

»Also haben sie inzwischen auch so ein bißchen Ahnung bekommen, wie schwer es für uns war, uns in all dem schlimmen Durcheinander damals zurechtzufinden?«

Er ist offensichtlich verblüfft: »Nein – das ist doch, weil die Eltern wieder Erfolg haben! ›Der Alte schafft doll an‹, sagen sie, ›wir müssen aufpassen, wie er's macht. Man kann wirklich was von ihm lernen.‹«

»Ach, so ist das.«

Er grinst: »Tut mir leid! Im übrigen – ich danke Ihnen schön, Colonel – und wenn's Ihnen nichts ausmacht, könnten Sie doch weiter du zu mir sagen!«

»Na gut, Buddy.«

Plötzlich wird sein Gesicht belebt, als falle ein Schein darauf: »Ei – wer kommt denn da?«

Ich drehe mich um, es ist Margot.

»Du brauchst gar nicht so ironisch zu sein«, sagt sie zu ihm. Ihre Aussprache ist etwas undeutlich, denn sie hat, wie sich herausstellt, ein Konfekt im Mund und bietet mir welches an. Buddy bekommt auch ein Stück, und nun kauen wir alle. Margot holt eine Tüte hervor und füttert die Bläßhühner. Aus dem dunklen Horizont kommend erscheint eine Kette von Wildenten, kreist über der Schar hungriger, schlingender Hühner und läßt sich dann draußen auf dem Eis nieder.

»Die kommen nie näher«, meint Buddy, »die bleiben immer scheu. Die werden auch noch einfrieren.«

»Quatsch!« erklärt Margot. »Sie gehen nachts auf den Krebsbach, der friert nicht zu, und da haben sie auch was zu fressen.« Zu mir gewandt fügt sie hinzu: »Wenn du noch ein paar Cognac-Kirschen haben willst, Colonel, mußt du dich gut mit Susanne stellen, sie hat sie von Fred. Ein ganzes Kilo!«

»Man sollte Freds Eltern übers Knie legen«, erwidere ich, »daß sie dem Jungen soviel Geld in die Hand geben.«

Margot wirft einen beziehungsvollen Blick auf Buddy: »Wenigstens gibt er sein Geld für seine Freundin aus und kauft sich nicht 'n Kasten Bier dafür, an dem er sich dummsäuft wie gewisse Herren im Internat.«

Buddy grinst: »Können Sie mir zwölf Mark und Ihren Wagen pumpen, Colonel? Dann hole ich schnell einen Kasten Konfekt für Margot aus der Stadt!«

Sie will offenbar etwas Schnippisches antworten, preßt aber plötzlich die Lippen zusammen und blickt über seine Schulter hinweg gegen den Wald: »Bemüh dich nicht, es lohnt sich nicht. Da kommt Luzie. Bei der hast du so was nicht nötig.« Sie geht, dreht sich noch einmal um: »Tschüs, Colonel!«

14

Luzie ist nicht allein. Es ist noch eine zweite neben ihr, die ich nicht erkenne, obwohl mir ihr Gang bekannt vorkommt. Unglaublich übrigens, daß Margot auf diese Entfernung die Luzie ausgemacht hat. Die Eifersucht muß ihren Blick beinahe ins Übersinnliche geschärft haben. Buddy beißt sich nervös auf die Lippen und wirft einen schnellen Blick hinter Margot her, die in gespielter Lässigkeit entschreitet. Ihr ganzer Rücken scheint eine Frage zu sein: Kommt er mir nach?

Offenbar kommt er ihr nicht nach. Er runzelt unwillig die Stirn, schießt mir einen kurzen, ratlos-forschenden Blick zu und dreht sich dann, wie das Stahlspänchen unter dem Zug des Magneten, den beiden anderen Gestalten zu. Jetzt erkenne ich auch die andere. Mein Gott, das ist ja die Sophie – aber was ist denn bloß mit dem Mädel geschehen?

Sie ist ein gutgewachsener, netter Kerl von einer sozusagen normalen Hübschheit. Mit Jungens hatte sie bisher wenig im Sinn und ist statt dessen fieberhaft beschäftigt, sich für eine Reihe ausgesprochen männlicher Berufe zu begeistern.

»Das kommt davon«, hat mir ihre Mutter mal gesagt, »wenn man sich einen Jungen und nur einen Jungen wünscht. Dann kriegt man eine Tochter, die sich benimmt, als wäre sie ein Bub.«

Ich habe bei Sophie schon die verschiedensten Stadien miterlebt: Lokomotivführer, Testpilot, Kriminalkommissar, Ozeandampferkapitän. Sie versteht es, ihre ganze äußere und innere Erscheinung chamäleonhaft dem jeweiligen Beruf anzupassen und sich in kürzester Zeit die erstaunlichsten Kenntnisse auf dem jeweiligen Berufssektor zu erwerben. Im Rahmen ihrer Laufbahn als Kapitän war sie zum Beispiel dem hiesigen Segelklub beigetreten und hatte eine Matrosenuniform getragen, die ihre jungen, weiblichen Formen überraschend gut herausarbeitete. Sie jedoch war sich dieser günstigen Nebenwirkung offenbar gänzlich unbewußt geblieben und hatte nur alle, die ihr in den Weg liefen und angesichts ihrer Kurven nach Haltung rangen, über die Begriffe Luv und Lee und Backbord und Steuerbord examiniert. Ich hatte ihr Foresters See-Romane mit dem unvergeßlichen Kapitän Hornblower zum Geburtstag geschenkt und dafür einen Kuß von engelhafter Neutralität erhalten.

Jetzt aber ist der nette Matrose mit der weiten Hose verschwunden, und ein blasses, breites Gesicht mit Pickeln und randloser Brille blickt mich streng an. Ehe ich mich aber sozusagen zu Ende gewundert habe, wird meine Aufmerksamkeit durch Luzie abgelenkt. Bisher habe ich sie kaum gekannt. Sie ist rothaarig, ein tiefes Kupferrot, mit großen, graugrünen Augen und einem vollen Mund. Der Teint zart, ausgesprochen irischer Typ. Mit einer geschmeidigen Bewegung gleitet sie an Buddy heran und zupft besitzerisch seinen Schal zurecht. Er wird rot und dreht sie an den Schultern herum: »Du kennst den Colonel?«

Auch Luzie errötet einen Augenblick, als sie meinen Augen begegnet. Dann streckt sie mir die Hand hin: »Ich kenne Sie natürlich, aber Sie mich wahrscheinlich nicht.«

»Ich ... hm ...«

»Jedenfalls tun Sie immer sehr erstaunt, wenn ich Sie grüße.«

»Das dürfen Sie mir nicht übelnehmen, ich... hm...«

»Nein, das darfst du ihm wirklich nicht übelnehmen«, sagt Buddy eifrig, »er denkt meist an seine Bücher, der Colonel, und...«

Ihre Augen sind voll eines gleißenden Lichts, wie die Ränder der Eisscholle zu unseren Füßen: »Aber wer sagt denn, daß ich es ihm übelnehme?« ›Und wenn ich es wollte, würdest du genauso nach meiner Pfeife tanzen wie die anderen?‹ fügen diese Augen hinzu.

Das bringt mich wieder zur Besinnung, reizt meinen Widerstand. Dies letzte um so mehr, als ich fühle, daß ihr Blick eine schwache Stelle in mir gefunden hat. Meine Fantasie beginnt schon zu rotieren. Ich wette, daß ich – wenn ich Luzie nur den kleinen Finger gäbe... Vielleicht wäre es sogar in Margots Interesse gar keine schlechte Idee... Ja, was sind denn das plötzlich für Raupen in meinem Gehirn? Bin ich denn schon so verkalkt, daß ich auf kleine Mädchen reagiere? Jetzt aber Schluß!

»Basta!«

»Wieso ›basta‹?«

»Hm?« Ach so, es ist Sophie, die mich gefragt hat. Neugierig sieht sie mich an: »Was ist denn mit Ihnen, Colonel?«

»Wieso?«

»Sie haben mich angestarrt und plötzlich laut ›basta‹ gesagt!«

»Er war sicher schon wieder bei seinen Büchern«, lacht Buddy. »Wahrscheinlich hat er dich gar nicht gesehen.«

Luzie lächelt nur – wie Mona Lisa.

Endlich bin ich wieder etwas bei Besinnung: »Tja, also, Kinder, ich muß heim.«

»Ich komme mit!« erklärt Sophie und hakt mich ein. An der nächsten Ecke, außer Sicht der anderen, komme ich dann schließlich wieder ganz zu mir. Ich bleibe stehen und mustere sie von oben bis unten. Besonders diese Brille mißfällt mir: »Ahoi, Kapitän«, sage ich, »was ist denn los? Plötzlich kurzsichtig? Kurzsichtige Kapitäne gibt's aber nicht.«

»Sie irren sich, Colonel«, erwidert sie mit einer leicht brüchigen Baßstimme, »ich bin weitsichtig geworden.«

»Weitsichtig? Täuschst du dich auch nicht? Normalerweise hast du damit noch vierzig bis fünfzig Jahre Zeit, Sopherl.«

Sie betrachtet mich mit der Hoheit einer Gouvernante: »Ich irre mich nicht. Ich meine ›weitsichtig‹ im geistigen Sinn. Und ich habe auch keine Zeit mehr. Niemand hat genug Zeit, in sich zu gehen, zu bereuen und umzukehren.«

Ich hole kurz, aber heftig Atem: »Das klingt ja, als ob du Pfarrer werden wolltest!«

»Ich *werde* Pfarrer!« Und dabei wackelt sie vor Würde mit den Nasenflügeln wie ein Kaninchen.

»Verzeihung, Hochwürden«, sage ich, »manchmal ist es etwas schwierig, mit Ihren Berufswechseln Schritt zu halten. Man kommt direkt außer Atem.«

Eine Weile geht sie schweigend neben mir her. Es ist so kalt, daß der Schnee bei jedem Schritt knirscht. Dieses Geräusch lenkt meine Augen auf ihre Füße. Sie stecken in schwarzen Halbschuhen und schwarzen Strümpfen und sehen ganz außerordentlich melancholisch aus. Erstaunlich, wie konsequent ihre Verwandlungen auch in die Details gehen.

»So«, sage ich schließlich, »du willst also Pfarrer werden.«

»Ja. Sie sollten mich mal predigen hören. Ich predige immer zu Hause. Soll ich vielleicht morgen mal zu Ihnen kommen und predigen? Sie können mir sicher sagen, was ich noch besser machen kann.«

»Hm – gelegentlich. Weißt du, Kind, augenblicklich habe ich allerhand um den Kopf. Aber – was mich interessiert, gibt es denn weibliche Pfarrer? Ich hab noch nie was davon gehört.«

»Doch, es gibt einige. Besonders in Amerika und Kanada.« Es ist etwas von dem Feuer des Testpiloten in ihrem Blick, als sie hinzufügt: »Und auch wenn es keine gäbe, dann würde ich eben der erste sein! Warum sollt nur ihr Männer predigen?«

»Ich finde, die meisten Predigten werden von Frauen gehalten, besonders von Ehefrauen.«

Sie lacht und sieht direkt wieder ein bißchen hübsch aus: »Ach, mit Ihnen kann man ja nicht reden, Colonel, Sie sind genau wie mein Vater.«

»Was sagt denn der, wenn du ihm eine Predigt hältst?«

»Er versucht auszurücken, aber ich lasse ihn nicht. Es tut ihm gut, und außerdem ist es eine gerechte Strafe für ihn.«

»Gerechte Strafe – wofür?«

»Dafür, daß er sich so sehr einen Jungen gewünscht hat. Jetzt bin ich zwar ein Mädel geworden, aber doch ein Junge. Mir macht nur Spaß, was Männern Spaß macht. Manchmal denke ich, es wäre besser, wenn ich so wäre wie Luzie, die ist wenigstens wirklich ein Weib mit allem Drum und Dran.« Ich spüre ihren Arm an meinem: »Was denken Sie, Colonel?«

»Ich dachte gerade, ob wohl mal ein Mann kommt, der dir diese Flausen austreibt?«

»Dazu ist es zu spät!«

Ich bleibe stehen: »Zu spät...? Ach, du lieber Himmel. Allerdings wäre es notwendig, daß du dafür eine andere Verkleidung wählst.«

»Wieso – eine andere Verkleidung?«

»Na, du bist doch ein hübsches Mädel! Aber im Augenblick merkt man nichts davon. Wo hast du denn bloß diese schwarzen Latschen aufgetrieben und diese scheußlichen Strümpfe? Und woher hast du die greuliche Brille – und überhaupt eine Brille?«

Sie richtet sich auf: »Geben Sie sich keine Mühe, Colonel, mein Entschluß ist gefaßt! Und mein Weg führt hinweg von dieser Welt.«

Ich wende mich zum Gehen, sie hakt mich wieder ein: »Haben Sie was gesagt?«

»Nein.«

Sie seufzt. »Es ist natürlich schwer für einen Menschen Ihrer Generation, so was zu begreifen.«

Eine Weile schweigt sie, und dann sagt sie, offenbar nach Abschluß einer langen Gedankenkette: »Sehe ich wirklich so häßlich aus?«

»Viel schlimmer – unpassend.«

»Unpassend?«

»Ja, unpassend. Jeder hat seinen Stil, und alles, was nicht dazu paßt, ist unpassend.«

»Diesen Begriff«, erklärt sie, »muß ich erst analysieren.«

»Tu das, mein Kind, dann wirst du deinem Vater die Wollstrümpfe als Polierlappen fürs Auto schenken. Männer freuen sich immer über Polierlappen.«

Sie hat die Stirn grüblerisch in Falten gezogen, unter der grauen Pelzkappe kriecht eine dicke Locke vor, die sich sehr nett gegen den weißen Hals abhebt.

»Meinen Sie«, fragt sie dann, »daß es etwas gibt, das zu mir genauso paßt wie zu Luzie der Mann?«

»Ja.«

»Was denn?«

»Auch 'n Mann. Apropos Luzie: Glaubst du, daß sie den Buddy liebt? Oder ist er nur so Nummer fünfzehn für sie?«

»Ich glaube, sie liebt.«

»Hm. Die Margot liebt ihn doch auch!«

»Nicht so sehr.«

Jetzt bin ich es, der stehenbleibt: »Nicht so sehr? Warum nicht? Weil sie nicht mit ihm...« Ich zögere, weiß nicht, wie deutlich ich werden darf.

Sie wirft mir einen durchaus sachlichen Blick zu: »Nein, das ist es nicht. Das heißt, es hat schon was damit zu tun, aber es ist nicht die ganze Wahrheit.«

»Und was ist die ganze Wahrheit?«

»Daß Margot sich ihm nicht ganz geben kann, ich meine, innerlich. Sie wird nie in der Lage sein, sich selbst aufzuopfern, so – so gar nicht mehr an sich selber zu denken. Ich weiß nicht, ob Sie das verstehen. Was gucken Sie mich denn so an?«

»Du bist ein so gescheiter, lieber und netter Kerl, Sophie, und du weißt, trotz deiner Jugend, soviel von anderen und – was noch viel schwieriger ist – über dich selbst, daß ich jetzt wirklich im Zweifel bin, ob du nicht doch Pfarrer werden solltest!«

»Sehen Sie, was habe ich Ihnen gesagt!« Aber es klingt nicht sehr überzeugt.

»Trotzdem«, sage ich, »würde ich es an deiner Stelle doch den Männern überlassen. So, da wären wir. Ich dank dir schön für deine Begleitung.«

»Bitte sehr«, murmelt sie, schon wieder tief in Gedanken. Ich biege in den Benderschen Weg ein und drehe mich vor der Tür noch einmal nach ihr um. Sie ist an der Ecke stehengeblieben, dort, wo die große Tanne ihre dicken, weißen Pelzpfoten im leisen Wind bewegt, und besieht sich ihre Strümpfe.

Am Bentler-Haus bemerke ich, daß im Wohnzimmer die Gardine gehoben und wieder heruntergelassen wird, während ich vor dem Haus stehe. In der Diele stürzt mir Susanne entgegen, fliegt mir um den Hals und küßt mich! »Ich bin ja so glücklich! Sieh mal, was er mir geschenkt hat!« Sie hat irgend etwas Blinkendes am Arm. »Und Haufen von Konfekt«, fügt sie hinzu.

Drinnen im Wohnzimmer sitzt Margot, zerwühlten Haares, die Beine über die Sessellehne gehängt, Zigarette in der Hand und einen halbvollen Konfektkasten neben sich. Sie spart sich die Begrüßung und sagt nur: »Dem werd ich's zeigen!«

»Sieh mal, ist das nicht wunderbar?« fragt Susanne vom Fenster her. Sie steht dort und spielt ganz unbeteiligt mit einem Armband.

Ich nehme es mechanisch, während ich Margot im Auge behalte: »Wem wirst du was zeigen?«

»Buddy, diesem Weiberknecht, diesem Schlappschwanz, dem herzlosen Kerl!«

»Soll das heißen, daß du Buddy rausschmeißen wirst?«

»Genau das! Es bleibt mir ja nichts anderes übrig, das siehst du doch selbst! Er ist am See geblieben und hat auf dieses Weibsbild gewartet, diese Nutte, statt hinter mir herzukommen!«

Ich nehme mir eine Cognac-Kirsche: »Mm, prima. Hattest du auch schon eine?«

»Schon drei. Und jetzt ist mir übel.« Dabei betrachtet sie mich aus den Augenwinkeln. Offenbar wartet sie nur darauf, von ihrem Vorhaben entbunden zu werden. Ich schweige, nehme statt dessen ein Stück Krokant. Als sich nichts weiter ereignet, greift sie sich das ganze Konfekt, wirft den Kopf in den Nacken und verläßt die Bühne. Diese Launenhaftigkeit sollte man ihr austreiben. Das ist so typisch: Wenn man ihnen ihren Willen läßt und auf ihre Launen eingeht, ist man ›Colonel‹ und ›Onkel Hansi‹. Wenn man aber mal nicht mitspielt, ist alles vergessen, was man ein Dutzend Jahre lang für sie getan hat. So, als sei's nie gewesen.

»Friß nicht alles auf!« ruft Susanne hinter ihr her. Dann wendet sie sich an mich: »Na, und was sagst du zu dem Armband?«

»Ach so«, sage ich, immer noch in Gedanken bei Margot. »Ich werd's mir mal ansehen. Meinst du, Margot macht Dummheiten?«

»Die? Keine Rede. Nun sieh dir doch das Armband an, bitte, bitte!«

Ich sehe. Und mir wird plötzlich ganz anders. Das ist ja ein wunderbares Ding! Eine alte Arbeit von herrlicher Zartheit, Dukatengold mit zwanzig kleinen, aber sehr guten Brillanten. Merkwürdig bekannt kommt es mir vor, als hätte ich es schon irgendwo gesehen. Aber wahrscheinlich täuscht mich da mein Gedächtnis. Es geht einem ja bei wirklich schönen alten Sachen oft so, daß sie einem bekannt vorkommen. Vermutlich, weil ihre Schönheit so selbstverständlich ist.

»Hm, das ist ja ganz wunderbar, hör mal! Das hat einen Wert von – na, von fünf- bis sechstausend, schätze ich. Wo hat denn der Bengel das her?«

Sie lehnt sich in den Sessel zurück, räkelt sich wie eine junge Katze und legt die Beine übereinander: »Von seiner Mutter!«

»Von seiner Mutter? Wieso schickt ihm seine Mutter ein so kostbares Armband?«

Sie zieht die Augenbrauen hoch und stößt den Zigarettenrauch durch die Nase: »Verlobungsgeschenk! Wie gefalle ich dir als Textilfabrikbesitzerin-Juniorin? Du kannst deine Hemden bis an dein Lebensende umsonst von mir beziehen!«

Ich starre noch immer auf das Armband: »Also, paß mal auf, mein Kind. Das mit der Verlobung – dazu kann man schwer was sagen. Aber, daß die Mutter, die dich gar nicht kennt, ihm für dich so ein Armband schickt, das glaube ich einfach nicht. Da ist was faul. Das muß die Mutter erst mal mir oder deinen Eltern bestätigen. Du gibst ihm das Ding zurück, oder...«

»Ich – zurückgeben?«

»Oder ich beschlagnahme es vorläufig. Und wenn deine Eltern wieder hier sind, soll er bei ihnen offiziell Besuch machen. Und dann werden sich deine Eltern mit seinen in Verbindung setzen, und wenn das alles in Ordnung ist, kann er dieses Ding hier meinetwegen als Verlobungsgeschenk abgeben und noch 'nen Rolls-Royce obendrauf. Aber so, auf die Tour – kommt nicht in Frage.«

Sie schnappt sich das Armband vom Tisch und legt es wieder um. In mir steigt Wut auf, meine Geduld geht zu Ende: »Gibst du's ihm zurück – ja oder nein?« frage ich scharf. Sie mustert mich mit einem orientalisch verschleierten Blick: »Wenn du durchaus willst...«

»Ja, ich will! Und im übrigen habe ich wirklich was Besseres zu tun als dauernd Kindermädchen zu spielen! Wenn ihr so weitermacht, telegrafiere ich einfach euren Eltern!« Und damit bin ich aus der Tür und knalle sie hinter mir zu.

15

Mein Zorn übersteht auch die Kälte, die mich draußen überfällt. Ich habe mich viel zu sehr hineinziehen lassen in diesen Rummel. Den Gören macht er nichts aus. Sie haben ja außer dem bißchen Schule nichts zu tun, und vor allem haben sie nicht für ihren Lebensunterhalt zu sorgen. Lebensunterhalt – scheußliches Wort! Aber unsereiner ... Einen Moment fällt mir mein mit Unerledigtem beladener Schreibtisch ein. Statt dessen beschließe ich, nach meinem Wagen zu sehen, den ich zum Chassissäubern und Absprühen gegeben habe.

Also gehe ich durch den Garten auf die Straße zum Dorf. Plötzlich sind zwei Schatten an meiner Seite: Cocki und Weffi. Cocki wirft mir nur einen kurzen Blick zu. Er ist sehr beschäftigt, denn er hat sich aus dem Abfallhaufen vom Wurzelsepp einen Knochen organisiert, an dem er fast die Maulsperre kriegt. Dieses Stück soll offenbar vergraben werden, denn der Schritt der zotteligen O-Beine wird gewichtig und gewissermaßen amtlich, während er mit gerunzelter Stirn um sich blickt. Ich beuge mich zu ihm hinunter und zeige auf einen frischen Maulwurfshaufen, der sich durch den Schnee gebohrt hat: »Wie wär's denn damit, Dicker?«

Er sieht mich nur empört an: ›Wie kannst du nur so die Spielregeln vergessen! Du weißt doch, daß es sich um eine streng geheime Sache ohne Herrchen handelt!‹

Weffi dagegen, die Plusterschnute ganz voll Eis, steckt den Kopf in den Maulwurfshaufen, er beginnt auf seine amateurisch-gezierte Weise zu graben, während der Dicke den Kiesberg an der Kurve unter dem Schnee ausgräbt, vorsichtig den Knochen deponiert und dann mit der Nase wieder Kies darüberschiebt. Einen Moment pausiert er und mustert sein Werk: stimmt noch nicht ganz. Es wird weiter Kies darübergeschoben.

Zu meinen Füßen mauzt etwas. Es ist Weffchen, der zitternd auf seinen Fellhosen hockt und mir die Pfote hinhält. Ich sehe sie mir an: »Ist beim Buddeln wieder was kaputtgegangen? Na, zeig mal her. Ach, ist ja fürchterlich! (Ich sehe überhaupt nichts außer ein paar Erdkrümeln zwischen den Ballen!) Herrchen macht's!« Ich polke ihm die Erde weg, er sieht mich aus seinen stillen Augen dankbar an und hoppelt dann zu Cocki hinüber, der gerade seinen Knochen endgültig bestattet hat und weiterwatschelt.

»Grüß Gott!« sagt es neben mir. Es ist die Anneliese vom Wurzelsepp. Einziges Kind. Ich kannte sie noch als einen dicken, blonden Stoppen, der dauernd mit Küken und jungen Katzen herumzog. Dann als Backfisch, der ganz auf Hof-Erbin machte und die Nase vor lauter Stolz nicht herunterbekam. Jetzt hat sie sich gestreckt und sieht mit ihren siebzehn Jahren aus wie eine junge Frau. Auffallend ernst jedenfalls.

Sie bleibt an meiner Seite: »Gehen Sie ins Dorf?«

»Ja, muß mal nach meinem Wagen schauen. Wie geht's denn bei euch?«

»Ach, immer dasselbe.«

»Freut mich. Was Besseres kann euch gar nicht passieren.«

»Finden Sie?«

»Ja. Ich finde, daß die Veränderungen meist zum Schlechten sind.«

»Finde ich nicht«, sagt sie, und in ihren großen, etwas harten Augen ist ein Schimmer. »Es ist doch soviel los, und es gibt soviel Neues – schönes Neues –, nur für mich nicht.«

Ich nehme ihren Arm. Er ist fest und rund: »Nanu, was ist los, Bäuerin?«

Sie sieht krampfhaft geradeaus: »Ich will nicht Bäuerin werden.«

»Plötzlich?«

»Schon 'ne ganze Weile. Es ist mir so eingefallen, nach und nach. Mutter ist vierzig Jahre alt – Sie wissen ja, wie sie aussieht. Wie sechzig. Und Vater? Ganz krumm. Mit den Nerven hat er's auch. Und was haben sie vom Leben? Von morgens bis in die Nacht geht's bei Wind und Wetter. Und nie können wir zusammen weg, weil immer einer beim Vieh bleiben muß, und Hilfe bekommt man ja nicht mehr, weil keiner die Arbeit machen will.«

»Aber du warst doch so stolz auf euren Hof? Was soll denn aus dem werden?«

Sie zuckt die Achseln: »Können sie ja verkaufen. Als Bauland. Und in die Stadt ziehen. Da hätten sie noch was vom Leben.«

»Und du?«

Abermals zuckt sie die Achseln: »Sekretärin oder Verkäuferin. Vielleicht lieber Verkäuferin. Später heiraten.«

»Hast du denn schon mit den Eltern gesprochen?«

Sie nickt und sieht gequält aus.

»Na, und was sagen sie dazu?«

»Sie wollen mich nicht zwingen. Wenn ich in der Stellung glücklicher bin – aber hart ist es schon für sie ...« Plötzlich nimmt sie den Finger aus dem Mund und streicht sich das Haar aus dem frostroten Gesicht: »Vielleicht bleib ich ja auch. Es kommt einen halt manchmal so an. Pfüat di Gott!«

Und damit zieht sie die Strickjacke enger um sich und geht. Ich sehe ihr nach, und das Herz ist mir schwer. Was soll man dazu sagen? Wenn man den Landarbeitern bessere Wohnungen böte und dieselbe Arbeitszeit wie in der Stadt? Dann wären die Bauern, so, wie es jetzt steht, in einem Jahr pleite. Oder man müßte fürs Pfund Butter zehn Mark zahlen. Da würde aber die ausländische Konkurrenz ... Na, jedenfalls ein Glück, daß ich nicht Landwirtschaftsminister bin, sondern hier an der Tankstelle stehe und – da ist ja der Erich!

Er geht gerade von den Zapfsäulen zu den Waschboxen. Seine Uniform ist ihm viel zu weit, und es ist ein Glück, daß er so abstehende Ohren hat, sonst würde ihm sicher die Mütze über die Augen rutschen. Als er die eine Waschbox öffnet, sieht er mich, grüßt, nimmt die Mütze ab und läßt mich ein. Drinnen ist es so warm, daß meine Brillengläser beschlagen. Ich hole das Taschentuch heraus und putze sie.

»Na, ist das Wasser vom Chassis abgetropft?« frage ich derweilen.

»Alles abgetropft. Ich habe noch mit 'nem Tuch nachgeputzt.«

»Sehr gut, Erich. Du weißt, es hat keinen Zweck zu nebeln, bevor das Chassis nicht trocken ist.« Im Augenblick, als ich es sage, fällt mir ein, daß ich ihm das schon mindestens ein dutzendmal auseinandergesetzt habe. Aber er läßt sich nichts anmerken, nickt nur höflich: »Jawohl! Soll ich den Wagen jetzt hochfahren?«

»Bitte, sei so gut.«

Er öffnet das Ventil, und die ölschimmernde dicke Stahlsäule hebt Boxi ächzend in die Höhe. Das ist für mich immer ein erregender Moment. Mit einem Ruck hält die Bühne an, und mein Vehikel schwebt nun über uns. Was ist es doch für eine gewaltige, interessante Maschine! Ich könnte stundenlang stehen und sie begaffen.

»Wollen Sie sich nicht den Kittel vom Paul überziehen? Wär' schad' um Ihren Mantel!«

»Gute Idee.«

Er hilft mir in den Kittel, greift dann nach der Spritzpistole. Zielbewußt und ohne zu knausern sprüht er, und bald glänzt die ganze Wagenunterseite mit dem Gestänge im Schimmer des Kriechöls. Ach, tut das dem Boxi gut! Besonders wenn es bald taut und das Schmelzwasser überall herumspritzt und Rost erzeugen will.

»Ich glaub, das genügt«, sagt Erich. »Haben Sie sonst noch einen Wunsch?«

»Nein, danke, sehr schön so.« Es tut mir leid, daß er den Wagen nun herunterläßt. War eine friedliche Viertelstunde, so, als hätte ich ein lauwarmes Bad genommen.

Ich drücke Erich eine Mark in die Hand: »Wie geht's zu Hause?«

Er stammt aus einer glücklosen Familie. Die Mutter ist tot, die ältere Schwester vor kurzem mit einem unehelichen Kind heimgekommen. Der Vater, ein nörgelnder, aufbrausender Besserwisser, ist Vertreter für Kurzwaren und hat neulich ausgerechnet den Pfarrer des Nachbardorfes über den Haufen gefahren. Ging gerade noch haarscharf am Gefängnis vorbei. Hauptsächlich, weil der verletzte Pfarrer sich für ihn einsetzte. Den Führerschein haben sie ihm aber entzogen, und jetzt muß er seine Kurzwaren mit dem Rad ausfahren.

»Nicht sehr gut«, sagt Erich. »Der Vater kann ja nicht mehr Auto fahren, Sie wissen doch ...«

»Ja, ich weiß. Schafft er's denn per Rad, jetzt im Winter?«

»Warmhalten muß er sich halt sehr, wegen der Nieren. Am liebsten möchte er, daß ich meinen Job aufgebe und ihn fahre. Hat aber keinen Zweck, denn soviel verdient er nicht damit.«

»Na, und Elfie, deine Schwester? Könnte sie nicht Aufwartungen annehmen oder überhaupt als Mädchen gehen? Wird doch gut bezahlt heutzutage!«

Er putzt sich die Hände ab und blickt dabei in die graue Helle, die durch die Scheiben strömt. Mit den Linien, die von der Nase zum Mund laufen, und den hohlen Wangen sieht er nicht wie achtzehn, sondern wie vierzig aus. »Geht leider nicht. Wo soll sie mit dem Kind hin? Das nimmt ja keiner derweil.«

»Hm.«

»Ich hab Vater eine Torpedodreigangschaltung in sein Rad eingebaut, damit tut er sich wenigstens etwas leichter.«

Ich weiß, was ihn das gekostet hat, bei seinem kleinen Lohn.

»Nebenbei mache ich jetzt abends im Kino den Platzanweiser«, sagt er, als habe er meine Gedanken gelesen. »Das bringt was ein – und die Filme sehe ich umsonst.«

»Na, großartig!« meine ich ohne jede Überzeugung. Was sind diese Internatslümmel, diese Tunichtgute reicher Eltern gegen so einen kleinen Kerl! Wie furchtbar muß es sein, wie entsetzlich trostlos, wenn er von der schweren Arbeit hier heimkommt, zu dem ewig schimpfenden, verbitterten Vater und der unglücklichen Schwester. Was für ein wunderbares Leben haben doch meine Mädels dagegen! Muß doch mal sehen, was man da tun kann ... wäre eigentlich gar nicht schlecht, wenn sie mal was für das Baby stricken würden! Ja, sie sollten überhaupt hingehen und sich anschauen, wie das so ist, wenn man mit einem Kind ohne Vater dasitzt!

Ich rutsche hinters Steuer: »Also, dann wollen wir mal wieder – und schönen Dank, Erich!«

»Ich sag auch danke schön – und gute Fahrt!«

Vorsichtig fahre ich heim.

Als ich in meine Einfahrt biege, sehe ich Susanne auf dem Balkon drüben. Sie nimmt etwas Weißes von der Wäscheleine, das steifgefroren wie ein Brett ist. Sie winkt mir zu.

Oben finde ich die Mama über einem Brief vom Frauchen. »Das war auch drin«, sagt sie und gibt mir eine Fotografie. Sie zeigt Frauchen und Tante Lola mit einem Haufen anderer Leute auf Skiern. Auf Frauchens anderer Seite steht ein sehr professionell-sportlich aussehendes Mannsbild, das sie angrinst. Offenbar der Skilehrer. Hol ihn der Teufel.

»Wer ist denn der Fatzke?« frage ich und zeige auf ihn.

»Der Skilehrer«, erklärt die Mama. »Scheint ein fescher Kerl zu sein. Aber hast du denn Tante Lola gesehen, daneben? In dem Alter und noch so 'ne Keilhose über dem Hintern! Sie sollte sich was schämen! Wenn die alten Weiber noch wild werden – das sollten sie den jungen überlassen. Apropos junge Weiber – weißt du, daß Susanne übermorgen Geburtstag hat?«

»Auch das noch! Woher weißt du denn das?«

»Sie war hier und hat so um drei Ecken rum das Gespräch darauf gebracht. Natürlich will sie 'nen Haufen Jungens einladen, und ein Kuchenrezept wollte sie auch. Na ja, schließlich hat man nur einmal Geburtstag.«

»Aha, deshalb hat sie mir eben so zugewinkt.«

Die Mama mustert mich prüfend: »Nanu, was ist denn dir über die Leber gelaufen? Ich habe mir gedacht, daß ich ihr einen Kuchen backe, und du kannst vielleicht eine Flasche Schnaps stiften, dann brauchen sie nicht so ans Wirtschaftsgeld zu gehen, wenn sie die Lümmels einladen.«

»Die werden sie nur einladen, wenn ich es gestatte.«

»Also – da ist doch was los! Worüber hast du dich geärgert? Möchtest du mir das nicht mal ausnahmsweise sagen?«

»Ach – gar nichts. Ich habe nur ein paar von den anderen jungen Leuten getroffen, im Dorf. Wie die sich schinden müssen...«

»Unsere können nichts dafür, daß es ihnen besser geht. Nimm dich gefälligst zusammen.«

Einen Moment bin ich versucht, ihr die Sache mit dem Armband zu erzählen, schlucke es aber wieder hinunter. Ich will kein Getratsche wegen der Gören mehr.

So gebe ich ihr einfach einen Kuß: »Du hast ja vollkommen recht, Mulleken!«

In ihren Augen leuchtet es, als ich sie küsse. Aber gleich darauf wird ihre Nase wieder spitz vor Mißtrauen: »Da ist doch was faul, wenn du mir plötzlich recht gibst!«

16

Ich stehe am Fenster. Der Himmel ist grauschwarz, und die bereiften Tannen hinten am Waldrand sehen aus, als seien sie mit dickem Silbergarn bestickt. Der Schnee dämmerungsblau mit den drei hellen Vierecken, die aus den Fenstern der Bentlers darüberfallen. Hinter den Scheiben huschen die Schatten der tanzenden Paare vorbei, und jetzt, da man eines der Fenster aufreißt, um frische Luft hereinzulassen, stürzen die Mamboklänge in den frühen Winterabend.

Sie feiern Susannes Geburtstag. Ich habe ihr ein Mützchen geschenkt, mit Pelz drumrum, auch zum Herunterklappen über die Ohren. Sie sieht ganz reizend darin aus mit ein paar goldblonden Locken und dem feinen, leicht gebogenen Näschen. Dazu ihre zierliche Figur, pelzbesetzter Mantel (von Addi) und die neuen Pelzschuhe (von Teddy). Wie ein Püppchen aus Meißner Porzellan. Margot bekam ganz spitze Augen vor Neid. Wir haben bei uns hier Kaffee getrunken, die Mama hatte einen Kuchen dazu gebacken, und die beiden waren im Rückblick auf meinen stürmischen Abgang vor zwei Tagen ganz außerordentlich manierlich. Es war richtig nett – bis drüben das erste Fahrrad klingelte. Da wurden sie kribbelig, pumpten sich noch rasch den Cocktail-Shaker und entschwanden.

Anschließend habe ich Cocki entflöht und Negative geordnet und mir erzählt, wie schön es sei, daß ich mich jetzt wieder mehr um meine eigenen Angelegenheiten kümmern könne. Aber das Richtige war es doch nicht.

Ich bin so versunken, daß ich das Öffnen der Tür und das Hundegewimmel um meine Beine herum nur unterbewußt wahrnehme. Dann bemerke ich das schattenhafte Profil der Mama neben mir. Auch sie schaut zu den drei Vierecken hinüber.

»Warum gehst du nicht auch hin, alter Junge?« fragt sie plötzlich, und in ihrer Stimme ist das tiefe und genaue Wissen um mein Herz, wie es nur eine Mutter hat.

»Warum soll ich ihnen den Abend verderben?«

»Den Abend... na, du bist ja gut! Sie sollten sich geschmeichelt fühlen, wenn ein Mann wie du sich mit ihnen beschäftigt! Außerdem hast du dich derart nobel gezeigt mit der Pelzmütze...«

»Hm. Na ja, wenn du meinst... Ich könnte ja 'ne Flasche Cognac mitnehmen.«

»Aber hör mal, du hast doch schon...«

»Nur für mich selber natürlich. Du weißt, das gemixte Zeug bekommt mir nicht.«

Vor der Bentlerschen Tür überfällt mich abermals der Zweifel. Eigentlich dränge ich mich ja auf! Sie hätten es doch schließlich sagen können, wenn sie mich hätten dabei haben wollen. Wenn ich mir vorstelle, was wir seinerzeit für Gesichter gemacht hätten, wenn die Erwachsenen einfach zu unseren Abenden gekommen wären!

Aber – halt mal, halt mal! Zu Mäxchens Geburtstag war auch immer der Konsul dabei und die gute Mutti Bernstein, und es war immer sehr interessant gewesen. Warum soll ich mich da verkriechen wie ein Aussätziger? Sie sollten froh sein, daß ich – ganz recht hat sie, die Mama!

Niemand hat gehört, wie ich die Tür öffnete und in die Diele trat. Alles hängt voller Mäntel, und nebenan ist lautes Gebrabbel, Gelächter, und von vorn, aus Teddys Arbeitszimmer, Musik. Plötzlich geht die Tür auf: Margot, die den Reiserer-Franz hinter sich herschleppt. Ja, du lieber Himmel, den haben sie also auch aus der Mottenkiste geholt! Wahrscheinlich hat er neue Platten. Als sie mich sieht, läßt sie ihn los und fliegt mir um den Hals. Franzl grinst verlegen und geht in die Küche: »Ich mach mal 'n paar Gläser sauber.«

»Ja, gut«, sagt Margot ziemlich obenhin, und dann zischt sie in mein Ohr: »Stell dir vor, Susanne, dieses Biest, hat Buddy eingeladen! Obwohl sie genau weiß, daß ich mit ihm Schluß gemacht habe!« Sie kopiert Susanne, indem sie mit den Augen klappert: »›Schließlich ist er ja ein alter Freund und gehört mit zur Blase!‹ Wenn ich das schon höre: ›Blase!‹ Aus diesen Kindereien sind wir doch nun wirklich raus.«

»Na, ist er denn gekommen?«

Sie hilft mir aus dem Mantel. »Klar ist er gekommen, und Susanne spreizt die Federn. Soll sie ihn doch haben, geschenkt! Dieses alberne Huhn.«

»Hm. Und du schleppst den Franz hier raus, damit Buddy eifersüchtig wird. Ihr spielt sozusagen ›Verwechsel, verwechsel das Bäumlein‹.«

Sie kuschelt sich wieder an meine Brust: »Ach, Colonel...«

Dann hält sie mir den Mund zu, denn Franz kommt aus der Küche zurück, in der Hand ein Tablett mit sauberen Gläsern. Margot nimmt es ihm ab und gibt ihm einen Kuß: »Du bist goldig!«

Sie stößt die Tür auf und sagt laut: »Na, so bald gehe ich nicht wieder allein mit dir in die Küche, Franzl!«

Der sieht mich hilfesuchend an.

Ich schiebe ihn vor mir her ins Zimmer: »Nur nicht ernst nehmen, Franzl!«

Drinnen hat man inzwischen auf schummerig umgeschaltet. Es

brennen nur zwei Kerzenleuchter, der Zigarettenrauch ist schon wieder zum Schneiden dick, obwohl man doch erst vor kurzem gelüftet hatte. So erkenne ich erst allmählich, was los ist. Der Hauptteil der Gesellschaft scheint ziemlich erschöpft zu sein. Fred liegt im großen Clubsessel, die Füße auf dem Tisch. Buddy und Susanne verzieren die Couch. Er liegt, ein Glas in der Hand, auf dem Rücken, und sie beugt sich über ihn, daß ihre Locken ihn kitzeln. Thomas sucht soweit wie möglich Fred zu kopieren. Er liegt tief in einem Sessel, hat die Beine weit von sich gestreckt und eine Zigarette aus dem Mundwinkel hängen. Die Füße auf den Tisch zu legen traut er sich offenbar nicht. Im übrigen scheint er schon reichlich betrunken zu sein. Nebenan, wo man Teddys Schreibtischlampe auf die Erde gestellt und gegen die Wand gedreht hat, tanzen Karl-Friedrich und Sophie. Sie machen korrekte Tanzstunden-Schritte und reden sehr ernsthaft miteinander.

Jetzt hat mich Susanne entdeckt: »Ja, der Colonel!!« ruft sie, und dann ist da zwischen ihr und Buddy auf der Couch ein Durcheinander und Miteinander. Etwas blitzt für einen Moment in Buddys Hand auf, während sich Susanne auf mich stürzt und mich gleichzeitig umdreht, so daß ich Buddy nicht mehr sehe. Sollte das Blitzende vielleicht das verbotene Armband gewesen sein? Ach, ich will mich heute nicht ärgern.

Die Jungen begrüßen mich manierlich. Nur Fred begnügt sich zunächst damit, die Füße vom Tisch zu nehmen. Dann, als er merkt, daß das gar nicht ankommt, steht er auch auf, aber da sitzen die anderen schon wieder, und er schwankt, die Hand halb ausgestreckt, in der Gegend herum und hat ein Gesicht, das von hilfloser Wut ganz verzerrt ist. Ich gönne es ihm von Herzen. Gleichzeitig finde ich die Heftigkeit meiner Reaktion beunruhigend. Was wird er nun wohl tun? Er reißt sich zusammen, kommt auf mich zu, macht eine knappe Verbeugung und sagt: »Ich glaube, ich habe mich noch gar nicht offiziell vorgestellt, obwohl ich schon mehrfach das Vergnügen hatte, Sie zu treffen. Gestatten Sie: Fred Frankenfeld.«

Die Runde, über diesen Anfall von Förmlichkeit offensichtlich erschrocken, reißt die Münder auf. Er streift sie mit einem blitzschnellen, triumphierenden Blick. Wieder mal hat er sie verblüfft und ihnen außerdem gleich gezeigt, daß er sich auch first class benehmen kann, wenn es ihm in den Kram paßt.

Ich gebe ihm die Hand: »Hallo, Fred. Meinen Namen kennen Sie ja.«

Er verbeugt sich stumm und setzt sich wieder in den Sessel. Eine eindrucksschwangere Pause droht auszubrechen, aber die verpatze ich ihm, indem ich erkläre, ich wolle jetzt auch mal das Tanzbein schwingen. Ich gehe ins Nebenzimmer und klatsche Sophie ab. Worauf Karl-Friedrich sich Susanne holt und Franzl die wenig begeisterte Margot.

»Jetzt kommt ein Seitenschritt!« sagt Sophie streng, nachdem sie mir zweimal auf den Fuß getreten ist.

Ich drücke sie an mich: »Ach, Quatsch. Ich tanze immer dasselbe. Früher nannte man das Onestep. Damit komme ich seit dreißig Jahren durch und falle in dem Gedrängel nicht auf.«

»Hauptsache Gedrängel, nicht wahr, Colonel?«

»Werden Sie nicht frech, Pfarrer. Wissen Sie übrigens, daß Sie einen ganz reizenden Mund haben?«

»Gehört das auch mit zum Gedrängel?«

»Unbedingt.«

Da lacht sie, und zwar ganz entzückend. »Na, dann will ich auch nicht kleinlich sein!« und legt ihren Kopf an mein Gesicht.

»Ja, Sopherl, ich kenn dich ja gar nicht wieder!« sagt neben uns Margot. Sie klatscht uns ab und legt Franz der Sophie in die Arme. Dann manövriert sie mich in eine andere Ecke: »Ich an Buddys Stelle wäre ja nicht gekommen! Es ist billig, findest du nicht auch?«

Etwas daran sticht mich, und ich sage fast ärgerlich: »Gott, was heißt billig. Wahrscheinlich will er dir einfach nahe sein.« War es vielleicht unklug, ihr das zu sagen? Sie ist plötzlich ganz stumm, klatscht dann Karl-Friedrich und Susanne ab, die nun in meinen Armen landet. Ich sehe, wie Margot sich nach ein paar Schritten von Karl-Friedrich ins Nebenzimmer führen läßt, wo die drei Überzähligen, Thomas, Buddy und Fred, ein anscheinend sehr ernstes Gespräch führen.

»Warum habt ihr denn nicht noch mehr Mädchen eingeladen?« frage ich Susanne.

»Ach, ist doch viel schöner so, jedenfalls für uns! Und Fred tanzt sowieso nicht, wenigstens nicht hier.«

»Und warum nicht?«

»Er sagt, das Lämmerhüpfen mag er nicht. Wenn erst das Auto da ist, will er mit mir nach Innsbruck fahren, zum Five o'clock ins ›Imperial‹.«

»Soso.« Ich kann mir gerade noch die Frage verkneifen, ob sie ernstlich glaubt, daß ich ihre erste Attacke in dieser Richtung vergessen habe und sie mit diesem Herrn nach Innsbruck fahren lasse. Warum soll ich ihr den Geburtstag verderben? Außerdem ist der Wagen ja noch nicht da. Aber meine harmlose Anteilnahme ist trotzdem gestört: »Na, gehen wir mal zu den anderen.«

»Bitte, noch nicht! Ach, Colonel, es ist ja so schön, mal mit 'nem richtigen Mann! Außerdem kannst du tanzen wie ... wie ein ...«

»... richtiger Mensch?«

Sie strahlt mich an: »Genau!«

»Ja, was hast du denn gedacht, wie ich tanze, wie 'n Gorilla? Apropos Gorilla, wo ist er denn? Ich meine, der Freund von Fred? Hast du ihn nicht eingeladen?«

Das Strahlen ist plötzlich verschwunden. Sie klappert angestrengt mit den Augen, und aus langjähriger Erfahrung weiß ich, daß sie an einer Lüge knabbert: »Jaja ... natürlich, ich hab ihn eingeladen, aber er hat zu tun. Er ist auf einer Geschäftsreise.«

»So, auf einer Geschäftsreise.«

»Du wolltest doch zu den anderen, Colonel!«

»Gut, gehen wir.«

Ich lande mit Susanne auf der Couch. Aber wir haben sie nicht allein für uns, neben mir sitzt Buddy und neben ihm Margot. Nun hören auch Franz und Sophie auf zu tanzen, stellen die Musik ab, und somit sitzen wir alle um den Tisch herum. Susanne steht wieder auf, repariert eine blakende Kerze und präsentiert bei dieser Gelegenheit ein außergewöhnlich gewagtes Dekolleté. Thomas betrachtet es verwirrt, Franzl hungrig und Fred in ärgerlicher Eifersucht. Dann bemerkt er mein Schmunzeln und geht sofort zum Angriff über.

»Nun, wie fühlen Sie sich denn so bei der goldenen Jugend?«

Die Unterhaltung verstummt. Ich muß an einen Westernfilm denken, in dem alles zurückweicht, wenn zwei etwas ausboxen sollen: »Bisher nicht mal überflüssig«, antworte ich und erziele ein sporadisches Gelächter.

Fred errötet, aber er gibt keineswegs auf, sondern lehnt sich in gemachter Lässigkeit in den Sessel zurück und schlägt die Beine übereinander. Susanne blickt ängstlich zwischen uns beiden hin und her.

»Fühlen Sie nicht«, sagt Fred, »bei unserem Anblick eine mehr oder minder intensive Rührung?«

»Mehr oder minder: ja.«

»Bei mir wahrscheinlich minder.«

»Ja.«

Gekicher Margots und Thomas', Sophie betrachtet Fred mit strenger Stirnfalte. Der errötet abermals. »Verzeihen Sie, ich wollte Ihnen natürlich keineswegs – ich meine, ich möchte nicht, daß Sie sich gewissermaßen – äh – interviewt fühlen!«

Sein höfliches Zurückweichen ist wahrscheinlich eine Finte: »Sie brauchen sich gar nicht zu entschuldigen, Fred. Interviews bin ich gewohnt. Außerdem lernt man eine Menge aus den Fragen – über den, der fragt.«

Jetzt ist das Gelächter allgemein, und ich schäme mich fast, ihn aus der Überlegenheit meines Alters und meiner Erfahrung heraus so abzustechen. In seinem Gesicht spielen die Muskeln: »Also darf ich weiterfragen?«

»Ich bitte sogar darum.«

Er schluckt: »Gut. Nun – hm – möchten Sie, ich meine, würden Sie, wenn ein Zauberer käme und Ihnen einen Wunsch freigäbe, würden Sie dann wünschen, wieder in unserem Alter zu sein?«

»Nein.«

Diesmal lacht keiner. Freds Gesichtsausdruck hat gewechselt. Von Haß und Ärger zu Neugierde. »Und darf ich fragen, warum nicht?«

»Weil das, was man die goldene Jugend nennt, nicht in eurem Alter liegt, sondern normalerweise später.«

Fred stutzt, sieht sich etwas hilflos um: »Darf ich nochmals fragen, warum?«

Da schaltet sich, noch ehe ich antworten kann, Buddy ein, mit einer Heftigkeit, die uns alle erschreckt: »Na, Mensch, weißt du denn das nicht? Hast du das wirklich noch nicht spitzgekriegt? Was möchtest du denn in unserem Alter? Alles. Und was bist du? Nichts. Du bist kein Kind mehr und 'n Mann auch noch nicht. Die Mädels gefallen dir, aber du kannst sie noch nicht heiraten, weil du nichts bist und nichts verdienst. Du glaubst, daß du alles besser weißt, aber es hört keiner auf dich. Wenn du mal mit deinem Mädel so 'n bißchen nett zusammensein willst, mußt du dich in 'ne Waschküche verkriechen oder hinter 'n Holzstoß...«

Buddy bricht ebenso plötzlich ab, wie er begann, während ich innerlich eine sehr besorgte Notiz mache, in Zukunft auch die Bentlersche Waschküche und die leere Garage gelegentlich zu visitieren. Margot starrt Buddy mit großen Augen an.

»Na«, sagt Fred, »von dir speziell habe ich nicht den Eindruck, daß du auf Waschküchen angewiesen bist.« Thomas, Susanne und Karl-Friedrich kichern, hören aber sofort auf, als sie sehen, daß Margots Gesicht vereist.

Man gießt die Gläser voll und zündet neue Zigaretten an.

Buddy sieht auf die Uhr. »Ist ja schon zehn. Noch einen Tanz, Colonel?«

»Drei sogar, weil heute Geburtstag ist.«

Als ich aus der Haustür trete, bleibe ich einen Moment geblendet stehen, so hell ist der Mond – beinahe Vollmond. Bäume und Sträucher im Garten sind wie mit Schlagsahne übergossen. Die junge Tanne hinter der Bank, auf der Susanne im Sommer zu schnäbeln pflegte, scheint besonders unter der weißen Last gebeugt. Ich schüttle ihr den Schnee von einigen bepackten Zweigen, und sie winkt mir noch dankbar nach, als ich schon drüben bei mir den Schlüssel ins Schloß stecke.

Während ich leise durch den Flur gehe, sehe ich das Licht, das von oben aus dem Zimmer der Mama kommt und durch das Geländer geistert. Hat sie also doch wieder gewartet, unsere Glucke! Warum aber ruft sie dann jetzt nicht? Ich ziehe meine Schuhe aus und schleiche in Strümpfen die Treppe hinauf, während mein Herz dumpf zu pochen beginnt. Man weiß doch nie...

Droben aber finde ich sie friedlich schlummernd. Vorsichtig schleiche ich mich an den Nachttisch der Mama, um das Licht auszuknipsen. Dabei bemerke ich wie immer mit Rührung, daß dieser Nachttisch eine Art bildlichen Extrakt ihres Lebensinhalts darstellt. Da steht in der Mitte das uralte Kruzifix. Es ist, glaube ich, seit dem 16. Jahrhundert in der Familie, und die Figur des Gekreuzigten ist schon ganz dünn und platt von den vielen Fingern, die sie ›begriffen‹ haben. Rund um das Kruzifix herum steht in lauter kleinen Rahmen ein Wald von Bildern: die Großeltern, mein früh verstorbener Vater, die Mama selber mit Fischbeinkragen, die großen Kulleraugen angstvoll geradeaus starrend neben einer Säule mit Blumentopf und Bronzefigur, ich selbst am Vortragspult und als Zehnjähriger mit Schülermütze und einem Blechzeppelin in der Hand, und ganz klein als Hosenmatz mit Riesenhut am Ostseestrand buddelnd.

Als ich behutsam das Kruzifix wieder zwischen die Bilder stelle, fährt die Mama hoch: »Was ist denn los, um Gottes willen?«

»Gar nichts, Mulleken. Wollte nur dein Licht ausmachen.«

»Wie spät ist es denn?«

»So gegen elf.«

»Gott, hab ich mich erschrocken! Was war drüben los?«

»Nichts Besonderes. Schlaf schnell wieder ein.«

»Ich werde bestimmt die halbe Nacht wachliegen!«

»Na, überleg's dir noch mal.«

Während ich mich unten in meinem Zimmer ausziehe, höre ich, überlaut in der Stille, ihr Bett knarren. Dann knipst sie das Licht aus, und ein paar Minuten darauf höre ich sie schnarchen.

17

Abend. Ich sitze am Schreibtisch und lese mir durch, was ich zuletzt an meinem Jugendartikel geschrieben habe. Ich lese, streiche, schreibe neu, kaue an meiner Zigarre herum, bis ich Deckblätter spucke und dann das nasse und zerfledderte Ende meines Knösels mit der Papierschere abschneiden muß. Hätte ich gewußt, was in diesem Auftrag steckt, den ich so obenhin akzeptierte, dann hätte ich ihn nie übernommen. Sobald man das Thema anpackt, erweitert es sich ins Uferlose.

Ich stehe auf, recke mich und ziehe den Vorhang zurück. Drüben ist nur ein Fenster erleuchtet. Fahrräder nicht sichtbar. Oder sind das doch Fahrräder? Ich hole mir mein Nachtglas aus dem Schrank und gehe damit wieder zum Fenster. Nein, keine Fahrräder. Dann richte ich das Glas, mit dem Gefühl, etwas außerordentlich Unfeines, aber Verlockendes zu tun, auf das erleuchtete Fenster.

Bild des traulichen Friedens. Susannchen sitzt im Ohrstuhl, hat die bestrumpften Beine auf dem Rauchtisch und näht irgend etwas. Margot liegt auf der Couch, hat ein Buch in der Hand und starrt darüber hinweg ins Nebenzimmer. Ihr Gesicht scheint eingefallen und verzweifelt. Jetzt sagt Susanne etwas, aber Margot scheint es nicht gehört zu haben. Susanne hebt den Kopf, beobachtet die Schwester einen Augenblick lang, steht dann auf, setzt sich neben sie und streichelt ihr den Kopf. So ein netter Kerl, die Susanne. Aber was ist mit Margot? Da stimmt doch etwas nicht! Werde mal hinübergehen.

Susanne öffnet mir, winkt mit den Augen und legt den Finger auf den Mund: »Dicke Luft – wegen Buddy! Ich häng deinen Mantel auf, Colonel, und dann drücke ich mich. Sieh doch mal zu, ob du nicht helfen kannst. Sie tut mir ja so leid. Außerdem ist es toll aufregend!«

Margot steht am Fenster und starrt in das Dunkel. Als ich mich räuspere, fährt sie herum, die Hand auf dem Herzen, und starrt mich an wie ein Gespenst. Dann zucken ihre Lippen, die Augen füllen sich mit Tränen. Ich nehme sie in die Arme und streichle den Wuschelkopf, während sie sich an mich klammert wie eine Ertrinkende: »Ach, Colonel...«

»Na, setz dich erst mal. Hier neben mich, schön hinsetzen, Atemholen und Naseputzen. So. Und wo fehlt's denn nun? Luzie?«

»Nein – Buddy.«

»Und was ist mit ihm?«

»Er will sich erschießen!«

»Erschießen – hm. Und wieso?«

»Weil... weil wir nicht weiter wissen. Wir haben uns ausgesprochen – er kann ohne mich nicht leben, sagt er. Und ich kann nicht, wenn er gleichzeitig mit Luzie... und mich will er doch schonen... was soll denn bloß aus uns werden, Colonel?«

»Na, auf keinen Fall wird er sich erschießen.«

Sie hebt den Kopf und sieht mich verwirrt an. Was das Mädel für wunderbare Augen hat, besonders jetzt.

»Warum glaubst du, daß er sich nicht erschießt?«

»Weil man nicht davon redet, wenn man es wirklich tun will. Außerdem – was ist mit der Pistole?«

Ihr Blick wird plötzlich argwöhnisch: »Was für eine Pistole meinst du?«

»Na, ich meine – hat er denn eine Pistole?«

Sie scheint irgendwie – warum, wird mir nicht klar – erleichtert: »Nein, er hat sie nicht, das heißt, ich glaube wenigstens. Man weiß ja nie, vielleicht hat sein Vater eine, ach, Colonel, vielleicht sollte ich doch...«

In mir steigt Ärger hoch. Ein paar Tage war's ruhig, und nun geht das schon wieder los! Ich nehme sie an den Schultern: »Hör mal zu, mein Kind. Ich denke, dieses ganze Problem haben wir doch damals vollkommen geklärt und zu Ende diskutiert. Außerdem sagst du ja, er will dich schonen, und im übrigen hat er mir sein Ehrenwort gegeben.«

»Das weiß ich ja, Colonel, aber er kann das einfach nicht!«

»Was kann er nicht?«

»Damit fertigwerden!«

»Quatsch. Er ist ein kluger Kerl und wird sich morgen sagen, daß alles halb so wild ist und daß es für einen Mann viel schlimmere Probleme gibt, mit denen er auch fertigwerden muß.«

»Ich weiß nicht – ich weiß nicht –, wenn er heute nacht, bevor er wieder zur Besinnung kommt...«

»Gut, dann ruf ihn an.«

»Was soll ich ihm denn sagen?«

»Sag ihm, er soll keine Dummheiten machen, und außerdem wäre so was feige, und drittens hättest du nichts gegen die Sache mit Luzie und würdest dein Herz in beide Hände nehmen, weil du ihn lieb hast.«

»Das... das kann ich nicht.«

»Dann hast du ihn nicht lieb.«

Sie starrt vor sich hin, und ihre Finger krallen sich in das Taschentuch. Ich streiche ihr das Haar aus der Stirn: »Soll ich es für dich tun?«

Sie bricht wieder in Tränen aus: »Ach ja, ja, bitte, Colonel!«

»Na also.« Ich gehe in Teddys Arbeitszimmer und rufe Buddy an.

Es dauert eine ganze Weile, bis er an den Apparat kommt: »Ja, bitte, Colonel?«

Es klingt ganz erloschen, und das reizt mich: »Hör zu, Buddy. Ich bin hier bei Margot. Du solltest sehen, in welchem Zustand das arme Mädel ist.«

»Es tut mir leid, Colonel.«

»Es tut mir leid, Colonel«, äffe ich ihn nach. »Das ist keine Antwort, Buddy! Du wirst erstens keine Dummheiten machen, und zweitens läßt dir Margot sagen, daß sie dir die Sache mit Luzie nicht mehr nachträgt, weil sie dich lieb hat. Was willst du eigentlich noch mehr, du Kindskopf?«

Keine Antwort. Dann, ganz heiser: »Das hat sie gesagt?«

»Soll ich sie dir an den Apparat holen, damit sie's dir bestätigt?«

»Nein, danke, Colonel. Vielen Dank!« Und damit hat er aufgehängt.

»Hallo – Buddy!« Stumm. Ich lege den Hörer auf: reichlich dramatisch veranlagt, der junge Mann.

Sie umklammert meinen Arm: »Was hat er gesagt?«

»Danke. Danke, hat er gesagt. Weißt du, was man eigentlich machen sollte? Ihm eine geladene Pistole schenken und ihn auffordern, sich zu bedienen. Solltest mal sehen, wie schnell er dann wieder zur Vernunft käme.«

»Colonel!!!«

»Na ja, ich tu's ja nicht. Im übrigen geht's euch allen einfach zu gut. Wenn ihr richtige, handfeste Sorgen hättet, würdet ihr gar nicht auf solchen Blödsinn kommen. So, und jetzt kriege ich einen Kuß, und dann gehen wir schön ins Bettchen, und morgen sieht alles anders aus.«

Sie lächelt schon wieder unter ihren Tränen, als sie mich zur Tür bringt.

18

Mit einem Ruck bin ich wach. Warum bin ich eigentlich so kribbelig? Wieder mal Föhn? Buddy!

Im nächsten Augenblick bin ich auch schon neben dem Telefon, läute die Mädchen an, da ich schlecht im Pyjama zu ihnen hinüberlaufen kann. Da ist Margots Stimme. Auch noch ziemlich verschlafen.

»Was ist mit Buddy?«

»Ach du, Colonel... Buddy? Was soll denn mit ihm sein?«

»Hat er sich nicht... ich meine – du könntest doch wenigstens...«

Ihre Stimme ist plötzlich ganz wach: »Du glaubst doch nicht etwa... du hast doch gesagt... Ich rufe gleich bei ihm an und sag dir Bescheid!«

Fünf endlose Minuten sitze ich auf dem Couchrand, friere und starre aufs Telefon. Das Weffchen, das sich schüchtern wedelnd an mir aufrichtet, stoße ich nervös zurück. Dann sehe ich den ratlosen Schmerz in seinen stillen, braunen Augen und nehme ihn auf den Schoß. Und dann schnarrt das Telefon.

Margot: »Alles in Ordnung, Colonel! Buddy war ganz gerührt, als er hörte, daß du dir Sorgen gemacht hast – und ich hab ihm gesagt, daß ich mir auch Sorgen gemacht hab.«

»Gut, nachher schaue ich zu euch rüber.«

Als ich nach dem Frühstück drüben auftauche, werde ich von den beiden Hühnern phänomenal umflattert. Ich fühle mich wie neugeboren und genieße den Reiz junger Weiblichkeit. Wie ein Pascha komme ich mir vor, und außerdem bin ich schon wieder leicht gerührt. Ist doch nett von den beiden, daß sie meine Besorgnis so anerkennen.

Bemerkenswerterweise ist nicht nur Margot, sondern auch Susanne so fürsorglich. Offenbar hat ihr Margot meine Ängste erzählt. Susanne besteht jedenfalls darauf, daß ich von Freds abermals neu aufgefülltem Konfekt nehme, holt dann eine Bürste, setzt sich auf die Sessellehne und bürstet mir die Glatze zu: »Direkt hübsch siehst du jetzt aus, Colonel!«

Das scheint mir etwas zu dick aufgetragen, und mein in den letzten Wochen hart trainiertes Mißtrauen spitzt die Ohren.

In diesem Augenblick tönt draußen eine Hupe.

»Das ist Fred!« sagt Susanne, macht auf der Hinterhand kehrt und verschwindet.

Draußen fällt ein Schlag zu, und ich sehe Fred am Fenster vorbeikommen, im Anorak mit einem gelben Schal, kühn um den Hals gewunden, eine Schirmkappe aufs Ohr gestülpt. Er dreht sich zum Wagen um: »Schmeiß das Zeug von den Hintersitzen, da kommen die Puppen drauf!« Ganz offenbar wird der Versuch unternommen, mich zu überrollen.

Ich höre Susanne die Tür öffnen: »Wir kommen gleich!«

»Aber 'n bißchen fix!«

Darauf Susanne: »Bin ja schon fertig!« Tür zu.

Ich in die Diele, mich schnell angezogen, hinterher. Draußen steht ein Kabriolett mit Biedersteiner Nummer, und aus ihm steigt gerade der Gorilla. Er hat einen offensichtlich neuen Wintermantel an und einen grauen Hut auf, wirkt aber dadurch noch mehr als beim Maskenball wie verkleidet. Fast hätte ich ihn übrigens gar nicht erkannt, denn unter dem Hut quillt eine schwarze Haarlocke vor, die ich bisher nicht an ihm bemerkte, und außerdem hat er sich einen Schnurrbart wachsen lassen.

»Augenblick mal!« sage ich. Alles dreht sich nach mir um.

Fred nimmt mit ironischer Höflichkeit die Mütze ab: »Guten Tag!«

»Guten Tag.«

»Sie haben doch hoffentlich nichts dagegen«, sagt er mit gleichbleibender ironischer Höflichkeit, »daß ich mit den Mädchen ein bißchen ausfahre!«

»Die beiden jungen Damen«, erkläre ich sehr betont, »sind mir von ihren Eltern anvertraut worden, wie Sie wissen. Und ich muß Ihnen leider sagen, daß aus dieser Fahrt nichts werden kann.«

»Aber Colonel!« ruft Margot. »Wir sind doch abends wieder hier!«

»Ich bin ganz gerührt darüber, mein Kind, aber es geht trotzdem nicht. Die Verantwortung kann ich nicht übernehmen. Wenn eure Eltern es euch gestatten – bitte sehr. Aber ich kann's nicht. Das müßt ihr einsehen.«

Margot schiebt die Unterlippe vor. Susanne versucht eine andere Taktik. Sie wirft mir die Arme um den Hals: »Ach, Colonel – bitte, bitte!« Dabei gibt sie mir einen so stürmischen Kuß, daß mein Hut in den Schnee fällt. Sie hebt ihn gleich auf und putzt ihn ab, und dabei sehe ich zufällig auf den Gorilla. Seine Augen sind wie fasziniert auf das Armband gerichtet, das Susanne beim Hantieren aus dem Ärmel aufs Handgelenk gerutscht ist.

»Aber das können Sie doch nicht machen!« sagt Fred. Er ist ganz bleich.

Ich setze meinen Hut wieder auf: »Glauben Sie?« Dann sehe ich mich plötzlich durch seine Augen: einen widerspenstigen älteren Mann, der sich für zwei Mädchen, die gar nicht seine Töchter sind, wichtig macht. Ich räuspere mich: »Sie müssen das verstehen, Fred. Ich weiß ja zum Beispiel gar nicht, wie Sie fahren. Sie sind noch sehr jung.«

Er zeigt auf den Gorilla: »Der fährt ja! Und der fährt prima!«

Der Gorilla starrt immer noch auf das Armband.

»Darf ich mal Ihren Führerschein sehen?« frage ich ihn. Ich muß es wiederholen, bis er mich hört. Dann sehe ich wieder jenes merkwürdige Erschrecken in seinen Augen – wann habe ich das eigentlich schon mal bemerkt? Er kramt in seiner Brieftasche und holt einen Führerschein heraus, ein ziemlich abgegriffenes Gebilde, innen ist auch noch Tinte über das Bild gelaufen. ›Walter Dengler‹, entziffere ich. Ich mustere den Gorilla, während ich ihm den Schein zurückgebe: »Mein Kompliment. Sie haben sich gut gehalten.«

Seine Augen gehen unsicher hin und her: »Wieso?«

»Na, für einundvierzig Jahre sehen Sie noch recht jung aus!«

»Sie auch«, sagt er hastig. »Sie auch, Herr!«

»Herr!« Merkwürdig. Was ist das bloß für ein Mensch. Benimmt sich wie ein Kammerdiener. Nein, eigentlich auch nicht. Diese Mischung aus Brutalität und Scheu – auf jeden Fall sehr unsympathisch.

»Ich danke Ihnen sehr, Herr Dengler«, sage ich kühl, »aber in die Fahrt kann ich trotzdem nicht einwilligen. Vielleicht sehen Sie das wenigstens ein. Sie sind ja ein reifer Mann.«

Er scheint schon wieder völlig abwesend, seine Augen gleiten erneut auf das Armband und von dort zu Fred. Dabei ziehen sie sich zu Schlitzen zusammen und sehen sehr böse und grausam aus. Dann wandern diese Augen über Fred hinweg die Straße entlang, und plötzlich geschieht etwas Überraschendes: Er geht auf Fred zu, der noch immer ratlos und beleidigt dasteht, und packt ihn am Arm: »Komm, du Idiot!« Und sich dann mit einem schiefen Lächeln zu mir wendend: »Der Herr hat ganz recht!«

»Aber erlaube mal ...«, fängt Fred an, gleich darauf verzieht er schmerzhaft das Gesicht, so hart ist der Griff geworden. Der Gorilla steigt in den Wagen, ihn mit sich ziehend. Er tut es so heftig, daß

Freds Kopf an den Türrahmen stößt. Tür zu, starten und ab, daß der Kies unter dem Schnee wegfliegt.

Ich erhole mich als erster von der allgemeinen Verblüffung. Die Mädchen stehen noch immer mit offenem Mund da. Ihr Traum ist zerplatzt wie eine Seifenblase.

»Na, das ging ja kurz und schmerzlos«, meine ich.

Susanne stampft mit dem Fuß auf und heult wie ein kleines Mädchen: »Pfui, Colonel, das hast du uns verdorben! Warum hast du's uns nicht gegönnt? Wir haben uns so gefreut.«

Ich lege ihr die Hand tröstend auf die Schulter, aber sie stößt sie weg: »Ach, laß das!«

Margot sieht nachdenklich hinter dem Wagen her. Schließlich nimmt sie den Arm ihrer Schwester: »Komm rein und gib nicht so an.«

Ich schaue ihnen nach und bin ärgerlich, über sie, über die beiden abgebrausten Kavaliere und über mich selbst. Vielleicht bin ich übertimpelig gewesen, hätte ihnen doch das Vergnügen gönnen sollen. Die Straßen sind schließlich voll von Autos mit jungen Leuten...

»Na?« sagt eine Stimme hinter mir. »Vatersorgen?«

Ich drehe mich um, es ist der Mühlner-Schorsch, diesmal in Uniform.

Ich seufze: »Es ist zum Kotzen, mein Lieber. Ich muß sagen, ich bewundere den Teddy und die Addi, meine Freunde hier. So ein ganzes Leben lang ununterbrochen Eltern zu sein...«

»Worum ging's denn?« erkundigt er sich sanft.

»Ach, sie wollten mit zwei Kavalieren wegfahren, und ich hab's ihnen verboten.«

»Mit dem Fred Frankenfeld aus dem Internat und diesem... diesem... wie heißt er denn?«

»Sie meinen den Gorilla? Dengler heißt er, Sherlock Holmes.«

Mühlner lacht: »Weil ich den Frankenfeld kenne? Na, allmählich kennt man doch die Typen. Aber daß Sie den Namen von dem anderen wissen!«

»Hat sich mein schlechtes Namensgedächtnis auch schon bis zu Ihnen rumgesprochen? Ich kann Sie beruhigen, er hat mir seinen Führerschein gezeigt.«

Er hebt die Augenbrauen: »Soso. Führerschein hat er auch!«

»Na ja, natürlich, sonst dürfte er doch nicht den Wagen fahren, Sie Schlaumeier. Übrigens, ich war ganz erstaunt, der Mann sieht aus wie höchstens dreißig, und in Wirklichkeit ist er schon einundvierzig. Aus Biederstein. Walter Dengler.«

»Ja, da schau her«, meint der Mühlner ironisch. »Der Walter Dengler.«

»Kennen Sie ihn?«

»O ja, ich kenne ihn – den Walter Dengler.«

Was hat er denn, denke ich, warum tut er bloß so ironisch, das dumme Luder? Er scheint in irgendeinem geheimen Triumph zu schwelgen. Na, soll er. Dann fällt mir etwas anderes ein: »Wissen Sie, Mühlner, finden Sie es nicht auch etwas eigenartig, daß dieser Fred da dauernd mit so einem älteren Mann rumläuft?«

»Ja, ziemlich.«

»Ich hab immer ein unangenehmes Gefühl, wenn ich so was sehe. Das sind eben diese Jüngelchen aus der Industrie, denen die Eltern viel zuviel Geld in die Tasche stecken. Dann geht's los mit Konfekt für die Mädchen, Armband für die Mädchen, mit Auto – er soll ja sogar seinen eigenen Wagen hier runtergeschickt kriegen. Vater ist tot, und Söhnchen erbt dann gleich, wenn er mit der Schule fertig ist, die Fabrik. Ich dachte überhaupt, das wäre schon der eigene Wagen, aber der hier hatte ja 'ne Biedersteiner Nummer.«

»Selbstfahrerzentrale Schmidt, der Wagen für jeden Geschmack«, sagt Mühlner.

Ich lache: »Sie sind wirklich großartig! Viel zu schade für dieses Dorf.«

Er legt sein verpickeltes Gesicht schief: »Na, vielleicht bring ich's auch weiter, wenn ich hier mal einen Erfolg habe. Sie können mich ja dann in die Zeitung bringen, Sie haben doch Beziehungen zur Presse!«

»Darauf können Sie sich verlassen«, sage ich mit Überzeugung.

Ein eigentümlicher Ausdruck tritt in sein Gesicht, den ich im Moment nicht deuten kann: »Na schön«, sagt er. »Nett von Ihnen!« Und dann gibt er mir die Hand.

Ich sehe ihm nach, wie er den Weg zum See hinunterstampft. Komischer Kerl.

Was soll ich mit diesem angebrochenen Nachmittag machen? Hm.

Ich bleibe im Garten stehen und polke nachdenklich an der Lippe. Plötzlich habe ich eine Idee: Ich werde versuchen, an der Saubucht Wild zu schießen – natürlich nur mit dem Teleobjektiv –, solange noch Schnee liegt. Über Nacht hat sich nämlich der Föhn gewaltig betätigt, und überall tropft und rinnt es. Von den Dächern hängen Eiszapfen, an denen die Tropfen mit der Regelmäßigkeit kleiner Uhrwerke zur feuchtschwarzen Erde rollen.

Zunächst stöbere ich die beiden Hunde auf und sperre sie in der Bibliothek ein, mit der strengen Order an die Mama, sie keinesfalls aus dem Haus zu lassen. Man ist nämlich vor dem kleinen Löwen niemals sicher. Er kann noch so maulen und anschließend verschwunden sein – aus irgendeinem Dickicht sind zwei goldene Augen bestimmt auf Herrchen gerichtet, und die großen Ohren registrieren jeden seiner Schritte. Wie oft habe ich mir schon eingebildet, ihn abgehängt zu haben, und dann kam er nach einer halben Stunde angerast, mit den Riesenohren, die wie Windmühlenflügel um seine Schläfen rotieren.

Dann suche ich mir meinen Fotokram zusammen, ziehe mir zwei Paar Unterhosen an – für den Hochsitz – und stampfe los. Als ich am Ende des Dorfes ankomme, dort, wo die Wiesen gegen den Wald ansteigen, sehe ich doch tatsächlich im Garten der Weißgerbers schon ein Bündel Schneeglöckchen. Sie machen ihrem Namen Ehre, indem sie den Schnee hochgestemmt haben und nun unter einer Kappe von gefrorenen Diamantspitzen hocken wie eine Kurkapelle unter dem Muschelbaldachin.

Ich gehe den Hügel hinauf. Es ist gut, daß ich die Keilhosen anhabe, denn dort liegt noch viel Schnee, manchmal sinke ich bis an die Knie ein. Oben allerdings, auf der Hochfläche und am Anfang des Waldes, gibt's nur wenig Schnee. Fraglich, ob ich das Wild noch an der Saubucht-Raufe ›schießen‹ kann, es findet vielleicht schon allerhand im Wald. Mal sehen. Ich wende mich, ehe ich in den Wald tauche, noch einmal dem Dorf zu. Es liegt in der Tiefe wie ein Häufchen bunter Würfel, die ein Riese auf ein weißes Tischtuch geschüttet hat. Unter mir, am Fuß des Hügels, wo der Weg zwischen der Schreinerei und der Schmiede endet, steht Karl-Friedrich. Er hat einen langen Stock in der Hand. Jetzt kommen noch zwei Mädels und dann ein Junge und umringen ihn. Weiß der Himmel, was für ein Streich da wieder ausgeheckt wird. Diese ewig brodelnde, unruhegetriebene Jugend! Na, für eine Weile wenigstens bin ich sie jetzt los.

Ich tauche in den Wald ein, und wie immer strömen mir aus seinem weiten grünen Atem neue Kräfte zu. Immer wieder bleibe ich stehen, immer wieder trinken meine Augen die dunklen Behänge der Tannen an den Rändern, immer wieder lausche ich dem leisen Rascheln und Knarren der Wipfel, dem dumpfen Plumpsen, mit dem der tauende Schnee auf das Moos fällt, dem keckernden Schrei des Hähers. Ich schleiche mich gegen den Wind an und untersuche dann die Umgebung der Raufe mit dem Glas. Nichts. So gehe ich denn im Baumschatten weiter, bis ich an die Wildkanzel komme. Ich klettere hinauf, vorsichtig, weil man nie weiß, wie weit die Leiter im Winter morsch geworden ist. Oben fege ich den Schnee leise vom Sitzbrett, lege die Decke darüber, die ich mitgenommen habe, und fixiere dann das Teleobjektiv auf die Futterraufe. Wieder Stille. Ich kann jetzt, über die Schonung hinweg, die faserigen weißen Wolken sehen, die durch den blaßblauen Himmel ziehen. Auf den Wiesen draußen bellt ein Hund; ein Volk Rebhühner, offenbar von ihm aufgescheucht, purrt auf die kleine Lichtung und läßt sich für ein paar Minuten nieder. Nach einer Weile steuert mit singenden Schwingen ein Schwanenpaar über die Wipfel, wahrscheinlich auf dem Weg zum Nachbarsee.

Ein Knacken in der Schonung! Sofort versteinern meine Muskeln. Mit den Zähnen reiße ich den Handschuh von den Fingern, klappe den Lichtmesser auf, kontrolliere noch Belichtung und Blende – da bewegt sich ein Schatten in Richtung auf die Raufe. Ein Böckchen! Deutlich sehe ich die beiden Hörner. Zwei Ricken dahinter. Wenn sie jetzt auf die Lichtung treten, habe ich sie! Und sie kommen, zuerst das Böckchen. Die Ricken stecken schon hinter ihm die Köpfe durch den Tannenbehang, als der Bock die Lauscher hochstellt. Und dann höre ich es auch: Gesang! Ausgerechnet! Mein Finger drückt den Auslöser. Wenigstens das Böckchen habe ich erwischt. Da macht er auch schon auf der Hinterhand kehrt, und das Trio stiebt durch die Bäume davon. Noch ein paarmal sehe ich ihre weißen Blumen aufleuchten, dann sind sie weg. Himmel-Herrgott-Flitzebogen – daß diese verdammten Schweißfuß-Indianer das Grölen nicht lassen können!

Ich will schon von der Kanzel klettern und grob werden, als die Spitze des Vereins auf die Lichtung tritt. Und wer führt sie an? Karl-Friedrich mit seinen vorstehenden Zähnen und einem Wimpel in der Hand. Das ist also der Stock, den ich vorhin gesehen habe. Und auch Thomas ist dabei, und ungefähr fünfundzwanzig kleinere Mädels und Buben und ganz zuletzt Sophie, die Augen auf den Boden gesenkt und ein Manuskript unter dem Arm!

Ja, da schau her! Ich ziehe mich tiefer hinter die Tarnung des Hochsitzes zurück. Der Augenblick zum Auftauchen scheint mir ungeeignet. Karl-Friedrich stößt den Wimpel in den Schnee, die anderen treten im Halbkreis um ihn herum.

Karl-Friedrich sagt: »Liebe Brüder und Schwestern, an diesem schönen Frühlingstag wollen wir dessen gedenken, der...« Und dann hält er eine kleine Predigt, an deren Schluß er heftig niesen muß. »Wir wollen unsere Andacht«, so endet er, »nicht zu lange ausdehnen, unsere Schwester Sophie hat das Wort.« Und plötzlich in treuherzigen Dialekt fallend: »Du machst a net z'lang, gell, Sopherl?«

Sophie sieht ihn über ihre Brille hinweg an: »Ich werde mich auf das Wesentliche beschränken, Bruder Karl-Friedrich. Immerhin bleibt einiges zu sagen.« Und sie sagt das Einige eine gute Viertelstunde lang. Ich wage mich nicht zu rühren, obwohl mir allmählich die Füße kalt werden und es anfängt, in den Mandeln zu pieken. Trotzdem bleibe ich hocken. Nach der ersten Verblüffung hat mich ein brennendes Interesse an diesem kleinen Verein gepackt. Ich betrachte die ernsten und hingegebenen Gesichter. Nur zwei oder drei von den älteren scheinen sich nicht ganz wohl zu fühlen, gucken die übrigen an und grinsen ab und zu. Die halb verschneite Lichtung, der blaßblaue Himmel, die feierlichen dunkelgrünen Wände der Tannen und die kleine Schar hier um den Wimpel, der sich leicht im Frühlingswind bewegt – eine ganz neue Facette dieser Jugend ist da aufgeleuchtet, und ich muß daran denken, wie ich neulich beim Kramen ein kleines Heftchen gefunden habe, das ich mit zehn Jahren vollgeschrieben hatte und das den Titel trägt ›Meine Weltanschauung‹. Es ist eben nicht alles Jazz und Motorrad und Auto und Flugzeug und Fußball, es gibt auch dies hier.

Ich schrecke wieder auf, sie fangen erneut an zu singen. Diesmal ärgert es mich nicht. Ich ziehe die Decke fester um die Schultern und rede mir ein, daß die Feuchtigkeit in meinen Augen ein Vorbote des Schnupfens sei.

Als der Gesang beendet ist, gehen sie schweigend weg, zuletzt Sophie und Karl-Friedrich.

Mit steifen Gliedern klettere ich von der Kanzel, verstaue mein Fotogerät und mache dann einen Dauerlauf nach Hause, damit ich wieder warm werde. Der Dauerlauf reicht aber nur über hundert Meter, dann muß ich in Schritt fallen. Die Sonne ist jetzt hell heraus, der See in der Tiefe und die Ufer jenseits wirken, als seien sie eben erst erschaffen worden. Das Erlebnis geht mit mir wie ein Schein, der heller ist als die Sonne. Ich sehe die Jugend jetzt, wie sie wirklich ist, als unendliche Vielfalt, in der einfach alles enthalten ist und in der meine Mädels mit ihren Stifteköppen, in der diese ganze unruhige ›Blase‹ nur ein Bläschen ist, ein ganz kleines Bläschen, das unter dem Anhauch des Lebens schnell zerplatzen wird. Soll ich es wünschen – dieses schnelle Zerplatzen? Immerhin spiegeln sich Himmel und Erde auch in diesem Bläschen.

Daheim finde ich zwei Briefe, einen von Addi und einen vom Frauchen. Addi fragt, ob denn die Mädels wirklich so brav seien, wie wir sie immer schildern, und daß sie sich jetzt Gewissensbisse mache, uns so überrumpelt zu haben. Im übrigen sei es himmlisch, alles blühe schon, und Teddy sei endlich, nach Jahren, mal richtig entspannt und glücklich. Ich grinse über diese propagandistische Vorbereitung ihrer Heimkehr. Na ja – Hauptsache, sie erholen sich mal, die beiden.

Im Brief vom Frauchen liegt ein weiteres Foto, und zwar wieder eins mit diesem albernen Kerl von Skilehrer. Der Brief selbst ist mit riesengroßen Buchstaben geschrieben, offenbar um den Raum zu füllen. Scheint ja ziemlich abgelenkt zu sein, die Dame. Bei Linsen und Würstchen (mein Lieblingsgericht, aber nach dem Diätzettel streng verboten) teile ich der Mama diese meine Ansicht mit, worauf sie natürlich sofort das Frauchen in Schutz nimmt.

Bis zum Abend wühle ich in Arbeit, schreibe weiter an dem Jugendartikel und entwerfe die Disposition eines Kriminalromans. Dann fällt mir die Decke auf den Kopf, und ich beschließe, ins Kino zu gehen. Der Mama erkläre ich, daß ich das zu Studienzwecken tun müsse, weil es einen Kriminalfilm gäbe und ich doch, wenn mein Kriminalroman verfilmt würde... Ob sie nicht mitkommen wollte. Sie lehnt – was ich erwartete – ab, weil sie nichts für Leichen und Gangster übrig hat und sich lieber k. und k. Kavallerieleutnants ansieht, die in Wirklichkeit verkleidete Kaiser sind und zum Schluß von ihren bürgerlichen Geliebten tränenreichen Abschied nehmen, weil sie irgendeinen dürren, aber ›ebenbürtigen‹ Stecken heiraten müssen.

Das Kino (gleich neben dem Übungsturm der Feuerwehr) hat durchlaufende harte Sitzbänke und einen großen Eisenofen, in den der Billettabreißer Erich an den dramatischsten Stellen mit Donnergepolter neue Preßkohlen kippt. Ein richtiges ›Flohkino‹, wie man in meiner Jugend zu sagen pflegte. Ich liebe es, weil es mich an die ›Biophon-Lichtspiele‹ in Berlin vor einem halben Jahrhundert erinnert. Dort roch es ganz ähnlich, und dort sah ich meine ersten Filme mit dem Lindner-Max und der Asta Nielsen. Alle Augenblicke waren die Billetts abgelaufen, und man mußte auf allen vieren unter den Bänken herumkriechen, damit man von dem Platzanweiser, der gleichzeitig das Klavier spielte, nicht an die Luft gesetzt wurde. Später sah ich dort auch die ersten Chaplin-Filme, und bei der ›Chaplin-Quelle‹ mußte ich so lachen, daß die Lehne der Vorderbank abbrach und alle nach hinten umfielen. Man machte Licht, erwischte mich, und ich mußte sieben Mark achtzig für eine neue Lehne zahlen.

An all das muß ich denken, während die Reklame läuft. Dann wird es für einen Augenblick hell, und ich sehe schräg vor mir Buddy und Luzie. Sie grüßen und lächeln mir reichlich gequält zu. Scheint verschiedenes nicht zu stimmen, auch zwischen den beiden. Tut mir leid, besonders auch für Luzie, die es doch so gut mit uns Männern meint. Ich vergesse dieses Problem jedoch schnell, weil jetzt der Hauptfilm beginnt. Er reißt bloß zweimal und ist so zusammengeschnitten, daß man die Haupthandlung kaum noch verfolgen kann. Was aber davon übrigblieb, ist ausgesprochen gut und spannend. Ein ganz hervorragender Film, der mich bis in mein einsames Bettchen verfolgt. Vielleicht habe ich etwas Schnupfenfieber, daß er mich so gar nicht losläßt. Ich erwäge, die Temperatur zu messen, bin aber zu faul, noch mal aufzustehen, knipse das Licht aus und gleite durch einen Taumel von Leichen, Pistolen und Zimmern voll lauernden Grauens in den Schlaf.

19

Um drei Uhr bin ich wach, hellwach, als habe mich jemand angerufen. Was ist denn los? Ich starre in die Finsternis. Der Wind heult ums Haus, irgend etwas klappert. Wahrscheinlich der eine Laden am Garagenfenster, der mit dem abgebrochenen Haken. Über mir schnarcht die Mama. Dann verstummt das Schnarchen, das Bett knarrt, sie hat sich auf die andere Seite gelegt. Wie spät ist es denn inzwischen – viertel vier. Kein Wunder, daß ich nicht schlafen kann, nach den Aufregungen gestern. Wie frech dieser Bursche war, dieser Fred! Wenn der Gorilla ihn nicht plötzlich abgeführt hätte, wäre er womöglich noch auf mich losgegangen. Seltsamer Kerl. Was er wohl an dem Gorilla findet? Als ich jetzt an den Gorilla denke, sehe ich hinter seinem Gesicht ein anderes, ein verpickeltes mit blaßblauen, aber sehr klugen Augen. Dieser Mühlner – wo kam er eigentlich plötzlich her, als sie mit ihrem Wagen abbrausten? Moment mal... Ich richte mich im Bett auf: Warum brausten sie eigentlich ab? Der Gorilla hatte doch zuerst ständig auf Susannes Armband gestarrt, und dann hatte er den Fred angesehen, voller Wut und Empörung, wie mir schien, und dann hatte er die Straße hinuntergesehen und war mit einemmal auf Fred zugesprungen, hatte ihn in den Wagen gezerrt und ab. Warum? Wen hatte er da gesehen? Den Mühlner natürlich! In Uniform. Den Mühlner in Uniform – den Mühlner in Uniform...

Jetzt nimm dich mal zusammen. Du hast ja schließlich viele Jahre mit der Kriminalpolizei gearbeitet und ein paar Kriminalromane geschrieben. Also – der Mühlner. Weshalb war der eigentlich neulich bei mir? Doch nicht, um zu schwatzen! Er steuerte doch auf etwas los – gar nicht ungeschickt übrigens –, und das war meine Pistole. Aber was, zum Teufel, wollte er mit meiner Pistole, diesem alten Ding? Und er war sichtlich enttäuscht, daß sie noch bei mir war, wie es sich gehört. Wovon hat er denn noch gesprochen – von diesen Brieftaschendiebstählen und von einem ausgebrochenen Sträfling. Ausgebrochener Sträfling...

Und plötzlich richte ich mich noch höher auf. Ausgebrochener Sträfling... Was hat Brandt erzählt? Als seine Brieftasche verschwand, hätte ihn ein Breitschultriger angerempelt. Und dieser Gorilla – als ich ihm am Morgen des Maskenballes sagte, daß ich ihn feststellen lassen würde, wenn er verhinderte, daß ich die durchgebrannte Susanne wegholte, da steckte er sofort zurück. Die Erinnerung wird so lebendig, daß ich sogar den merkwürdigen Geruch wieder spüre, den der Kerl ausströmte. Und jetzt weiß ich, was das für ein Geruch ist! Gefängnisgeruch! Oft genug habe ich Strafanstalten besichtigt, dort roch es genauso. Und ein Sträfling hat mir auch mal erzählt, daß man diesen Geruch Wochen und Monate nicht loswürde, auch wenn man sich noch so gründlich wäscht.

Und heute dieser Führerschein mit dem tintenbekleckten Bild – und seine Flucht, als der Mühlner auftauchte! Und die Ironie vom Mühlner, als ich ihn fragte, ob er den Herrn Dengler kenne. Er sagte, er kenne ihn gut. Aber das war nicht der Gorilla, den er meinte, das war der wirkliche Dengler, dessen Führerschein der Gorilla hat! Das Bild hat er mit Tinte beschmiert, damit man es nicht erkennt. Wenn aber der Gorilla den Führerschein von diesem Dengler hat, woher? Wo trägt man seinen Führerschein? In der Brieftasche. Also hat er Denglers Brieftasche geklaut. Und nicht nur die!

Mir wird eiskalt. Um Gottes willen! Und so was ist der Spezi des Spargels. Und der Spargel der Gefährte Susannes! Und das Armband! Plötzlich weiß ich auch, wo ich es gesehen habe: beim Juwelier Schimmelpfennig in Biederstein im Fenster. Vor ein paar Wochen habe ich davorgestanden und mich daran gefreut und mir noch überlegt, ob ich es nicht für Frauchen kaufen sollte!

Ich wische mir mit dem Pyjamaärmel die Stirn. Und dieser Mühlner – als er bei mir war und sich das mit der Pistole schon aufgeklärt hatte, da guckte er doch in dieser indifferenten, tückischen Verträumtheit an mir vorbei auf das Haus der Bentlers. Also war er hinter einer Pistole her, die man wahrscheinlich bei den beiden, Fred oder dem Gorilla, gesehen hat, und er vermutete, daß es vielleicht meine sein könnte, die man mir gestohlen hat, ohne daß ich es wußte. Und wer sollte sie mir gestohlen haben? Susanne – Freds Freundin. Es ist aber nicht meine Pistole, sondern eine andere. Diese zweite Pistole existiert also, das weiß er. Und wo könnte die sein – bei Susanne natürlich. Natürlich bei Susanne. Sie ist dämlich genug, sich für so was einspannen zu lassen.

Vielleicht ist es nur eine Frage von Stunden, bis Mühlner drüben im Haus auftaucht. Weiß anscheinend schon eine ganze Menge, der Bruder, hat es so ganz klammheimlich zusammengetragen. Will seinen Erfolg damit aufbauen: Jugendlicher Verbrecherring in Stephanskirchen gesprengt! Internatsschüler als Bandenchef, entflohener Sträfling, Geschwisterpaar als Helfer ...

Da habe ich schon die Unterhose an und schlottere in dem dunklen Zimmer, teils vor Aufregung, teils vor Kälte. Was jetzt tun? Logisch weiterdenken, sich in die anderen hineinversetzen! Dieser Blick des Gorillas auf das Armband – er würde versuchen, es zu holen, auch die Waffe, falls sie drüben versteckt ist. Pistole – meine werde ich mir sicherheitshalber einstecken. Auf jeden Fall muß beides von drüben verschwinden, das Armband und die Waffe. Schöne Bescherung. Susanne, dieses blödsinnige Huhn! Wahrscheinlich rasend interessant, einen eigenen Kriminalfilm aufzuführen, Schützerin der Verfolgten und so was. Wer weiß, was der Fred ihr eingeredet hat. Genauso dämlich, der Lümmel. Läßt sich von einem Ganoven vorschieben, will den Bandenchef spielen. Wo habe ich denn meinen Schlips? Quatsch, wozu brauche ich einen Schlips. Aber die Pistole wollte ich doch.

So, da ist sie ja. Also, laden – wie rum kommen eigentlich die Patronen in den Rahmen ...? Übrigens auch schon verrostet, der Rahmen, müßte mal wieder geölt werden. Hoffentlich muß ich nicht damit schießen. Womöglich treff ich was. Und alles wegen dieser Göre. Die Margot, das kleine Luder, scheint übrigens auch davon zu wissen, und der Buddy. Die ganze Bande. Oder sie ahnen zumindest was. Hätten ja auch zu mir kommen können! Allen, wie sie da gebacken sind, den Hintern versohlen, daß sie acht Tage lang nicht sitzen können! Gut, daß ich wenigstens aufgewacht bin. Um diese Zeit ist kein Mensch unterwegs. Ich werde die beiden aus dem Schlaf holen und über den Haufen rennen, und wenn morgen der Mühlner kommt oder der Gorilla, dann ist das Nest sauber. Du bleibst liegen, Weffchen, Herrchen kann jetzt nicht mit dir spazierengehen. Hundekalt! Jetzt fällt mir auch noch der Kleiderbügel hin. Gleich wird der Schloßgeist auftauchen. Und alles wegen dieser Gören!

Ich greife mir meine Taschenlampe und schleiche, die Pistole krampfhaft umklammernd, in den Garten. Immer noch Föhn. Wolken, die alle aussehen wie dunkle Luftschiffe, ziehen hastig über den

Himmel, der warme Wind voll fiebriger Spannung haucht nach wie vor seinen Atem über den See, dessen Panzer in allen Fugen kracht. Die Nacht wälzt sich wie ein krankes Tier unter den Sternen. Als ich auf unseren Stolz, die junge Blautanne, zugehe, die im ungewissen Mondlicht ihre schneebedeckten Händchen nach allen Seiten reckt, bleibe ich stehen. Da laufen doch Fußstapfen auf die Tanne zu! Große Fußstapfen, keine Hundetatzen. Ich bin dort nicht gegangen, denn da ist der Schnee sehr tief, und sie scheinen mir ganz frisch. Mühlner! Sicher sitzt er dort hinter der Tanne und lauert. Nett, wenn er drüben auftauchen würde und ich gerade dabei wäre, das Armband und die Pistole verschwinden zu lassen! Verdunkelungsversuch – dafür gibt's irgendwas, ich weiß nicht wieviel, aber 'ne ziemliche Latte. Was jetzt machen? Licht anknipsen? Wenn ich mich nun getäuscht habe und niemand dort hockt? Dann mache ich vielleicht die Leute erst aufmerksam mit meinem Herumgeleuchte. So ein Dorf hat ja tausend Augen. Irgendwo weit weg sitzt vielleicht eine alte Frau, die nicht schlafen kann, am Fenster. Also, was dann? Ich werde ihn anreden! Dabei kann ja nichts passieren, und hören wird man es nicht so weit bis zu den nächsten Häusern. Und wenn er nicht dort sitzt, um so besser. Ich räuspere mich:

»Guten Abend, Herr Mühlner – oder vielleicht besser guten Morgen! Ich wußte, daß Sie kommen würden, aber ich wußte nicht, daß die hohe Polizei derart pünktlich ist! Wollen Sie nicht zusammen mit mir zu den jungen Damen reingehen – denn dorthin wollen Sie doch offenbar? Oder warten Sie noch auf den Gorilla? Also, nun kommen Sie schon raus!«

Ich warte eine Weile, nichts rührt sich. »Na, dann nicht«, sage ich sicherheitshalber noch und gehe weiter.

Als ich gerade leise die Haustür aufschließe, höre ich hinter mir ein Geräusch und sehe, wie aus den Zweigen der Tanne Schnee fällt. Einige der Händchen verlieren plötzlich ihre Last und schnellen hoch. Ist es vielleicht gar nicht Mühlner, sondern der Gorilla? Ich reiße die Pistole aus der Tasche und entsichere. Mit der anderen Hand schließe ich die Tür auf, schlüpfe ins Haus und schiebe den Riegel vor. Drinnen tappe ich im Dunkeln, bis ich die Tür zum Mädchenzimmer finde. Im Zimmer Mondlicht. Als sich meine Augen daran gewöhnt haben, sehe ich beide als formlose Schultern in ihren Betten. Das Fenster steht offen, nur angelehnt. Mir läuft es kalt über den Rücken bei dem Gedanken, daß jemand ohne weiteres hätte einsteigen können. Statt wenigstens die Läden zuzumachen! Als ich mich bewege, knarrt eine Diele. Susanne richtet sich auf. »Rühr dich nicht!« zische ich. »Und kein Licht machen!«

Jetzt fährt auch Margots dunkler Kopf aus ihrer Deckenrolle: »Was ist denn, um Gottes willen?«

»Ruhig, Kinder, ich bin's. Keinen Laut!«

»Aber was ist denn los, Colonel?« flüstert Margot.

»Erzähle ich euch gleich. Geh ans Fenster, Susanne, und mach ganz leise die Läden zu. Wenn sie zu sind, stellst du deine Nachttischlampe auf die Erde und machst Licht. Und alles ganz rasch, verstanden?«

Es scheint mir eine Ewigkeit zu dauern, bis die Läden geschlossen sind und das Licht brennt. Sie sitzen nun beide auf ihren Betten und starren mich an. Ich drehe mich zu Susanne um: »Raus mit der Pistole!«

Ihre Augen weiten sich, und ihre Lippen beginnen zu zittern: »Wa ... was für eine Pistole?«

Aus den Augenwinkeln sehe ich, wie Margot unwillkürlich die Hand aufs Herz gelegt hat.

»Mach keine Geschichten«, sage ich in einer schweren, dumpfen Wut zu Susanne. »Die Pistole, die dir dein herrlicher Fred gegeben hat, dieser Hanswurst, dieser blödsinnige! Es ist alles entdeckt, der Mühlner weiß alles! Daß der Gorilla die Brieftaschen gestohlen hat und daß ihm Fred vielleicht sogar dabei geholfen hat, und daß du die Pistole versteckt hast. Nur das mit dem Armband, das weiß er noch nicht, aber lange wird das auch nicht mehr dauern.«

»Aber ...«, sagt Susanne. Ein plötzlicher Frost schüttelt sie, sie hüllt sich in ihre Decke.

Da ist Margot bei ihr: »Wenn du jetzt nicht sofort dieses Ding rausgibst, reiße ich dir die Haare aus, das schwöre ich dir! Du bringst uns doch damit alle ins Unglück, begreifst du denn das nicht?«

Das mit dem Haareausreißen scheint viel mehr zu wirken als meine drohende Haltung. Susanne bricht plötzlich zusammen, ihre Zähne klappern, während sie aus der Decke steigt und wie eine

Nachtwandlerin zu dem kleinen Bücherbord geht, das zwischen den Betten hängt. Sie nimmt drei Bücher heraus, greift in die Lücke – und da liegt sie in ihrer Hand, eine Walther-Pistole. Der Stahl blinkt blau und böse im Lampenlicht. Ich greife danach, aber Margot kommt mir zuvor: »Das ist meine Sache, Colonel! Du hast schon genug Schereien mit uns gehabt!«

Mit einem Ruck hat sie ihre Kleider zusammengerafft, die auf dem Stuhl lagen, und ist damit verschwunden. Ich hinterher. Im Schlafzimmer der Eltern höre ich Geräusche, die Tür ist zu. Ich klopfe: »Hörst du mich, Margot? Was willst du denn machen?«

»Ich bring das Ding weg!«

»Das kommt nicht in Frage, Kind. Es ist nämlich jemand im Garten. Es kann der Gorilla sein. Vielleicht will er sich Pistole und Armband holen und damit türmen.«

»Ich schleich mich durch den Heizungskeller raus, paß du am Fenster auf, daß mir keiner nachkommt.«

»Aber wo willst du denn hin mit dem Ding, in der Eile?«

»Ich schmeiß's in den See.«

»Der ist doch noch zugefroren!«

»Dann schmeiß ich's da rein, wo die Bläßhühner sind, am Bach. Geh schnell zurück zu Susanne, damit die keine Dummheiten macht. Sie kriegt's fertig und rennt raus, um diesen Kerl zu warnen!«

»Du kannst doch ebensogut auf Susanne aufpassen, und ich ...«

Statt der Antwort wird die Tür aufgerissen, und sie kommt heraus, fertig angezogen, rennt an mir vorbei, in die Diele, greift den Mantel vom Haken, und ehe ich etwas sagen kann, ist sie weg. Ich stürze ans Fenster. Gerade huscht ihr Schatten aus dem Heizungskeller, über den Rasen, verschwindet nach dem See zu.

In der Finsternis ist plötzlich ein dunkler, schwerer, regelmäßiger Laut, wie von einer Maschine. Ein Auto, das irgendwo in der Dunkelheit steht? Ein Polizeiwagen? Oder der Wagen vom Gorilla? Dann merke ich, daß es mein Herz ist. Soll ich hinter Margot herrennen? Aber was wird dann aus Susanne? Ich gehe ins Zimmer der Mädchen. Sie sitzt noch immer auf dem Bett, hat sich die Decke wieder umgewickelt und raucht eine Zigarette. Ihre Finger zittern, als sie die Asche abstreicht.

»Gib mir auch eine«, sage ich. Dann setze ich mich neben sie: »Wo ist das Armband?«

Sie zieht mit immer noch zitternder Hand die Nachttischschublade auf und gibt es mir. Ich stecke es ein.

»Aber das hat er mir doch geschenkt!« sagt sie mit einem kläglichen Anflug von Trotz.

»Es ist aus dem Schaufenster vom Schimmelpfennig in Biederstein gestohlen. Wußtest du das nicht?«

»Nein!« Es ist nur ein Stöhnen, sie beginnt wieder mit den Zähnen zu klappern. »Was wird denn nun, um Gottes willen? Was wird denn jetzt mit Fred?«

»Wußtest du auch nicht, daß...« Ich breche ab. Im Haus ist ein Geräusch.

Ich knipse das Licht aus, gehe auf die Diele, quetsche mich in die Ecke neben der Tür und ziehe die Pistole. Dann höre ich, daß sich die Hintertür leise bewegt. Wo habe ich bloß die Taschenlampe abgelegt, ich Idiot? Hoffentlich ist es Margot! Aber sie kann doch unmöglich in dem Augenblick schon wieder zurück sein! Dann erkenne ich die Schritte – es ist *doch* Margot. Ich knipse Licht an, sie fährt zusammen, lacht: »Sie ruht sanft!«

»Wie ist denn das möglich, daß du schon wieder da bist?«

Sie läßt atemlos den Mantel fallen, ich hebe ihn auf, um ihn an die Garderobe zu hängen. Als ich mich aufrichte, umarmt sie mich und preßt ihren Kopf an meine Brust. Ein paar Sekunden bleiben wir so, während ich ihr übers Haar streiche. Dann drückt sie sich ab. »Geht schon wieder. Ich bin gerannt, als ob der Teufel hinter mir her wäre! Hinter jedem Strauch hab ich den Gorilla gesehen oder den Mühlner.«

Als wir zu dritt wieder im Zimmer sind, hole ich das Armband hervor: »Hier, Margot, das nehme ich mit. Damit du im Bilde bist! Es ist aus Schimmelpfennigs Auslage in Biederstein gestohlen.«

Sie starrt entsetzt ihre Schwester an: »Auch das noch! Hast du das etwa gewußt?«

»Nein«, antworte ich für Susanne »sie hat's nicht gewußt. Aber was ich dich vorhin noch fragen wollte, Susanne: Hast du gewußt, daß der Gorilla auf dem Ball den Leuten die Brieftaschen gestohlen hat?«

Susanne hat die ganze Zeit dagelegen, die Arme über den Augen, jetzt richtet sie sich auf: »Nein! Ich schwöre es!«

»Gut. Merk dir das gut, ihr müßt es euch beide genau merken: Ihr habt es nicht gewußt, und ihr habt es jetzt erst von mir erfahren! Eventuell müßt ihr das vor Gericht beeiden. Das gilt besonders für dich, Susanne, merk dir das gefälligst!«

Sie wirft sich wieder hin: »Ich kann nicht mehr!«

Margot ist mit einem Satz an ihrem Bett, greift das Wasserglas vom Nachttisch, reißt Susannes Decke hoch und gießt ihr das Wasser ins Bett. Susanne ist mit einem Ruck hoch: »Du bist gemein!« Und dann fängt sie an zu heulen.

Ich packe sie an der Schulter und rüttle sie: »Hör auf, zum Donnerwetter, und beantworte mir meine Fragen! Wir haben vielleicht nur noch ein paar Augenblicke Zeit, bis der Mühlner kommt. Ich muß wissen, was los ist, damit ich mich danach richten kann. Du wußtest also nichts von dem Diebstahl des Armbandes und des Geldes. Dann wußtest du wohl auch nicht, daß dieser Gorilla ein entflohener Sträfling ist? Wenigstens nehme ich das an.«

»Doch, das wußte ich.«

»Verdammt noch mal!« Ich sehe Margot an: »Wußtest du's etwa auch?«

Sie zupft ihren Rock zurecht und nickt.

»Ja, seid ihr denn beide total blödsinnig geworden?«

Margot zuckt die Achseln: »Den beiden war ja nicht zu helfen, ihr und dem Fred. Sollte ich sie vielleicht anzeigen? Oder diesen Menschen?«

»Du hättest es auf jeden Fall mir sagen sollen!«

»Er ist ein armer, unglücklicher Mensch, der Walter!« schluchzt Susanne. »Sie haben ihn unschuldig verurteilt. Er war's gar nicht! Man hat ihn nur in die Falle gelockt, weil seine Schwester sein Geschäft haben wollte! Da haben sie's ihm in die Schuhe geschoben! Und Fred hat gesagt, man müßte ihn verstecken und verteidigen, wenn nötig, gegen die ganze Welt!«

Einen Augenblick sehe ich sie mir an, wie sie da mit gerungenen Händen und verheulten Augen sitzt, das Haar im Gesicht, ein Haufen dummer, gutgläubiger, unendlich rührender Jugend.

»Dein Fred«, sage ich, »ist ein Rindvieh. Ein aufgeblasener junger

Fant, der auf das abgeklappertste Ganovengeschwätz reingefallen ist. Alle sind sie unschuldig, und alle warten sie nur auf einen jungen Helden, der sie rettet. Wo hat Fred den überhaupt aufgegabelt?«

»An der Drachenwand oben, ganz zufällig ist er ihm begegnet, als er eines Tages fotografieren wollte. Und der Walter, der war da in der Nähe mit einem Arbeitskommando auf Außenarbeit. Er hatte dem Aufseher, der eingeschlafen war, die Pistole weggenommen und rannte nun direkt in Fred rein, mit der Pistole in der Hand. Fred sagt, er hätte zuerst richtig Angst gehabt, vor allem auch wegen seines Fotoapparates, den hat der Walter nämlich immer so angeschaut, und überhaupt wegen der ganzen Situation. Walter ist auf ihn zugekommen und hat gesagt: ›Ich bin ein durchgebrannter Zuchthäusler, das brauche ich dir wohl nicht erst zu erklären, Bürschchen. Machst du dir in die Hosen?‹ Darauf hat Fred gesagt: ›Nicht im geringsten, finde ich sogar sehr interessant. Kann ich was für Sie tun?‹ Und da ist der Walter zurückgetreten und hat ihn von oben bis unten angesehen und gesagt: ›Na, du machst mir ja Spaß!‹ Und dann hat er 'ne lange Weile überlegt und zwischendurch immer wieder Fred so ganz durchbohrend angeguckt, und schließlich hat er gesagt: ›Gut, wenn du was für mich tun willst – ich habe dem blöden Kerl, dem Aufseher, auch die Brieftasche geklaut, wollen mal sehen...‹, und sie haben nachgesehen und haben über hundert Mark gefunden. Dann hat Fred auch seine Brieftasche gezogen und nachgesehen und hatte noch beinahe fünfzig Mark drin, und sie haben überlegt, daß man dafür schon einen Anzug kriegen kann. Sie haben eine Zigarette zusammen geraucht, und dann hat der Walter Fred die Pistole gegeben und hat gesagt: ›Nimm du sie lieber. Wenn sie mich erwischen, ist es besser, wenn ich sie nicht bei mir habe. Und für das Geld kannst du mir einen Anzug besorgen!‹ Und Fred ist runtergegangen in den Ort und hat einen Anzug besorgt und 'n paar Hemden von sich und was zu essen und hat das am nächsten Nachmittag dem Walter raufgetragen. Der hatte die Nacht in einer Scheune geschlafen. Die Sachen paßten nicht ganz, aber er konnte wenigstens die Zuchthauslumpen wegschmeißen. Als ich ihn kennenlernte, war er schon ganz gut angezogen, und als wir ihn dann das erstemal richtig trafen, im Café Swing, da hat er mir seine Geschichte erzählt, und ich habe direkt geweint da am Tisch! Und Fred hat gesagt, der Walter sei der erste Mann von seinem eigenen Gang, und er, Fred, hätte der Gesellschaft den Krieg erklärt, und ich würde schon noch sehen, wie schnell und gut das alles gehen würde, und der Walter hat ihn angesehen und auch gesagt: ›Ja, Boß, du wirst's schon schaffen!‹«

»Hast du denn nicht gemerkt, wie er innerlich gelacht hat?«
»Gelacht – der Walter?«
»Sei sicher – er hat! So, Kinder, und jetzt Schluß der Vorstellung, es ist allmählich halb fünf, ich muß rüber, sonst merkt die Mama was. Seht zu, daß ihr bei den Eltern vielleicht 'ne Schlaftablette findet und nehmt die, damit ihr noch etwas schlaft. An sich bin ich gegen so was, wie ihr wißt, aber wenn euch vielleicht nachher der Mühlner in die Zange nimmt, dürft ihr auf keinen Fall unausgeschlafen sein und auch nicht so aussehen.«

Die Rückkehr ins eigene Haus gelingt mir so gut, daß nicht einmal die Hunde wach werden. Ich ziehe mich im Dunkeln aus und krieche unter die Decke, fühle mich völlig ausgeblasen und todmüde, aber ich kann trotzdem nicht schlafen.

Der Mond wandert langsam durchs Zimmer, der dicke bleiche Balken seines Lichts kriecht über den Stollenschrank hinüber bis zur Pendule, und während der ganzen Zeit denke ich nach.

Was soll man nun mit diesem Lümmel Fred anfangen? Sollte einen Nasenstüber bekommen, daß er sein Leben lang daran denkt und zur Wirklichkeit aufwacht. Aber leider muß ich noch mit ihm reden, sonst quatscht er die Sache mit dem Armband und der Pistole aus und reißt mir noch die Mädchen hinein, besonders die Susanne. Eigentlich verdiente auch sie es, mal so richtig bis über die Ohren reinzufallen. Dann sehe ich ihr Gesicht vor mir, den schmalen Kopf, die großen dunkelblauen Augen unter den langen Wimpern, die guten langen Hände. Verdient sie es wirklich? Tut keiner Fliege etwas zuleide, will helfen. Wäre schade, wenn sie hart würde und berechnend und von jener ›herben Reife der erfahrenen Frau‹, die sehr oft nichts weiter ist als die Unfähigkeit, schlechte Erfahrungen zu überwinden und seiner Linie treu zu bleiben. All diese jungen Menschen – man könnte sich zerreißen und an hundert Stellen gleichzeitig sein, um sie zu schützen oder zu trösten, wenn sie gegen eine Wand rennen oder in eine Grube fallen.

Plötzlich werde ich sehr müde. Aber ich darf nicht mehr einschlafen – wie spät ist es denn? Sechs Uhr. Um acht beginnt im Internat der Unterricht. Waschen, anziehen, Tasse Kaffee machen, irgend etwas finde ich schon zu essen. Der Mama muß ich auch was erzählen – neue Romanidee oder so was. Ganz egal, ob sie's mir glaubt. Jedenfalls stehe ich am besten gleich auf. Zwei Tassen werde ich mir machen, ganz dick!

Im Internat habe ich gesagt, daß ich Freds Onkel sei und ihn in Familienangelegenheiten dringend sprechen müsse. Nun sitze ich im Wartezimmer. In der Ecke eine Büste des Sokrates, gegenüber eine Jagdszene, schöner englischer Stich. Chippendale-Möbel, das Ganze auf College aufgemacht, mit einem Seitenblick in Richtung der Eltern, die durch dieses honorige, etwas englisch langweilig stilisierte Milieu dazu veranlaßt werden sollen, ihre Früchtchen hier veredeln zu lassen.

Schritte im Gang. Und dann kommt es, das Früchtchen. Es hat ein blaues Auge, was mich sehr befriedigt und mir bestätigt, daß der Abschied vom Gorilla nicht ganz reibungslos verlaufen ist. Das Früchtchen versucht trotz dieser Gesichtszier seine Haltung zu bewahren: »Es gibt doch immer wieder Überraschungen in der Verwandtschaft! Sind Sie der gute Onkel oder der böse?«

»Jedenfalls als Onkel viel besser, als Sie verdienen.«

»Ich muß doch sehr bitten! Ich ...«

»Jetzt setz dich hin, Junge, und halt die Klappe. Wir haben keine Zeit zu verlieren.«

»Aber ...«

»Die Polizei ist hinter euch her. Der Mühlner hat alles rausgekriegt.«

Da sackt er zusammen, mit einem Ruck, als ob ihm die Sehnen mit einem Hieb durchschnitten wären, und ist nur noch ein ganz kleiner Junge mit entsetzten Augen und hängender Unterlippe.

»Reiß dich zusammen«, sage ich. »Vor allen Dingen muß uns dran liegen, die Mädels rauszuhalten. Das ist für uns beide Ehrensache. Klar?«

Er bekommt einen Teil seiner Haltung zurück und nickt. »Na schön. Der Gorilla ist offenbar getürmt. Über kurz oder lang wird man ihn aber fassen. Die Pistole ist verschwunden. Er hat sie jedenfalls nicht mehr. Die Sache mit dem Armband werde ich versuchen in Ordnung zu bringen. Warst du dabei?«

»Dabei? Wobei?«

Ich mustere ihn genau: Die Verblüffung scheint echt zu sein. »Dabei, als er das Armband vom Juwelier Schimmelpfennig in Biederstein stahl.«

Er schließt die Augen und wankt in seinem Stuhl. Seine Lippen sind fast weiß. Dann reißt er sich wieder zusammen: »Er hat mir gesagt, es wäre aus der Hinterlassenschaft seiner Mutter. Seine kleine Schwester hätte es ihm geschickt, heimlich. Dieselbe, die ihm auch das Geld geschickt hat, damit er mir das zurückzahlen konnte, was ich von mir für ihn ausgelegt hatte. Ist ... ist das vielleicht auch nicht wahr?«

»Nein. Das Geld hat er gestohlen. Das meiste auf dem Ball im ›Königsbräu‹. Wann hat er dir das Armband gegeben?«

»Am Freitag, genau vor einer Woche.«

»Hm. In der Zeitung habe ich noch nichts davon gelesen. Aber das beweist nichts. Auf jeden Fall werde ich es dem Schimmelpfennig zurückgeben, ich bin ja Kunde da. Was ich ihm dazu sage, weiß ich allerdings noch nicht.«

Er sieht ganz verfallen aus, aber in dem bißchen, das von ihm übrig ist, lebt noch ein Rest von Trotz: »Warum machen Sie das für mich?«

»Ich mache es gar nicht für dich, sondern für die Mädels, die mir anvertraut sind, und – vielleicht – auch 'n bißchen für dich. Weil ich auch mal so 'n Hanswurst war wie du.«

Plötzlich ist er wieder oben, wie ein Korken: »Wieso ist man ein Hanswurst, wenn man ...«

Ich lege ihm die Hand auf den Arm: »Jetzt hör mal gut zu! Diese Touren, die du mir da erzählen willst, kenne ich. Ich weiß auch genau, warum du dich mit dem Kerl eingelassen hast. Du hattest Angst vor ihm. Aber noch größer war deine Angst, dich zu blamieren, und da hast du die Angst einfach überkompensiert und in gönnerhaftes Heldentum transportiert. Das ist aber kein echtes Heldentum. Echtes Heldentum gibt es! Zum Beispiel im Krieg, wenn man seinen verwundeten Kameraden rettet und dabei die eigene Haut aufs Spiel setzt. Und dann gibt's ein noch viel größeres Heldentum, das allerhöchste, und das ist, mit dem Alltag fertigzuwerden, anständig, verstehst du? Ich habe Männer gekannt, die als einzelne ein ganzes Maschinengewehrnest gestürmt oder zwölf feindliche Flugzeuge abgeschossen haben und dann bei dieser höchsten Probe der Tapferkeit glatt versagten! Das ist eine Tapferkeit, weißt du, für die gibt's keine Orden, und bei der gibt's gar nichts Dramatisches zu holen. Dieses Heldentum ist überall rund um uns herum, in jeder Mutter, die ihre Kinder anständig durchbringt, in jedem Mann, der bis zum letzten Schnaufer für seine Familie arbeitet – vielleicht wirst du auch mal so 'n Held, so ein wirklicher. Aber vorläufig bist du eben nichts weiter als ein Hanswurst, der im Begriff steht, seiner Familie furchtbaren Kummer zu machen.

Womit wir bei den geklauten Brieftaschen wären: Die Polizei wird dich natürlich für mitschuldig daran halten. Ganz abgesehen davon, daß du einen entflohenen Sträfling bewußt unterstützt hast. Wie ich das geradebiege, weiß ich nicht. Ich weiß ja nicht mal, ob das mit dem Armband klappt. Aber dabei habe ich zumindest eine Chance. Vor allem müssen wir sehen, daß dich die Polizei nicht gleich jetzt in die Zange nimmt. Paß auf. Entweder lassen wir deine Mutter kommen und gleich einen Rechtsanwalt dazu (er beginnt wieder zu zittern), oder noch besser, du rufst zu Hause an und sagst, sie möchten dir sofort ein Telegramm schicken, daß du heimkommen müßtest. Und dann gestehst du ihnen alles und bist zum erstenmal richtig mutig, verstanden? Dann können die sich einen Rechtsanwalt nehmen und die Sache ein bißchen hinschleppen. Hast du noch Geld bei dir? Nein – nicht dieses Geld! Hier hast du zwanzig Mark. Fahr gleich aufs Postamt und melde ein Blitzgespräch an. Ich halte dich auf dem laufenden. Und noch eins: Unter keinen Umständen erwähnst du mir mit einem Sterbenswort die Mädchen, und wenn sie dich umbringen und es dich den Kragen kostet. Verstanden?«

Er reicht mir die Hand, offenbar ungewiß, ob ich sie nehmen werde. »Das verspreche ich Ihnen!«

20

»Also, ich bin ja völlig aufgelöst!« erklärt die Mama, als sie mir die Tür öffnet.

»Ich hatte was mit Brandt zu erledigen.«

»So früh am Morgen? Wo der Kerl sonst erst gegen Mittag aufsteht? Da stimmt doch was nicht!«

»Tu mir einen Gefallen, Mulleken, und bohre nicht weiter. In fünf Jahren erzähle ich dir, was los war, und jetzt falle ich gleich um vor Hunger.«

Während des Frühstücks versuche ich vergeblich, mich auf das Zeitunglesen zu konzentrieren. Als das nicht gelingt, schalte ich das Radio ein, schalte aber gleich wieder ab. Meine Gedanken rasen wie zügellose Pferde. Was ist mit Fred? Ob er sein Blitzgespräch angebracht hat? Was ist, wenn man Susanne verhört? Wieviel wußte wer wovon? Es geht immer im Kreise.

Unerträglich ereignislos schleppt sich der Tag über den Mittag hin. Obendrein ist es draußen plötzlich brühwarm, Schneelasten poltern von den Dächern, und an einem tiefblauen Himmel flattern vom Gebirge her die Föhnfahnen, zauberhafte Gebilde, wie japanische Seidenmalerei, die sich bei uns mit Kopfschmerzen, Herzbeschwerden und allgemeiner schwelender Verrücktheit äußern. Schließlich bin ich so weit, daß ich mir Cocki und Weffi greife und sie zu ihrem Entsetzen einer gründlichen Überholung unterziehe. Mit gesäuberten Augen und Zähnen verkriechen sie sich in die Bibliothek und kratzen so lange an der Terrassentür, bis ich sie hinauslasse. Der Löwe wirft mir über die Achsel noch einen langen Blick zu: ›Hätte dir auch was anderes einfallen können, wenn du schon mal zufällig an uns denkst!‹

Da klappt die Gartentür. Das ist Mühlner! Schritte, Doppelschritte zweier oder mehrerer Personen! Er kommt also in Begleitung. Mir werden buchstäblich die Füße kalt. Es klingelt. Im Moment ist die Mama von ihrem Mittagsschlaf hoch, aus ihrem Zimmer und sieht mich mit einem merkwürdigen Blick an: »Ich mache auf!«

Dann höre ich die Stimmen, und einen Augenblick wird mir wieder leichter: Buddy und Karl-Friedrich!

Buddy trägt einen Anzug in einer Plastiktüte über dem Arm und Karl-Friedrich ein kleines Paket am Finger.

»Hallo, Colonel«, sagt Buddy fröhlich, »wir brauchen dringend Ihre Hilfe!«

Plötzlich ist mir wieder schwach: »Wofür? Ist was los?«

»Na, allerhand ist los«, sagt Karl-Friedrich, »Tanzstundenabschlußball!«

Gott sei Dank! Ich bin so entnervt und gleichzeitig erleichtert, daß ich nur mit Mühe verstehe, was sie wollen. Thomas soll mit auf den Ball kommen, hat aber nichts anzuziehen. Was Buddy über dem Arm trägt, ist der dunkle Anzug seines älteren Bruders, und in Karl-Friedrichs Paketchen steckt ein weißes Hemd. Jetzt fehlen ihnen aber auch noch die Manschettenknöpfe. Ich krame ihnen welche heraus.

»Na, nun haben wir ihn ja komplett, den Bruder, den staubigen«, meint Buddy. »Dazu noch Ihr – ich meine Thomas' – Mantel, Hut braucht er nicht.« Er hält inne: »Ach, du liebe Zeit... schwarze Schuhe!« Und zu Karl-Friedrich: »Weißt du, ob er welche hat?«

»Keine Ahnung.«

Wir erwägen das eine Weile, und schließlich gebe ich ihnen für alle Fälle auch noch meine schwarzen Halbschuhe mit.

»Gibt's sonst was Neues?« frage ich, während ich sie zur Tür bringe.

»Nix«, meint Karl-Friedrich.

»Ja – bis auf Fred«, sagt Buddy, während mir das Herz stockt. »Der mußte plötzlich weg, hat 'n Telegramm gekriegt, irgendwas mit seiner Familie. Schade, es ging so schnell, daß ich ihn gar nicht mehr erwischt habe. Sonst hätte er uns mit den dunklen Klamotten für Thomas aushelfen können.«

Gerade will ich wieder ins Haus zurück, da sehe ich Mühlner hinter der schneebedeckten Hecke auftauchen. Die beiden grüßen ihn, er grüßt zurück und starrt ihnen nach. Dann kommt er mit einem Grinsen, das sehr zur Vorsicht mahnt, auf mich zu: »Na, ist ja mal wieder lebhafter Umsteigeverkehr bei Ihnen!«

»Ja. Augenblicklich stehe ich ziemlich gut im Kurs bei der Jugend.«

Er streift sich den Schnee von den Schuhen: »Darf ich eintreten?«

»Bitte sehr, immer herein.«

»Was wollten denn die beiden?« erkundigt er sich, während er seine Mütze aufhängt und den Mantel auszieht.

»Ach, die haben Kleider gesammelt für den Thomas. Er soll mit ihnen auf den Abschlußball und hat doch keinen dunklen Anzug.«

»Nett von den Jungs.« Dann läßt er sich in den Sessel nieder. Ich glaube zu bemerken, daß er reichlich bekümmert aussieht. Vielleicht ist das aber auch eine Falle. Sicherheitshalber verpasse ich ihm eine Zigarre, die er dankbar nimmt, dagegen will er durchaus keinen Schnaps. Dafür nehme ich mir einen, einen doppelten. Er bläst einen Rauchring und sieht ihm mit halbgeschlossenen Augen nach: »Also, zunächst gibt's große Neuigkeiten.«

»Neuigkeiten?«

»Sie werden das natürlich längst vergessen haben, aber mir liegt's immer noch am Herzen – diese Brieftaschengeschichte – wissen Sie noch?«

Ich denke angestrengt nach: »Brieftaschen – Brieftaschen – meinen Sie die, die auf dem Kostümball verschwunden sind?«

»Ja. Und geklaut hat sie dieser Kerl, der immer mit dem Frankenfeld aus dem Internat drüben rumzog.«

»Was Sie nicht sagen! Glauben Sie, daß der Frankenfeld auch geklaut hat?«

»Möglich, wenn auch nicht wahrscheinlich. Dazu bedarf's langer Übung.«

»Ganz recht, langer Übung. Dann scheidet also der Frankenfeld aus, Ihrer Ansicht nach?«

»Nicht unbedingt. In letzter Zeit hat der ziemlich viel Geld ausgegeben.«

»Ich glaube, er kriegt reichlich von zu Hause, unverantwortlicherweise. Haben Sie ihn schon verhört?«

»Nein, leider nicht. Er ist gerade nach Hause gerufen worden, wegen irgendeiner Familiensache.«

»Hm. Pech. Na, vielleicht brauchen Sie ihn gar nicht mehr, wenn Sie erst den anderen haben.«

Mühlner streift die Asche ab, dann sieht er mich triumphierend an: »Ich habe ihn!«

»Donnerwetter, herzlichen Glückwunsch! Dann kommen Sie wohl jetzt gerade aus Biederstein?«

Er runzelt die Stirn: »Biederstein – wieso Biederstein?«

»Na, das ist doch der Walter Dengler aus Biederstein!«

Mühlner ist ganz lächelnde Überlegenheit: »Kennen Sie den Dengler?«

Ich mime eisern weiter den Ahnungslosen: »Natürlich, er war doch hier, mit dem Auto, Sie kamen doch auch noch dazu!«

»Und vorher kannten Sie ihn nicht?«

»Nein. Wieso – sollte ich? Soviel ich weiß, ist das 'n ganz angesehener Geschäftsmann. Sind Sie sicher, daß der die Brieftaschen gestohlen hat?«

Der Argwohn in Mühlners Blick hat sich verflüchtigt: »Das war ja gar nicht der richtige Dengler, den Sie kennengelernt haben! Und der Ausweis stammt aus einer der gestohlenen Brieftaschen, nämlich aus der vom richtigen Dengler, und das Bild war mit Tinte übergossen, um es undeutlich zu machen, und der, der das alles gemacht hat, dieser Gorilla, wie Sie ihn sehr richtig nannten, ist ein gewisser Walter Sedlazek, von Beruf Ladeneinbrecher, augenblickliche Tätigkeit Insasse der Strafanstalt Waldersee. Fünf Jahre Zuchthaus wegen des dritten Rückfalls. Gell, da staunen Sie?«

»Ja, da muß ich wirklich staunen! Donnerwetter noch mal! Also, herzlichen Glückwunsch! Haben Sie ihn schon verhört?«

»Natürlich. Aber das Verhör war äußerst einseitig. In Biederstein haben sie ihn sich auch noch vorgenommen, und ich war dabei. Eine richtige alte Zuchthauswanze. Das einzige, was er zugibt, ist, was er sowieso nicht abstreiten kann, daß er nämlich von einem Außenarbeitskommando getürmt ist. Alles übrige müssen wir ihm erst beweisen.«

»Na, das wird Ihnen ja nicht schwerfallen.«

Mühlner seufzt: »Da irren Sie sich! Darf ich vielleicht jetzt doch einen Schnaps...?«

»Da steht die Flasche. Also, wo liegt der Hase im Pfeffer, und was kann ich für Sie tun?«

Er gießt den Doppelcognac mit einem Ruck hinunter: »Ah – gut! Tja, also – Sie werden es nicht glauben, ich hab's auch nicht glauben wollen.«

»Was denn, Mensch? Machen Sie's nicht so spannend!«

»Warum sollen Sie nicht auch mal ein bißchen zappeln, nachdem man mich so zappeln läßt! Stellen Sie sich vor: Keinen der bestohlenen Kerls kann ich dazu bringen, daß er zugibt, bestohlen worden zu sein.«

»Was ist das? Sagen Sie das noch mal!«

»Ja, das muß man wirklich zweimal sagen, eh's einem jemand glaubt. Als ich sie angeschrieben hatte, um den Diebstahl zu Protokoll zu nehmen, wissen Sie, wer da gekommen ist? Keiner! Dann hab ich sie angerufen, und was stellt sich raus? Alle haben Angst! Angst vor Muttern oder sonstwem, daß sie soviel Geld in der Tasche hätten, und sie hätten sie wahrscheinlich überhaupt woanders verloren oder nur verlegt, sie würde sich schon wieder finden! Ein paar behaupten sogar schlankweg, sie hätten sie schon gefunden, darunter auch Herr Dengler! Als ich ihn darauf hinweise, daß ich seinen Führerschein in der Hand hätte, sagt er, daß er den ›extra‹ verloren haben müsse, seine Brieftasche sei jedenfalls da, und er wüßte gar nicht, was ich wollte!«

»Jammerlappen!« erkläre ich großartig.

Er nickt: »Ja, wirklich. Eine andere Bezeichnung ist für diese Herren kaum angebracht. Auf alle Fälle habe ich jetzt einen Täter, aber keine Tat, eine geradezu lächerliche Situation, wie Sie zugeben werden!«

»Gebe ich zu.« In mir jubiliert es. Damit ist Fred zunächst aus dem Schneider. »Aber was kann ich Ihnen helfen?«

»Sie könnten mir schon etwas helfen. Ich habe diesen Herrn Brandt, den Bildhauer, noch nicht aufgefordert. Mir kam nämlich die Idee, daß Sie ihn in meiner Gegenwart anrufen könnten. Da würde er vielleicht nicht so kneifen wie die anderen! Außerdem ist er ja, soviel ich weiß, geschieden und hat keine Frau, vor der er sich fürchten muß. Also – wenn Sie ihn vielleicht von sich aus anrufen würden, und ich könnte mithören... Ist es Ihnen nicht recht? Ich kann verstehen – aber es hängt doch soviel dran!«

»Jaja, natürlich – warten Sie. Kommen Sie mit rüber zum Telefon und nehmen Sie den Mithörer. Ich ruf ihn gleich mal an.«

Meine Hoffnung ist, daß Brandt im Café säße, aber selbstverständlich meldet er sich, als habe er meinen Anruf erwartet.

»Ja, wen höre ich, du alter Armleuchter«, sagt er. »Falls du die Absicht hast, mich anzupumpen...«

Jetzt kommt's drauf an. Ich muß ihn warnen: »Darum handelt sich's nicht«, sage ich, »das Gegenteil, möchte ich sagen.«

»Du willst doch nicht etwa was von mir kaufen?«

»Nur wenn du den Hintern dahin malst, wo er hingehört. Aber hör mal zu: Es ist eine einerseits ziemlich scheußliche, andererseits eventuell für dich erfreuliche Geschichte. Hier bei mir ist der Herr Mühlner, unser Ortspolizist, und er hat den Kerl gefaßt, der...«

Mühlner stößt mich an und rollt verzweifelt die Augen.

»Welchen Kerl?« fragt Brandt. Gott sei Dank ist er schon mißtrauisch.

»Na, der die Brieftaschen mit dem vielen Geld geklaut hat auf dem Ball, du weißt doch!«

»Hm«, macht Brandt unverbindlich.

»Na, und die anderen, deren Brieftaschen geklaut wurden, haben alle gekniffen, weil sie Angst vor ihren Frauen haben. Während du...«

»Ich habe auch eine Frau«, unterbricht mich Brandt scharf, »und zwar eine geschiedene, und das ist viel schlimmer als zehn richtige. Außerdem habe ich Ellen im vorigen Monat durch meinen Anwalt schreiben lassen, daß ich ihr nur die Hälfte von den Alimenten schicken könnte, wegen des schlechten Geschäftsganges. Wenn die jetzt erfährt – und sie erfährt alles! –, nein, mein Lieber, koch dich sauer mit deinen sogenannten Geschenken und Ortspolizisten und überhaupt! Ich habe keine Brieftasche verloren, ich habe sie in meiner Unterhose wiedergefunden, und sie liegt hier vor mir auf dem Tisch. Basta!«

Der Hörer wird mit einem Ruck aufgelegt.

»Na, was sagen Sie nun?« frage ich Mühlner.

Er starrt mich an: »Bitte, nehmen Sie's mir nicht übel, aber ich hatte mehr von Ihnen erwartet! Sie haben ihn doch direkt dadurch gewarnt, daß Sie mich erwähnten und ihm erzählten, daß die anderen alle gekniffen haben! Wie konnten Sie das bloß machen?«

Ich kratze mir den Kopf: »Ja, das war vielleicht wirklich nicht geschickt – tut mir leid, Donnerwetter, ja!«

Mühlner läßt sich wieder in den Sessel fallen: »Jetzt kann ich die-

sem Kerl tatsächlich nichts nachweisen, als daß er ausgebrochen ist.«
Er seufzt geradezu herzzerbrechend: »Wenn ich wenigstens noch die Pistole nachweisen könnte!«

Um ein Haar hätte ich mich verraten: »Ach, die, die er ...« Soviel habe ich schon ausgesprochen, den Rest kann ich eben noch unter einem Räuspern begraben.

Mühlner zieht die Augenbraue hoch: »Ja, bitte?«

»Ich meine, die, die Sie bei mir gesucht haben?«

»Ganz recht. Jetzt scheinen Sie wieder besser in Form zu sein. Könnten Sie mir einen Tip geben?«

»Hm. Lassen Sie mich nachdenken – also, bei der Verhaftung hatte er sie nicht bei sich? Wo hatte er sie denn überhaupt her?«

»Er hat sie seinem Aufseher gestohlen.«

»Gestohlen?«

»Na ja, der Unglücksrabe war eingenickt. In seiner Haut möchte ich auch nicht stecken. Jedenfalls hatte Sedlazek die Pistole, und als ich ihn festnahm, hatte er sie nicht mehr.«

»Aha. Nun, dann muß er sie irgendwo versteckt haben.«

»Wahrscheinlich.«

Das ist blanke Ironie, aber ich lasse mich nicht beirren. Ich will ihm helfen, sozusagen als Tribut an das Schicksal, weil ich ihm den anderen Triumph kaputtgemacht habe.

»Nein«, überlege ich, »nicht versteckt, das wäre zu gefährlich für ihn, wenn man sie dann doch fände. Ich an seiner Stelle würde sie beseitigen, so, daß man sie nicht so leicht wiederfindet. Moment mal – lassen Sie mich mal laut überlegen – eingraben, nein, sieht man sofort, weil alles verschneit ist. Aber in den See würde ich sie werfen!«

»Ausgezeichnet. Zumal der See zugefroren ist.«

Ich sehe ihn herausfordernd an, mit einem Blick, der, wie ich hoffe, an Sherlock Holmes erinnert: »Überlegen Sie sich Ihre Behauptungen ganz genau!«

»Wieso?«

»Ist der See wirklich überall vereist?«

Mühlner stutzt: »Donnerwetter – Sie meinen – hier, der Ausfluß vom Krebsbach?«

»Genau das. An Ihrer Stelle würde ich zum Fischer gehen, der hat doch sicher so 'n Netz am Stiel, vielleicht sehen Sie das Ding auch schon im Wasser liegen. Wenn Sie wollen, komme ich mit.«

Mühlner seufzt: »Verehrtester – selbstverständlich, ich werde Ihrer Anregung nachgehen, aber... solche logischen Schlüsse stimmen nur in Kriminalromanen.«

Ich stehe auf: »Na, wollen mal sehen. Vielleicht hat ein Kriminalschriftsteller auch mal eine richtige Idee. Obwohl die Londoner Kriminalpolizei seinerzeit eine Pleite nach der anderen erlebte, als sie nach Sherlock-Holmes-Methoden arbeitete.«

»Wenn Sie's für nötig halten«, meint Mühlner ohne jede Überzeugung. Er muß sich anstrengen, höflich zu sein.

Der Fischer hingegen zeigt mehr Vertrauen in die Theorie. Er zieht sich seine Gummistiefel an und erklärt, er würde mitmachen, oder genauer gesagt, sei das eigentlich sowieso seine Sache, denn der See wäre schließlich sein Gewässer. Mühlner und ich protestieren nur schwach. Die Aussicht, von einer wackligen Eisscholle aus im Bach herumzurühren, lockt uns wenig, und was mich betrifft, so bin ich mir noch dazu im unklaren, welche Temperaturen innerhalb von Gummistiefeln herrschen, wenn man damit in winterlichem Eiswasser steht.

Der Bach erweist sich als tiefer, als wir Laien angenommen haben. Er reicht bis zum oberen Rand der Gummistiefel, das heißt, dem Fischer bis nahezu an den Bauch. Ihn hält das aber nicht davon ab, mit Feuereifer im Wasser herumzufuhrwerken. Er fördert alles mögliche zutage, alte Stiefel, einen Nachttopf, Konservenbüchsen, auch zwei Angelhaken, über die er besonders heftig flucht, und eine erstaunliche Menge von zerschnittenen Fahrradreifen. All das stülpt er auf das Eis. Ich frage mich, von einem Bein auf das andere tretend, warum ich eigentlich diese ganze Aktion unternommen habe. Sentimentalität ist immer eine zweischneidige Sache, besonders Polizisten gegenüber.

Mühlner hat den Kragen hochgeklappt und gähnt: »Ja mei, Xaver«, meint er schließlich, »magst net Schluß machen?«

Der aber entgegnet grimmig unter seinem Walroß-Schnurrbart: »Die Eck'n da räum i noch aussa. Die wollt ich schon immer aussaräuma. Ham s' mir wieder all's vollgschmiss'n, die Luder, die damischen.«

Am Ufer hat sich allmählich eine ganze Reihe von Leuten angesammelt. Mühlner erwacht, rückt das Koppel zurecht und sagt: »Weitergehen, bitte!«

Der Wurzelsepp placiert einen Strahl Kautabak haarscharf neben Mühlners Fußspitze und fragt: »Warum? I hob mei Steuern zohlt, du Depp!« Worauf Mühlner sich umdreht und nur seufzt.

Dann tritt ein Ausdruck stählerner Entschlossenheit in seine Augen: »Wannst jetza no was findst, Xaver, nachher bringst mir's aufs Revier. Ich krieg nämli feuchte Füß, und des vertrag i net.«

In diesem Augenblick stülpt der Fischer eine neue Fuhre auf das Eis und schiebt sie mit dem Netzstiel auseinander: »Ja, da schau her! Da ham' mers ja!« Er sieht zwischen Mühlner und mir hin und her, die wir beide mit offenem Mund auf die Pistole starren. Sie liegt – neckisch eingewickelt in eine Girlande von Tang – auf dem grauen Eis. Der Fischer fährt sich mit der Hand unter der Nase durch: »Hilfst mir mal?« Und während wir ihn hochwuchten, sagt er: »Wer is denn überhaupts auf die Idee kumma? Alle Hochachtung!«

»Der Mühlner natürlich!« sage ich. »Ich hab's selber nicht glauben wollen. Aber ... da schau her.«

»Alle Hochachtung«, sagt der Fischer noch mal. »Da muß man sich ja direkt vor dir in acht nehma, Schorsch!«

Der Wurzelsepp nickt bestätigend: »Ja, des is a ganz g'scherter Hund, und dabei schaugt er so bled aus. Aber dee san die Schlimmsten.«

Mühlner räuspert sich, zieht sein Taschentuch hervor und hebt damit vorsichtig die Pistole hoch: »Ich weiß zwar nicht, ob sich Fingerabdrücke im Wasser halten ...«

»Bestimmt nicht«, sage ich hastig. »Da brauchen Sie sich gar nicht vorzusehen!« (Das wäre was, zu guter Letzt! Meine Abdrücke und die von beiden Mädels. Eine reizende Kollektion.)

»Glaube, Sie haben recht«, sagt Mühlner, wischt die Pistole mit dem Tuch ab und steckt sie ein.

Wir gehen noch bei mir vorbei und nehmen einen weiteren Cognac. Mühlner druckst herum: »Schönen Dank auch! Alle Achtung!« Er reicht mir die Hand: »Wenn ich mal was für Sie tun kann ...«

»Das können Sie, ohne Ihre Pflicht zu verletzen. Lassen Sie meine

Mädels – ich meine, die Bentler-Schwestern – wenn möglich aus dem Spiel und die Lausbuben auch.«

Er räuspert sich und betrachtet geflissentlich seine Stiefelspitzen: »Na ja – die haben ja auch eigentlich nichts damit zu tun. Der Fall ist ja jetzt ziemlich klar.«

Gerade, als ich die Tür hinter ihm zugemacht habe, kommt die Mama von oben herunter. Mit feuchter Schürze. »Gestatten, Herr Baron, das Essen ist fertig. Wenn der Herr Baron uns zwischendurch mal flüchtig die Ehre geben und vielleicht sogar ein paar Worte mit uns reden würden... Was ist denn nun schon wieder los?«

Ich habe mir, während sie spricht, den Mantel angezogen: »Wird alles nachgeholt, Frau Baronin. Aber jetzt muß ich noch mal wegfahren. Ich esse in Biederstein – falls ich überhaupt was esse.«

21

Boxi schlingert durch den tauenden Schnee. In meiner Tasche brennt das Armband wie glühende Kohle. Soweit ist alles gutgegangen. Bestimmt geht dafür das letzte schief. Nimm dich gefälligst zusammen! Ich muß diesen Familienpessimismus bekämpfen. Er strahlt aus.

Eine halbe Stunde später parke ich vor dem Juweliergeschäft Josef Schimmelpfennig & Co., Juwelier und Uhrmacher. Ich habe früher mal eine Armbanduhr und neulich ein Paar Manschettenknöpfe bei ihm gekauft, der Empfang ist daraufhin von würdiger Freundlichkeit.

Herr Schimmelpfennig hat eine Glatze mit Haaren rundherum. Es ist ihm, wie man sagt, das Knie durchs Gehirn gewachsen, man kann's auch Bubikopf mit Spielwiese nennen. Das Gesicht darunter ist unangenehm tüchtig. Die Backen bläulich rasiert, harte braune Augen, die jetzt mit einer Tünche von Geschäftsfreundlichkeit lackiert sind. Diesem Mann kann man nichts vormachen, man muß versuchen, ihn irgendwie zu überrennen.

»Ich möchte Sie mal 'n Moment unter vier Augen sprechen, Herr Schimmelpfennig.«

Die Politur ist plötzlich weg. Darunter sieht es sehr argwöhnisch aus. Er führt mich in ein kleines Büro, placiert mich in einen Ledersessel und bietet mir Zigarren an. »Nun«, fragt er, »womit kann ich Ihnen dienen?«

»Vermissen Sie nichts?« frage ich.

Er zieht die Augenbrauen hoch: »Vermissen? Nein – wieso? Was denn?«

Ich nehme das Armband aus der Tasche, werfe es auf seine Schreibtischhälfte hinüber: »Das auch nicht?« Er schaut es an und wird dann ganz blaß: »Ja – das ist doch... Augenblick mal...« Er langt nach dem Klingelknopf, aber ich halte seine Hand fest: »Bitte, nicht. Später, wenn Sie wollen.«

Er läßt sich wieder in den Sessel zurückfallen: »Ja, aber ich verstehe das gar nicht... Das ist zweifellos mein Armband, das heißt, es ist mir in Kommission gegeben worden. Woher haben Sie das, um Gottes willen? Ich bin Ihnen natürlich außerordentlich dankbar...«

Ich schlage die Beine übereinander und posiere völlig nonchalant: »Es freut mich, daß Sie dankbar sind, und ich möchte Ihre Dankbarkeit ganz schamlos ausnutzen. Und zwar möchte ich, daß wir diesen Fall auf kavaliersmäßige Weise erledigen.«

In den braunen Augen kriecht wieder der Argwohn: »Selbstverständlich – aber ich verstehe wirklich nicht...«

Ich lange hinüber und nehme das Armband in die Hand: »Ein wertvolles Stück, nicht wahr?«

»Sehr wertvoll, alte rumänische Arbeit, ein Unikum, möchte ich sagen.«

»Hm. – Dieses Armband, Herr Schimmelpfennig, ist mir von einem jungen Mädchen übergeben worden, das es wiederum von einem jungen Mann geschenkt bekam. Dieser junge Mann seinerseits hat es gutgläubig von einem Verbrecher übernommen, mit dem er sich törichterweise eingelassen hat und der es offenbar von Ihnen gestohlen hat. Der Verbrecher sitzt hinter Schloß und Riegel, der junge Mann rauft sich die Haare, er ist seelisch von mir zu Kleinholz verarbeitet worden. Das junge Mädchen, das Verdacht schöpfte und mir das Armband übergab, hat nur seine Pflicht getan. Es wäre eine schlechte Belohnung, wenn man nun aus dieser Sache eine große Geschichte machte und ihren Namen in die Öffentlichkeit zerrte.«

Schimmelpfennig starrt immer noch auf das Armband: »Daß wir das nicht gemerkt haben!« Dann räuspert er sich: »Diese junge – hm – Dame – steht Ihnen nahe?«

»Sehr nahe sogar, wenn auch nicht so, wie Sie meinen. Sie ist mir nämlich von ihren Eltern, die verreist sind, anvertraut worden.«

»Oh«, sagt er, sichtlich enttäuscht. »Tja, ich würde natürlich sehr gern – aber ich müßte doch zuerst nachprüfen, ob nicht noch andere Sachen verschwunden sind, in diesem Fall wäre es zwar sehr bedauerlich, aber ...«

»Jetzt können Sie den Knopf drücken«, sage ich. Aber er macht keine Miene dazu, steht statt dessen auf: »Bitte, bleiben Sie ruhig sitzen, ich gehe nach hinten, es dauert nur einen Augenblick. Es kann sich ja nur um das eine Tablett handeln, das vorgelegt wurde. Ich entsinne mich nämlich jetzt – da kam so ein merkwürdiger breitschultriger Mensch – ich hatte gerade eine Kundin hier – also, ich bin gleich wieder da.«

»Nicht nötig«, sage ich, »drücken Sie nur ruhig das Knöpfchen.«

Zwei Minuten später wissen wir, daß nichts außer dem Armband fehlt. Er mustert mich nachdenklich: »Ich bewundere Ihren Altruismus! Sie haben sich doch für diese jungen Leute sehr exponiert! Bitte, entschuldigen Sie mich jetzt nur einen Moment, ich bin gleich zurück.«

Ich bekomme wieder Angst. Was treibt er da draußen, der Kerl? Ruft er doch die Polizei an? Ich nehme mir eine Zeitung und versuche krampfhaft, darin zu lesen. Natürlich habe ich ausgerechnet den Sportteil erwischt, der mich überhaupt nicht interessiert. Ich blättere um – der Handelsteil. Na, ist ja gleich, Hauptsache, ich habe eine Zeitung vor der Nase, wenn er wieder reinkommt. Aber dann sehe ich plötzlich etwas: ›Interessenkäufe in Zwiebelsdorfer Kunstmühle!‹ Das Papier war in den letzten Tagen um dreißig Punkte gestiegen. Dreißig Punkte! Mein Zwiebelsdörfchen! Mein Kunstmühlchen! Nie wieder in deinem Leben wirst du diese Höhe erreichen! Wenn ich dich jetzt weggebe, hätte ich mindestens zwölfhundert Mark verdient. Zwölfhundert – wo hatte ich denn zwölfhundert gelesen – zwölfhundert ... halt! Auf dem Tablett lag an der Stelle, wo das Armband hingehörte, ein Zettelchen mit ›1200,– DM‹. Hm. Das war billig. Sehr billig sogar. Das Ding ist mindestens dreitausend wert, wenn nicht mehr. Aber wieso ist es so billig? Ach, richtig, er hatte ja gesagt, es sei ihm in Kommission gegeben.

In diesem Augenblick kommt er zurück: »Ja, also, Verehrtester, ich müßte Ihnen ja eigentlich den Finderlohn ...«

»Finderlohn? Sie bekommen's ja gar nicht zurück.«

»Wie bitte?«

»Sie haben das Armband in Kommission?«

»Ja – jawohl«, antwortet Schimmelpfennig vorsichtig.

»Gut, dann will ich Ihnen was sagen. Ich habe gesehen, daß es mit zwölfhundert Mark ausgezeichnet ist ...«

Er zieht die Augenbraue hoch: »Hm – wie bitte?«

»Der Zettel liegt noch auf dem Tablett.«

Er lächelt säuerlich: »Jaja, allerdings.«

»Ich kaufe es für meine Frau.«

Er errötet: »Aber ich bitte Sie – um Himmels willen – ich habe doch nicht sagen wollen ...«

»Natürlich nicht, Herr Schimmelpfennig, natürlich nicht. Ich gebe Ihnen gleich einen Scheck, und lassen Sie's mir in ein nettes Etui verpacken.«

Er ist wieder ganz Juwelier: »Selbstverständlich! Ich kann Sie nur beglückwünschen! Ihre Frau Gemahlin wird entzückt sein!«

Ich stehe auf: »Das ist das mindeste, was sie daraufhin sein kann.«

Als ich heimkehre, steht ein roter Straßenkreuzer in der Garageneinfahrt. Düsseldorfer Nummer. Die Mama öffnet mir die Haustür, ohne Schürze, in ihrem guten schwarzen Wollpullover, mit dem antiken Halsband, der ›Gänsegurgel‹.

»Reizender Mann!« sagt sie. »Genau wie Dr. Taurer, der mich seinerzeit von dir entbunden hat!«

»Na, so was. Ist es wieder soweit?«

Weiß Gott, sie errötet: »Ach, du bist ein Hammel. Der kommt, glaube ich, wegen dem Fred. Er wollte nichts weiter sagen. Ich habe ihm Cognac und Zigaretten hingestellt, Zigarren auch, von den guten.«

»Wenn ich der Kohlen-Alfred wäre, fände ich es jetzt an der Zeit, eifersüchtig zu werden. Na, wollen uns den Vogel mal ansehen.«

»Was ist denn eigentlich mit dem Fred?«

»Erzähle ich dir später.«

»Sei aber nett mit dem Herrn da drin!«

»Keine Angst, ich tue deinem Goldi nichts.«

Goldi stellt sich als ein breitgebauter Mann in gutsitzendem Anzug, mit runden braunen Augen heraus, ungefähr Mitte Fünfzig. Er hat, was mir gleich auffällt, die Angewohnheit, sich stoßartig durch die Nase zu räuspern, was immer so ähnlich wie ›Kch-kch‹ klingt. »Dr. Nebel! Erfreut, Sie zu sehen! Kch. Bin Onkel von Fred. Kch-kch. Muß Ihnen zunächst danken für freundliche – kch – außerordentlich freundliche Unterstützung.«

Wir nehmen Platz und mustern uns. »Liebe es, klare Situationen zu schaffen. Kch. Darf ich fragen, ohne unverschämt zu sein, kch – was das Motiv – kch – Ihres immerhin – kch – ungewöhnlich hilfsbereiten Verhaltens war? Äußerst dankbar – selbstverständlich...«

»Mir sind von meinen besten Freunden, während sie verreist sind, zwei Töchter anvertraut worden. Eine davon war mit Fred befreundet.«

Sein Gesicht hellt sich auf: »Ah, verstehe jetzt. Hatten Angst, daß der Ruf der jungen Dame geschädigt wird. Vollkommen logisch. Sah übrigens die jungen Damen heimkommen, größere Blonde offenbar Susanne? Guter Geschmack, der Bengel! Sie sprachen von der Beziehung in der Vergangenheitsform?«

»Das habe ich unwillkürlich getan, aber ehrlich gesagt, halte ich es für besser, wenn diese Beziehung aufhört.«

»Verständlich, kch, aber bedauerlich. Reizender Eindruck! Vielleicht noch mal überlegen. Einfluß der jungen Dame unter Umständen sehr gut. Lümmel nämlich außerordentlich labil. Kch.«

»Susanne ist leider noch labiler.«

»Oh – dann allerdings. Kch.« Er zerrt an seinem Kragen: »Nun, Verehrtester, zur Sache. Lümmel wird in Düsseldorf bleiben, nicht zurückkommen. Muß zu seinen Gunsten sagen, daß diese Affäre nicht allein seine Schuld. Auch die meines verstorbenen Bruders. Mutter weich, hilflos – Typ des ewigen kleinen Mädchens, Sie verstehen – kch. Werde mich also selber kümmern müssen. Und da wäre eben diese – hm – leidige Affäre. Besonders, hat mir Fred erzählt, zwei Sachen, einmal Bargeld, das offenbar aus Diebstählen von diesem Verbrecher stammt. Peinlich, kch, ganz außerordentlich peinlich ...«

»Ich glaube nicht, daß daraus noch viel nachkommt, denn bisher hat keiner der Betroffenen Anzeige erstattet.« Ich schildere die Gründe.

Nebels Gesicht erhellt sich für einen Augenblick in männlichem Mitgefühl, dann wird es wieder ernst: »Sehr erfreulich – kch – ganz überraschend erfreulich. Lümmel hat offenbar unverschämtes Glück gehabt. Aber – kch – trotzdem muß diese Sache aus moralischen Gründen aus der Welt geschafft werden. Muß unbedingt Schaden wiedergutmachen. Lümmel wird nichts geschenkt, muß später abarbeiten. Damit er vor sich selbst die Belastung los wird. Worum ich Sie nun bitten möchte, Verehrtester, kch – kennen Sie zufällig die Namen der Betroffenen und die Höhe der Summen? Möchte mich natürlich nicht an diesen Polizisten wenden.«

»Ich kenne die Summe nur in einem Fall, ein Bildhauer Brandt hier im Dorf hatte dreihundert Mark in der Tasche.«

»Kch – also, werde zunächst diesen Fall bereinigen. Nun noch Punkt zwei, Armband.«

Ich ziehe das Etui aus der Tasche: »Ebenfalls erledigt. Ich hab's mir nämlich gekauft, von dem Juwelier.«

»Sie haben – was?«

»Ich hab mir's gekauft und damit die Sache aus der Welt geschafft, endgültig. Hier ist es.«

Er nimmt es: »Sie sind ja – kch – kolossal rangegangen – kch. Selbst wenn man berücksichtigt, daß Ihnen die jungen Damen sehr nahestehen, respektive deren verehrte Eltern. Alle Achtung! Wünschte – kch – mir auch so einen Freund. Persönlich leider – kch – recht traurige Erfahrungen auf diesem Gebiet.« Er greift in die Brusttasche: »Werde selbstverständlich die Sache übernehmen. Haben wahrscheinlich unter obwaltenden Umständen erheblichen Aufpreis zahlen müssen.« Er klappt das Etui auf: »Donnerwetter – Donnerwetter – kch – prachtvolles Stück! Echt oder Kopie?«

»Echt!«

Er läßt das Armband durch die Finger gleiten: »Wunderbar – kch – ganz wunderbar! Wieviel haben Sie ... verstehe einiges davon ...« Er korrigiert sich hastig: »Will natürlich um Gottes willen nicht sagen, daß Ihre Angaben über Preis ... ich meine ...«

»Selbstverständlich nicht. Außerdem habe ich ja die Rechnung. Aber schätzen Sie mal!«

Er wiegt den Kopf: »H – hm – kch – würde sagen: echt – aus der Zeit – zwanzigkarätiges Gold, eins-zwei-drei-vier-sieben-zehn-vierzehn Brillanten – viertel Karat ...« Er hebt das Armband gegen das Licht: »Anscheinend sehr schön ... müßte man natürlich mit der Lupe ...«

»Hier haben Sie eine Lupe.«

»Danke sehr, kch – hm – lupenrein – sehr schön, sehr schön – bei antiken Stücken allerdings immer schwierig, aber – würde sagen – drei- bis fünftausend!«

»Gezahlt habe ich zwölfhundert. Es war eine Kommissionsangelegenheit.«

»Donnerwetter!« Er blättert sein Scheckbuch auf: »Da mache ich ja noch ein gutes Geschäft!«

»Diesmal muß ich Sie leider enttäuschen. Das Geschäft mache ich.«

Er ist verblüfft, lacht dann schallend: »Haha! Würde ich auch. Da hat ja sozusagen Ihre – kch – Ihre Großzügigkeit sehr schnell ihren irdischen Lohn gefunden – kch.«

»Ich schenke es meiner Frau.«

»Kch – kch – verstehe natürlich. Verstehe auch – kch – leicht melancholischen Ausdruck auf Ihren Zügen – kch – aber so was – kch – immerhin ausgezeichnet für inneren Burgfrieden und als Wertanlage.« Er legt den Kopf schief und kneift ein Auge zu: »Weiß Ihre Frau Gemahlin schon?«

»Nein, sie ist verreist.«

»Oh – verreist. Kch. Dann – kch, Verehrtester, würde ich doch sehr vorsichtig sein, denn – kch – wie ich unsere Damen kenne, kch – wird sie nach einem so pompösen Heimkehrgeschenk auf die entsprechende Intensität des Strohwitwertums schließen – kch. Bitte, das um Himmels willen nicht – kch – als aufdringlichen Rat aufzufassen, nur als schwachen Versuch, kch, Dankesschuld zu geringem Teil – kch – abzutragen.«

»Sie brauchen sich keineswegs zu entschuldigen. Das Strohwitwertum war äußerst bescheiden und stand außerdem unter der Aufsicht meiner Mutter.«

»Oh – kch – dann allerdings – verstehe nicht ganz – hätten ja immerhin das Ding wieder verkaufen und dafür kleinen Geheimfonds für Hobby anlegen können. Falls ich dabei behilflich sein kann – würde ohne weiteres dreitausendfünfhundert ...«

»Sehr nett von Ihnen, wirklich sehr nett, aber ich schenk's meiner Frau. Und wenn Sie wissen wollen, warum – ich möchte ihr Gesicht sehen, wenn sie das Etui aufmacht und sagt: Du bist ja wahnsinnig, Kerl!«

Er mustert mich aufmerksam: »So! Soso. Muß sagen, bedaure, daß Fred nicht Ihr Sohn ist. Selber Kinder?«

»Nein.«

»Schade. Prädestinierter Vater.«

»Vielen Dank. Mir genügen völlig zwei Töchter auf Pump.«

Er steht auf: »Schlaumeier, ausgesprochener Schlaumeier! Freut mich sehr, Ihre Bekanntschaft gemacht zu haben! Informniere Sie über den weiteren Verlauf.«

Der Rest des Tages verläuft relativ ereignislos. Bei den Mädchen drüben stehen fünf Fahrräder, und als es dunkel wird und sie die Vorhänge zuziehen, sieht man dahinter die Silhouetten der Tanzenden. Als sei in der Zwischenzeit nichts geschehen. Eigentlich, überlege ich, ist es doch eine tolle Sache, daß sich dieses Jungvolk so mir nichts, dir nichts zu einer Art Gewohnheitsschwof bei den Bentlers einlädt! Andererseits – wer im ganzen Dorf gibt der Jugend auf diese Weise eine Stätte, noch dazu eine so kultivierte? Sollen sie sich auf der Straße oder in Kellern und Scheunen herumdrücken? Warum hat eigentlich Bentlers Vorbild so wenig Schule gemacht?

Ich arbeite, bis ich durch das Fenster sehe, daß drüben die Fahrräder bestiegen werden. Es ist Punkt neun. Na, gehen wir noch mal rüber.

Drinnen sind die Mädchen beim Lüften und Aufräumen. Margot scheint sehr nachdenklich und sieht mich ein paarmal so an, als ob sie mir etwas sagen wolle. Susanne wirkt ausgesprochen beschwingt. Auch scheint sie einen leichten Schwips zu haben.

»Fred kommt also nicht wieder. Der Onkel war eben bei mir«, sage ich.

Sie läßt sich neben mir auf die Couch gleiten und bietet mir eine Zigarette an: »Die Jungens haben's uns erzählt.« Sie gibt mir Feuer.

»Und das Armband habe ich für meine Frau gekauft.«

Sie starrt mich an: »O Colonel ... das, das ist ja goldig von dir!«

»Hm. Finde mich auch ziemlich goldig. Tut es dir leid – um Fred?«

Sie scheint durch meine Frage verwirrt: »Wie? Ja, natürlich – aber was kann man machen?«

»Man kann ihm vielleicht schreiben!«

Sie macht Kulleraugen wie ein Baby: »Was soll ich ihm denn schreiben?«

»Na, zum Beispiel, daß es dir leid tut!«

»So leid tut's ihr ja gar nicht«, sagt Margot, »daß die einen Brief schreibt. Außerdem hat sie einen Neuen auf der Pfanne.«

Sie wirft sich uns gegenüber in einen Sessel und streckt die Beine von sich. Dann zu ihrer Schwester: »Ich möchte nur wissen, was du an dir hast, daß sich Männer vor dir wie Idioten in die Ecke stellen und wieder vorholen lassen, wenn du sie brauchst!«

Susanne betrachtet sie unter halbgeschlossenen Lidern: »Wahrscheinlich bin ich hübscher als du.«

»Das glaube ich nicht«, meint Margot ruhig, »ich glaube, man hat sich inzwischen daran gewöhnt, daß du keinen Charakter hast.« Sie sieht mich an: »Mädchen mit Charakter wie ich haben's eben viel schwerer.«

Einen Augenblick scheint Susanne zu erwägen, ob sie sich den Schuh ausziehen und ihrer Schwester einen Scheitel ziehen soll. Dann aber lehnt sie sich nur zurück und wirft mir einen Circenblick zu: »Laß dir nichts erzählen, Colonel. Es ist der blasse Neid. Im übrigen ist es ein junger Architekt, das heiß, er ist eben nicht mehr so jung, fünfundzwanzig. Dunkles Haar, auf der linken Seite eine Welle. Natur. Toll, sage ich dir.« Sie drückt ihre halbgerauchte Zigarette aus: »Und außerdem bin ich jetzt durch mit diesen Jungs. Was soll bei dem grünen Gemüse rauskommen? Von jetzt an werde ich mich auf richtige Männer umstellen. Schließlich bin ich schon achtzehn. Was hältst du davon?«

»Davon, daß du achtzehn Jahre bist?«

»Nein, von der Umstellung auf ältere!«

»Das ist vielleicht nicht dumm«, sage ich vorsichtig. »Dann war das wohl heute so eine Art Abschiedsfest?«

Margot explodiert vor Lachen: »Abschiedsfest ist gut! Du hättest sie sehen sollen, mit dem Uli in der Küche! Na, prost! Wenn das der Architekt wüßte!«

»Das war nur so 'n Spaß«, erklärt Susanne sehr flüchtig errötend. »Aber die beiden hättest du erleben sollen, Margot und Buddy! Schwitzhändchen in Schwitzhändchen, die ganze Zeit auf der Couch. Und dauernd das Licht ausgemacht! Karl-Friedrich wußte schon gar nicht mehr, wo er hingucken sollte. Er hat ständig mit Sophie getanzt, damit die bloß nicht allzuviel mitkriegte.«

Ich stehe auf: »Also, Kinderchen, dann scheint ja wieder alles in Ordnung zu sein. Normale Kriegslage hergestellt, sozusagen. Ich geh schlafen, bin müde.«

Margot gähnt etwas künstlich: »Ich auch. Ich bring dich raus, Colonel.« Draußen gibt sie mir einen Kuß, ihr Gesicht ist plötzlich ganz blaß und ernst: »Kann ich dich mal sprechen, Colonel, morgen nachmittag? Es ist ... wegen Buddy.«

»Wegen Buddy? Was ist denn wieder los?«

»Wir wollen dich mal um Rat fragen. Dürfen wir?«

»Na schön. Hol mich um vier Uhr ab, wir können ja 'n bißchen spazierengehen dabei.«

22

Drüben kommen die Mädchen aus der Schule. Vorauf Susanne, die Mappe unter dem Arm, ein paar blonde Locken unter der Zipfelmütze. Sie tänzelt und schwenkt das Röckchen. Scheint außerordentlich guter Laune. Hinter ihr Margot, offenbar in genau entgegengesetzter Verfassung. Sie sieht schmal und unausgeschlafen aus und schleppt die Beine, als ob sie aus Blei wären. Ich lasse die Gardine sinken, sehe auf die Uhr: halb drei. Wie lange werden sie zum Essen brauchen – eine halbe, dreiviertel Stunde. Also sagen wir, halb vier. Dann gehe ich hinüber. Werde jetzt erst mal die Hunde ausführen.

Ich bilde mir ein, einen großen Spaziergang unternommen zu haben, aber als ich mit meinem vom Schneemorast triefenden Gespann wieder daheim anlange, ist es erst drei Uhr fünfzehn. Ich beschäftige mich, indem ich sie abtrockne. Bei näherer Besichtigung entdecke ich hinter Cockis Ohren und auf Weffchens Bauch mehrere Flohnester und an anderen Körperteilen sehr muntere, ausgewachsene Exemplare, und die Jagd danach fasziniert mich so, daß es dreiviertel vier ist, als ich gerade den letzten Floh, ein wahrhaft elefantisches Wesen, unter meinem Daumennagel knacke.

Drüben steht Margot schon angezogen in der Diele, obwohl doch noch eine Viertelstunde Zeit ist. Mein Gott, sieht das Mädel elend aus!

»Wo treffen wir uns denn mit Buddy?« frage ich.

»Am Bach.«

Unten am Krebsbach steht Buddy. Er hat den Kragen hochgeschlagen und tritt von einem Bein aufs andere, obwohl es doch gar nicht mehr so kalt ist, sondern ringsum taut. Auch er sieht hager und hoffnungslos aus. Wir schütteln uns schweigend die Hand und gehen dann am See entlang. Er ist draußen schon aufgebrochen und schimmert azurblau. Am Ufer hält das Eis noch, wenn es auch dumpf klirrt und unter unseren Füßen Risse entstehen, die vor uns herlaufen. Buddy schleudert ein Eisstück, es schlurrt, Sonnenblitze sprühend, lange Zeit über das Eis, bis es ganz hinten über den Rand kippt und im offenen Wasser verschwindet. Jetzt müssen wir auf den Weg zurück, weil in der kleinen Bucht zwischen dem Schilf schon Wasser steht. Auf der Koppel am Weg, die nur noch einzelne dünne Eisinseln hat, bewegt sich etwas. Wir bleiben stehen. Es sind Wachteln beim Liebesspiel. Zwei Männchen verfolgen sich heftig im Kreis herum, prallen gegeneinander, fechten erbittert, während die Henne sich gegen den Boden schmiegt und den Kampf beobachtet. Der eine der Duellanten gibt auf, und der Sieger nähert sich dem Weibchen. Das aber geht so wütend auf ihn los, daß er in niedrigem Flug davonbrummt.

»Auch da geht's nicht glatt«, sagt Buddy düster. Es ist das erste, was er überhaupt sagt.

Margot hat mich untergehakt und drückt meinen Arm: »Colonel, hattest du nicht auch mal so eine große Liebe, eine ganz große, als du in unserem Alter warst?«

»Ja«, antworte ich mechanisch, »gewiß.«

»Ach, erzähl uns doch davon!«

In mir krampft es sich zusammen: »Ich hab noch nie jemandem davon erzählt.« Da merke ich, wie sich eine Hand auch unter meinen anderen Arm schiebt: Buddy! Während sich alles in mir wehrt, die alte Wunde aufzureißen, sehe ich von einem zum anderen, und in beiden Augenpaaren lese ich soviel verzweifeltes Vertrauen, daß mein Widerstand schmilzt. Ich hole tief Atem, ich fühle, wie in meinem Innern das alles noch einmal lebendig wird, dieser letzte schmerzliche Ausklang meiner fernen Jugend.

»Tja, das war – das war in dem Jahr, als ich mich mit Marion verlobt hatte.«

»Wer ist Marion?« fragt Margot.

»Habe ich euch das nicht erzählt?«

»Nein. Du hast uns nur von Steffi und Erika erzählt, wie du die eine vergessen hast, weil du Soldaten bekommen hast, und dann mit der von den Briefchen und der Regenrinne, die wegzog, als du verreist warst.«

»Richtig, von Marion habe ich euch nichts erzählt. Also, kurz und gut, ich war verlobt mit einem sehr schönen Mädchen, dessen Bruder ich Nachhilfestunden gab.«

»Wie alt waren Sie damals?« fragt Buddy.

»Knapp achtzehn. Aber nimm das bitte nicht als Parallelfall«, versuche ich zu scherzen. »Das Verloben war damals eine Angewohnheit bei mir, und kein Mensch außer mir nahm es ernst, nicht einmal die Mädchen, denen es galt. Das heißt, eine nahm es doch ernst, und das war meine Tante Lisl. Sie war eine sogenannte Nenn-Tante, sehr reich, und sie hatte mich für die Sommerferien in ihr Landhaus in Thüringen eingeladen, damit ich nach den Hungerjahren des Krieges und den Aufregungen der Revolution erst mal wieder zu Kräften kommen sollte. Tante Lisl und Onkel Alex – Alex Wuffius, ein großartiger Mensch, so richtig reif und klug, mehr als klug: weise. Dabei wirkte er gar nicht so, hatte ein rundes rotes Weingesicht, einen eisgrauen Schnurrbart und blondgefärbte Haare mit einem Mittelscheitel. Auch seine fast übertrieben korrekte und elegante Kleidung spiegelte etwas von kleiner Eitelkeit.

Zu seiner Frau war er der vollendete Kavalier, mit Handkuß am Morgen und Blumen am Nachmittag. Das Haus führte er im großen Stil. Es gab die alte Haushälterin Magda und einen Chauffeur Willkens, der einen uralten Rolls-Royce betreute und sich nebenbei als Gärtner betätigte. Das Haus lag inmitten eines Parks auf einem Hügel, äußerlich ein scheußliches Ding mit kleinen Türmchen und vielen Erkern, aber innen mit sehr schönen Räumen und mit der breiten Üppigkeit eines soliden Reichtums eingerichtet. Unten, zu beiden Seiten der Flußschleife, lag der Ort. Wie hieß er bloß – Erzberg oder so ähnlich. Am Haus vorbei lief ein schneller, tiefer Bach, der abwärts in den Fluß mündete. Es gab auch eine Bahnstation mit einem winzigen Bahnsteig ohne Dach. Man kam mit der Kleinbahn an. Eine keuchende Lokomotive mit Riesenschornstein schleppte drei hochbeinige Personenwagen und einen Güterwaggon.

Mit dieser Bahn kam auch ich an. Onkel Alex und Tante Lisl standen auf dem Bahnsteig. Tante Lisl gab mir einen Kuß und musterte mich besorgt. Sie hatte ein großes, immer blasses Gesicht und eine wagnerische, korsettgepanzerte Figur.

Onkel Alex schüttelte mir die Hand: ›Willkommen, junger Mann!‹ Auch Willkens in Chauffeursuniform kam jetzt zum Vorschein, gab mir die Hand und nahm meinen Koffer. Tante Lisl streichelte mit ihren kleinen, ganz weichen Händen mein Gesicht: ›Na, wir kriegen dich schon wieder hoch, mein Jungchen!‹

Es war mir peinlich, daß sie mich so als kleinen Jungen behandelte, nachdem mich Onkel Alex doch eben als richtigen Mann begrüßt und Willkens vor mir die Mütze gezogen hatte. Aber sie meinte es ja so gut.

Nach dem Essen saß ich mit Onkel Alex und Tante Lisl vor dem Kamin und trank einen alten Sherry, der mich außerordentlich optimistisch und erwachsen stimmte. Dazu rauchte ich mit Heldenmut die dritte Zigarre meines Lebens.

›Na, was willst du nun hier anfangen?‹ fragte Onkel Alex.

Ich lehnte mich in den Sessel zurück. Das gute Essen, der schöne Wein, diese ganze Atmosphäre gediegenen, unbeschwerten Bürgertums, die mich umgab – es war nach den wüsten Jahren und dem wilden Leben in der Großstadt wie ein Traum: ›Ausruhen!‹ sagte ich. ›Nichts als ausruhen. Mich im Wald auf den Bauch legen, lesen, aber keine Zeitungen, kein Foxtrott (der gerade damals aufgekommen war)...‹

›Sehr vernünftig‹, nickte Onkel Alex. ›Also, du bist hier zu Hause. Nebenan ist die Bibliothek, wo Schnaps und Zigarren stehen, weißt du, und wenn dir mal nach einem kleinen Ausflug ist, brauchst du es bloß zu sagen. Recht hat der Junge, nicht wahr, Lislchen?‹

Tante Lisl, gewohnt, ihrem Manne immer zuzustimmen, schien aber nicht ganz einverstanden.

Das klärte sich auf, als sie abends noch mal in mein Zimmer kam. Sie bückte sich ächzend nach einem Strumpf, der sich auf dem Bettvorleger kringelte, und setzte sich dann in den Sessel an meinem Bett. ›Du freust dich sehr auf das Alleinsein?‹ fragte sie vorsichtig.

›Ja! Ich kann dir gar nicht sagen, wie glücklich ich darüber bin und wie ich euch danke, daß ich's sein kann!‹

Sie lächelte und strich mir über das Haar. Dabei fiel mir ein, daß sie sich immer einen Sohn gewünscht hatte. Statt dessen hatte sie eine Tochter bekommen, die dann mit neunzehn Jahren bei der Geburt ihres ersten Kindes gestorben war. Das Enkelkind war mit dem Vater nach Südamerika gegangen, dort hatte er wieder geheiratet. Sie hatte es nie mehr gesehen.

›Na, du hast ja noch zwei Wochen Zeit, dich zu erholen‹, sagte sie dann.

›Zwei Wochen?‹ Ich war so erschrocken, daß ich alle Form vergaß. ›Aber du schriebst doch, daß ich die ganzen Ferien...‹

Sie war derart mit ihren Gedanken beschäftigt, daß sie meinen Formfehler gar nicht bemerkte: ›Dann kommt nämlich Judith‹, erklärte sie.

›Judith? Doch hoffentlich nicht irgend so 'ne Gans?‹

Sie sah mich streng an: ›Es ist keine Gans, sondern die Tochter von Herrn Schultes, der uns das Haus hier gebaut hat. Mit der Mama Schultes bin ich seit zwanzig Jahren befreundet. Sie ist ein ganz entzückendes Mädchen, und außerdem spielt sie wunderschön Klavier.‹

›Wer? Frau Schultes?‹

›Nein, Judith, natürlich.‹ Sie beugte sich vor, daß ihre Korsettstangen knarrten: ›Weißt du, ich habe mir gedacht, du bist doch mit dieser Marion verlobt, und Judith ist auch verlobt...‹

›Gott sei Dank!‹

Sie überhörte meine Bemerkung: ›...und da habe ich mir gedacht, ich könnte doch Judith auch einladen, dann fühlen sich die beiden jungen Leute nicht so allein, und du‹, ihr Blick wurde wieder streng, ›du wirst dich als Kavalier benehmen und sie auch mal hinunter zum Tanzen führen; ihr könnt auch Tennis miteinander spielen...‹

›Spiele ich nicht.‹

›Na, dann könnt ihr zusammen schwimmen oder Waldspaziergänge machen oder musizieren – habe ich dir schon gesagt, daß sie so sehr schön Klavier spielt?‹

›Du hast es mir gesagt‹, erklärte ich ergeben.

Sie stand auf und lächelte mich an: ›Ich weiß, daß du ein Kavalier bist, und daß du dir nichts aus anderen Mädchen machst, ist mir nur recht. Hast du nicht ein Bild von deiner Marion?‹

Ich kletterte aus dem Bett und holte es aus der Brieftasche. Sie ließ die Lorgnette aufspringen, die sie an einer langen Kette um den Hals trug, und betrachtete das Bild sehr aufmerksam: ›Ein schönes Mädchen! Ein klassisches Profil! Und diese schönen dunklen Haare, eine ganze Krone!‹

›Sie reichen ihr bis über die Knie, wenn sie sie aufmacht‹, sagte ich.

Tante Lisl stutzte einen Augenblick, mußte sich wohl mit der Tatsache zurechtfinden, daß ich nicht mehr der kleine Steppke war, als den sie mich in Erinnerung hatte: ›Na, du bist ja mit ihr verlobt‹, meinte sie. ›Wie alt ist sie denn?‹

Jetzt geriet ich in Verlegenheit: ›Neunzehn.‹

Die blassen Augen sahen mich nachdenklich an: ›Dann ist sie ja etwas älter als du! Nun, auch das kann eine glückliche Ehe geben. Vorläufig bist du ja noch ein... na ja, jedenfalls ist sie sehr reizend. Gute Nacht, mein Kind!‹ Sie küßte mich auf die Stirn und rauschte aus dem Zimmer.

Ich sah mir noch eine Weile Marions Bild an, dann drehte ich das Licht aus, horchte auf den Bach, der unten vom Tal her murmelte, und war im nächsten Moment eingeschlafen.

Als ich am nächsten Morgen aus meinem Fenster sah, entdeckte ich gerade gegenüber meinem Zimmer auf der anderen Seite des Baches einen kleinen Felsen, der sich grau aus der Blumenwildnis des Abhangs erhob. Er war nicht sehr hoch, vielleicht achtzig oder hundert Meter, aber es war der einzige Felsen weit und breit und deshalb für mich von Anfang an mit einem romantischen Zauber umgeben. Er wurde für die nächsten Tage mein Lieblingsplatz. Oben war eine kleine Mulde mit weichem Moos ausgepolstert, große, grüne Eidechsen huschten über den grauen Stein, und wenn ich mich auf den Rand setzte und die Füße in die Tiefe baumeln ließ, konnte ich weit über das Land hin träumen. Meist aber lag ich in der Mulde selbst, döste, beobachtete die Eidechsen und erlebte mit innigem Entzücken, wie sich bald ein Falter, bald eine große smaragdene Libelle auf mir niederließ.

Ich las auch viel dort oben, alte chinesische Philosophen und die Upanischaden, die ich in Onkel Alex' Bibliothek entdeckt hatte. Onkel Alex und Tante Lisl sorgten sich rührend um mich und machten auch häufig kleine Ausflüge in die Umgebung, um mir die Sehenswürdigkeiten zu zeigen. Aber immer war ich froh, wenn ich wieder in meiner Felsenwanne liegen konnte. Es waren ein paar der glücklichsten, stillsten und tiefsten Wochen meines Lebens.

Mit einer Art Panik dachte ich daran, daß diese Tage meiner Einsamkeit unerbittlich dahinrannen.

Und dann kam er, der gefürchtete Donnerstag. Wie um mir einen Vorgeschmack zu geben, goß es in Strömen, als wir am späten Nachmittag Judith von der Kleinbahn abholten. Der Zug rollte ein, etwas ziemlich Großes, Langbeiniges im Trenchcoat und einem unmöglichen Hut, den es tief in die Augen gezogen hatte, stieg aus. Darunter sah man nur einen großen Mund mit wulstigen, leidenschaftlichen Lippen. Das Etwas wurde von Tante Lisl und Onkel Alex gebührend umarmt, dann stellte man mich vor, ich machte eine weltmännisch-lässige Verbeugung, worauf es mir die Hand entgegenstreckte und mit tiefer, etwas heiserer Stimme sagte: ›...und freuen wir uns sehr!‹

Ich war angenehm überrascht. Wenigstens schien sie Witz zu haben.

Daheim verkrochen Onkel Alex und ich uns in die Klubecken vor dem Kamin und genehmigten uns einen ziemlich steifen Cognac-Soda, während das Etwas von Tante Lisl und Haushälterin Magda umflattert und in den ersten Stock bugsiert wurde. Diener-Chauffeur Willkens mit zwei Koffern hinterher, unter denen er merklich ächzte.

Onkel Alex blinzelte mir zu: ›Na, sehr schlimm?‹

Ich zog mit dem ganzen Snobismus meiner achtzehn Jahre die Mundwinkel herunter: ›Ziemlich. Ist es etwa obendrein noch ein Blaustrumpf?‹

Onkel Alex stellte überrascht sein Glas hin: ›Blaustrumpf? Judithchen? Im Gegenteil, möchte ich fast sagen.‹ Er klemmte aus irgendeinem Grunde das Monokel ein und hatte plötzlich einen verwegenen Zug im Gesicht: ›Wir waren alle heilfroh, als sie sich mit diesem... diesem... na, ich weiß nicht, wie er heißt – verlobte.‹

Ich übte mich weiterhin im Mundwinkel-Herunterziehen und bedauerte, nicht auch ein Monokel zur Hand zu haben: ›Muß ja ein ziemlicher Goldfisch sein, eure Judith, daß er sie genommen hat!‹

Abermals schien Onkel Alex überrascht: ›Das mit dem Goldfisch stimmt, aber... hältst du sie für häßlich?‹

›Das, was ich bisher sah, war nicht gerade ermunternd.‹

Er spitzte die Lippen: ›Na, wart's erst mal ab. Sie ist nicht eben landläufig hübsch, wenigstens das Gesicht nicht, aber...‹ Er sah auf die Uhr: ›Es ist ja schon halb acht. Möchtest du nicht mal raufgehen und irgendeinen Laut ausstoßen, damit die Damen merken, daß längst Abendbrotzeit ist?‹

›Gern.‹ Ich stand auf und ging an die Treppe in der Halle...«

Als ich zu diesem Augenblick komme, zieht es sich – nach so vielen, vielen Jahren – um mein Herz zusammen, der Atem wird knapp, Schwindel hinter der Stirn. Ich reiße mich für ein paar Sekunden aus der Erinnerung los und sehe die Augen der beiden auf mich gerichtet. Der Himmel schwingt Föhnfahnen von Horizont zu Horizont, und vor uns drängelt sich ein Schwarm von Staren mit schillernden Rücken auf einer Insel von Grün, die schon dem sterbenden Schnee entwachsen ist. Dann überwältigt mich wieder die Vision. Es ist mir ganz gleichgültig, welche Worte ich wähle, ob ich überhaupt spreche. Dafür wächst, wie nach dem feinen, aber tiefen

Stich des Floretts, in meinem Herzen der Schmerz, der uralte, der selige.

»Die Treppe in der Halle. Ich sehe wieder ihr honigfarbenes Geländer, den üppigen Schwung, mit dem sie zum ersten Stock hinaufsteigt, die breiten, flachen Stufen, die es einem so leicht machten, aufzusteigen. In der Ecke die Kastenuhr, das alte Messinggefäß als Schirmständer, die zarten Farben des großen Teherans.

Und dann kommt das Etwas über diese Treppe von oben herunter. Erst sehe ich nur ein Paar schlanke Beine von vollendeter Form, jetzt einen weiten Rock aus irgendeinem braungoldenen, schillernden Stoff. Bei jedem Schritt schwingt er rundum wie ein Mozart-Thema. Nun eine schlanke Taille, ein tief ausgeschnittenes Mieder, das Schultern aus mattem Elfenbein entblößt und sich an kleine, feste Brüste schmiegt. Ein Hals, stolz aufsteigend wie ein Palmenstamm, dann die wilden Lippen, die jetzt gar nicht mehr häßlich wirken, sondern das Ganze nur vollends verwirrend machen. Zumal über ihnen eine reizende Stupsnase sitzt. Und dann die Augen! Zwei goldene Sterne inmitten leicht bläulicher Augäpfel, eine mittelhohe, breite Stirn unter der Flut kastanienbraunen Haares, Grübchen in den Wangen – und jeder Schritt abwärts wie Zigeunermusik. Ja, wo hatte ich denn meine Augen? Das ist ja – das ist ja ...

Ich kann das zauberhaft verwandelte Etwas nur anstarren.

Tante Lisl, die hinter ihr die Treppe hinabkommt, deutet meine Haltung falsch und macht hinter Judiths Rücken eine energische, aufmunternde Handbewegung: ›Es hat aufgehört zu regnen, und das Essen ist noch nicht fertig.‹

›Aber Onkel Alex hat doch gesagt ...‹, stottere ich.

›Alex wird eben noch ein dreiviertel Stündchen warten müssen. Es gibt nämlich zu Judiths Ankunft etwas ganz Besonderes. Also (sehr betont), mein Kavalier, nimm diese junge Dame und geh mit ihr spazieren. Um halb neun erwarten wir euch zurück.‹

Judith schlägt die Hacken zusammen und legt die Hand an die Schläfe: ›Zu Befehl!‹ Dabei sprühen ihre Augen in gutmütigem Spott. Dann packt sie meinen Arm: ›Kommen Sie, Unglücklicher. Der Hochsommer wartet.‹

Und damit beginnt der Traum. In dem Augenblick, als sie meinen Arm nimmt, ist es, als habe sich ein Stromkreis geschlossen. Auch sie merkt es, denn auf ihrem Gesicht sehe ich eine unruhige Verblüffung. Noch kämpft unsere Vernunft gegen die Magie. ›Nun erklären Sie mir mal die Gegend, junger Goethe.‹ (Tante Lisl muß ihr erzählt haben, daß ich schon Novellen veröffentlicht habe. Das ist mir durchaus nicht unangenehm.)

Ich murmle ein paar konventionelle Phrasen, die keiner von uns beiden ernst nimmt. Wir gehen zum Bach hinunter und über die kleine Brücke. Jenseits bleibe ich stehen und sage, ihren vorherigen Ton imitierend: ›Und haben wir somit den Rubikon überschritten.‹

Ich erschrecke, sobald ich den Satz gesprochen. Wie komme ich bloß darauf? Wie komme ich überhaupt an diese Brücke? Ich entsinne mich plötzlich nicht mehr, bis hierher gegangen zu sein. Es muß ein Schweben gewesen sein. Und liegt nicht der Bach, der im Schein des Sonnenuntergangs wie Feuer glüht, zwischen uns und dem Haus wie ein Flammenschwert? Ein Flammenschwert, das unser ganzes bisheriges Leben dicht hinter unseren Füßen von uns weggeschlagen hat?

Als ich wieder zu mir komme, finde ich ihre Augen erstaunt auf mich gerichtet. Wie ich mich aber in diesen Blick verliere, finde ich, daß das Erstaunen nur vordergründig ist. Dahinter liegt etwas anderes – ein dunkles Wissen – ein – ich kann es nicht ausdrücken. Sie lehnt am Geländer, und der leichte Abendwind bewegt die äußersten ihrer Haare, die goldbraun aufleuchten: ›Sie sind verlobt – Goethe?‹

›Ich – hm – ja, das heißt...‹

Sie nickt: ›Das genügt mir. Wo wollen wir jetzt hin?‹

›Hier auf den Felsen. Es führen ein paar Stufen hinauf, mit Geländer.‹

›Haben Sie Angst, daß wir runterfallen?‹

›Vor dem Runterfallen nicht.‹

›Kann man denn auch aufwärts fallen?‹

›Im Augenblick ist mir so, als ob man's könnte.‹

Sie lacht nervös. Ich sage, während mein Herz wie unsinnig klopft: ›Sie sind doch auch verlobt!‹

›Ich war.‹

Ich bleibe stehen – und mein Herz beinahe auch: ›War?!‹

›Ja‹, erklärt sie beiläufig. ›Bis sich herausstellte, daß der junge

Mann Morphinist ist.‹ Sie liest in meinen Augen, scheint etwas zu sehen, was sie amüsiert, und meint: ›Ich habe ihn sowieso nicht sehr gemocht. Es war eine Entdeckung von Papa: der Sohn unseres Bankiers. Es wäre so bequem gewesen. Man hätte die ganze Finanzierung sozusagen in der Familie erledigen können.‹

Schließlich stehen wir oben im warmen Wind. Die Felder unter uns sind schon abgeerntet, die Hügel am Horizont liegen in violetten Tinten, und darüber hat der Sonnenuntergang den Himmel rostrot aufgerissen. Sie wendet sich mir zu. In ihren Augen brennt der Sonnenuntergang: ›Wenn Tante Lisl wüßte, daß ich nicht mehr verlobt bin ...‹

Da liegt sie schon in meinen Armen. Kein Wort wird zwischen uns gesprochen.

Als die Kirchenuhr das Viertel schlägt und ich flüstere: ›Wir müssen ja zurück!‹ sagt sie: ›Wie heißt du eigentlich mit Vornamen?‹

›Hans.‹

›Na, da finden wir schon noch was anderes.‹«

Ich stolpere über einen noch vereisten Stein, und das bringt mich in die Gegenwart zurück. Wo bin ich denn? Aha, wir umgehen gerade den kleinen Sumpf mit den Birken. Die beiden zu meinen Seiten wechseln einen Blick, Margot preßt meinen Arm: »Mach weiter, Colonel, schnell – was sagten die im Haus?«

»Die im Haus? Na, unser Glück muß uns meilenweit aus den Gesichtern geleuchtet haben, und es bedurfte nicht erst des Umstandes, daß wir uns duzten, um die Tatsache zu enthüllen, daß irgend etwas zwischen uns passiert war. Tante Lisl war darüber auf das tiefste bestürzt, während Onkel Alex sein Gesicht nicht vom Teller hochbekam, weil er offenbar nicht wollte, daß man das Schmunzeln unter seinem eisgrauen Schnurrbart sah. Tante Lisls Augen fuhren zwischen uns hin und her, während Judith höflich vom Ergehen ihrer Eltern berichtete, und hefteten sich dann mehrfach hilfesuchend, aber ergebnislos auf ihren Mann. Schließlich wandte sie sich an mich: ›Hast du Onkel Alex schon das Bild von deiner Verlobten gezeigt?‹ Und zu Judith, sehr nachdrücklich: ›Ein wunderschönes, sehr feines Mädchen!‹

Ich hätte sie umbringen können in diesem Moment. Aber dann spürte ich Judiths Knie, das sich gegen mich drückte. Ich holte die

Brieftasche heraus und reichte das Bild Onkel Alex. Er klemmte sich das Monokel ein: ›Wirklich sehr hübsch!‹ Ein kurzer, forschender Blick folgte, als er mir das Bild zurückgab. Ich saß da mit dem Foto in der Hand und wäre am liebsten damit in die Erde versunken.

Aber wieder rettete mich Judith. Sie streckte die Hand aus: ›Darf ich's auch sehen?‹

›Wie? Ach so – ja, selbstverständlich.‹

Sie studierte es lange und ausführlich und gab es mir dann mit einem freundlich-konventionellen Lächeln zurück: ›Das ist kein hübsches Mädchen, das ist ein schönes Mädchen!‹

Tante Lisl war offensichtlich verwirrt: ›Ja, nicht wahr?‹ murmelte sie. ›Klassisch schön.‹

Judith nickte und wandte sich dann zu mir: ›Direkt klassisch!‹ erklärte sie, während tausend Kobolde in ihren Augen tanzten.

Tante Lisl konnte sich nicht verkneifen, einen hörbaren Seufzer der Erleichterung auszustoßen. Offenbar glaubte sie, sich getäuscht zu haben. Aber da war noch ein letztes Problem für sie. Sie drohte uns mit dem Finger: ›Ihr habt euch ja schnell geduzt!‹

›Ja‹, erklärte Judith fröhlich, ›wozu die Umstände? In ein paar Tagen hätten wir's sowieso getan. Sportskameraden sozusagen.‹

Der Rest des Abends verlief in vorsichtiger Harmonie.

Was nun folgte, war – wenigstens für mich – ein Sturm, der alles früher Erlebte mit den Wurzeln ausriß, und Judith gab sich meinem Traum hin, als habe sie nur auf ihn gewartet. Die arme Tante Lisl stemmte sich vergeblich diesem Urgeschehen entgegen. In den ersten Tagen lagen Judiths und mein Zimmer nebeneinander. Später, auf Grund gewisser unklarer nächtlicher Geräusche, legte Tante Lisl ihre Wirtschafterin, die ›freudlose Magda‹, in ein Zimmer zwischen uns. Sie übersah dabei, daß es einen durchlaufenden Balkon vor der ganzen Etage gab. Allerdings waren die Balkonteile der einzelnen Gästezimmer durch hohe Zwischenwände gesichert. Aber ich entwickelte ungeahnte akrobatische Fähigkeiten, indem ich mein Geländer überkletterte, mich an dem Magdaschen Zimmer vorbeiangelte und bei Ankunft in Judiths Bereich mit Anstrengung aller Kräfte über ihr Geländer schwang. Dabei kam uns zugute, daß unser Wächter schnarchte und uns damit anzeigte, wann die Luft rein sei.

Aber so rein war sie wiederum nicht. Eines Abends, als ich mit Onkel Alex vor dem Kamin saß, sagte er, während er umständlich eine Banderole von seiner Zigarre löste: ›Komische Sache heute nacht erlebt! Wollte das Fenster zumachen, weil der Sturm aufkam, und was sehe ich? Zwei Füße, in Socken! Wandern über den Himmel! Doll, was?‹ Er warf mir einen kurzen Blick zu und nestelte dann wieder an seiner Zigarre: ›Du hast ihn wohl kaum bemerkt, den Sturm. Den draußen, meine ich.‹

Von da an verlegten wir unsere Schäferstündchen, soweit das Wetter es zuließ, in die Felsenmulde, die auf diese Weise eine neue Weihe empfing. Marion hatte ich einen Abschiedsbrief geschrieben und hielt es natürlich für ausgemacht, Judith so bald wie möglich zu heiraten. Wir hatten besprochen, daß ich gleich nach unserer Rückkehr in die Stadt bei ihren Eltern Besuch machen würde, und stellten uns die Zwischenzeit bis zu unserer Heirat – wenn auch etwas durch Pflichten und Schule – als eine Fortsetzung unserer seligen Schmetterlingsgaukelei vor.« Ich sehe mich wieder im Musikzimmer in den tiefen Sessel versunken, Judith am Klavier, sie liebt Beethoven wie ich. Ich sehe mich mit ihr unten in Erzberg, beim Tanzen, ein einsames, ineinander verschmolzenes Paar, dem die Umwelt nur traumhafte Kulisse ist. Ich sehe mich mit ihr in der Felsenmulde, ihre Lippen, ihren Körper, den Himmel darüber, der so unendlich hoch scheint, viel höher als sonst, sehe mich allein in meinem Zimmer, die Glut dieser Stunden in endlose Gedichte ergießend. Ich spüre unsere Füße, unseren gemeinsamen Schritt auf dem federnden Waldboden, sehe sie – eine braune Venus – vom Sprungbrett fliegen und wie eine Seelöwin das Wasser durchschneiden.

Dann gerät die Vision ins Wanken. Margot hat mich etwas gefragt, und wie ich sie anschaue, verschmilzt abermals, wie an jenem Faschingsabend, ihr Bild mit dem Judiths. Und plötzlich packt mich der bittere Schmerz des Alterns, des Nicht-mehr-dazu-Gehörens, des unwiderruflich Verloren-Seins: »Was hast du gesagt, mein Kind?«

Sie errötet, ohne ihren Blick von mir zu nehmen: »Ich meine – hattet ihr denn keine Angst, daß ihr ein Kind bekommen würdet – vor der Zeit?«

»Ein Kind? Das brauchten wir nicht zu befürchten. Denn trotz aller Leidenschaft kam es nie zum Allerletzten zwischen uns.«

In ihren Augen ist Verblüffung, und ich merke, wie auch Buddy an meiner anderen Seite eine unwillkürliche Bewegung macht.

»Wieso nicht?« fragt sie. »Dann hattest du sie vielleicht doch nicht so richtig lieb, wie du glaubtest?«

»Doch, mein Kind, das hatte ich. Wenn mir damals jemand gesagt hätte: Spring von einem Turm, um sie zu retten, oder laß dir die Glieder einzeln abhacken – ich hätte es ohne Besinnen getan. Das – was dich wundert – geschah gerade aus dieser Liebe zu ihr. Daneben – ich will mich nicht besser machen, als ich bin – war es auch Angst vor den Eltern, vor der Schule, vor einem Skandal. Aber selbst wenn ich mich heute mit aller Strenge prüfe, möchte ich behaupten, daß das erste Motiv überwog.«

Ich merke, wie zwischen den beiden jungen Menschen wieder ein Blick hin und her geht. Margot scheint noch nicht einverstanden: »Und Judith?«

»Ihr wäre es ganz egal gewesen.«

»Habt ihr darüber gesprochen?«

»Nein, damals nicht.«

»Und was wurde aus euch?«

»Nicht viel Gutes, Margot. Plötzlich waren nur noch drei Tage übrig, drei Tage und drei Nächte, verzweifelte Nächte, denn wir ahnten wohl beide, daß es nicht so einfach werden würde. Und es wurde auch nicht einfach. Nach unserer Rückkehr in die Stadt legten sich Judiths Eltern sofort quer. So entschieden und so verletzend, daß sich nun wiederum der Stolz meiner Familie empörte. Unsere Zusammenkünfte waren flüchtig und voller Qual, bei irgendeinem Freund für eine kurze Stunde, während sie angeblich Klavierunterricht hatte. Wir setzten unsere ganze Hoffnung auf einen Ball, zu dem sie mir eine Einladung verschafft hatte. Als es so weit war, bekam ich eine Mandelentzündung...«

Die weiße Welt um mich versinkt abermals. Ich stehe wieder auf dem offenen Hinterperron der Straßenbahn, zähneklappernd vor Frost und Fieber und dennoch fest entschlossen, dies eine Mal die eitrige Angina, die mich damals so häufig befiel, niederzuringen. Da ist wieder der Ballsaal, strudelnd in hundert Farben und Lichtblitzen, da ist sie – die unendlich Geliebte und Ersehnte – hervorschwebend aus dem Fieberspuk, die dunkle, süße Qual unseres Tanzes –

ihre Augen – ihre Augen – ihr Kuß auf meinen fieberzerrissenen Lippen – und dann der Tango, der Abschiedstango...

»Es folgten diesem Ball zwei Jahre endlosen, sinnlosen Sehnens. Dann Judiths Brief, daß sie es nicht länger ertragen könne. Ich solle sie vergessen.

Vergessen! Ein weiteres Jahr später. Ich bin ausgelernter Journalist. Vollredakteur. Gestern dazu ernannt, mit doppeltem Gehalt. Jetzt könnte ich sie ernähren, könnte ihren Eltern gegenübertreten. Ich schreibe ihr – keine Antwort. Vielleicht hat man meine Briefe unterschlagen. Wahrscheinlich sogar. Ich schütze eine wichtige Konferenz vor, fahre zu ihr hinaus. Aber als ich mich der protzigen, selbstsicheren Wucht ihres Elternhauses nähere, entschwindet mir der Mut. Ich stelle mich hinter einen Baum, beobachte das Haus, beobachte und hasse, hasse ihre Eltern, daß mir schwarz vor Augen wird. Es war eines der ganz wenigen Male in meinem Leben, in denen ich wirklich gehaßt habe. – Dann schleiche ich mich an den hohen Büschen entlang, komme zu einer Garageneinfahrt. Plötzlich ist der Blick frei – dringt in die Tiefe des Grundstücks. Und dort, auf einem Tennisplatz – spielt sie, mit irgendeinem eleganten Tagedieb. Ich sehe ihre weiße Gestalt über den rötlichen Sand fliegen, ich erinnere mich ihrer Lippen, ihrer Arme, die jetzt hinter dem Schläger schwingen – ich entsinne mich... Es schüttelt mich, als ob ich hohes Fieber hätte.

Dann ist da hinten die Partie zu Ende. Ich höre ihr heiseres, tiefes Lachen, ich weiche hinter das Gebüsch zurück, denn nun kommt sie Arm in Arm mit dem Kerl auf mich zu. Jetzt erst bemerke ich den roten Sportwagen, der in der Einfahrt steht. Der Motor springt an. Ich sehe die beiden durch das Gebüsch nur wie in tausend kleinen Scherben. War das nicht ein Kuß? Warum auch nicht – Herr Redakteur? Glauben Sie vielleicht, ein Mädchen wie dieses legt sich Ihretwegen jahrelang auf Eis? Dann ist der Wagen fort, und wie sie ihm noch einen Moment nachschaut, trete ich vor.

Sie erkennt mich sofort, erschrickt, sieht sich nach dem Haus um. Dann kommt sie auf mich zu, packt meinen Arm, zieht mich außer Sichtweite hinter den Busch. Widerstrebend lasse ich es geschehen: ›Hast du meine Briefe bekommen?‹

Ihr Auge weicht mir aus, füllt sich in Tränen: ›Ja.‹

›Ja? Und warum hast du mir nicht geantwortet?‹

Sie kämpft wie eine Verrückte, um irgend etwas Vernünftiges zustandezubringen. Die Knöchel ihrer Hände, die den Schläger vor die Brust drücken, sind weiß: ›Es hat keinen Zweck, Hannes – es hat keinen Zweck ... ich kann es nicht wieder ertragen ...‹

›Aber du bist volljährig, wir können ...‹

›Nein – nein ...!‹ Wirft den Schläger über die Hecke, fällt mir um den Hals, küßt mich – dreht sich um und rennt zurück – weg, für immer. Ich weiß es nun.

Ich glaubte, es zu wissen. Aber so einfach war es nicht. Wieder zwei Jahre später verlobte ich mich, und diesmal war es ernst. Am Tag nach meiner Verlobung wurde mir Judith in der Redaktion gemeldet. Minutenlang starrte ich auf den Anmeldezettel, bis sich der Bote räusperte. Ich verachtete mich, weil sofort wieder alles in mir losbrach. Der alte, schreckliche, süße Zauber ... ›Ich lasse die Dame bitten.‹

Während ich auf sie wartete, hatte ich ein Gefühl, als reiße mein ganzes Selbst von oben bis unten auseinander wie ein mürbes Tuch. Dann ist sie da, vor mir, leibhaftig in meinem Zimmer. Ich kann gerade noch hinter ihrem Rücken die Tür verriegeln, ehe sie mir um den Hals fliegt. Derselbe Kuß, dieselben vollen wilden Lippen, dieselben Augen. Noch schöner sogar, wie sie mich ansehen, in der alten Mischung von Zärtlichkeit und leisem Spott. Etwas voller die Figur, fraulicher – fraulicher ... Was hatte sie inzwischen erlebt? Wie viele Männer hatten diese Lippen geküßt – meine Lippen? Werde ich wahnsinnig, oder bin ich es schon? Was sagt sie da?

› ... es war wie ein Befehl. So lange hatte ich nicht an dich gedacht, und dann plötzlich, vor zwei Tagen ...‹

›Vor zwei Tagen‹, höre ich mich sagen, ›habe ich mich verlobt.‹

Das Licht in ihren Augen erlischt. Sie werden ganz tief vor Schrecken: ›Das ist seltsam‹, murmelt sie, ›sehr seltsam, findest du nicht auch?‹ Sie schaudert, und ich sehe, wie sich an ihren nackten Armen eine Gänsehaut bildet. Das versetzt mich in äußerstes Entsetzen, und nun schaudere ich genau wie sie. Dann reißt sie sich zusammen: ›Aber das macht nichts. Ich war inzwischen auch zweimal verlobt.‹

Ich kann nur den Kopf senken vor der angstvollen Frage in ihrem

Blick. Ich sehe nicht, ich fühle, wie sie den Hut nimmt – einen von ihren scheußlichen Hüten –, den sie in den Sessel geworfen hatte, wie sie zur Tür geht, klinkt, entriegelt. Da erst kann ich meinen Blick heben. Sie wendet sich noch einmal um, ihre Lippen zittern: ›Wenn wir damals ein Kind gekriegt hätten...‹, sagt sie mit ihrer heiseren Stimme, die nun noch tiefer und heiserer ist als sonst. ›Vielleicht hätten meine Eltern nachgegeben.‹

Dann war sie gegangen, und nur eine Tür war da, eine braune Bürotür mit einer Milchglasscheibe. Jetzt geht sie wieder auf, und ich fahre zusammen, als habe man hinter mir einen Schuß abgefeuert. Es ist ein Kollege, mit einem Bündel von Meldungen in der Hand: ›Da ist noch ein Haufen Zeugs gekommen, den wir... mein Gott, wie siehst du denn aus? Hast du 'nen Geist gesehen?‹

›Es war leider kein Geist.‹ (Jetzt war sie schon unten an der Drehtür und ging hinaus – für immer.) ›Es war...‹

›Na, laß man‹, sagt er. ›Ich mach das schon allein.‹«

Ich erwache wieder für einen Moment. Ist es das brennende, zum äußersten angespannte Interesse in Margots Augen, ist es die Bestürzung in Buddys Blick, die mich in die Gegenwart zurückgebracht? Was habe ich denn gesagt? Ach, das mit dem Kind... Hätte ich nicht sagen sollen. Das am allerwenigsten. Buddy, der mir das Versprechen gab, Margot weiterhin zu schonen, muß ja völlig irr an mir werden und – was viel schlimmer ist – an sich selbst. Ich kann nur hoffen, daß sie es nicht so direkt auf sich selbst beziehen, die beiden. Zunächst scheint es nicht so. Margot fragt nur leise: »Und das war das Ende?«

Ich erzähle weiter, froh, von der Klippe losgekommen zu sein: »Nein, es war nicht das Ende. Drei Wochen später bekam ich ihre Verlobungsanzeige mit irgendeinem steinreichen Snob – vielleicht war's der, mit dem sie Tennis gespielt hatte. Zwei Monate später heiratete sie, und ich hörte dann nur noch in ganz großen Intervallen, daß sie nach Afrika gegangen sei, daß sie einen Sohn habe; dann überhaupt nichts weiter. Mehr als zwanzig Jahre lang.«

Eine Weile gehen wir schweigend, auf den dürren Zweigen der Uferbäume sitzen die Amselmännchen und schmettern mit gesträubten Kehlen ihre Liebeslieder. Auf den Wiesen liegt der Schnee nur noch in Flecken, zwischen denen die gelben und violetten Flammen der Krokusse hervorbrechen und ganze Familien von Märzbechern zärtlich ineinander läuten.

»Zwanzig Jahre«, sagt Margot, »mein Gott!«

»Ja, mehr als zwanzig Jahre später tauchte sie wieder bei mir auf, äußerlich noch die alte, innerlich aber ausgebrannt bis aufs letzte. Ihre Ehe war schiefgegangen, sie hatte sich Blößen gegeben, ihr Mann hatte sie aus dem Haus gejagt, ihre Eltern waren tot, ihren Sohn hatte sie zurücklassen müssen.

Sie kam – wie damals – zu mir auf die Redaktion, und wieder war es so, als hätten wir uns am Tage zuvor getrennt. Vor der entscheidenden Aussprache hatten wir beide Angst, und es war gut, daß ich zunächst alle Hände voll damit zu tun hatte, ihr wieder eine Existenz aufzubauen. Als das geschehen war und als sie sich gesundheitlich einigermaßen erholt hatte, kam dann doch der Abend, der unausweichliche, an dem wir bei einem Glas Wein zusammensaßen und nicht anders konnten, als von den alten Tagen zu sprechen, die niemals alt geworden waren.

In ihren Augen waren noch die alten goldenen Funken, als sie herüberlangte und meine Hand streichelte: ›Ich habe erst, als ich allein war, gemerkt, daß ich immer nur dich geliebt habe. Ein Jahr meines Lebens hätte ich für einen Brief von dir gegeben. Ich sag's dir jetzt, weil es sowieso zu spät ist.‹ Sie las in meinen Augen und schüttelte den Kopf: ›Nein, mein Liebster, es ist zu spät. Du bist noch nicht mal auf der Höhe deiner Kraft, und ich bin eine Frau, die ...‹ Sie hielt inne und plötzlich sah ich die scharfen Linien um ihren Mund, die ergrauenden Haare an ihren Schläfen. Ihre Stimme wurde fast unverständlich: ›Ich kann mich dir nicht zumuten. Ich will, daß du mich so in Erinnerung behältst, wie ich dich damals verließ ... Gib mir, zum Teufel, einen Whisky. Nicht dieses läppische Glas, hol ein Wasserglas.‹

Ein Jahr später heiratete sie einen Jugendfreund, den sie wiedergetroffen hatte. Konny. Ein großer, schlanker, etwas gebückt gehender Mann mit dicken Augenbrauen, ein sehr englischer Typ. Wir wurden gute Freunde. Eines Abends kam er zu mir, redete erst eine Weile herum, und dann sagte er: ›Sie liebt dich immer noch. Sie hätte mich vielleicht nicht heiraten sollen. Trotzdem bin ich ihr dankbar, denn ich habe sie seit meiner Jugend geliebt, so wie du.

Schade, daß das alles so schlecht zueinander paßt. Aber ich fürchte, man kann wenig machen. Hast du eine Idee?‹ Ich konnte nur den Kopf schütteln.

Nach einem weiteren Jahr wurde sie schwer krank. Seit dem Abend mit Konny kam ich möglichst selten zu ihnen. Ich konnte ihre Augen, die immer größer wurden, einfach nicht mehr ertragen, und besonders nicht den Blick, mit dem sie auf mir ruhten, diesen fast wahnsinnig zärtlichen, entsetzlich traurigen Blick. Und ebensowenig konnte ich die hoffnungslose Trauer und Eifersucht in Konnys Augen ertragen. Schließlich aber ging ich doch hin, denn ich hatte eine längere Auslandsreise vor mir. Ich setzte mich an ihr Bett, Konny ging taktvoll aus dem Zimmer. Wir sprachen fast nichts, sie hielt nur meine Hand, während es draußen langsam dunkler wurde. Endlich sah ich auf die Uhr: ›Ich muß jetzt gehen. Im übrigen siehst du besser aus. Geht es dir auch besser?‹

›Red nicht solchen Unsinn‹, sagte sie mit ihrer alten, tiefen heiseren Stimme. ›Bleib noch 'n bißchen.‹

›Tut mir leid, mein Lieb. Ich muß noch 'ne Menge aufarbeiten, und morgen um sechs geht mein Flugzeug.‹ Ich küßte sie und ging. Aber ihr Blick ging mit mir, während der ganzen Reise, und auch jetzt wieder fühle ich ihn in mir, nach so vielen Jahren, und wie damals weiß ich keine Antwort darauf.

Als ich zwei Monate später wieder in Deutschland ankam, hörte ich, daß sie gestorben war. Konny hatte darauf bestanden, daß er als einziger hinter ihrem Sarg ging. Auf dem Friedhof hatte er die Totengräber weggeschickt, ganz allein ihren Sarg hinuntergelassen und selbst das Grab zugeschaufelt.«

Ich schrecke auf. Margot neben mir putzt sich geräuschvoll die Nase. Zwei, drei Minuten laufen wir schweigend nebeneinander her. Buddy hat sich von mir losgemacht und geht, die Hände auf dem Rücken, mit gerunzelter Stirn, auf die Erde starrend.

»Was wurde aus dem Mann?« fragt er endlich.

»Er wurde ein Jahr später bei einem Bombenangriff auf Berlin getötet.«

Buddy starrt wieder vor sich hin, schüttelt den Kopf, murmelt etwas, das ich nicht verstehe. Dann bleibt er stehen, nimmt seine Kappe ab und reicht mir mit einem ganz verwirrten Blick die Hand:

»Ich danke Ihnen vielmals, daß Sie so... ich glaube, ich muß jetzt... Auf Wiedersehen.« Das letzte sagt er zu Margot. Die nickt nur. Sie geben sich nicht mal die Hände.

23

Es geht gegen Abend. Ich stehe auf der Landungsbrücke und schaue auf den See, der im Riesenrund der eisgepanzerten Berge liegt. Anfang April, gleich nach der Rückkehr Frauchens und der Bentlers, hat es noch einmal einen Winterrückfall gegeben, mit sieben Tagen klirrenden Frostes und unendlichem Schnee, unter dem die Blumen verschwanden, als seien sie nie gewesen, und Rehe und Vögel wieder die Geißel des Hungers spürten. Dann aber ist gestern der Föhn aus den schwarzblau schimmernden Bergen gebrochen, mit Böen, die wie Kanonenschüsse knallten und an den Nerven und Fensterläden rüttelten, daß den schlaflosen Menschen unter den Dächern, die jetzt im Abendrot wie Kupfer glänzen, alle Sünden einfielen.

Tja, seltsam waren sie, diese Wochen. Ein Abschnitt, und sicher nicht nur für mich. Margot und Buddy sind immer noch merkwürdig verstört, seit ich ihnen von Judith erzählte. Besonders Buddy. Vor ein paar Tagen hat er mal eine sonderbare Bemerkung gemacht, als er sich mir auf einem Spaziergang anschloß. Er sagte: »Ich bin Ihnen wirklich dankbar, Colonel, das wollte ich bloß sagen, damit Sie nichts Falsches von mir glauben. Wirklich dankbar, daß ich... daß wir mal so von Ihrem Leben hören durften. Da sieht man doch, daß jeder so was mit sich rumschleppt, wovon man nichts ahnt.«

»Hauptsache, es hat dir was genützt.«

Seine Augen flammten für einen Moment auf: »O ja, zwei Sachen sind mir klargeworden: daß wir mit unserem Kummer gar nicht so allein und einzigartig sind, wie wir glaubten. Und zweitens...« Er brach ab.

»Na?«

»... und zweitens, daß man sich sehr hüten muß zu glauben, daß einen der andere genauso liebt, wie man ihn liebt«, sagte er dann sehr leise und gepreßt.

»Du meinst also, daß Margot dich weniger liebt als du sie?«

Er warf den Kopf zurück: »Ja – das glaube ich. Es ist vielleicht nicht so schlimm wie mit Ihnen und Judith – etwas lieber hat sie mich wohl schon, aber so lieb, wie ich sie ... nein.«

Und damit war er umgedreht und ohne ein Wort verschwunden.

Wie es nun weitergeht? Ich weiß es nicht und kann es mir auch nicht vorstellen. Vorläufig weichen sie sich aus.

Die Verteilung der Lolaschen Kriegsbeute ist noch immer nicht abgeschlossen, und dort, wo aus Frauchens Fenster das Licht herüberscheint, tagt wieder mal der Kriegsrat über die Verwendung von Lolas Kleidern, Kragen, Pelzbesätzen, Schuhen und anderen Mitbringseln.

Frauchen hat das Armband genau in der vorausgesehenen Weise aufgenommen, indem sie erst eine Weile auf dieses und anschließend auf mich starrte: »Du bist ja wahnsinnig.« Dann schlich sich der Argwohn in ihren Blick: »War irgend etwas inzwischen, daß du...«

»Nein«, erklärte ich entsprechend beleidigt. »Es handelt sich nicht um meine Seitensprünge, sondern um deinen Skilehrer.«

»Ach, mein Dummiwuschel«, sagte sie nur, schon wieder abwesend und völlig von dem Armband fasziniert.

Auch die Heimkehr von Addi und Teddy verlief glatt. Teddy kam gleich mit der elektrischen Eisenbahn herüber, die ihm die Mädchen auf seinen Schreibtisch gestellt hatten. Die Mama und ich mußten zum Schluß noch etwas nachhelfen, damit das Geld langte. Wir – Teddy und ich – bauten sie dann sofort in unserer Garage auf und spielten damit.

»Es ist doch erstaunlich«, meinte er zwischendurch, »was so in Kindern steckt!«

»Das kann man wohl sagen.«

Er sah mich forschend an: »War was los inzwischen?«

»Nein, es war gar nichts. Ging alles wie am Schnürchen.«

Tja, so war das also mit dem guten Teddy.

Oben im Bentlerschen Haus öffnet sich nun das lichtgelbe Rechteck der Haustür und entläßt zwei Schatten: Susanne und ihren Architekten. Er hat vor den Augen der Eltern Gnade gefunden, und die Sache sieht ziemlich ernst aus. Ein nettes Paar.

Cocki und Weffi tauchen plötzlich neben mir auf, dreckig, aber glücklich. Sie kleben sich an meine Beine, als ahnten sie, daß Herrchen jetzt wieder ganz ihnen gehört. Aber ist das wirklich so? Ich streichle ihre Köpfe. Plötzlich weiß ich, daß es niemals mehr so sein kann wie vor vier Wochen. Denn die Jugend, die mir begegnete, die neue und die eigene, wird niemals mehr von meiner Seite weichen.

Und eines habe ich begriffen: Wer seine eigene Jugend vergißt, wird nicht reif – nur alt. Er buddelt sich ein, irgendwo unten im Dschungel des Lebens, und sucht die jenseitigen Höhen nicht mehr, die uns der Ewige und Allmächtige als Ziel gesetzt hat.

TRUDE EGGER

Er streichelt die Katze öfter als mich

Inhalt

Vorwort 487
Zieh ein frisches Hemd an, Liebling! 489
Hausarbeit ist Mamas Bier 493
Wer ist dran? – Ich nicht! Ich war's gestern! 502
Das Essen ist fertig. Verdammt, wo seid ihr? 507
Wenn Mami die schwarzen Blattern hat, heißt das,
daß sie heute nichts kocht? 512
Er hat versprochen, Freud und Leid mit seiner Frau
zu teilen. Vom Auto war nie die Rede. 518
Gott segne die Männer. Sie hobeln und bohren. 525
Ich bin vierzig. Ich will keine Hausaufgaben mehr machen! .. 528
Ungebetene Gäste 535
Warum hör ich nie die Geigen schluchzen,
wenn ich mit ihm tanze? 538
Frühling ist's – und ich schlafe im Gästezimmer. 543
Manchmal hab ich das Gefühl, der Eierschneider
mag ihn lieber als mich 548
Frag mich doch einmal: »Wie geht's dir?« 551
Dabei war ich so fest entschlossen, aus diesem
Urlaub das Beste zu machen! 557
Das ganze Unglück kommt daher, daß man die Männer
nicht auf die Ehe vorbereitet 574
Und das nennt man nun Liebe! 581
Er streichelt die Katze öfter als mich 585
Hurra, ich bin wie neugeboren! 591
Ach, wenn ich ihn doch wiederhätte 595
Rosarote Streifchen 604

Vorwort

Ich will gar nicht behaupten, eine Ehe bestehe nur aus Problemen. Sie hat auch ihre lichten Seiten. Gewiß hat sie das – wenn ich auch momentan nicht mehr so ganz genau weiß, wie das damals war, als wir noch gemeinsam in der Badewanne saßen. Aber es muß schon seinen Reiz gehabt haben. Was sonst hätte mich dazu bewegen können, eine Dreiviertelstunde lang auf dem Stöpsel zu sitzen?

»Alles recht und schön, die Probleme und so«, meinte meine Freundin Hanna, nachdem sie das Manuskript gelesen hatte – sie war die einzige, die ich dazu hatte überreden können, dafür mußte ich diesem hartherzigen Weibsbild sämtliche Fenster putzen, »aber warum ziehst du denn nur über die Männer her?«

»Das stimmt nicht. Ich habe auch über Anton geschrieben.«

»Sagte ich ja – Männer.«

»Anton ist eine Wühlmaus.«

»Ich an deiner Stelle hätte über die Fehler und Schwächen der Frauen geschrieben. Es macht sich immer besser, wenn man über sich selber lacht.«

Ich kicherte. »Schätzchen, das soll ein *Buch* werden und keine Postkarte.«

»Na schön. Es ist dein Bier. Aber erkläre mir bitte eines. Wieso mußt du denn unbedingt *witzig* darüber schreiben, wenn zwei sich streiten, ob sie einen Sack Kartoffeln in seinem frisch geputzten Auto transportieren darf oder ihn die vier Kilometer bis zu ihrem Heim vor sich herrollen sollte?«

»Weil ich möchte, daß die armen Frauen, die mein Buch lesen, für ein paar Stunden ihre eigenen Sorgen vergessen«, säuselte ich.

»Red keinen Quatsch. Wenn sie das wollen, backen sie einen Kuchen, legen die Schränke neu mit Papier aus oder gehen zum Friseur und lassen sich dort erzählen, wer es gerade mit wem hat ... Warum also?«

Stumm wies ich auf einen Zettel, den ich auf die Wand hinter dem

Schreibtisch gepinnt hatte. Auf dem stand: ›Denk dran, Trudchen, daß du es dir bei deinem Verdienst frühestens mit achtundsiebzig leisten kannst, dich liften zu lassen! Vielleicht ein Jahr früher, wenn du aufhörst, italienische Schuhe zu kaufen und dir statt dessen die Gummistiefel deiner Kinder abschneidest und vorne mit Watte ausstopfst. Also LACHE, LACHE, LACHE!‹

Nicht, daß es mir immer leichtfällt. Als ich vorgestern den Servicemenschen kommen ließ und ihm sagte: »Meine Waschmaschine tropft ständig, glauben Sie, ich muß sie besser trainieren?« und er sie untersuchte und mir mitteilte, daß sie im Koma liege, da mußte ich zwölf Stunden lang üben, um die Mundwinkel wieder in die Höhe zu kriegen...

Zieh ein frisches Hemd an, Liebling!

Als ich vorhin bei meiner Freundin Hanna vorbeiflitzte, um Brot auszuleihen, fand ich sie am Küchentisch sitzend vor, eine Zigarette in der Hand, um zehn Jahre gealtert. »Um Gottes willen!« rief ich erschrocken. »Was ist passiert? Ist was mit den Kindern?«

Sie winkte mit der Hand, in der sie die Zigarette hielt, matt ab. »Wir waren bloß einen Anzug kaufen«, murmelte sie.

In abgerissenen Sätzen, zwischendurch gierig rauchend und Vitaminpillen schluckend, erzählte sie mir die Story: Sie und ihr Mann waren in sechs Geschäften gewesen, in denen er stumpfsinnig auf die Anzüge gestarrt und die Achseln gezuckt hatte. Im siebenten hatte sie ihn gezwungen, wenigstens einen zu probieren. Er hatte ihn widerstrebend angezogen, war stumm dagestanden, hatte abwesend in die weite Ferne geblickt und die Achseln gezuckt. Schon da hatte sie rote Kreise vor den Augen gesehen. Im achten probierte er einen, der war ihm zwei Nummern zu klein. Sobald das feststand, blühte er auf. Den wollte er. Doch leider hatten sie ihn nicht größer. Sie schleppte ihn ins nächste Geschäft, wo sie mit Hilfe des sämtlichen Personals denselben auftrieb, zwei Nummern größer. Als es zum Probieren kam, war ihr Mann weg. Sie fand ihn in der Musikabteilung, wo er Platten durchsuchte, ohne eine zu kaufen. Sie hatte ihn klipp und klar gefragt, ob er den Anzug nun wolle oder nicht. Er hatte gesagt: »Mir egal!« Sie hatte ihn gezwungen, wenigstens die Jacke zu probieren. Er hatte sie angezogen mit einer Miene, als schlüpfe er in die abgelegte Haut einer Kobra. Hanna fragte: »Nimmst du ihn?« Er murrte: »Wenn du meinst...«

Jetzt ist *sie* schuld, daß die Hose im Schritt spannt.

Hanna brach in Tränen aus.

»Hör auf zu plärren«, sagte ich, ihre Schulter tätschelnd. »Glaubst du vielleicht, meiner ist besser? Ich gehe prinzipiell nicht mehr mit ihm einkaufen.«

Hanna riß die Augen auf. »Er kauft seine Klamotten selber? Du willst sagen, er geht in ein Geschäft, allein, und kommt mit einem Anzug heim?«

Ich nickte. So ungefähr, ja. Er geht fort, um einen Anzug zu kaufen, und kommt mit einer Dose Lackpolitur heim. Wie dem auch sei, nichts mehr im Leben, aber auch gar nichts würde mich noch einmal so weit bringen, ihn mitzunehmen, wenn ich mir selber was kaufen wollte. Das letztemal hatte mir gereicht. Um Hanna etwas aufzumuntern, gab ich ihr einen detaillierten Bericht davon: Ich war mit drei Kleidern überm Arm in die Umkleidekabine gegangen. Gerade war ich erst aus den Schuhen geschlüpft, als er draußen schon murrte: »Bleibst du ewig?«

Schon das erste Kleid war süß. Es stand mir prächtig. Ich hätte es auf der Stelle genommen. »Nun?« fragte ich erwartungsvoll.

Er warf einen halben Blick darauf, hob die Brauen und zuckte die Achseln. So ging es weiter. Nach dem sechsten war ich zu erschöpft und deprimiert, um noch einmal aus den Schuhen zu steigen. Gerade daß ich noch die Kraft hatte, mir meinen eigenen alten Fetzen überzuzerren. Als ich damit die Kabine verließ, kam zum erstenmal Leben in ihn. Sein Gesicht leuchtete auf. »Nimm das«, sagte er, »das steht dir.«

Vielleicht, setzte ich hinzu, wäre alles halb so schlimm gewesen, wären wir nicht einen Moment später im selben Geschäft auf Eva-Maria gestoßen. Auch sie war dort, um sich ein Kleid zu kaufen. Auch sie mit einem Mann. Nicht ihrem eigenen, natürlich, denn meine Kusine Eva-Maria hat ja gottlob keinen, sie ist geschieden. Es war ein großer Dunkelhaariger mit einer Adlernase. Er tanzte um Eva-Maria herum wie ein Impresario, jagte fünf Verkäuferinnen durch die Gegend, schleppte eigenhändig neue Modelle herbei, begleitete Eva-Maria in die Kabine, um ihr beim Wechseln zu helfen, und gab über jedes Kleid so sachkundig seine Meinung ab, daß ich automatisch annahm, er müßte aus der Branche sein. Ich sah ihn mir besser an. »Und weißt du, Hanna, wer es war? Du wirst es nicht für möglich halten!« Ich nannte ihr den Namen.

Hanna stieß einen spitzen Schrei aus. »Doch nicht der!«

Ich nickte. Doch, genau der. Der geschiedene Mann von Gabi. Jener Gabi, die uns all die Jahre hindurch vorgejammert hatte, wie weh es ihr täte, daß es ihrem Mann vollkommen schnuppe wäre, was sie anhätte. Als sie einmal, um ihn zu provozieren, in einem uralten Babydoll und einem ausrangierten Bademantel auf eine Grillparty fuhr, soll er bloß nach einem kurzen Seitenblick gemurmelt haben: »Neu? Was hat der Fetzen gekostet?«

Ein Typ, vor dem ich meine Tochter warnen würde, wenn sie jemals auf mich hören würde, ist der Mann, dem es egal ist, was er anhat (also grob geschätzt fünfundachtzig Prozent der männlichen Bevölkerung). Er trägt denselben Pullover, bis er auf ihm hängt wie eine Elefantenhaut. Dieselben Jeans, bis er sie in eine Ecke lehnen kann, wo sie von selber stehen bleiben. Sein Unterhemd, bis ihm die Brusthaare durch die Maschen wachsen.

Er war der Junge, dessen Mutter auf die andere Straßenseite wechselte, wenn sie ihn kommen sah. Die ihm nur noch graue Socken von derselben Farbe kaufte, damit es nicht auffiel, wenn er zwei verschiedene anhatte. Er war derjenige, der so lange Turnschuhe trug, bis ihm die Zehennägel abfielen.

Er wird sich weigern, dich zu heiraten, wenn du auf einer Krawatte bestehst.

Beim Anblick einer Hose mit Bügelfalten brechen bei ihm allergische Flecken aus.

Wenn du mit ihm ausgehst, mein armes Kind, wirst du nie was anderes tragen können als Jeans und den Pulli, den du schon deiner Großmutter als Wischlumpen gegeben hast. Wenn du dann damit und in deiner ältesten Jacke erscheinst, um mit ihm einen Waldspaziergang zu machen, wird er in seinem einzigen guten Anzug aufkreuzen und auf deinen erstaunten Blick hin böse sagen: »Was willst du? Du regst dich doch ständig darüber auf, daß ich mich nicht anständig anziehe!«

Glauben Sie mir, ich weiß, von was ich rede. Von dem Moment an, wo mein Mann im Hochzeitsanzug unters Auto kroch, um nachzusehen, warum es Öl verlor, hatten wir mehr Kontroversen über seine Anzieherei als die Supermächte über die Abrüstung.

»Ist dir klar«, klagte ich kürzlich, »was es für eine Frau heißt, ein Paar Strümpfe mit Naht im Schrank zu haben, die sie nie anziehen kann, wenn sie mit ihrem Mann ausgeht?«

»Welche Frau?«

»Ich.«

»Das ist lächerlich. Hab ich je was gegen Strümpfe mit Naht gesagt?«

Ich lachte auf. Er will nicht einsehen, daß es für eine Frau unmöglich ist, sich elegant anzuziehen, wenn der Mann an ihrer Seite daherkommt wie der Heizer eines Walfängers auf Landurlaub.

Das zumindest ist etwas, über das sich meine Urenkelin kaum mehr wird ärgern müssen. Bis dahin kommen die Babys infolge der üblichen Mutation in jeansblauen Hosen auf die Welt, mit einem Flicken zwischen den Oberschenkeln und dem Markenzeichen auf den Hinterbacken.

Zwei Sätze haben mein Erwachsenenleben begleitet. Der eine lautet: »Mach die Tür zu!«, der andere: »Zieh wieder einmal ein frisches Hemd an.«

Mein Mann hat so viele Hemden, daß der Kleiderschrank eine Ausbuchtung davon hat. Er hebt sie alle auf. Auch die von seinem verstorbenen Vater. Zwei davon haben noch Kragen zum Abnehmen. Anziehen jedoch will er nur eines: das mit den achtundzwanzig Knöpfen. Es hat an der Leiste zehn, zwei am Kragenzipfel, zwei auf den Schulterklappen, zwei auf den Ärmelklappen, vier auf den Manschetten und acht auf den Brusttaschen. Durch geschicktes Manövrieren kann er beim An- und Ausziehen seinen Kopf durchzwängen, ohne mehr als zwei aufzumachen. Ich öffne beim Bügeln die restlichen sechsundzwanzig.

Allerdings bräuchte ich das nicht. Denn freiwillig gibt er es nicht her. Sobald ich in meiner Küche riechen kann, wenn er in der Garage aus dem Auto steigt, setze ich ihn unter ein starkes Schlafmittel, zerre ihm gewaltsam das Hemd vom Leib und wasche es, bevor er wieder zu sich kommt.

Als er vor zwei Wochen mit dem Ärmel an einem Nagel hängenblieb, fuhr ich in den Wallfahrtsort und zündete vor der Statue der Muttergottes eine Kerze an. Prompt kam er vorgestern mit einem Stoffding heim, auf dem ›U. S. Air Force‹ steht und das man aufbügeln kann, wenn man einen Riß im Stoff verdecken will. In Zukunft werde ich es mir gut überlegen, wo und wann ich Kerzen anzünde!

Über was ich mir schon die längste Zeit den Kopf zerbreche: Warum gibt es in einer Familie, in der der Mann und die beiden Söhne einen Monat lang dieselben Jeans tragen, Hemd und Unterwäsche einmal in der Woche wechseln und die Hausfrau ohnehin nie aus der Kittelschürze kommt, trotzdem jede Woche einen halben Zentner Bügelwäsche?

Hausarbeit ist Mamas Bier

Wie jeder Mensch habe ich meine guten und meine schlechten Tage. Die zwei guten, die mir alljährlich zustehen, habe ich dieses Jahr leider schon Anfang August aufgebraucht. Damals lag ich mit einem entzündeten Zehennagel im Bett und las die ›Dornenvögel‹. Es war wunderschön. Ich werde diese zwei Tage, an denen ich nur vom Buch aufsah, um mir die Tränen aus den Augen zu wischen, lange nicht vergessen.

Der heutige Tag war einer von den restlichen dreihundertdreiundsechzig. »Hör«, sagte ich zu meiner Kusine Eva-Maria, die auf einen Sprung bei mir vorbeischaute, bevor mein Mann heimkam, »ist es ein Scheidungsgrund, wenn man seinen Schlafanzug vom Balkon wirft?«

»Vom Balkon? Das kommt darauf an. Wenn dein Mann noch drinsteckte, würde ich sagen – ja.«

Ich seufzte. Zugegeben, ich hatte ein-, zweimal vage dran gedacht. Aber wie kriegt man neunzig Kilo widerspenstiges Lebendgewicht übers Balkongeländer?

Wir saßen in meiner Küche bei einer Tasse Kaffee, wobei wir uns schwesterlich den einzigen Keks teilten, den die Kinder nicht gefunden hatten, weil ich das Geschirrtuch darübergeworfen hatte. Draußen vorm Fenster ließen sich ein paar trübselige Flocken aus einem trübseligen Himmel fallen. Es war alles ziemlich deprimierend. Vielleicht lag's aber auch nur am Kaffee. Warum schmeckt mein Kaffee nur immer so, als hätte ich die Wurzeln der afrikanischen Schwarzeiche ausgegraben, sie über Büffelfladenfeuer ausgekocht und den Sud mit Nilwasser verdünnt?

Ich verbesserte ihn mit einem Schuß Kognak. »Kannst du mir verraten, warum ich total durchdrehte, als ich gestern ins Schlafzimmer kam und die ungemachten Betten sah?«

Meine Kusine lächelte hintergründig. »Vermutlich weil es fünf vor Mitternacht war, dein lieber Mann vorm Fernseher schnarchte und deine Beine dir vorkamen, als wären sie mit nassem Sand gefüllt.«

Erbittert legte ich los: »Ich habe dreihundertfünzigmal im Jahr die Betten gemacht, und das fast zwanzig Jahre lang. Wäre es da zuviel verlangt, wenn *er* einmal die Betten machte, ein einziges Mal?«

Eva-Maria erkundigte sich interessiert: »Wieso dreihundertfünfzigmal?«

»Im Urlaub bläst er die Luftmatratzen auf und legt die Schlafsäcke drüber... Ich bin«, erinnerte ich mich verschämt, »auf seiner Unterwäsche herumgetrampelt...«

Eva-Maria nickte. »Typisches Zeichen für ein unbefriedigendes Sexualleben. Seine Unterhosen als verhaßtes Symbol der männlichen Genitalien. Du hast damit deinen Aggressionsstau abgebaut...«

»Schätzchen«, sagte ich müde, »mit dem Aggressionsstau magst du recht haben, aber in dem Fall war's bloß, weil er seine gebrauchten Unterhosen einfach vors Bett fallen läßt. Und dort bleiben sie liegen, bis ich sie aufhebe. Seit zwanzig Jahren bücke ich Idiotin mich nach seinen verdammten Unterhosen, trag sie ins Bad und stopfe sie in den Wäschekorb.«

»Und dann hast du seinen Schlafanzug aus dem Fenster geworfen?« Sie sah mich mit einem Ausdruck an, der an Bewunderung grenzte. So etwas hatte sie mir sichtlich nicht zugetraut.

»Vom Balkon«, murmelte ich. »Die Hosen blieben an der Birke hängen.«

Ehrlich gesagt, ich hatte mich wie eine Irre aufgeführt. Dabei war es eigentlich ein ganz normaler Tag gewesen. Um kein Jota anders als die meisten anderen Tage meines tristen Daseins. Vermutlich lag es daran, daß ich kurz vor meiner Periode stand. Oder an meiner neuen Dauerwelle – ich könnte mir die angebrannten Töpfe über den Kopf stülpen und meine Frisur als Topfkratzer verwenden. Vielleicht war ich auch nur geschwächt von Weihnachten, wo ich die gesamte liebe Familie einschließlich meiner Mutter und meinem Schwager samt seiner schwachsinnigen Frau unter meinem Dach versammelt gehabt hatte.

Eva-Maria sagte mit echtem Mitgefühl: »Du Ärmste! War es wirklich so arg?«

»Arg! Ich kam mir vor wie ein Löwenbändiger in einer gemischten Raubtiergruppe.«

Sie selbst hatte den Weihnachtsabend auf einer verschneiten Hütte im Zillertal verbracht. Mit ihrem Derzeitigen, einem jener hohlwangigen Typen, die aussehen wie die streunenden Kater von Venedig und die anscheinend auf reifere Frauen wie Eva-Maria unwiderstehlich wirken. Vermutlich aktivieren sie deren Mutterinstinkte. Gott, ja, jedem das Seine. Ich schätzte ihn auf fünfzehn Jahre jünger als meine Kusine.

Wahrhaftig, es ist traurig, wie oft im Leben die Guten bestraft und die Sünder belohnt werden.

Eva-Maria hatte an der Seite ihres Liebhabers auf dieser romantischen Hütte ein viergängiges Mahl verdrückt, ohne wie ich vorher einen Truthahn ausnehmen, ihn mit einer Füllung von gerösteter Leber, Petersilie und angeweichten Semmeln ausstopfen und seinen Hinterausgang mit einer Stopfnadel vernähen zu müssen. Sie hatte hübsche Weihnachtslieder unter einem Tannenbäumchen gesungen, im Kreis von lieben Menschen, von denen sie nicht befürchten mußte, daß sie sich, noch während das Knäblein im Stroh lag, an die Gurgel fahren würden. Sie war im Pferdeschlitten mit klingenden Glöckchen und einer Felldecke über den Knien zur Christmette gefahren und hatte sich den Rest der Nacht über mit ihrem jungen Dachs unter einem rotkarierten Federbett gewälzt...

Hier kicherte ich.

Noch zu gut waren mir die Nächte in Erinnerung, die mein Mann und ich auf Hütten verbracht hatten, durch die der Eiswind pfiff, eingemummelt in unsere sämtlichen Kleider, unter groben Decken, die wie Schiefersteine auf uns lasteten. Hätten wir in diesen Eiskellern auch nur eine Hand entblößt, wir hätten amputationsreife Erfrierungen erlitten. Nach der langen, langen Zeit, die er gebraucht hatte, um durch meine vielen Kleiderschichten hindurch zum Wesentlichen vorzudringen, war er zu erschöpft gewesen, um auch nur einen Finger zu heben. Von was anderem ganz zu schweigen. Mit der Wälzerei konnte es also nicht weit hergewesen sein...

»Wir hatten einen Heizstrahler in jedem Zimmer und eine Heizdecke im Bett«, klärte Eva-Maria mich auf. »Es war mollig warm.«

»Ehrlich?« Ich spürte, wie meine Haut sich grünlich färbte.

Eva-Maria nickte. Ehrlich.

»Heizstrahler *und* eine Heizmatte? – Knüpf mir bitte den Strick von der Wäschehänge und zieh den Stuhl unter mir weg, wenn es soweit ist«, flüsterte ich heiser.

Was mir so zusetzte, war gar nicht so sehr die Wälzerei mit dem Jeansbubi unter dem rotkarierten Federbett (diese Seite der zwischenmenschlichen Beziehungen hatte für mich im Laufe der letzten Jahre sehr an Reiz verloren), es waren die Heizmatte im Bett und die vorangegangene Leberreissuppe, der Hirschbraten in Rahmsauce mit Kartoffelknödeln und Preiselbeeren. Ich selber hatte Stunden für den elenden Truthahn verplempert, und beim Essen meinte diese Kuh von Schwägerin, mit Kastanienfüllung wäre er besser!

Keins der Kinder wollte den Geschirrspüler einräumen, weil Heiliger Abend war, an dem man nicht arbeitet.

Mein Mann und meine Mutter sprachen von dem Moment an kein Wort mehr miteinander, in dem sie seinen *rebutia senilis* auswickelte, was ein bißchen kleinlich war, denn es war ein wirklich süßer kleiner Kaktus mit silbergrauem Bärtchen und hübschen roten Blüten.

Mein Schwager rechnete uns vor, wieviel er in diesem Jahr aus diversen Versicherungen herausgeholt hatte.

Und obendrein regnete es.

Nachdem sich Eva-Maria mein Lamento angehört hatte, sagte sie entschlossen: »Du mußt aus dem Haus! Hör zu, bei uns im Büro geht eine aus der Registratur in Mutterschaftsurlaub. Ich melde dich an. Komm morgen vorbei, dich vorstellen.«

Ich schüttelte mein Kraushaarköpfchen. »Morgen! Das geht nicht. Morgen enteise ich den Gefrierschrank.«

Meine Kusine verdrehte die Augen. »Den ganzen Tag?«

»Meine einzige Strumpfhose ohne Laufmaschen ist in der Wäsche.«

»Unsinn! – Also morgen.«

»Wie stellst du dir das vor?« jammerte ich. »Ich bin vollkommen aus der Übung. Weißt du überhaupt, daß das einzige, was ich in den letzten zwölf Jahren geschrieben habe, Entschuldigungszettel waren? Mein Sprachschatz hat sich auf dreißig Wörter reformiert.«

»Reduziert, Mädchen, reduziert ... Das kommt schon wieder.«

»Zum Addieren nehme ich die Finger. Wenn es über zehn hinausgeht, muß ich mir die Schuhe ausziehen.«

»Wir haben Rechenmaschinen.«

»Ehrlich, ich bin total weg vom Fenster. Vorgestern beim Turnen unterhielten sich zwei über Feedback. Ich brauchte zwanzig Minuten, bis ich dahinterkam, daß es sich nicht um ein neues Hundefutter handelt.«

»Na und? Weht jetzt daheim ein anderer Wind?« erkundigte sich Eva-Maria ein paar Tage später, als wir uns im Büro zufällig beim Kopierer trafen.

Ich ließ mich erschöpft auf einen Stapel Kopierpapier plumpsen. »Ja. Seit ich arbeiten gehe, putze und koche ich am Abend.«

»Und dein Mann? Deine Kinder?«

»Die? Machst du Witze? Ich bin für sie nichts weiter als eine Küchenmaschine auf zwei Beinen.«

»Natürlich. Sie sind es ja nicht anders gewöhnt.«

»Eine kostenlose Putzfrau.«

»Was sonst? Du erwartest doch nicht, daß sie dir neuerdings Stundenlohn zahlen?«

»Wenn ich ihnen mitteilen wollte, daß ich nur noch zwei Monate zu leben hätte, müßte ich einen Stromausfall abwarten, damit sie mir überhaupt zuhören!« Ob *sie* vielleicht sagen könnte, wer schuld an der ganzen Misere wäre?

Eva-Maria überlegte keine Sekunde. »Die Männer, natürlich.«

»Ja, ja, schon ...«, murmelte ich zaghaft. »Aber nur sie allein?«

»Du machst mir Spaß! Wer sonst? Das Familienministerium vielleicht? Wir selber? Der liebe Gott?«

Den Kopf schüttelnd, meinte ich, nein, der auch nicht. Hätte er gewollt, daß wir Frauen kochen, abwaschen, flicken und den Müll nach dem Kaffeefilter durchwühlen, während der Rest der Familie fernsieht, hätte er uns anders konstruiert.

»Ach ja?«

»Ja«, sagte ich fest. »Er hätte dann nicht eine Rippe von Adam genommen, sondern die von einem ostfriesischen Ackergaul.« Da er das nicht getan hat, fuhr ich fort, während ich fasziniert zusah, wie der Kopierer seine Blättchen ausspuckte, muß er ursprünglich was anderes mit unserem Geschlecht vorgehabt haben. Was viel, viel Netteres. Aber dann ist in der Entwicklung was schiefgelaufen. Irgendwo wurde eine Weiche falsch gestellt, Frauchen bog vom richtigen Gleis ab und raste geradewegs auf den Waschzuber zu.

»Hör mal, was hast du dir von der Ehe erwartet? Bussi-Bussi, bis daß der Tod euch scheidet?«

»Ja«, gab ich zu. »Du nicht?«

»Doch. Genau bis zu dem Moment, wo ich einundzwanzig gebrauchte Socken unter seinem Bett hervorkehrte.«

Ich seufzte neidisch. Warum konnte ich nicht so sein wie sie? Eine Frau mit der Krampfadernoperation und der Ehe hinter sich und der einzigen Tochter im Internat. Wenn ich ihr Leben mit dem meinen verglich, überfiel mich der nahezu unwiderstehliche Zwang, meiner Familie einen Topf Gulasch vorzukochen und mich nach Afrika abzusetzen, um endlich einmal was Sinnvolles zu tun.

Es hätte mich immer schon gereizt, das Familienleben der Hyänenhunde zu studieren.

»Also, ich würde auch lieber als Hilfsschwester in eine Leprastation gehen, als noch einmal zu heiraten«, meinte Eva-Maria.

»Wenn es soweit ist, nimm mich mit!« seufzte ich. Ich sagte ihr auch, warum: »Ich habe mein derzeitiges Leben satt bis obenhin.«

»Dann ändere es doch. Warum läßt du dich nicht endlich scheiden?«

»Weil ich für die Rente zu jung bin, für Alimente nicht gut genug verheiratet und zum Putzengehen zu faul.«

»Du hast doch jetzt eine Stelle, oder?«

Da brach ich hemmungslos in Tränen aus. Schluchzend erzählte ich, was an diesem Tag im Büro passiert war: Mein Chef hatte mich gefragt, wie lange es dauere, ein Kind auszutragen. Ich, völlig perplex, hatte gemurmelt: »Neun Monate, wieso?« Woraufhin er gemurmelt hatte: »Also doch noch. Ich hoffte, es ginge inzwischen vielleicht schneller.« Damit habe er doch wohl kaum gemeint, ich kriegte am nächsten Ersten eine Gehaltsaufbesserung, klagte ich Eva-Maria, noch immer leise vor mich hinschluchzend.

Wie kann eine Frau es im Beruf auch zu was bringen, wenn sie Listen mit Überschriften wie ›Speisezettel für diese Woche‹ und ›Einkaufen heute‹ auf der Rückseite von Sitzungsprotokollen schreibt? Welcher Chef hält schon was von einer Angestellten, die Punkt fünf aus dem Büro schießt wie ein aus der Startbox abgelassener Gaul?

Ich schoß Punkt fünf aus dem Büro wie ein aus der Startbox abgelassener Gaul, zwischen den Zähnen die Einkaufsliste, unter der einen Achsel ein Paar reparaturbedürftige Stiefel, unter der anderen einen Klumpen Plastiktaschen. Dabei murmelte ich vor mich hin: Trudchen, du hast genau fünfundzwanzig Minuten dreißig Sekunden, bevor er dich abholt. Also tummle dich. Du weißt, *er* wartet nicht gern. Er wird beim Warten leicht sauer. Und wenn er sauer ist, dann sieht er aus wie einer, dem man die neuen Winterreifen aufgeschlitzt hat.

Ein Gedanke überfiel mich blitzartig. Warum die Reifen *seines* Autos? Warum ist es nicht auch deines? Ja, warum nicht? – Was für eine Frage, du weißt genau, warum nicht, Mütterchen. Denkst du wirklich, er würde dir sein kostbares Töfftöff leihen, dir, die schon mit dem Einkaufswagen im Supermarkt Schwierigkeiten hat? Vergiß es. Autofahren ist ungesund. Autofahren ist umweltschädlich. Es verdirbt den Charakter, und du kriegst Bandscheibenschäden davon. Wenn du jetzt ein Auto hättest, müßtest du einen Parkplatz suchen. Sei froh, daß du zwei gesunde Beine hast.

Ich rannte auf meinen zwei gesunden Beinen zu meinem ›Freundlichen Schuhschnellservicedienst‹ und von dort zum Metzger und vom Metzger in die Bäckerei und von der Bäckerei in den Supermarkt.

Heiliger Strohsack, an dem Tag, an dem sie dort umstellen, kann ich mich erschießen! Meinen Zeitplan kann ich nur einhalten, wenn ich blind weiß, wo die Spaghetti liegen – ganz unten im mittleren Gestell neben den breiten Suppennudeln. Ich sause hin, schnappe mir die Spaghetti und halte etwas in meinem zittrigen Händchen, das sich anfühlt wie Tubenmayonnaise. Es *ist* Tubenmayonnaise... Richtig, Trudchen, der Zeitpunkt ist da, dir die Pistole an die Schläfe zu halten. Es würde dir auch nichts nützen, mit dem Kopf gegen die Wand zu schlagen. Sie *haben* nun einmal umgestellt. Die Marotte eines schwachsinnigen Verkaufsleiters, der keine Ahnung hat von Tuten und Blasen, weil *er* noch nie nach Büroschluß eingekauft hat, kostete mich geschlagene zwölf Minuten.

Womöglich ist mein Mann in der Zwischenzeit heimgefahren. Und wenn nicht, dann kann ich mir lebhaft vorstellen, wie er jetzt aussieht, wartend, mit den Fingern aufs Lenkrad trommelnd: wie jemand, dem man nicht nur die neuen Winterreifen aufgeschlitzt, sondern dem man auch noch mit einem Nagel über die Kühlerhaube geritzt hat.

Stimmt. So sah er aus.

Ich warf das Zeug auf den Rücksitz. Er blickte mit schmerzlich gerunzelten Brauen auf die Armbanduhr.

»Schon hier?« sagte er.

Woraufhin ich die Einkaufsliste aus den Zähnen nahm und ihm freimütig meine Meinung über Ehemänner kundtat.

Danach war er ernstlich böse. Und wenn er böse ist, läßt er das an seinem Auto aus. Dann fährt er, daß mein Haar ergraut, mein Herz zu einem Eisklumpen erstarrt und ich mir wünsche, meine Mutter wäre zumindest zehn Monate vor meiner Geburt in den Orden der Barmherzigen Schwestern eingetreten.

Was halten *Sie* von jenem männlichen Geschöpf, das mit einem Suppenteller in der einen und einem Geschirrtuch in der anderen Hand ratlos durch die Wohnung wandert, vagen Blicks Schranktüren öffnet, Schubladen aufzieht und sogar in die Besenkammer stiert auf der Suche nach dem Platz für die Suppenteller? Jenen Suppentellern, die seit zwanzig Jahren am selben Fleck stehen? Was mich betrifft, so pflege ich mich bei solchen Anlässen mit dem juristischen Ratgeber ›Das Recht im eigenen Heim‹ auf dem Klo einzuschließen und nachzublättern, wieviel auf Totschlag im Affekt steht.

Mach dir doch nichts vor, Mütterchen, trotz aller schönen Gesetze, die Ehemänner neuerdings zur Hilfe im Haushalt verdonnern, erfolgt eine solche südlich der Linie Rhein–Donau immer noch vorwiegend auf freiwilliger Basis. Sie ist die Belohnung dafür, daß du gestern gut, lieb und brav warst, beziehungsweise der Vorschuß darauf, daß du auch morgen gut, lieb und brav sein wirst.

Hilft er dir weder aus dem einen noch aus dem anderen Grund, dann schau in den Spiegel, mein Mädchen. Ähnelst du einem jener Gesichter, wie du sie im Fernsehen zu sehen kriegst, wenn sie im Leichenschauhaus das Tuch wegziehen, dann hast du einen plausiblen Grund für seine freiwillige Hilfe. Ist es auch das nicht, laß ihn beschatten. Einer Umfrage des Statistischen Zentralamtes zufolge sind Ehemänner in Familien mit einem Kind zu siebzig Prozent bereit, im Haushalt mitzuhelfen. Bei zwei Kindern sinkt ihr Anteil auf dreißig Prozent, bei drei Kindern auf nullkommanullein Prozent, wobei der Nullkommanulleinte ein gewisser Hermann Ruppinger aus Wiesenburg ist, der seit zwei Monaten eine heimliche Affäre mit der Zahnarzthelferin hat und jetzt daheim beim Geschirrabtrocknen seine Schuldkomplexe abzubauen versucht.

Kürzlich brachten wir im Büro das Thema ›Wobei helfen Ehemänner daheim freiwillig?‹ aufs Tapet. (Wir sprechen selten darüber. Nicht öfter als zwanzig- bis dreißigmal am Tag.) »Meiner wäscht das Auto«, sagte ich.

Sehnsucht verschleierte mein Auge. Ich mußte daran denken, wie mein Mann mit einem in wohlriechende Essenzen getunkten Tüchlein sanft über die lackierten Rundungen strich... Wie er seinem Liebling mit einem kuschelweichen feuchten Läppchen sorgfältig die Äuglein blankwusch...

Eine meiner Kolleginnen riet mir, mir ein Lenkrad vor den Bauch zu binden und die Kniekehlen mit Super-Bleifrei zu betupfen. Aber ehrlich gesagt, ich bezweifle, ob er sich dadurch länger als dreißig Sekunden lang würde täuschen lassen. Dazu schauen die Männer ihre Autos viel zu genau an.

Wer ist dran? – Ich nicht!
Ich war's gestern!

Sofort nach dem ersten Schrei meines erstgeborenen Sohnes und nachdem ich mich kurz von seinem Geschlecht und der Vollzähligkeit seiner Gliedmaßen überzeugt hatte, tat ich folgenden feierlichen Schwur: Dich, mein Sohn, will ich zu einem modernen, emanzipierten, zu echter Partnerschaft fähigen Mann erziehen, so wahr mir Gott helfe!

Ich muß sagen, vorerst ließ sich die Sache vielversprechend an. Sobald Mamas kleines Mausiputzi kriechen konnte, räumten die kleinen Händchen eigenhändig die Spielklötzchen in die Schachtel ein. Mit drei rührten selbige süßen kleinen Händchen fleißig Kuchenteig. Mit fünf häkelten sie eine Schnur aus Wollresten, die um den Küchentisch herumreichte. Ich erwog ernsthaft, mit diesem Wunderknaben auf Tournee zu gehen. Aber dann geschah es: Kaum waren die kleinen Händchen groß genug, um einen Abwaschschwamm zu halten, da versiegte der Strom der Hilfsbereitschaft so plötzlich wie das Wasser des Flusses Darling in der zentralaustralischen Wüste.

»Warum bloß?« seufzte Hanna, als es immer offenkundiger wurde, daß wir trotz aller heiligen Schwüre eine Horde Faulpelze aufzogen. Hanna ist übrigens die einzige meiner Freundinnen, die mir erhalten geblieben ist. Aber nur, weil sie es in drei Doppelstunden Yoga bis zum Kopfstand – gegen den Küchenschrank – und damit verbunden zu einem fabelhaften Wurstigkeitsgefühl gebracht hat, das es ihr ermöglicht, gelassen hinzunehmen, wenn mein Mann in ihrer Gegenwart unschöne Bemerkungen fallenläßt wie etwa: »Was tut denn die schon wieder hier?«

»Frag mich nicht!« seufzte ich. »Ich weiß nur soviel: Ein Sechzehnjähriger wird vor dem Frühstück einen Sprint auf den nächsten Dreitausender machen, um sich fit zu halten, aber wenn man ihn bittet, eine Gabel zu bringen, muß er sich zwischen Besteckschublade und Tisch auf der Couch von einem akuten Schwächeanfall erholen.«

Als ich selbst wieder einmal von all der Schinderei so erschöpft war, daß mir auf dem Weg zum Mund der Löffel aus der Hand fiel, sagte ich mir: Trude (ich gebrauche manchmal meinen Namen, um ihn mir in Erinnerung zu rufen), Trude, sagte ich mir, das muß sich ändern. Du mußt wenigstens die Kinder soweit bringen, daß sie dir helfen.

»Und, ist es dir gelungen?« erkundigte sich die Bekannte, mit der ich mich über das Thema unterhielt.

Ich nickte.

Ihre Augen flackerten, ihr Atem ging stoßweise. »Wie? Sag mir schnell, wie?« keuchte sie.

Kühl zuckte ich die Achseln. »Nun, man muß den Haushalt auf eine gesunde geschäftliche Basis stellen, das ist alles.«

Ihre Nägel krallten sich in meinen Arm. »Red nicht so geschwollen. Spuck's schon aus.«

Ich klärte sie auf: Als Generalunternehmer vergab ich lukrative Aufträge an meine Subunternehmer. Ein Eis fürs Saugen eines Zimmers, ein Kaugummi die Katze füttern, Wohnzimmer abstauben ein Matchboxauto.

»Fabelhaft. Hört sich wirklich gut an. Aber ... aber glaubst du, daß es erzieherisch ... ich meine, ist so was auch richtig?«

»Keine Ahnung. Und wenn schon. Jedenfalls hielt es mich damals davon ab, mit dem nächsten Mormonen, der an meine Tür klopfte, um mich zu bekehren, nach Salt Lake City durchzubrennen.«

»Dieses System, funktioniert es immer noch?«

»Irgendwann hörten wir wieder damit auf.«

Meine Bekannte schien ehrlich enttäuscht. »Warum?«

Ich konnte es ihr nicht sagen. Ich hatte es vergessen. Wahrscheinlich bin ich in Konkurs gegangen.

Ich bin die letzte, die abstreiten würde, daß der Weg meiner Kinder vom Zahnen bis hin zu dem Moment, wo sich ihre Finger erstmals um den eigenen Mopedschlüssel krampfen, nicht oftmals ein beschwerlicher wäre. Wirklich, niemand kann mehr Verständnis aufbringen als ich. Habe ich Engel nicht eigenhändig ein in Wut zerfetztes Zeugnis aus dem Klosett gefischt, die einzelnen Teile mit dem Haarfön getrocknet, sie unter Zeitungspapier gebügelt und mit derselben Sorgfalt zusammengeklebt, die ein Archäologe auf die Restaurierung einer etruskischen Vase verwenden würde?

Aber eines möchte ich, bei allem Verständnis, trotzdem gern wissen. Warum ist es ihnen auf ihrem Weg vom Zahnen zum Mopedschlüssel einfach unmöglich, einen Klodeckel zu schließen? Ein Geschirrtuch in die Hand zu nehmen (außer, um damit Fliegen zu erschlagen) und einen Kochlöffel nur dann, wenn sie damit die Reste ihres Mittagessens den Ausguß hinunterstopfen wollen? Warum, o Herr, habe ich eine Tochter, die für die Zubereitung einer Beutelsuppe den Rat der Briefkastentante braucht? Warum muß ich, wenn fürs Abendessen ein paar lumpige Kartoffeln zu kochen sind, eine Abhandlung von der Länge und minuziösen Genauigkeit einer Dissertation auf den Brotkasten kleben?

Reg dich ab, Mütterchen, immerhin haben sie schon mal mit der Schälerei angefangen. Oder zumindest mit der Diskussion darüber, wer anfängt...

»Scheiße!« sagt gerade deine seidenhaarige, goldblonde Tochter, die genauso aussieht, wie man sich die Prinzessinnen vorstellte in einer Zeit, in der noch nicht wissenschaftlich erwiesen war, daß Farbe und Beschaffenheit des Kopfhaares keinerlei Rückschlüsse auf den Charakter zulassen. »Ich hab mir gerade die Nägel lackiert!« Und zum sechzehnjährigen Bruder: »Du bist dran!«

Der, die Katze kraulend, mault: »Kommt nicht in die Tube. Wer hat den Dreckeimer rausgetragen?« Hin zum Jüngsten: »Der ist dran.«

Mit philosophischem Gleichmut klaubt sich dein Herzpinkelchen eine Zigarette aus einer zerknautschten Packung zwischen Bauch und Unterhemd und macht sich, genüßlich paffend, über die Kartoffeln her.

Er ist nicht der Schnellste, nein, bei Gott nicht. Müßtest du ihm Stundenlohn zahlen, kämen dich die Kartoffeln teurer als eine komplette Gesichtspackung einschließlich Tiefenreinigung und einer Maske vom Honig der Bienenkönigin. Er bewegt sich im selben Tempo, in dem die Sonne über den Himmel kriecht. Du kannst ihm nie zusehen, ohne das Parkinsonsche Zittern zu kriegen.

Aber du brauchst ihm ja nicht zuzusehen, Mütterchen, denn du bist nicht daheim.

Noch nicht.

Noch sitzt du im Auto neben einem Irren, der mit aller Gewalt versucht, euch beide zwischen zwei Sattelschleppern umzubringen. Aber auch in dieser, deiner vorletzten Sekunde siehst du genau, was sich zu Hause abspielt.

Wenn dein Sonnyboy seinen Anteil von vier Kartöffelchen geschält hat, brüllt er mit ungewohntem Elan hin zur Couch, auf dem sich sein Bruder, immer noch katzenkraulend, räkelt: »Mensch, mach dich, wenn sie heimkommt, kriegt sie einen Anfall!« Sie, das bist du. (Gewiß, Mütterchen, irgendwann einmal hattest du auch einen Vornamen. Vielleicht – ich sage vielleicht – erinnert sich einer daran, wenn es dereinst an der Zeit ist, ihn auf den Grabstein meißeln zu lassen.)

Der Knabe auf der Couch bewegt sich erst, als eine schlecht gezielte Kartoffel den auf seinem Bauch schlummernden, sanft schnarchenden Kater trifft. Der flüchtet mit Wehgeschrei unter die Eckbank. Auch die Kartoffel landet dort. Und deine Tochter kriecht fluchend hinterher, um sie zu suchen.

Nicht, daß sie sich normalerweise um eine lumpige Kartoffel sorgen würde. Von ihr aus könnte die in einer dunklen Ecke liegenbleiben, bis sie treibt und Würmer aus ihr kriechen.

Aber diese eine war schon geschält. Und *sie* (du, Mütterchen, du) müßte jeden Moment heimkommen mit ihrer üblichen blöden Hektik und ihrem sinnlosen Gezeter.

Du kommst heim. Und haßerfüllt starrst du auf die Kartoffeln, die nicht, wie du gehofft hast, im Topfe brodeln, sondern auf einem erdigen Schalenhaufen liegen und aus hundert schwarzen Augen zurückstarren.

»Das hier«, zeterst du, anklagend, auf eines dieser Augen weisend, »ist ein Auge! Ein Auge in der Kartoffel hat nicht die Aufgabe, etwas zu betrachten, zum Beispiel diesen verdammten Saustall hier, denn es ist blind. Es ist zu nichts nütze, und deshalb sticht man es aus!«

»*Das*«, sagt deine Tochter vorwurfsvoll, »hast du uns nicht aufgeschrieben.«

In stummer Verbitterung schmeißt du die Kartoffeln in den Dampftopf und weißt jetzt schon, wie das Püree sein wird: zäh wie

Leim. Im Becken häuft sich das Geschirr vom Frühstück, im Geschirrspüler steht das Geschirr von gestern abend.

»Wer ist heute dran?« erkundigst du dich, wobei du die Antwort im voraus kennst: »Ich nicht! Ich war's gestern!«

Nicht wahr, Mütterchen, hättest du das vorausgesehen, du hättest dich nach dem ersten Kind mit einem Schlafsack und einer Tränengaspistole im Abstellraum verbarrikadiert. Aber nein, damals wolltest du ja unbedingt jemanden haben, der die Strampelhosen auftrug!

Du wäschst den Salat, fütterst das liebe Katerchen, schneidest die Zwiebeln, läßt das Katerchen hinaus, kochst eine Suppe, zerstampfst die Kartoffeln zu Mus, läßt das Katerchen wieder herein, tauchst die Leberschnitzel in Mehl, läufst dem verdammten Katzenvieh und einem Leberschnitzel nach und hältst zwischendurch folgenden bitteren Monolog:

»Da hab ich in diesem Haus vier Menschen im Vollbesitz ihrer geistigen und körperlichen Kräfte, und was tun sie? Streicheln den Kater und warten darauf, daß ich heimkomme und sie bediene. Wenn einer von ihnen auch nur einen Teller vom Tisch zum Abwasch trägt, verlangt er dafür den Großen Verdienstorden. Ich habe die Nase voll. Mir reicht's, hört ihr! Mir hängt das Ganze zum Hals heraus, hört ihr, zum Hals heraus!«

Doch nein, es hört dich niemand. Deine Brut hat sich inzwischen verkrümelt und an einem sicheren Ort versteckt. Und ihr Vater schläft auf der Couch, mit dem Kater auf dem Bauch. *Noch* schläft er. Aus Erfahrung jedoch weißt du: Er wird schlafen bis zwei Minuten vor dem Essen, dann wird er sich in Luft auflösen. Keiner weiß dann, wo er ist. Im Haus nicht. In der Garage auch nicht. Vielleicht ist er im Wald und beobachtet die brunftenden Hirsche.

Vielleicht ist er aber auch nur auf einen Sprung nach Amerika gefahren.

Wie dem auch sei und wo er auch sei: Stell ihm inzwischen sein Essen warm, du liebes, gutes, braves Mütterchen...

Das Essen ist fertig.
Verdammt, wo seid ihr?

Gestern beim Einkaufen stieß ich vor dem Reformgeschäft auf meine ehemalige Schulkollegin Elsa Tüchtig. Sie schleppte einen Korb am Arm, nicht viel kleiner, als ihn die Bergbauern zum Einbringen des Heus verwenden. Im Korb lag ein halber Zentner an gesundem Zeug: Körnerfutter, Sojagranulat, Distelöl, ein paar Kilo Möhren – bio, natürlich, was ich sofort daran erkannte, daß der halbe Acker noch auf ihnen klebte. Obendrauf saß eine süße kleine Blattlaus (gratis mitgeliefert als Markenzeichen für garantiert Ungespritztes).

»Schrecklich teuer!« klagte Elsa, als sie bemerkte, wie ich fasziniert auf die Blattlaus starrte. »Aber was tut man nicht alles für seine Gesundheit!«

»Kaufe ich nie«, gestand ich und versuchte, drei Dosen Ölsardinen unter einem Beutel Tiefkühlerbsen zu verstecken. Völlig für die Katz, natürlich. Elsas zeitkritischer Blick hätte eine Dose Sardinen auch dann entdeckt, wenn ich sie, in Beton eingegossen, bei Gibraltar ins Meer versenkt hätte. Ihr Lächeln sprach Bände. (Also ehrlich, sie war nie meine Busenfreundin. Elsa ist eine von denen, die daheim weiße Kittelschürzen tragen und ihre Kinder nach Zecken absuchen, wenn sie im Park spielen waren.)

»Ach nein? Tatsächlich, kaufst du nicht? Solltest du aber. Eine biologisch vollwertige, vitaminreiche Kost mit genügend Ballaststoffen, Mineralien, Spurenelementen, darauf kann man doch heute wirklich nicht mehr verzichten. Gerade du als Mutter von drei Kindern.«

»Eben deshalb«, unterbrach ich sie und machte mich schleunigst aus dem Staub. Ich konnte nämlich ihre nächste Frage im voraus riechen: »Auf was legst denn *du* Wert beim Kochen?«

Und wirklich, man könnte mich teeren, federn und mir die Fingernägel abziehen, ich wüßte darauf nur eine einzige Antwort, nämlich: »Kann man es aufwärmen?«

Nach dem Schuleintritt des zweiten Kindes hörte ich auf, mir über alle anderen ernährungswissenschaftlichen Erkenntnisse den Kopf zu zerbrechen.

Klare Suppe steht auf meiner Beliebtheitsskala ganz oben, Milchgrieß ganz unten. Kohlröllchen sind mittel. Sie klettern nach oben mit Tomatensoße und rutschen weit nach unten mit Kartoffelpüree.

Vor kurzem habe ich ein Kotelett und Sauerkraut aufgewärmt von Freitag abend bis Samstag nachmittag um fünf.

»Und welche Ausrede hatte er?« erkundigte sich Hanna.

»Welche Ausrede?« Ich dachte scharf nach. »Ah, ja! Er hat behauptet, man hätte ihn irrtümlich in einem Abstellraum eingeschlossen, und er mußte sich mit Hilfe eines Kleiderhakens und einer Wäscheklammer einen Weg ins Freie graben.«

Hanna pfiff anerkennend. »Nicht schlecht. Alles, was meinen einfällt, ist, sie hätten keine Uhr bei sich gehabt.«

Die originellste Ausrede, die ich diesbezüglich hörte, stammt von meiner Bekannten Gerda. Ihr Sohn hat behauptet, er wäre nur deshalb zu spät gekommen, weil ein unbekanntes, tellerförmiges, stark leuchtendes Objekt ihn überflogen und durch geheimnisvolle Ausstrahlung gezwungen hatte, zwei Stunden reglos am selben Fleck zu verharren.

»Wetten, dieser Fleck ist rein zufällig eine Theke gewesen!« sagte ich aufgebracht. »Jeder Mumpitz ist ihnen wichtiger, als pünktlich zu einem Essen zu erscheinen, für das eine Frau sich zwei Stunden an den Herd gestellt, einen Fingernagel abgesäbelt, im Fernsehen einen Film mit Shirley MacLaine versäumt und ein Kilo beim Probieren zugenommen hat.«

»Wem sagst du das! Ich frage mich, wie sie das früher machten, als sie sonntags für zwölf Leute kochten und alle kamen und alle zur selben Zeit! Unser letztes gemeinsames Essen hatten wir am zwölften September.«

»Welcher Geburtstag?« fragte ich automatisch.

»Keiner. Italien gegen Spanien im Fernsehen ... Ich wollte einmal einen Anschlag auf der Küchentür anbringen ...«

»Welchen?« fragte ich begierig.

»Das hier ist ein Ein-Mann-Familienbetrieb und keine Bahnhofsrestauration. Warme Küche ausnahmslos zwischen 12 und 14 Uhr.«

»Und? Hat's geholfen?«

Hanna seufzte. »Ich habe ihn nie geschrieben. Ich konnte im Moment wieder einmal keinen Kugelschreiber finden.«

Ich nickte. Das alte Lied. Warum Mütter nicht reihenweise in Irrenhäusern landen, wo sie, ihr Hab und Gut in Tragtaschen mit sich schleppend, durch die Gänge irren und kreischen: »Diese Schere kriegt ihr nicht! Ich hatte sechs in zwei Jahren, und das ist meine letzte!« – das ist eins der ungelösten Rätsel der menschlichen Natur. Wenn du sicher sein willst, einen Gummiring in der nächsten Einweckperiode wiederzufinden, Mütterchen, trage ihn bis dahin ums Handgelenk. Dein allerletztes Staubtuch binde dir um den Bauch und steck es mit einer Sicherheitsnadel am Nabel fest, sonst nehmen sie auch das noch zum Fahrradputzen. Häng dir einen mit Sicherheitsschloß versehenen Beutel um den Hals und trage darin deine kostbarsten Besitztümer – einen Kugelschreiber, der schreibt, das letzte Messer, das noch schneidet, und den Bleistiftspitzer, mit dem du deinen Augenbrauenstift schärfst.

Schon bevor ich Mutter wurde, gab es etliches im Leben, das mir schleierhaft war. Ich habe zum Beispiel nie kapiert, wie meine Stimme in Nullkommanichts durch ein fünfhundert Kilometer langes Telefonkabel sausen kann. Aber jetzt, seit ich Kinder habe, häufen sich die Dinge, die über meinen Horizont gehen. Ein schwacher Trost ist mir nur, daß es den anderen Müttern nicht viel besser geht. Keine konnte mir zum Beispiel sagen, warum Kinder, die im Gasthaus ohne die geringsten Beschwerden in Schmieröl gebackene Schnitzel vertragen, daheim von aufgewärmter Haferflockensuppe Sodbrennen, ein aufgeschlagenes Knie und schlechte Noten in den nächsten drei Klassenarbeiten bekommen.
»Meine Inge«, klagte Hanna, während sie von einem Schweineschnitzel ein Atömchen Fett wegfutzelte, »kriegt von fettem Fleisch Durchfall. Aber Rollmops mit Marmorkuchen, das verträgt sie. Verstehst du das?«
Den Kopf schüttelnd, meinte ich, seit man uns mit der Schreckensnachricht verunsichert hat, Spinat könnte bei kleinen Kindern zu Vergiftungserscheinungen führen und sie täten recht daran, einem das Zeug ins Gesicht zu spucken, hielte ich auf dem Gebiet alles für möglich.
Nicht nur auf dem Gebiet. Auch sonst. Zum Beispiel, daß ich demnächst auf und davon laufen und meine unmögliche Brut und

deren noch unmöglicheren Erzeuger ihrem Schicksal überlassen könnte.

»Hat es wieder Ärger gegeben?« fragte Hanna.

»Er hat's schon wieder getan!« stieß ich hervor. »Eine Dreiviertelstunde, und das bei Leber!«

Dank unseres täglichen Gedankenaustausches wußte Hanna ohne lange Erklärungen Bescheid: Mein Mann war schon wieder einmal zu spät zum Essen gekommen. Und was mich am meisten auf die Palme gebracht hatte: ohne die allerkleinste, allerblödeste Ausrede. Keinen Hund, der vor seiner Nase überfahren worden war und an dem er Wiederbelebungsversuche zu machen hatte. Keinen Nachbarn, der ihn gebeten hatte, eine Latte zu halten, während er einen Nagel einschlug. Nicht einmal eine stehengebliebene Uhr. Nichts. Er war einfach zur Tür hereinspaziert, heiter ein Liedchen pfeifend, hatte sich vor den leeren Teller gesetzt und vertrauensvoll darauf gewartet, daß sein braves Frauchen diesen füllen würde.

Aber diesmal hatte sein braves Frauchen nichts dergleichen getan. Und es entspann sich folgender Dialog:

Er (nach einer Weile): »Krieg ich heute nichts?«

Ich (eiskalt): »Auf dem Herd steht's.«

Er (vollkommen verdattert): »Ich muß es mir selber holen?«

Ich (heldenhaft, wenn auch mit Magenflattern, denn das war eindeutig Meuterei): »So ist es.«

Er (aufspringend): »In dem Fall verzichte ich auf den Fraß. Danke sehr!«

Ich: »Bitte sehr!«

Bums. Die Tür knallte hinter dem Mann zu, den ich einst aus purer Liebe geheiratet hatte. Leise rieselte ein Stück Verputz von der Wand. Der Kater schoß entsetzt unter die Eckbank. Mein Magengeschwür gebar ein Junges.

Mein Mann blieb fünf Minuten draußen. Dann kam er wieder. Stolzierte an mir vorbei zum Herd. Klatschte sich wortlos Püree auf den Teller und haute sich die Zwiebelringe und die Leber obendrauf, die inzwischen so hart geworden war, daß er sie sich auf seine Wollsocken nageln und die als Hüttenschuhe hätte verwenden können. Bei allen Fehlern, die er hat, heikel war er nie.

»Hat er auch keinen Grund. Dafür kochst du zu gut!« sagte Hanna mit jenem Grad gerechter Empörung, den man von einer wahren Freundin erwarten kann. In ihrer nächsten Nähe hat sich übrigens eine schreckliche Tragödie ereignet: Eine ihrer Nachbarinnen, eine ansonsten ganz vernünftige Frau, hat die Gabel nach ihrem Mann geworfen, nachdem er sie mit dem Essen zwei Stunden warten ließ und sich dann darüber beklagte, daß das Fleisch hart wäre und die Knödel schmeckten wie Wasserleichen. Die Gabel verletzte ihn unglücklicherweise am linken Auge, woraufhin der Mann seine Frau verklagte. Und was sagte man – seiner Klage wurde stattgegeben. Von einem männlichen Richter natürlich. Eine Richterin hätte zweifellos einen Freispruch gefällt. Sie hätte gewußt, wie einer Frau zumute ist, die zusehen muß, wie sich das Rindsfilet in doppeltgegerbtes Schuhleder verwandelt.

Wenn Mami die schwarzen Blattern hat, heißt das, daß sie heute nichts kocht?

Wenn von zwei Frauen die eine sich fragt: »Was mache ich, wenn ich ernstlich krank werde?« und die andere: »Was machen *sie*, wenn ich ernstlich krank werde?«, dann dürfen Sie dreimal raten, welche die mit dem Mann und den vier Kindern ist.

In den zehn Minuten, die das Fieber braucht, um von vierzig auf einundvierzig zu klettern, fallen ihr zwei Dutzend Dinge ein, die niemand weiß außer ihr, und noch einmal so viele Dinge, die niemand findet außer ihr.

Wenn ihr euer Mütterchen liebt und wollt, daß es sich bald wieder gesund aus dem Krankenhausbett erhebt und für euch kocht und bügelt, dann seid nett zu ihm:

Habt ihr eure Jeans zusammen mit der einzigen guten Seidenbluse eurer Mutter gewaschen, und das auf neunzig Grad – sagt es ihr lieber nicht.

Habt ihr mit dem Dampfbügeleisen Skiwachs aufgetragen – sagt es ihr nicht.

Steht unterm Tiefkühlschrank eine Lache, weil einer von euch mit dem Lötkolben Würstchen gebraten hat, woraufhin alle Lichter ausgingen – sagt es ihr nicht.

Sucht einer von euch nach zwei Wochen zum erstenmal seine Zahnbürste und findet sie nicht – fragt bitte jemand anders danach.

Glaubt mir, sie will auch nicht so genau wissen, wie die Katze ausgesehen hat, als sie unterm Bett wieder hervorkam.

Und vor allem: Wenn ihr der Meinung seid, es war daheim noch nie so gemütlich wie jetzt und ihr hättet noch nie besser geschlafen als in Betten, die nach Ziegenstall stinken, und Leberkäsesemmeln schmeckten viel besser als ihr Müsli – wenn ihr euer armes, krankes Mütterlein auch nur ein bißchen liebhabt, *sagt ihm das alles nicht.*

Ach ja, und noch etwas: Falls es über Langeweile klagt und euch bittet, ihm was mitzubringen, dann meint es damit vermutlich ein Buch. Auf keinen Fall die Socken zum Stopfen.

In einem aber hat es eine Hausfrau schon gut: Sie kann, wenn sie nicht gerade spitalreif ist, krank sein, ohne ihren Arbeitsplatz zu verlassen. Ist doch fein so was, nicht? Wenn ihr die Nase rinnt, sie beim Atmen rasselt wie eine Schotterquetsche, ihr die Augenlider auf die Oberlippe hängen und sie dann von der Küche her eins ihrer Schätzchen schreien hört: »Sag mal, kann man die Wurst noch essen, wenn sie sich am Rand kringelt und wie Essig riecht?«, dann braucht sie nur vom Schlafzimmer in die Küche zu kriechen, um nachzusehen, wie sehr sich die Wurst kringelt. Danach kann sie sich gleich wieder hinlegen und weiterhin schön krank sein.

Außer natürlich sie hat ein Baby, ein Kleinkind, ein Schulkind, einen Ehemann, eine alte Oma, einen Kater oder den Mann im Haus, der gekommen ist, um die Waschmaschine zu reparieren. Dann muß sie hie und da aufstehen. Aber dazwischen kann sie sich immer wieder hinlegen, um richtig schön krank zu sein.

Nachmittag zwischen drei und fünf, nachdem sie notdürftig aufgeräumt und das letzte Schulkind abgefüttert hat und bevor ihr Mann heimkommt und nachdem sie eine Dreiviertelstunde lang wie eine alte Krähe, die den nächsten Winter vermutlich nicht mehr erleben wird, am Badewannenrand gehockt und zugesehen hat, wie der Herr Huber die Waschmaschine repariert, also in diesen zwei Stunden kann sie nach Herzenslust krank sein.

Sie freut sich schon sehr drauf.

Sie schlurft ins Schlafzimmer zurück im ersten Stock, wobei ihr die Beine so schlottern, daß sie noch wochenlang mit blauen Flecken auf der Innenseite ihrer Knie herumläuft. Dann tritt sie auf den Eishockeyschläger, dessen Stiel ihr in den Bauch kracht, die einzige Stelle, die ihr bis jetzt nicht weh getan hat. Dann fällt sie ins Bett, um zu sterben ... Nach einer Weile indes fängt sie an, mit einem Tempotaschentuch das eingebaute Radio abzustauben. Dann steht sie auf, um einen Fleck am Spiegelschrank zu polieren. Dann poliert sie schnell den ganzen Schrank. Dann schaut sie auf die Uhr und sieht, daß es halb fünf ist. Um fünf kommt ihr hungriger Mann heim. Noch eine halbe Stunde krank zu sein, das zahlt sich nicht aus. Also wäscht sie den Philodendron mit lauwarmem Wasser ab und zieht in ein paar Unterhosen neuen Gummi ein. Und was passiert dann?

Mütterchens arme, vernachlässigte Krankheit schleicht sich, total vergrämt, aus dem Haus und wirft sich vor den nächsten Lastwagen.

Ach ja, und da liegt sie jetzt, zerquetscht, zerbröselt, in Atome aufgelöst. Ein Nichts. Etwas, das sie, wenn man Mütterchens Mann und Kinder fragt, ohnehin von Anfang an gewesen ist.

In unserem Sozialstaat gibt es ein paar lobenswerte Einrichtungen, die es jedem, sogar einer Hausfrau, gestatten, krank zu sein. Eine davon ist der bezahlte Pflegeurlaub. Obwohl, ich muß zugeben, mir ist kein Fall bekannt, in dem er beansprucht wurde. Von einem Mann, meine ich.

Es kam die Rede darauf, als wir neulich nach dem Turnen noch zusammensaßen. Welcher von unseren Ehemännern genügend Mumm hätte, darum anzusuchen...

»Also meiner bestimmt nicht!« kicherte Hanna. »Wenn ich den bloß nach Brot und Milch schicke, klebt er sich einen falschen Bart an, damit ihn keiner erkennt.«

»Mein Schwager hat's mal probiert«, sagte Ilse nachdenklich.

»Und?« Ich beugte mich vor. Endlich ein authentischer Fall!

»Ein halbes Jahr später hat er gekündigt. Er konnte es nicht mehr aushalten, daß sie ihm ständig ›Softie‹ aufs Auto schmierten.«

»Also meinem Berti würde ich soooo was niiiie zumuten«, flötete eine, von der wir keine Ahnung hatten, wie sie überhaupt zu uns gestoßen war. Ich glaube, sie ging bloß auf die Toilette und setzte sich dann an den falschen Tisch. »›Berti‹, sage ich immer zu ihm, ›schau du nur zu, daß wir es zu was bringen. Um den Haushalt kümmert sich dein kleines Frauchen.‹ Er ist ja soooo tüchtig, mein...«

Hanna stieß mich in die Rippen und stand auf. »Komm, gehn wir heim. Mir wird's schlecht.«

Eine andere feine Einrichtung ist dieses reizende kleine Auto, so eine Art kleiner Lieferwagen, in dem zwei liebenswerte Damen sitzen, die einem ein warmes Süppchen bringen, wenn man krank und hilflos ist. An dieses gute Auto dachte ich, als ich letztes Jahr im Mai nach drei Wochen zwangsweiser Bettruhe anfing, den Kopfkissenzipfel anzunagen. Ich schleppte mich auf allen vieren zum Telefon, zog mich am Kabel in die Höhe und wählte mit abgemagertem Fingerchen die entsprechende Nummer.

»Sind Sie hilflos?« erkundigte sich die Dame am anderen Ende der Leitung, die ich auf Grund ihrer süßen Stimme leibhaftig vor mir sah: ein rundes, liebes Gesichtchen, in dem gütige Augen nach dem Unglück in dieser Welt spähten, um helfen zu können, wo es nur ging.

»Unbedingt«, entgegnete ich wahrheitsgetreu.

»Welche Versicherung?«

Ich sagte es ihr.

Sie sagte: »Einen Moment, bitte.« Ich wartete zwei oder drei Momente oder auch länger, ich weiß es nicht, denn ich wurde ein bißchen ohnmächtig, aber ich kam rechtzeitig wieder zu mir, um sie sagen zu hören:

»Der Computer hat Sie nicht eingespeichert. Seit wann sind Sie Pensionsempfänger?«

»Gar nicht«, entgegnete ich mit ehrlichem Bedauern, »einkommenslose Hausfrau... Hören Sie, gute Frau, wenn es auch nur eine einzige Portion pro Tag wäre, wäre uns schon geholfen. Ich könnte die Suppe mit Wasser und Bouillonwürfeln strecken und...«

»Alter?«

»Vierzig.«

»Bedaure, unser Service steht ausschließlich hilflosen Personen über sechsundsiebzig zu.«

»Ich bin hilflos und sehe aus wie hundert«, winselte ich, mir mit dem Nachthemdzipfel den Fieberschweiß von der Stirn wischend.

»Bedaure. Wir haben unsere Vorschriften.«

»Wir leben seit drei Wochen von Thunfisch und Gulaschsuppe aus der Dose...«

»Bedaure. Nicht unter sechsundsiebzig.«

Da erwachte etwas vom alten Kampfgeist in mir. »Hören Sie, Sie hartherzige Schachtel«, zischte ich, »ich kenne ein altes Weibsbild, das geht jede Woche zweimal zum Rentnernachmittag, sie läßt keinen aus, bei Hochwasser rudert sie die drei Kilometer in ihrer alten Kohlenkiste hin, bis zwei Meter Neuschnee schnallt sie sich Autoreifen an die Sohlen, sie geht jeden Dienstag zur Jazzgymnastik für Senioren und war letzten Februar mit dem Seniorenklub in Gran Canaria auf einem Tauchkurs. Aber die kriegt jeden Tag euren verdammten Fraß, weil sie alt und hilflos ist und nicht mehr für sich kochen kann. Ist das vielleicht Gerechtigkeit?«

Sie sagte eisig: »Werden Sie nicht ausfallend!« und hängte ein.

Ich holte mir eine rohe Karotte aus dem Kühlschrank und schleppte mich zurück ins Bett. Nach einer Zeitlang hatte ich mich wieder beruhigt. Ich sagte mir, daß es trotzdem schön ist zu wissen, daß man dereinst, wenn man alt und krank und hilflos ist, sein Süppchen kriegt. Es kam jetzt nur darauf an, die restlichen sechsunddreißig Jahre durchzustehen.

Letzten Mittwoch machte ich Eva-Maria mit einem Nelkenstrauß einen Krankenbesuch. Ihr Schlafzimmer glich dem Garderobenraum der Primaballerina nach der Premiere von Schwanensee. Ich sah mich nach einer leeren Vase um...

»Nimm den Zahnputzbecher im Bad«, sagte Eva-Maria, »ich glaube, der ist noch frei.«

Sie saß, von Kissen gestützt, im Bett. Einer ihrer Verehrer hielt ihr die Hand und labte sie zwischendurch mit Konfekt. Ein anderer las ihr aus einem selbstverfaßten Gedichtband vor. In der Küche bereitete ihr der Jeansbubi einen Cocktail aus frischgepreßten Orangen, Grapefruit und einem Schuß Gin. Liebevoll garnierte er die Kreation mit einer Orangenscheibe, die er auf den Gläserrand klemmte.

Und wie war es bei uns gestern?

Nachdem er den Film ›Der lange Ritt nach Santa Fe‹ zu Ende geschaut hatte, warf sich mein Mann mit einem Juppije! und dem Elan eines vollblütigen Gauchos ins Bett. Allem Anschein nach hatte er die Absicht, von Santa Fe weiter nach El Paso zu reiten. Ich fühlte mich fiebrig.

»Nicht heute«, murmelte ich, »ich glaube, ich kriege die Grippe.«

Nach einigen vergeblichen Lockgriffen in die Weichteile seines widerspenstigen Pferdchens stieg er verdrossen wieder ab, murrend: »Ihr Frauen heutzutage haltet nichts mehr aus.«

»Da magst du recht haben, wir sind wirklich nicht mehr das, was wir einmal waren. Aber wie ist es bei dir? Du hast 38,7, wenn du dir bloß die Zehennägel schneidest.«

»Bertha schiente ihren offenen Oberschenkelbruch mit einem Besenstiel und schwamm danach durch den Rio Grande«, murmelte er sehnsüchtig.

»Ich weiß, mein Schatz. Und sie schnitt sich selber den Blinddarm heraus, während sie ...«

Er unterbrach mich. »Ach, du hast den Film schon gesehen?«

»Das nicht, aber Frauen wie Bertha waren so. Ich wette, sie buk am offenen Büffelfladenfeuer eine dreistufige Buttercremetorte, gebar ein Kind, kurz bevor die Indianer ihre Blockhütte stürmten, riß sich den Besenstiel vom Oberschenkel, verjagte damit die Indianer und begrüßte zwei Stunden später ihren Mann mit dem Knäblein im Arm, in einem schwarzen Spitzenkorsett und mit einem Kuß, der ihm die stählernen Schenkel erzittern ließ.«

Er knipste das Licht aus. »Na ja, *sie* wenigstens wußte, wie man einen Mann behandeln sollte ... Ich hoffe, es geht dir morgen wieder besser.«

Diese unverhoffte Anteilnahme ließ mich augenblicklich alle kleinlichen Differenzen vergessen, die je zwischen uns geherrscht haben mochten. »Danke, Liebling«, flüsterte ich, nach seiner Hand tastend.

Er, sich auf die andere Seite drehend: »Du weißt ja, wir wollten morgen die Garage ausmisten.« Da sprang ich aus dem Bett mit einer Energie, die selbst Bertha nicht entwickelt hat, sauste zum Telefon, wählte die Nummer Eva-Marias und fragte sie, ob man zu einer Scheidung Schwarz trägt.

Sie schrie auf. »Schwarz? Bist du verrückt? Auf keinen Fall Schwarz. Zieh das neue Rote an, das mit dem Schlitz. Und steck dir eine Blume ins Haar.«

Das mit der Blume fand ich ein bißchen übertrieben. Nicht ins Haar. Aber vielleicht ins Knopfloch ...

Er hat versprochen, Freud und Leid
mit seiner Frau zu teilen.
Vom Auto war nie die Rede.

Ich kann Ihnen genau sagen, wann anzunehmen ist, daß eine Ehe dauerhaft sein wird: Wenn ein Mann seiner Frau Fahrstunden gibt und sie geht darüber *nicht* in Brüche. Keine Frau kennt einen Mann wirklich, bevor sie nicht mit ihm im Auto gesessen hat. *Sie* hinterm Lenkrad, wohlgemerkt. In dem Moment, in dem er auf der Beifahrerseite die Autotür öffnet, verwandelt er sich von einem einigermaßen normalen Geschöpf in ein zitterndes Nervenbündel. Wen wundert's? Er wird der schlimmsten Folter unseres Zeitalters unterworfen: Man macht ihn zu einem Autofahrer ohne Bremse, Gaspedal und Lenkrad. Einen, der drauf und dran ist, die einzige wahre Liebe seines Lebens an ein Wesen abzutreten, das vor dem Abbiegen den Aufblendhebel betätigt und sich dann wundert, warum der Blinker nicht wie sonst klick-klick-klick macht und grün aufleuchtet.

In Schneckenthal warf vor zwei Monaten ein Versicherungsvertreter seine Frau aus dem fahrenden Auto, als sie bei neunzig in den zweiten Gang zurückzuschalten versuchte. Ich sage ja nicht, daß das richtig war. Aber ich kann ihn beinahe verstehen. Nicht jeder Mensch wird tatenlos zusehen, wenn man seinen besten Freund foltert.

Dabei hat alles so schön angefangen. Mit dem Auto und der Frau. Damals, als das Schätzchen noch auf dem Beifahrersitz saß, ihr Händchen vertrauensvoll auf seinem starken Schenkel und der, wo er hingehört: fünfzig Zentimeter oberhalb des Gaspedals. Man fuhr in den nächsten verlassenen Steinbruch, legte die Sitze um und suchte im Radio was Romantisches. Die einzige Sorge, die er damals hatte, war, nicht mit dem Knie an die Hupe zu stoßen, wenn er das Schätzchen zwischen Lenkrad und Handbremse liebte.

Aber später will sie, daß er ihr Fahrstunden gibt.

Und dann will sie sein Auto.

Wie unvernünftig. Autos sind nicht für Frauen konstruiert. Das wurde mir klar, als ich mit dem Stöckelabsatz hinter der Kupplung hängenblieb. (Mein Mann lag im Krankenhaus, deshalb durfte ich ausnahmsweise das Auto benützen.)

Der Spiegel ist so angebracht, daß ich sehe, wie der Fahrer hinter mir in der Nase bohrt, aber nicht, ob ich Lippenstift auf den Zähnen habe.

Der Gurt amputiert mir die Brust.

Und als vor ein paar Tagen einem der Reifen die Luft ausging, konnte ich weinen, klagen, mir die Haare raufen, mich auf den Boden werfen und mit den Beinen strampeln – von selber tat dieses blöde Auto gar nichts, um wieder ›fahrtüchtig‹ zu werden.

Es gibt keinen schlimmeren Schock im Leben eines Mannes (abgesehen natürlich von den ersten Anzeichen von Impotenz), als eine führerscheinlose Frau zu heiraten, die kurz vor der Vertrottelung, so um fünfunddreißig herum, den Wunsch äußert, den Führerschein zu machen. Womöglich kommt sie ihm auch noch im Bett damit. Etwa so:

Sie (ihn sachte an der Schulter stupsend): »Du, ich möchte mit dir reden.«

Er – voll böser Ahnung – stellt sich schlafend.

Aber sie weiß, daß er nicht schläft. Wenn er schläft, schnarcht er. Außerdem sieht sie, daß die Haut hinter seinen Ohren zuckt.

Also sagt sie es ihm, das vom Führerschein.

Er schnellt herum wie ein Hecht an der Angel. Es haut ihn beinahe aus den Federn. Halb aufgerichtet starrt er seine Frau an.

»*Was* wirst du?«

»Ich werde den Führerschein machen«, wiederholt sie langsam und mit Nachdruck.

Er (respektlos): »Bei dir piept's wohl!«

Sie (mit kalter Ruhe): »Kannst du mir erklären, was daran so ungewöhnlich ist?«

Darauf weiß er keine Antwort. Natürlich nicht. Denn es ist ja nichts Außergewöhnliches, wenn jemand den Wunsch verspürt, zu lernen, wie man ein Auto lenkt. Außer dieser Jemand ist die eigene Frau.

Er (aha, endlich hat er ein schlagkräftiges Argument gefunden!): »Du bist bis jetzt auch ohne ausgekommen.«

Sie (wütend): »Ich bin bis jetzt ohne einiges ausgekommen – *bis jetzt!*«

Er (lauernd): »Willst du dir ein Auto kaufen?«

Sie (heuchlerisch): »Wozu? Wir brauchen doch nicht zwei.«

Er (auffahrend, wild gestikulierend): »Es ist mein Auto!«

Zu gern würde sie ihm sagen, daß er sein Auto behalten könnte. Sich an den Hut stecken. Oder sonstwohin. Aber das kann sie sich nicht leisten. Also sagt sie demütig:

»Ich möchte es ja nur hie und da. Zum Einkaufen ...«

Er heult auf. Einkaufen! Die Masche kennt man. Erst nur zum Einkaufen, und dann fahren diese verrückten Weiber auf einen Kaffee nach Venedig. Sich wegdrehend, endgültig:

»Nicht mit meinem Auto!«

Als er am nächsten Abend den Fernseher einschalten will, erstarrt er. Muß zweimal hinschauen, um zu glauben, was er da sieht. Auf dem Bildschirm klebt ein Papier, Doppelformat. Auf dem steht mit Filzstift in fetten roten Lettern:

BENÜTZUNG NUR MIT AUSDRÜCKLICHER GENEHMIGUNG DES BESITZERS.

Und darunter steht ihr Name.

Sie hat das Kriegsbeil ausgegraben. Aus dem kalten Krieg ist eine offene Schlacht geworden. Vom Tag ihrer Fahrprüfung an trägt er den Autoschlüssel mit einem Sicherheitsschloß am Gürtel. In der Nacht liegt er unter seinem Kopfkissen. Für den Reserveschlüssel hat er sich einen Banksafe gemietet.

Es gibt zwei Typen von Männern, vor denen ich meine Tochter warnen würde, wenn sie auch nur ein einzigesmal auf mich hören wollte:

Der eine ist der Irre mit seiner steilen Kiste. Er fährt besser (denkt er!) als alle anderen, auch wenn er so betrunken ist, daß er einen Fünfziger in einen Zeitungsständer wirft und dann sein Auto davor parkt. Für ihn ist die Straße eine Arena. Das Auto sein Schlachtroß. Er selber eine Mischung aus Matador und Rodeoreiter.

Du erlebst mit ihm auf fünf Kilometern Landstraße mehr als andere auf einer Autosafari durch den afrikanischen Busch. Und du wirst auf diesen fünf Kilometern ebenso viele Tiergattungen treffen wie in der Serengeti. Du kriegst sie alle von ihm aufgezählt: Hornochsen, Rhinozerosse, Kamele, Stinktiere, Affen. Der einzige normale Mensch sitzt neben dir am Steuer.

Sein Fuß wird, sobald sich im Rückspiegel ein Auto nähert, auf das Gaspedal krachen und dort klebenbleiben, bis
a) der hinter euch nicht mehr zu sehen ist,
b) die Polizei ihn mit Hubschrauber, heulenden Sirenen und einer Straßensperre gestoppt hat oder
c) man euch von einem Brückenpfeiler abkratzt.

Er wird dich, meine arme Tochter, erstaunt fragen: »Was hast du denn?«, wenn dir vor Entsetzen die Augen aus dem Kopf quellen, die Haare zu Berge stehen, dein Atem ausgesetzt hat und du ohnmächtig in den Gurten hängst.

Der andere Typ, um den ich einen weiten Bogen machen würde, ist der Mann, der jeden Sonntag sein Auto poliert.

Meine Kleine, du wirst deine Freizeit damit verbringen, ihm zu helfen, sein Goldstück zu waschen, es zu salben und zu polieren, bis du in seinem Lack sehen kannst, wie deine Haarwurzeln ergrauen. Und dann wirst du obendrein mit ihm mehr zu Fuß gehen als mit einem Förster, denn er (und damit auch du) kann sein Auto nicht benutzen
a) im Winter, bei Regen, in einer Innenstadt;
b) in Italien (alle klauen dort Autos), in Frankreich (alle fahren dort wie die Säue), in der Nacht (alle fahren betrunken);
c) wenn du schmutzige Schuhe hast oder einen Regenschirm bei dir;
d) wenn du einen Sack Zwiebeln oder Kartoffeln zu transportieren hast oder sonst etwas, das kantiger oder größer ist als ein Stück Käse.

Heiratest du ihn, wird er euer Kind auf der Autobahn aussetzen, wenn es auf dem Rücksitz einen Zwieback ißt.

Er wird vor Schreck einen Herzanfall erleiden, wenn eure Katze auf die Kühlerhaube springt. Was passiert, wenn er eines Tages einsteigen will und den rechten Kotflügel eingedrückt vorfindet, ist nicht auszudenken, weil es das menschliche Fassungsvermögen übersteigt.

Keine Frau kann erklären, warum sie fährt wie Nanni Neandertaler, sobald ihr Mann neben ihr sitzt. Als sich meiner zwei Tage nach meiner Fahrprüfung auf dem Beifahrersitz niederließ, erhielt unsere Ehe ihren ersten tiefen, irreparablen Riß.

»Schau nicht so!« sagte ich, nervös am Gurt zerrend.

Er (scheinheilig): »Wie schau ich denn?«

Ich: »Wie der Henker, der zusieht, wie sein Opfer baumelt.«

Er: »Blödsinn ... Fahr schon!«

Ich versuchte zu starten, aber der Schlüssel hatte sich verbogen.

Er (mit feinem Lächeln): »Ich würde an deiner Stelle *nicht* den Haustürschlüssel nehmen.«

Ich (hysterisch): »Neben dir kann ich nicht fahren!«

Er: »Mehr Gas! Mehr Gas!«

Ich gab mehr Gas.

Er (seinerseits hysterisch aufheulend): »Willst du den Motor in die Luft jagen? Vom Gas weg! Vom Gas weg! Hast du den Führerschein in der Lotterie gewonnen?«

Ich murmelte, in der Fahrschule hätte die Kupplung ganz anders reagiert und das Gas auch, und der Fahrlehrer hätte mich nicht angebrüllt. (Hat er, hat er; er hat auch gesagt, an dem Tag, an dem *ich* den Führerschein erhalten würde, ginge er als Alphirt in die höchsten Regionen der Hohen Tauern. Aber das braucht man einem Ehemann ja nicht unbedingt auf die Nase zu binden.)

Ich (irritiert): »Ruck nicht immer so mit dem Kopf«

Er fragt scheinheilig, wann er denn meiner Meinung nach mit dem Kopf rucke.

»Immer, wenn ich schalte«, sagte ich.

Er: »Jedesmal, wenn du schaltest, reißt es mir fast den Hals von den Schultern ... Überhol schon endlich!«

Vor uns fuhr ein italienischer Laster mit Holz. Ein Monstrum.

Ich klärte meinen Mann darüber auf, daß auch ich durchaus den Wunsch hätte zu überholen. Weshalb ich auch den Blinker betätigt hätte, wie er vielleicht bemerke. Aber, wie er sehe, sei es im Moment nicht möglich.

Er: »Was heißt im Moment! Du hast den Blinker draußen seit zwei Kilometern.«

Ich (hitzig): »Natürlich hättest *du* schon zehnmal überholt! Aber *ich* muß an die Kinder denken. Wenn du dich umbringen willst, bitte, aber ohne mich!«

Er (höhnisch): »*Mit* dir würde es schneller gehen... Wenn du nicht überholen willst, bleib stehen und laß mich fahren.«

Solchermaßen erpreßt, setzte ich zum Überholen an, obwohl ich wußte, daß es heller Wahnsinn war. Ich war auf halber Höhe von dem italienischen Monster, als mir vorne einer entgegenkam. Mit fünfhundert Stundenkilometern.

Ich (aufkreischend, einem Herzschlag nahe): »Siehst du, das hast du davon!«

Er (brüllend): »Fahr doch! Steig aufs Gas!«

Ich: »Bist du wahnsinnig?«

Ich ließ meinen Fuß auf die Bremse krachen, das Auto schlug wild nach links und rechts aus, er warf sich über mich, erfaßte das Lenkrad, und so kamen wir irgendwie zum Stehen. Ich stieg aus, mit Knien, weich wie Pudding und ohne darauf zu achten, ob mich von hinten einer niedermähte, und ging zu Fuß in Richtung Heimat.

Nach fünf Minuten oder so kam er mir nach und öffnete die Autotür. Und ich hatte nicht einmal mehr die Charakterstärke, *nicht* in sein verfluchtes Auto zu steigen.

Sollte sich ein Mann ehrlich drüber freuen, daß seine Frau Auto fahren kann, dann ist zumeist was faul im Staate Dänemark. Dann könnte es ihr ergehen wie meiner Bekannten Monika.

Monika verbrachte die zweite Hälfte ihres letzten Urlaubs auf einem Autofriedhof, wo sie ihrem Mann half, Ersatzteile für seinen Oldtimer zu suchen. Er fand ein passendes Wrack zum Ausweiden. Dieses Wrack hängte er mit einem Seil, an das er Monikas rotgesprenkeltes Halstuch knüpfte, an seinem Wagen an. Das Wrack hatte keine einzige ganze Scheibe mehr, eine Kiste als Fahrersitz und eine Kühlerhaube, die von selber aufsprang. In dieses Vehikel setzte er Monika. Als beim drittenmal Anfahren zum drittenmal das Abschleppseil riß, warf er mit dem Schraubenzieher nach ihr.

Seit dem Tag liegt er in seiner Freizeit unter dem Oldtimer. Eheliche Beziehungen sind kaum noch vorhanden. Wenn sie gekocht hat, geht sie in die Garage und sagt zu seinen Fußsohlen: »Komm essen.«

Als ihr am Weihnachtstag ein gutaussehender, gepflegter, wildfremder Mann auf der Treppe entgegenkam, sagte sie stumpfsinnig: »Wer sind Sie?«

»Sei nicht kindisch«, sagte der Mann, »ich bin's, dein Erich.«

Da sagte sie: »Zeigen Sie mir Ihre Fußsohlen.«

Sie hat jetzt die Scheidung eingereicht. Sie sagte mir, sie hätte ihm eventuell verziehen, wenn er sich in eine andere Frau vergafft hätte. Aber daß er sie mit einem alten Schrotthaufen, Baujahr 1954, betrügt, das verkraftet sie einfach nicht.

Gott segne die Männer.
Sie hobeln und bohren.

»Ich habe das Nudelbrett über das Loch gelegt«, sagte ich.

»Wozu?« sagte mein Mann. »Ich bin in einer Stunde fertig damit.«

Das war im November vorigen Jahres. Seit damals leckt der Badezimmerboden. Der darunterliegende Gemüsekeller gleicht inzwischen einer Tropfsteinhöhle. Von der Decke wachsen bereits kleine Stalaktiten.

Die weitere Entwicklung sehe ich klar vor meinem geistigen Auge: Mein Mann wird, wann immer es ihn nach körperlicher Betätigung drängt, zu seinem Loch im Badezimmer zurückkehren und es ein bißchen größer machen, um das Leck zu finden. Aber wie es aussieht, wird ihm das vermutlich nicht gelingen. Und so wird er es mit der Zeit aufgeben, danach zu suchen, und das Loch wird sich mehr und mehr mit Wasser füllen, und die Wildgänse werden auf ihrem Flug zurück nach dem Norden an seinem Ufer rasten und den Badewannenrand mit ihrem Kot bekleckern.

Von Zeit zu Zeit beschwere ich mich darüber. Meistens an jenen Tagen, an denen ich das Nudelbrett brauchen würde.

»Und was ist mit meinem Pullover?« fragt mein Mann dann.

»Ich bin beim Ärmelloch!«

»Da warst du auch schon an Weihnachten.«

»Jetzt bin ich beim *oberen* Rand.«

»Er paßt mir inzwischen nicht mehr!« beklagte er sich während der letzten Anprobe.

»Zieh den Bauch ein«, sagte ich. »Und trag ein dünneres Unterhemd.«

»Strickst du nicht schon ein bißchen lange an dem Ding?«

Daraufhin ließ ich kühl nur ein einziges Wort fallen: Badezimmerboden.

»Und wie war das damals mit den Strampelhosen, die an dem Tag fertig wurden, als wir Schorschi den Kommunionsanzug kauften?«

»Ich habe die Fäden nicht vernäht. Also ließen sie sich kinderleicht auftrennen«, murmelte ich. »Das Loch aber geht nicht von alleine wieder zu.«

Was mir zuwider ist, sind die alten Witzchen über Frauen, die ihren Männern jegliche Arbeit im Haus vergällen, weil sie ständig was zu meckern haben. In meiner Umgebung kenne ich keine einzige derartige Frau. Meine Bekannten setzen, sobald ihr Mann in den blauen Arbeitskittel schlüpft, ihre Kinder mit einer Tüte Kartoffelchips vor den Fernseher, sie legen den Hörer neben das Telefon, jagen den Hund aus dem Haus und stellen die Türklingel ab. Sie selber ziehen sich in die Besenkammer zurück und hören auf zu atmen. Nichts soll ihn davon abhalten, sein Werk zu vollbringen. Wir alle sind uns klar darüber, daß in einer Zeit, in der man uns Facharbeiterlöhne hoch wie Gagen von Operntenören verrechnet, jede Hand unbezahlbar ist, die sich freiwillig und umsonst um einen Schraubenzieher krampft. Deshalb erschien es mir die reinste Blasphemie, als ich vor ein paar Tagen eine Nachbarin Hannas zu dieser sagen hörte: »Sie sagen, Ihr Mann rührt im Haus keinen Finger? ... Mein Gott, wie schön.«

Ich konnte es nicht glauben. Diese Frau hatte nicht alle Tassen im Schrank. Gestern lud sie Hanna und mich zum Kaffee ein. »Nimm dir vorsichtshalber einen von unseren Küchenstühlen mit«, sagte Hanna und nahm selber auch einen.

»Wir müssen noch ein bißchen improvisieren«, murmelte Frau M. entschuldigend, während sie eine hübsche handgestrickte Decke über den Kühlschrank breitete und darauf den Kaffeetisch deckte. »Mein Mann wird die Sitzecke selber machen.« Sie zog sich eine Apfelkiste als Stuhl heran. »Er wartet nur noch auf die Drechselmaschine.«

Ihr Mann war offenbar ein sehr geschickter Handwerker. Er machte alles selbst. Er schmiedete die eigenen Vorhangstangen (vorderhand hingen die Vorhänge noch auf diversen Notbehelfen, unter anderem einem Besenstiel), er tischlerte sämtliche Möbel (er wartete, wie gesagt, nur noch auf die Drechselmaschine), er töpferte sein eigenes Geschirr und wollte die Fliesen selbst verlegen, sobald er Zeit dazu fand.

Nach dem Kaffee zeigte Frau M. uns seinen Hobbyraum im Keller. Es war fantastisch. In einer Ecke bemerkte ich sogar einen kleinen Hochofen. Es fehlte, wie gesagt, nur noch die Drechselmaschine, bei der die Lieferzeit neun Monate betrug, weil sie aus Amerika kam und einzelne Teile davon, ich glaube, Frau M. sagte der Bohrer, analog mit dem neuesten Forschungsprojekt der NASA entwickelt wurden. Sobald er sie hat, wird er mit der Sitzecke beginnen, sagte Frau M. Jetzt schwankt er noch bei der Wahl des Holzes. Vermutlich jedoch wird er Palisander nehmen, denn er spricht in letzter Zeit von einem Flug nach Brasilien. So wie sie ihren Mann kenne, meinte Frau M. mit einem kleinen Seufzer, würde er die Auswahl des richtigen Baumes keinem x-beliebigen Fremden überlassen.

Dieser Mann scheint wirklich ein bißchen extrem zu sein. Ich muß Erika von ihm erzählen. Vielleicht wird sie es dann etwas leichter verkraften, daß sie jedesmal auf dem Weg zum Fernseher über den Rasenmäher steigen muß, den ihr Mann in der behaglichen Wärme des Wohnzimmers generalüberholt. Ich finde mich jetzt auch leichter mit dem Nudelbrett über dem Loch im Badezimmer ab. Nur daß ich seit einer Woche jedesmal mit einer Stricknadel im Ausguß stochern muß, damit das Wasser aus dem Waschbecken abrinnt, stört mich ernstlich. Mein Mann ist verreist. Ich werde mich also noch eine Zeitlang damit abfinden müssen. Verstopfte Ausgüsse sind seine Sache. Das ist Männerarbeit. Ich selbst wäre dazu auch gar nicht fähig. Ich bin technisch ausgesprochen unbegabt. Wie eigentlich immer noch ziemlich viele Frauen. Ich habe gehört, wie eine in der Sauna sagte, sie wird sich scheiden lassen, sobald sie gelernt hat, wie man eine Sicherung auswechselt.

Laßt nur die Mädchen weiter am Werkunterricht der Knaben teilnehmen, dann wird man schon sehen, wohin dieser Unfug führt.

Gott sei Dank bin *ich* dafür zu alt.

Ich bin vierzig.
Ich will keine Hausaufgaben
mehr machen!

Es sollte ein Schulunterrichtsgesetz geben, das lautet: ›Hausaufgaben sind dermaßen zu erstellen, daß sie von den Eltern ohne Mithilfe der Schüler bewältigt werden können.‹

Da die lieben Papis tagsüber nicht greifbar sind und am Abend viel zu müde, bleibt die Sch... schöne Sache an uns Müttern hängen.

Wenn ein Fünfzehnjähriger in seinem Lebenslauf ›geboren‹ mit h und p schreibt, dann weiß man wenigstens, wer schuld ist: seine Mutter, vermutlich selber eine Analphabetin.

Wenn Frauen mit Augenlidern herumlaufen, die unkontrolliert zucken, und sie beim Anblick eines offenen Fensters der heiße Wunsch überfällt, hinauszuspringen, dann steckt zu neunzig Prozent eines dahinter: Sie sind den Hausaufgaben nicht mehr gewachsen.

Dabei waren die Mütter noch nie so gebildet wie heute. Kein Wunder, sie haben ja auch niemals zuvor zwei-, drei-, vier-, fünfmal die Schulzeiten durchgemacht. Und dabei ist alles gegen sie:

Helfen sie bei den Hausaufgaben und das Kind bleibt sitzen, heißt es: Kein Wunder, sie hat es zur Unselbständigkeit erzogen.

Helfen sie nicht und das Kind bleibt sitzen, ist der Fall sonnenklar: Um dieses Kind kümmert sich keiner. Seine Rabenmutter treibt sich auf der Kegelbahn herum. (Zweimal im Monat, aber in dem Fall ist das zweimal im Monat zuviel.)

Bleibt sie selbst schließlich mit heraushängender Zunge auf der Strecke, sagt ihr Mann zu seinem Sohn: Was willst du, deine Mutter hat eben nur die Handelsschule gemacht.

Gott ja, ich selber habe auch schon arg nachgelassen. Es mag zum Teil daran liegen, daß meine Kinder mir so wenig Vertrauen entgegenbringen. Ein Beispiel: Vor einigen Tagen fragte mich mein Jüngster: »Schreibt man Schaukel mit ›ck‹?«

Ich sagte nein. Woraufhin er aufstand, in sein Zimmer schlurfte, sich auf den Boden legte, das Wörterbuch unterm Tisch hervorzog, wo es als Ausgleich für ein wackelndes Bein diente, und das S aufschlug. Zurückgekehrt, sagte er widerwillig: »Stimmt.«

»Warum fragst du mich überhaupt? Ich hab's dir doch gesagt«, murmelte ich gekränkt.

Er warf mir einen Blick zu, der deutlich besagte: Ja schon, aber kann ich dir auch trauen?

An dem Tag, an dem alle meine Kinder aus der Schule sein werden, krieche ich auf allen vieren zum nächsten Wallfahrtsort, um dem Herrn zu danken und ihn noch um ein paar Jährchen zu bitten, in denen ich mit nichts Anspruchsvollerem mehr belastet werde als dem Fernsehprogramm.

Gestern beim Abendessen legte ich die Einladung des Elternvereins vor meinen Mann hin. Der nahm sie auf, las sie mit gefurchter Stirn und schob sie mir dann ohne Kommentar wieder zu.

»Nun, wirst du gehen?« fragte ich.

Er, erstaunt: »Ich? Wieso ich?«

Ich tippte stumm auf die Anrede: Liebe Eltern. Da stand es – Eltern. Und er war doch die Hälfte davon, oder?

Leider, sagte er, leider ginge es morgen nicht. Ganz unmöglich.

»Warum nicht?« fragte ich. Soviel ich wußte, stand außer dem Denver-Clan nichts auf dem Programm.

Die Furchen auf seiner Stirn vertieften sich. Was heißt das? War er vielleicht Rechenschaft schuldig über jede Minute des Tages? Strampelte er sich nicht ohnehin ab bis zum Gehtnichtmehr, um uns zu erhalten? Und überhaupt, was soll das – informatives Gespräch zwischen Schulpsychologe, Lehrkörper und Eltern über die Problematik der Hausaufgaben und deren Bewältigung?! Hatte er sie vielleicht zu bewältigen? Ging denn er in die Schule? Natürlich, wenn ich hingehen und mir den Schmarren anhören wollte, bitte sehr, nur zu!

Heiliger Bimbam! Ich ging so gern hin wie die Negersklaven Louisianas an einem heißen Sommernachmittag auf die Baumwollfelder, aber was blieb mir anderes übrig? Sollte ich die Schuld auf mich laden, unseren Sohn eines Tages bei der städtischen Müllabfuhr landen zu sehen?

Es waren eine ganze Menge Mütter da. Dazwischen auch ein paar vereinzelte Väter. Ich sah mich um. Sehr, sehr vereinzelte. Hauptsächlich jüngere mit Vollbärten. Vorne hatte der Psychologe Platz genommen. Er erklärte uns anhand anschaulicher Beispiele, wie es zu Aggression, Depression, Kompensation und Resignation kommt.

»Genau mein Lebensweg!« raune ich dem weiblichen Wesen an meinem linken Ellbogen zu, einem unverschämt jungen Ding, das aussieht, als säße es anstelle seiner Mutter hier.

»Er spricht von unseren Kindern, nicht von uns«, entgegnet meine Nachbarin kühl.

Das habe ich inzwischen auch begriffen, denn jetzt wird er deutlicher. Was er sagen will, ist nicht schwer zu kapieren: Alles, was mit meinem Kind schiefgeht, ist meine Schuld.

Nachdem er solchermaßen unser laxes Gewissen wachgerüttelt hat, zeigt er uns auch prompt den Ausweg aus dem Dilemma. Es handelt sich um ein Vierzigpunkteprogramm. Einiges leuchtet mir ein. Anderes klingt eher utopisch, wie ›kein Fernsehen vor dem Schlafengehen‹.

»Wie soll man das machen?« flüstere ich zur Seite hin.

»Nun, *wir* haben den Fernseher abgemeldet.«

»Ja, aber was machen Sie denn sonst am Abend?«

»Oh, wir sind immer beschäftigt. Wir machen Hausmusik, laden zu kleinen wissenschaftlichen Zirkeln ein oder gehen mit den Kindern ins Fitneßcenter.«

Es macht deutlich ›klick!‹, als mir der Unterkiefer gegen die Brosche klappt.

Als Mister Psycho alle vierzig Punkte durchhat, bittet er um Wortmeldungen. Ich hebe schüchtern zwei Fingerchen. Sehr erstaunt blickt er in meine Richtung. Damit hat er offensichtlich nicht gerechnet. »Ja?«

Ich möchte nur wissen, sage ich demütig mit niedergeschlagenen Augen, ob man diese schönen, wirklich nützlichen vierzig Punkte auch unseren Kindern mitgeteilt hätte? Denn schließlich wären es ja, nicht wahr, ihre Hausaufga...

Weiter komme ich nicht. Denn der Herr Schulpsychologe unterbricht mich mit einem eisigen: »Nun, ich glaube, es dürfte genügen, es den *Eltern* zu erklären.«

In dem Moment passiert es. Etwas explodiert in meinem Innern, ich spüre genau, wo: hinter meinem dritten Jackenknopf. Ich sehe rote Kreise vor meinen Augen. Balle die liebevollen Mutterhände zu Fäusten. Eine grausige Stimme, die nicht die meine sein kann, kreischt los. Für was man uns Mütter eigentlich hält, für eine Kreuzung zwischen Wachhund und Hauslehrer? Wer sich eigentlich jemals darum kümmere, ob wir überfordert wären? Frustriert? Hundemüde? Ob es uns zum Hals heraushänge, zwanzig Jahre lang unregelmäßige Verben zu pauken? – Ich geb's ruhig zu, ich keife wie ein Marktweib aus Tarvis. Sagt doch auch etwas, zetere ich und starre wild um mich. Schließlich beklagt ihr euch doch ständig über die Misere, keine fünf Minuten kann man mit einer von euch reden, ohne daß ihr über die Hausaufgaben herzieht. Na, wie ist's? Jetzt wäre der richtige Zeitpunkt, den Mund aufzumachen. Hat denn wirklich keine was zu sagen?

Völlige Funkstille. Man hört eine aus dem Winterschlaf geschreckte Fliege aus ihrem Bettchen krabbeln und gähnen.

Nur vorne in der ersten Reihe, dort, wo der Lehrkörper sitzt, sagt schließlich einer was. Er sagt, Kinder, deren Mütter offensichtlich so wenig Interesse an deren schulischem Ergehen hätten wie *diese* Dame, wären an *dieser* Schule zweifelsohne fehl am Platz.

Ich habe ihn mir gut angesehen, diesen Herrn. O ja, sehr gut. Ich schwöre, er wird mich wiedersehen, dieser Herr, wenn die himmlischen Posaunen ertönen. Und dann wird es Heulen und Zähneknirschen geben bei diesem Herrn, jawohl.

Vor den Latein-Klassenarbeiten meiner Kinder pflegte ich eine Zeitlang die Platte aufzulegen ›Laß ein Wunder geschehen, Santa Maria‹, bis sie so abgenützt war, daß sie beim Wunder steckenblieb.

Ich hörte von einem Heilkundigen, daß das Kauen von Anis zu Glücksgefühlen verhelfe. Ich kaute Anis von dem Augenblick an, wo ich den Schulbus die Straße heraufkriechen sah, aber das Glücksgefühl blieb aus.

Ich redete mir allen Ernstes ein, gemeinsames Lernen vermittle Kindern und Müttern ein befriedigendes Zusammengehörigkeitsgefühl. Blödsinn! Eine ungeheure Müdigkeit vermittelt es, ungefähr so, als hätte man das Matterhorn bestiegen!

Vielleicht lag es auch an den Kindern. Manchmal habe ich das Gefühl, sie sind ein bißchen komisch. Sie tun Dinge, von denen ich als Kind nicht einmal geträumt hätte. Ein Beispiel: Unser Jüngster vergrub sein Mitteilungsheft, das einige unschöne Bemerkungen seiner Lehrer enthielt, unter einer Dachlawine. Wir fanden die aufgeweichte Leiche erst nach der Schneeschmelze wieder. Beim Elternsprechtag kurz vor Weihnachten fragte mich der Deutschlehrer: »Sind Sie ganz sicher, daß er in meiner Klasse ist?«

Er hat nie ein Wort mit ihm gewechselt. Zugegeben, Schorschi ist ein wenig still. Als ich ihn am ersten Schultag aufatmend der Wissenschaft an den spröden Busen drückte, schrieb ich groß aufs Deckblatt seines Mitteilungsheftes: Dieses Kind ist *nicht* taubstumm. Wenn Sie wollen, daß es spricht, fragen Sie es nach der Funktion eines Wankelmotors.

Er ist derjenige, der nach sieben Jahren Deutschunterricht im Geschichtsheft stehen hat: Ägüpten, Pfarrao, Hüroglühpen.

Dabei hatte ich mir gerade mit diesem Kind soviel Mühe gegeben. Vor jedem Diktat hatte ich mit ihm geübt bis zur völligen Erschöpfung beider Teile. Noch am Morgen vor dem Weggehen schrieb Schorschi auf mein Drängen hin in den zu Übungszwecken verwendeten Kalender einer Heizölfirma:

>   Rauchfangkehrer, Rauchfangkehrer, bitte sehr,
>   unser Ofen zieht nicht mehr,
>   qualm tagaus, qualm tagein,
>   darum ker den Raufang rein. Ruchfangkerer
>   danke schön
>   kanst zu unserm Nachbar gehn.
>   Mogen will ich an dich dencken
>   und dier ein Stück Seife schencken.

Die Fehler wurden rot angestrichen. Das ließ uns bis zum Fortgehen immer noch zehn Minuten Zeit, um die ärgsten Böcke ein letztesmal durchzugehen.

»Und wie schreibt man ›morgen‹?« fragte ich meinen Sohn.

»m-o-g-e-n«, buchstabierte Schorschi.

»Und was fehlt uns da noch?«

Schorschi dachte nach.

»Das r.«

»Na also«, sagte ich überglücklich. »Jetzt wirst du es aber nicht mehr vergessen, was?«

Er nickte eifrig. Nein, er würde es nicht mehr vergessen. Mir aber ließ es keine Ruhe. Also: Wie schreibt man morgen?

»m-o-g-e-n«, buchstabierte Schorschi.

Die Rs prasselten auf Schorschis blondes Köpfchen nieder mit der Gewalt einer aufgestauten Lawine. Über seine Wange kroch ein Tränchen. Was war ich doch für ein Scheusal!

»Paß auf, Schatzi, ich werde es dir noch einmal erklären. Es ist wirklich nicht schwierig. Morrrrgen und nicht mogen, hörst du den Unterschied? Man hört es doch ganz deutlich, nicht wahr?« Ich strich ihm beruhigend übers Köpfchen. Ein dankbares Lächeln legte sich auf sein Gesichtchen. »Und wie schreibt man ›morgen‹, mein Kleiner?«

»m-o-g-e-n.«

Nebelhaft kann ich mich erinnern, daß mich die unbändige Lust ankam, meinem Sohn seine verdammte Muttersprache mit Hilfe des Buches »Frohes Lernen« in den Schädel zu hämmern.

»Geh mit ihm zum Doktor«, sagte meine Mutter. Sie meinte, es handle sich zweifellos um eine Krankheit. Sie hätte vergessen, wie sie hieß, aber sie wisse, daß die Kinder dabei die Buchstaben verwechseln, sie glaube, das b mit dem d.

»Ich glaube nicht, daß es sich um diese Krankheit handelt«, sagte ich.

»Na gut«, meinte meine Mutter verschnupft. »Du mußt's ja wissen.«

Und dann sagt sie noch, sie wäre bloß froh, daß es nicht in *unserer* Familie läge.

»Er kriegt zuwenig Vitamine«, behauptete meine Großmutter. »Er sollte mehr Milch trinken. Und du mußt eben mehr mit ihm lernen. Du nimmst dir zuwenig Zeit für die Kinder.«

Schorschis älterer Bruder, ein weiser Knabe in fortgeschrittenem Alter, war dagegen der Meinung, ich würde mit ihm nicht zuwenig, sondern zuviel lernen. Jeder Trottel mußte sehen, daß er davon vollkommen meschugge würde.

Nachdem mich auch ein Bekannter (ein Lehrer) mit Nachdruck auf die bösen Folgen des Zwangs hingewiesen hatte, ging ich mit Schorschi vor der nächsten Klassenarbeit spazieren, statt mit ihm zu üben. – Er machte nur zwei Fehler und bekam ein Gut.

Hätten wir eine Fahne im Haus gehabt, ich hätte sie ausgehängt, um aller Welt zu zeigen, daß das Glück bei uns eingekehrt war.

Die nächste Klassenarbeit, vorbereitet – oder besser gesagt, nicht vorbereitet – nach bewährter Methode, brachte Schorschi ein glattes Ungenügend. Mir wurde nahegelegt, mit ihm die Rechtschreibung zu üben und nichts als die Rechtschreibung, wenn ich nicht wollte, daß er sitzenbliebe.

Ich versprach hoch und heilig, alles Menschenmögliche zu tun. Ich wollte fortan jede freie Minute opfern, um meinem Sohn jene Sprache näherzubringen, für die man uns Müttern stillschweigend die Patenschaft in die Schuhe geschoben hat. Ich kann mir nicht helfen, aber ich hege den argen Verdacht, man hat die Bezeichnung ›Muttersprache‹ (warum nicht ›Vatersprache‹ wie Vaterland und Vaterhaus?) nicht ohne Hintergedanken gewählt.

So haben wir sie also jetzt am Hals, ich und du und mein armer Sohn, der, so wie es aussieht, trotz aller Bemühungen als Analphabet ausgeschult werden wird.

Und das, obwohl ich selbst inzwischen dank der intensiven Lernerei in der Lage bin, sogar Wörter wie ›synonüm‹ fehlerlos zu schreiben, ohne im Duden nachzuschlagen!

Ungebetene Gäste

Wie gut, daß ich mir vorgenommen habe, meine Nerven nicht mehr übermäßig mit den Hausaufgaben zu strapazieren. Ich brauche jetzt alle diesbezüglichen Reserven. In diesem Frühjahr ist nämlich Anton in mein Leben getreten.

Bevor ich mit ihm konfrontiert wurde, wußte ich über Wühlmäuse nur, daß sie sich im wesentlichen unter der Erde aufhalten und zu den Schädlingen gezählt werden.

Schädlinge! Ein böses Wort. Es ist der schlimmste Fehler des Menschen, jegliches Leben um sich herum nach seiner Nutzbarkeit zu bewerten. Auch Wühlmäuse sind Geschöpfe Gottes. Auch sie wollen leben. Was mich betraf, so wollte ich Anton gern die eine oder andere Möhre gönnen und meinetwegen auch ein paar Salatpflänzchen dazu.

Aber als ich eines Morgens den Garten inspizierte, war die Petersilie weg. Das traf mich tief.

»Anton, Anton«, sagte ich traurig, »du hast mein Vertrauen mißbraucht. Du hast schamlos meine Gutmütigkeit ausgenützt. Mach das nicht wieder! Halte dich an unsere Abmachung!«

So also sprach ich hinunter aufs dunkle Erdreich, unter dessen Krümeln irgendwo Anton saß und mit Reue im kleinen Herzen meinen Worten lauschte.

Vielleicht empfand er tatsächlich so etwas wie Reue. Aber sein Appetit war jedenfalls größer.

In den nächsten Wochen konnte ich nicht so schnell säen, wie Anton erntete. Seine Gefräßigkeit war geradezu abwegig. Trotz wachsender Verbitterung konnte ich nicht umhin, mir Gedanken darüber zu machen. Warum dieser übermäßige Drang nach Nahrungsaufnahme? Litt Anton unter heimlichem Kummer? War seine Gefräßigkeit nichts anderes als ein Ersatz für vorenthaltene Mutterliebe?

Ich übertrug meinen Groll zum Teil auf Antons kaltherzige Mutter, deren mangelnde Nestwärme Anton heute dazu trieb, mir mein Gemüse wegzufressen.

Nach der Petersilie stürzte er sich auf den Sellerie, dann verlegte er sein Jagdgebiet auf die Möhren. Ausgestattet mit einem durch reichliche Zufuhr von Vitamin A verstärkten Sehvermögen, fiel er anschließend über den Kopfsalat her. Er vertilgte mit schöner Regelmäßigkeit zwei Stück pro Nacht. In spätestens neun Tagen, so konnte ich mir an meinen zwei Händen ausrechnen, würde von meinem ›Maiwunder‹ kein Blättchen mehr übrig sein.

Meine Geduld war am Ende. Das bedeutete Kampf.

Wie jeder gute Stratege baute ich meinen Feldzug auf der Erkenntnis auf, daß das genaue Studium des Gegners bereits die halbe Schlacht sei. Ich durchkämmte die einschlägige Literatur und machte mir folgende Notizen: Wühlmäuse *(Microtinae)*, über die Nordhalbkugel verbreitete Unterfamilie der Wühler, Nagetier mit dickem Kopf, breiter Nase, kurzem Schwanz, gräbt Gänge, sammelt Vorräte.

Auch das noch. Er fraß also nicht nur, er sammelte auch noch! Womöglich wollte er auch noch heiraten, sich Kinder zulegen. Und für sie alle würde er sammeln. O Gott!

Als zwei Drittel meines ›Maiwunders‹ verschwunden waren, begrub ich meine letzten Skrupel und beorderte eine allgemeine Mobilisierung. Der erste Schritt war die Einberufung des für diesen Fall zuständigen Reservisten in Gestalt unseres Katers. Er wurde in die feindliche Stellung vorgeschoben mit der strikten Order, die Kampfstätte erst nach Unschädlichmachung des Feindes zu verlassen. Er gab mir zärtlich zu verstehen, daß ich auf ihn bauen könne. Daß er diesen Fall auf beste Katzenmanier zu lösen gewillt war.

Ich hatte die Operation mit zwei Stunden angesetzt.

Nach Ablauf dieser Zeit begab ich mich auf die Gefechtsstätte, eine Knackwurst in der Hand als ordnungsgemäßen Sold für meinen braven Krieger.

Ich fand den Waschlappen schlafend unter den Buschbohnen vor. Anton machte sich soeben daran, seine Schwanzspitze anzunagen, wohl in der Meinung, es handle sich um eine Luftwurzel.

Da sah ich rot.

Eine Latte vom Zaun reißend, stürzte ich mich auf den Feind, in der Absicht, ihm seine breite Nase noch um etliches breiter zu schlagen. Doch mochten derartige kosmetische Eingriffe nicht ganz nach seinem Geschmack sein, denn er verzupfte sich augenblicklich in sein unterirdisches Labyrinth. Ohne mir das weitere Vorgehen taktisch zu überlegen, machte ich mich in blinder Wut an die Verfolgung.

Der Gang fing im Salatbeet an, zog sich unter dem Kohl durch, verlief in komplizierten Windungen zwischen den Krautpflanzen und führte weiter zu den Erbsen. Dort mußte ich notgedrungen die Jagd aufgeben. Als ich geschlagen davonschlich, hörte ich es hinter mir kichern. – Es war Anton, der zwischen den Rettichen hervorspähte.

Mein Malheur hatte sich in der Nachbarschaft herumgesprochen. Man sparte nicht mit guten Ratschlägen. Gegen solche Dreckskerle helfe nur eines, sagte man mir, aber das hundertprozentig: in die Erde gesteckte Glasscherben. Ich steckte Glasscherben kreuz und quer, auf und ab, hin und her. Es gab keinen mehr in der Familie, der nicht mit Schnittwunden herumlief, Anton vermutlich ausgenommen.

Jedenfalls fraß er tüchtig weiter.

Eine Bekannte riet mir, es mit Fischköpfen zu versuchen. Ich besorgte sie mir aus dem nächsten Gasthaus. Es waren Forellen mit hervorquellenden Augen und einem vielversprechenden Ansatz zu intensiver Duftproduktion.

Nach sechs Tagen verließ der letzte Sommergast den Ort fluchtartig. Anton hingegen fraß mein allerletztes ›Maiwunder‹. Mein Mann ging hin und verschaffte sich auf Umwegen vier Stangen Dynamit.

Die traurigen Reste unseres Küchengartens flogen in die Luft, zusammen mit dem Komposthaufen und zwei Fensterscheiben auf der Südfront unseres Hauses.

Durch den Pulverdampf hindurch sah ich Anton dem Nachbargrundstück zuhumpeln, ein Rettichlein im Maul als Notproviant. Sein vorwurfsvoller Blick verfolgte mich bis in den Schlaf.

Es ist eigenartig. Seither werde ich das Gefühl nicht los, man hätte mir meinen besten Freund vertrieben.

Warum hör ich nie die Geigen schluchzen, wenn ich mit ihm tanze?

Ich kam heim, öffnete die Tür, erblickte vor mir einen völlig fremden Raum von steriler Sauberkeit, sagte erschrocken »Entschuldigen Sie, ich muß mich geirrt haben!«, ging zurück vor die Haustür, verglich die Nummer, tastete über den Sprung im Glas, sah die Spinnweben in der rechten oberen Ecke der Haustür und war beruhigt. Es war also doch mein Heim.

Sie hatten bloß aufgeräumt.

Auf dem Tisch standen zwei Teller mit etwas, von dem ich geschworen hätte, es wären belegte Brötchen, wenn ich nicht genau gewußt hätte, daß ich keine gemacht hatte. Also war es wohl eine Fata Morgana. Ich kniff die Augen zusammen, blinzelte durch die Wimpern – sie waren immer noch da. Also doch keine Fata Morgana. Mit vor Erregung zitternden Fingern strich ich über die Eierscheibchen und den Lachsersatz. Tatsächlich, alles echt.

»Es gibt auch eine Flasche Wein dazu«, sagte mein Mann.

Ich ließ eine Träne auf die Essiggurken fallen. Seine Botschaft war so eindeutig wie der Ölzweig, den das Täubchen im Schnäbelchen hielt.

Wir fielen uns um den Hals. Gelobten feierlich einen neuen Anfang. Es war wunderschön. Nach einer Mahlzeit, bei der wir uns an den Händen hielten, zogen wir uns ins Schlafzimmer zurück. Auch dort klappte es recht gut. Vielleicht wäre wirklich noch alles gutgegangen mit uns beiden, wären wir nicht auf die unglückselige Idee verfallen, einen Ball zu besuchen.

Nur unheilbare Optimistinnen glauben immer noch an das Wunder, sie brauchten bloß mit *ihm* und in einem langen Kleid in einen Saal zu gehen, in dem eine Kapelle spielt und wo unter der Decke Girlanden hängen, und es würde so werden wie früher. Daß ihr nach dem ersten Ball mit *ihm* der Zehennagel abfiel, die Erinnerung daran hat sie erfolgreich verdrängt.

»Liebling«, sagte ich während einer Polka mit soviel Zartgefühl wie möglich, »wir könnten zusammen wieder einmal einen Tanzkurs besuchen. Nur so zur Auffrischung...«

»Ich *habe* einen Tanzkurs besucht«, entgegnete er gekränkt.
»Ich weiß«, sagte ich, »vor achtundzwanzig Jahren.«
»Tanzen verlernt man nie. Das ist wie Radfahren oder Schwimmen.«
»Auch damit hast du recht«, keuchte ich, mich krampfhaft an seiner Anzugjacke festkrallend, um zu verhindern, daß mich meine eigene Schwerkraft ins kalte Buffet schleuderte, »aber bist du sicher, daß du damals in einem *Tanzkurs* warst?«
»Was meinst du damit?«
»Nun, es wäre ja möglich, daß du dich im Wochentag geirrt und einen Judokurs besucht hast.«
Er stieg mir auf die Zehen, vermutlich aus Rache. Wir manövrierten uns durch zwei weitere Tänze mit einer höchst eigenwilligen Kombination von Schlurf- und Stampfschritten, Hopsern und Pirouetten.
»Warum tanzen wir nicht normal wie alle anderen?« beklagte ich mich.
»Was soll denn das nun wieder heißen? Tanze ich vielleicht nicht wie jeder andere Trottel hier?«
»Also«, entgegnete ich vorsichtig, um ihn nicht schon wieder zu kränken, »vielleicht nicht wie jeder hier im Saal. Aber ich könnte mir denken, daß wir unter den Papuas im Hochland von Neuguinea während ihrer Fruchtbarkeitsriten kaum auffallen würden.«
Daraufhin führte er mich zum Tisch zurück und sprach nicht mehr mit mir. Zwei Stunden später befand ich mich in einem Zustand, der dem eines Scheintoten nahekam. Ein Kellner sah mir prüfend ins Gesicht, knipste sein Feuerzeug an, fuhr mit der Flamme vor meinen Augen hin und her, schnalzte mitfühlend mit der Zunge und nahm mein halbvolles Glas weg.
Es gibt keine rigorosere Strafe, als auf einem Ball zwischen dem eigenen Mann und einer Matrone zu sitzen, die einem von ihren Enkeln erzählt. Manche meinen, es wäre schlimmer, auf einer menschenleeren Insel ausgesetzt zu werden. Ich sage, nein. Dort kann man auf eine Palme steigen, man kann sich kratzen, nach Wasser graben, die Moskitostiche zählen, kurz, es ist ein Leben voll aufregender Aktivität. Hier jedoch bleibt einem nichts anderes übrig, als glasigen Blicks langsam zu versteinern. Ich hätte mich gern betrun-

ken. Aber wenn schon ein Schluck Sekt ein Vermögen kostet und sie einem den Rum mit der Pipette ins Cola träufeln, kommt auch das nicht in Frage.

Kurz vor dem *rigor mortis* stemmte ich mein krachendes Gestell vom Stuhl hoch und schleppte mich auf die Toilette. Mein Mann schlief offenen Auges. Vielleicht war er auch inzwischen an akuter Langweilitis gestorben. Es war mir gleich.

Als ich auf dem Rückweg an der Bar vorbeikam, stieß ich auf Eva-Maria.

Sie sah so strahlend aus, daß mir schlecht wurde.

Als ich dann auch noch bemerken mußte, daß um sie herum sechs – sechs! – gutaussehende Männer standen, zog sich mein Magen krampfartig zusammen. Der Schmerz strahlte mir bis in die Fingerspitzen. Wie war das möglich? Sie war ein Jahr älter als ich und hatte Zellulitis an den Oberschenkeln.

Vermutlich lag es daran, daß sie nicht mit einem langweiligen Ehemann gekommen war, sagte ich mir. Ich konnte nicht glauben, daß es an den Stützstrümpfen lag, die ich unterm Abendkleid trug.

Sie küßte mich auf beide Wangen und faselte was von dem Spaß, den sie hätte. Vermutlich merkte sie, daß es bei mir nicht so weit her war damit, denn sie fragte: »Und du? Unterhältst du dich gut?«

»Danke«, murmelte ich, »ich hab schon Schlimmeres erlebt. Damals zum Beispiel, als man mich bei ›Vom Winde verweht‹ versehentlich in der Kinotoilette einschloß.«

Danach waren alle recht nett zu mir. Einer von den sechsen, ein Intellektueller mit Brille und Stirnglatze, sprach mit mir über Arthur Miller und dann, als ich mich darüber ereiferte, wie mies er seine Frau, die Monroe, behandelt hat, über die Vorteile der neuen phosphatfreien Waschmittel. Und ein anderer forderte mich sogar zum Tanzen auf.

Leider war es der kleinste. Aber er war ganz munter für seine Größe, und wir unterhielten uns köstlich, auch wenn ich bloß seinen Scheitel sah und er mir beim Rock 'n' Roll kurzzeitig unterm Kleid verlorenging.

Nach einigen flotten Tänzen fiel mein Blick zufällig auf meinen Mann. Was ich dort sah, veranlaßte mich, nicht ohne Bedauern, zu sagen: »Ich glaube, ich muß zum Tisch zurück.«

Wir stritten uns noch immer, als wir schon im Auto saßen. Dabei war es einfach lächerlich. Ob er wirklich glaube, ein Mann könnte mich reizen, dessen Nase meine Brustwarzen kitzelte? – Eben, brüllte er, er habe deutlich gesehen, wie der verdammte Gartenzwerg mich an derselben Stelle geküßt hätte.

Unsinn, kicherte ich, er habe sich vermutlich bloß in die Rüschen geschneuzt.

Aber mein Mann war für Scherze unempfänglich. Die Eifersucht hatte ihr häßliches, humorloses Haupt erhoben. Die sieben Kilometer bis zu unserem Haus sagte er mir, was ihn an mir störte und an meinen Kindern und an meiner Mutter, und ich sagte ihm, was mich an ihm störte und an seinem geldgierigen Bruder und dessen idiotischer Frau. Als wir in die Einfahrt einbogen, hatten wir unseren gemeinsamen Lebensweg anhand unserer Verfehlungen zurückverfolgt bis zu jenem bedauerlichen Moment, in dem mein Mann sich an einem meiner Kartoffelknödel eine Plombe ausgebissen hatte.

»Tröste dich. Nach unserem letzten Ballbesuch redeten wir zwei Wochen lang nur auf Zetteln miteinander«, sagte meine Kollegin aus dem Büro, während sie unsere Punkte am Schwarzen Brett notierte. Ich war mit ihr und zwei weiteren Kolleginnen zum Kegeln gegangen, um mich auf andere Gedanken zu bringen. Wenn wir zerstritten waren, konnte ich. Denn da sprachen wir nicht miteinander. Sonst zogen Frivolitäten wie Kegelabende endlose unerquickliche Diskussionen nach sich.

»Ich bin nie so nahe dran, mit dem Schlüsselbund über ihn herzufallen«, sagte Jutta aus der Buchhaltung, »als wenn sie ›Paloma Blanca‹ spielen und er stumm neben mir sitzt und so aussieht, als horchte er angestrengt in sein Inneres und dieses würde ihm zuflüstern, um wieviel schöner es daheim im Bett wäre. – Wer ist dran?«

»Ich«, sagte ich und ließ die Kugel so geschickt zwischen die neun Kegel rollen, daß sie keinen einzigen berührte.

»Deiner geht wenigstens!« sagte Paula mit einem tiefen Seufzer. »Als ich meinen das letztemal so weit hatte, hackte er sich eine Stunde vorher ins Bein.«

»Doch nicht absichtlich!«

»Du kennst Martin nicht. Er schreckt vor nichts zurück.«

Jutta schnaubte durch die Nase. »Was mich am meisten wurmt, ist, daß wir wie die Opferlämmer drauf warten, bis uns irgend so ein plattfüßiges Individuum zum Tanzen holt. Warum, zum Teufel, haben wir nicht den Mumm, das endlich zu ändern! Warum holen wir uns nicht den Mann, der *uns* gefällt?«

»Weil«, entgegnete ich, »dann kein Mann mehr einen Ball besuchen würde, es sei denn, eine Frau fesselt ihn an ihr Handgelenk.«

Paula kicherte. »Könnt ihr euch an Ingeborg erinnern?«

Auch ich kicherte. Ingeborg, ach ja ...

»Was war mit ihr?« fragte Jutta.

»Sie waren zwölf Jahre verheiratet, da verknallte sich ihr Mann in eine Sportlehrerin.«

Jutta schnalzte mitfühlend mit der Zunge.

»Ingeborg hielt sich fabelhaft. Sie verzieh ihm, daß er sie wegen einer Frau verließ, die drei Jahre älter war als sie selbst.«

»Wie hochherzig.«

»Sie verzieh ihm auch, daß er die Wohnung behielt.«

»Wunderbar. Ich brächte das nie fertig.«

»Er brauchte ihr keinen Pfennig Unterhalt zu zahlen und behauptete auch noch, den Dampfkochtopf hätte er in die Ehe mitgebracht.«

»Und da wurde es ihr zuviel?«

»O nein. Sie war bereit, ein Jahr auf ihn zu warten, falls er mit der Sportlehrerin nicht glücklich werden sollte.«

»Ist sie eine Heilige, oder spinnt sie?«

»Warte! Ungefähr drei Monate später erzählte ihr eine Freundin, sie hätte ihren Verflossenen beim Verlassen einer Tanzschule gesehen. Da wurde Ingeborg weiß wie die Wand. Sie soll gemurmelt haben: ›Tanzschule? Tanz ... O nein! Da versuche ich jahrelang, diesem Trottel wenigstens den Wechselschritt beizubringen, und jetzt ... und jetzt ... für sie ...‹«

Noch am selben Abend paßte sie ihn vor seinem Büro ab und fuhr ihn kaltblütig mit dem Auto nieder.

Frühling ist's –
und ich schlafe im Gästezimmer

Mein Mann sei, sagte ich im Büro zu Eva-Maria, seit einiger Zeit so nervös wie eine Katze mit einer Wäscheklammer am Schwanz.

»Möglicherweise hängt es damit zusammen, daß du immer noch im Gästezimmer schläfst. Seit wann eigentlich?«

»An die drei Monate«, murmelte ich. »Was glaubst du? Kriegt man die Spanische Fliege auf Rezept?«

»Versuch's mit jungen Brennesseln.«

Frühlingskräuter, meinte Eva-Maria, hätten eine wundersam aphrodisiakische Wirkung.

Ich ging also los und stach Löwenzahn für den Salat, ganze Körbe voll. Ich bestreute die Suppen mit Gundelrebe, stapfte in Gummistiefeln in Bächen herum auf der Suche nach Bachkresse und machte Spinat aus jungen Brennesseln, bis die Kinder sagten: Noch einmal Spinat und wir sehen uns beim Jugendgericht wieder!

»Und? Hat's geholfen?« erkundigte sich Eva-Maria nach einigen Wochen.

Ich schüttelte den Kopf. Selbst all die Wagenladungen von zartem, jungem Grünzeug hatten mich nicht dazu gebracht, ins französische Bett zurückzukehren.

Dabei hätte ich früher einmal, stöhnte ich, auf dem Bettvorleger übernachtet, nur um ihm nahe sein zu können. Was, um Himmels willen, ist da bloß passiert?

Eva-Maria zuckte die Achseln. »Nun, die Sache mag nach zwanzig Jahren etwas von ihrem Überraschungseffekt verloren haben.«

Ich mußte zugeben, daß mir tatsächlich nicht mehr die Knie zitterten beim Anblick eines Haarbüschels in seinem Hemdausschnitt. Aber, zum Kuckuck, es war doch noch alles vorhanden, was mich einst so entzückt hatte, alles Wesentliche zumindest, und es funktionierte normal. Warum bloß regte mich dieses Wesentliche heute so wenig auf wie eine Bratwurst in der Pfanne des Fernsehkochs?

War ich krank, nicht ganz normal oder was sonst?

Ein paar Tage später, als ich eben dabei war, mir vor dem Spiegel im Bürowaschraum ein Haar am Kinn auszuzupfen, wurde mir schlagartig bewußt, wo es haperte: Wie konnte ich meinen Mann lieben, wie konnte ich überhaupt jemanden lieben, wenn ich mich selbst nicht liebte? Und wie, um Himmels willen, konnte ich jemanden lieben, der so aussah wie ich? Wenn ich meine Ehe retten wollte, mußte ich schleunigst etwas unternehmen.

Die Pinzette noch in der Hand, rannte ich zum Chef und ließ mir den nächsten Tag freigeben. Und dann meldete ich mich telefonisch bei der Kosmetikerin und beim Friseur an.

Es war nicht das erstemal, daß ich vom unwiderstehlichen Drang gepackt wurde, mich von Grund auf zu erneuern. Also ehrlich, hätte ich die Anstrengungen, die ich seit rund drei Jahrzehnten unternahm, um etwas aus mir zu machen, darauf verwendet, die Schlafgewohnheiten der Berggorillas zu studieren, ich wäre heute auf diesem Gebiet eine Kapazität ersten Ranges. Daß trotzdem so wenig dabei herausschaute, lag zweifellos an der lausigen Qualität des vorhandenen Rohmaterials: Als der liebe Himmelsvater seine himmlischen Gaben austeilte wie langes lockiges Haar, kleine lustige Stupsnäschen, große sanfte Rehaugen, da bin ich wohl wieder einmal unterm Holunderstrauch gelegen und habe Old Shatterhand gelesen. Alles, was ich noch ergatterte, war ein Restposten von langen Beinen, die liegengeblieben waren, weil die Knie breiter waren als die Oberschenkel.

Verbissen bin ich seither dabei, aus solchem Ramsch was zu machen. – Ich hatte *alle* Haarfarben und *alle* Schnitte durchprobiert. Ich hatte die Haare kurz, mittel und lang. Gelockt und gerade. Ich hatte den Pagenschnitt, wo man bloß das Haar zu schütteln braucht und man sieht fabelhaft aus. Ich schüttelte mein Haar – und wie sah ich aus?

Meine Bekannte, mit der zusammen ich mich an einem anstrengenden Einkaufsvormittag schnell mit einem Kaffee labte, grinste. »Vermutlich wie eine, die gerade ihr Haar geschüttelt hat.«

»Du hast es erfaßt... Kannst du dich noch an die Mode erinnern, als man nur *einen* Ohrring trug?«

Sie nickte. »War fabelhaft lässig.«

»Nicht wahr? Und was fragte *mich* jeder?«

Sie kicherte. »Sag's nicht. Ich kann es mir denken.«
»Oder die blaßlila Lippenstifte. Weißt du noch?«
»Zur braunen Haut sahen sie umwerfend aus.«
»Du sagst es. Ich trug blaßlila Lippenstift, und mein Hausarzt nahm mich von der Straße weg mit in die Praxis und maß mir den Blutdruck... Vorige Woche machte ich mir eine Maske aus Eigelb, Honig und Olivenöl, eine Augenkompresse aus Kamillensud und einen Halsumschlag aus Mandelöl. Weißt du, was passiert ist?«

Sie tätschelte meinen Arm. »Was immer es war, nimm's nicht tragisch.«

»Der Kamillensud rann mir ins Ohr, es fiel mir zu und ging vier Tage lang nicht mehr auf, die Maske leckte mir unser Freßsack von Kater vom Gesicht, und dann kotzte er auf den Wohnzimmerteppich; und zwei Tage lang trug ich einen Schal, weil mein Hals aussah, als hätte ich die Gürtelrose.«

Als wir zum Garderobenständer gingen, klagte ich: »Wie lässig sich diese jungen Gänschen den Mantel anziehen! Bei mir sieht es immer so aus, als wäre ich mit ihm in einen Ringkampf verwickelt.«

»Aber es ist doch kindereinfach, du schwingst ihn über die Schulter. Siehst du, so.«

Wirklich, es war kindereinfach.

Ich schwang meinen Mantel über die Schulter, erwischte eine Kaffeetasse und ein paar Zeitschriften und machte soviel Wind, daß einem aufgetakelten Weibsstück die falschen Wimpern in den Erdbeer-Shake flogen.

Meine Bekannte sagte: »Für den Anfang geht's. Probier es daheim noch einmal, und zwar so, daß du die Ärmellöcher innen hast.«

Eine Zeitlang machte ich daraufhin das Morgenturnen für Hausfrauen am Radio mit. Aber das mußte ich wieder aufgeben. Am Boden zu liegen und den Staub unterm Schrank zu sehen, das hielten meine Nerven nicht aus.

Ich war bei der Kosmetikerin. Und beim Friseur. Ich hatte neue Dauerwellen, gezupfte Brauen und auf der Oberlippe kein Härchen mehr. Ich kaufte mir Hautcreme, von der zehn Gramm mehr kosten als echter Kaviar, und massierte mir jeden Morgen den Speck auf meinen Hüften mit einem Lufahandschuh. Aber es war die Anstrengung wert. Zumindest bekam ich keine akuten Depressionen mehr, wenn ich mich in einer Schaufensterscheibe sah. Nur – den Hauptzweck all meiner Bemühungen hatte ich wohl ein wenig aus den Augen verloren. Denn als ich gestern abend aus dem Bad kam und meinen Mann im Morgenrock und nach After-shave duftend vorfand und der Fernseher nicht lief, fragte ich bloß baff: »Was ist denn los? Ist er hin?«

Ich griff nach dem Strickzeug.

Er kam zu mir, entfernte die Stricknadeln aus meinen Fingern und zog mich an seine Brust.

Um es kurz zu machen: Es war eine Pleite. Nach einer Reihe fruchtloser Anstrengungen tat er, was er auch sonst in diesem Fall getan hat: Er war beleidigt und ging ins Bett.

Auch ich reagierte programmgemäß: Ich gab ihm die Schuld. Warum überrumpelte er mich so? Warum sagte er nichts Nettes? Warum lächelte er mich nie so zärtlich an, wie Omar Sharif es tut, wenn er eine Frau ins Schlafzimmer trägt? (In seinen älteren Filmen natürlich. Heute hätte er wohl nicht mehr die Kraft dazu. Zum Tragen, meine ich.) Warum gab er so schnell auf? Verflixt, warum fing er so schnell an? Sogar ein blöder Vogel wie der Auerhahn rennt vorher stundenlang im Kreis, schlägt mit den Flügeln und stößt urige Laute aus. Sogar der weiß, wie man es macht. Und wenn sie nicht will, hat er deshalb noch lange keinen Scheidungsgrund.

»Es ist ganz einfach nicht gerecht!« sagte ich erbost zu Hanna, als wir auf das Thema zu sprechen kamen. »Eine Frau kann sich in der Ehe von fünfzig auf neunzig Kilo hinauffressen, sie kann, wenn sie will, nichts anderes lesen als die Postwurfsendungen und mit fünfundvierzig auf der Intelligenzstufe einer Amöbe gelandet sein, sie kann...«

»...von nichts anderem reden als ihrem erhöhten Cholesterinspiegel«, fuhr Hanna fort, die begriffen hatte, auf was ich hinauswollte.

»Du sagst es! Aber das tut anscheinend einer guten Ehe keinen Abbruch. Wehe jedoch, sie will nicht mehr! Das ist ein schweres Vergehen.« Eine Ansicht, sagte ich erbost, die geradezu mittelalterlich wäre. Warum nicht gleich an den Pranger stellen und mit faulen Eiern bewerfen!

»Würde man heute nicht machen.« Hanna schüttelte so heftig den Kopf, daß ihr drei Wickler aus dem Haar flogen. »Nicht bei den heutigen Eierpreisen.«

Es ist bedauerlich, wie wenig ernst selbst meine beste Freundin ein Problem nimmt, das die Wurzel allen Übels ist. Sogar ihr ist es wichtiger, daß der Kuchen aufgeht.

Manchmal hab ich das Gefühl, der Eierschneider mag ihn lieber als mich

»Ich muß etwas gegen meine Isolation tun. Ich komme mir vor wie eine Maus in ihrem Loch«, sagte ich, während ich Kaugummi aus dem Teppichboden kratzte.

»Du hast ein Haus mit fünf Zimmern, Bad, Küche, Hobbyraum und einer Terrasse, so groß wie das Sonnendeck der Britannia«, erwiderte mein Mann gekränkt. »Und das nennst du Loch?«

»Nein, nein, du verstehst mich nicht. Was ich sagen will, ist, ich müßte einmal in eine andere Umgebung.«

Seine Augen wurden schmal. »Fängst du schon wieder mit Paris an?«

»Wer redet von Paris? Hör mal, ich will nichts anderes als einmal neue Gesichter sehen. Ich möchte mit jemandem reden, der sich nicht den Kopfhörer überstülpt, sobald ich den Mund aufmache. Weißt du, daß ich schon so weit bin, daß ich mich mit meinen Suppentellern auf englisch unterhalte?«

»Wieso auf englisch?« fragte er.

Das war vor rund einem Jahr. Seither habe ich es aufgegeben, von ihm Hilfe zu erhoffen. Ehemänner verstehen nicht, wie einer Frau zumute ist, deren Horizont im Osten von einem Berg Bügelwäsche und im Westen vom Entsafter begrenzt wird.

»Glaubst du vielleicht, es geht nur dir so?« Hanna beugte sich über das Bügelbrett zu mir herüber, flüsterte: »Weißt du, was *ich* getan habe? Ich habe meinen Handstaubsauger gegen einen mit Schlauch eingetauscht, du weißt schon, so einen, den man hinter sich herzieht.«

Das, meinte ich, wäre ja wohl noch kein bedrohliches Symptom...

»Ich gehe mit ihm in der Wohnung spazieren.«

»Na schön. Das verschafft dir Bewegung.«

Ihre Stimme wurde noch leiser. »Vor zwei Wochen habe ich ihm ein Hundehalsband gekauft... Was mich stört, sind bloß die Flecken.«

»Welche Flecken?«

»Er pinkelt mir ständig auf den Teppich.«

Ich hörte auf, an meinem Kuchenstück zu kauen. »Wie alt ist er?«

»Der Staubsauger? Zwei, drei Monate.«

»Was willst du«, sagte ich, »dann ist das doch ganz natürlich. Er ist noch nicht stubenrein.«

Sehen Sie, was ich meine?

Andererseits ist es nur verständlich, daß ein Mensch mit mangelnden menschlichen Kontakten sich enger an die Dinge anschließt, mit denen er täglich zu tun hat. Erstaunlich allerdings ist, daß sich umgekehrt auch diese Dinge an den Menschen anschließen. Mein Gummibaum zum Beispiel weinte, als ich ihn zum erstenmal nach zwei Jahren mit lauwarmem Bier abwusch. Und als ich ihm kürzlich eine heitere Geschichte von Kishon vorlas, trieb er an allen drei Ästen gleichzeitig aus. Der Eierschneider dagegen kann mich nicht leiden, der mag nur meinen Mann. Für ihn tranchiert er das Ei exakt wie ein Laserstrahl. Bei mir macht das Luder aus jedem Ei einen Mushaufen.

Es ist möglich, daß ich ihn einmal beleidigt habe.

Ausgesprochen lästig finde ich die übertriebene Anhänglichkeit der Waschmaschine. Sie hat ernsthafte Anzeichen von krankhafter Eifersucht entwickelt. Damals, als ich neue Zahnputzgläser aufs Regal stellte, unternahm sie ihren ersten Selbstmordversuch durch Verschlucken einer Schraubenmutter.

Einen Tag nach der Installation des Durchlauferhitzers waren ihre Einspritzdüsen verstopft.

Jedesmal, wenn ich die Badewanne putze, sage ich laut und deutlich: »Ich hasse dieses dreckige, speckige Trumm!«, nur damit die Waschmaschine nicht denkt, ich hätte die Badewanne lieber als sie, und sich wieder einmal zum Sterben bereitmacht.

Gottlob ist sie leicht zu versöhnen. Meist genügt schon das Auflegen eines frisch gestärkten Häkeldeckchens.

Ich *weiß* zum Beispiel, daß mein Kartoffelschäler ein kleiner Schelm ist. Er liebt es, mit mir Verstecken zu spielen. Ich suche ihn überall. Ich räume den gesamten Mist aus dem Dreckeimer, stülpe alle Schuhe um und keife mit den Kindern. Aber im Grunde meines Herzens bin ich überzeugt: Der taucht erst wieder auf, wenn *er* will.

Und er taucht wieder auf. Eine Stunde später oder auch erst nach vier Tagen liegt er auf seinem Platz und sieht so unschuldig aus, als wäre er nie weggewesen.

Ich habe angefangen, mich zu rächen. Ich suche ihn jetzt nicht mehr. Zwar ist mir klar, daß ich ihn dadurch aller Lebensfreude beraube, ich merke es an seinen hängenden Mundwinkeln, aber ich muß meine Nervenkraft schonen. Ich kann sie nicht an einen Kartoffelschäler verplempern.

So wie es aussieht, werde ich sie über kurz oder lang für Wichtigeres brauchen.

Frag mich doch einmal: »*Wie geht's dir?*«

Früher, als ich noch dachte, mit *reden* könnte man was ausrichten, beklagte ich mich von Zeit zu Zeit: »Es kümmert dich wohl überhaupt nicht, wie's mir geht!«

Er, die Hand schon auf der Türklinke, murmelte verdrossen: »Du lieber Himmel, soll ich dir den Puls fühlen und die Rachenmandeln untersuchen?«

Ich, an den Tränen schluckend: »Nein. Du brauchst mich nur danach zu *fragen*.«

Einer amtlichen Erhebung zufolge beläuft sich die durchschnittliche Gesprächsdauer zwischen älteren Ehepaaren auf zehn Minuten täglich. Ob *sie* das gewußt hätte, fragte ich Hanna.

Die nickte. »Vermutet habe ich es zumindest. In dieser Zeitspanne erzählt mir der meine, wie er den Heini fertiggemacht hat, der versucht hat, sich vor seiner Nase in eine Parklücke zu drängen.« Sie kicherte. »Gestern haben wir überzogen. Unsere Diskussion darüber, ob die Waschmaschine Socken frißt oder ob ich jeweils einen von einem Paar im Garten vergrabe, hat sich in die Länge gezogen.«

Schuld an der immer ärger werdenden Kommunikationsarmut ist natürlich das Fernsehen. Es ist jeden Abend dasselbe: Er schlingt das Essen hinunter, und danach greift er nach dem Knopf, um das wahre Leben ins Zimmer zu lassen ... Was kann man dagegen machen?

Nichts. Ich bitte Sie, wer kann schon mit einem Wesen konkurrieren, das moderiert, synchronisiert und jeden Tag frisch frisiert ist? »Und das einem nicht gegen das Schienbein drischt, wenn man einmal beim Zuhören einnickt«, sagte er hämisch, als ich ihm wieder einmal mit der alten Leier kam.

Fernsehen ist das Opium der Ehemänner. Linda Lobinger war schon im sechsten Monat und immer noch nicht dazugekommen, es ihrem zu sagen.

»Ich möchte einen Abend abwarten, an dem er nicht durchs Fernsehen abgelenkt ist«, sagte sie damals. »Ich würde gern eine Flasche Wein aufmachen und Kerzen anzünden ...«

Als sie endlich dazu kam, war Klein Gitti von der Flasche zu fester Nahrung übergewechselt. »Warum hast du mir nichts davon gesagt?« rief er angesichts der freudigen Botschaft mit berechtigtem Vorwurf. »Sohn oder Tochter? – Pst! Hör dir das an! Schweres Erdbeben in der Mongolei. Voraussichtlich fünftausend Tote!«

Seine Frau verschob die Antwort bis zum nächsten Werbespot.

»Ich würde gerne mit dir tauschen!« seufzte eine ehemalige Schulkollegin (nicht die mit der gesunden Kost, eine andere), die ich kürzlich auf der Straße traf und mit der wir dann bei einem Espresso über unsere Männer herzo... plauderten.

Ich starrte sie an. »Du willst sagen, du möchtest einen Mann, der mit dem Fernseher in bigamistischer Ehe lebt und den ganzen Abend nichts sagt als ›Mußt du so laut mit den Stricknadeln klappern?‹«

Sie nickte heftig.

»Und was ist mit deinem los?« fragte ich mißtrauisch. »Säuft er?«
»Wo denkst du hin! Hie und da zum Essen ein Bier...«
Jetzt nickte ich, mitfühlend. »Ich weiß Bescheid. Er haut dich.«
»Ich bitte dich!«
»Aha. Er hat andere Weiber.«
»Nein, nein, Karl ist ein mustergültiger Ehemann. Er trinkt nicht, raucht nicht, spielt nicht, hat keine Frauengeschichten, er verbringt die Abende ausnahmslos mit mir gemeinsam, ich sticke und er« – ihr Gesicht lief deutlich grün an – »er plaudert...«

Ich winkte ab. »Danke. Behalt ihn.« Ich wußte Bescheid. Karl gehörte zur Sorte ›Geschichtenerzähler‹.

Das Tragische an einem solchen Menschen ist, daß er ganz reizend sein kann. Er kann lieb, aufmerksam, gutmütig sein. Er kann seine Frau auf Händen tragen. Aber wehe, er hat einen Zuhörer!

Gespräche mit ihm sind, o Graus, nie was anderes als Monologe. Er wirft dir den Ball nie zurück. Er hält ihn an seine Brust gepreßt und läuft damit und läuft und läuft... Er ist der Tod jeder Gesellschaft. Er wird von einem erzählen, den er in Buxtehude getroffen hat und den außer ihm kein Schwanz kennt und was er mit dem geredet hat und wie die Gallenoperation von dem seiner Schwiegermutter verlaufen ist, bis alle Anwesenden betäubt mit ihren Nasen in die Weingläser gefallen sind.

Heiratest du ihn, wirst du all diese Geschichten nicht nur einmal, sondern so lange hören, bis du Gott anflehst, dich ertauben zu lassen.

Oder bis du ihm davonläufst.

Glaub nur ja nicht, du könntest es ihm abgewöhnen. Er wird gekränkt sein. Er wird anfangen, dich zu hassen. Aber er wird weiter seine Monologe halten. Und sie werden, je älter er wird, immer länger und immer gleicher werden.

Kinderlose Frauen erzählen mir manchmal, wie gut ich's hätte. Ich hätte die Kinder zum Reden.

Man merkt es, daß sie keine Ahnung von der Materie haben. Bei Kindern nimmt die Quantität von dem, was sie mit uns reden, im selben Maß ab, in dem die Qualität zunimmt. Solange sich ihr Sprachschatz auf die vier Wörter ›Auto, kaputt, will Eis‹ beschränkt, reden sie mit uns pausenlos, Tag und Nacht. Sie erzählen uns ihren Tagesablauf, ihre Vorstellungen vom zukünftigen Ehepartner, ihr Erlebnis mit einer Motte, ihre Einstellung zur Abrüstungsfrage, alles. Kaum jedoch haben sie den Sprachschatz eines Normalverbrauchers erreicht, verstummen sie.

»Redet doch einmal mit mir!« jammerte ich vor einigen Tagen beim Frühstück.

Sie steckten die Köpfe zusammen. »Was hat sie denn?« hörte ich sie untereinander tuscheln.

»Ich möchte bloß, daß ihr mit mir redet. Hie und da«, sagte ich.

»Warum?« Sie starrten mich an.

»Weil ich ein menschliches Wesen bin mit einem normalen Verlangen nach menschlicher Ansprache.«

Sie waren offensichtlich peinlich berührt.

»Was soll'n wir denn mit dir reden?« fragte einer schließlich.

»Ach, irgendwas!« entgegnete ich, erschöpft. »Ist euch klar, daß das einzige, was ich gestern von euch hörte, der Satz war ›Wo ist der Rest vom Pudding?‹«

»Du lieber Himmel!« sagte meine Tochter. »*Wir* reden eben nur, wenn wir wirklich was zu sagen haben. Wenn mich was ankotzt, dann ist es die hirnlose Geschwätzigkeit von euch Erwachsenen.« Sie stand auf, ging zum Telefon, wählte eine Nummer mit einer achtstelligen Vorwahl und sprach ohne Unterbrechung, bis ich ihr nach zwanzig Minuten meinen Hausschuh ins Kreuz warf.

»Was redet *ihr* denn so, wenn ihr zusammen seid?« fragte mich kürzlich eine Bekannte im Wartezimmer des Zahnarztes.

Ich warf einen verstohlenen Blick um mich, es warteten außer uns sieben, und sie schienen zuzuhören. »Ach, weißt du«, sagte ich, »wir plaudern über die Schule ... ein bißchen Politik ... Musik ... wo wir im nächsten Urlaub hinfahren werden ... die Kinder erzählen uns, was sie tagsüber gemacht haben ...«

Ich hörte einen Seufzer an meiner Seite und etwas wie ein verhaltenes Aufschluchzen. »Wirklich, sie erzählen euch! Meine Petra würde mir nie sagen, was sie macht, nicht einmal unter der Folter im vierten Grad.«

Gerührt von soviel Ehrlichkeit, flüsterte ich zurück: »Meine auch nicht, wo denkst du hin! Soll ich dir ehrlich sagen, was wir gestern beim Abendessen geredet haben? Mein Mann hielt eine Inquisition ab wegen eines blöden Stemmeisens, das angeblich einer genommen und nicht zurückgelegt hat. Mein Beitrag zum Tischgespräch war: ›Welcher Schwachkopf hat mit meiner besten Schere Blech geschnitten?‹ und: ›Ich gebe demjenigen, der mit dem Nagellackentferner abgehauen ist, zehn Minuten.‹ Und dann stritten sie sich, wer mit dem Abräumen dran ist ... Und du, was redest du so mit deiner Tochter?«

»Gott ja, ich spring von einem Thema zum anderen ...«

»Gestern?« beharrte ich.

»Gestern? Warte ... Ach ja. Ich sprach über die Auswirkungen der libyschen Aggression auf den Fremdenverkehr im Mittelmeerraum, über die homosexuellen Tendenzen auf einem amerikanischen Flugzeugträger mit sechstausend Matrosen an Bord, und ich zitierte ein Gedicht von Rilke.«

»Du machst Witze!« flüsterte ich.

»Aber nein.«

»Deine Tochter redet mit dir tatsächlich über homosexuelle Tendenzen und Dichter und sowas?« Es schnürte mir den Hals zu vor Neid.

Meine Bekannte zupfte an ihren Fingernägeln. »Nun ja, so ungefähr. Weißt du, eigentlich sagte sie nicht allzuviel dazu... Eigentlich sagte sie nur: ›Wir haben kein Ketchup mehr.‹«

Ich war beruhigt.

Verhaltensforscher sind sich längst darüber klar, daß nichtberufstätige Hausfrauen unter schweren Kommunikationsmängeln leiden. Ich habe vor einiger Zeit in einer Illustrierten einen Test gefunden und aufgehoben. Hier ist er:

1. Reden Sie mit Ihrer Katze, Ihrem Hund, Kanarienvogel? (1 Punkt)
2. Reden Sie mit Ihrem Gummibaum? (2 Punkte)
3. Müssen Sie sich räuspern, wenn Sie unvermutet angesprochen werden, und klingt Ihre Stimme dann wie das Knarren einer rostigen Türangel? (4 Punkte)
4. Drehen Sie sich um, wenn jemand auf der Straße Sie mit Ihrem Vornamen anspricht, um zu sehen, ob jemand hinter Ihnen steht, der so heißt wie Sie? (2 Punkte)
5. Ist es schon vorgekommen, daß, wenn Sie und Ihr Mann Besuch hatten, dieser nach zwei Stunden anfing, sich mit Ihnen in Zeichensprache zu unterhalten in der Meinung, Sie wären taubstumm? (6 Punkte)
6. Frage an die Familienangehörigen: Kommt es vor, daß eure Mutter/Ihre Ehefrau mit einem Strick um den Hals herumgeht und die Gewohnheit hat, mit dem Zeigefinger an diversen Haken, z. B. Lampenaufhängern, zu ziehen, um festzustellen, ob diese ihr Gewicht aushalten? (9 Punkte)

Auswertung:

0–4 Punkte: Ihre Kommunikationsfähigkeit ist hervorragend. Sie entspricht der eines Politikers oder Profifußballers. Sind Sie sicher, daß Sie sich nicht verzählt haben?

5–18 Punkte: Ihre Kommunikationsfähigkeit ist normal. Aber warum nicht darüber hinaus etwas dafür tun? –

> Nehmen Sie an einem Abendkurs teil. Und laden Sie sich doch öfters einmal eine liebe Freundin zum Kaffee ein.
>
> 19–25 Punkte: Nehmen Sie sofort Kontakt auf mit der Rufnummer 02 85 36. Ihr Zustand ist bedenklich.

Mit meinen zwanzig Punkten fühlte ich mich berechtigt, davon Gebrauch zu machen. Ich rief an. Eine sympathische weibliche Stimme meldete sich. In einschmeichelndem Ton gurrte sie: »Das ist der automatische Beantwortungsdienst Ihrer Telefonseelsorge ›Sprich dich aus und rette dein Leben‹. Bitte sprechen Sie, sobald ...« Ich hängte ein, brach in tonloses Schluchzen aus und versuchte, mich mit dem Kabel zu erdrosseln, als mir einfiel, daß ich die Milch auf dem Herd hatte. Ich verschob mein gewaltsames Ende um die vierzig Sekunden, die ich brauchte, um den Topf wegzuziehen.

Danach hatte ich gottlob wie üblich vergessen, was ich gerade wollte.

Dabei war ich so fest entschlossen, aus diesem Urlaub das Beste zu machen!

Wenn einer die Wahl hat, hat der andere die Qual.

Wäre man verrückt genug, die Wahl des Urlaubsortes den Männern zu überlassen, dann würde sich herausstellen, daß sich in dem Punkt die männliche Hälfte der Menschheit ganz klar in zwei Lager spaltet: Die einen holen sich drei Tage vor Urlaubsantritt den Atlas vom Schrank, schlagen ihn x-beliebig wo auf, tippen mit geschlossenen Augen auf einen x-beliebigen Punkt, machen die Augen wieder auf, schauen kurz hin und murmeln: »Also nach Wad Medani ... Irgendwo müßten doch noch meine alten Chinintabletten herumliegen ...« Die anderen steigen, im Urlaubsort angekommen, aus dem Auto, am selben Fleck, wo sie auch letztes Jahr und das Jahr zuvor geparkt haben, ziehen genüßlich die Luft in die Nasenlöcher und bemerken mit seligem Schmunzeln: »Bei den Meiers gibt's heute wieder Schweinebraten mit Sauerkraut.«

Gehört dein Mann zur zweiten Sorte, dann weiß ich ungefähr, was du hinter dir hast. Seit Wochen hast du zentnerweise Prospekte heimgeschleppt und sie gewissenhaft studiert. Du hast die Preise in allen aufliegenden achtzig Katalogen verglichen. Hast zwei Dutzend Reiseführer gelesen, unter anderem über eine Schlauchbootfahrt am Oberen Saskatchewan und eine Fahrradtour durch die Wüste Gobi. Du hast ihn nächtelang wachgehalten mit Diskussionen darüber, ob man Aids bekommen kann, wenn man eine infizierte Türklinke berührt und gleichzeitig Zahnfleischbluten hat, und ob sie in Spanien immer noch mit Schmieröl kochen. Ihr besprecht lebhaft alle Für und Wider, schwankt noch zwischen den Malediven und einem Treck durchs Karakorum. Und zuletzt wird er sagen:

»Warum fahren wir eigentlich nicht nach Grado?«

»Weil«, begehrst du diesmal auf, »wir nach Grado fahren seit dem Abzug der Langobarden.«

Das macht deinen Mann sehr, sehr traurig. Er hat, sagt er, immer gedacht, es gefiele dir dort.

»Hat es mir auch«, gibst du zu. »Aber angenommen, du kriegst Pfeffersteak jeden Tag, wirst du es dann nach drei Monaten noch mögen?«

Er ist baß erstaunt. »Klar. Warum nicht?«

Du seufzt. »Hör zu. Ich kenn dort unten schon jeden Winkel. Ich weiß, daß es von unserem Zelt bis zu den Duschräumen 223 Schritte sind. Ich kenne alle Reiher beim Namen und spreche mit ihnen über den Einfluß der Renaissance auf den Fischbestand in der Lagune. Ich möchte einmal was Neues sehen!«

»Immerfort willst du was Neues sehen!« beklagt er sich.

Du kannst es nicht abstreiten. Wenn sie im Fernsehen die Rumkugel-Reklame zeigen, die, in der exotische Mädchen in Hularöcken unter Palmen ihre schlanken Hüften wiegen, dann würdest du deinen Erstgeborenen an den nächsten Menschenschmuggler verkaufen, wenn du dafür die Gelegenheit kriegtest, unter ebensolchen Palmen deine Hüften zu wiegen.

Wo du hinmöchtest, wenn du nicht nach Grado willst, fragt dein Mann dich verdrossen.

»An die Riviera«, sagst du wie aus der Pistole geschossen.

Von dem Schock hat er sich nie richtig erholt.

Kein Wunder.

Vorbereiten hättest du ihn sollen, Mütterchen, vorbereiten! Langsam, behutsam, Schritt für Schritt, jeden Tag ein bißchen weiter weg von Grado. Erst nach Aquilea. Dann nach Padua. Dann Verona. So hättest du dich durcharbeiten sollen durch Venetien, die Emilia-Romagna und Ligurien bis hin an jenen Küstenstreifen, wo sie die Touristen preislich bei lebendigem Leib häuten. Es hätte zwar etwas gedauert, aber bis zu seiner Pensionierung hättest du es sicher geschafft. Aber nein, was machst du Irrsinnige? Knallst ihm die Riviera einfach vor die Füße, einfach so, und bist dann auch noch erstaunt darüber, daß von dem Tag an sein rechtes Augenlid zuckt.

Dazu willst du auch plötzlich nicht mehr in eurem hübschen Zelt schlafen.

Ja, wo denn sonst? fragt er dich, ganz von den Socken.

»Liebling«, sagst du, »es gibt viele Häuser mit vielen kleinen Zimmerchen, die man an Leute vermietet, die kein Zelt haben.«

Ja, aber was das kostet, jammert er.

Nun, gibst du zu, alte Brötchen werden sie wohl kaum dafür nehmen. Aber einmal, nur einmal, möchtest du im Urlaub in einem Bett schlafen, auf das du nicht auf allen vieren kriechen mußt.

Dein Mann murmelt etwas von Größenwahnsinn und verzieht sich in die Garage, vermutlich um seinen neuen Drillbohrer zu holen und im Garten zu vergraben, damit der Gerichtsvollzieher ihn nicht findet.

»Und was machen wir mit den Kindern?« fragt er dich zwei Wochen später.

Ihr seid noch nie ohne Kinder weggefahren. Aber diesmal möchtest du allein fahren, nur du und er. Verständlich. Irgendwie hoffst du immer noch auf ein Wunder. Vielleicht geschieht dieses Wunder im Urlaub. Und das eine ist dir völlig klar: Wenn die Kinder mit sind und ihn nerven, wird dieses Wunder keinesfalls stattfinden, und wenn alle Schutzheiligen im Himmel für euch beten.

Du hast dir schon längst überlegt, was ihr mit den Kindern macht. »Ich habe mit Mama gesprochen. Sie kommt inzwischen zu uns.«

Da weicht alles Leben aus ihm. »Nicht in mein Haus!« würgt er hervor.

Wieder dauert es Wochen, bis er einsieht, daß deine Mutter nirgends sonst für drei Kinder kochen und auf einen Kater, einen Garten und den Gummibaum aufpassen kann.

»In meinem Zimmer jedenfalls schläft sie nicht!« sagt er finster.

Eine Woche vor der Abfahrt fängt er an, diverse ihm ans Herz gewachsene Objekte in sein Zimmer zu schleppen. Am letzten Morgen schließt er es ab.

»Aber was wird Mama denken?« jammerst du.

Aber was Mama denken wird, ist ihm schnuppe. Du suchst heimlich den Schlüssel. Findest ihn jedoch nicht. Möglicherweise hat er ihn verschluckt. Oder er trägt ihn mit einer Schnur um den Leib gebunden.

Mit banger Vorahnung holst du Mama ab.

Nachdem sie ihre Taschen und die Plastiktüte mit dem Strickzeug im Vorraum abgestellt hat, kommt, was du befürchtet hast: Sie hält kurz ihre kleine, energische Nase gegen den Wind, eilt auf ihren kurzen, energischen Beinen ins obere Stockwerk und dort schnurstracks hin zur verschlossenen Zimmertür, vor der sie wild zu schluchzen anfängt.

Wer reist, muß auch essen. Das Unangenehme daran ist nur, daß man sich, um zu essen, in einem fremden Land in ein fremdes Lokal begeben muß, um sich dort in einer fremden Sprache was auszusuchen, von dem man keine Ahnung hat, was es ist. Und dann, und das ist das Allerschlimmste, muß man diesen Wunsch einem fremden, einem offensichtlich feindlich gestimmten Wesen in Kellnermontur verständlich machen. Selbst auf einen leichtfertigen Menschen übt dieser Vorgang eine lähmende Wirkung aus. Für einen von seiner Frau gewaltsam verschleppten Ehemann ist es zuviel. Er macht kehrt und flüchtet ins Auto.

Wieder einmal mußt du dich allein durchkämpfen. Es geht um einen freien Tisch. Anscheinend gibt es keinen.

»Und was ist mit dem da drüben?« beharrst du stur.

»Nix für zwei!« schnauzt dein Feind dich an. »Der dort für vier!« Und dann geht er mit seinem Tablett voll Brathähnchen durch dich hindurch, als wärst du nicht vorhanden.

Aber du läßt dich nicht abschrecken, du nicht. Du kennst diese italienischen Kellner. Du kennst auch die Methoden, mit denen sie ihre Feinde, diese ewig verfressenen Touristen, kleinzukriegen versuchen: Erst sehen sie dich lange nicht. Dann werden sie dich lange, lange nicht fragen, was du willst. Kommst du endlich dazu, es ihnen zu sagen, hören sie sich die ersten drei Worte an und sausen davon. Nach zwei Stunden bringen sie dir das Falsche. Sprichst du kein Italienisch, übergießen sie dich mit einem Schwall davon. Redest du Italienisch, antworten sie dir mit allen Anzeichen der Verachtung auf deutsch. Sie setzen dich an den Tisch neben der Toilette und stellen dir ein Bein, sobald du versuchst, den Platz zu wechseln. Sie bringen dir die Speisekarte grundsätzlich erst dann, wenn du schon zu schwach bist, sie zu halten. Aber abgesehen davon sind sie nett. Eben wie alle Männer. Man muß sie nehmen, wie sie sind.

Mit jener mauleselartigen Sturheit, die das Leben dich gelehrt hat, weist du auf ein jämmerliches Klappergestell neben einem Stapel Colakisten und fragst: »Und der dort?«

In stummer Wut dreht dein Feind sein käsiges Antlitz den Olivenblättern zu. Du gehst zurück zum Auto, holst deinen Mann, der nur noch schwach röchelt, aus dem blechernen Brutofen, setzt ihn an das Klappergestell und klemmst die Zehen deines linken Fußes unter das wackelnde Tischbein. Du bist fest entschlossen, aus diesem Urlaub das Beste zu machen und alles aus dem Weg zu räumen, was sich diesem Wunsch entgegenstellt.

Dein Liebster sucht die Speisekarte nach den drei Gerichten ab, die er in Grado am liebsten gegessen hat, findet aber leider keins davon. In Grado, klagt er, hättet ihr jetzt schon das Zelt aufgestellt und einen Imbiß gekauft: Mortadella, Zwiebelchen, Oliven und jenen herrlichen Käse, wo einem allein beim Gedanken daran das Wasser im Mund zusammenlief.

Er könnte es brauchen, das Wasser im Mund. Den Fusel da kann er nicht trinken. Das ist kein Wein, das ist reinstes Azeton. Oder Schlimmeres. Willst du ihn umbringen?

Nein, nein, du willst ihn nicht umbringen. Alles, was du willst, ist telefonieren. Du hast deiner Mutter versprochen, sie kurz anzurufen, wenn ihr zufällig einmal an einem Telefon vorbeikommen solltet. Seit Stunden verfolgt dich jetzt schon ihr kleines, verzweifeltes Gesichtchen, das sich über den Apparat beugt und vergeblich auf das Klingelzeichen wartet.

Deine Mutter ist außer sich. Warum du erst jetzt anrufst! Was heißt das, ihr seid erst seit fünf Stunden... ja würdest du dir auch nur eine Sekunde lang überlegen, was in fünf Stunden alles...! »Wie geht's den Kindern?« unterbrichst du Mamas Klagen. »Ist alles in Ordnung?«

In Ordnung, was heißt in Ordnung! Konnte man von Ordnung sprechen bei Kindern, denen die Rippen durch die Haut stachen? Hier in diesem Haus ist wohl nie eine ordentliche Mahlzeit auf den Tisch gekommen, klagt deine Mutter, das einzig Wohlgenährte seien die hundert Fliegen im Wohnzimmer. Und sie fragt dich, warum du nichts dagegen unternommen hast, gegen diese hundert Fliegen. Sie wird schleunigst einen Fliegenfänger aufhängen müssen. Und dann sagt sie dir, was sie noch wird tun müssen in diesem verlotterten

Haushalt: Fenster putzen, Unkraut jäten, jeden Tag dreimal was Ordentliches kochen, heute zum Beispiel einen Gemüseeintopf mit Schweinefleisch, Bauch vielleicht, falls er schön mager ist, und mit Knoblauch und Kümmel ...

»Mama!« flehst du. »Ich spreche aus Italien!«

(Nach Bezahlung dieser Telefonrechnung würde euch fürs heutige Abendessen aus dem Tagesbudget noch gerade genug für ein dünnes Scheibchen Fleisch und zwei Portiönchen Salat bleiben, ohne Pasta, falls Mama bald fertig war mit ihrem Sermon.)

»Was heißt, du sprichst aus Italien?« ruft Mama. Natürlich weiß sie, daß du aus Italien anrufst, noch ist sie nicht senil, und sie möchte es, Gott behüte, auch nicht werden, mit einer Tochter wie dir, wer würde nach ihr schauen ...

»Und wie geht's dir sonst?« unterbrichst du sie.

Ha! Wie könnte es einer Mutter schon gehen, deren eigene Tochter die Zimmertür vor ihr verschließt! Sie hat schon viel erlebt in ihrem Leben, aber so etwas noch nicht ... (Du streichst vom abendlichen Speisezettel das Fleisch. Eine Portion Nudeln. Vielleicht mit einem Gläschen Wein, wenn es ein billiges Lokal ist.)

»Mama!« flehst du. »Ich muß aufhören. Grüß mir die Kinder recht schön.«

Was heißt, grüß mir die Kinder, ruft Mama erbost, sie sei noch nicht fertig ... (Du streichst auch die Nudeln. Zwei Brötchen fürs Abendessen. Vielleicht langt es auch noch für zwei Mortadellascheiben.)

Als du erschöpft zum Tisch zurückgekrochen kommst, erwartet dich dein Mann mit der nicht ganz unberechtigten Frage, warum du nicht daheimgeblieben seist, daheim an Mamas Nabelschnur. Es wäre billiger gekommen als die Telefoniererei. Und er hätte jetzt nicht diesen komischen Druck im Magen und das Brennen im Hals, und überhaupt ist alles zusammen nicht so, wie *er* sich einen Urlaub vorstellt.

Damit du es bloß weißt: Nicht nur dein Mann haßt es, mit dir an die Riviera zu fahren. Auch das Auto haßt es. In der Gegend von Piacenza läßt es aus Protest den Auspuff fallen. Von Zeit zu Zeit taucht über euch, während ihr Genua zudröhnt, ein Armeehubschrauber auf und dreht wieder ab, nachdem er sich davon überzeugt hat, daß nur ihr es seid und kein feindlicher Panzertrupp.

Gottlob scheint es in der Stadt von Kolumbus genügend Hotels zu geben. Es steht eins neben dem anderen. Alle sehen sie aus wie der Dogenpalast. Nur eins steht dazwischen, so schmalbrüstig und schäbig wie ein Hühnerställchen, wenn auch sehr, sehr hoch, mit einem Türchen, über dem eine winzige, abgebleichte Markise ihre erbärmlichen Flügelchen spreizt... Mit einer für ihn untypischen Entschlossenheit eilt dein Mann darauf zu.

In der muffigen kleinen Halle mit der staubigen Zimmerpalme sitzt an der Rezeption eine kleine, dicke italienische Mamma, ihre Patschhändchen um den Telefonhörer geklammert. (Auch du mußt telefonieren. So bald wie möglich. Deine Mutter in der fernen Heimat sendet verzweifelte Hilferufe durch den Äther, die du mittels eines schon im Mutterleib verpflanzten Sensors empfängst.)

Auch diese italienische Mamma spricht mit ihrer Mamma. Ohne mit dem Sprechen aufzuhören, greift sie nach euren Pässen, verstaut sie unterm Pult, greift hinter sich nach dem erstbesten Schlüssel, und ohne mit dem Telefonieren aufzuhören, sagt sie: »Macht fünfzigtausend pro Nacht, jetzt gleich!«, und redet weiter ins Telefon. Nach zwanzig Minuten legt sie seufzend den Hörer aufs Pult und watschelt schnaufend vor euch die Wendeltreppe hinauf, lamentierend (in freier Übersetzung):

»Mammamia, diese Treppen! Warum kommen die Leute, wenn es heiß ist? Warum nicht am Abend?«

»Frag sie, wo man hier parken kann«, sagt dein Mann hinter dir.

Du fragst sie.

»Keine Ahnung. Parken Sie, wo Sie wollen. Überall.«

Du: »Überall? Aber es stehen doch überall Parkverbotstafeln.«

Sie: »Natürlich. Was glauben Sie denn? Natürlich stehen überall Parkverbotstafeln.«

Du: »Ja, aber bezahlt man dann nicht Strafe?«

Sie: »Mammamia, natürlich bezahlt man. Was sonst? Oder glaubt ihr, ihr Ausländer bezahlt nicht?«

Er: »Was sagt sie?«

Du: »Man bezahlt Strafe.«

Er (die Koffer hinstellend): »Verdammt. Du mit deiner Riviera! Ich reise sofort wieder ab.«

Du (ihn am Ärmel erwischend): »Später. Später.«

Er: »Gut. Du zahlst.«

Ihr erklimmt Stockwerk um Stockwerk hinter der schnaufenden Mamma.

Er: »Ein feines Hotel ... Was ist das? Ein Leuchtturm?«

Du (bissig, vergessend, daß du in diesem Urlaub lieb und gut sein wolltest wie die heilige Genoveva): »Wer hat es ausgesucht? Ich vielleicht?«

Er (höhnisch lachend, es hallt schaurig wider): »Du wolltest ja unbedingt im Hotel schlafen! Dir war unser Zelt nicht mehr gut genug!«

Du: »Ist diese Hühnersteige vielleicht das einzige Hotel in Genua?«

Die Mamma (auf deutsch keifend): »Wenn mein Hotel nix gut genug, gehen Sie in ein anderes. Gehen Sie. Gehen Sie.«

Er (die Koffer hinknallend): »Mir reicht's.«

Du (ebenfalls am Ende deiner Geduld): »Sei nicht so kindisch, verdammt noch mal. Komm schon.«

Ihr erklimmt weiterhin Stockwerk um Stockwerk. Die Mamma muß öfters rasten.

Sie (anklagend): »Was wollt ihr alle hier? Im Sommer? In dieser Hitze?«

Du (höhnisch): »Urlaub machen.«

Sie: »Verrückt.«

Du: »Warum seid ihr Italiener so unhöflich? (Leise) Kann ich hier telefonieren?«

Sie: »Kann man höflich sein, wenn man hundertmal am Tag da hinaufsteigen muß? In der Hitze. Nein. Wir sind hier keine Telefonzentrale. Gehen Sie in die Via Ottobre. Da ist eine.«

Und ihr steigt immer weiter, immer rundherum. Die Luft wird schon dünner, man merkt es deutlich, da sagt die Mamma endlich: »*Ecco!*«

Es ist sehr dunkel im Zimmer. Du machst die Läden auf. Danach ist es immer noch dunkel. Ein Blick aus dem Fenster zeigt dir: Hier wird es niemals heller werden. Ihr steckt in einem Betonschacht.

Aus den düsteren Tiefen dringt Tellergeklapper und ein impertinenter Gestank nach paniertem Fisch.

Du: »Das hier ist eine Zumutung.«

Er (auf dem Bett liegend, das bei jeder Bewegung quietscht, mit Befriedigung): »Besser als Grado, was? Besser als im Zelt, was?«

Du (gegen die Tränen ankämpfend): »Ich laß mich scheiden.«

Er (erstaunt): »Warum?«

Du (zornig): »Warum tust du nicht einmal was? Warum immer ich?«

Er (mit Genugtuung): »*Du* kannst Italienisch!«

Du machst dich auf den langen, einsamen Abstieg, auf dem du Zeit hast, dir die italienische Version von ›Sie, was muten Sie uns eigentlich zu? Dieses Zimmer ist eine Affenschande! Ich möchte auf der Stelle ein anderes! Warum muß man sich als Gast – als zahlender Gast, wohlgemerkt! – behandeln lassen wie der letzte Dreck?!‹ auszudenken.

Unten in der Rezeption sitzt die Mamma, und ihre Patschhändchen umklammern den Telefonhörer. Ungeduldig wartest du, daß sie aufhören würde zu reden, aber das tut sie nicht, nein, sie redet in einem fort und ohne Pause und ohne Komma und ohne Atem zu holen und ohne aufzublicken, und schließlich sagst du, während sie weiterredet, was du zu sagen hast, und sie schnauzt: »Was wollen Sie schon wieder? Alles ist besetzt! Lassen Sie mich in Ruhe! Sehen Sie nicht, daß ich telefoniere? Mammamia, diese Ausländer! Nichts wie Ärger mit ihnen!«

Und du sagst: »*Grazie*«, und steigst wieder hinauf in euer Rattenloch.

In der Nacht schleichst du dich aus dem Zimmer, die Treppen hinunter, durch die Halle, in der die Mamma am Telefon sitzt und mit ihrer Tochter in Kalifornien telefoniert, und gehst zur Telefonzentrale in der Via Ottobre, und von dort aus rufst du deine Mutter an.

Es ist halb zwei Uhr morgens. Aber das macht nichts. Deine Mutter wird nicht schlafen. Sie wird putzen und bügeln und das Buch ›Hundert gesunde Salatrezepte‹, das du vor Jahren in der Blumenecke hast liegenlassen, vom Efeu befreien, der mit seinen vielen kleinen Füßchen am Umschlag angewachsen ist, und sie wird dir erzählen, was sie morgen... nein, heute, kochen wird: »...und ich nehm dazu ein Lorbeerblatt und zwei Pfefferkörner, nicht mehr als zwei, und ein bißchen Muskat ...«

»Mama«, sagst du schnell, während sie Atem holt, »ich kann nicht lange reden. Neben dem Telefon liegt was in braunem Packpaier, das tickt, und drauf steht auf italienisch (du wählst deine Worte vorsichtig, um sie nicht unnötig zu erschrecken) ›Ihr Faschistenschweine sollt alle sterben‹ ...«

Aber deine Mutter erschrickt nicht, denn sie hört dir nicht zu, weil sie dir ja noch schnell erzählen muß, was sie heute ... nein, gestern, alles erledigt hat. Sie ist jetzt beim Loch im Badezimmerboden angekommen. Was soll das? Soll das ein Witz sein? Und wenn sie einbricht und sich den Fuß bricht? Wirst du sie pflegen? Du, die in Italien herumgondelt, während deine Mutter daheim ... »Was heißt das, er sucht das Leck? Soll er es doch finden! Warum läßt du dir alles gefallen von ihm?«

»Soll ich mir deshalb ins Knie schießen?« seufzt du erschöpft vom Zuhören, die Augen auf dem Ding, das tickt.

»Ihm sollst du ins Knie schießen, ihm!« beschwört dich Mama.

Das weitere hörst du nicht mehr, denn es ist dir das Geld ausgegangen, du hörst nur mehr die Explosion, als du im Hotel durch die Halle gehst, wo die Mamma am Telefon sitzt und mit ihrer Tochter ...

Die folgenden Tage durchkämmt ihr die Stadt auf der Suche nach einem Auspuff. Es ist sehr schwierig: ein gebrauchtes Auto. Und dieses war schon gebraucht, bevor Bertha Benz ihre erste Ausfahrt machte. In einem Straßencafé in der Via Dicembre erholt ihr euch bei einem Cappuccino von den Strapazen. Inzwischen versteht ihr euch wieder besser. Beinahe schon sehr gut. Fast wäre alles noch gutgegangen, hätte sich nicht jener gutgekleidete Signore, der Vittorio de Sica ähnlich sah, mit einem höflichen »*Permesso?*« zu euch an den Tisch gesetzt.

Du, höflich: »*Prego.*«

Dein Mann, unhöflich: »Muß sich der Kerl ausgerechnet zu uns setzen?«

Vittorio, einen Campari bestellend, zum Kellner: »Bring drei, Tonio.« Zu euch: »Sie trinken doch einen mit mir?«

Du, erfreut (es ist das erste freundliche Wort, das du hörst im Lande der Zitronen): »Sehr freundlich. Gern.« Du stößt deinem Mann gegen das Schienbein, um ihm diskret anzudeuten, daß auch er sich freuen sollte.

Aber er will nicht. Er macht ein Gesicht, als hätte ihm einer aufs Ohr geboxt.

Du seufzt. Der Signore schaut unheimlich gut aus. Groß, schlank, volles, an den Schläfen ergrautes Haar, und er trägt seinen dreiteiligen Anzug mit jener Grandezza, wie es nur die Italiener verstehen.

Heimlich vergleichst du ihn mit deinem Mann. Na schön, vielleicht hat auch der einmal ganz gut ausgesehen. Vielleicht würde er immer noch ganz gut aussehen, wenn er um den Bauch herum ein paar Kilo abnehmen würde. Und wenn er solche Anzüge trüge. Gott ja, vielleicht wäre er auch so nicht so übel, wenn du ihn nicht schon so lange, lange kennen würdest...

Vittorio, dir in die Augen sehend: »Auf eine charmante Frau!«

Du, errötend: »Danke.«

Vittorio: »Gehen Sie heute abend mit mir essen? Ich kenne ein reizendes kleines Lokal, ganz verschwiegen...«

Du, ehrlich erschrocken: »Ich bitte Sie! Ich bin doch verheiratet. Das hier ist mein Mann.«

Dieser, wild: »Was quatscht der Idiot da?«

Du: »Nichts, nichts.«

Vittorio, gelassen: »Das spielt doch keine Rolle. Er kann ruhig mitkommen, wenn es sein muß. Sie haben wunderschöne Augen.« Er versucht, deinen Busen zu streicheln.

Du, zurückfahrend: »Sind Sie verrückt? Er ist sehr eifersüchtig!«

Vittorio: »Wieso denn? Ich tu Ihnen doch nichts.«

Dein Mann, seinen Stuhl zurückstoßend: »Gehn wir! Wenn ich noch eine Minute länger bleibe, hau ich den Gigolo zu Brei.«

Du: »Ja... Warte! Ich frag ihn, ob er weiß, wo man einen Auspuff kriegt.«

Du fragst ihn.

Vittorio: »Einen Auspuff? Gleich um die Ecke. Kommen Sie.«

Er nimmt deinen Arm. Dein Mann stößt ihn weg.

Du: »Entschuldigen Sie. Er mag das nicht.«

Vittorio: »Er ist sehr nervös, nicht wahr? Kommen Sie bitte, wir sind gleich dort.«

Es ist wirklich nur um die Ecke. Ihr betretet ein großes Warenhaus. Vittorio fährt mit euch im Lift in den vierten Stock, wo er euren Wunsch in ungemein flüssigem Italienisch an einen Verkäufer weitergibt. Der bedeutet deinem Mann, ihm zu folgen.

Vittorio, deine Hand an sein Herz pressend: »Nun, wie ist es mit heute abend?«

Du, ihm die Hand entziehend, mit ehrlichem Bedauern: »Unmöglich. Es geht nicht. Er bringt Sie um. Oder mich. Oder beide.«

Vittorio, bekümmert: »Er nimmt alles sehr tragisch, scheint mir.«

Du: »Was würden Sie sagen, wenn Ihre Frau sich mit einem Fremden treffen würde?«

Vittorio, sehr erstaunt: »Meine Frau? Signora, ich bitte Sie! Sie wiegt fast hundert Kilo und geht kaum mehr aus dem Haus. (Schmeichelnd) Sie könnten es nicht einrichten? Vielleicht, wenn er schläft? Nur ein halbes Stündchen?«

Du: »Unmöglich! ... Oh!«

Das Oh! gilt deinem Mann. Er kommt auf dich zu in einem makellos geschnittenen Anzug mit passender Weste, Hemd, Krawatte. Er sieht fabelhaft aus.

Einfach fabelhaft!

Vittorio küßt hingerissen seine Fingerspitzen. Alle sind begeistert. Nur dein Mann nicht. Der brüllt, was soll das Theater, er wolle keinen verdammten Anzug, er wolle einen Auspuff, und ob denn hier alle den Verstand verloren hätten, einschließlich dir selber.

Wirklich, er benimmt sich höchst unfein. Es wundert dich nicht, daß Vittorio das Theater mit der Zeit satt hat und sich mit einem kühlen »Es tut mir leid, Ihnen nicht weiterhelfen zu können« verabschiedet und zum Lift geht.

Auch du wolltest dich nur zu gern verabschieden. Zum Lift gehen und nie, nie mehr wiederkehren.

Aber vorher mußt du noch zu Hause anrufen.

Schon seit gestern wirst du das Gefühl nicht los, daß etwas daheim nicht stimmt. Es ist etwas passiert. Eine Mutter spürt so etwas. Als dein Mann in einer Seitengasse der Via Novembre in einer Garage verschwindet, saust du in die nächste Bar, um schnell daheim anzurufen.

Das Telefon hängt an der Wand neben der Tür zur Herrentoilette. Es ist ein Münzautomat. Leider. Aber was soll's. Du kannst den Anruf nicht aufschieben. Du mußt erfahren, was passiert ist. Auch wenn es das Schlimmste ist. Alles ist besser als diese nagende Ungewißheit.

Du wechselst den Gegenwert von zwei Urlaubstagen in Telefonmünzen um, die du teils in deiner schweißnassen Faust hältst, teils auf den Boden fallen läßt, und wählst deine Nummer daheim. Jemand meldet sich in deinem Haus, der seltsamerweise Autolackierunglindnerundsohn heißt und von dem du keine Ahnung hast, warum er bei euch wohnt. Du verbrauchst die Hälfte der Münzen, bevor du dahinterkommst, daß du nicht zu Hause angerufen hast, sondern im Büro einer Autolackiererei, von der du wirklich nichts willst, im Moment jedenfalls nicht. Du probierst es noch einmal. Deine Mutter berichtet dir, was sie mittags gekocht hat: Paprikahuhn, gedünstet in einer Weinsoße, mit Rahm aufgegossen.

Du könntest sie erwürgen. »Mama«, jammerst du, »was ist mit den Kindern?«

»Wieso«, sagt Mama, »was soll mit ihnen sein?«

Natürlich, du hast es ja gewußt! Es *ist* etwas passiert. Du erkennst es aus der Art, wie deine Mutter das ›wieso‹ in die Länge zieht und an der Pause danach.

Ein schwarzer Schnauzbart, der aus dem Klo kommt, bleibt neben dir stehen. Ganz dicht. Er atmet dir ins Ohr. Du stößt ihn weg, rufst: »Leg nicht auf!«, und bückst dich nach den Münzen am Boden. Der Schnauzbart bückt sich ebenfalls, dabei streichelt er dir übers Bein.

Inzwischen ist die Verbindung unterbrochen. Du wählst neu und erklärst deiner Mutter, warum du nicht von einem ›ordentlichen‹ Telefon aus sprichst. Weil keins in der Nähe ist. Auf deine neuerliche Frage, ob alles in Ordnung ist, sagt sie:

»Ja-a.«

Deine Finger zittern so, daß du die nächste Münze nicht in den Schlitz, sondern danebensteckst und sie auf den Boden fällt. Der Schnauzbart hebt sie auf. Dann legt er dir den Arm um die Taille. Du reißt ihn von dort weg und zischst:

»Gehen Sie weg! – Den Kindern geht's wirklich gut, Mama?«

»Mit wem redest du denn da?« fragt deine Mutter.

Du rufst: »Einen Moment, leg nicht auf!«, steckst die letzten zwei Münzen in den Apparat, saust an die Bar und holst dir neue. Inzwischen redet der Schnauzbart mit deiner Mutter auf italienisch. Du reißt ihm den Hörer aus der Hand.

Deine Mutter möchte wissen, wer das war und was da vor sich geht und ob du am Ende ...

»Nein«, winselst du, »ich habe keinen Freund ... Was weiß ich, ein Verrückter. Mama, sag mir endlich die Wahrheit. Was ist mit den Kindern?« Inzwischen weißt du es. Intuition. Eins von ihnen ist unters Auto gekommen, und das Begräbnis ist in drei Tagen. Der Schnauzbart hat dir inzwischen in einigen Schlagworten seine Lebens- und Leidensgeschichte in das andere, unbesetzte Ohr geflüstert: Frau vor einem halben Jahr gestorben, er sehr einsam, du die Frau seiner Träume, er würde dich auf Händen tragen, wenn du ihn aus seiner langen, traurigen Einsamkeit erlösen würdest. Du spürst das Ergebnis dieser langen, traurigen Einsamkeit deutlich an deinem rechten Schenkel. Es bleibt dir nichts übrig, als das Telefongespräch zu unterbrechen und ihm kurz und unmißverständlich deine Meinung zu sagen und ihn zum Teufel zu schicken.

Deine Mutter ist beleidigt. Man möchte meinen, sagt sie, nicht zu Unrecht, daß du, wenn du schon einmal die Zeit findest, sie anzurufen, die Güte haben könntest, mit ihr allein zu reden, aber bitte, wenn dir irgendein dahergelaufener Gigolo wichtiger sei, bitte, von ihr aus. Und sie hängt ein.

Du würdest noch mal anrufen, wenn du noch Münzen hättest und nicht hinter dir eine Schlange von acht Leuten stehen würde, von denen einer aussieht wie ein Amokläufer, kurz bevor er den Revolver zieht.

O Gott, warum bist du ohne die Kinder weggefahren? Warum bist du überhaupt weggefahren? Warum bist du nicht dort geblieben, wo eine Mutter hingehört: daheim in der Küche.

Dort, wo alle sie gleich finden können, wenn sie sie brauchen.

Über eines bist du dir längst klargeworden: Mit einem Ehemann sollte man nicht in Urlaub fahren. Ein Ehemann regt sich über jede Kleinigkeit auf. Findet er keinen Parkplatz, gibt er seiner Frau die

Schuld. In Portofino, dem malerischen Fischerdorf, bezahlt ihr Parkgebühr für eine Stunde. Eine halbe davon streitet ihr jetzt schon. Du hast ihm gesagt, was du von seinen Manieren hältst. Jetzt sagt er dir, was er von den deinen hält und von dir im allgemeinen, von deiner Mutter und deinen Kindern.

Das verschlingt weitere zehn Minuten der Parkzeit.

Danach legt er die Arme übers Lenkrad, seinen Kopf darauf und schläft ein. Du gehst los, um einen kostenlosen Parkplatz zu finden. Umfragen bei den Eingeborenen ergeben: Es gibt keinen. Nicht in Portofino. Selbst der Bürgermeister bezahlt Gebühr. Findige Köpfe befördern ihr Auto mit einer Seilwinde aufs Dach ihres Hauses.

Das alles ist sehr deprimierend.

Auch du bist deprimiert. Am liebsten würdest du sterben. Es wäre ein schöner Ort zum Sterben. Hier unter den Pinien und Oliven. Inzwischen bist du einen Olivenhain bergan gestiegen.

Du wirst dich scheiden lassen. Denn mit diesem Menschen kannst du nicht mehr leben. Und das, nachdem du ihm die besten Jahre deines Lebens geopfert hast. Er wird sich natürlich eine Jüngere nehmen. Zu der wird er natürlich sehr nett sein. Mit der wird er hierherfahren und unten am Hafen mit ihr Campari trinken und ihre Hand halten.

Weinend steigst du den Olivenhain bergan. Hört sich fantastisch an, Olivenhain. Du hast davon geträumt, früher, von Olivenhainen. Und was ist es in Wirklichkeit? Hunderttausend abbröckelnde Steinstufen unter Bäumen, die so wenig Schatten werfen, daß es einem das Gehirnschmalz aus der Kopfhaut treibt.

Du steigst wieder hinunter ins Dorf, gehst ins nächstbeste Hotel, einen scheußlichen Kasten mit Aussicht auf eine Reparaturwerkstätte, gehst an die Rezeption und erkundigst dich bei dem geschniegelten Lackaffen, was ein Zimmer kostet.

»Hunderttausend, ohne Bad«, sagt er, ohne rot zu werden.

Draußen rechnest du um und mußt feststellen, daß euch hier eine Nacht mehr kosten würde als zwei Wochen Camping in Grado, einschließlich Mortadella.

Du liebe Güte, was hat dich Unglückliche hierhergetrieben zu den Gaunern und Halsabschneidern? Warum bist du nicht daheimgeblieben bei den Kindern, die dich brauchen, und warum hat sich niemand gemeldet, als du daheim angerufen hast? Wo sind sie? Vor deinem geistigen Auge siehst du, wo sie sind: auf dem Friedhof. Beim Begräbnis.

Du willst heim, sagst du auf der Weiterfahrt.

Aber jetzt will er nicht mehr. Er ist nicht dein Hampelmann. *Er* will jetzt an die Riviera. »Wo sind wir eigentlich?« fragt er. Das zu wissen ist deine Aufgabe. Er fährt.

Du schweigst. Es ist dir egal, wo ihr seid. Deine unglückliche Ehe und die Ungewißheit, was daheim los ist, lasten auf dir wie ein Zentner Zement.

Er ist so schrecklich hungrig, jammert er. »Warum essen wir nichts?« Auch dazu schweigst du. Was schert es dich, wenn er hungert! Auch du bist hungrig. Ihr habt nichts mehr gegessen seit den zwei Wurstbrötchen in Genua, nachdem ihr dort den berühmten Friedhof besichtigt habt, mit der berühmten Brezelfrau. Ach ja, wärst du doch gleich dortgeblieben! Auf dem Friedhof. Bei der Brezelfrau.

Ihr fahrt weiter, ohne Essen, ohne Unterkunft, ohne eine Ahnung zu haben, wohin ihr fahrt, durch die Dämmerung, dann durch die Nacht, bis er plötzlich von der Straße abbiegt und auf etwas stehenbleibt, das einer Müllhalde sehr ähnlich sieht.

Hier öffnest du zum erstenmal den Mund. »Da schlafe ich nicht!« sagst du entschlossen.

Er verschwindet kurz in der Nacht, kommt zurück, klappt den Sitz nach hinten und legt sich hin. Er sagt, es sei ihm piepegal, was für ein Platz das wäre, er müsse jetzt jedenfalls schlafen. Und gleich darauf schläft er ein.

Du durchsuchst die Taschen und das Auto und findest auf dem Rücksitz ein altes Brötchen.

Kauend bemerkst du, daß ihr nicht allein seid. Ein Feuerchen brennt im Hintergrund. Dort steht ein Auto. Eine Ente. Am Feuerchen sitzt ein junges Paar. Er spielt Gitarre. Sie hat den Kopf auf seinem Schenkel liegen. Zwischendurch bückt er sich über das Mädchen, und sie küssen sich.

Das gibt dir den Rest.

Wo ist *eure* Liebe geblieben?

Du hast keine Ahnung. Verloren, verbraucht, verschlampt, was weißt du. Vielleicht war es auch nur ein ganz natürlicher Prozeß, nach zwanzig Jahren.

Ein Schreckensbild steigt vor dir auf. Du siehst eure Ehe, wie sie sein wird: ihr beide, zwei mittelalterliche, griesgrämige Ochsen, eingespannt vor demselben Karren, den Karren weiterziehend in ewig gleichem Trott, in einem ausgetretenen Pfad, und das vermutlich noch viele, viele Jahre lang, ohne Freude, ohne Liebe ...

Ohne Liebe.

Du weichst das alte, harte Brötchen auf mit deinen Tränen.

Auf der Fahrt durch Nizza regnet es, und auf der Croisette in Cannes schneiden sie mit einer Motorsäge die alten Wedel von den Palmen.

*Das ganze Unglück kommt daher,
daß man die Männer
nicht auf die Ehe vorbereitet*

»Warum hast du bloß damals nicht nein gesagt?«

»Weil du gedroht hast, du gehst als Entwicklungshelferin nach Neuguinea, wenn du ihn nicht kriegst«, erinnerte mich meine Mutter.

»Das sind doch keine Argumente!« entgegnete ich kühl. Wirklich, wozu sind Eltern da, wenn sie nicht das allerkleinste Unglück verhindern können? Von den großen ganz zu schweigen. Zum Beispiel, daß ihre einzige Tochter als unschuldiges, unwissendes Baby einen Mann heiratet, der absolut nicht zu ihr paßt, und sie deshalb mit vierzig eine Fast-Geschiedene ist mit drei unversorgten Kindern, einem Beruf, aus dem sie herausgewachsen ist, und einem Eierschneider, der sie haßt.

Auf der anderen Seite wiederum gibt es die, die sich in alles einmischen. Neulich unterhielt ich mich mit meinem Zahnarzt. Er ist ein dunkelhaariger, dunkelhäutiger, schwarzäugiger Mann aus Pakistan, ein netter, intelligenter Mensch, der jedoch offen zugibt, daß die Ehe seiner Schwester von seinen Eltern arrangiert worden ist.

Ich schob energisch die schwarzbehaarte Hand mit dem Bohrer weg und sagte aufgebracht: »Sie wollen sagen, Sie finden nichts dabei, daß sie einen völlig Fremden geheiratet hat? Nicht den Mann, den sie liebt?«

»Nun, sie hat ihn ein- oder zweimal vorher gesehen, durch den Vorhangspalt, und ihn sympathisch gefunden.«

»Durch den Vorhangspalt! Großartig!«

Aber mein Sarkasmus war an diese naive Seele verschwendet. Den Bohrer ansetzend, sagte er mit auf richtiger Bewunderung: »Meine Eltern sind sehr modern. Sie hätten ihr niemals einen Mann zugemutet, der ihr nicht gefällt.«

In der Gnadenpause, die ich hatte, während er einen neuen Bohrer aussuchte, stieß ich hervor: »Ja, aber alles andere! Sie wußte doch nicht, ob er langweilig oder temperamentvoll war, ob er gern Bücher las oder nichts anderes als den Sportteil der Zeitung, ob er ein Softie war oder ein Macho...!«

Der glutäugige Sohn der Berge hielt in der Inspektion seiner Marterwerkzeuge inne. »Was, bitte, ist ein Softie und ein Macho?«

»Vergessen Sie es!« sagte ich, begreiflicherweise aufgebracht. »Sie hat ihn vermutlich auch niemals vorher geküßt?«

»Aber nein, natürlich nicht.«

Er beugte sich über mich.

»Warten Sie! Wie konnte sie dann wissen, ob sie... ich meine, ob sie und er... ob sie beide... Sie verstehen, was ich meine...«

Er bestätigte mir mit reizendem Lächeln, daß er durchaus verstand, was ich meinte. »Nun, die Frauen in Pakistan sind sehr anpassungsfähig.«

»Du guter Gott!« stöhnte ich.

Ein wenig indigniert entgegnete er: »Meine Eltern haben sich sehr, sehr genau über alles informiert, das können Sie mir glauben!«

Ich glaubte ihm. Soviel ich verstand, hatten sie die Ahnenreihe ihres zukünftigen Schwiegersohns zurückverfolgt bis zu Ali dem Tapferen. Sie kannten sein Bankkonto besser als sein Steuerberater, sie hatten zwei Detektive engagiert, um sein Vorleben zu durchleuchten, und besaßen amtlich beglaubigte Kopien all seiner Schulzeugnisse, Diplome, Impfzeugnisse, Schneiderrechnungen und den Garantieschein seines Rasierapparates.

Na schön. Jedem das Seine. Andere Länder, andere Sitten.

Aber was mich zutiefst entsetzte: Da glaubte doch tatsächlich dieser gebildete, ansonsten durchaus aufgeklärte Mann, Dinge wie Bankkonto, Beruf, ein makelloses Vorleben genügten als Garantie für eine gute Ehe.

Ehrlich. Mir standen die Haare zu Berge.

Auch meiner Tochter standen die Haare zu Berge, als ich ihr davon erzählte. Auch sie kann so etwas nicht verstehen, sagte sie. Es sei doch offensichtlich, daß Papa und ich nicht zusammenpaßten. Ja, hatte ich das denn nicht auf den ersten Blick erkannt?

Ihrer Meinung nach wären die Frauen meiner Generation ganz schön blöd. Nur sie, die Jungen, gingen an das Problem der Partnerwahl mit Grütze heran. Versehen mit guter Schulbildung, Menschenkenntnis und einem Beruf, der sie unabhängig mache, gingen *sie* keinerlei Risiko ein. *Sie* ließen sich Zeit. *Sie* heirateten nicht vor dreißig. Auch sie wird nicht vor dreißig heiraten.

»Wie Marion«, sagte meine Tochter mit verklärtem Gesicht.

Ich kicherte. Zufällig kannte ich die Vorgeschichte dieser Hochzeit von der guten Bekannten einer sehr, sehr guten Bekannten Marions. Laut ihrer Erzählung, von der sie bat, sie nicht weiterzuerzählen, hat Marion ihn auf ihrer Geburtstagsparty kennengelernt.

Drei Tage später wußte sie, daß er Peter hieß, an einem Computer arbeitete, gern Kartoffelklöße aß und eine Blinddarmnarbe in Form eines kleinen, gekrümmten Krokodils hatte.

Alles unwichtig. Völlig unwichtig.

Was das Maßgebliche war, jenes ausschlaggebende Moment, das Marion damals auf der Party blitzartig bewußt machte, hier den Mann vor sich zu haben, von dem sie Kinder haben und mit dem sie leben und glücklich sein wollte bis ans Ende ihrer Tage, also jenes maßgebliche Faktum war die unwiderstehliche Art, mit der er ihr damals über dem Essiggürkchen seines Leberwurstbrotes hinweg in die Augen gesehen hat...

Ich behaupte ja nicht, daß es nicht gutgehen *kann*. Warum nicht? Das Leben ist voller Zufälle. Heute gelang es mir zum Beispiel, einen Faden durchs Öhr zu kriegen, obwohl ich die Nadel kaum sah, geschweige denn das Loch... Fifty-fifty ist durchaus drinnen, in Marions Fall.

Vorgestern beim Turnen fehlte Paula.

Sie hat, sagt ihre Freundin, Krach mit ihrem Mann gehabt. Dieser Irrsinnige hat seine Schwiegermutter geohrfeigt.

Paula ist jetzt bei ihrer Mutter. Wir alle standen auf ihrer Seite. Paulas Mann ist keiner, mit dem eine von uns hätte verheiratet sein wollen. (Im Verlaufe einer hitzigen Debatte vor dem Schwebebalken kamen wir dahinter, daß es nicht sehr viele Männer gab, mit denen eine von uns hätte verheiratet sein wollen, ausgenommen Robert Redford.)

»Das ganze Malheur kommt daher, daß man bei uns die Männer nicht auf die Ehe vorbereitet«, sagte eine, die zwei Jahre in Australien gelebt hat. Sie erzählte uns, wie man dort bei den Ureinwohnern die Männer auf die Ehe vorbereitet. Hochinteressant! Der junge

Mann wird in der ersten Phase des Vorbereitungskurses vom Stamm abgesondert und in den Busch verbannt, wo er etliche Monate in völliger Isolation verbringt. Er lebt von Wurzeln und Maden, schläft auf der nackten Erde und hat keine andere Gesellschaft als die seiner Hunde. Wieder zum Stamm zurückgekehrt, wird ihm an verschiedenen Stellen die Haut aufgeschlitzt, Salz und Pfeffer hineingestreut, man stößt ihm zwei Vorderzähne aus und hackt ihm den kleinen Finger der linken Hand ab.

Erst dann, berichtete die Australienexpertin, läßt man eine Frau an ihn heran. Denn jetzt erst könnte man einigermaßen sicher sein, daß er es gelernt hat, Ungemach wie ein Gentleman zu ertragen.

Hanna stieß einen tiefen Seufzer aus. »Und meiner kriegt schon einen Koller, wenn er heimkommt und auf seinem Sessel ein Besucher sitzt!«

Etliche von uns mit ähnlichen Erfahrungen seufzten ebenfalls. Es ist leider nur allzu wahr: In unserer Zivilisation werden die Jünglinge auf die Rolle des Ehemanns überhaupt nicht oder nur sehr mangelhaft vorbereitet. Und so bleiben sie später auf der häuslichen Bühne reine Amateure. Hierzulande werden die Männer eben ausschließlich darauf gedrillt, ihre Rolle im Berufsleben gut zu spielen.

Heimgekommen, hängt so ein Berufsmann aufatmend seine Pappdeckelkrone auf den Kleiderhaken und schlüpft in den alten Bademantel mit den abgewetzten Ärmelkanten. Denn daheim braucht er keine Rolle zu spielen. Da darf er Mensch sein, ganz und gar Mensch. (Warum? frage ich Sie. Wer hat es ihm erlaubt? Mein lieber Schwan, wenn ich dahinterkomme, wer das war, dem dreh ich stante pede den Hals um.)

Die übrigen Mitglieder des häuslichen Ensembles passen sich wohlweislich seinen Stimmungen an. Rollen, bei denen er ausfällt, übernimmt automatisch seine Frau. Fachmännisch und mit jener Diskretion, die dem sensiblen Mann das peinliche Gefühl erspart, auf der häuslichen Bühne im Grunde überflüssig zu sein.

Wir Frauen dagegen werden von klein an auf die Rolle der Ehefrau, Mutter, Hausfrau gedrillt. Wir sind daran gewohnt, in diesen Fällen eine Show abzuziehen. Beinahe reibungslos wechseln wir von einer Rolle in die andere. In Windeseile werden durch ein bißchen Schminke, durch Frisuren- und Kleiderwechsel aus der Kinderfrau die Hausfrau, aus der Hausfrau die Ehefrau, aus der Ehefrau die Sekretärin, aus der wieder die Ehefrau, Gastgeberin, Köchin, Schuhputzerin, Geliebte – alles profimäßig und tipptopp. Darein setzen wir Frauen unseren ganzen Stolz. Ob Stubenmädchen oder Gnädige, die Rolle muß sitzen.

In einer Ehe fängt es dann zu kriseln an, wenn auch die Frau plötzlich Mensch und nur Mensch sein will. Wenn sie Stück für Stück ihrer Bühnengarderobe ablegt und zu ihrem Entsetzen feststellen muß, daß darunter von ihr selber nichts mehr vorhanden ist als ein Häufchen Elend.

»Also, wenn ihr mich fragt, ich weiß nur soviel: Je gutmütiger du selber bist, desto schlimmer ist der, den du kriegst«, sagte Rosi Unterberger, bevor sie sich mit Elan auf den Schwebebalken schwang und auf der anderen Seite wieder hinterfiel. Ich kannte ihren Mann. Er war ein fürchterliches Ekel.

Wenn es stimmte, was sie sagte, dann müßte Rosi schon zu Lebzeiten seliggesprochen werden. Das erinnerte mich an Susi.

Ich war mit Susi befreundet, bevor sie diesen schrecklichen Mafioso heiratete, der sie in sein gottverlassenes Bergdorf in den Abruzzen verschleppte und ihr jedes Jahr ein Kind machte. Sie war ein süßes Dingelchen, gutmütig bis zur Trottelei und so freundlich, daß sie sich beim Stein entschuldigte, über den sie stolperte.

Ihr Liebesleben war eine einzige katastrophale Katastrophe. Ständig geriet sie an Typen, die jede andere Frau nicht einmal mit Asbesthandschuhen angefaßt hätte.

»Was mache ich denn bloß falsch?« fragte sie mich verzagt, als sich ihr Letzter gerade französisch verabschiedet hatte, nachdem er sie mit dem Messer bedroht, in einem Wutanfall ihre Zimmerpalme geköpft und als Andenken ihre elektrische Munddusche hatte mitgehen lassen.

»Was du brauchst, ist psychologischer Rat«, sagte ich entschlossen und nahm sie mit zu meinem Neffen Hannes.

Hannes hatte vier Semester Biologie studiert und zwei weitere Elektrotechnik und betreute auf Grund dieser einschlägigen Vorbildung für eine führende Tageszeitung die Rubrik ›Haben Sie Kummer – fragen Sie Frau Erna‹.

Frau Erna arbeitete mit Volldampf an der Schreibmaschine. Ich stellte ihm Susi vor und berichtete von ihren Schwierigkeiten, einschließlich des letzten Fiaskos.

»Gehört der Platz, auf den die Zimmerpalme gefallen ist«, sagte Frau Erna, pausenlos auf die Maschine dreschend, »zu ihrem Grund und Boden, dann fürchte ich, ist sie dran. Dann muß sie dem Messerstecher seine Zahnprothese ersetzen. Anders verhält es sich natür...«

Ich fetzte das Blatt aus der Maschine, knipste sein Feuerzeug an und hielt die Flamme drunter. Entweder höre er jetzt zu oder...!

»Also gut«, sagte Frau Erna seufzend, »schieß los!«

»Susilein, lauf an die Ecke und hol Zigaretten...« Als sich die Tür hinter ihr geschlossen hatte, sagte ich: »Die Schwierigkeit mit ihr ist ganz einfach, sie ist zu gut für diese Welt... Für die Männer!« setzte ich grimmig hinzu.

Ich schilderte Frau Erna Susis engelhaften Charakter.

Der kratzte sich nachdenklich den intelligenten Hinterkopf. »Bescheiden, sagst du? Hilfsbereit? Sanftmütig wie ein Täubchen? Hausfraulich?«

Ich nickte zu allen Fragen. »Sag mir, wie kommt sie endlich zu einem netten Mann? Einem, der ihr nicht den Toaster klaut, während sie im Nachthemd ins Gasthaus rennt, um für ihn Bier zu kaufen; der sie nicht anbrüllt, wenn es regnet, nachdem er sein Auto gewaschen hat; der ihr nicht sechs Monate lang seine Dreckwäsche bringt und sie dann sitzenläßt, wenn er bei einem Preisausschreiben eine Waschmaschine gewinnt?«

Frau Erna tauchte einen neben der Schreibmaschine liegenden Socken in den Essig der Salatschüssel und betupfte sich damit die Denkerstirn. »Sie muß sich damit abfinden, sie kriegt keinen anderen.«

»Blödsinn. Es gibt tausend nette Männer, die sich alle zehn Finger ablecken würden, um eine Frau wie Susi zu kriegen. Die Frage ist nur, wie kommt sie an sie heran? Oder besser gesagt, wie hält sie sich die miesen Typen vom Leib?«

»Nichts zu machen. Das wäre gegen die elementarsten Naturgesetze. Eine wie sie kriegt keinen guten. So wenig wie zwei positive Pole sich anziehen... He, was sagst du? Gutmütig, sanft, hausfraulich? ...« Frau Ernas Blick schweifte über sein Hosenbein, an dem die Naht geplatzt war, und weiter zum Geschirrhaufen am Boden vor dem Herd und von dort zu den Vorhanglappen, die wie gräulicher Seetang an den fliegenbeschissenen Scheiben hingen, und zur halb aufgegessenen Dose Thunfisch auf einem Stoß Leserbriefe, und dieser Blick bekam mit einemmal was ausgesprochen Lebhaftes. »Momentan ist sie solo, sagst du?« Frau Erna stürzte ins Schlafzimmer und kam mit einem Paar frischer Socken zurück, die er anzog. »Laß sie ruhig da, wenn du jetzt gehst, ich habe mit ihr eine Menge zu besprechen, muß ihr eine Menge Ratschläge geben, ich bringe sie dann heim...«

Ich paßte Susi unten auf der Straße ab.

»Aber die Zigaretten...!« stammelte sie ganz verzweifelt, als ich sie am Arm packte und von der Haustür wegzog. »Und ich habe mich nicht einmal von ihm verabschiedet...«

»Vergiß beides! Schenk die Zigaretten einem armen Mann an der nächsten Straßenecke. Und komm diesem schrägen Vogel«, ich nickte zum Fenster hinauf, aus dessen Blumentrog ein paar Flaschenhälse ragten, »um Himmels willen nicht mehr in die Nähe!«

Sie flüsterte errötend: »Aber ich fand ihn eigentlich ganz nett.«

»Das kann ich mir denken!« sagte ich grimmig. »Susilein, hör zu, ich glaube, im Moment wäre es für dich das beste, du gingst in ein abgelegenes Dorf, wo kein Mann hinkommt, und dort wartest du ab, bis du etwas älter und härter und weniger edelmütig geworden bist.«

So kam es. Susi fuhr auf Urlaub zu ihrer Großtante mütterlicherseits in ein abgeschiedenes Dorf in den Abruzzen. Es war nur auf Eselrücken zu erreichen. Abgesehen vom neunzigjährigen Ziegenhirten Giovanni lebte kein einziger Mann dort.

Am dritten Tag lief ihr der Mafioso über den Weg. Das Dorf lag auf seiner Schmugglerroute.

Frau Erna (mag er auch sonst ein Trottel und ein verkommenes Subjekt sein) hat in dem Fall offenbar recht: Den wahrhaft Guten unter uns scheint in der Liebe wahrhaftig nichts Gutes zu blühen.

Und das nennt man nun Liebe!

Im Büro kommt es jetzt immer öfter vor, daß ich eine Hand hebe, um nach einer Akte zu greifen, und in der Haltung minutenlang erstarre, um über meine Ehe nachzudenken.

Immerzu muß ich über meine Ehe nachdenken.

Warum sie im Eimer ist.

Seit wann.

Was ich tun soll.

Ich kann mich auf nichts anderes mehr konzentrieren. Mein Chef kommt herein und sieht mich dasitzen und vor mich hinstarren mit den Blicken eines gedopten Kamels.

Er ist kein Unmensch. Aber wenn das nicht bald anders wird, sucht er sich eine Vertretung für die Vertretung.

Daheim bin ich kaum mehr ansprechbar. Was allerdings keinem auffällt. Es redet ohnehin keiner mit mir. Die Stimmung ist eisig. Der Kater nimmt die angebrochene Dose Kitekat zwischen die Zähne und verläßt das ungastliche Haus.

Ich würde mir die Pulsadern aufschneiden, wenn ich nicht gerade einen Marmorkuchen im Ofen hätte.

Dabei hatten wir aus Liebe geheiratet.

Damals also, vor meiner Scheidung, als ich nur noch ins Bett ging, um den Brauch nicht einschlafen zu lassen, denn *ich* konnte nicht schlafen, las ich sehr viel. Und natürlich dachte ich auch viel über das Leben nach. Warum zwei Menschen, die sich einmal so geliebt haben wie wir, sich nach zwanzig Jahren nichts anderes mehr zu sagen haben als: »Den Toaster kriegst du nicht! Den habe ich von meiner Mutter.«

Verliebt! Es durchfuhr mich wie ein Schlag von meiner defekten Bügeleisenschnur. Warum hielt eigentlich die ganze Menschheit das reflexive Verb ›sich verlieben‹ automatisch für etwas Positives? Ja, warum eigentlich?

Ich schälte mich aus meinem zerwühlten Laken, holte mir den Duden aus dem Gestell und schlug das V auf...

»In dieser Nacht sind mir endlich die Augen aufgegangen!« platzte ich anderntags aufgeregt bei Hanna herein. »Ist dir überhaupt klar, daß ich meine Ehe auf der völlig falschen Interpretation des Wortes ›sich verlieben‹ aufgebaut habe?« Ich stöhnte auf.

Hanna nickte bloß stumm, eine Tasse Kaffee vor mich hinstellend. Dann griff sie nach ihrem Wandteppich und dem Sack mit den Wollresten. (Unter uns gesagt, ich habe den Verdacht, dieses kaltherzige Weibsbild hat bloß deshalb mit der Knüpferei angefangen, um ihrer besten Freundin nur mit halbem Ohr zuhören zu müssen, wenn diese die Qualen ihres gemarterten Herzens vor ihr ausschüttet.)

Ich sagte aufgeregt: »Ich zählte also die Wörter mit der Vorsilbe ›ver‹ und teilte sie je nach ihrer Bedeutung in positive und negative ein. Und weißt du, wie viele Wörter mit ›ver‹ es gibt, die was Positives bedeuten?«

Hanna sagte, einen Faden knüpfend, sie kenne auf Anhieb nur eines: verduften.

»Vierundzwanzig!« rief ich. »Nicht mehr als vierundzwanzig! Dabei habe ich auch noch die Zweifelsfälle dazugenommen.«

»Was zum Beispiel?«

»Verehelichen... Und weißt du, wieviel negative es waren? Fünfhundertfünfzehn! Wie kann man angesichts dessen« – ich hob meine Stimme und meinen Zeigefinger, um die Bedeutung dieser epochalen Entdeckung zu unterstreichen – »angesichts dessen das Wort ›verlieben‹ für etwas Positives halten? Sag mir, kann das bei einer solchen Relation überhaupt möglich sein?«

»Kommt drauf an. Wenn er mich zu einem Rumpsteak einlädt oder zu einer Kreuzfahrt, würde ich sagen – ja.«

Ich trank meinen Kaffee aus und ging.

Hanna benahm sich in letzter Zeit reichlich kindisch.

Damals also, als ich nicht schlafen konnte, habe ich viel über die elementarsten Dinge des Lebens nachgedacht. Hauptsächlich darüber, ob mein Mann wieder eine finden würde, wenn wir uns scheiden ließen. Aber auch über das Wesen der Liebe. Liebe! Schon allein vom Klang dieses abgedroschenen Wortes bekam ich Bauchweh.

Man braucht sich bloß vorzustellen, eine Kuh würde sich in den

Stier verlieben. Der würde doch glatt die Milch sauer werden. Vielleicht würde sie auch gar keine mehr haben, falls er sie sich flachbrüstig wünschte.

Nur bei uns Menschen entsteht aus einer völlig simplen biologischen Funktion wie dem Sexualtrieb ein derartiges Kuddelmuddel. Und warum? Warum entsteht ein Kuddelmuddel? – Weil wir so dumm sind, uns zu verlieben. Und warum sind wir so dumm, uns zu verlieben?

Mich zwischen den heißen Leintüchern hin und her wälzend, zermarterte ich mir das Hirn darüber. Warum ausgerechnet wir? Die einzigen Geschöpfe, die Gott mit der Gabe der intellektuellen Vernunft ausgestattet hat...

Und dann, eines Nachts gegen drei Uhr, kam mir blitzartig die Erleuchtung: Gott!

Natürlich, das war's!

Ich setzte mich bolzengerade im Bett auf, während hinter meinen verschwollenen Augenlidern ein ungemein aufschlußreicher Film abrollte: Es war der vierhundertzehnte Tag nach Abschluß des Großprojektes ›Neubau Erde‹. Der Bauschutt war aufgeräumt. Der vollautomatische Betrieb, basierend auf einem völlig neuartigen Recyclingsystem, war in vollem Gang. Er arbeitete fehlerfrei: Bäume blühten, trugen Früchte, warfen die Blätter ab und düngten damit den Boden; Würmer krochen durch die Erde, lockerten sie und ernährten sich von ihr; große Fische fraßen kleine und hielten so deren Anzahl in genau der richtigen Relation zum Nahrungsangebot; Korallen starben, lagerten sich ab und bildeten kleine Inselchen, auf die Vögel Dattelkerne fallen ließen, aus denen wiederum hübsche Palmen wuchsen...

Es war perfekt.

Zu perfekt, viel zu perfekt. Am 465. Tag kriegte der große Denker, Planer und Konstrukteur das große Gähnen. Er lehnte sich zurück und dachte nach...

Nach drei Tagen intensiven Nachdenkens strich er sich über den Bart und sagte mit einem zufriedenen Kichern: »Natürlich. Das ist die Lösung...!« Und er tat, was er für richtig hielt: Er nahm seinen Menschen und die Menschin und verband durch einen kleinen Eingriff ihre sexuellen Funktionen mit jenen Gehirnwindungen, die ihr

Gefühlsleben steuerten. Gewissenhaft trug er sein neuestes Experiment unter dem Stichwort ›Liebe‹ im Register ein...

Und wahrhaftig, er hatte richtig spekuliert. Von jetzt ab gab es keine Sekunde Langeweile mehr. Er mußte sich die Wolkenfensterbank mit einer Extralage Federwolken polstern lassen, um das Wundwerden der Ellbogen zu verhindern. Denn er kam von dem herrlichen, verrückten, grandiosen, zum Brüllen komischen Spektakel da unten nicht mehr los...

Darauf also, auf Gottes kleinem Späßchen, habe ich meine Ehe aufgebaut!

Es *mußte* ja schiefgehen.

Ebensogut hätte ich mir meinen Ehemann nach der Beschaffenheit seiner Ohrläppchen aussuchen können.

Er streichelt die Katze öfter als mich

Letzte Nacht habe ich das Buch ›Praktische Tips zur Überwindung des Scheidungsschocks‹ gelesen. Unter anderem rät der Autor dazu, sich eine Liste aller Fehler des Ehepartners anzulegen und sie durchzulesen, sobald der Zeitpunkt gekommen ist, wo man am liebsten winselnd zu ihm zurückkriechen möchte.

Als ob das jemals passieren könnte.

Trotzdem, so eine Liste hat mich immer schon gereizt. Eine Seite würde spielend zusammenkommen. Dachte ich. Um vier Uhr morgens stieg ich aus dem Blätterhaufen, der um meine Knöchel raschelte!

Heute morgen beim Durchlesen kamen mir ein oder zwei Punkte ein wenig schleierhaft vor. Beim besten Willen konnte ich mich nicht entsinnen, warum ich ›drückt sich vor Verantwortung – Erdbeben in Bolivien‹ geschrieben hatte. Wir sind nie in Bolivien gewesen. Aber irgendeinen Sinn mußte es wohl haben, sonst hätte ich es nicht geschrieben. Ich ließ es stehen.

Als einziges strich ich den Biß in die Wade weg. *Das* ist hundertprozentig der Spitz von der Frau Materna gewesen.

In der Kaffeepause sagte ich aufgeregt zu Eva-Maria: »Heute ist es schon wieder passiert!«

Sie sah mich fragend an.

»Es hat mich einer gegrüßt, den ich nicht kenne.«

Es war schon der vierte oder fünfte innerhalb einer Woche.

»Wollte er was?«

»Nein, nein, er hat nur seinen Hut gelüftet und gesagt: ›Guten Morgen, gnädige Frau!‹, und dazu hat er sehr nett gelächelt. Er machte auch noch eine Verbeugung.«

»Und er hat dich nicht zu einem Kaffee eingeladen und dich dabei gebeten, seine Mineraliensammlung zu besichtigen?«

»Wo denkst du hin!« Es waren, erklärte ich, ausnahmslos seriöse Gestalten mit durchgeistigten Gesichtern, denen man ansah, daß ihre Besitzer anderes im Sinn hatten als ordinäre Fleischeslust.

Eva-Maria konnte es sich nicht erklären.

Auch ich konnte es mir nicht erklären.

Jetzt kann ich es. Heute hat einer meiner neuen unbekannten Bekannten ein Kärtchen verloren, nachdem er mich gegrüßt und überholt hat. Ich hob es auf. Dr. Eberhard Ehrlich, Rechtsberater, stand darauf. Dazu seine Adresse, Telefonnummer und die Nummer seines Bankkontos. Und auf der Rückseite stand handgeschrieben ›Spezialist für Scheidungsfragen‹.

Ich weiß nicht, wie sie dahintergekommen sind. Außer der engsten Familie und sechs oder sieben guten Bekannten weiß noch kein Mensch davon. Und in unserem Fall sind ohnehin alle derartigen Bemühungen zwecklos. Wir brauchen keine Rechtsanwälte. Wir wollen eine stille Scheidung. Nur wir zwei. An uns werden diese Geier nichts verdienen. Wir haben zu viele Beispiele im Bekanntenkreis erlebt, wo schließlich so gut wie alles, um das gestritten worden war, in den Taschen der Anwälte gelandet ist.

Wir hatten jetzt so vieles zu erledigen mit dem Hausverkauf, Aussuchen der Wohnungen etc., daß wir kaum zum Nachdenken kamen. Das meiste erledigten wir gemeinsam, da es einfacher war und wir dabei Zeit sparten, und so erreichten wir beinahe wieder jenes nette Einvernehmen, das wir zu Anfang unserer Ehe hatten, als wir noch im Aufbau waren und keine Zeit hatten, uns miteinander zu langweilen. Seltsam. Mein Mann kam mir in letzter Zeit größer vor und schlanker und sein Haar voller, und er war auch sonst viel netter. Wir sprachen über unsere Zukunft, die also von nun an in getrennten Bahnen verlaufen würde, ruhig, vernünftig, zivilisiert.

»Mit einem Wort, es sind die zweiten Flitterwochen!« meinte Eva-Maria mit jenem sarkastischen Unterton, den ich jetzt wiederholt an ihr bemerkte.

»Muß man bei einer Scheidung unbedingt übereinander herfallen wie argentinische Kampfhähne?« entgegnete ich kühl.

»Müssen nicht, aber es ist üblich«, sagte sie.

Wie wahr. Es ist traurig, wie wenig Menschen es fertigbringen, eine Ehe mit Anstand zu beenden. Ich las in der Zeitung von einem Tollwütigen, der die Möbel in zwei Teile sägte... Wie die Löwen kämpfen Väter um Kinder, die sie früher um sieben ins Bett schickten, damit sie ihre Ruhe hatten... Männer töten ihre Frauen. Frauen ihre Männer. Meistens erstere die letzteren, weil sie entweder eine Pistole haben oder besser mit dem Messer umgehen können.

Millionen von Ehen werden heute geschieden. Und was macht man? – Nichts. Hat vielleicht endlich einer das scheidungsgerechte französische Bett erfunden (ein Griff, und Sie nehmen Ihre Hälfte)? Keiner der am Reißbrett arbeitenden Hohlköpfe zieht ins Kalkül, daß das Mobiliar höchstwahrscheinlich in sieben Jahren aufgeteilt wird. Es wäre hoch an der Zeit, daß eine kompetente Stelle sich des Problems annähme. Die öffentliche Hand. Oder sonstwer. Ähnlich den Weightwatchers oder den Anonymen Alkoholikern. Man wird mit ihnen, den Scheidungswilligen, eines Tages rechnen müssen. Zusammengeschlossen ergäben sie heute schon eine Macht. Als Konsumenten. Als potentielle Wähler.

Unser beider Wunsch nach einer stillen Scheidung ohne Anwälte hing eng mit der traurigen Erfahrung zusammen, die Bettina machen mußte. Seit zwei Jahren verfolgen wir ihre Scheidung. Sie ist ihrem Mann davongelaufen, weil er sie zwang, mit seiner Mutter, Großmutter und Tante unter einem Dach zu leben. Sie kochte für alle drei. Für Mutter und Tante nähte sie die Kleider (beide Übergröße). Stundenlang las sie der Großmutter Konsalik vor, dabei hatte das alte Biest den Hörapparat ausgeschaltet.

Wirklich, die Ärmste machte was mit.

Die verschiedenen Prozesse zogen sich, wie gesagt, über zwei Jahre hin. In der Zeit hat ihr Rechtsanwalt sich eine Segeljacht gekauft, der seine einen Anbau an sein Haus machen lassen. Die Angelegenheit war so verzwickt, daß ein Romanautor sich mit dem Stoff jahrelang hätte beschäftigen müssen. Verdi hätte daraus eine Oper komponiert, Bernstein ein Musical. Und der Richter in letzter Instanz brauchte sage und schreibe vier Tage – vier! – (zwei davon Feiertage, die er beim Skifahren verbrachte), um sich mit dem Fall vertraut zu machen, alle Argumente abzuwägen, die Hintergründe auszuleuchten und sein salomonisches Urteil zu fällen.

Er sprach sie schuldig wegen böswilligen Verlassens.

Seine Putzfrau erzählt herum, sie hätte gesehen, wie er am Abend vor der Verhandlung eine Münze in die Luft geworfen hat. Das kann natürlich auch eine Verleumdung sein. Er hat ihr nämlich inzwischen gekündigt. Sie kopierte seine Akten, um sie in ihrem Buch ›Memoiren einer Putzfrau‹ zu verwenden.

Trotzdem, mein Zutrauen zu den Herren im Talar ist erschüttert.

»Und du willst wirklich auf alles verzichten?« fragte Eva-Maria.

»Was heißt auf alles verzichten! Ich habe die Wohnung, den Wohnzimmerschrank, den Toaster, das Geschirr...«

»Sechs Fleischteller, fünf Suppenteller, und einer davon hat einen Sprung! Er hat sich zwanzig Jahre lang eine Position aufbauen können, er hat Versicherungsjahre und Anspruch auf Abfindung, und was hast du für all die Jahre, die du daheim gearbeitet hast, umsonst, nur für Kost und ein paar Fetzchen?«

Ich dachte darüber nach und mußte ihr recht geben. Wirklich, was hatte ich für all die Jahre? Ich suchte eins der acht Visitenkärtchen, nahm einen Tag frei und besuchte Dr. Ehrlich.

Seltsam, er sah nicht so aus, wie ich ihn in Erinnerung hatte. Dr. Ehrlich war ein fleischiger Mann mit einer Nase wie eine Zucchini, für den ich augenblicklich tiefste Abneigung empfand. Zwischen seinen Brauen stand eine tiefe Falte.

Sie wurde noch tiefer, als er sich mein Gestammel anhörte. Nein, keine Vertretung bei einer Scheidung, nur eine einmalige Konsultation... zwanzig Jahre Haushalt... drei Kinder... was mir dafür zustand? Eine kleine Rente? Versicherung? Unterhalt?

Dr. Ehrlich blickte mich streng über seine Brillengläser an. Versicherung? Welche Versicherung? Hatte ich als Hausfrau je etwas eingezahlt, hatte ich?

Ja, aber, winselte ich, der Haushalt, die Kinder, meine sozialpolitische Aufgabe als Stütze der kleinsten, wichtigsten Zelle des Staates, die Produktion und Aufzucht zukünftiger Steuer- und Rentenzahler...

Kindererziehung, belehrte mich Dr. Ehrlich, zählt in dem Sinne nicht. Das war mein Privatvergnügen. Was wollte ich noch? Unterhalt? – Unter Umständen. Bei Arbeitsunfähigkeit, kleinen Kindern, sehr kleinen, falls er schuldig geschieden wurde. Hat er Sie betrogen? Sie geschlagen? – Nein? Warum wollen Sie sich dann scheiden lassen? – Wie bitte? Er streichelt die Katze öfter als Sie?

Dr. Ehrlich warf einen kurzen Blick auf meine traurige Gestalt. Er sagte nichts, aber man sah es ihm an der Spitze seiner Zucchininase an: Auch er würde lieber die Katze streicheln als mich.

Nach meinem Abgang multiplizierte er die Anzahl der Tränen, die ich hatte auf seine Schreibtischplatte fallen lassen, mit dem Datum, addierte seine Schuhnummer, rechnete diese Zahl hoch mit drei und schrieb das Endergebnis auf seine Honorarrechnung.

Unsere Scheidung war dann so, wie wir es gewollt hatten: still. Nur wir beide. Nicht einmal meine Mutter, die ich gezwungen hatte, daheim zu bleiben. Daß so eine Scheidung nichts Ordentliches war, wurde mir klar, als wir beide ganz allein, niemand sonst, kein Zipfelchen von Rechtsanwalt, nicht der allerlausigste Zeuge, als wir also recht armselig auf der Holzbank im Vorraum des Gerichts hockten, um zu warten, bis wir drankämen.

Die Vorübergehenden musterten uns mit verächtlichen Blicken.

Wie komisch wir wirken mußten, wurde mir vollends klar, als die Flügeltüren aufgestoßen wurden und die nächste Scheidung eintrat: sie und er mit einem Hofstaat von je zwanzig Leuten, Mütter, Väter, Großväter, Großmütter, Tanten, Onkel, Taufpaten, Zeugen, Rechtsanwälte und deren Sekretärinnen, eine Clique von acht Personen, Studenten vermutlich, die sich auf die Art ihr Taschengeld aufbesserten, und ein kleines Orchester, das im Hintergrund Aufstellung nahm.

Es untermalte die Generalprobe mit geschmackvollen kleinen Etüden und einem Tusch nach jedem Bonmot. Die Studenten lieferten die Buh- und Hurrarufe und klatschten für die Partei, von der sie bezahlt wurden. Das Ganze trieb dem Höhepunkt zu, als die beiden Rechtsanwälte plötzlich aufeinander losgingen, beide hochrot im Gesicht. Es kam zu einem heftigen Wortwechsel. Ihr Vertreter hieb dem seinen mit der Aktenmappe in den Bauch, woraufhin der mit einem grünen Kugelschreiber auf den anderen losging und offensichtlich versuchte, ihm ein Auge auszustechen.

Ich schrie auf, den Arm meines Noch-Ehemannes umklammernd.

»Gute Frau, sorgen Sie sich nicht!« sagte neben mir eine begütigende Stimme. Sie gehörte einem alten Mann, der neben uns stehengeblieben war, um das Schauspiel zu beobachten. Vermutlich ein Gerichtsdiener.

»Aber sehen Sie nicht, er bringt ihn noch um!«

»Das gehört zu einer erstklassigen Scheidung wie der da«, belehrte mich der Gerichtsdiener. Es handelt sich, erklärte er, um streng ritualisierte Scheingefechte, Extras, die dem Honorar zugerechnet würden. Bei einer Scheidung der Luxusklasse gingen die beiden Anwälte bis zum gegenseitigen Anspucken. Auch das natürlich streng nach den Regeln der Kunst. So war es verboten, zwölf Stunden vor der Verhandlung Knoblauch zu essen.

Mit einem: »Sie beide haben wohl niemanden, was? Ja, ja, die Zeiten werden nicht besser!« und einem traurigen Kopfschütteln schlich der alte Mann bedrückt davon.

Auch wir schlichen, als wir aufgerufen wurden, bedrückt vor die Schranken des Gerichts. Das heißt, es gab keine Schranken, nicht einmal das kleinste Zäunchen, nur einen ganz gewöhnlichen Schreibtisch mit einem staubigen Gummibaum daneben. Auch der Richter war ganz gewöhnlich, ohne Talar, ein kleiner Herr mit einem Spitzbauch, der in einem zu kurzen Pullover unvorteilhaft zur Geltung kam. Auch er zeigte uns offen seine Verachtung. Er holte die häßlichste Sekretärin aus einer hinteren Kammer, wo sie sich bei besseren Scheidungen vermutlich versteckt zu halten hatte. Wir durften nicht mal die Hand auf die Bibel legen. In zwanzig Minuten war alles vorbei.

Es war eine sehr drittklassige Scheidung.

Ein wenig richtete mich der Nelkenstrauß auf, der in der Türklinke meiner neuen kleinen Wohnung steckte. Ich ließ das Kärtchen mit Eva-Marias Handschrift und den Worten ›Gratuliere zu Wiedergeburt. Komme am Abend mit einer Flasche Sekt vorbei‹ diskret verschwinden, bevor ich Kaffee machte und mir überlegte, was ich zum Mittagessen kochen sollte für meine Kinder, mich und meinen Exmann.

Hurra,
ich bin wie neugeboren!

Ich trage jetzt zum Einkaufen Strümpfe mit Naht.
 Laß mir die Haare rot färben.
 Kauf mir einen Rock mit Schlitz und laß den offen bis auf den halben Oberschenkel.
 Im Café sitze ich an der Theke.
 Am Abend lege ich mich ins Bett, in *mein* Bett, mein eigenes Bett, in das Bett, das mir allein gehört, lese bis Mitternacht, esse dabei Äpfel und höre Radio.
 Ich fliege zwei Wochen nach Teneriffa und habe eine befriedigende Affäre mit einem Steuerbeamten aus Bielefeld.
 Jeden Dienstag von sechs bis acht gehe ich mit Eva-Maria in die Sauna. Hauptsächlich, um zuzuhören, wie die Ehefrauen über ihre Männer herziehen, um mich zu freuen, daß ich keinen mehr habe, über den ich mich ärgern muß.
 Ein nicht unbeträchtlicher Teil dieser Sauna-Damen würde sich ebenfalls gern scheiden lassen, geben sie zu, wenn es nicht wegen der Kinder wäre.
 Diese Naivlinge glauben doch tatsächlich immer noch an das Märchen von den armen Scheidungswaisen. Ich erzähle ihnen, wie es bei uns ist: Unsere Kinder vergeben Punkte und notieren sie in ihren Taschenkalendern. Apfelstrudel von mir: neun Punkte. Eine neue Gangschaltung vom Vater: hundert. Sie sind jetzt in dem Alter, in dem sie von der Mutter nicht mehr Liebe wollen, sondern gebügelte Hemden, und beim Vater nicht mehr die Kameradschaft suchen, sondern den Autoschlüssel.
 Unser Jüngster saust zwischen beiden Wohnungen hin und her, um uns zuzutragen, was der andere tut. Er lebt auf. Er wird nahezu geschwätzig. Papa, sagt er, hat im Vorraum ein Gestell mit runden Löchern, aus denen die Hälse von Weinflaschen ragen. Und er läßt sich die Haare jetzt bei ›El Figaro‹ schneiden. Und er ißt am Abend nur noch Joghurt.
 Auch ich bemerke es: Papa hat um die Mitte herum ein paar Kilo

abgenommen. Neuerdings flitzt er auf einer roten Vespa herum. Mit Sturzhelm und Lederjacke. Ziemlich lächerlich in seinem Alter.

An einem Samstagnachmittag schickt er unseren Sohn zu mir, um Möbelpolitur zu holen. Es haut mich fast um – er und Möbelpolitur! Ich hätte geschworen, er hat bis jetzt geglaubt, Sadolino sei eine Soße, die man über Spaghetti gießt.

Er gibt eine Party. Ich bin zu stolz, um zu fragen, für wen. Ich bin nicht eingeladen. Na schön. Ich werde in Zukunft etwas zurückhaltender damit sein, ihn zum Essen einzuladen.

Das mit der Party hat sich aufgeklärt. Es waren nur ein paar Arbeitskollegen. Übrigens eine Pleite, sagt er. Macht er nicht wieder. Diese ungehobelten Rüpel waren ins Wohnzimmer getrampelt, ohne Rücksicht auf den Dreck an ihren Schuhsohlen und auf seinen weißen Schafwollteppich, und sie haben ihm die Tischplatte ruiniert. Er kriegt die Ringe von den Gläsern nie mehr ab. Ob ich vielleicht ein Mittel wüßte. Er sprang auf, nahm den Apfelbutzen, den ich eben hingelegt hatte, und sauste damit zum Abfalleimer. Dann polierte er die Weingläser, stellte Knabbergebäck her und öffnete eine Flasche Muskateller-Spätlese.

Ich war bei ihm, um mir die einunddreißigste Folge von ›Traumschiff‹ anzusehen. Seltsam, seit ich keinen Fernseher mehr hatte, war das Programm wesentlich besser geworden.

Nach dem Film zogen wir uns in sein reizendes kleines Schlafzimmer zurück, das er mit Hilfe eines Heizstrahlers zusätzlich zur Zentralheizung aufs angenehmste temperiert hatte.

Seit ich nicht mehr mußte, war der alte Zauber wieder da. Die Liebe mit meinem Exgatten verlieh mir das prickelnde Gefühl, ihn mit ihm selber zu betrügen.

Es ist herrlich, wenn man endlich tun und lassen kann, was man will. Was ich nicht will, lasse ich. Zum Beispiel Kekse backen für Weihnachten. Mehr als alles andere hasse ich Kekse backen. Sie waren auch nie besonders. Auf Skitouren im Hochgebirge verwendeten die Kinder sie zum Einklopfen der Seilsicherungen. Aber jedes Jahr im Dezember fühlte ich mich dazu verpflichtet, wie Millionen anderer Hausfrauen eine Tonne Zementkekse zu backen.

Jetzt mache ich endlich Schluß mit dem Mumpitz.

Scheußlich, in jedem Haus dieser impertinente Gestank nach Keksbackerei. Von Hanna weiß ich, daß sie an Tagen, an denen sie nicht bäckt, Raumspray mit der Duftnote ›Lebkuchen‹ versprüht und ihre Finger in Mehl taucht, sobald die Türklingel geht.

»Und du bäckst dieses Jahr wirklich keine?« fragte sie mich ungläubig, einen Teller vor mich hinstellend mit einer Kollektion, aus der Lebkuchen in Form von Weihnachtsmännern mit sechs verschiedenen Glasuren noch die einfachsten Modelle waren.

»Keinen einzigen!« entgegnete ich fest.

Ihr vorwurfsvoller Blick tat mir weh. Zwei Jahrzehnte Freundschaft zählten wohl anscheinend nicht mehr ...

Es ist lächerlich. Ständig sehe ich jetzt das Bild meiner Kinder vor mir, wie sie mit freudlosen Augen auf einen leeren Teller starren. Mein Alter werde ich einsam verbringen. Denn welches Kind wird schon eine Mutter besuchen wollen, die keine Kekse bäckt? Wenn mich heute jemand fragt, was schlimmer ist, als klebrigen Keksteig von der Bierflasche zu kratzen, die man anstelle des vor fünfzehn Jahren in der Sandkiste eingefrorenen Nudelholzes verwendet, dann kann ich nur sagen: Schlimmer ist, keine Kekse zu backen.

Aber diesmal blieb ich hart. Keine verdammten Kekse mehr, verdammt noch mal. Wie sollten wir Frauen uns jemals emanzipieren, wenn wir nicht einmal in der Lage waren, uns von so lächerlichen Zwängen wie der weihnachtlichen Keksbackerei zu befreien? Ich buk einen Marmorkuchen, eine Nuß- und eine Mohntorte als Ersatz und dekorierte die Wohnung mit Tannenzweigen. Ich las, als moralischen Rückhalt, das Buch über die erfolgreiche Entziehungskur des rauschgiftsüchtigen Richard S. Auch meine Symptome glichen den Qualen einer Entziehungskur. Ich kaufte jedem Kind als Trostpflaster ein zusätzliches Weihnachtsgeschenk.

Am Morgen des Vierundzwanzigsten ließ ich mich nach einer schlaflosen Nacht von meiner Tochter (die natürlich nicht im Traum dran dachte, auch nur das allerkleinste Kekslein zu backen) an einen Küchenstuhl fesseln. Diesmal blieb ich hart.

Um elf Uhr dreißig schleppte ich mich, den Stuhl am Hintern, zum Telefon, wählte Hannas Nummer und murmelte: »Kennst du ein Rezept, bei dem sie nicht ablagern müssen, um weich zu werden?«

Was sind Weihnachten ohne Kekse! Die Kinder lieben sie. Auch mein geschiedener Mann liebt sie. Soll er Weihnachten ohne ein einziges Kekslein feiern, nur weil ich mich von ihm habe scheiden lassen?

Du hättest dir diesbezüglich keine Sorgen zu machen brauchen, Mütterchen. Papi hätte seine Kekslein auf alle Fälle gekriegt, hundertmal besser als deine. Denn Papi hat seit fünf Monaten eine Freundin. Und die bäckt seit Wochen Kekse. Alle wissen es. Deine Bekannten. Deine Kinder. Nur du nicht.
Aber tröste dich. Auch du wirst es bald wissen, sehr, sehr bald schon...

Ach, wenn ich ihn doch wiederhätte...

Ich weiß nicht, wer sie ist. Ich kenne sie nicht. Nur ihre Pelzjacke, an der Garderobe seines Vorraums. Fuchs. Vermutlich von einem tollwütigen. Oder von einer armen Fuchsmutter mit vielen, vielen Kinderchen. Eine Mutter, die man erschossen hat, damit diese Person ihren Pelz bekam.

Alles Schlimme überfällt einen immer im Winter. Immer dann, wenn man ohnehin zuwenig Vitamine und Sonne hat und keine Abwehrkräfte. Kein Wunder, daß sich die klugen Bären im Oktober niederlegen und erst im April wieder aufstehen. Auch ich würde das. Wenn ich schlafen könnte. Und wenn ich nicht für die Kinder kochen müßte. Und nicht ins Büro gehen. Ich habe keine Ahnung, wie ich dort die Tage verbringe. Vermutlich arbeite ich doch ein wenig. Sonst würde man mir kündigen, bei aller Nachsicht, die man hierzulande jenen entgegenbringt, die alt und vertrottelt oder sonstwie behindert sind wie ich.

»Sei froh, daß du arbeitest, es lenkt dich ab«, sagte meine Kollegin.
»Ablenken!« stieß ich mit bebenden Lippen hervor. Was sollte mich schon ablenken? Nichts könnte mich ablenken von meinem Jammer, ich könnte an nichts anderes denken, Tag und Nacht nicht, nur an das eine: wie mein Mann mit dieser... dieser... im Bett lag.

Meine Kollegin sah auf die Uhr. »Um diese Zeit kaum. Es ist elf.«
»Wieso nicht?« stieß ich hervor. Für die beiden gäbe es keine Uhrzeit, vermutlich stünden sie nur auf, um sich frischen Sekt aus dem Kühlschrank zu holen.

»Das war vorauszusehen«, sagte dieses kaltherzige Weib, dem ich herzlich gönnte, daß ihr am Nachmittag der Registraturkasten M–P auf den Fuß fiel. »Ein Mann im besten Alter. Und du wolltest ihn ja nicht mehr, oder?«

»Nein... ja – du verstehst das nicht!«
Es hatte keinen Sinn, diesem unsensiblen Ding, das Plastikblumen auf dem Schreibtisch stehen hat, etwas so Komplexes zu erklären. Auch meine Zähne ärgerten mich, auch sie wünschte ich zum Teufel,

aber ich liebte sie doch, denn es waren *meine* Zähne... Sie hätte nie verstanden, daß diese Scheidung ein neuer Anfang hätte sein sollen, ein Zusammenleben auf anderer Ebene, schöner als je zuvor...

Sie faselte was von einer Freiheit, die ich angeblich hatte haben wollen.

Freiheit! schluchzte ich. Was sollte ich mit der Freiheit! Sie konnte mir gestohlen bleiben. Ihn wollte ich zurück, ihn, den man mir gestohlen hat! Ich rannte auf die Toilette, um die Spuren meines Unglücks aus dem Gesicht zu waschen, so gut es ging.

Vielleicht war es ja wirklich unlogisch. Warum liebte ich ihn jetzt, wo er mich verstoßen hatte und kaltblütig bei einer anderen untergekrochen war? Aber man kann nicht dagegen an. Mein Arzt hat es mir erklärt: Man denkt mit dem Hirn, aber man fühlt mit dem Bauch.

Da war mir natürlich alles klar.

Was konnte von meinem Bauch schon Gutes kommen?

Er ist ein totaler Idiot, mein Bauch. Ehrlich. Er redet mir zum Beispiel ständig ein, daß er ohne Tomaten nicht leben kann. Er will nichts als Tomaten. Wenn er eine auch nur von weitem sieht, fängt er ein Gejammer an, daß mir Hören und Sehen vergeht und ich nachgebe, nur damit ich meine Ruhe habe. Kaum jedoch hat er sie, die Tomate, stülpt er sein Inneres nach außen und führt sich auf, als würde man ihn schlachten.

Was kann ich von einem Leben noch erwarten, in dem mein Bauch das Kommando übernommen hat? Der Zettelhaufen mit seinen Fehlern kommt mir in die Finger.

Ich starre ihn an, kann es kaum glauben. Das soll ich geschrieben haben? Ich muß wahnsinnig gewesen sein. Dieser Engel hat nur einen Fehler, einen einzigen: Er hat eine andere.

Ich verbrenne die Zettel.

Jeder kam mir mit guten Ratschlägen.

»Eine Scheidung ist wie eine Amputation«, hieß es, »als würde man dir einen Arm abschneiden.« Nach einiger Zeit, sagten sie, würde anstelle des Arms was wunderschönes Neues wachsen.

Idioten!

Hat einer schon erlebt, daß einem was Abgeschnittenes nachwächst, von Haaren und Fingernägeln abgesehen? Jetzt erst wurde mir klar, wie sehr wir in diesen zwanzig Jahren zusammengewachsen waren. Man wird zu siamesischen Zwillingen. Was ist eine Frau allein? Ach Gott, nichts. Ein bejammernswerter Torso.

»Geh unter die Leute. Geh in die Natur!« sagte man.

Ich ging in die Natur, mit meinen Langlaufskiern, und dachte daran, wie ich immer hinter ihm hergefahren war, und die Loipe wurde eisig von meinen Tränen.

Ich ging auf einen Ball, ich zwang mich dazu. Dort hing ich herum wie eine Trauerbirke. Einer holte mich irrtümlicherweise zum Tanzen, brachte mich aber schnellstens wieder zurück. Selbst unter glücklicheren Umständen mögen Männer keine Frauen, die allein auf Bällen erscheinen. Es ist so schwierig mit ihnen. Wie soll man sie wieder loswerden, wenn sie keinen Mann dabeihaben, bei dem man sie abliefern kann?

Beim Kochen fiel mir ein, wie gern er alles gegessen hat, dieser beste aller Ehemänner, der sich nie beklagt hat übers Essen, und daß er nie wieder bei mir essen würde, sondern bei diesem Weib im Fuchspelz, und ich heulte auf den Kartoffelsalat. Mit dem letzten Zipfelchen von Energie legte ich zum vierzigstenmal unsere Platte auf, doch anstelle der süßen Geigenklänge und der Stimme des Schmalztenors bekam ich nichts als häßliches, kratzendes Geräusch zu hören.

Da brach ich vollends zusammen. Ich konnte nicht mehr. Nicht nur hatte ich meinen Mann verloren und damit jeden Sinn im Leben, auch der Plattenspieler war kaputt.

Am Nachmittag kommt der Jüngste aus der Schule heim, hört sich ruhig mein Gezeter an, daß sie mir den Plattenspieler ruiniert haben, schiebt ihn fünf Zentimeter von der Wand weg, und jetzt geht er wieder.

Vielleicht hat mein Verstand wirklich etwas gelitten.

In der Nacht, im Bett, absolviere ich meine übliche Rollkur, von einer Seite auf die andere, immerfort, das Leintuch ist schon durchgewetzt, ich habe eine Wanderniere und verliere mein Augenlicht vom vielen Lesen. Ich lese und lese, obwohl nichts über meine Netzhaut hinausdringt, denn in meinem Hirn wohnt ein einziger Gedanke: Was tun die beiden gerade jetzt? Auch in den Büchern ist alles sehr traurig. Wirklich, je mehr man weiß vom Leben, desto trauriger wird es. Früher hat es mich nie gestört, daß Hemingway die Hyänen erschoß. Im Gegenteil, weg damit, dachte ich, die mit ihren häßlichen Hängebäuchen und dem blöden Grinsen. Aber seit ich weiß, daß Hyänen grinsen, wenn sie sich fürchten oder traurig sind, muß ich auch bei Hemingway weinen.

Der Weg von meiner Wohnung zu Hanna ist eine einzige Eisbahn von meinen Tränen, die den Schnee gleichzeitig nässen und salzen, so daß er ständig taut und wieder friert. Zu Silvester lädt sie mich ein, aus lauter Mitleid. Was sollte ich auch sonst? Die Kinder sind auf einer Hütte. Ich fange an, sie zu hassen. Sie denken nur an sich.

Hanna hat sich selbst übertroffen. Es gibt Krabbensalat in Orangenschalen. Mit feinsten Kräutern gefüllte Pastetchen. Indonesischen Reissalat. Aber alles schmeckt gleich – salzig von meinen Tränen.

In dem Buch über den Scheidungsschock, in dem ich nächtelang lese, ohne die geringste Hilfe zu finden, lese ich den Satz:

›Suchen Sie nie einen Ort auf, an dem Sie mit Ihrem geschiedenen Mann glücklich waren!‹

Kaum haben die Buchstaben die Netzhaut erreicht und die Nerven das Gelesene ans Gehirn weitergefunkt, da habe ich nur noch den einen Wunsch: Ich will nach Grado. Dorthin, wo ich mit ihm glücklich war.

Ich renne durch den Schneesturm zum Auto, schaufle es aus und fahre nach Grado.

Aber ach, wie hat es sich verändert! Wo sind all die heiteren Menschen geblieben, zwischen denen wir herumspaziert sind, lachend, Hand in Hand? Wo ist der nette Klavierspieler vor der Bar in der Via Rosa geblieben? Hat er sich umgebracht, aus Liebeskummer? In der Markthalle fragt eine alte Dame mich nach der Uhrzeit. Ich fasse sie am Arm und schleppe sie durch Grado, um ihr zu zeigen, wo ich überall mit meinem Mann glücklich war, sie murmelnd: »È morto? Poverino! Poverino!«, und ich weinend. Zwei-, dreimal will sie sich aus dem Staub machen, aber ich bin stärker. Ich brauche einen Zuhörer auf meiner Wallfahrt. Nie wieder werde ich hierher zurückkehren, zu den Pappeln, die ihre Äste gegen den Himmel recken, so verzweifelt wie ich selber. Meine Tränen heben den Wasserstand im alten Hafen um zwei Zentimeter.

Nie wieder will ich irgendwohin fahren.

Nie wieder im Leben werde ich glücklich sein.

Und jetzt, in dieser schwärzesten aller schwarzen Phasen, passiert es: Eva-Maria heiratet!

Sie, die mich dazu verführt hat, alles aufzugeben, was mir im Leben lieb und teuer war, heiratet! Sie hat auch noch den Nerv, mit ihrem Glück vor mir zu protzen.

Er heißt Egon.

Egon ist um die Fünfzig, mittelgroß, hat schütteres Haar und den deutlichen Ansatz eines Schmerbauches. Ich könnte brüllen vor Lachen, so komisch ist das, wenn es nicht so traurig wäre. Eva-Maria folgte mir in die Küche.

»Ich dachte, du wolltest nie wieder heiraten!« stieß ich hervor, begreiflicherweise sehr verbittert.

»Ach, weißt du, man ändert seine Meinung. Irgendwann einmal kriegt man genug von den jungen Dachsen. Eine Weile ist es ja ganz amüsant mit ihnen, aber dann kommt der Zeitpunkt, wo man sich nach etwas Dauerhaftem sehnt, einem Mann, dem man vertrauen, an den man sich anlehnen kann, neben dem man aufwachen darf, ohne gleich ins Bad sausen zu müssen, bevor er munter wird, weil ihn sonst gleich der Schlag trifft, wenn er einen ohne Make-up sieht. Du wirst lachen, aber Egon und ich denken sogar an ein Kind...«

Ich warf mit einem verzweifelten Aufschluchzen kraftlos die Bratpfanne nach ihr.

Gestern auf der Straße sah ich die beiden vor mir gehen. Nicht Eva-Maria und Egon. Die BEIDEN. Ihn und sie. Es war schon dämmrig, und es schneite, aber ich hätte sie überall erkannt. Er in seinem hellbraunen Wintermantel, sie in ihrem Fuchspelz. Sie hatte sich bei ihm eingehängt. Sie sprachen miteinander, er sagte ihr, wie sehr er sie liebe und daß sein Leben erst jetzt beginne; ich konnte es zwar nicht hören, dazu war ich zu weit weg, aber ich fühlte es. Sein Gang war der eines Jünglings. Sie sah ziemlich dick aus.

Ich starb.

Ich starb da hinter den beiden, innerlich; äußerlich blieb ich wohl erhalten, irgendwie, wie die Mauer eines ausgebrannten Hauses, denn ich kam ihnen näher und näher und überholte sie.

Nein, sie waren es doch nicht. SIE war die Kassiererin vom Supermarkt und ER vermutlich ihr Großvater. Ein Greis um die Achtzig. Seltsam.

Manchmal kam es vor, daß ich fünf Minuten nicht an sie dachte. Dann traf ich eine Freundin, und die ersten Worte, die ich hörte, waren:

»Rate, wen ich gestern gesehen habe?«

Und dann erzählte sie mir, wie sie ausgesehen hatten und was sie getan hatten und daß sie gehört hätte, wie sie davon sprachen, daß sie nach Las Palmas fliegen wollten.

Ich ging zum Doktor.

»Herr Doktor, ich kann an nichts anderes mehr denken«, klagte ich zwischen zwei Tränenausbrüchen. »Auf der Straße fange ich an zu weinen. Ich kann mich über nichts mehr freuen.«

Er fragte mich, wann ich mich zum letztenmal so richtig gefreut hätte.

Ich wußte es auf Anhieb, der Moment hat sich mir unauslöschlich eingegraben: Vor dreizehn Jahren, damals, als ich gerade aufgeräumt hatte, und in den zwei Minuten, bevor die Kinder alles wieder in einen Saustall verwandeln konnten, genau in diesen zwei Minuten ist die Tante meines Mannes... meines geschiedenen Mannes... »Sie wissen, Herr Doktor, daß ich geschieden bin... und er hat jetzt eine andere... was soll ich tun, Herr Doktor, ich muß immerfort weinen... sehen Sie, so wie jetzt...«

Er verschrieb mir eine Serie von Vitaminspritzen und gab mir eine kleine rosa Tablette, klein wie ein Stecknadelköpfchen, die ich auf der Zunge zergehen lassen mußte. Sie würde in einer Woche zu wirken anfangen.

Es war wie ein Wunder. Beim Heimgehen fühlte ich mich schon viel besser. Ich weinte nicht mehr. Als ich sah, wie einer vor mir in einen Haufen Hundescheiße trat, lachte ich sogar ein bißchen. Ich pries die Segnungen der modernen Medizin, bis mir einfiel, daß die Tablette erst in einer Woche zu wirken anfangen würde, woraufhin ich wieder zu weinen begann.

In meiner Freizeit legte ich Patience. Warum, weiß ich nicht. Ich habe dieses Idiotenspiel nie leiden können. Jetzt aber zuckten meine Finger, sobald ich an der Schublade vorbeiging, in der die Karten lagen; rein automatisch zog ich sie auf, griff nach den Karten und begann, sie aufzulegen.

Ich spielte darum, ob er bei ihr bleiben würde. Ging es auf, das heißt, lagen alle Asse oben, dann wußte ich, daß es keinen Monat mehr halten würde mit den beiden. Es ging nicht immer gleich auf. Manchmal dauerte es bis in die Morgenstunden, bis ich die beiden dort hatte, wo sie hingehörten.

Ebenso unerklärlich war mir die Kaufwut, die mich plötzlich überfiel. Ich ging los und kam mit einem halben Kaufhaus heim. Es war schrecklich. Dazwischen warfen mich Anfälle bleierner Müdigkeit aufs Bett. Da lag ich dann stundenlang, platt wie eine Flunder, unfähig, eine Hand zu heben oder auch nur die Augenlider, ich war wie tot, nur viel unglücklicher. Rückblickend vermute ich, hier wirkte eine Art körpereigenes Abwehrsystem, das viel weiser war als ich selbst. An diesen Tagen, an denen ich regungslos im Bett lag, konnte ich wenigstens kein Geld ausgeben.

Meine Mutter ließ mir keine Ruhe. »Fahr doch endlich weg«, jammerte sie. »Du mußt dich ablenken.«

Ich hatte überhaupt keine Lust wegzufahren, allein, ohne meinen Mann, aber damit sie endlich Ruhe gab, tat ich es doch.

Vielleicht hätte ich ein anderes Ziel wählen sollen, nicht jenen traurigen See zwischen den hohen, traurigen Bergen, auf dem man das Alphorn blies, das traurig widerhallte von den Felsen.

Viermal fuhr ich mit dem Dampfer hin und her, jedesmal blies einer das Alphorn, und danach ging er einsammeln mit seinem Hut mit dem Gamsbart drauf. Ich war so deprimiert, daß ich mich ertränken wollte. Aber man ließ mich nicht. Baden war in diesem traurigen See verboten.

Ich nahm ein Zimmerchen bei einer alten Hexe im nahegelegenen Ort und wollte mich im Bett verstecken, um in Ruhe unglücklich sein zu können. Aber sie stöberte mich dort auf und warf mich aus dem Zimmer. Nachmittags um vier liegt kein ordentlicher Mensch im Bett, sagte sie streng. Und überhaupt, warum war ich allein, wo war mein Mann?

Am Abend verschlug es mich in eines jener Lokale, wo ein Zitherspieler Heiterkeit verbreitet. Ich setzte mich neben ein paar Leute, die Lodenjoppen und Lederhosen trugen mit bestickten Hosenlatzen, die Frauen Dirndlkleider, und die alle amerikanisch sprachen. Um mich kümmerte sich keiner, wie mir schien, bis mir klar wurde, daß zwei Burschen am Nebentisch im schönsten Dialekt über jemanden redeten, der nur ich sein konnte.

»Is sie an Ami, dos Weibsbild?« sagte der eine, mit dem Bierglas auf mich deutend.

»Naa«, sagte der andere. »I glab nit.«

»A unsrige?«

»I glab schon.«

»Is sie allan do, ohne an Lotta?«

»I glab schon. I sieg kan.«

»Acha!«

Behäbig stand der Achasager auf, kam herüber, zog aus seiner Joppentasche ein Stück weißer Kreide, bückte sich, bis seine Krachlederne krachte, und zog mit der Kreide bedächtig einen Halbkreis um meinen Platz. Danach zog er aus der Tasche der Krachlederne ein Taschenmesser, klappte es auf und schleuderte es so geschickt gegen den Boden, daß es federnd im Kreidestrich steckenblieb. Murmelnd »Ausg'schamts Lurda, ausg'schamts«, ging er bedächtig zurück auf seinen Platz, von wo aus er den Rest des Abends aufpaßte, daß keiner in den Bannkreis trat.

Rückblickend bilde ich mir ein, über seinem Kopf und dem seines Komplizen eine weiße Kapuze mit Augenschlitzen gesehen zu haben, aber es ist möglich, daß mir in dem Punkt meine Fantasie und meine angegriffenen Nerven einen Streich gespielt haben.

Ich würde nie mehr im Leben irgendwohin fahren.

»Geh doch zum Psychiater!« sagte Eva-Maria.

Ich gab ihr keine Antwort. Mit dieser Person sprach ich nicht mehr.

Aber vielleicht sollte ich wirklich zum Psychiater gehen?

»Was willst du denn beim Psychiater?« fragte meine Mutter schockiert. »Willst du, daß die Leute sagen, du bist verrückt? In unserer Familie war noch keiner beim Psychiater.« Das stimmt. Keiner von uns war je bei einem Psychiater. Nicht einmal der arme Onkel Alois, damals, als er anfing, sich vor der Borgia-Hure zu fürchten, der Lucrezia, die hinter ihm her war.

»Ist *er* vielleicht zum Psychiater gelaufen?« fragte meine Mutter streng.

Sie hat recht. Nein, nicht einmal er ist zum Psychiater gelaufen. Er hat sich bloß eines Tages still im Wald erhängt.

»Möchtest du eine Leberknödelsuppe?« fragte Mama.

So sind die Mütter. Immer meinen sie, man braucht nur zu essen, und alles wird wieder gut. Aber was ich brauchte, war fachmännischer Rat. Ich fing an, diskret herumzufragen, nachdem ich im Telefonverzeichnis nichts gefunden hatte.

Paulas Neffe, der war Psychiater, aber zur Zeit hatte er die Praxis geschlossen, er war bei seinem Schwager in Hinterstätten, wo er am Neubau als Maurer aushalf. Er brauchte Geld für eine neue Waschmaschine.

Ich dachte, es wäre ein Witz. Ich kannte Psychiater nur von amerikanischen Filmen her. Und dort wälzen sie sich alle in Geld.

»Geld?« Paula lachte auf. »Der arme Schlucker hat im letzten Jahr zwei Fälle gehabt: eine Entmündigung und einen Gerichtsbeisitz. Seine Frau geht putzen.«

Schließlich fand meine Mutter einen.

»Paß bloß auf, daß dich keiner sieht!« jammerte sie. Und sie jammerte weiter über die guten alten Zeiten, als die Damen noch Hut und Schleier trugen, wenn sie zu ihrem Liebhaber gingen oder zum Psychiater. Sie hatte für mich einen möglichst unauffälligen Weg herausgefunden und aufgezeichnet. Er führte mich durch kleine Hintergäßchen, durch Schrebergärten, über einen Bahndamm, zwei Stacheldrahtzäune und einen Schrottplatz. In den ersten Stock kraxelte ich über einen alten Birnbaum im Hof, um den Vordereingang zu meiden.

An der Praxistür hing mit Reißnägeln befestigt ein Zettel, der schon zu vergilben begann. Darauf stand: ›Vorübergehend wegen Urlaub geschlossen.‹

Ich brach auf dem Fußabstreifer zusammen.

Rosarote Streifchen

Eigenartig, die vergebliche Suche nach einem Psychiater scheint mir geholfen zu haben. Sie hat mich abgelenkt. Zwei Wochen hatte ich nur sporadisch an mein Unglück gedacht. Beinahe war ich jetzt schon fast froh, keinen gefunden zu haben. Und als Mama mal wieder sagte: »Möchtest du ein Gulasch mit Knödeln«, wollte ich gewohnheitsmäßig sagen, nein, danke, ich habe keinen Appetit, weil ich schon so lange keinen mehr gehabt hatte.

Aber seltsam, plötzlich spürte ich etwas, das Hunger hätte sein können, wenn ich nicht genau gewußt hätte, daß ich zeitlebens keine anderen Gefühle mehr haben würde als diese dumpfe, nebelgraue, alles einhüllende Traurigkeit.

Es war einige Wochen später, an einem Freitag im September, zweiundzwanzig Uhr dreißig mitteleuropäischer Zeit. Da stand ich plötzlich mit einem energischen Ruck vom Tisch auf, schob die Patiencekarten zu zwei Häufchen zusammen, legte sie in die Schachtel, spannte um die Schachtel ein Gummiband, damit der Deckel draufblieb, ging quer durchs Zimmer und warf sie aus dem Fenster. Dann ging ich weiter ins Bad, trug auf die Beine Enthaarungscreme auf und wusch mir die Haare.

Am nächsten Tag schaute ich zufällig einmal auf, und was sah ich? Zum erstenmal seit den schwarzen Weihnachten hatte der Himmel wieder eine Farbe: blau, mit einem Stich ins Rosarote im Osten. Ich ging los und kaufte eine Garnitur Bettwäsche, als verspätetes Hochzeitsgeschenk für Eva-Maria und für mich eine Doppelpackung von diesem neuen fantastischen Stärkungsmittel, von dem alle meine Bekannten behaupteten, es wäre so gut, daß es einen sogar über einen Sonntagnachmittag brächte, an dem die Katze im Kleiderschrank Junge kriegt, die Kinder abgezogen sind, ohne sich auch nur höflichkeitshalber danach zu erkundigen, was man selber tun wird, alle Welt paarweise und händchenhaltend unterwegs ist und das Fernsehen einen Film mit der Garbo aus den zwanziger Jahren bringt. Also genau das Mittelchen, das eine Frau braucht, die sich dazu entschlossen hat, ihren Karren allein weiterzuziehen durch die Höhen und Tiefen des Lebens. Zumindest vorerst einmal...

P.S.: Eine der Tiefen soll angeblich in Kürze eliminiert werden. Ich habe gehört, es ist ein Gesetz in Ausarbeitung, nach dem es verboten wird, eine Frau ohne männliche Begleitung im Restaurant an den Abstelltisch neben den Küchendurchgang zu setzen.

Na, Schwesterchen in der Not, ist das nun ein Grund zur Freude oder nicht?

Der dritte himmlische Glücksfall

160 Seiten / Leinen

**Nach
«Hallo, Mister Gott, hier spricht Anna»
und
«Anna schreibt an Mister Gott»
endlich das dritte Buch von Anna. Wieder so
herzerfrischend frech-lebendig, wie Millionen
Leser sie lieben.**

EVELYN SANDERS
Werden sie denn nie erwachsen?

Heiterer Roman

»Werden sie denn nie erwachsen?« – der Stoßseufzer einer geplagten, aber glücklichen Nur-Hausfrau.
Mit Humor und viel Verständnis erzählt Evelyn Sanders von den großen und kleineren Alltagsproblemen einer turbulenten Familie. In ihrer unnachahmlichen pointierten Art schildert die Autorin das weitere Schicksal ihrer Großfamilie, in der die fünf Kinder jetzt zumindest fast erwachsen sind.

348 Seiten, gebunden
ISBN 3-89457-026-1

HESTIA

Evelyn Sanders

Humorvolle Familiengeschichten mit Niveau, das sind die vergnüglichen Romane dieser beliebten deutschen Unterhaltungsautorin. Evelyn Sanders versteht es unnachahmlich, das heitere Chaos des alltäglichen Lebens einzufangen.

Bitte Einzelzimmer mit Bad
01/6865

Das mach' ich doch mit links
01/7669

Jeans und große Klappe
01/8184

Das hätt' ich vorher wissen müssen
01/8277

Hühnerbus und Stoppelhopser
01/8470

Radau im Reihenhaus
01/8650

Werden sie denn nie erwachsen?
01/8898

Das mach' ich doch mit links / Bitte Einzelzimmer mit Bad
01/9066

Mit Fünfen ist man kinderreich
01/9439

Wilhelm Heyne Verlag
München